RÚSSIA

REVOLUÇÃO E GUERRA CIVIL 1917–1921

RÚSSIA

REVOLUÇÃO E GUERRA CIVIL 1917–1921

Tradução

Luis Reyes Gil

Revisão técnica

João Simões

ANTONY BEEVOR

CRÍTICA

Título original: *Russia – Revolution and Civil War: 1917-1921*

Coordenação editorial: Sandra Espilotro
Preparação: Ligia Alves
Revisão técnica: João Simões
Revisão: Ana Maria Fiorini e Fernanda Guerriero Antunes
Diagramação: Negrito Produção Editorial
Capa original: James Jones
Imagem de capa: Alamy
Adaptação de capa: Renata Spolidoro

Dados Internacionais de Catalogação na Publicação (CIP)
Angélica Ilacqua CRB-8/7057

Beevor, Antony
Rússia : revolução e guerra civil, 1917-1921 / Antony Beevor ; tradução de Gil Reyes. – 1. ed. – São Paulo : Planeta do Brasil, 2024.
668 p. : il.

Bibliografia
ISBN 978-85-422-2718-5
Título original: *Russia: Revolution and Civil War 1917-1921*

1. Rússia – História - Revolução, 1917-1921. I. Título. II. Reyes, Gil.

24-1967 CDD 947.0841

Índice para catálogo sistemático:
1. Rússia – História – Revolução, 1917-1921

MISTO
Papel | Apoiando o manejo florestal responsável
FSC® C019498
FSC www.fsc.org

Ao escolher este livro, você está apoiando o manejo responsável das florestas do mundo

2024
Todos os direitos desta edição reservados à
EDITORA PLANETA DO BRASIL LTDA.
Rua Bela Cintra 986, 4º andar – Consolação
São Paulo – SP CEP 01415-002
www.planetadelivros.com.br
faleconosco@editoraplaneta.com.br

Também de Antony Beevor

Crete: The Battle and the Resistance

Paris After the Liberation: 1944–1949 (com Artemis Cooper)

Stalingrad

Berlin: The Downfall 1945

The Mystery of Olga Tchekhova

A Writer at War: Vasily Grossman with the Red Army 1941–1945

(ed. com Liúba Vinográdova)

The Battle for Spain: The Spanish Civil War 1936–1939

O Dia D

The Second World War

A Batalha das Ardenas

Arnhem: The Battle for the Bridges 1944

Para Liúba Vinográdova

SUMÁRIO

Lista de mapas 13
Lista de ilustrações 15
Prefácio 19

PARTE UM: 1912-1917

1. O suicídio da Europa – 1912-1916 27
2. A Revolução de Fevereiro – janeiro-março de 1917 35
3. A queda da águia de duas cabeças – fevereiro-março de 1917 49
4. Da autocracia ao caos – março-abril de 1917 57
5. A viúva grávida – março-maio de 1917 71
6. A Ofensiva Keriénski e as Jornadas de Julho – junho-julho de 1917 88
7. Kornílov – julho-setembro de 1917 103
8. O golpe de outubro – setembro-novembro de 1917 123
9. A cruzada dos garotos – A revolta dos *junkers* – outubro--novembro de 1917 137
10. O infanticídio da democracia – novembro-dezembro de 1917 152

PARTE DOIS: 1918

11. Quebrando padrões – janeiro-fevereiro de 1918 169
12. Brest-Litovsk – dezembro de 1917-março de 1918 182

13. A Marcha no Gelo do Exército Voluntário – janeiro-março de 1918 . . . 200
14. Os alemães invadem – março-abril de 1918 . . . 218
15. Inimigos na periferia – primavera e verão de 1918 . . . 232
16. A revolta dos tchecos e dos socialistas-revolucionários de esquerda – maio-julho de 1918 . . . 249
17. Terror Vermelho – verão de 1918 . . . 266
18. A luta no Volga e o Exército Vermelho – verão de 1918 . . . 275
19. Do Volga à Sibéria – outono de 1918 . . . 291
20. As Potências Centrais vão embora – outono-inverno de 1918 . . . 309
21. O Báltico e o norte da Rússia – outono-inverno de 1918 . . . 322

PARTE TRÊS: 1919

22. A conciliação fatal – janeiro-março de 1919 . . . 335
23. Sibéria – janeiro-maio de 1919 . . . 350
24. Don e Ucrânia – abril-junho de 1919 . . . 361
25. Murmansk e Arcangel – primavera e verão de 1919 . . . 377
26. Sibéria – junho-setembro de 1919 . . . 384
27. Verão no Báltico – maio-agosto de 1919 . . . 400
28. A marcha sobre Moscou – julho-outubro de 1919 . . . 413
29. A surpresa no Báltico – outono de 1919 . . . 430
30. Retirada siberiana – setembro-dezembro de 1919 . . . 438
31. O ponto de inflexão – setembro-novembro de 1919 . . . 450
32. Retirada no sul – novembro-dezembro de 1919 . . . 466

PARTE QUATRO: 1920

33. A Grande Marcha no Gelo siberiana – dezembro de 1919-fevereiro de 1920 . . . 483
34. A queda de Odessa – janeiro de 1920 . . . 493
35. O último "*hurra*" da cavalaria Branca – janeiro-março de 1920 . . . 499
36. Wrangel assume o comando e os poloneses tomam Kiev – primavera e verão de 1920 . . . 517
37. Poloneses no oeste, Wrangel no sul – junho-setembro de 1920 . . . 530

38. O milagre no Vístula – agosto-setembro de 1920 548
39. A Riviera do Hades – setembro-dezembro de 1920 560
40. A morte da esperança – 1920-1921 574

Conclusão: O aprendiz do demônio 587

Glossário 591
Agradecimentos 595
Abreviaturas 597
Notas 601
Bibliografia 655
Índice 671

MAPAS

1. Petrogrado em 1917 40
2. A Ofensiva Keriénski – retirada de julho 92
3. Finlândia e Estados Bálticos......................... 190
4. Avanço e ocupação dos alemães – março-novembro de 1918.................................. 197
5. A Marcha no Gelo – primeira campanha no Cubã........ 209
6. Ocupação Aliada de Arcangel 234
7. O Cáspio.. 244
8. Volga e Cáucaso – 1918............................. 294
9. Verão de 1919 – Avanço do Exército Branco 363
10. Retirada de Koltchák – 1919......................... 386
11. A vingança do Exército Vermelho e a retirada de Deníkin ... 455
12. A Guerra Polaco-Soviética e o fim dos Brancos – 1920 527

ILUSTRAÇÕES

Raspútin com o Czar e a Czarina. Alamy / World History Archive. 34
Príncipe e Princesa Iússupov. Alamy / The History Collection. . . . 34
Reunião do Soviete de Petrogrado em 1917. Alamy / Pictoral Press Ltd. 60
Pôster bolchevique saudando a Frota Vermelha. Bridgeman Images / Tobie Mathew. 69
General Lavr Kornílov e Borís Sávinkov. Topfoto / Sputnik. 112
O general Kornílov saudado como herói, 12 de agosto de 1917. Alamy / Historic Collection. 113
Mulheres das "classes de antes" vendem seus últimos pertences. Getty Images / Slava Katamidze Collection. 177
General M. V. Alekséiev. Alamy / Archive PL. 201
A "Guerra das Ferrovias". Bridgeman Images / The Stapleton Collection. 203
Coronel V. G. Buizin com sua esposa, V. I. Buizína. Arquivo Estatal Russo de Filme e Fotografia, Krasnogorsk. 216
Março de 1918, divisões alemãs marcham em Kiev. Bridgeman Images / Sputnik. 219
Ióssif Stálin como comissário do 10º Exército em Tsaritsin. Alamy / Süddeutsche Zeitung Photo. 239
Coronel Andrei Chkuró com sua *papákha* de pele de lobo. Alamy / Alto Vintage Images. 241

General Radola Gajda. Alamy / Eraza Collection. 256
Mulheres revolucionárias russas. Maria Spiridónova com cinco camaradas. Getty Images / Bob Thomas / Popperfoto. 258
A flotilha Vermelha do Volga comandada por Fiódor Raskólnikov. Alamy / Keystone Press. 276
M. N. Tukhatchévski. Alamy / Chronicle. 279
Soldados americanos desembarcando em Vladivostok. Alamy / Pictoral Press Ltd.. 302
Major-general Graves em encontro com o ataman Semiónov. Alamy / Alamy Stock Photo. 303
General Vladímir Mái-Maiévski. Alamy / Reading Room 2020. . . 314
Niéstor Makhno. Alamy / Album. 315
General Nikolai Iudénitch e general Aleksandr Rodziánko. Alamy / Yogi Black. 327
Vladímir Lênin e Leon Trótski na Praça Vermelha, 1919. Alamy / mccool. 345
Vagão-hospital americano da Cruz Vermelha. Museu Nacional da Marinha Americana, domínio público, via Wikimedia Commons. 352
O trem blindado dos Brancos "Rússia Unida". Alamy / Süddeutsche Zeitung Photo.. 369
Blindados britânicos em Tsaritsin. Alamy / Reading Room 2020. 371
General Antón Deníkin. Alamy / Chronicle. 373
General Barão Piotr Wrangel. Alamy / Heritage Image Partnership Ltd. 373
Deníkin anuncia a "Diretriz de Moscou" em Tsaritsin. Arquivo Estatal Russo de Filme e Fotografia, Krasnogorsk. . . . 374
O Governante Supremo, almirante Koltchák. Getty Images / Universal History Archive. 389
General Johan Laidoner visita Bułak-Bałachowicz. Alamy / Historic Images. 402
Almirante Koltchák e sua amante, a poetisa Anna Timíriova. Alamy / Heritage Image Partnership Ltd. 441
General Iákov Slaschóv. Alamy / History and Art Collection. 478

Cossacos do Don no convés do HMS *Emperor of India* após sua evacuação. Alamy / Chronicle. 514
Homens do Exército Vermelho com um tanque britânico Mark V. Alamy / CPA Media Pte Ltd. 532
1º Exército de Cavalaria de Budiônni, ou Konarmiya. Alamy / Photo 12. 549
Marechal Józef Piłsudski. Alamy / Pictoral Press Ltd. 553
Budiônni, Frúnze e Vorochílov, Crimeia, 1920. Alamy / Süddeutsche Zeitung Photo.. 565
A fome na Sibéria ocidental. Alamy / ITAR-TASS News Agency.. 576
Soldados de Tukhatchévski esmagando o levante de Kronstadt. Topfoto / Sputnik. 584

PREFÁCIO

Em janeiro de 1902, o Duque de Marlborough escreveu ao seu primo de primeiro grau Winston Churchill, descrevendo o baile da corte ao qual comparecera em São Petersburgo. Marlborough estava impressionado com a majestosidade anacrônica à qual o Czar de Todas as Rússias parecia estar aprisionado. Descreveu Nicolau II como um "homem gentil e amável que tentava desempenhar bem o papel de autocrata".

A recepção estava à altura de Versalhes em toda a sua glória ostensiva. "Foi servido jantar para cerca de 3 mil pessoas. O efeito desse espetáculo de tanta gente sentada reunida é difícil de descrever. A escala com que isso foi realizado só pode ser avaliada se eu lembrá-lo de que havia perto de 2 mil criados ao todo para servir os convidados, entre eles cossacos, mamelucos e mensageiros [lacaios] como aqueles que havia na Inglaterra do século XVIII, com chapéus enormes de penas de avestruz. Uma banda de regimento estava postada em cada salão, para poder tocar o hino nacional toda vez que o Czar fosse ali… Havia outra guarda de honra cujo dever aparentemente era manter suas espadas a postos por cinco horas seguidas."

Quando a jovem esposa de Marlborough, Consuelo Vanderbilt, perguntou ao Czar num jantar subsequente sobre a possibilidade de introduzir um governo democrático na Rússia, ele respondeu: "Temos duzentos anos de atraso em relação à Europa no desenvolvimento de nossas instituições políticas nacionais. A Rússia ainda é mais asiática que europeia e deve, portanto, ser governada por um regime autocrático".

Marlborough também ficou surpreso com as idiossincrasias dos regimentos da Guarda* que dominavam o sistema militar. "O Grão-Duque Vladímir, que é o chefe de uma parte do exército, manda trazer os recrutas à sua presença. Aqueles homens que têm nariz empinado vão para o Regimento Pávlovski, criado pelo Imperador Paulo, que tinha o nariz empinado."

Assim como a corte, o Exército Imperial Russo estava engessado por etiqueta, protocolo e burocracia arcaicos. O capitão Archie Wavell, futuro marechal de campo, mas então jovem oficial da Guarda Negra,** observou quando foi adido ali pouco antes da Primeira Guerra Mundial que mesmo oficiais de campo tinham medo de tomar a iniciativa. "Um exemplo do conservadorismo do Exército Russo", acrescentou ele, "era o seu hábito de invariavelmente carregar a baioneta fixada ao fuzil o tempo todo." Isso remontava a uma ordem do marechal Suvórov do final do século XVIII, depois que uma coluna russa fora surpreendida numa emboscada e aniquilada.

Oficiais russos consideravam vergonhoso serem vistos sem uniforme. Um capitão dos dragões que questionou Wavell sobre os costumes do Exército Britânico não conseguia acreditar que ali os oficiais vestiam roupas civis quando fora de serviço e que não carregavam suas espadas em público. Ele pôs-se em pé, escandalizado. "Mas então as pessoas não terão medo de você!", disparou. Um oficial czarista tinha o direito de acertar um soco no rosto de qualquer um de seus soldados como punição sumária.

Wavell não se surpreendeu ao ver que a *intelligentsia* russa encarava seus governantes "como opressores burocráticos; não confiavam na polícia e desprezavam o exército". Após os humilhantes desastres da Guerra Russo-Japonesa de 1904-1905 e o massacre da marcha pacífica de protesto do Padre Gueórgi Gapon ao Palácio de Inverno em janeiro de 1905, o respeito pelo regime e pelas forças armadas havia se desintegrado. "A

---

* As tropas da Guarda eram unidades militares de elite do Império Russo. Inicialmente criadas com o propósito de garantir a segurança pessoal do monarca, elas foram por fim expandidas para formar três divisões de elite do Exército Imperial, e eram famosas por sua lealdade ao Czar (N.E.).

** Guarda Negra é o apelido do 3º Batalhão do Regimento Real Escocês (N.E.).

Rússia oscilou para a Esquerda da noite para o dia", escreveu Nadiéjda Lokhvítskaia, sob o pseudônimo de "Téffi". "Havia agitação entre os estudantes, havia greves de trabalhadores. Até mesmo velhos generais podiam ser ouvidos reclamando da maneira vergonhosa como o país vinha sendo conduzido e fazendo críticas ácidas ao próprio Czar."

Em troca de seus grandes privilégios, esperava-se da nobreza que fornecesse seus filhos como oficiais para o exército e para a burocracia de São Petersburgo. Ao mesmo tempo, esperava-se dos 30 mil proprietários de terras que mantivessem a ordem no campo por meio de seus "capitães de terra" locais.*

A libertação dos servos em 1861 pouco fizera para melhorar sua sina desesperadora. "Nossos camponeses vivem em condições horríveis, sem instituição que lhes forneça cuidados médicos adequados", escreveu Máksim Górki. "Metade de todas as crianças do campo morre de várias doenças antes de completar cinco anos. Quase todas as mulheres da aldeia sofrem de doenças de mulheres. As aldeias apodrecem com a sífilis; afundaram na degradação, ignorância e selvageria." As mulheres também sofriam com a violência de seus homens, geralmente quando bêbados.

Qualquer ideia do rústico camponês russo fazendo parte de um irresistível rolo compressor militar era uma ilusão. Cerca de três a cada quatro jovens camponeses eram rejeitados no serviço militar em tempos de paz em razão de sua saúde precária. Os oficiais queixavam-se da qualidade dos recrutas que chegavam durante a Primeira Guerra Mundial. No Segundo Exército, dizia um relatório, "É deplorável e bastante comum que os soldados das patentes mais baixas inflijam ferimentos a si mesmos para evitar combater. Também há muitos casos de rendição ao inimigo". O relatório descrevia esses soldados como "meros mujiques** ordinários... Ficam de olhos arregalados diante deles, de um jeito indiferente, estúpido e deprimente. Não têm o hábito de retribuir o olhar

* Os "capitães de terra", ou *zemskíe nachálniki*, eram autoridades civis e administrativas, em geral proprietários de terra, designados pelos czares para controlar os zemstvos, assembleias distritais de governança local (N.E.).

** Mujique ou *mujik* quer dizer homem bruto, rústico, e é usado para se referir aos camponeses russos, servos ou ex-servos, sobretudo antes da Revolução de 1917 (N.E.).

de seu comandante com expressão simpática ou alegre". Evidentemente, o camponês russo de uniforme adotava a tática que o Exército Britânico costumava definir como "insolência muda".

Até mesmo membros mais esclarecidos da pequena nobreza e da aristocracia temiam as "massas sombrias" e suas ocasionais explosões de violência aterradora, como a de 1773, liderada por Iemielián Pugatchóv. Aleksandr Púchkin descreveu-a como uma "revolta russa, insensata e impiedosa". Na onda de agitação e incêndios de mansões em 1905 que se seguiu aos desastres da guerra japonesa, a única esperança dos donos de terras foi apelar ao governador local para convocar soldados de uma das muitas cidades com guarnições.

A conhecida observação de Karl Marx no Manifesto Comunista a respeito da "idiotia da vida rural", com sua implicação de credulidade, apatia e submissão, mostrava-se verdadeira também para além da aldeia camponesa. Pequenas cidades provinciais podiam ser quase tão bestificadas. Satiristas como Saltykov Shchedrin e Gógol olharam por baixo da superfície turva da poça estagnada. Foi Saltykov, ironicamente um dos escritores favoritos de Lênin, que também invocou "o efeito devastador da escravidão legalizada no psiquismo humano", um fenômeno comum tanto na era czarista quanto na soviética. Leon Trótski culpava a estreiteza mental da Igreja Ortodoxa. Argumentava que a revolução nunca ocorreria até que o povo acabasse com "os ícones e as baratas" da Santa Rússia.

Tentativas de reforma agrária haviam alcançado resultados apenas em algumas áreas. Diferentemente do grande magnata do século XIX, o Conde Dmítri Cheriémetev, proprietário de 763 mil hectares com aproximadamente 300 mil servos, a maioria das propriedades era pequena e empobrecida. Mesmo que tivessem essa vontade, pouquíssimos proprietários eram capazes de melhorar as condições de alojamento ou de introduzir as formas mais básicas de mecanização. Ao contrário, muitos eram obrigados a vender ou hipotecar suas propriedades. As relações tornaram-se cada vez mais artificiais e tensas. Os camponeses mais pobres continuavam vítimas do analfabetismo, o que significava que eram explorados pelos aldeões mais velhos e por comerciantes de grãos, e maltratados por muitos proprietários de terras, ainda ressentidos por terem perdido poder. Como resultado, arrendatários obsequiosos, que faziam reverência a seus nobres senhores, aproveitavam-se de qualquer oportunidade para ludibriá-los assim que eles virassem as costas.

A migração para as cidades acelerou o crescimento da classe trabalhadora urbana, o proletariado que os marxistas viam como a vanguarda da revolução. A população de São Petersburgo, de pouco mais de um milhão de habitantes na virada do século, aumentara para mais de 3 milhões ao final de 1916. As condições nas fábricas eram estarrecedoras e perigosas. Os trabalhadores eram vistos como descartáveis pelos proprietários, já que havia muitos camponeses à espera para tomar seu lugar. Não havia direito de greve, e nenhuma indenização em caso de demissão. No caso de qualquer disputa, a polícia sempre ficava do lado dos donos de fábricas. Muitos viam isso como uma forma de servidão urbana. Os trabalhadores dormiam em alojamentos semicobertos, albergues e cortiços, em meio à miséria e a doenças. "Não há sistema de esgoto nas cidades", escreveu Górki, "não há tubos de ventilação nas chaminés das fábricas; o chão batido foi envenenado pelo miasma de refugos putrefatos, o ar – por fumaça e poeira." Nessas condições de superlotação, a tuberculose e as doenças venéreas disseminavam-se junto com ocasionais epidemias de cólera e tifo. A expectativa de vida era tão baixa quanto nas aldeias mais pobres. A única liberdade residia no círculo mais baixo do inferno, habitado pelo lumpemproletariado dos desempregados – um mundo subterrâneo de prostituição infantil, pequenos furtos e brigas de bêbados, uma existência pior que qualquer coisa retratada por Dickens, Hugo ou Zola. O único desastre que poderia tornar a vida ainda pior para os pobres da Rússia era um grande conflito europeu.

PARTE UM

1912-1917

1
O SUICÍDIO DA EUROPA
1912-1916

O ritmo do crescimento industrial na Rússia antes da Primeira Guerra Mundial produziu um inebriante excesso de confiança nas classes governantes. O desastroso conflito com o Japão, menos de uma década antes, havia sido esquecido. O partido favorável à guerra em São Petersburgo tornou-se mais vociferante, exigindo um ataque à Turquia depois que ela fechou o Dardanelos em 1912. Mesmo o antes cauteloso ministro do Exterior, Serguêi Sazónov, mostrava-se ultrajado com a maneira como a Rússia havia sido tratada pelos Impérios Alemão e Austro-Húngaro na questão da Primeira Guerra dos Bálcãs. Assim, quando Viena lançou seu ultimato à Sérvia após o assassinato, em junho de 1914, do Arquiduque Francisco Ferdinando em Sarajevo, Sazónov solicitou ao chefe do estado-maior que preparasse o exército para a guerra. Disse ao Czar que se a Rússia falhasse em dar apoio a seus compatriotas eslavos na Sérvia isso constituiria uma humilhação fatal. Nicolau II sentiu-se obrigado a concordar com as convocações para o primeiro estágio da mobilização parcial, mas então os comandantes do exército insistiram que, se a Rússia se mobilizasse contra os exércitos austro-húngaros, as forças russas teriam que se mobilizar ao longo de todas as fronteiras centrais e do norte contra os alemães.

Grigóri Raspútin, conselheiro da família imperial e curandeiro místico, estava ausente da capital. Naquele fatídico verão, voltara à sua terra natal, a Sibéria, onde recebeu a notícia da correria relacionada com a guerra num telegrama da Czarina. Saiu imediatamente para enviar uma resposta e aconselhar o Czar a resistir à pressão, mas uma camponesa emboscou-o, apunhalando-o no estômago. A mulher era uma seguidora de Iliódor, um ex-padre que se tornara seu inimigo e o denunciava como libertino e falso profeta. Raspútin quase morreu e passou um tempo incapacitado num hospital. Ao recuperar a consciência e saber que a mobilização havia sido ordenada, insistiu em enviar o telegrama alertando que a guerra destruiria tanto a Rússia quanto os Románov. Essa oportunidade final de persuadir o Czar a resistir contra todos os beligerantes à sua volta chegou tarde demais, mas provavelmente teria feito pouca diferença.

O medo de todo o estado-maior da Rússia de que as Potências Centrais pudessem mobilizar-se mais rapidamente não era o principal fator para a escalada da guerra, que, na realidade, havia sido a determinação da Áustria de esmagar a Sérvia antes que as potências europeias pudessem intervir. A Alemanha recusou-se a detê-los. O general Helmuth von Moltke, chefe do estado-maior alemão, chegou a estimular os austríacos a ignorarem qualquer apelo de moderação de seu próprio governo e levarem adiante seu ataque. A diplomacia e as conexões reais tiveram poucas chances de intervir. A guerra era importante demais para ser deixada por conta dos generais, como o primeiro-ministro francês, Georges Clemenceau, logo observaria.

Depois que a guerra foi declarada, as coisas só poderiam ir de mal a pior para a "massa cinza" de soldados-camponeses russos. No total, 15,3 milhões de homens seriam convocados para o exército e a marinha. Após a derrota na Batalha de Tannenberg e depois da infame "Grande Retirada" em 1915, em seguida à vitória alemã de Gorlice-Tarnów (a sudeste de Cracóvia), ressentimento e suspeitas de traição na corte instalaram-se tanto entre oficiais quanto entre os soldados. Logo começaram conversas sobre o "domínio alemão", em parte porque havia muitos generais com sobrenomes de origem teutônica ou escandinava. Mas a maioria amaldiçoava a Czarina alemã e a camarilha dela, dominada por sua eminência parda, Raspútin. O dissoluto monge interferiu com descarada corrupção em nomeações depois que o Czar tomou a estúpida decisão de assumir pessoalmente o controle dos exércitos na *Stavka*, o alto-comando das Forças Armadas, em Mogilev.

A vida nas trincheiras para os soldados russos ao longo de todo o front, que corria pelas províncias do Báltico, Polônia, Bielorrússia, Galícia e Romênia, era uma experiência desumana. "Depois que se enterram no chão", escreveu Máksim Górki, "eles vivem no meio da chuva e da neve, na imundície, amontoados; estão sendo exauridos por doenças e comidos por vermes; vivem como animais." Com uma desesperadora escassez de munições, muitos nem sequer tinham botas e recorriam a calçados rústicos feitos de casca de bétula. As estações de tratamento de feridos no front eram quase tão primitivas quanto as da Guerra da Crimeia.

Tentativas de modernização falharam desastrosamente. "O mais recente desenvolvimento tecnológico finalmente chegou até nós", escreveu com amargura em seu diário Vassíli Krávkov, um veterano médico da equipe. "Estou falando das 25 mil máscaras de gás para a nossa tropa. Haviam sido testadas pela suprema comissão presidida por nosso alto 'paxá', o Duque de Oldenburg. Fiz uma espécie de teste colocando máscaras de gás em meus enfermeiros. Dois minutos mais tarde, começaram a sufocar. E eles esperam que equipemos todos nas trincheiras com aquela coisa!"

Os departamentos de censura do Exército deviam nutrir poucas ilusões a respeito da condição do moral da tropa no front ao ler as cartas que os soldados enviavam para casa. Muitos se queixavam de estar sendo superados largamente em armamento pela artilharia alemã e da atitude profundamente insensível dos oficiais em relação a eles. Os homens ficavam brutalizados ou traumatizados pelo que viam. "Os cadáveres ainda estão largados ali", escreveu alguém numa carta. "Os corvos já comeram seus olhos e há ratos rastejando sobre seus corpos. Ah, meu Deus, essa terrível visão não pode ser descrita nem imaginada."

Outro soldado escreveu sobre uma vala comum que oficiais haviam ordenado que cavassem e enchessem com seus próprios mortos. "Recolhemos os corpos do campo de batalha, cavamos um buraco que tinha trinta braças de comprimento e quatro braças de profundidade.* Colocamos todos ali, mas, como ficara tarde, cobrimos metade do buraco com terra e deixamos a outra metade para cobrir na manhã seguinte. Deixamos uma sentinela e o que aconteceu foi que um dos mortos

* A medida citada no original, o *fathom*, equivale a cerca de 1,8 metro (N.E.).

escalou e saiu do buraco à noite, e foi achado sentado à beira da vala, enquanto alguns outros haviam se virado, porque não tinham sido mortos, apenas feridos, e estavam em choque pelas explosões de fortes bombas. Isso acontece com bastante frequência."

Havia intenso ressentimento causado pelo contraste entre as condições dos oficiais e as dos demais soldados. Muitos oficiais recolhiam-se todas as noites para o calor e relativo conforto das isbás* de camponeses atrás do front, enquanto seus soldados e sargentos eram deixados no frio e na penúria das trincheiras. "O soldado comum que lidera o ataque para a Pátria-Mãe recebe paga de 75 copeques** [por mês]", um dos recrutados escreveu em carta para casa. "O comandante de companhia que vem atrás recebe quatrocentos rublos, e o comandante de regimento que fica mais atrás ainda ganha mil rublos... Alguns têm bons pratos e bebida alcoólica e prostitutas sob a bandeira da Cruz Vermelha, enquanto os outros passam fome."

A ideia de que as enfermeiras da Cruz Vermelha estivessem ali apenas para o conforto sexual dos oficiais era quase obsessiva, embora houvesse um fundo de verdade. O doutor Krávkov, chefe dos serviços médicos de todo um corpo do exército, registrou a maneira como um de seus colegas foi demitido. "Foi muito simples. O médico mostrou-se muito reticente e não sucumbiu às solicitações da camarilha do quartel-general para montar um bordel usando suas enfermeiras... Não era nada estranho para mim. Já havia visto isso no Décimo Exército e foi uma das razões da minha saída de lá."

Oficiais ofereciam às estudantes de Odessa que estivessem em situação mais difícil centenas de rublos por fotos delas nuas: "Por favor, escreva para mim se estiver pronta para ser fotografada uma vez mais, com mais detalhes", escreveu um jovem oficial. E então disse que se ela visitasse o regimento poderia ganhar até mil rublos.

Enquanto os oficiais se divertiam, os soldados comuns não tinham permissão para ver as esposas, nem mesmo em áreas bem distantes do front. Evdokía Merkúlova, a jovem esposa analfabeta de um cossaco na

---

* Típicas moradias de camponeses russos, feitas de toras de árvores e argila. Equivalentes a chalés (N.E.).

** Nome dado à moeda usada na Rússia, que equivale a um centésimo de rublo (N.E.).

9ª Sótnia* Independente do Don, não conhecia essas normas e foi visitar o marido no início de dezembro de 1916. Teve a coragem de fazer uma queixa formal após o tratamento que recebeu do comandante do esquadrão dele. "O comandante da sótnia Mikhail Rissákov logo foi informado da minha chegada", dizia o depoimento que ela ditou. "Não sei por que, mas em 5 de dezembro ele ordenou que a sótnia ficasse em formação e me fez deitar de bruços diante deles. Dois cossacos receberam ordens de levantar e enrolar minha saia e minha camiseta e segurar meus braços e pernas. O comandante ordenou que meu marido chicoteasse quinze vezes meu corpo nu. Controlou pessoalmente a execução da punição e ameaçou meu marido, dizendo que os golpes tinham que ser aplicados com toda a força, e sobre a pele, não sobre as roupas. Meu marido ficou com medo de seu chefe e deu chicotadas que tiraram sangue e que ainda estão sarando. Então fui enviada de volta, para atravessar o Don sem nenhuma escolta."

Na condição de bucha de canhão, o soldado-camponês odiava a guerra, a lama, os piolhos, a comida ruim e o escorbuto. O doutor Krávkov ficava desesperado ao ver a dieta deles. "Outra entrega de alimentos chegou, desta vez de Orenburgo", anotou no seu diário. "Consistia em mil puds** de pernis e salsichas, tudo podre! A nossa mãe Rússia inteira está apodrecendo."

A estação chuvosa chegou em outubro de 1916 com uma intensidade que perturbou Krávkov. "O doutor Tolchíonov, que eu havia despachado para as posições a fim de investigar as condições sanitárias, fez um relato de arrepiar os cabelos sobre a horrível situação na qual nossos malfadados soldados estão vivendo: em lama que chega ao peito deles, sem abrigo contra o mau tempo, sem roupas quentes, nem comida ou chá quente." Duas semanas mais tarde, escreveu: "Recebemos reforços, uns garotos imaturos a não mais poder. Foram mandados para um ataque de baionetas no dia seguinte... Foi uma cena impactante quando muitos deles, que não queriam morrer, ficaram gritando em desespero: 'Mamãe!'". As autoridades militares suprimiam notícias de motins, que eram sufocados cruelmente.

---

* A sótnia é uma companhia de cem cossacos (N.E.).

** Um pud equivalia a pouco mais de dezesseis quilos.

*

Naquele inverno em Petrogrado, as críticas ao governo não vieram apenas de liberais e da esquerda. Alguns ultraconservadores, como o político Vassíli Chulgín, ficaram chocados com a irresponsabilidade dos ricos, indiferentes ao fato de as baixas russas serem o dobro das dos inimigos alemães e austro-húngaros. "E assim estamos", escreveu ele com amargura, "dançando o 'último tango' nos parapeitos de trincheiras lotadas de cadáveres." Chulgín estava furioso com os boatos e teorias da conspiração que corriam pelos salões da capital, especialmente os "rumores de traição". Ele culpou o líder do Partido Kadete, Pável Miliúkov, por seu discurso sensacionalista quando a Duma Estatal voltou a se reunir em 1º de novembro.* Os ataques selvagens de Miliúkov aos ministros do Czar assustaram os presentes porque ele usualmente se mostrava muito moderado. Agora, denunciava abertamente "forças ocultas agindo em benefício da Alemanha". Ovacionado, depois de cada exemplo que dava de incompetência, ele martelava a pergunta retórica: "E o que é isso? Estupidez ou traição?".

A corrupção disseminada na capital chocava os jovens oficiais no front. "É sabido que todo tipo de golpista no entorno da Grã-Duquesa Maria Pavlóvna arranja bons cargos em troca de propinas", um jovem oficial de cavalaria do Sétimo Exército escreveu à sua noiva, que queria garantir um cargo para ele na retaguarda. "Mas eu imploro que você não suborne ninguém. Quero viver e morrer como um nobre."

Até mesmo os firmes apoiadores da monarquia se desesperavam. A obstinação do Czar vinha quase inteiramente de sua natureza fraca. Contrariando todos os conselhos, ele insistira em assumir como comandante supremo em lugar de seu primo, o extremamente alto Grão-Duque Nikolai Nikoláievitch, após as desastrosas retiradas de 1915. Wavell considerava o Grão-Duque "o homem mais bonito e impressionante que já conheci. Não era brilhante nem havia lido muitos livros, mas tinha muito bom senso e caráter". Seu sobrinho, Nicolau II, infelizmente

---

* O Partido Kadete, ou Partido Constitucional-Democrata (KD), era um grupo liberal de centro que abrigava tanto monarquistas moderados como republicanos. Foi fundado por Miliúkov em 1905, apoiado principalmente por acadêmicos, advogados e membros mais esclarecidos da classe média, inclusive judeus, pois defendia a emancipação destes últimos.

não tinha essas duas qualidades. "Autocracia sem um autocrata é uma coisa terrível", observou Chulgín.

Uma das principais razões pelas quais o Czar se enfiou na *Stavka* em Mogilev era que preferia estar rodeado por oficiais leais a enfrentar políticos críticos a ele. Ele deixou a administração do país nas mãos da Czarina e de Raspútin, recusando-se terminantemente a nomear um governo de ministros da Duma. No entanto, sua presença no quartel-general de Mogilev era puramente simbólica, e a *entourage* garantia que quaisquer incursões que ele fizesse pelo front fossem cuidadosamente preparadas.

"O chefe do estado-maior do general Dólgov contou-nos no jantar, sem qualquer indício de ironia, os preparativos para a visita do Czar", escreveu o doutor Krávkov no seu diário. "Todos os soldados foram trazidos de volta das trincheiras, e passou-se a noite vestindo-os com uniformes e equipamento novos. Toda a artilharia recebeu ordens para abrir fogo na hora em que a visita real começou, e, nas palavras dele, 'foi encenada uma batalha'. O Czar ficou feliz e agradeceu a todos, e nosso bravo guerreiro foi condecorado com a Cruz de São Jorge por sua representação bem-sucedida."

Naquele inverno de 1916, ninguém em Mogilev atreveu-se a comentar com o Czar os boatos que corriam em Petrogrado. Panfletos revolucionários a respeito de Raspútin haviam começado a aparecer, como "As Aventuras de Gríchka", com insinuações sobre orgias com a Czarina e até mesmo com as filhas dela. Essas fantasias pornográficas lembravam aquelas outras caricaturas de mais de um século antes em Paris contra Maria Antonieta e a Princesa de Lamballe. Era inevitável que tais histórias grotescas transformassem Raspútin, o suposto camponês perversor da alta nobreza, em algo como um herói popular.

O assassinato de Raspútin em 17 de dezembro pelo Príncipe Féliks Iússupov, o Grão-Duque Dmítri Pávlovitch e Vladímir Purichkiévitch, o líder das antissemitas Sótnias ou Centúrias Negras,* aumentou a impressão de corrupção aristocrática na capital. A ideia de Iússupov de usar sua esposa Irina, a bela sobrinha do Czar, como isca para o pervertido monge acrescentava um toque lascivo ao drama. A imaginação do

---

* As Centúrias Negras eram grupos reacionários monarquistas, nacionalistas e antissemitas apoiados por Nicolau II.

Raspútin com o Czar e a Czarina.

Príncipe e Princesa Iússupov.

público foi tomada principalmente pelas dificuldades que os conspiradores haviam tido para matar Raspútin – o bolo envenenado, os vários tiros de revólver e finalmente o descarte de seu imenso corpo num buraco no gelo, debaixo de uma ponte, de modo a ser encontrado apenas dois dias mais tarde.

O profundo cinismo que se disseminou na retaguarda criou uma apatia perigosa. Um oficial chamado Feduliênko, de volta do front, foi convidado por seu coronel para um almoço. "Dois oficiais da Guarda estavam sentados perto de nós", registrou. "Eles começaram a falar a respeito de Raspútin; fiquei chocado com a conversa deles." Eles repetiram as fofocas sobre a Czarina e Raspútin e disseram que o Czar era um fraco. "Depois, quando voltava com o coronel para Oranienbaum, perguntei por que uma coisa asquerosa como aquela havia sido permitida, por que aqueles dois jovens que estavam envergonhando seu Imperador não haviam sido repreendidos. Eles falavam em russo na frente dos criados, que eram capazes de entendê-los." O coronel fez um gesto de resignação com a mão. "Ah", disse ele, "a derrocada já começou. Tempos terríveis nos aguardam." O doutor Krávkov não tinha nenhuma dúvida em relação a isso. "Seja qual for o resultado da guerra, haverá uma revolução."

2

A REVOLUÇÃO DE FEVEREIRO

Janeiro-março de 1917

O movimento em direção à revolução era claro para todos, exceto para os que faziam questão de não vê-lo. A única dúvida era se ela ocorreria durante a guerra ou logo após seu fim. O general Mikhail Alekséiev, chefe do estado-maior, apresentara um relatório ao Czar recomendando que as fábricas e seus trabalhadores fossem transferidos da capital. Nicolau II escreveu em cima do relatório, datilografado no papel azul especial "do próprio Czar", no alto-comando das Forças Armadas: "A atual situação não justifica adotar essa medida, que só serviria para causar pânico e agitação na retaguarda". A solução simplista de Alekséiev dificilmente seria viável, exigindo que mais de 300 mil trabalhadores da indústria fossem relocados de Petrogrado, mas nem ele nem o Czar previram então que seus próprios soldados na capital constituíam um perigo similar.

Como resultado das imensas perdas durante a guerra até então, muitos suboficiais da reserva eram antimonarquistas e não tinham nada em comum com o exército pré-guerra. "A maioria era de ex-estudantes universitários", um oficial da ativa observou. "Havia muitos jovens advogados. A brigada se transformara num albergue de estudantes, com manifestações, resoluções e protestos. Eles viam o oficial profissional como uma espécie de animal pré-histórico." Na realidade, a maioria desses suboficiais da reserva, ou *praporshchiki*, havia sido promovida das fileiras de recrutas e tinha origens pequeno-burguesas. No mínimo, isso teria aumentado seu ressentimento em relação à arrogância do oficial tradicional.

Os mais bem informados em Petrogrado não descartavam o risco de um grande motim na capital. Num jantar oferecido pela amante de um príncipe, grão-duques, altos oficiais e o embaixador francês Maurice Paléologue especulavam quais eram os regimentos da Guarda na capital com cuja lealdade se poderia contar. O otimismo estava escasso naquela noite. "Para concluir, brindamos à preservação da Santa Rússia", observou o embaixador em seu diário.

No dia seguinte, Paléologue ficou decepcionado, mas não surpreso, ao saber que a Czarina rejeitara toda tentativa de fazê-la ver a ameaça existencial à monarquia. "Ao contrário", ela replicara à Grã-Duquesa Viktória Fiodoróvna, "eu agora tenho o grande prazer de saber que a Rússia inteira, a verdadeira Rússia, a Rússia do povo humilde e dos camponeses, está comigo." Essa crença baseava-se em cartas obsequiosas, algumas talvez falsas, que eram levadas a ela diariamente pela polícia secreta Okhrána por ordens do ministro do Interior, Aleksandr Protopópov. Comentava-se que Protopópov, nomeado por recomendação de Raspútin, estava mentalmente instável em razão de uma sífilis avançada.

Até mesmo a própria irmã da Czarina, a abadessa do Convento de Santa Marta e Maria em Moscou, recebera ordens do casal imperial para sair de sua presença depois de ter comentado a respeito de uma "crescente exasperação em Moscou". Membros da família estendida dos Románov ficaram chocados com essa recusa em enxergar o que estava acontecendo. Eles então se reuniram para discutir uma abordagem conjunta ao Czar e à Czarina numa carta coletiva.

Na véspera do Ano-Novo russo, o alto e elegante embaixador britânico Sir George Buchanan foi ver o Czar. Sua Majestade Imperial evidentemente tinha uma clara ideia do que Buchanan pretendia lhe dizer. Em vez de convidá-lo ao seu estúdio para sentar e fumarem juntos, como era sua rotina usual, recebeu-o em pé, empertigado, numa audiência no salão. Sir George começou dizendo o quanto o Rei Jorge V e o governo britânico estavam preocupados com a situação da Rússia. Ele então perguntou se poderia falar francamente. "Estou ouvindo", o Czar replicou secamente. Buchanan de fato foi franco. Falou sobre a caótica administração da guerra, que havia levado àquele massivo número de baixas. Sugeriu que um político da Duma deveria chefiar o governo, e não alguém nomeado pela realeza. A única chance que o regime tinha de sobreviver era "romper a barreira que o separa de seu povo e recuperar a confiança dele". O Czar ficou mais rígido ainda. "Está dizendo, embaixador, que devo ganhar a confiança de meu povo. Será que não cabe ao meu povo ganhar a minha confiança?"* Buchanan, embora com refinada polidez, chegou a levantar a questão de agentes inimigos e de influências germanófilas em torno da Czarina. Disse que era seu dever "advertir Vossa Majestade do abismo que se abre à sua frente". Buchanan de repente notou que a porta para os aposentos privados estava escancarada. Sentiu que a Czarina deveria estar ouvindo cada uma de suas palavras.

Naquele gélido janeiro de Petrogrado, a dança sob o vulcão continuava. Num requintado restaurante na noite seguinte, Paléologue viu uma conhecida divorciada em uma mesa próxima, rodeada por nada menos que três jovens oficiais da Guarda de Cavaleiros do Czar. Ela acabara de ser libertada, depois de ser detida por suspeita de cumplicidade no assassinato de Raspútin. Quando a polícia lhe solicitou a chave de sua escrivaninha, respondeu que eles iriam encontrar ali apenas cartas de amor. "Toda tarde, ou melhor, toda noite", escreveu o embaixador em seu diário, "eles festejam até o amanhecer: teatro, balé, ceia, ciganos, tango, champanhe."

Enquanto muitos dos ricos se empanturravam na capital como se a guerra não existisse, a escassez de pão contribuía para a agitação nos distritos mais pobres de Petrogrado. "As filas começaram", um cadete naval registrou. "Se houvesse uma fila de umas dez pessoas e o padeiro não abrisse a loja, tijolos começavam a voar, e então ouvia-se o som de vidro quebrado. As patrulhas de cossacos, que chegavam a fim de manter as aparências, apenas davam risada disso."

A Rússia na época não tinha escassez de grãos. O problema era o seu já sobrecarregado sistema de ferrovias, lutando contra geadas selvagens e

* Buchanan relatou essa entrevista com o Czar ao seu colega próximo Paléologue imediatamente depois. Vale ressaltar que a versão de Paléologue, registrada em seu diário, é bem mais fria e termina com o Czar dispensando Buchanan em termos finais: "*Adieu, Monsieur l'Ambassadeur*". O relato bem posterior de Buchanan em suas memórias termina de maneira bem menos convincente, com um agradecimento sincero e um caloroso e emocionado aperto de mão. O Czar não fez menção a esse encontro em seu diário privado, mas também raramente se dava ao trabalho de registrar conversas com embaixadores.

fortes nevascas naquele duro início de ano. Cerca de 57 mil vagões não podiam sair do lugar e muitas locomotivas tinham congelado. Os preços dos alimentos e combustíveis também haviam subido mais rápido que os salários. No entanto, 1917 começara com menos greves do que o ano anterior. O major-general Konstantín Globatchóv, chefe da Okhrána, declarou que o regime tivera a sorte de não ter sido coordenada uma ação no setor industrial. "Nunca enfrentamos uma greve geral", escreveu. Ele não precisaria esperar muito.

Globatchóv precisava lidar com um ministro do Interior cada vez mais instável. Aleksandr Protopópov, supersticioso e completamente dominado pela influência da Czarina, não conseguira convencer Raspútin no mês anterior a evitar a emboscada mortal que o aguardava no Palácio Iússupov. Em Petrogrado, Protopópov era uma figura ridicularizada. Desde que o Corpo de Gendarmes ficara sob seu ministério, mandara fazer um uniforme para a gendarmeria, mas com dragonas de serviço civil. Quando apareceu na Duma vestido com essa miscelânea, provocou uma sonora gargalhada geral.

Protopópov não era capaz de entender a diferença entre partidos políticos e grupos revolucionários na capital, embora seus subordinados tentassem explicar-lhe. Também precisou ser lembrado da aproximação do aniversário do Domingo Sangrento em 9 de janeiro, um evento significativo no calendário da esquerda que seria marcado por uma grande greve. A data celebrava o dia em que a marcha pacífica do padre Gueórgi Gapon, em 1905, que fora apresentar uma petição de reformas, fora massacrada por disparos de fuzis pesados.

A Okhrána também estava preocupada com a lealdade da imensa guarnição de Petrogrado, composta por cerca de 180 mil homens. Protopópov concordou em fazer uma reunião com os comandantes do distrito militar de Petrogrado, o general Khabálov, um oficial incapaz de pensar com clareza, e o lugar-tenente general Tchebíkin, que tinha pouca ideia de quais fossem suas responsabilidades. Quando Globatchóv perguntou se os soldados eram leais, Tchebíkin, o chefe das unidades de reserva, respondeu "Tenho certeza de que são", quando evidentemente ele não tinha a menor noção.

Globatchóv estava bem ciente da escassez de oficiais experientes e de suboficiais. A maioria dos melhores havia sido morta ou se tornado inválida no front. Os batalhões da reserva da Guarda em Petrogrado estavam sofrendo daquilo que o escritor Víktor Chklóvski chamou de "o tedioso desespero e ressentimento" da vida de quartel. O soldado de Petrogrado em 1917 "era ou um camponês insatisfeito ou um morador de cidade insatisfeito". Viam-se imersos na desesperante superlotação dos quartéis, que eram como "meros currais de tijolos", tendo como marca registrada "o cheiro amargo da servidão".

Globatchóv preparou um relatório sobre o humor dos soldados na guarnição de Petrogrado. Uma cópia foi passada à *Stavka*. O general Alekséiev concordou em substituir algumas das unidades por corpos da cavalaria da Guarda, mas isso nunca foi implementado em razão de uma ofensiva alemã no front da Romênia. Para piorar as coisas, as temperaturas em fevereiro caíram ainda mais, para vinte graus negativos. A escassez de combustíveis em Petrogrado disparou rumores de que um racionamento de pão estava prestes a ser introduzido. Isso gerou compras ditadas pelo pânico, com muitas mulheres fazendo fila sob fortes geadas, sem serem atendidas. A escassez de combustíveis também levou à demissão de trabalhadores de muitas fábricas sem pagamento, inclusive no gigante conglomerado Putilov, que fechou as portas em 21 de fevereiro.

Numa quarta-feira, 22 de fevereiro, depois de passar apenas dois meses no Palácio de Alexandre em Tsarskoie Selo, Nicolau II partiu de novo para a *Stavka* em Mogilev, na Bielorrússia. No trem imperial, leu uma edição francesa de *Guerras da Gália*, de Júlio César. Em várias ocasiões ao longo das semanas anteriores, ele rejeitara as tentativas de Mikhail Rodziánko, o presidente da Duma Estatal, de persuadi-lo a nomear ministros do Bloco Progressista para sufocar a revolta. O desatinado Protopópov garantiu-lhe uma vez mais que a capital estava em mãos seguras.

O dia seguinte, 23 de fevereiro, era o Dia Internacional da Mulher, e marcou o início do processo revolucionário. Uma repentina mudança no tempo trouxe a luz do sol, deixando as ruas de Petrogrado ainda mais cheias de gente, após semanas de frio intenso e céu escuro. Planejado com antecedência, havia diversos grupos de mulheres envolvidos. Alguns protestavam contra a escassez de alimentos e gritavam "Pão! Pão! Pão!", mas havia também a Liga Russa pela Igualdade de Direitos para as Mulheres, reunida na Praça Znamenskaia. A luta pelo sufrágio feminino

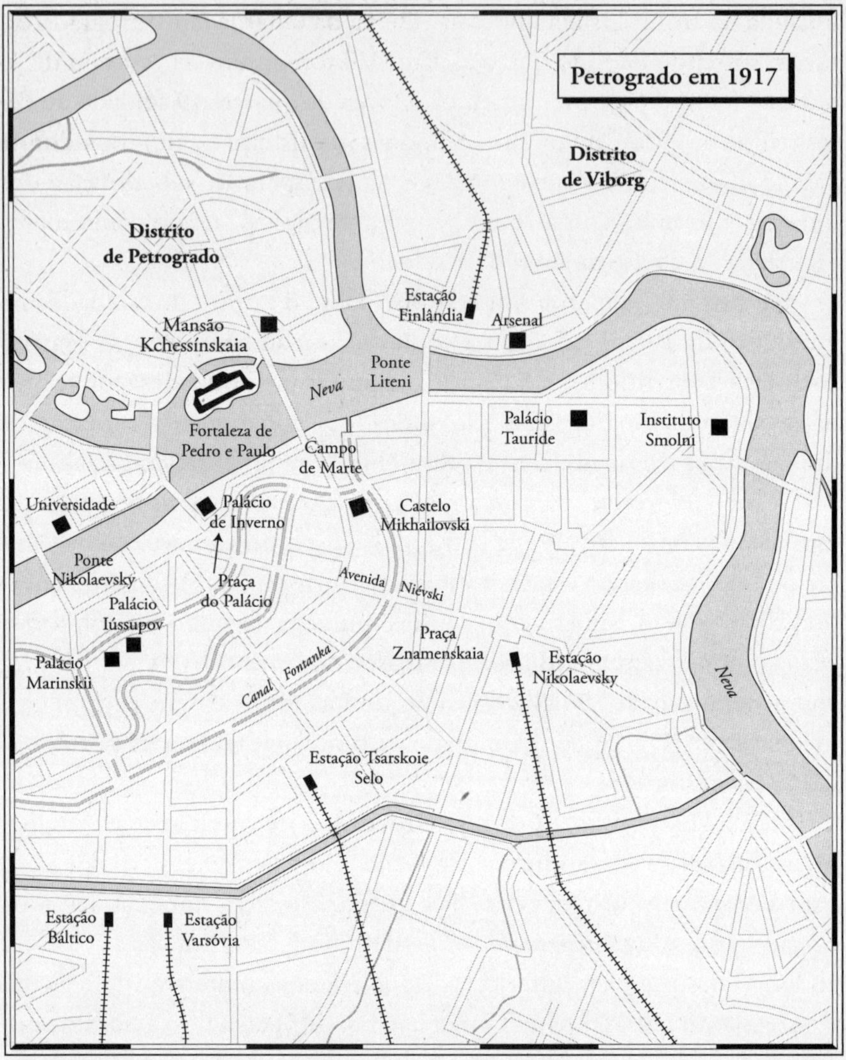

na Rússia já estava em curso havia nove anos, mas em quatro semanas, após uma imensa manifestação com cerca de 40 mil mulheres, o futuro Governo Provisório concordaria com o voto feminino. Isso colocou a Rússia à frente da Grã-Bretanha e dos Estados Unidos e ocorreu 27 anos antes de que as mulheres francesas conquistassem o direito ao voto.

As duas maiores passeatas em 23 de fevereiro dirigiram-se à avenida Niévski, vindas de direções diferentes. Apesar de alguns incidentes menores com vidraças de bondes sendo quebradas, os destacamentos de cossacos montados e a detestada polícia com seus uniformes pretos pareciam ter a situação sob controle. No entanto, a Okhrána de Globatchóv notou uma mudança de atitude entre os cossacos. Eles pareciam evitar o confronto, o que não era característico. Alguns soldados desafiaram um grupo de cossacos que estavam sendo alimentados no quartel deles. "Vocês vão chicotear e atirar nos trabalhadores e naqueles soldados que se juntam às massas, como fizeram em 1905?" Ficaram perplexos com a resposta. "A resposta nos deixou assombrados: 'Não! 1905 não vai acontecer de novo! Não iremos contra os trabalhadores. Em nome do quê? Desta sopa de lentilhas e de arenque podre?', disseram eles, apontando com asco para suas tigelas."

Na sexta-feira, 24 de fevereiro, o clima havia mudado. Mais de 150 mil trabalhadores, homens e mulheres, segundo alguns quase 200 mil, entraram em greve, e as vitrines das lojas foram cobertas com tábuas. Dez mil manifestantes do distrito de Viborg reuniram-se na margem norte do Neva, e viram que as autoridades haviam montado barricadas nas pontes. Como o rio estava congelado, muitos atravessaram pelo gelo para desviar do bloqueio dos cossacos e dos policiais. Os mais audaciosos confrontaram as linhas de policiais. Alguns se agachavam ou se enfiavam por baixo da barriga dos pequenos pôneis dos cossacos. Viram que os cossacos não estavam com as *nagáikas*, seus letais chicotes de couro de boi.

Serguêi Prokôfiev, o compositor, fez anotações em seu diário naquele dia. "Havia certa aglomeração de pessoas na ponte Anitchkov, a maioria trabalhadores, com jaquetas curtas e botas de cano alto. Cavalgadas de cossacos passavam, cada grupo formado por cerca de dez cossacos, armados com lanças... Atravessei a ponte Anitchkov e fui em direção à ponte Liteni. Era ali o centro da manifestação. Havia massas de trabalhadores, a rua estava totalmente tomada por essa multidão... Quanto aos cossacos, empurravam a multidão sem violência, com seus cavalos. Às vezes subiam nas calçadas e afastavam os curiosos quando seu número crescia muito... Uma mulher com uma expressão estúpida, que estava completamente sem entender o que acontecia naquele momento, instigava as pessoas dizendo 'Batam nos judeus', enquanto um trabalhador tentava explicar-lhe com muita inteligência quais eram os objetivos do seu movimento, evidentemente desperdiçando sua eloquência."

No dia seguinte, as multidões, encorajadas pela reação hesitante das forças da lei e da ordem, eram ainda maiores, e agora mais agressivas. Padarias foram invadidas e saqueadas em vários lugares. Os trabalhadores mais radicais carregavam bandeiras vermelhas com slogans atacando a "mulher alemã" – a Czarina. Trabalhadores e estudantes cantavam a "Marselhesa", numa versão bem mais lúgubre do que a da lírica violência do original francês. Também gritavam "Abaixo o Czar!" e "Chega de guerra!" e arremessavam pedaços de gelo na polícia.

O Conde Louis de Robien, um dos jovens diplomatas de Paléologue, viu uma multidão atravessando o rio congelado, vinda do distrito de Viborg de Petrogrado. Vislumbrou então um destacamento de cossacos cavalgando junto à margem para expulsá-los dali. "São muito pitorescos", observou em seu diário, "com seus cavalinhos, carregando um feixe de feno numa rede presa à sela e armados com uma lança e uma carabina."

Robien claramente achou o espetáculo bastante estimulante e até romântico. Descreveu a polícia montada czarista como "muito chique, com seus belos cavalos, capas pretas com um trançado vermelho e chapéus chatos de astracã com uma pluma preta". Mas os policiais, conhecidos como "faraós", eram mais odiados ainda que os cossacos, em parte por serem isentos de prestar serviço no front. Não muito depois, Robien viu a infantaria enfileirada diante da Catedral de Cazã, com as multidões aproximando-se com bandeiras e estandartes vermelhos. A polícia afastou os espectadores, e um destacamento montado, provavelmente da 9ª Cavalaria, tomou posição. "A carga foi realizada com uma boa dose de brio", escreveu ele. "A cavalaria invadiu a praça Cazã a galope e com as espadas desembainhadas, irrompendo pela [avenida] Niévski ao encontro dos manifestantes." Robien não tinha ideia de que o primeiro caso de amotinamento acabara de acontecer na guarnição. Soldados do Regimento Pávlovski da Guarda tinham se recusado a seguir as ordens de seu comandante e o haviam ferido mortalmente. Os instigadores foram presos e enviados à corte marcial.

Embora chegassem relatórios sobre padarias saqueadas, a Czarina não mostrou preocupação. "O exército é leal", declarou, "e podemos contar com ele." Ninguém a informara da mudança de clima entre os esquadrões cossacos supostamente leais. Vladímir Zienzínov, um advogado socialista-revolucionário, registrou que "os cossacos cavalgavam entre a multidão com os rifles levantados no ar, gritando que não iriam atirar nos civis, que eles estavam do lado do povo... E a multidão saudava-os gritando: '*Hurra!* Vida longa aos cossacos!'".

As primeiras mortes de civis também ocorreram naquela tarde quando um destacamento da 9ª Cavalaria entrou em pânico e abriu fogo na avenida Niévski. "Vi meu primeiro homem morto", o futuro escritor Vladímir Nabókov registrou. "Ele estava sendo carregado numa maca, e de uma de suas pernas caídas um camarada mal calçado continuava tentando arrancar-lhe a bota, apesar dos empurrões e socos que levava de um dos carregadores da maca." Também houve confrontos quando uma grande multidão chegou à praça Znamenskaia, que era dominada pela colossal estátua equestre de Alexandre III, ridicularizada com o apelido de "O Hipopótamo". Os manifestantes foram confrontados por uma companhia do Regimento Volínski da Guarda. Após o cair da noite, muitos afirmaram que um cossaco havia matado um policial que atacara um manifestante. Algumas testemunhas disseram que o cossaco o abatera com seu sabre, outras que havia atirado nele. Os rumores sobre esse evento significativo logo se espalharam.

Porém, muitas pessoas, inclusive alguns bolcheviques, ainda achavam que se tratava de um protesto sobre comida, que iria dissipar-se assim que se distribuísse pão o bastante. Protopópov e o general Khabálov, em seus relatórios ao Czar em Mogilev, mencionaram o escopo da agitação, mas ressaltaram que a situação estava sob controle. O Czar, embora sem mencionar isso em seu diário, ordenou que Khabálov pusesse fim imediatamente aos tumultos na capital. Khabálov ficou mais do que inquieto. Abrir fogo contra grandes multidões era praticamente declarar guerra à população civil. Depois disso, não haveria chance nenhuma de os protestos amainarem. Ao que parece, nunca passou pela cabeça do Czar que essa sua ordem iria obrigar seus próprios soldados a escolherem um lado. Protopópov buscou o conselho do falecido Raspútin numa sessão espírita. Naquela noite, as autoridades perderam o distrito de Viborg. As delegacias de polícia foram sitiadas e incendiadas.

Na manhã do domingo, 26 de fevereiro, outro dia frio mas ensolarado, multidões de trabalhadores novamente irromperam através do Neva congelado. Eles arrancaram os cartazes assinados pelo general

Khabálov que anunciavam que as manifestações estavam proibidas, que os soldados tinham autorização para abrir fogo e que logo haveria pão disponível de novo. Muitos nas classes altas de Petrogrado imaginaram que a mobilização massiva de infantaria e cavalaria naquele dia poria fim à desordem. Mas Globatchóv advertiu o general Khabálov de que os protestos estavam caminhando para o nível político. Os trabalhadores planejavam voltar às suas fábricas e oficinas na segunda-feira para realizar eleições para um Soviete (Conselho) de Delegados dos Trabalhadores.

Embora as forças de segurança tivessem mais ou menos controlado a situação naquela manhã de domingo, muitos manifestantes decidiram invadir o centro de Petrogrado. A grande maioria dos soldados não estava obedecendo às ordens de disparar contra a multidão, mas houve disparos na avenida Niévski. De início eram os tiros de membros da polícia tentando se defender, mas pelo menos uma companhia de suboficiais em treinamento, a do Regimento Pávlovski, estava preparada para abrir fogo quando foi cercada no canal Moika. Mais tarde, uma companhia do Regimento Volínski, comandada por um oficial bêbado, abriu fogo contra cerca de quarenta civis na praça Znamenskaia, embora alguns relatos afirmem que os disparos foram dados para o ar. Houve também um confronto desordenado quando um grande grupo de membros do Regimento Pávlovski, que haviam saído de seu quartel dispostos a ajudar os manifestantes, deparou-se com uma companhia do Regimento Preobrajiénski.

Enquanto jogava dominó naquele fim de tarde em Mogilev, o Czar recebeu mais um pedido de Rodziánko, o presidente da Duma Estatal, para que reformulasse o governo a fim de evitar um desastre. Ele não respondeu, mas decidiu ordenar que a reunião da Duma fosse por enquanto suspensa, o que silenciaria os liberal-conservadores como Rodziánko. A mensagem devia ser transmitida pelo Príncipe Nikolai Golítsin, o idoso e enfermo chefe do Conselho de Ministros do Czar. Rodziánko, embora fosse um nobre e ex-oficial da Cavalaria da Guarda, era odiado pela Czarina e não tinha a confiança do Czar, por ter sido um firme opositor de Raspútin. Sua esposa, uma Golítsin, chegara a escrever para parabenizar o Príncipe Iússupov pelo assassinato, e Protopópov havia mostrado sua carta interceptada à Czarina.

Em Petrogrado, Protopópov convocou Globatchóv após o jantar, não para discutir a catastrófica situação, mas para poder se gabar de sua audiência com a Czarina. Naquela mesma noite de domingo, convidados em trajes de gala encaminharam-se para o palácio da Princesa Radziwiłł no Fontanka, apesar dos cordões militares de isolamento que haviam sido colocados ali. O baile foi "lúgubre", segundo Robien. "As pessoas precisaram fazer um esforço para dançar ao som de uma orquestra desfalcada de vários de seus músicos. E a volta para casa foi sinistra... todas as ruas cheias de tropas, e fomos parados em várias ocasiões por soldados montando guarda junto a grandes fogueiras. Dava a impressão de estarmos atravessando um acampamento militar." Uma sótnia de cossacos passou por eles em seus desgrenhados pôneis. "A neve abafava o som dos cascos de seus cavalos. Ouvia-se apenas o retinir das armas."

Qualquer esperança de que a manhã de segunda-feira visse um retorno à calma e à ordem não durou muito. Durante a noite, segundo um famoso relato, o sargento Kirpitchníkov do Regimento Volínski havia convencido seus colegas suboficiais de que o regimento deveria se recusar a seguir ordens de marchar contra os trabalhadores.* Assim, quando os oficiais chegaram e os encontraram perfilados em atenção no pátio coberto de neve do quartel Tavritchevski, o sargento deu um sinal. Os soldados gritaram, todos juntos, "Não vamos atirar!". Assim que os oficiais passaram a fazer ameaças, os homens começaram a bater as coronhas de seus rifles no chão, ritmadamente. Os oficiais, sentindo que se tratava de um motim em grande escala, viraram as costas e correram. Um único tiro matou seu comandante.

Na mitologia comunista, foi esse incidente que fez a guarnição de Petrogrado se juntar à revolução. Sua determinação de ajudar os trabalhadores não foi, porém, a única motivação. Quase nenhum deles queria ser enviado ao front, e todos sabiam que uma ordem nesse sentido estava sendo planejada para vários batalhões de reserva em Petrogrado.

Disparos de armas de fogo podiam ser ouvidos já desde bem cedo – primeiro tiros de fuzis ocasionais, depois saraivadas, que podem ter

* No século anterior, o Regimento Volínski havia se dedicado em grande parte a sufocar levantes na Polônia.

sido eventuais manifestações de *feu de joie*, isto é, tiros disparados para o ar à medida que os soldados descobriam que seus oficiais haviam ficado com medo. Rodziánko mandou outro telegrama a Mogilev endereçado a *"Sa Majesté Impériale le Souverain-Empereur"*. Dizia: "A situação está se deteriorando. Devem ser adotadas medidas imediatas, porque amanhã será tarde demais. A hora derradeira chegou, e agora o destino do país e da dinastia será decidido". O Czar, depois de ler a mensagem, simplesmente observou: "Aquele gordo, Rodziánko, me escreveu de novo falando um monte de bobagens e nem vou me dar ao trabalho de responder".

As multidões de manifestantes que protestavam naquela manhã tinham se dirigido à Duma Estatal no Palácio Tavritchevski (Tauride), bem perto do quartel tomado pelo Regimento Volínski. Os rebeldes haviam ido até as linhas do Regimento Preobrajiénski no mesmo imenso complexo, chamando-os a se unirem a eles. Ambos os regimentos então começaram a passar armas de seus arsenais para os trabalhadores. Foi esse o momento em que o povo entendeu que uma revolta havia de repente se tornado uma revolução.

Serguêi Prokôfiev tinha ido ao Conservatório para um ensaio de figurino de uma apresentação escolar de *Ievguêni Oniéguin*. Ao sair, viu que "uma batalha de verdade com um tiroteio terrível estava acontecendo na Liteni, ao lado do Arsenal, pois alguns soldados já tinham mudado de lado... Parei na ponte que cruza o Fontanka enquanto se ouvia da Liteni um vigoroso tiroteio de fuzis. Um trabalhador estava em pé a meu lado. Perguntei-lhe se achava que eu conseguiria passar pelo Fontanka e ele respondeu me encorajando: 'Sim, pode ir. Esta linha foi tomada pelos nossos homens'.

'O que você quer dizer com nossos homens?', perguntei.

'Trabalhadores armados de fuzis e soldados que passaram para o nosso lado', respondeu ele. Isto era novidade para mim".

Alguns grupos já haviam ido libertar prisioneiros da Fortaleza de Pedro e Paulo, de Litovski e de outras prisões czaristas. Outros foram saquear ministérios e destruir registros. O tribunal distrital de Petrogrado foi incendiado, assim como as delegacias de polícia e o departamento de polícia criminal. Destacamentos do exército que tinham a função de guardar esses lugares simplesmente aderiram. Uma multidão de umas

3 mil pessoas saqueou a destilaria da avenida Aleksandrovski e começou a consumir seu conteúdo.

Meia companhia do 3º Regimento de Fuzileiros da Guarda, comandada por um tenente, tinha a missão de defender o quartel da Okhrána. Globatchóv perguntou ao tenente se ele achava que podia confiar em seus homens. Ele negou com a cabeça, então Globatchóv pediu que levasse seus homens de volta para o quartel. Isso fez pouca diferença. De todo modo, o edifício foi incendiado antes do anoitecer. Depois que o escritor Máksim Górki viu as ruínas carbonizadas junto do menchevique Nikolai Sukhánov, ele previu que a revolução iria levar à "selvageria asiática". Górki, que tinha convivido com os pobres bem mais do que os liberais eslavófilos ou mesmo do que Lênin, não tinha quaisquer ilusões de que o povo russo fosse a "encarnação da beleza espiritual e da bondade". Era um homem impressionante, tanto física como intelectualmente. "Górki era alto, com um corte de cabelo curto", escreveu Víktor Chklóvski, "um pouco encurvado, de olhos azuis e de aspecto muito forte."

O irmão mais novo do Czar, o Grão-Duque Mikhail, agindo a conselho do Príncipe Golítsin e de Rodziánko, encorajou "Nicky" a substituir o Gabinete inteiro por outro que respondesse à Duma e fosse chefiado pelo Príncipe Gueórgi Lvóv, um notório liberal. Mais mensagens chegaram a Mogilev de Petrogrado, até mesmo uma da Czarina, recomendando fazer concessões, se bem que tarde demais naquele dia. O Czar ficara visivelmente chocado com o fato de seus regimentos da Guarda estarem envolvidos nos tumultos, especialmente depois de ter sido informado por Protopópov de que todos eles eram leais. Escreveu em seu diário naquele dia: "para minha grande tristeza, até mesmo soldados aderiram". E, no entanto, ainda acreditava que a revolta poderia ser esmagada. Recusou-se a imaginar que estava enfrentando uma ampla revolução.

Segundo Globatchóv, o grande erro do general Khabálov havia sido usar batalhões de infantaria da reserva em Petrogrado em vez da polícia e da gendarmeria. Naquela segunda-feira, apesar de onze manifestantes terem sido mortos a tiros, as tropas e os manifestantes estavam confraternizando na maioria dos outros locais. Os cordões da infantaria incentivavam os manifestantes a virem conversar com eles. "Patrulhas de cavalaria deixaram os trabalhadores afagarem e alimentarem seus cavalos." A sótnia cossaca na praça Znamenskaia interveio para deter o destacamento da polícia montada quando eles estavam a ponto de dispersar a multidão.

O general Khabálov "finalmente entendeu que não podia contar com as baionetas que supunha serem dele", escreveu Globatchóv (um grande eufemismo, considerando que Khabálov a essa altura havia entrado em pânico e parecia histérico). "Todas as unidades enviadas juntaram-se aos rebeldes", prosseguiu Globatchóv. "À noite ele não tinha nada além do pessoal do estado-maior do quartel-general. Enquanto isso, a rebelião continuava crescendo. Os saques a lojas e apartamentos tinham começado. Oficiais eram detidos e desarmados na rua, policiais de distrito eram espancados e assassinados, membros da gendarmeria eram presos ou mortos. Em resumo, ficou claro por volta de cinco da tarde que a autoridade cessara de existir."

Naquela mesma noite, o Czar deu ordens para que o trem imperial ficasse a postos. As últimas notícias do general Khabálov em Petrogrado mostravam que os alertas de Rodziánko não haviam sido exagerados. Nesse momento de crise, o Czar quis ficar em Tsarskoie Selo com a Czarina e especialmente com seus filhos, que estavam com sarampo. Convocou o general N. I. Ivanóv, com quem conversou durante o jantar, para que fosse a Petrogrado substituir Khabálov e impor a lei marcial.

Ivanóv deveria levar consigo, em outro trem, um batalhão especial de soldados, todos eles condecorados com a Cruz de São Jorge por bravura. Além disso, quatro regimentos de infantaria e quatro de cavalaria do front viriam em seguida "para esmagar a revolta das unidades da guarnição de Petrogrado". O general Lukômski, o intendente-geral, alertou o Czar de que seria extremamente perigoso para ele e seu séquito viajar em direção à capital quando ela estava em franca rebelião, mas o soberano foi inflexível. Nunca passou por sua cabeça que os trabalhadores da ferrovia poderiam simplesmente decidir bloquear seu trem, o que o deixaria paralisado e sem qualquer contato com os eventos.

3

A QUEDA DA ÁGUIA DE DUAS CABEÇAS

Fevereiro-março de 1917

Terça-feira, 28 de fevereiro, também foi um dia ensolarado. "As ruas estavam cheias de gente", escreveu Prokôfiev. "Não havia bondes ou cabriolés, então as pessoas enchiam as ruas de lado a lado. Havia massas de laços vermelhos." Ambulantes, tanto em Petrogrado como em Moscou, faziam dinheiro rápido vendendo laços de chita vermelha por cinco copeques cada. "Vendiam tudo em poucos minutos", escreveu um futuro Guarda Vermelho em Moscou. "Pessoas com aparência de ricas usam laços que são quase do tamanho de um guardanapo. Mas os outros diziam a elas 'Não sejam gananciosos, agora é igualdade e fraternidade!'"

No Fontanka, Prokôfiev "viu uma grande fogueira cujas chamas subiam até o primeiro andar de um edifício. Molduras de janelas eram arrancadas e atiradas ao fogo. Elas caíam com um barulho ensurdecedor e eram seguidas por todo tipo de objeto doméstico e mobília... um sofá verde, toalhas de mesa e armários inteiros cheios de papéis eram jogados fora. Casas de chefes de distritos policiais estavam sendo saqueadas... Os armários causavam uma impressão particularmente forte em mim, porque eram empurrados lentamente por cima do parapeito da janela, e então se precipitavam e caíam pesadamente sobre a calçada, direto na fogueira. As pessoas faziam uma algazarra, exultavam. Ouviam-se gritos: 'Seu sanguessuga! Sugou nosso sangue!'".

Uma tentativa de reunir uma força leal a partir de diferentes unidades sediadas no Almirantado e no Palácio de Inverno falhou miseravelmente. Khabálov só podia reconhecer sua total incapacidade de restaurar a ordem. Admitiu num questionamento da *Stavka* que, de uma guarnição de 180 mil, poderia talvez contar com quatro companhias de infantaria da Guarda, cinco esquadrões de cavalaria e duas baterias de artilharia. Isso não queria dizer que todo o resto tivesse se juntado à revolução. Talvez a maioria, apesar de se recusar a obedecer às ordens de seus oficiais, tivesse evitado participar ativamente da rebelião. Eles apenas se juntaram ao saque e à bebedeira subsequente.

O mito de uma "revolução sem sangue" foi refutado pelo número de baixas, perto de 1.500 mortos e 6 mil feridos de ambos os lados, isso apenas na capital propriamente dita. A luta terminou com a tomada do Astoria Hotel, onde muitos oficiais e generais procuraram abrigo, apenas para se verem encurralados em um massacre quando franco-atiradores da polícia, localizados no telhado, provocaram a multidão.

O trem imperial finalmente deixou Mogilev nas primeiras horas da terça-feira, 28 de fevereiro. Ele evitou a rota mais direta para Tsarskoie Selo a fim de não atrasar o general Ivanóv. O resultado foi que, quando os trabalhadores da ferrovia bloquearam a linha na noite seguinte, o trem do Czar precisou desviar para Pskov, onde o quartel-general do Front Norte, comandado pelo general Nikolai Rúski, possuía um dispositivo Hughes* para telegrafar para Mogilev.

O Czar quase se desesperou ao saber que os rebeldes haviam tomado Gatchina e Luga, a oeste de Tsarskoie Selo. "Que desgraça!", escreveu em seu diário em 1º de março. "É impossível chegar a Tsarskoe, mas meu coração e meus pensamentos estão ali o tempo inteiro. Como deve estar sendo doloroso para a minha pobre Alix ficar ali sozinha durante todos esses eventos! Que Deus possa vir em nossa ajuda!" Ele não receberia nenhum conforto da parte do general Rúski, que tinha pouco respeito pela família imperial e seus agregados. Ele falou ao Czar sobre a necessidade de aceitar a primazia da Duma para, em seguida, abdicar.

A ordem do Czar ao Príncipe Golítsin de que a convocação da Duma deveria ser adiada produziu efeito oposto em 27 de fevereiro. Um

---

* O dispositivo Hughes é um aparelho telegráfico especial, também conhecido como telégrafo de impressão, capaz de transmitir quarenta palavras por minuto (N.E.).

Rodziánko nervoso, que não queria que houvesse um vácuo de poder no qual radicais à esquerda superassem o seu Bloco Progressista, sentiu que não tinha escolha a não ser assumir a liderança se opondo ao Czar. Os partidos foram convocados para uma sessão depois que uma multidão de trabalhadores, intelectuais e soldados invadiu o grande Palácio Tauride, ansiosos por notícias e orientação num clima tanto de otimismo quanto de ameaça. Foi votado um "Comitê Provisório de Membros da Duma para a Restauração da Ordem", que passou a existir com doze membros – dez do Bloco Progressista de Rodziánko e dois socialistas, Aleksandr Keriénski e o menchevique georgiano Nikoloz Tchkheidze.

Vendo-se engolidos pelos populares, Rodziánko e outros políticos liberal-conservadores sentiam-se inseguros a respeito de sua legitimidade, e não confiavam em sua autoridade autoatribuída. Convenceram a si mesmos e aos principais generais do exército de que apenas eles serviam de barreira entre a obstinação do Czar e o caos total.

Enquanto o Czar permanecia retido em Pskov, houve um precoce reconhecimento do Comitê Provisório por parte de algumas figuras militares que passaram a chamá-lo de "Governo Provisório". Grupos de soldados marcharam até o Palácio Tauride para declarar sua lealdade, e Rodziánko procurou ficar à altura da ocasião com algumas palavras bombásticas bem escolhidas, recebidas com aclamações e aplausos e com mais uma interpretação inflamada da "Marselhesa". Ele e seus colegas sentiram-se obrigados a continuar a representar seus papéis, porque o Soviete de Petrogrado, que havia se formado pela primeira vez durante a Revolução de 1905, havia sido revivido quando os soldados rebeldes libertaram os dirigentes dos trabalhadores da Fortaleza de Pedro e Paulo, dois dias antes. Naquela noite foi formado, também no Palácio Tauride, o Comitê Executivo do Soviete de Petrogrado, ou *ispolnítielni Komítiet*, que ficaria conhecido pelo acrônimo Ispolkom. O símbolo czarista da águia de duas cabeças estava sendo substituído por uma forma de governo com um duplo poder. "Sim", observou amargamente o ultraconservador Vassíli Chulgín, "sim, acabamos ficando com algo que tem duas cabeças, mas que certamente não é uma águia."

Nas primeiras horas de 2 de março, o general Rúski em Pskov iniciou negociações em nome do Czar por telégrafo com Rodziánko. Duraram quatro horas. Rodziánko lembrou Rúski de todas as vezes que havia alertado o Czar ao longo dos últimos dois anos e meio sobre os perigos que o trono corria. "O ódio à dinastia alcançou limites extremos", disse ele. A única chance de salvar o país da guerra civil era "abdicar em favor de seu filho sob a regência de Mikhail Aleksándrovitch", o irmão mais novo do Czar, uma figura bem mais atraente e que acreditava numa monarquia constitucional. Rodziánko também alertou que despachar o general Ivanóv com seus soldados "só iria derramar óleo nas chamas". Felizmente, Ivanóv nunca chegou a Petrogrado.

Numa tentativa de ajudar Rúski a persuadir o Czar, o general Lukômski, que era o general-adjunto em Mogilev, convenceu o general Alekséiev a enviar um sinal a todos os demais comandantes em chefe dos fronts, assim como aos comandantes das frotas do Báltico e do Mar Negro, pedindo sua opinião. Alekséiev concordou. Ele, naturalmente, temia que o motim em Petrogrado se disseminasse para o front e que o inimigo se aproveitasse disso. Os generais Evert, Brusílov e o primo do Czar, o Grão-Duque Nikolai Nikoláievitch, todos responderam de maneira similar, expressando sua lealdade e devoção ao Czar e à sua família, mas pedindo que ele abdicasse imediatamente em favor do *Tsariévich*, como Rodziánko sugeria. O general Sákharov, comandante em chefe do front romeno em Jassy, evitou dar uma resposta, mantendo seu dispositivo Hughes desconectado. Lukômski ficou furioso quando descobriram isso. Sákharov, quando obrigado a responder, insistiu que queria primeiro ver as respostas dos demais comandantes em chefe.

Sákharov descreveu o comportamento de Rodziánko como "criminoso e revoltante" e a proposta de abdicação como "abominável". "Estou certo de que não foi o povo russo que sonhou com essa punição, mas um pequeno grupo de criminosos chamado Duma Estatal, que de maneira pérfida se aproveitou de um momento oportuno para alcançar seus objetivos sórdidos." Mas então acrescentou: "Sou obrigado, como leal súdito de Sua Majestade, a dizer com lágrimas nos olhos que talvez a decisão de aceitar as mencionadas condições seja a menos dolorosa para o país". Sákharov, é claro, poderia estar bêbado.*

---

* O almirante Koltchák, comandante em chefe da Frota do Mar Negro, tampouco respondeu, talvez porque estivesse em Batumi, e não em Sebastopol. O primo do Czar, Grão-

O general Rúski por fim conseguiu voltar com o Czar no trem imperial azul e dourado para informá-lo das respostas. Após vários minutos de ponderação, o Czar, finalmente convencido pela opinião de seus generais, e não pelos políticos, que ele desprezava, concordou em abdicar. A *Stavka* em Mogilev foi informada e pediram que enviasse uma proposta de esboço do texto que anunciaria a abdicação.

Quando, várias horas mais tarde, o quartel-general em Pskov alertou que estavam prestes a transmitir o boletim do Czar anunciando sua abdicação, os oficiais de estado-maior em Mogilev reuniram-se todos em volta do dispositivo Hughes. O coronel Tikhobrázov acompanhou o texto palavra por palavra, mas de repente estremeceu ao notar um desvio do esboço original. "Não querendo nos separar de nosso amado filho, delegamos a sucessão ao nosso irmão, o Grão-Duque Mikhail Aleksándrovitch."

Tikhobrázov imediatamente pediu sua confirmação. Em 1797, o Czar Paulo I havia introduzido uma lei de sucessão que não permitia ao soberano esse tipo de flexibilidade. Pskov confirmou que a frase estava correta. Tikhobrázov estava prestes a perguntar de novo, mas o Grão-Duque Serguêi Mikhailovitch, de pé bem atrás dele, calmamente lhe disse para deixar que transmitissem exatamente o que haviam recebido. Ele não se surpreendeu com o fato de seu primo não ser capaz de suportar ser separado do hemofílico Alekséi.

Naquela noite, o Czar entregou o boletim alterado a dois membros do Comitê Provisório da Duma, Aleksandr Gútchkov e Vassíli Chulgín, que tinham vindo de Petrogrado. O trem imperial partiu de volta para Mogilev à uma da manhã de 3 de março. "Saí de Pskov com minha alma pesada pelo que acabara de viver", escreveu o Czar. "Estou totalmente cercado de traição, covardia e falsidade!" Gútchkov e Chulgín, por sua vez, ficaram perplexos quando leram o texto alterado, mas não havia nada que pudessem fazer.

A mudança de ideia de Nicolau a respeito da sucessão causou consternação em Petrogrado. Rodziánko pensou que tivesse convencido os

-Duque Nikolai Nikoláievitch, estivera negociando com ele ali e o considerou uma pessoa "absolutamente impossível" de lidar. Respondeu a Alekséiev assim que chegou a Tiflis.

socialistas do Comitê Executivo a aceitar a abdicação em favor do jovem Tsariévich, tendo o Grão-Duque Mikhail Aleksándrovitch como regente. Mas agora a notícia de que um comandante de cavalaria tão popular quanto o irmão mais novo do Czar poderia obter diretamente o poder absoluto horrorizou os revolucionários no Palácio Tauride.* Eles temiam uma vingança repentina, ao passo que os liberais temiam o caos e até a guerra civil. Muitos poderiam ter assumido uma posição mais branda diante da ideia de ter um garoto vulnerável como monarca constitucional, mas essa mudança parecia indicar mais um retrocesso, um passo atrás em direção à autocracia.

Mesmo quando um kadete anunciou da galeria da Sala Catarina que o Czar estava abdicando em favor de seu filho Aleksêi, um futuro líder bolchevique registrou a onda de indignação que percorreu a sala. "Em vez do grito entusiástico, '*Hurra!*', que era o que o orador kadete talvez esperasse, irrompeu da garganta de centenas de soldados um grito unânime de protesto: 'Abaixo os Románov! Longa vida à república democrática!'."

Rodziánko, em pânico, e a maioria de seus colegas membros do Comitê Provisório sentiram que precisavam convencer o irmão do Czar a abdicar também – um irmão que ainda não fazia ideia de que tinha se tornado o Czar Miguel II. Era típico da falta de consideração de Nicolau por qualquer pessoa fora de sua família imediata não ter feito nenhuma tentativa de avisá-lo. Apenas Pável Miliúkov ainda acreditava que a monarquia deveria ser mantida de alguma forma.

Logo cedo naquela manhã de sexta-feira, enquanto Nicolau voltava em seu trem para Mogilev, o Comitê Provisório, depois de passar a noite em claro na Duma, descobriu que o Grão-Duque Mikhail Aleksándrovitch encontrava-se perto deles. Hospedara-se nos apartamentos da Princesa Putiátina, no número 12 da rua Millionnaia. Foi Keriénski, o novo ministro da Justiça, quem telefonou para ele, e, lá pelo meio da manhã, Rodziánko, o Príncipe Gueórgi Lvóv, Miliúkov, ministro do Exterior, e

* Mikhail Aleksándrovitch havia comandado a Divisão Selvagem do Cáucaso, com inguches, chechenos, daguestaneses, tártaros, circassianos e outros povos das montanhas, na ofensiva Brusílov de 1916.

Keriénski estavam acomodados em poltronas diante do Grão-Duque, que olhava para eles intrigado. Estavam com a barba por fazer e nervosos, se não assustados. Keriénski e Rodziánko, um pouco receosos de que uma multidão furiosa pudesse bater à porta, queriam uma abdicação imediata. Miliúkov, por sua vez, continuava a argumentar com insistência que abandonar a estrutura do estado czarista deixaria o Governo Provisório vulnerável até que novas eleições fossem realizadas.

Até que Mikhail Aleksándrovitch interrompeu a acalorada conversa e disse que gostaria de se reunir reservadamente com Rodziánko e o Príncipe Gueórgi Lvóv. Quando ficaram a sós em outro aposento, o Grão-Duque perguntou se eles poderiam dar a ele garantias de algumas coisas. Se renunciasse ao trono, o Governo Provisório seria capaz de restaurar a ordem e prosseguir com a guerra? Eles acreditavam que seria possível realizar eleições para uma Assembleia Constituinte sem serem impedidos pelo Soviete de Petrogrado? Tanto Gueórgi Lvóv quanto Rodziánko responderam afirmativamente.

Quando voltaram à sala, a atmosfera distensionou na mesma hora, pois ficou claro pela expressão no rosto dos políticos que o Grão-Duque concordara em abdicar. Agora era só achar a fórmula certa para o anúncio, embora isso não fosse tão simples assim, pois aqueles presentes não podiam reconhecer que o Grão-Duque fosse legalmente o Czar Mikhail, e ele mesmo se opôs, diante dessas circunstâncias, ao uso do termo "abdicar".

A Princesa Putiátina convidou o grupo a se juntar a ela para o almoço, enquanto especialistas em legislação eram chamados. Teriam que lidar com a declaração inconstitucional do Czar de abdicar em favor de seu irmão e não de seu filho. Ao anoitecer, uma solução elegante foi elaborada por Vladímir Nabókov, pai do futuro romancista, trabalhando junto com o Grão-Duque, que o conhecia bem. A primeira coisa que o relutante Czar insistia em eliminar era a fórmula padrão: "Pela graça de Deus, nós, Miguel II, Imperador e Autocrata de todas as Rússias". Ele insistia num anúncio mais informal.

> Um pesado fardo me foi atribuído pela vontade de meu irmão, que me transferiu o Trono Imperial da Rússia em um tempo de guerras sem precedentes e de tumultos populares.

Inspirado, como o povo inteiro, pela ideia de que o mais importante é o bem-estar do país, tomei a firme decisão de assumir o Supremo Poder apenas se esse for o desejo de nosso grande povo, que tem o direito de estabelecer a forma de governo e as novas leis básicas do Estado russo pelo sufrágio universal, por meio de seus representantes na Assembleia Constituinte.

Portanto, invocando as bênçãos de Deus, rogo a todos os cidadãos da Rússia que obedeçam ao Governo Provisório, que passou a existir por iniciativa da Duma e está investido de plenos poderes até que a Assembleia Constituinte, a ser convocada com o mínimo possível de demora, por sufrágio universal, através do voto direto, igual e secreto, expresse a vontade do povo em sua decisão quanto à forma de governo.

Mikhail.

Depois que o general Alekséiev mostrou a Nicolau o texto naquela noite, o ex-Czar escreveu em seu diário: "Parece que Mícha abdicou. Ele conclui seu manifesto pedindo eleições em seis meses de uma Assembleia Constituinte… Sabe Deus quem lhe deu a ideia de assinar tamanha torpeza".

Em acentuado contaste, os políticos e advogados envolvidos naquele dia nas negociações expressaram sua admiração por Mikhail Aleksándrovitch, tanto por sua motivação quanto por seu comportamento. Ele podia não ser tão inteligente quanto seu irmão mais velho, mas não sofria de sua fatal obstinação. É possível que eles tenham pensado que as coisas teriam sido bem diferentes se ele tivesse nascido antes de Nicolau.

4

DA AUTOCRACIA AO CAOS

Março-abril de 1917

Enquanto o antigo Czar viajava de Pskov a Mogilev no trem imperial, boatos desencontrados espalhavam-se por Petrogrado. Alguns diziam que ele havia sido preso, outros advertiam que colunas de soldados estavam a caminho para esmagar a revolução, auxiliados por um levante de grupos monarquistas secretos na cidade. Outra história ainda alegava que havia cossacos organizando um ataque a Petrogrado usando balões preenchidos com gases venenosos. O clima de raiva e medo intensificava-se. Tiros ao acaso podiam ser ouvidos pela cidade. Rebeldes tomavam automóveis e disparavam pelas ruas como se estivessem em missões importantes. "Eles ficavam lotados de soldados e trabalhadores, com as baionetas em riste e com bandeiras vermelhas tremulando", escreveu Prokôfiev em seu diário.

Relatos da polícia czarista e de gendarmes disparando contra a multidão com metralhadoras do alto de edifícios eram repetidos constantemente. Havia vários franco-atiradores da polícia, mas quantas metralhadoras foram de fato usadas desse modo é impossível dizer. Foi realizado um grande ataque ao Hotel Astoria na praça Santo Isaak, onde estavam aquartelados tanto oficiais russos quanto Aliados. Foi uma resposta aos tiros disparados contra uma multidão revolucionária do último andar do prédio. Quaisquer daqueles odiados "faraós" que fossem pegos escondidos ou disfarçados corriam o risco de ser despedaçados. Vários deles foram amarrados com cordas pelas pernas na traseira de veículos expropriados e arrastados pelas ruas. Ao que parece, um inspetor de polícia foi amarrado a um sofá, coberto de gasolina e incendiado. Outros foram fuzilados nas margens do Neva e seus corpos atirados no gelo. Segundo o doutor Joseph Clare, pastor da Igreja Americana de Petrogrado, "trinta ou quarenta policiais foram empurrados por um buraco no gelo sem nem mesmo uma pancada na cabeça para atordoá-los – afogados como ratos".

A atmosfera era extremamente volátil. Um pobre chapeleiro, acompanhado por seu garoto aprendiz, viu um brinquedo estrangeiro muito colorido numa banca. Quis comprá-lo para sua neta. Infelizmente, não trazia dinheiro suficiente com ele, porque seus clientes achavam que a revolução cancelaria todas as dívidas. Ele perguntou à vendedora se ela podia baixar o preço. A mulher recusou, com raiva, e no meio da discussão ele a chamou de "exploradora". Ela então começou a gritar que ele era um "faraó" disfarçado.

Na mesma hora, as pessoas começaram a gritar: "Vamos bater no policial! Morte ao 'faraó!'". Uma aglomeração de gente sedenta de sangue cercou-o e começou a rasgar suas roupas e a espancá-lo. Quando um soldado sacou seu sabre, o garoto aprendiz gritou horrorizado e começou a berrar: "Gente, parem com isso! Não o matem! Ele não é um faraó, é só um chapeleiro das docas de Apraksin!". Então o garoto desatou a chorar. As pessoas ficaram olhando, confusas, e o patrão do menino se agarrou a ele, tremendo de medo. Com a mesma rapidez o clima mudou para um de compaixão. As mulheres ajudaram o homem a vestir de novo seu casaco e lhe disseram para orar por seu pequeno salvador.

Os oficiais do exército também tinham que se esconder em apartamentos e arranjar roupas civis para não serem espancados ou mortos, mas ainda assim corriam perigo. As multidões arrancavam todos os símbolos da monarquia dos edifícios públicos ou as águias de duas cabeças das lojas que eram fornecedoras oficiais da corte imperial. Grupos armados iam de edifício em edifício nas áreas mais ricas, dizendo estar à procura de contrarrevolucionários. Na maioria das vezes, era uma desculpa para realizar saques, atos de violência gratuita e irracional e, em alguns casos, uma oportunidade para estuprar qualquer mulher jovem que fosse encontrada sozinha em casa. O jovem e horrorizado Grão-Duque primo do Czar admitiu em seu diário: "O ódio do povo ficou fermentando por tempo demais". Aleksandr Keriénski se referiu evasivamente à "fúria do povo".

*

O político conservador Vassíli Chulgín observou: "Apenas um homem poderia abrir caminho por esse pântano, saltando de montículo em montículo – Keriénski". Um advogado de rosto pálido com olhos extraordinários, Aleksandr Keriénski se aproveitou das vantagens de sua incomum posição, com um assento tanto no Comitê Provisório da Duma quanto no Comitê Executivo do Soviete de Petrogrado. Isso o tornou ainda mais influente do que Rodziánko ou qualquer outro membro do embrionário Governo Provisório, que não tinha confiança o bastante para exercer o poder por conta própria.

As sessões plenárias do Soviete de Petrogrado no Palácio Tauride eram totalmente caóticas, com cerca de 3 mil delegados debatendo, muitas vezes com propostas divergentes. "Dentro, o palácio fervia de energia", escreveu um socialista-revolucionário. "Havia muita gente indo em todas as direções, soldados circulando com seus fuzis retinindo, com reuniões contínuas de organizações revolucionárias e do Governo Provisório acontecendo nos saguões e salas. Pilhas de fuzis e caixas com cartuchos estavam espalhadas por todo o chão, havia um monte de metralhadoras com cintos de munição e até uma pilha de bananas de dinamite e granadas de mão, à qual ninguém dava muita atenção. De vez em quando, pessoas presas eram escoltadas através da multidão."

Os observadores compararam as sessões plenárias às assembleias de aldeia, onde qualquer um podia se levantar e dizer o que quisesse. Aqui, o público era uma densa massa de soldados e trabalhadores, enrolando cigarros de tabaco *makhórka** em tiras de jornal ou de panfletos, ou então mascando sementes de girassol e cuspindo as cascas no magnífico piso de mármore do palácio do Príncipe Potemkin. As votações podiam ter qualquer desfecho e eram em grande parte ignoradas. Os líderes socialistas no Comitê Executivo simplesmente não davam muita importância ao que era dito e seguiam em frente com seus próprios planos para o poder.

Um soldado, fascinado com os debates, observava um grupo de mulheres do lado de fora do Tauride que pediam para ver Keriénski.

---

* *Makhórka* é um tipo de tabaco de sabor forte e alto teor de nicotina, muito consumido na Rússia pelas classes populares (N.E.).

Reunião do Soviete de Petrogrado em 1917 no Palácio Tauride (Tavritchevski), do Príncipe Potemkin.

Elas haviam sido informadas de que ele não estava disponível, então o menchevique georgiano Nikoloz Tchkheidze o representou. A delegação feminista declarou: "Nós, as mulheres, exigimos igualdade!".

"Camaradas mulheres", Tchkheidze respondeu em tom brincalhão. "Assinarei por sua igualdade, com minhas duas mãos. Vocês só precisam que seus pais, maridos e irmãos a concedam a vocês." A multidão soltou uma gargalhada, enquanto as mulheres gritaram em protesto.

"De repente, porém", relata o soldado, "um carro aberto foi se espremendo pela multidão, com várias mulheres dentro. As outras as aclamaram em uníssono. O carro chegou à fileira da frente. Uma das mulheres que estavam nele ficou em pé e começou a falar. Discursou por um bom tempo e falava muito bem: sobre os problemas das trabalhadoras russas, em especial daquelas que eram mães. A multidão às vezes a interrompia, com exclamações de aprovação. Tchkheidze logo abandonou seu tom jocoso."

A veia dramática de Keriénski ficou evidente quando figuras destacadas do *ancien régime* foram trazidas à Duma como prisioneiros. Chulgín descreveu-o como "um ator até a medula". Quando o ex-ministro da Guerra, general Sukhomlínov, foi trazido, Keriénski fez toda uma cena ao arrancar-lhe as dragonas militares. Mas, assim que a multidão gritou pedindo sua morte, Keriénski estendeu os braços num gesto protetor e gritou: "A Duma não derrama sangue!".

No total, cerca de sessenta ministros e generais, além de várias mulheres, entre elas a confidente da Czarina, Anna Virúbova, estavam sendo mantidos no pavilhão anexo à Duma Estatal. Soldados e camponeses entravam e ficavam vagando por ali, olhando fascinados para aquelas pessoas outrora poderosas, como se elas fossem animais raros em um zoológico. Aqueles que eram mantidos no pavilhão haviam tido mais sorte que os que haviam sido levados diretamente à Fortaleza de Pedro e Paulo, que, assim como outras prisões, tinha celas vazias de sobra após a espontânea e caótica libertação das vítimas do Czarismo.

No dia seguinte à libertação de presos políticos do Castelo Litovski, a garota de quinze anos Ievguênia Markon, anarquista de uma abastada família judia, encontrou um pequeno bilhete que havia caído de uma das celas mais altas. Era um pedido de ajuda. Os guardas tinham ido embora, deixando os presos ali trancados, sem nada para comer ou beber. Horrorizada com o fato de que apenas os presos políticos haviam sido libertados, essa jovem agitadora encontrou alguns soldados e convenceu-os a invadir a prisão, abrindo os cadeados a tiros de fuzil. Um dos prisioneiros, um homem alto e barbudo, abraçou-a, soluçando e tremendo de emoção.

A revolução também podia revelar que os oprimidos nutriam alguns preconceitos terríveis nesses tempos de caos. Uma avó de uma família de intelectuais que celebrava a queda do regime foi abordada no mercado por uma dona de banca. "Você é cristã?", a dona da banca perguntou. "Então, diga: a vida vai melhorar agora?"

"Claro que vai", respondeu a avó.

"Ah, qual é", disse a mulher. "Nada vai melhorar até acabarem com todos os judeus. Porque os judeus são os culpados por todas as dificuldades enfrentadas pelo povo simples."

Vassíli Krávkov, aquele veterano médico militar no front, não conseguia tirar da cabeça a gloriosa notícia da queda do Czar. "Dormi mal por causa dos grandiosos eventos que haviam tido lugar", escreveu ele em seu diário. "Ficamos aguardando até o anoitecer a ordem contendo o anúncio real. O Czar realmente abdicou. Minha cabeça está girando.

Esta frase no comunicado soa muito bela: 'A Assembleia Constituinte irá expressar a vontade do povo com sua decisão sobre a forma de governo'. Quer dizer então que é de fato possível que uma república seja anunciada em breve? É assustador só de pensar." Krávkov, porém, precisava manter seus pensamentos para si, já que estava rodeado de oficiais reacionários que pareciam ao mesmo tempo ressentidos e resignados. O fato de não haver a mais leve tentativa dentro do exército de lutar contra a revolução certamente indicava a extensão da desesperança em relação ao Czar e à Czarina, mesmo nos círculos mais conservadores.

A aceitação da abdicação e do Governo Provisório pelos generais, e mesmo por alguns grão-duques, era ditada pelo medo de um total rompimento da ordem. Isso não significava que eles estivessem recebendo bem a guinada dos eventos. No Cáucaso, em Kislovodsk, o Grão-Duque Andrei Vladímirovitch expressou seu choque em um registro no seu diário: "A notícia da abdicação do Soberano, em seu nome e no de Alekséi, e em favor de Mikhail Aleksándrovitch, deixou-nos estupefatos. A segunda abdicação é ainda mais terrível. É muito difícil e muito triste escrever estas linhas. Toda a antiga grandeza da Rússia foi destruída em apenas um dia".

O repentino vácuo de poder criou uma sensação ainda maior de irrealidade em Mogilev depois que Nicolau voltou de Pskov para lá. Todo o estado-maior veio recebê-lo na plataforma quando o trem imperial chegou à noite. "Todos pareciam deprimidos, como se viessem do funeral de alguém de quem tivessem sido muito próximos", escreveu o coronel Tikhobrázov.

Na manhã seguinte, Tikhobrázov olhou por acaso pela janela do edifício principal e viu um grupo de civis gesticulando e gritando diante dos portões. Os gendarmes de serviço estavam impedindo a entrada deles. Mandaram o sentinela do saguão averiguar do que se tratava. Ele voltou para reportar. "Aquelas pessoas são fornecedores que souberam da abdicação do Soberano e vieram exigir o dinheiro que lhes é devido. Têm medo de não serem pagos." O funcionário de plantão ficou vermelho de vergonha. "Que desgraça", comentou. "Só espero que o Soberano não esteja vendo isso das janelas do palácio."

Quando o ex-Czar apareceu, mais tarde naquela manhã, Tikhobrázov não conseguia olhá-lo nos olhos, pois não sabia como se dirigir a ele. Sentiu que dificilmente poderia continuar chamando-o de "Vossa Majestade Imperial". O Czar estava segurando um formulário de mensagem para telegrama e um pedaço de seu próprio papel azul de escrever. Dirigiu-se ao general Alekséiev, o chefe do estado-maior, e entregou-lhe o telegrama que ele mesmo havia preenchido e a folha de papel azul.

"Mikhail Vasilievich", disse ele. "Mudei de ideia. Por favor, mande isso para Petrogrado." No telegrama, ele dizia que, afinal, pretendia passar o trono para o seu filho. Alekséiev explicou que não podia concordar em enviar o telegrama. O ex-Czar repetiu sua solicitação mais duas vezes, mas o general continuou irredutível. Nicolau virou as costas e desceu devagar a escada.

Depois que ele desapareceu, Alekséiev entregou a Tikhobrázov a pequena folha de "papel do Czar". Nela estava escrito, na cuidadosa caligrafia de Nicolau:

> Solicitação ao Governo Provisório:
>
> Que me permita viajar sem quaisquer obstáculos a Tsarskoie Selo a fim de me juntar à minha família;
>
> Que eu permaneça em Tsarskoie Selo, livre, até a completa recuperação dos membros de minha família;
>
> Que eu volte para a Rússia após o término da guerra para ficar, em caráter permanente, no Palácio Livadia.*

A notícia do colapso da dinastia Románov disseminou-se a partir de Petrogrado com velocidades diferentes. Cidades e aldeias que dispunham de telégrafo e estações de trem souberam logo. Algumas tiveram suas próprias revoluções espontâneas. Muitas áreas mais remotas pouco souberam durante semanas.

O jornalista aprendiz Konstantín Paustóvski havia sido enviado por seu editor até Iefriemov, pequena cidade na província de Tula, que

* Tikhobrázov escreveu em seu relato: "Cito este texto de memória, confiando estar lembrando da essência de cada parágrafo". O Palácio Livadia era a residência de verão da família imperial em Ialta, na Crimeia, e foi o local da Conferência de Ialta de fevereiro de 1945, da qual Stálin foi o anfitrião.

Tchékhov teria descrito como "a encarnação da vastidão russa". Os jornais de Moscou demoravam três dias para chegar ali. "Cachorros latiam ao anoitecer ao longo da rua principal e o vigia noturno soava sua matraca ao fazer suas rondas."

Paustóvski descreveu como seu novo amigo Ossipiénko entrou correndo em seu quarto. "Está havendo uma revolução em Petersburgo", ele gritou. "O governo foi derrubado." A voz dele falhou. Ele desabou numa cadeira e desatou a chorar. Paustóvski viu que as mãos dele tremiam segurando um pedaço de papel com a proclamação do Governo Provisório. Como não restara nada da polícia ou da administração, "uma assembleia do povo estava reunida em caráter permanente no salão da câmara municipal. Ela foi rebatizada de 'Convenção', em homenagem à Revolução Francesa". Cantaram de novo a "Marselhesa", numa interpretação incerta, para honrar o momento histórico. Conforme a notícia se espalhava, os camponeses iam à cidade perguntar quando poderiam tomar as terras e quando a guerra iria terminar. "Dias barulhentos e confusos tinham começado", escreveu Paustóvski.

Seria de esperar que Moscou fosse mais bem informada. No entanto, um curador do Museu Histórico escreveu em seu diário: "Muitos boatos circulam, mas o que será verdade? Não há jornais, os bondes não circulam, nem os cabriolés. Há aglomerações por toda parte, a atmosfera está animada como na Páscoa". Depois ele ficou espantado ao ver uma procissão de muçulmanos na praça Lubianka, carregando uma bandeira vermelha e recitando uma oração.

Havia reuniões públicas em muitas praças, especialmente em volta do monumento a Púchkin ou junto à grande estátua equestre de Skobiélev, em cuja espada estendida havia sido colocada uma bandeira vermelha. Oradores eram aclamados ou, em alguns casos, puxados para baixo do pedestal. Soldados com chapéus de pele de carneiro e com faixas vermelhas nos braços, sobre seus casacões cinza, intimidavam as multidões. Qualquer discordância era recebida com réplicas do tipo "Vão lá alimentar os piolhos nas trincheiras antes de pensarem em me questionar, seus czaristas imprestáveis!". E os boatos mais insanos continuavam circulando – como o de que Keriénski era judeu, ou o de que os monges do mosteiro Donskói tinham escondido rublos de ouro no meio de maçãs.

*

O principal inimigo da Rússia estava igualmente confuso com a nova situação no país. A aviação alemã lançou panfletos de propaganda sobre a linha do front declarando que "o amado Czar" havia sido removido pelos "brutais ingleses". O comandante Oliver Locker-Lampson, da divisão de carros blindados do Real Serviço Aeronaval [RNAS, na sigla em inglês], que apoiava o Exército Russo no Front da Galícia, reportou secamente a Londres que aquela mentira ridícula "nos transformou em heróis por vários dias".

As tentativas alemãs foram em vão. Eles deveriam ter se lembrado dos dizeres de Napoleão de que você não deve interromper seu oponente quando ele está cometendo um erro. Nenhum dos inimigos poderia ter sonhado em alcançar o que o Soviete de Petrogrado fez por eles com um único boletim.

Mesmo que o linchamento de oficiais continuasse no final de fevereiro, o Comitê da Duma de Rodziánko avaliou que era urgentemente necessário trazer os oficiais de volta para seus regimentos a fim de impedir um total colapso do exército. Mas os soldados que haviam tido papel de destaque no levante temiam uma contrarrevolução e a restauração da hierarquia, que poderia fazê-los responder pelo crimes cometidos durante os recentes eventos. Para evitar essa possibilidade, um grupo dos mais radicais, tanto bolcheviques como socialistas-revolucionários, invadiu uma sessão do Comitê Executivo do Soviete de Petrogrado.

O presidente, N. D. Sokólov, um arquetípico intelectual socialista do período, de *pince-nez* e barba, convidou-os a apresentar suas exigências, que ele ia anotando. Os soldados seriam obrigados a obedecer às ordens de seus oficiais apenas depois que estas fossem endossadas pelo comitê dos soldados. Os soldados, e não os oficiais, teriam o controle sobre as armas. Para que pudesse continuar defendendo a revolução, a guarnição de Petrogrado não deveria ser enviada ao front. A relação entre oficiais e soldados teria que mudar completamente. Um soldado fora de serviço nunca teria que saudar um oficial. Formas de tratamento como "Vossa Excelência" deveriam ser substituídas por "Senhor General" ou "Senhor Coronel". Punições tradicionais, como um oficial dar tapas no rosto de um de seus homens, seriam proibidas.

A versão final da *príkaz*, ou Ordem nº 1 do Comitê Executivo, de 1º de março, foi para os oficiais de direita o documento decisivo da revolução e ajudou a abrir caminho para o que viria depois. Eles culparam essa ordem por aleijar o exército czarista, destruindo a autoridade dos oficiais e toda a disciplina militar. O Comitê Executivo falhou em informar o Governo Provisório, com o qual ele deveria cooperar, mesmo que aparentemente não houvesse um plano calculado para pegar o corpo de oficiais de surpresa e destruir seu potencial contrarrevolucionário com um ataque preventivo. O que a ordem certamente fez foi aumentar a autoconfiança do Comitê Executivo do Soviete de Petrogrado, que expandiu sua influência para o país inteiro e logo ficou conhecido como o Soviete de Delegados Operários e Soldados de Toda a Rússia.

As advertências extremamente imprecisas sobre uma contrarrevolução desempenharam seu papel, mas os grandes erros haviam sido cometidos pelo general Alekséiev na *Stavka* e por Rodziánko e seus colegas. Apesar das súplicas dos comandantes no front, Alekséiev se recusara a permitir qualquer anúncio prematuro da mudança de regime até que a situação fosse formalmente anunciada pelo Comitê Provisório da Duma. O texto da *príkaz* nº 1 também foi retido. Essas protelações convenceram os soldados no front de que seus oficiais estavam tentando mantê-los no escuro, o que aumentou sua raiva e suas suspeitas.

O veterano médico do exército doutor Vassíli Krávkov observou em seu diário que a maioria dos oficiais regulares e a "aristocracia militar não conseguem esconder sua raiva ao contemplarem a perspectiva de terem que tratar os soldados como seres humanos". Os oficiais pouco sabiamente faziam piadas com as bandeiras vermelhas, referindo-se a elas como "roupa íntima de *bábuchka*".* Em 5 de março, o general Lavr Kornílov, comandante do XXV Corpo, chegou a Mogilev. O general Lukômski mostrou-lhe o que a *Stavka* chamava de seu "Dossiê da Revolução", listando os ultrajes contra a disciplina militar. Kornílov teve uma explosão de raiva diante daquele estado de coisas, mas não havia nada que pudesse fazer, mesmo tendo sido nomeado comandante do distrito militar de Petrogrado.

*

* *Bábuchka* significa avó em russo (N.E.).

A taxa de deserção era tão alta após o anúncio da *príkaz* nº 1, segundo o capitão Wavell, que foi feito outro decreto prometendo que todos os desertores que se apresentassem ao serviço antes de determinada data não seriam punidos. Em razão das dificuldades nos transportes, essa data foi definida para cerca de sete semanas depois. Com isso, os soldados no front que não tinham desertado viam agora a chance de obter uma folga de sete semanas, e mais deles foram embora.

Os soldados exaustos da guerra receberam essas mudanças com alegria, enquanto a grande maioria dos oficiais ficou horrorizada, principalmente com a ideia de que não podiam fazer nada sem a anuência dos comitês de soldados. Os antissemitas sentiram que suas piores suspeitas estavam corretas quando viram que os comitês incluíam uma significativa proporção de judeus. O motivo para sua eleição era simples. Eles estavam entre os mais instruídos, mas o sistema czarista não lhes permitia que se tornassem oficiais.

As reuniões tomavam a maior parte do dia e pouco realizavam. "A massa de soldados tinha ficado atordoada e confusa com os eventos", escreveu um soldado no Front Transcaucasiano. "Às vezes a situação se tornava cômica: um orador apresentava seu slogan e a multidão aprovava, então outro vinha com um slogan oposto, e eles também o aprovavam, e gritavam: 'Você está certo!'."

O major-general Vladímir von Dreier descreveu sua chegada na condição de chefe de pessoal de uma divisão do Corpo Siberiano, no front da Galícia. O quartel-general estava vazio, então ele foi procurar o comandante da divisão, que tinha sido obrigado a comparecer a um protesto dos soldados. "Uma aglomeração estava plantada por ali. Um soldado muito magro em pé sobre um estrado gritava no limite de sua voz. 'Nikoláchka já bebeu demais do nosso sangue, camaradas!' O grupo continuava a apoiá-lo: 'Isso mesmo! Isso mesmo!'. Os homens mais próximos a nós riam e olhavam com gosto para os chefes em pé ali perto, e cuspiam as cascas das sementes de girassol. Um orador atrás do outro subia no estrado para xingar o Czar. Fiquei pensando como diabos tinha ido parar ali."

Uma vez que a cavalaria, a artilharia e as formações cossacas se mostraram menos vulneráveis ao colapso na disciplina, os primeiros exemplos de oficiais sofrendo ataques físicos e até assassinatos ocorreram na infantaria e na marinha. "Como poderia a infantaria resistir?", escreveu o comandante Oliver Locker-Lampson. "Por quase três anos eles foram moídos aos milhões; lançados (como eles insistem em dizer) em massas desarmadas contra soldados magnificamente equipados, por generais que eles acreditavam terem sido comprados com ouro alemão. Como se poderia esperar que quisessem ver a guerra continuar?"

"Alguns oficiais foram fuzilados, outros espancados e a maioria insultada", Locker-Lampson continuou em seu relatório a Londres. Com bastante frequência a morte se dava ao serem "erguidos em baionetas", quando a vítima era empalada por até meia dúzia de agressores e levantada do chão. Esse, por exemplo, foi o destino de cinco oficiais da guarnição de Luga, cem quilômetros ao sul de Petrogrado, todos eles com nomes que soavam alemães.

"Em Kronstadt, oficiais navais estavam varrendo as ruas", acrescentou Locker-Lampson, "e um deles estava sendo conduzido puxado pela barba por um de seus homens, que batia no rosto dele repetidamente. O respeito pela hierarquia desapareceu." Os marinheiros da Frota do Báltico, que haviam sido maltratados por muitos de seus oficiais, eram os mais violentos e radicais, e havia um bom número de bolcheviques e de anarquistas em suas fileiras. A raiva represada desses "ratos de cais", confinados em navios de guerra encalhados no gelo, era agravada por não receberem informações de seus oficiais.

Em 3 de março, o vice-almirante Adrian Nepiénin, em Helsingfors (Helsinque), avisou Rodziánko: "Motim no *Andrei*, *Pável* e *Sláva*. Almirante Nebôlsin morto. A Frota do Báltico não existe mais como força de combate". Luzes vermelhas eram acesas à noite e bandeiras vermelhas içadas de dia para sinalizar o triunfo revolucionário. O próprio Nepiénin foi morto a tiros no dia seguinte por um marinheiro. O almirante Víren, governador-geral de Kronstadt, foi ferido até a morte com baionetas. Fiódor Raskólnikov, que logo se tornaria um líder bolchevique em Kronstadt, explicou que Víren tinha "fama de bruto" em toda a Frota do Báltico. Raskólnikov justificou "esses assim chamados 'excessos', que haviam despertado indignação geral entre a burguesia, mas deixaram a classe trabalhadora totalmente indiferente", como a "vingança dos marinheiros por humilhações e insultos muito antigos". Os disciplinadores,

Pôster bolchevique saudando a Frota Vermelha como a "Vanguarda da Revolução".

odiados por seu rigor, eram conhecidos como "dragões", e foram os primeiros a serem mortos, ou presos e maltratados em celas de punição. No total, 105 oficiais foram mortos em Kronstadt, Helsingfors (Helsinque) e Viborg (Viipuri), mas praticamente nenhum foi morto nas demais bases navais do Golfo da Finlândia.

O almirante Aleksandr Koltchák, comandante em chefe da Frota do Mar Negro, estava em uma posição um pouco menos perigosa, porque, apesar de seus marinheiros estarem amotinados, eles não estavam tão brutalizados. A imprensa conservadora parecia quase encantada por ele, apresentando-o como um possível ditador militar. "Koltchák está agora comandando a Frota do Mar Negro", Ielêna Lakier escreveu em Odessa. "A marinha inteira o adora. Os jornais dizem que ele é cheio de energia e entusiasmo. Uma revista publicou seu retrato acompanhado da frase: 'O coração da Rússia nunca irá esquecê-lo. É como um primeiro amor'."

Koltchák, que tinha a expressão facial de uma águia raivosa, havia sido o mais jovem vice-almirante da Marinha Imperial Russa. Mais do que apenas um oficial altamente profissional, ele também tinha sido oceanógrafo e explorador do Ártico, tendo participado de várias expedições, como uma de dois anos em que estudara o arquipélago da Nova Sibéria. Mais de um século mais tarde, isso levaria à abertura da rota norte,* com uma nova geração de quebra-gelos.

Durante a Guerra Russo-Japonesa, Koltchák tinha sido ferido e aprisionado. Furioso com a incompetência do governo czarista, trabalhou depois com membros da Duma para modernizar a marinha, introduzindo submarinos e hidroaviões. Após outra expedição ao Ártico em 1913, ele tornou-se chefe de operações no Báltico, e depois comandante da Frota do Mar Negro, pouco antes da Revolução de Fevereiro. Quando o soviete dos marinheiros em Sebastopol exigiu que os oficiais entregassem suas armas pessoais, Koltchák apontou para a sua Espada de Ouro de São Jorge, que ele recebera por sua bravura no Extremo Oriente. "Não foram vocês que me deram esta espada", disse a eles, "e não será a vocês que irei rendê-la." Virando-se, atirou-a ao mar.

Koltchák teve a sorte de ir embora logo depois, tendo sido enviado em uma missão aos Estados Unidos. Após a tomada do poder pelos bolcheviques no outono, os oficiais navais da Frota do Mar Negro, incluindo cinco almirantes, foram amarrados e executados no monte Malakhov, nos arredores de Sebastopol.

---

* A Rota do Mar do Norte é uma via marítima que conecta o oceano Atlântico ao Pacífico através da costa norte da Sibéria. Mesmo com o auxílio de navios quebra-gelos, só é navegável durante o verão (N.E.).

5
A VIÚVA GRÁVIDA
Março-maio de 1917

Aleksandr Herzen, o maior filósofo político da Rússia, fez uma profecia com base em seu estudo das revoluções de 1848. "A morte das formas contemporâneas de ordem social deve mais alegrar do que perturbar a alma", escreveu. "Mas o que assusta é que o mundo que vai embora deixa atrás de si não um herdeiro, mas uma viúva grávida. Entre a morte de um e o nascimento do outro, muita água vai rolar; teremos uma longa noite de caos e desolação."

O Governo Provisório da Rússia em 1917 não poderia encaixar-se com maior precisão nessa previsão de Herzen. Seu propósito autoproclamado era o de ser um governo interino. Todas as decisões cruciais a respeito das leis, do sistema político e da propriedade da terra só poderiam ser tomadas após a formação da Assembleia Constituinte. Nesse ínterim, seu poder era pouco mais do que uma ficção polida, já que ele não podia fazer nada sem a aprovação do Comitê Executivo do Soviete de Petrogrado. A destruição da administração czarista não deixara alavancas a seu alcance que estivessem ligadas a algo que funcionasse. O Governo Provisório viu-se numa terra de ninguém política. Eles não eram muito diferentes daqueles liberais bem-intencionados descritos por Herzen, que "ao mesmo tempo minam a velha ordem e se apegam a ela, acendem o estopim e tentam deter a explosão".

O Príncipe Gueórgi Lvóv, primeiro-ministro, era um homem de destacadas qualidades administrativas, embora ainda tivesse uma visão tão liberal que acreditasse cegamente na bondade essencial das pessoas (o que Máksim Górki chamava de "sentimentalismo karamazoviano"). Gueórgi Lvóv inclusive não gostava da própria ideia de autoridade do governo central, o que dificilmente era uma boa qualificação para seu outro papel como ministro do Interior. Concordava com a libertação de todos os prisioneiros políticos, incluindo a de terroristas condenados, não importando se eles acreditavam ou não na democracia. Ele simplesmente achava que fazer da Rússia "o país mais livre do mundo" transformaria a moralidade dos seus cidadãos.

Até mesmo o Professor Pável Miliúkov, o ministro do Exterior que desejara preservar a monarquia, concordou em permitir que Vladímir Ilitch Lênin, o líder revolucionário dos bolcheviques, retornasse da Suíça a Petrogrado. Ele também pediu à Grã-Bretanha que intercedesse junto ao Canadá para que desse ao carismático Leon Trótski livre passagem para voltar para casa, vindo dos Estados Unidos. No entanto, um dos primeiros exilados bolcheviques a chegar a Petrogrado para estar presente no "berço da revolução" foi Ióssif Stálin. Em 12 de março, ele e Liév Kámeniev chegaram de seu exílio perto de Krasnoiarsk pela Ferrovia Transiberiana.

Menos de dois anos antes, na conferência de Zimmerwald, nos Alpes suíços, Trótski e outros delegados haviam brincado dizendo que, meio século após a Primeira Internacional Socialista de Karl Marx, ainda era possível acomodar todos os internacionalistas da Europa em "quatro *charabancs*".* Apenas um mês antes da Revolução de Fevereiro, Lênin duvidava de que chegaria a ver um evento desses em seu tempo de vida. Ele tinha previsto um levante causado pelo ódio à guerra e, no entanto, até mesmo ele foi pego de surpresa. Na realidade, qualquer sugestão de que Lênin, que vivia como um exilado empobrecido num quarto precário na Spiegelstrasse de Zurique, pudesse em breve se tornar o governante absoluto da Rússia teria parecido uma fantasia. Mas a Revolução de Fevereiro, que não tinha sido planejada por revolucionários profissionais, mudou tudo.

---

* O *charabanc* ou "*char-à-banc*" era uma espécie de ônibus puxado por cavalos ou pelos primeiros motores, geralmente de capota aberta, e comum na Grã-Bretanha no início do século XX (N.T.).

Lênin, com sua grande testa calva, sua barba professoral e seus olhos penetrantes e apertados, desprezava os radicais amadores mais do que tudo. Dispensava os idealistas, que considerava medrosos e sentimentalistas. Sua crença em si mesmo era tamanha que não conseguia confiar em mais ninguém para ter a visão ou a determinação brutal necessária para destruir a velha ordem para sempre. Depois do almoço, em 3 de março de 1917, enquanto Nadiéjda Krúpskaia lavava a louça e Lênin recolhia seus papéis, pronto para voltar ao trabalho na biblioteca, eles ouviram sons de passos subindo apressados a escada. Um amigo irrompeu quase sem fôlego, brandindo um jornal. "Vocês não souberam da notícia?", disse, ofegante. "Há uma revolução na Rússia!"

Extasiado com a queda da odiada família Románov, que havia executado seu irmão Aleksandr, Lênin mandou um telegrama para Aleksandra Kollontai, a teórica marxista e feminista, em Oslo, com suas instruções para os militantes bolcheviques em Petrogrado. Ele nem sequer se deu ao trabalho de checar a real situação, nem consultou seus colegas. Lênin ardia de impaciência. Estava preso em Zurique, do lado errado do front daquela amaldiçoada guerra imperialista.

Depois de sonhar com planos malucos para entrar na Rússia, que envolviam desde disfarces até aviões, Lênin foi salvo pela ideia de um menchevique, Iúli Mártov. Ele sugeriu entrar em contato com o representante alemão em Berna, Gisbert Freiherr von Romberg. O regime guilhermino* acolheria qualquer oportunidade de minar a defesa russa do Front Leste antes que os americanos entrassem na guerra. Lênin não tinha problemas em aceitar ajuda de um inimigo de classe. Ele também estava disposto a receber fundos secretos do governo do Kaiser para financiar sua propaganda política. Para ele, qualquer coisa que auxiliasse uma revolução capaz de levar os bolcheviques ao poder era admissível. Portanto, auxiliado pelos próprios imperialistas que ele estava determinado a destronar, Lênin e 31 revolucionários foram colocados em um "trem lacrado" (supostamente) para atravessar a Alemanha, escoltados por dois oficiais prussianos. O grupo incluía tanto Krúpskaia, a esposa de Lênin,

---

* Refere-se ao Império Alemão, mais especificamente ao regime político estabelecido pelos Kaisers Guilherme I e Guilherme II, entre a ascensão do primeiro, em 1871, e a deposição do segundo, em 1918 (N.R.).

como sua suposta amante, Inessa Armand, além de Karl Radek, que Arthur Ransome descreveu como "um pequeno *goblin* revolucionário, de cabelos claros, óculos, e de incrível inteligência e vivacidade".

Quando embarcavam no trem regional suíço que os levaria à fronteira alemã, Radek perguntou a Lênin como ele se sentia. "Em seis meses", respondeu ele, "ou estaremos balançando na forca ou estaremos no poder." Lênin não tinha a aparência de um futuro líder em suas roupas surradas e botas rústicas, embora sua compulsão obsessiva e instintos ditatoriais o fizessem assumir o controle de tudo. Ele até organizou uma escala para o uso dos dois banheiros do trem.

De um pequeno porto no litoral báltico, os bolcheviques pegaram um vapor até a Suécia, e então um trem até Estocolmo (onde fizeram Lênin comprar roupas novas). Em 31 de março, o grupo bolchevique pegou outro trem até a Finlândia. Ali, Lênin ficou furioso ao descobrir, em um exemplar recente do *Pravda,* que, enquanto Stálin e Kámeniev estavam liderando o Comitê Central bolchevique, tinham deixado de atacar o Governo Provisório.

Minutos antes da meia-noite de 3 de abril, o trem entrou na Estação Finlândia de Petrogrado. Poucos no grupo que os esperava haviam visto Lênin alguma vez ou ouvido um discurso seu. A maioria fora convocada pelo Comitê Central bolchevique para recebê-lo. Um dos presentes, que não fora convidado pelo comitê, era Paul Dukes, um pianista concertista que trabalhava para o Serviço Secreto britânico, após ser recrutado pelo capitão Mansfield Cumming.

Dentro da estação, um grupo de marinheiros da Frota do Báltico formou uma guarda de honra improvisada. Mas Lênin não sentiu prazer nessa recepção e mostrou pouca cortesia para com aqueles que haviam ido saudá-lo. Fez dois rápidos discursos, um para os marinheiros e outro, o principal, para a multidão do lado de fora, falando do alto de um carro blindado. Contrariando a expectativa da maioria de seus ouvintes, ele atacou o Governo Provisório, implicitamente criticando seus ouvintes por terem-no simplesmente aceitado, e descartou qualquer ideia de unidade entre os partidos socialistas.

Algumas horas mais tarde, ainda sem ter dormido, Lênin chocou os bolcheviques de Petrogrado em sua sede, instalada na mansão expropriada de uma bailarina e ex-amante do Czar, Matilda Kchessínskaia.

Ele repreendeu-os com argumentos do que mais tarde ficaria conhecido como suas *Teses de Abril*, que escrevera durante a volta da Suíça. Primeiro, ele condenou qualquer apoio à continuidade, pelo Governo Provisório, da "guerra imperialista predatória" e inclusive chamou à confraternização com o inimigo no front. A seguir, ele argumentou que o caminho revolucionário poderia ser encurtado dramaticamente. O passo intermediário de uma revolução democrático-burguesa, como exposto por Marx, era desnecessário. O poder podia ser assumido imediatamente pelos sovietes, pois a burguesia e, portanto, também o Governo Provisório eram fracos demais. Ele pediu a abolição da polícia, do exército e da burocracia, além da nacionalização de todas as terras e de todos os bancos. Seu público ficou perplexo com o que considerava uma loucura.

Lênin desprezava noções de falsa modéstia e claramente acreditava ser infalível. Os bolcheviques que discordavam dele costumavam ser tratados ou como totalmente equivocados ou como desonestos, mas para convencer os outros ele estava disposto a tratar com maior cuidado certas questões, mostrando-se, por exemplo, mais reservado em sua condenação da guerra contra a Alemanha. Ele também percebeu que falar em transformar o conflito em curso numa guerra civil europeia não dialogava com o sentimento pacifista. E que, naquela atmosfera de liberdade irrestrita, slogans como ditadura do proletariado eram perturbadores.

Lênin, no entanto, não contemporizou mais tarde naquele dia no Palácio Tauride, quando rejeitou qualquer concessão aos mencheviques. Um deles, indignado com seu ataque, disse: "O programa de Lênin é puro insurrecionismo", e declarou que "a bandeira da guerra civil havia sido desfraldada em meio à democracia revolucionária". Os ministros do Governo Provisório, desde o kadete Miliúkov ao socialista Keriénski, não deram muita importância aos seus ataques. As ideias de Lênin soavam tão extremas que ele não parecia ser uma ameaça séria. De qualquer modo, os bolcheviques eram numericamente minúsculos em comparação aos socialistas-revolucionários, que contavam com enorme apoio nas áreas rurais. E até mesmo Lênin reconhecia que "na maioria dos Sovietes de Delegados dos Trabalhadores nosso Partido está em minoria, em uma pequena minoria".

Em sua determinação de conseguir o poder total para os bolcheviques, Lênin não cometeu o erro de revelar como seria a sociedade comunista no futuro. Todo o poder do Estado e a propriedade privada, declarou, seriam transferidos para as mãos dos Sovietes – conselhos de trabalhadores – como se eles devessem ser órgãos independentes, e não meramente marionetes dos líderes bolcheviques. Os camponeses foram encorajados a acreditar que a terra seria deles, que seriam seus donos e a trabalhariam como quisessem. Nada se falou sobre a necessidade da expropriação de grãos para alimentar as cidades, nem sobre a coletivização forçada das grandes fazendas. Seus discursos públicos focavam, em vez disso, nas figuras odiadas – aqueles que ele podia rotular de "parasitas", como os banqueiros, os donos de fábricas, os defensores da guerra e os latifundiários. Ele não atacou todas as outras categorias de pessoas que os bolcheviques mais tarde viriam a perseguir. Lênin acreditava firmemente na necessidade de uma guerra civil para alcançar o poder absoluto, apesar de haver poucos indícios do genocídio de classe que se seguiria.

Após uma malsucedida primeira tentativa de se dirigir a uma audiência de massas, Lênin rapidamente se estabeleceu como um grande orador. Ele conseguia martelar seus argumentos de maneira simples e eficaz. A satisfação que sentia com isso e sua inabalável autoconfiança fascinavam seu público e projetavam uma aura de liderança poderosa.

Téffi, imensamente lida no anos do pré-guerra tanto pelo Czar quanto por Lênin, descreveu que a força dele estava em sua extraordinária capacidade de explicar assuntos complexos de maneira clara e envolvente. "Como orador, Lênin não carregava a multidão com ele", escreveu ela. "Não incendiava uma multidão ou a chicoteava para levá-la a um frenesi. Não era como Keriénski, capaz de fazer uma multidão se apaixonar por ele e derramar lágrimas de êxtase... Lênin simplesmente golpeava com um instrumento sem fio nos cantos mais profundos da alma das pessoas." Acima de tudo, Téffi se impressionara com o baixo conceito que ele fazia da humanidade em geral, e com sua maneira de ver os indivíduos como objetos totalmente prescindíveis. "Um homem valia apenas na medida em que fosse necessário para a causa."

Na segunda quinzena de março, a agitação tinha começado a se transformar em violência em muitas partes do interior do país, fomentada por desertores radicalizados que voltavam do front. Camponeses de diversas áreas, mas especialmente do Volga e das regiões centrais de terra preta,* começaram a tomar os implementos de seus patrões, cortar o feno de suas pastagens, ocupar suas terras não cultivadas, derrubar suas árvores para obter madeira e se utilizar de suas sementes. A ideia deles de liberdade revolucionária era fazer o que quisessem depois de séculos de opressão. O general Aleksêi Brusílov, o comandante da grande ofensiva de 1916, que mais tarde se juntou ao Exército Vermelho, escreveu que "os soldados só queriam uma coisa – paz, para poderem voltar para casa, roubar os proprietários de terras e viverem livres, sem pagar impostos ou reconhecer qualquer autoridade".

Brusílov não estava exagerando. "A deserção no exército aumentou drasticamente", observou o doutor Krávkov. "Todos os soldados estão ansiosos para aproveitar o momento para tomar terras de seus proprietários." O departamento de censura militar descobriu que esse era um tema comum. "Todo mundo aqui deseja a paz imediata, a qualquer custo", um soldado do Front Ocidental escreveu em uma carta para casa. "E por que temos que lutar se teremos um monte de terras quando as terras do Czar e dos latifundiários forem divididas? Os *burjúis*** não conseguirão nos enganar. Voltaremos para casa armados e tomaremos o que é nosso por direito."

O colapso da autoridade tradicional no interior, especialmente dos "capitães de terras" que haviam defendido os interesses da pequena nobreza, permitiu que os camponeses criassem suas próprias assembleias. Eles chegaram até mesmo a criar leis não oficiais ou decretos para prover suas decisões de uma base semilegal. Os socialistas-revolucionários incentivavam seus seguidores a aguardar as reformas que a Assembleia Constituinte iria introduzir, mas sua paciência estava rapidamente evaporando. Numa grande assembleia em Samara, um delegado advertiu a plateia para que não confiasse nos líderes do Partido. "Será realmente melhor para nós aguardar a Assembleia Constituinte resolver a questão da terra? No passado, o governo decidiu por nós, mas os esforços dele

---

* A região Central de Terra Preta é uma área na Rússia central que é famosa por seu solo fértil e de coloração negra (devido à grande quantidade de matéria orgânica que contém). A área tinha uma grande concentração de propriedades rurais importantes (N.R.).

** *Burjúi* significa burguês em russo. Usado com sentido ofensivo no período da Revolução para se referir aos adversários dos camponeses ou operários (N.E.).

só nos levaram à servidão. Agora o governo diz que primeiro é preciso reestabelecer a ordem. Sempre nos dizem 'mais tarde, mais tarde, agora não, não até que ocorra a Assembleia Constituinte'."

Embora alguns proprietários de terras mais esclarecidos fossem tolerados ou até mesmo protegidos por seus camponeses e criados domésticos, a grande maioria teve que fugir durante o curso daquele ano. A partir do início de março, houve relativamente poucos casos de proprietários de terras assassinados, embora muitas mansões senhoriais tivessem sido incendiadas. Mas, naquela atmosfera carregada, se houvesse um pequeno incidente em uma hora inoportuna, especialmente quando camponeses ou soldados conseguiam tomar um depósito de bebidas alcoólicas, isso podia levar a atos de violência descontrolados. Nos arredores de Mtsensk, em maio, cerca de 5 mil camponeses e soldados, depois de terem saqueado uma adega de vinho, tiveram um acesso de fúria e durante três dias atearam fogo a propriedades da região. Satisfazer esse desejo de arrebentar, ou então literalmente de defecar, ou de atear fogo em objetos preciosos da nobreza ou da pequena nobreza, só servia para aumentar seu ressentimento. Destruir ou profanar o passado não melhorava em nada o presente.

Sustentar posições políticas liberais não era o bastante para proteger um proprietário de terras aristocrata. O Príncipe Borís Viázemski e sua esposa, Lili, voltaram à fazenda da família em Lotarievo, na província de Tambov. Ele primeiro desejava enterrar seu irmão Dmítri, morto por uma bala perdida durante o caos em Petrogrado. Dmítri havia sido odiado pelos camponeses por seu papel na repressão a uma agitação local durante a revolução de 1905. As posições de Borís, ao contrário, eram tão liberais que irritavam seus conhecidos mais conservadores.

Um bolchevique chamado Moisséiev chegou ao distrito e incentivou o comitê camponês a exigir que a família cedesse a maior parte de suas terras. Borís replicou que eles deveriam esperar até que a Assembleia Constituinte fosse eleita e definisse as regras da reforma agrária. Algum tempo depois, Moisséiev voltou com uma multidão de várias centenas de pessoas e cercou a casa. Borís Viázemski tentou argumentar com eles, mas ele e Lili foram detidos e trancafiados numa escola local.

No dia seguinte, Borís foi levado à estação ferroviária local para ser enviado preso a Petrogrado, com a ideia de que fosse despachado para o front. Mas a estação estava cheia de desertores que, ao descobrirem que o Príncipe Viázemski estava ali, localizaram-no e espancaram-no até a morte com barras de metal. Um relato diz que seus olhos foram arrancados, mas isso provavelmente foi uma mutilação feita após sua morte. Sua esposa, enquanto isso, conseguiu escapar com a ajuda da empregada. Vestida com roupas de camponesa, foi até a estação. Acabou encontrando o corpo de Borís dentro de um vagão de trem desocupado e levou-o a Moscou para o enterro. Como em muitos outros lugares, sua propriedade foi totalmente destruída para que a família nunca mais voltasse. O cadáver de seu odiado irmão, Dmítri Viázemski, foi desenterrado, despedaçado e espalhado pelos campos.

Mesmo ceder tudo aos camponeses parecia adiantar pouco. Na ausência de seu pai, a jovem Princesa Baturin dirigiu-se aos camponeses locais que tinham vindo em massa da aldeia de Inozemka. Disse a eles que a família já havia declarado que a propriedade inteira e a casa senhorial eram deles. "Imploro a vocês, não destruam", disse ela, "não ponham abaixo o que já é de vocês."

"Os camponeses ficaram ali em silêncio. Tinham ido até lá com paus e machados, sacos, e alguns trouxeram carroças. Alguém no grupo gritou: 'Um patrão foi embora, mas virá outro! Peguem o que puderem, enquanto puderem'. O tumulto começou. Arrancaram as imensas portas da casa do patrão, embora ninguém pudesse aproveitá-las, pois eram grandes demais para qualquer isbá. Colocaram dentro dos sacos tudo em que conseguiram pôr a mão, arrancaram páginas de livros encadernados em couro para usar como papel de cigarro. Arrebentaram os cadeados dos celeiros e levaram embora os grãos. Em menos de três horas, a propriedade estava vazia."

Apenas sete anos após a morte do Conde Tolstói, sua comunidade semianarquista em Iasnaia Poliana não conseguiu emergir incólume. Seus camponeses não acreditaram que ele realmente houvesse lhes dado a terra. O escritor Ivan Najívin e sua esposa fizeram uma visita aproveitando que estavam na área, pois talvez aquela fosse a última oportunidade de fazê-lo. "A Condessa", escreveu ele, "que no momento vivia em uma situação muito difícil, recebeu-nos com grande hospitalidade, contou muitas coisas, e depois fomos visitar o túmulo. Ao nos aproximarmos, vimos jovens locais sentados atrás da cerca, bem junto ao túmulo, tocando balalaicas, cuspindo sementes de girassol e berrando suas repulsivas canções... A cerca estava cheia de inscrições obscenas... Nem ousamos chegar perto do túmulo, ficamos apenas a distância e voltamos. Pensei que nem sequer devíamos ter ido até lá... Quando chegamos à propriedade, vimos Tatiana Lvóvna [a filha do escritor] em pé no meio de um bando de mujiques... Não nos aproximamos mais, mas entendemos por fragmentos da conversa deles que os mujiques estavam agora pedindo a terra toda, e ela estava argumentando com eles, e indicando que toda a terra já havia sido dada a eles de graça pelo pai dela."

A primeira grande crise do Governo Provisório ocorreu em abril. Foi desencadeada do interior do gabinete de Gueórgi Lvóv pelo Professor Miliúkov, ministro das Relações Exteriores. Como seus argumentos para manter a monarquia já haviam mostrado, o intelectualmente rigoroso e quase frio Miliúkov desdenhava da ideia de se curvar às exigências da política. "Naqueles tempos turbulentos", escreveu Paustóvski, "ele parecia alguém vindo de outro planeta, ordenado e acadêmico."

A questão toda de continuar na guerra ao lado dos Aliados contra as Potências Centrais era um assunto tenso. A propaganda alemã mais efetiva no front declarava que a Rússia havia sido obrigada a permanecer no conflito pela Grã-Bretanha. Ao mesmo tempo, os argumentos da esquerda condenavam o conflito como uma guerra "imperialista" e "capitalista". Esse era também um apelo para a raiva pela corrupção na capital, relacionada aos contratos do governo. O Soviete tinha até mesmo lançado um "Apelo aos Povos de Todo o Mundo" para que se opusessem à guerra, e pedia uma paz sem "anexações ou reparações". O governo francês ficou particularmente irritado com isso, afinal um de seus principais objetivos na guerra era recuperar as províncias da Alsácia e da Lorena, perdidas para a Alemanha em 1871.*

* Diplomatas franceses advertiram Paris sobre o grande ressentimento nutrido por muitos russos diante do fato de os Aliados ocidentais estarem roubando sua paz ao insistirem em uma vitória absoluta e nas reparações. Víktor Chklóvski nunca perdoou "as sórdidas e implacáveis políticas dos Aliados". Culpava-os pela tomada do poder pelos bolcheviques. "Eles não concordavam com nossas condições de paz. Eles, e apenas eles, explodiram a Rússia. Sua recusa permitiu que os assim chamados internacionalistas tomassem o poder."

Quando o líder socialista francês Albert Thomas veio a Moscou para discursar em apoio à "sagrada aliança de guerra", uma manifestação bolchevique marchou pelo bulevar Tverskoi em resposta, com faixas proclamando "Abaixo a guerra!"; "Paz para os camponeses!"; "Guerra aos proprietários de terras!"; "Todo o poder aos Sovietes!".

Miliúkov, porém, acreditava firmemente que a Rússia devia continuar na guerra até a vitória Aliada, e não só por causa dos vultosos empréstimos franceses que o país recebia. Ele tampouco via por que a Rússia deveria desistir da promessa de ficar com Constantinopla e o Dardanelos quando o Império Otomano fosse derrotado. Com o grosso das exportações de grãos do país saindo pelos portos do mar Negro, a posse do estreito era vista como um garantia vital para o futuro comercial do país.

Em 27 de março, para acalmar o Comitê Executivo do Soviete, o governo de Gueórgi Lvóv publicou uma declaração de objetivos de guerra, com um compromisso de paz duradoura e com autodeterminação para todas as nações. A questão das anexações foi evitada. O Comitê Executivo insistiu que ela deveria ser encaminhada aos governos aliados da Entente. Isso foi feito, mas Miliúkov incluiu uma nota explanatória privada que indicava que a Rússia lutaria até o final.

Em 20 de abril, irromperam protestos em larga escala quando o texto da nota de Miliúkov aos Aliados finalmente veio à tona. Ela revelou seu apoio aos "tratados secretos" nos quais a Rússia recebera a promessa de ficar com os estreitos do mar Negro. Miliúkov e seus colegas kadetes haviam feito uma leitura totalmente equivocada do ânimo do país. O doutor Vassíli Krávkov, no quartel-general de seu corpo do exército, escreveu: "Insistir, como faz Miliúkov, na continuidade da guerra até a vitória final, em conquistar o estreito e Constantinopla, e em esmagar a autocracia prussiana significa para mim que eles perderam todo contato com a realidade".

Tendo falhado em criar uma monarquia constitucional, Miliúkov esperava que a queda do Czar fosse ao menos reavivar o patriotismo e a determinação de vencer a guerra. A maioria dos soldados parecia resignada a continuar a guerra em março, mas isso começou a mudar sem que o Governo Provisório percebesse. O ressentimento em relação à guerra se intensificou em abril, junto com a ideia de que os países derrotados seriam obrigados a pagar reparações e ceder territórios.

Em 20 de abril, o tenente Fiódor Linde, um oficial revolucionário no Regimento da Guarda Finlandesa, convocou seu próprio batalhão e outros da reserva da Guarda para marcharem até o Palácio Marinski, sede do Governo Provisório, e pedir a renúncia de Miliúkov. Também queriam a renúncia de todos os ministros "burgueses" e sua substituição por um governo revolucionário. Por acaso, Gueórgi Lvóv e seu Gabinete estavam em reunião naquela tarde no Ministério da Guerra, porque Gútchkov, o ministro, havia adoecido. O general Kornílov, comandante do distrito de Petrogrado, interrompeu a reunião com a notícia da manifestação militar e pediu permissão para convocar soldados e esmagar aquele motim. Segundo Keriénski, todos os ministros rejeitaram sua proposta.

No dia seguinte, a agitação foi fomentada pelos bolcheviques, com seus apoiadores carregando faixas preparadas durante a noite e proclamando "Abaixo o Governo Provisório" e "Todo o poder aos Sovietes". Lênin não queria que os bolcheviques ficassem fora de outro momento decisivo, mas a tentativa de trazer os trabalhadores em massa falhou. Apenas os marinheiros mais radicais de Kronstadt atenderam ao seu chamado. Houve violentos confrontos, com diversas pessoas mortas na avenida Niévski, onde multidões demonstravam apoio ao Governo Provisório.

O general Kornílov uma vez mais pediu permissão para trazer soldados, dessa vez dirigindo-se ao Comitê Executivo. Seu pedido foi novamente rejeitado, e, de maneira humilhante, ele agora foi informado de que, no futuro, cada diretriz militar como aquela teria que ser assinada e carimbada por dois de seus membros. Desgostoso com o que via como covardia diante da anarquia, Kornílov renunciou ao cargo de comandante do distrito de Petrogrado e foi transferido de volta para o front.

O Comitê Executivo do Soviete, assustado com a possibilidade de uma desordem geral e mesmo de uma guerra civil, ordenou que os seguidores de Linde voltassem ao quartel, para sua decepção e confusão. Enquanto isso, os bolcheviques tentaram fingir que haviam tido pouco a ver com o que na realidade havia sido uma tentativa de golpe, tanto em Petrogrado quanto em Moscou. A portas fechadas, Kámeniev criticou Lênin duramente por seu "aventureirismo". Lênin, porém, não se arrependeu. Acreditava que a crise de abril havia enfraquecido o Governo Provisório e ao mesmo tempo desacreditado os socialistas mais moderados do Comitê Executivo. A pequena insurreição de Lênin seria ridicularizada pelos comunistas espanhóis quinze anos mais tarde como nada mais do que uma "ginástica revolucionária". Da próxima vez, ele esperava, eles estariam mais bem preparados e organizados.

As batalhas de rua e a agitação geral em abril chocaram profundamente os otimistas no Governo Provisório e seus apoiadores na *intelligentsia* liberal. Gueórgi Lvóv buscou o apoio do Comitê Executivo, mas seu pedido foi rejeitado em razão da reação que isso poderia provocar nas ruas com Miliúkov ainda no cargo. Então, em 30 de abril, um deprimido Aleksandr Gútchkov renunciou, convencido de que o país era ingovernável. Miliúkov também decidiu que sua presença no governo tinha se tornado insustentável. A saída dos dois ministros mais "burgueses" imediatamente mudou a situação. No dia seguinte, o Comitê Executivo votou para permitir que seus membros aceitassem um cargo no gabinete de Gueórgi Lvóv, considerando que era seu dever preservar a revolução por meio de um governo de coalizão. Talvez o fato de o governo ser ainda liderado pelo Príncipe Gueórgi Lvóv não parecesse importar muita coisa num país no qual os dois anarquistas mais famosos eram o Príncipe Bakúnin e o Príncipe Kropótkin. De qualquer modo, o governo de coalizão que resultou dessa semifusão com o Soviete não fortaleceu um centro democrático, mas aguçou a divisão. O Partido Kadete de Miliúkov e Gútchkov moveu-se para a direita em defesa da ordem e da propriedade privada, enquanto os socialistas moderados do Comitê Executivo, contaminados pela cooperação com o Governo Provisório burguês, ficaram vulneráveis ao ataque pelos bolcheviques.

Keriénski se aproveitou dessas mudanças para sair do Ministério da Justiça e substituir Gútchkov no Ministério da Guerra. Essa mudança encorajou-o a se transformar de maneira camaleônica. O advogado socialista de repente começou a aparecer em túnicas militares e com botas de cano alto. E, ironicamente, após a intensa agitação contra Miliúkov e os objetivos de guerra Aliados, Keriénski logo partiu para um tour pelo front, aplicando seus inigualáveis dotes de retórica para persuadir os soldados a voltarem para seus postos e obedecerem às ordens. Isso se provou uma vergonha para Irakli Tseretiéli, um menchevique da Geórgia (e outro príncipe de antiga linhagem).

Tseretiéli, um orador brilhante, inventara a ideia de "defensismo revolucionário", a manutenção do território nacional sem tomar terras de ninguém. Ele conseguiu persuadir cinco de seus colegas no Comitê Executivo a se juntarem ao Governo Provisório sob o argumento de que assim eles ajudariam a alcançar a paz mais rapidamente. Mas, quase tão logo assumiram seus cargos, eles descobriram que a ideia que Keriénski fazia do "defensismo revolucionário" passava por apoiar o plano da *Stavka* de uma grande ofensiva que coincidisse com a dos Aliados, com o argumento de que isso poria um fim à guerra mais rapidamente. Em 14 de maio, ele expediu uma ordem ao exército: "Em nome da salvação da Rússia livre", dizia a ordem, "vocês irão para onde seus comandantes e seu Governo os enviarem. Na ponta de suas baionetas estarão trazendo paz, verdade e justiça. Avançarão em fileiras cerradas, mantidas firmes pela disciplina de seu dever e por seu supremo amor pela revolução e por seu país".

Infelizmente, a disciplina e o dever vinham deteriorando-se rapidamente, como o doutor Krávkov notou mais tarde naquele mês. "Os muitos roubos e assassinatos de civis não param de crescer nas áreas dominadas por nosso exército. Infelizmente, as famílias judaicas são as que mais sofrem." Quanto a Keriénski, Krávkov considerava-o "apenas um malabarista grandiloquente" quando afirmava que "os ânimos dos soldados estavam muito exaltados e vitoriosos, e que havia um 'saudável crescimento' no exército".

Krávkov, que acolhera a Revolução de Fevereiro com tanto entusiasmo, estava profundamente desanimado. "As notícias que chegam de Tsaritsin, Barnaul, Ienisseisk e outros lugares de nossa mãe Rússia estão longe de serem felizes: começaram a ocorrer *jacqueries* sangrentas, como aquelas de Stepán Rázin e Pugatchóv!* As massas em frenesi incontrolável têm suas próprias maneiras de celebrar a liberdade." As coisas não andavam melhor no Front da Galícia. "Ao todo, menos da metade de nossos soldados concordou em voltar a seus postos", escreveu ele. "O resto dessa horda armada pretende chegar à estação e exigir ser colocada

---

* Stepán Rázin foi um líder cossaco que comandou uma grande revolta popular contra a aristocracia czarista entre 1670 e 1671. Por sua vez, Iemelián Pugatchóv foi um desertor cossaco que comandou uma revolta popular entre 1773 e 1775, durante o reinado de Catarina, a Grande. Essa revolta, conhecida como a Guerra Camponesa, tinha entre suas exigências a abolição da servidão (N.E.).

em trens, alguns indo para Kiev, outros para Moscou. Há momentos em que eu quero sair desse pesadelo, desse poço escuro de anarquia."

Até mesmo aqueles que permaneceram nas trincheiras começaram a confraternizar com os soldados alemães ou austro-húngaros que estavam enfrentando. O inimigo gritava "Russos, não atirem!". Os dois lados então saíam de suas trincheiras para se encontrar entre as linhas. Numa tentativa de impedir isso, os comandantes russos ordenavam que sua artilharia abrisse fogo, mas a infantaria passou a ameaçar as baterias envolvidas e a cortar os fios das linhas telefônicas de campo dos oficiais dos postos de observação de artilharia. Desde a trégua extraoficial de Páscoa, eles frequentemente negociavam acordos locais com os soldados inimigos do outro lado. Mas o comando alemão do Front Oriental, o *Oberkommando Ost*, começou a enviar agentes e oficiais de inteligência para o outro lado, que fingiam ser também revolucionários ansiando pelo fim da guerra. Graças à ausência de combates naquela primavera, os alemães conseguiram transferir quinze divisões do Front Oriental para o Front Ocidental, enquanto os austríacos moveram seis de suas divisões para o Front Italiano. A confraternização estendeu-se até mesmo aos prisioneiros de guerra, que tiveram permissão para sair de seus campos em Iaroslavl, Ecaterimburgo e Tomsk para se manifestarem contra a guerra no Primeiro de Maio, junto com soldados russos. Os alemães pediam para "voltar para casa logo".

"Os homens têm confraternizado de maneira extensa e assídua", escreveu Víktor Chklóvski, enviado como comissário ao Front da Galícia. "Os soldados têm feito contato nas aldeias situadas entre as linhas e ali montaram um bordel neutro exclusivo. Até mesmo alguns oficiais tomaram parte na confraternização." A ideia de nomear comissários foi copiada dos *commissaires* do Diretório* após a Revolução Francesa. Keriénski estava convencido de que eles conseguiriam inspirar os soldados a combater de novo, mas isso se revelou um excesso de otimismo.

Krávkov narrou a chegada do comissário Borís Sávinkov de Petrogrado. Sávinkov, que tinha boa aparência e carisma, tornou-se um dos personagens mais controversos da Revolução e da guerra civil. Ele havia

* Diretório foi o nome dado ao comitê executivo, composto de cinco membros eleitos, responsável por governar a França durante a etapa final da Revolução Francesa (N.E.).

sido um membro destacado da organização de combate do Partido Socialista-Revolucionário e tinha participado de ataques terroristas contra o regime czarista. Depois de fugir da prisão, passou a maior parte da guerra no Exército Francês. Em Paris, fez amizade com Iliá Ehrenburg, Diego Rivera e Modigliani. Mas o retorno à Rússia e a realidade que encontrou ali afastaram-no de seu otimismo radical.

Krávkov descreveu a tentativa de Sávinkov de convencer uma de suas divisões a voltar à linha de frente. "O 45º e o 46º Regimentos da 12ª Brigada de Artilharia Siberiana gentilmente concordaram em partir após uma boa dose de persuasão e de súplicas do comissário Sávinkov. O 47º Regimento recusou-se a ir e declarou-se autônomo, enquanto o 48º e o 49º ainda estão pensando no assunto. O 51º permitiu que os soldados que tivessem o desejo de ir fossem, mas tirou-lhes todas as armas. O 52º permaneceu onde estava, e prendeu todos os oficiais, incluindo o comandante."

Dois dias mais tarde, Krávkov acrescentou em seu diário: "O Comissário Sávinkov, na realidade um ex-terrorista que participou dos assassinatos de Plehve e do Grão-Duque Serguêi Aleksándrovitch, tentou argumentar com os escravos rebeldes. Ele admitiu depois, visivelmente aborrecido, que a única coisa que funcionaria em tal situação seriam metralhadoras apontadas para esses homens! Ele se deslocou consideravelmente para a direita".

Keriénski, encantado com a própria retórica, convenceu a si mesmo e a boa parte da população de que apenas ele poderia inspirar o Exército Russo a conquistar a vitória e a paz. Ele costumava chegar num automóvel aberto e, em pé no banco de trás, dirigia-se aos soldados. "'Meus cumprimentos a vocês, camaradas, soldados do exército revolucionário!' Esse discurso calculado, expressivo e pronunciado numa sonora voz de tenor, era seguido por mais barulho e mais gritos ainda. Sorrindo, Keriénski levantava a mão pedindo silêncio. Ele então falava sobre as conquistas da Revolução, a liberdade, sobre um futuro brilhante, sobre a consciência revolucionária, sobre os Aliados e a lealdade a eles, sobre disciplina revolucionária de aço e, finalmente, apelava a eles que fizessem esse último esforço."

"Ele lançava frases curtas para a multidão, com sua voz penetrante e petulante, e então fazia uma pausa", Paustóvski escreveu. "Ele adorava palavras sonoras e acreditava nelas. Ele achava que elas iriam ressoar como um sino por uma terra desesperada e inspirar as pessoas a fazerem grandes sacrifícios e conquistas. Depois de gritar suas ruidosas palavras, Keriénski voltava a sentar, estremecendo e chorando. Seus ajudantes então lhe davam um calmante." Embora hoje seja difícil de acreditar, a hipérbole dramática e emocional de Keriénski podia levar mesmo os soldados mais calejados às lágrimas. Eles juravam que iriam atacar as trincheiras inimigas assim que ele ordenasse.

Durante essa viagem, Keriénski foi a Odessa e alcançou um efeito similar com os civis. Ielêna Lakier, de uma família de intelectuais, escreveu em seu diário: "Estou cheia de alegria e felicidade. Ontem foi um dos melhores dias da minha vida. Keriénski, esperança de toda a Rússia, visitou a cidade, e eu o vi. Todos foram tomados por uma espécie de êxtase religioso. A multidão foi transformada em selvagens. Todos gritavam *Hurra!* como loucos. Quando seu carro começou a se mover, a multidão toda rompeu a linha de soldados e correu em direção a ele. Como as pessoas o amam! Como o adoram!". As pessoas beijavam suas mãos e aproximavam-se em tom de súplica para tocar suas roupas. Ela convenceu-se do seguinte: "Nas famílias camponesas, ele é visto como um santo e até mesmo rezam por ele".

6

A OFENSIVA KERIÉNSKI E AS JORNADAS DE JULHO

Junho-julho de 1917

À medida que a grande ofensiva se aproximava, em junho, as atitudes oscilavam entre o otimismo e o pessimismo. Tanto Keriénski quanto o general Brusílov, o novo comandante em chefe, haviam escolhido a Galícia, palco da famosa operação de Brusílov no ano anterior. Brusílov, embora fosse em todos os aspectos um aristocrata da cavalaria, com seu elegante bigode, era um comandante profissional e inovador, como demonstravam seus sucessos contra os exércitos austro-húngaros. Tanto o general Gútor, que acabara de assumir o Front Sudoeste, como até mesmo o general Kornílov, agora comandando o Oitavo Exército, esperavam que seus soldados naquela área fossem os menos afetados pela revolução.

A divisão de carros blindados de Locker-Lampson foi transferida para a área a fim de apoiar o ataque. "Quanto mais perto estivermos do front", reportou ele, "melhor a disciplina, a ponto de nas trincheiras podermos encontrar até mesmo homens saudando seus oficiais." Oficiais da ativa com os quais havia falado achavam que os soldados da linha de frente iriam, sim, lutar, pelo menos três quartos deles, mas tinham pouca confiança nas reservas que vinham da retaguarda, muito mais politizada. Como Locker-Lampson observou, embora "os preparativos tenham sido os melhores que vi até agora", as condições não foram favorecidas pelas fortes tempestades, que transformaram a terra em uma lama pegajosa. A base de sua divisão de blindados estava estabelecida em Kozova, o que aparentemente fez deles a primeira unidade britânica a ocupar um território inimigo no continente na Primeira Guerra Mundial.

Locker-Lampson também testemunhou o extraordinário efeito das palavras de Keriénski. Seu "fervoroso apelo ao patriotismo era lido em voz alta em toda parte por homens comprometidos, suboficiais e oficiais. Veteranos de guerra calejados em volta das fogueiras dos acampamentos tiravam seus bonés e choravam como crianças. Plateias inteiras choravam, sentindo-se fisicamente relaxadas com o que ouviam, e eu vi soldados soluçando a caminho de casa no escuro".

Os céticos, por outro lado, tinham medo das consequências caso essa imensa aposta fracassasse, especialmente depois da promessa feita aos soldados de que a ofensiva iria encerrar a guerra. "Acho que nem mesmo Kornílov entendia claramente a dramaticidade da situação", escreveu Víktor Chklóvski, o comissário alocado em seu Oitavo Exército no Front da Galícia. "Ele era acima de tudo um militar. Um general correndo para a luta com um revólver. Ele via o exército do mesmo modo que um bom motorista vê seu automóvel."

A censura militar do Front Sudoeste vinha interceptando um número bem maior de cartas agressivas escritas para casa em comparação com o que ocorrera logo após a Revolução de Fevereiro. "Os oficiais são agentes provocadores e contrarrevolucionários", alguém declarou. "Estão tentando retomar seu poder, mas isso não é possível. Deviam todos ser mortos, os filhos da puta. Têm sugado nosso sangue, mas agora os soldados se tornaram as figuras cruciais... Eu sou um membro do Soviete agora."

Chklóvski ficou desolado ao saber que os soldados se recusavam a cavar trincheiras de comunicação como parte dos preparativos. Em um número cada vez maior de regimentos, moções se opondo à ofensiva eram aprovadas em reuniões. A teimosia do chamado "bolchevismo de trincheira" preparava o terreno para o que viria de verdade. Já no mês de maio, agitadores revolucionários haviam começado a criar perturbações. Os bolcheviques distribuíam exemplares gratuitos de seu *Soldátskaia Právda* aos soldados no front, por intermédio dos soldados da reserva que chegavam de Petrogrado.

Em 4 de junho, Lênin compareceu ao Primeiro Congresso dos Sovietes de Toda a Rússia. Ali entrou em choque com Tseretiéli, quando este acabava de dizer, em defesa do amplo governo de coalizão, que não existia partido político na Rússia preparado para tomar o poder para si.

Lênin retrucou na mesma hora dizendo que os bolcheviques estavam "prontos a qualquer momento para tomar o governo". A maioria dos não bolcheviques na plateia caiu na risada diante da ideia de um partido tão pequeno tomar o poder totalmente sozinho. Essa impactante revelação de suas intenções foi ignorada com negligência pelos demais líderes políticos. Ela provou que Lênin cinicamente desprezava o slogan "Todo o poder aos Sovietes". Em vez disso, ele buscava obter o controle absoluto, usando os Sovietes como seu atalho para chegar ao poder. E, como sabia muito bem que seu plano de que o Estado tivesse o controle total das propriedades não era popular, ele aparentava concordar com a ideia de entregar a terra aos camponeses e as fábricas aos trabalhadores. Tanto os colegas quanto os opositores eram vítimas de seus frequentes ataques de raiva, que às vezes culminavam em ofensas obscenas. Quanto mais perto Lênin chegava do poder, maior se tornava seu desprezo por qualquer noção de moralidade ou pelos direitos dos outros, bem como sua crença obsessiva de que apenas ele era capaz de realizar a total revolução que buscava. Ninguém, fosse bolchevique ou de qualquer outra corrente política russa, poderia equiparar-se à sua vontade férrea e à sua crença em si mesmo.

Seis dias mais tarde, os bolcheviques recuaram no último momento antes de promover uma grande manifestação contra o governo de coalizão. Alguns, como Sukhánov, o membro socialista-revolucionário do Comitê Executivo, mais tarde vieram a suspeitar de que isso teria sido uma tentativa de provocar um ataque direto ao Palácio Marinski. A própria Organização Militar secreta dos bolcheviques, cada vez mais infiltrada em regimentos da guarnição de Petrogrado, ganhava confiança. No final de abril, ela havia transformado algumas das milícias de trabalhadores que tomavam conta de fábricas em Guardas Vermelhos, que iriam se tornar o passo intermediário na formação do Exército Vermelho de Trótski na primavera de 1918.

A *Stavka* em Mogilev estava decidida a usar a ofensiva de verão para restaurar a disciplina no exército. Eram tantas as coisas que dependiam de seu sucesso que Brusílov, agora no lugar do general Alekséiev, concentrou-se principalmente em suas formações de artilharia para apoiar o Front Sudoeste, incluindo as brigadas de obuseiros pesados. Unidades de ataque de elite, chamadas de batalhões da morte ou de assalto, foram formadas com voluntários. Mas essa inovação era uma faca de dois gumes, pois retirava os melhores suboficiais e soldados dos regimentos regulares, deixando-os ainda menos confiáveis do que antes.

Havia até mesmo um Batalhão da Morte Feminino, liderado pela tenente "Iáchka" Botchkarióva. Ela havia recebido, em 1915, permissão do Czar para juntar-se ao exército e combater, e já tinha sido ferida várias vezes e condecorada por bravura. Os comandantes esperavam que seu "batalhão" relativamente pequeno de mulheres de cabeça raspada envergonhasse os demais soldados e os fizesse avançar em vez de ficarem escondidos dentro das trincheiras. Mas os homens simplesmente viram a mobilização de mulheres como um sinal de desespero.

As divisões alemãs e austro-húngaras jamais seriam pegas de surpresa. Todos os preparativos ao longo do front, especialmente nos setores do Sétimo e do Décimo Primeiro Exércitos, não podiam ser ocultados dos voos de reconhecimento do inimigo e de seus balões de observação. E seus oficiais de inteligência estavam bem cientes graças a toda a confraternização que ocorria entre os adversários.

Em 16 de junho, o bombardeio de artilharia começou. Durou dois dias, com uma concentração de fogo nunca antes vista pelo Exército Russo. Locker-Lampson foi instruído pelo major-general Frederick Poole, o oficial-chefe de ligação britânico, a posicionar morteiros Stokes nas trincheiras da linha de frente para aumentar seu impacto. Então, antes do amanhecer de 18 de junho, os batalhões de assalto foram para as trincheiras da linha de frente. Às dez horas, o fogo de artilharia "deu um passo à frente" em uma barragem progressiva; os atacantes saíram de suas trincheiras e, com bandeiras vermelhas levantadas e baionetas afixadas, marcharam para a terra de ninguém.

Os carros blindados britânicos do Real Serviço Aeronaval haviam sido alocados ao Corpo XLI do Sétimo Exército, que estava atacando o eixo principal em direção a Brzeżany (Berejani). Eles teriam de enfrentar boas posições defensivas ocupadas por soldados alemães, não austro-húngaros. Outros soldados britânicos estavam espalhados pelo corpo do exército, "para encorajá-lo e endurecê-lo". Os carros blindados de Locker-Lampson avançaram pelas estradas por ambos os flancos e cobriram as trincheiras inimigas com disparos de fogo. A maior parte

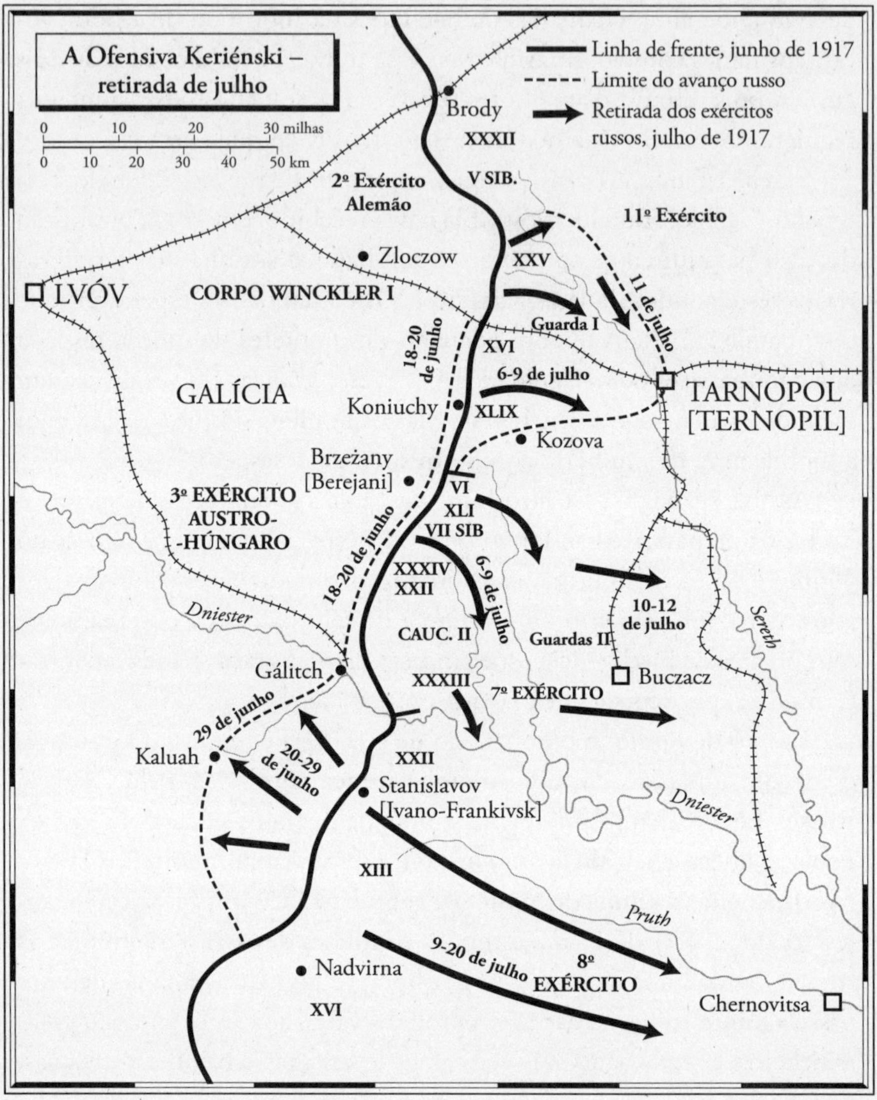

da infantaria conseguiu avançar com muito poucas baixas, observada por Keriénski. Fato embaraçoso, alguns regimentos da 74ª Divisão recusaram-se a se mover. “Seus oficiais saltaram por cima do parapeito e avançaram com meros punhados de seus soldados atrás deles, e morreram todos”, Locker-Lampson reportou. “Um dos nossos suboficiais (um australiano), que operava uma metralhadora Maxim nas trincheiras com esses regimentos, não conseguiu ficar indiferente a essa cena. Ele correu até um pelotão e forçou um bando de russos relutantes a avançar por sobre o parapeito."

Enquanto isso, a 3ª e a 5ª Divisões Transamurianas haviam avançado com "magnífico ímpeto", e alguns chegaram à beira da própria Brzeżany (Berejani). Capturaram quinhentos alemães e mandaram esses prisioneiros de volta às suas próprias linhas. Infelizmente, unidades de reserva que vinham chegando pensaram que fossem colunas inimigas atacando e houve um terrível massacre. Ao mesmo tempo, as duas divisões de soldados amurianos acreditaram ter conseguido uma grande vitória e sentaram nos bosques próximos à cidade para fumar, comer e jogar cartas. Mas seus flancos estavam completamente desguarnecidos devido à falha do avanço das formações vizinhas. Eles relutavam em ocupar trincheiras alemãs abandonadas, apesar de avisados por oficiais britânicos de que poderiam contar com seu apoio. Ordens e contraordens aumentaram a confusão, e os oficiais russos mostravam-se "angustiados a não mais poder". Um bombardeio alemão e um contra-ataque no dia seguinte, junto com a descoberta pelos soldados amurianos da vulnerabilidade de sua posição, levaram-nos a recuar o caminho todo até sua posição inicial.

Locker-Lampson foi visitar o general Gútor e Kerriénski no trem dos oficiais. "O senhor Keriénski parecia preocupado. Seu rosto bem barbeado, franco e feio ficou alerta com a notícia do dano feito pelo bombardeio; mas seus prodigiosos esforços discursando para os soldados... haviam-no deixado exaurido."

O Décimo Primeiro Exército, o vizinho ao norte do Sétimo Exército, teve mais sucesso contra as forças austro-húngaras. Fizeram 20 mil prisioneiros, muitos deles recrutas tchecos, que ficaram felizes em se render e se juntaram a seus conterrâneos do outro lado. Keriénski mostrou-se prematuramente exultante em suas mensagens a Petrogrado, pedindo bandeiras revolucionárias para serem presenteadas aos regimentos vitoriosos. Informações sobre a vitória provocaram grandes celebrações na cidade. "Havia barulho e animação nas ruas de Petrogrado em 20 de junho", escreveu Prokôfiev em seu diário. "Multidões carregavam bandeiras. Soldados russos haviam começado a avançar. Fico feliz com isso. Pelo menos não seremos envergonhados diante dos franceses ou ingleses." Na realidade, essa manifestação era uma tentativa de apoiar o Governo Provisório dois dias depois de uma grande manifestação convocada pelo Soviete, com 400 mil participantes, mas em grande parte assumida pelos bolcheviques.

Quanto ao Oitavo Exército no lado sul, esperava-se que fizesse pouco mais que avançar para proteger o flanco do ataque principal. Chklóvski notou que as trincheiras austríacas eram muito mais bem construídas do que as russas. "Nossos soldados ficavam vasculhando-as à procura de açúcar. Felizmente, membros do comitê haviam conseguido destruir o vinho; senão, os soldados teriam ficado bêbados." Chklóvski encontrou alguns deles "tranquilamente tomando café da manhã com as rações austríacas, com as canecas em cima de cadáveres". Ele voltou para inspecionar o avanço das reservas. "Enquanto atravessava o bosque, a toda hora encontrava soldados extraviados com fuzis, geralmente jovens. 'Para onde estão indo?', perguntei. 'Eu cansei.' Em outras palavras, estavam desertando do front."

Então, enquanto o restante do Sétimo Exército recuava para a sua linha inicial, as divisões de Kornílov inesperadamente invadiram e capturaram as cidades de Gálitch e Kaluch. A notícia causou grande animação em Petrogrado, reforçando a reputação de Kornílov. Infelizmente, os soldados que haviam tomado Kaluch saíram do controle, passando a saquear, beber e estuprar. Famílias judaicas eram suas principais vítimas. Em seguida, a 23ª Divisão entrou em colapso e começou a fugir. Kornílov, com todo o apoio de Sávinkov, ordenou que eles fossem detidos por uma linha de bloqueio de metralhadoras.

A ofensiva principal terminou alguns dias depois. Todas as formações haviam sido trazidas de volta às suas linhas iniciais pelos contra-ataques alemães, e quaisquer tentativas adicionais de avançar haviam sido contidas por fortes tempestades. "As trincheiras são riachos e as estradas são lagos de lama", escreveu Locker-Lampson. Uma divisão que havia descumprido todas as ordens de avançar foi cercada pela cavalaria dos cossacos e por veículos blindados russos e obrigada a depor as armas. Regimentos poloneses passaram em massa para o lado dos alemães porque as casas da maioria deles estavam logo atrás de suas linhas. As baixas de bons oficiais e de suboficiais que foram voluntários dos chamados Batalhões da "Morte" e de "Assalto" haviam sido catastróficas. Para piorar, um repentino bombardeio alemão atingiu um imenso depósito de obuses junto à estação de Kozova. A série de explosões foi seguida por incêndios que destruíram a maior parte dos depósitos do Sétimo Exército, com consequências devastadoras tanto materialmente quanto para o moral dos homens. A estação de trem e parte da cidade foram totalmente arrasadas. Soldados cossacos, convencidos de que isso era obra de espiões, começaram a massacrar quaisquer judeus que pudessem encontrar, e Locker-Lampson precisou enviar seus blindados para restabelecer a ordem.

O plano mais amplo da *Stavka* incluía ataques subsequentes a outros setores, mas que tiveram menos sucesso ainda. Parte do Quinto Exército no norte, perto de Dvisnk (Daugavpils), desistiu de atacar. Por volta de meio-dia, o quartel-general recebeu um relato de um motim num dos regimentos da linha de frente. Os soldados haviam saído das trincheiras, mas recusavam-se a avançar. Eles ameaçaram a artilharia, exigindo que parassem com o bombardeio, pois isso fazia os alemães revidarem o fogo. Os artilheiros, no entanto, não se intimidaram: ameaçaram disparar metralha contra a infantaria rebelde e prosseguiram com o bombardeio.

"Aqueles que tinham dúvidas provaram que estavam certos", escreveu Máksim Kulík, oficial cossaco que trabalhava com o comissário do exército. "A infantaria foi enviada para avançar no segundo dia, e a essa altura nossa artilharia havia em grande medida destruído os obstáculos alemães. A primeira linha avançou com sucesso e tomou as trincheiras alemãs, mas, quando chegou a hora de as reservas apoiarem seu ataque, elas permaneceram em suas trincheiras. Nada os fez avançar, nem as ordens de seus oficiais, nem protestos nem ameaças. Enquanto isso, a artilharia alemã ganhou precisão e começou a acertar as trincheiras lotadas, causando um horrível massacre."

A grande ofensiva de junho tinha alcançado o pior dos resultados possíveis. Não só falhara em impressionar os aliados da Rússia como confirmara a crença da maior parte dos soldados de que seus sofrimentos no front eram inúteis. Isso fortaleceu de maneira incomensurável a posição antiguerra de Lênin, que destruiria o Governo Provisório e abriria caminho para o golpe de Estado bolchevique quatro meses mais tarde.

Keriénski, cego para esse perigo, voltou a Petrogrado determinado a restaurar a pena de morte no exército. "Sem ela, a deserção em massa continuará e a desobediência reinará suprema", escreveu Locker-Lampson.

Ele achava que uma contrarrevolução iria se desenvolver com base "nos cossacos, em parte da cavalaria, na artilharia e na elite do Exército". A pessoa óbvia para liderar tal tentativa era o muito orgulhoso, porém diminuto, general Lavr Kornílov. Mais ainda do que Keriénski, Kornílov logo seria visto como o Bonaparte em potencial da Revolução Russa, mas, como costuma ocorrer, os paralelos históricos revelaram-se totalmente enganosos.

Quando se leem os relatos dos políticos socialistas em Petrogrado, o fracasso da ofensiva parece um eco distante e pouco importante enquanto eles se engalfinhavam a respeito do governo de coalizão. Numa segunda-feira, 3 de julho, o Comitê Executivo do Soviete no Palácio Tauride estava no meio de um debate quando um telefonema de uma fábrica advertiu Sukhánov de que os bolcheviques, sem prévio aviso, estavam convocando os trabalhadores fabris e os soldados para uma grande manifestação armada.

Lênin estava desfrutando de um necessário descanso em uma dátcha* nos arredores da vila finlandesa de Neivola, a duas horas de trem de Petrogrado. Ele não fazia ideia de que a indisciplinada Organização Militar do Partido tinha decidido agir por conta própria. Por outro lado, alguns afirmam que Lênin teria ido para a Finlândia por ter recebido uma informação de um simpatizante de dentro do aparato de segurança dando conta de que o coronel Níkitin, da contrainteligência do exército, planejava uma detenção em massa de bolcheviques em 7 de julho. A acusação contra ele seria de traição, por ter aceitado apoio financeiro da Alemanha.

O 1º Regimento de Metralhadoras, que se tornara praticamente uma guarda pretoriana do Partido, estava a caminho, embora ninguém soubesse ao certo para onde se dirigia ou por quê. Esses soldados haviam se revoltado contra as ordens de reforçar o front, que corria o risco de colapsar após o fracasso da ofensiva. A Organização Militar dos bolcheviques convocou soldados de outros quartéis e trabalhadores de todas as fábricas mais militantes para apoiá-los. Eles distribuíram faixas

* Uma dátcha é o nome dado a uma casa de campo, espécie de moradia de férias geralmente usada para veraneio. Era muito comum na Rússia e, posteriormente, na União Soviética (N.R.).

declarando "Todo o poder aos Sovietes" e "Abaixo os dez ministros burgueses!". Soldados, comparecendo ao ato com suas armas, começaram a dar tiros para o ar.

Chegou então ao Comitê Executivo a notícia de que o Regimento de Metralhadoras e o Regimento dos Granadeiros da Guarda estavam marchando em direção ao Palácio Tauride. A notícia causou consternação na sala. De repente, Kámeniev subiu no pedestal dos oradores. "Não convocamos nenhuma manifestação", gritou, e isso deve ter soado falso, "mas as massas populares vieram às ruas para demonstrar sua vontade. E, quando as massas se manifestam, nosso lugar é ao lado delas."

Um tenente bolchevique liderou um dos regimentos rebeldes pela avenida Niévski, mas o som de disparos a certa distância dali teve um efeito perturbador. O regimento entrou em pânico e se dispersou. A intentona mal calculada da Organização Militar não estava indo bem, embora a propaganda bolchevique atacando os socialistas mais moderados do Comitê Executivo claramente estivesse surtindo efeito. Uma multidão ameaçadora em volta do Palácio Tauride naquela noite gritava: "Prendam o Comitê Executivo, eles se renderam aos latifundiários e à burguesia!". Os impacientes instigadores achavam que conseguiriam forçar o Comitê Executivo a expulsar o Governo Provisório, que cairia por si só em razão da falta de apoio. Embora Gueórgi Lvóv e seus ministros tivessem pouquíssimo controle, eles inevitavelmente estavam sendo culpados pela escassez de alimentos, pela deterioração dos transportes e pelos aumentos de preços tão dolorosos para os mais pobres.

O Governo Provisório tinha herdado e aumentado suas imensas dívidas com os Aliados com equipamentos de guerra. Começou a imprimir moeda com a introdução dos rublos *keriénki*, batizados em homenagem ao novo primeiro-ministro, mas os *keriénki* inspiravam tão pouca confiança que as pessoas passaram a estocar cédulas czaristas. A inflação acelerou. Nos seis meses após a Revolução de Fevereiro, o Governo Provisório emitiu 5,3 bilhões de rublos em notas. No verão e no início do outono, os preços tinham quadruplicado.

Na noite em que a agitação começou, Prokôfiev estava apreciando um bom jantar no restaurante Kontan. "Os preços estão malucos, é claro, mas o dinheiro perde valor a cada dia, então por que poupar?" Ele então acrescentou: "Testemunhamos algo que não esperávamos ver enquanto caminhávamos pelas ruas naquela noite. As ruas estavam cheias, soldados marchavam com seus fuzis, as multidões carregavam faixas: 'Livrem-se dos ministros capitalistas!'. Carros particulares eram parados diante de nossos olhos e seus ocupantes eram instados a sair. Imediatamente, metralhadoras eram instaladas nos carros".

Os debates no Palácio Tauride prosseguiram noite adentro até o precoce amanhecer de verão da terça-feira, 4 de julho. Sukhánov notou que, após a partida de Kámeniev, mais nenhum bolchevique estava presente. Lênin não sabia nada a respeito do caos em Petrogrado até o início daquela manhã, quando um mensageiro do Comitê Central chegou à dátcha na Finlândia para avisá-lo de que eles estavam diante de um sangrento fiasco ou da derrubada do Governo Provisório. Lênin estava impaciente para tomar o poder, mas também temia outra Comuna de Paris, quando os revolucionários tomaram a capital, mas foram em seguida esmagados por uma contrarrevolução vinda de fora.

Lênin e seus companheiros fizeram as malas apressadamente. Pegaram o trem seguinte de volta a Petrogrado e chegaram à Estação Finlândia em circunstâncias bem menos otimistas que as de sua chegada da Suíça, três meses antes. Se Lênin de fato se escondera na Finlândia para escapar da diligência do coronel Níkitin, então sua decisão de voltar significava assumir um risco, o que não era do seu feitio. Lênin, que não poderia arriscar ser preso, não era famoso por demonstrar coragem quando corria o risco de ser aprisionado. Sua monomania não lhe permitia confiar em mais ninguém para levar adiante a revolução. Assim, por que voltar sabendo que o coronel Níkitin estava preparado para prendê-lo?

Por outro lado, ele estava furioso com os extremistas da Organização Militar por terem feito aquela aposta. Pior ainda, o 1º Regimento de Metralhadoras pedira no dia anterior a Kronstadt que lhe enviasse uma grande quantidade de marinheiros para se juntarem a eles. Lênin sabia o quanto os marinheiros da Frota do Báltico eram incontroláveis, com sua influente minoria anarquista.

Mais ou menos na mesma hora em que Lênin chegou a Petrogrado naquela manhã de 4 de julho, uma grande força de cerca de 8 mil marinheiros armados reuniu-se na grande praça da Âncora em Kronstadt para embarcar. Seu líder era Fiódor Ilín, um aspirante a oficial da Marinha de

25 anos, filho ilegítimo de um padre com a filha de um general. Agora bolchevique, ele tinha adotado Raskólnikov – o assassino do romance célebre de Dostoievski – como seu nome de guerra. Fiódor Raskólnikov mais tarde insistiu que as intenções de sua grande força eram totalmente pacíficas, embora todos os marinheiros tivessem sido instruídos a virem armados. Tentando evitar a responsabilização dos bolcheviques pelo desastre resultante, ele acrescentou que os operadores de metralhadoras que haviam pedido que eles viessem estavam "aparentemente sob influência anarquista", quando na verdade eram comandados por um organizador bolchevique, o alferes A. I. Semáchko.

Raskólnikov havia primeiro checado por telefone com Grigóri Zinóviev a posição do Comitê Central bolchevique. Ele perguntou se os marinheiros de Kronstadt deveriam dar seu apoio também. Zinóviev foi descobrir e voltou a insistir que deveria ser "uma manifestação armada pacífica e organizada". Essa combinação bizarra de pacífica com armada mostrou-se ainda mais contraditória quando Raskólnikov deixou escapar que "o Partido nunca descartou a possibilidade de transformar essa manifestação armada num levante armado".

A massa de marinheiros militantes chegou em uma flotilha de navios de diferentes tipos e desembarcou além da ponte Nikolaevsky. Com Raskólnikov à frente, marcharam até a mansão Kchessínskaia, com bandeiras vermelhas tremulando e uma banda tocando. Raskólnikov claramente comprazia-se ao ver o medo que seus marinheiros inspiravam na burguesia de Petrogrado, que via "Kronstadt como um símbolo de horror selvagem".

Ele prosseguiu: "Os marinheiros", escreveu ele, "perfilaram-se diante da mansão de dois andares de Kchessínskaia, onde não muito antes a conhecida bailarina e favorita do Czar havia promovido luxuosos banquetes e recepções noturnas, mas onde agora estava alojada a direção do nosso partido". Mas não havia sinal de Lênin. Raskólnikov entrou e encontrou-o quase doente de ansiedade. Sem ter escolha, ele apareceu no balcão e discursou para os marinheiros. Deixando-os confusos, incentivou-os a protestar sem qualquer violência e correu de volta para dentro.

A força de Raskólnikov marchou em direção ao Palácio Tauride, mas houve confrontos no centro da cidade com soldados leais ao Governo Provisório. É impossível saber quem atirou primeiro, mas a refrega foi caótica, com marinheiros disparando furiosamente em todas as direções. Mesmo quando os disparos cessaram, os marinheiros, enfurecidos, começaram a quebrar vitrines de lojas e a saquear ou espancar civis bem-vestidos, vistos como *burjúi*. Górki, uma testemunha ocular, foi mordaz. "A assustadora incursão pela 'revolução social' foi empreendida por alguém de maneira precipitada, impensada, e estupidez é o nome da força que empurrou as pessoas, armadas até os dentes, para as ruas. De repente, soa o estampido de um tiro em algum lugar, e centenas de pessoas correm convulsivamente em todas as direções movidas pelo medo… Elas caem no chão, tropeçam umas nas outras, aos gritos, aos berros: 'Os burgueses estão atirando!'." Na realidade, Górki descobriu que diferentes grupos de rebeldes estavam atirando uns contra os outros.

Quando as pessoas chegaram ao Palácio Tauride e se juntaram às vastas multidões que queriam obrigar o Soviete a tomar o poder, Raskólnikov entrou para falar. Ele viu Trótski, que ainda não havia se unido aos bolcheviques, e começaram a conversar. De repente, um menchevique correu até eles e anunciou: "Os de Kronstadt detiveram Tchernóv, colocaram-no num carro e querem levá-lo embora para algum lugar". Víktor Tchernóv era o líder dos socialistas-revolucionários e ministro da Agricultura que se recusou a concordar com a tomada de terras pelos camponeses até que a Assembleia Constituinte fosse formada. Alguns marinheiros passaram a dar tiros contra o palácio, enquanto outros começaram a invadi-lo pelas janelas. Não fosse a tremenda chuva que caiu e levou a maioria da multidão a se dispersar, o banho de sangue poderia ter sido muito maior. Trótski e Raskólnikov conseguiram deter os marinheiros que haviam capturado um assustadíssimo Tchernóv, que eles queriam levar embora de carro.

Trótski subiu em cima do carro e se dirigiu aos marinheiros, que quando o reconheceram ficaram em silêncio. Trótski, para irritação dos marinheiros, mandou-os soltar Tchernóv. O combalido e desarvorado Tchernóv, com seu cabelo grisalho desgrenhado, precisou ser amparado para subir a escadaria de volta ao palácio. A ordem foi logo restaurada com a chegada do Regimento da Guarda Ismáilovski. Os marinheiros não tiveram alternativa a não ser dispersarem-se em grupos. Eles ainda causaram mais desordem pela cidade naquela noite. Cerca de 2 mil deles tomaram a Fortaleza de Pedro e Paulo como um gesto fútil, mas também para se abrigarem da chuva nas celas abertas. Como o Comitê

Executivo não pôde ser forçado a assumir o governo, o levante havia fracassado, e, no entanto, ainda havia bolcheviques que acreditavam que eles deviam continuar.

Nas primeiras horas de 5 de julho, após discussões que se estenderam pela madrugada, Lênin finalmente convenceu o Comitê Central a cancelar as manifestações. Mas, naquela mesma manhã, a "imprensa réptil"* de direita desfrutou da sua revanche. O departamento de contrainteligência do exército havia reunido provas para o Governo Provisório a respeito das fontes de financiamento dos bolcheviques. Sem sua permissão, eles tinham vazado suas descobertas mais sensacionais para os jornais, que publicaram acusações de que Lênin havia recebido "ouro alemão". Lênin nunca foi um agente alemão como os jornais o acusavam, mas, por outro lado, não teria tido escrúpulos em aceitar grandes somas de dinheiro alemão para desenvolver o cada vez mais poderoso império de imprensa bolchevique.**

A polícia e grupos de cadetes "*junkers*" fizeram batidas nas redações do *Pravda* naquela manhã e, no dia seguinte, na sede do Partido, na mansão Kchessínskaia. Raskólnikov, Lunatchárski, Kámeniev e Trótski logo foram detidos, mas Lênin e Zinóviev escaparam. Ironicamente, Konstantín Globatchóv, o ex-chefe da Okhrána e agora prisioneiro do Governo Provisório, notou que alguns bolcheviques trazidos à sua prisão haviam sido trancados numa cela separada. Isso ocorreu porque o chefe da carceragem suspeitava de que alguns dos guardas fossem também bolcheviques. Quando os bolcheviques detidos foram revistados, descobriu-se que vários deles possuíam notas de dez rublos falsificadas, que supostamente teriam sido fornecidas ao Partido pelo governo alemão.

Lênin, cujo rosto era surpreendentemente pouco conhecido, havia escapado na hora certa. Ele escondeu-se num apartamento alugado por Serguêi Alilúiev e alojou-se no dormitório do hóspede usual da família, Ióssif Stálin, que mais tarde casou-se com a filha deles, Nadiéjda. Stálin

---

* Expressão utilizada pela esquerda russa para descrever órgãos de imprensa venais, a serviço de quem pagasse mais (N.R.).

** As acusações do Governo Provisório não vieram acompanhadas de provas concretas de que os bolcheviques tivessem aceitado "ouro alemão", no entanto, é difícil ver como os bolcheviques teriam financiado todos os seus jornais sem ajuda externa.

chegou logo depois e concordou em raspar o bigode e a barba de Lênin. Isso alterou sua aparência centro-asiática, herdada da avó calmuque, combinando-se com sua rica mistura de ancestrais russos, alemães, judeus e suecos. Sem barba e bigode, Lênin afirmou com satisfação que agora estava parecido com um camponês finlandês.

A imagem de Stálin barbeando seu líder é intrigante. Stálin, um autodidata, tinha plena consciência de que outros destacados revolucionários o desprezavam intelectualmente. Trótski nunca ocultou seu desprezo por alguém que ele considerava pouco mais do que um gângster georgiano com o rosto marcado pela varíola. Subestimar a capacidade conspiratória de Stálin iria acabar custando-lhe a vida.

Com medo de ser preso por alta traição, Lênin passaria os três meses seguintes antes do golpe de Estado bolchevique como um fugitivo disfarçado, mudando de um esconderijo para outro. É bem possível que tenha se lembrado do início de sua viagem de volta à Rússia, quando disse a Karl Radek que em seis meses ou estariam no poder ou pendurados numa forca. Lênin desprezava as meias medidas tanto quanto abominava as concessões.

7

KORNÍLOV

Julho-setembro de 1917

Em 7 de julho, enquanto a malsucedida caçada aos bolcheviques fugitivos prosseguia, o Príncipe Gueórgi Lvóv renunciou à liderança do Governo Provisório. Ele foi substituído por Keriénski. Isso nada tinha a ver com o levante de julho, nem com o fracasso da ofensiva. Cinco dias antes, os ministros kadetes haviam renunciado em protesto contra a decisão de permitir à Ucrânia certo grau de autonomia.

Tanto os liberais quanto os socialistas daquele Governo Provisório reconstituído queriam manter o Império Russo unido. Eles tinham aceitado em março que, após a guerra, a Polônia, agora atrás das linhas alemãs, se separasse e se tornasse totalmente independente, mas estavam determinados a manter o Grão-Ducado da Finlândia, as províncias do Báltico e a Ucrânia. Eles acreditavam que as queixas e aspirações das minorias nacionais eram fruto apenas da opressão czarista, e acima de tudo dos programas de "russificação" introduzidos sob Nicolau II, que haviam desencorajado todo tipo de diversidade cultural ou linguística. Algumas concessões limitadas de autonomia pareciam ser o suficiente.

Em 12 de abril, por exemplo, o Governo Provisório russo concedeu certa medida de autogoverno à Estônia, e doze dias mais tarde a *Stavka* permitiu que os estonianos se transferissem para o novo 1º Regimento de Rifles Estoniano. Ninguém em Petrogrado ou em Mogilev imaginava então quão logo isso iria servir de base para o eficaz exército de um Estado independente.

A Finlândia havia sido parte da Suécia até 1809, quando o Czar Alexandre I ocupou o país como propriedade pessoal, tornando-a um Grão-Ducado. Ele permitiu ao país um grau muito limitado de autonomia, supervisionada pelo governador-geral do Czar. Mas, em 1899, Nicolau II concordou com uma política de "russificação" de seu sistema educacional e de sua cultura. Isso se mostrou extremamente impopular e deu origem a um senso de patriotismo finlandês. Durante a Primeira Guerra Mundial, os finlandeses não foram convocados para o serviço militar, pois não eram considerados confiáveis, e cerca de 2 mil estudantes nacionalistas finlandeses fugiram para a Alemanha e se juntaram ao 27º Batalhão Real Prussiano de Jägers de infantaria leve.

O regime czarista estava tão preocupado com a possibilidade de os alemães usarem a Finlândia como base de operações para atacar Petrogrado que aumentou o XLII Corpo Independente e o efetivo da Frota do Báltico para um total de 125 mil homens. Para um país com uma população de apenas 3,25 milhões, tratava-se de uma presença fortíssima. Após a Revolução de Fevereiro, os soldados russos no país tinham sentimentos confusos em relação aos finlandeses, cuja língua eles não falavam nem entendiam. No entanto, muitos na esquerda começaram a simpatizar com as aspirações finlandesas de independência. No início do verão de 1917, os trabalhadores finlandeses no sul do país, mais industrializado, começaram a estabelecer contato amistoso com soldados e marinheiros russos que apoiavam suas demandas de uma jornada de trabalho de oito horas.

A abdicação do Czar, que era o Grão-Duque da Finlândia, e sua substituição pelo Governo Provisório encorajaram os nacionalistas finlandeses a acreditar que a sua hora havia chegado. O Senado montou um comitê constitucional para preparar o terreno para a independência total. Mas o Governo Provisório russo, especialmente Keriénski quando ministro da Guerra, temia que a Alemanha tirasse partido da situação. Ele insistia que não se poderia conceder independência à Finlândia antes que isso fosse aprovado pela futura Assembleia Constituinte. Então, o parlamento finlandês, a Eduskunta, aproveitou-se do caos das Jornadas de Julho em Petrogrado para assumir o poder. Em 18 de julho, porém, o Governo Provisório retaliou, dissolvendo a Eduskunta.

Os socialistas finlandeses, que haviam sido os defensores mais ativos da independência, apelaram para seus camaradas russos na guarnição para que os ajudassem contra a política "reacionária" do governo em Petrogrado. Eles concordaram em fazê-lo, mas a Eduskunta foi fechada pelos cossacos, que Keriénski enviara a Helsingfors. Ele ordenou que as forças russas na Finlândia supervisionassem novas eleições. Isso foi feito, mas, para a frustração da esquerda finlandesa, os partidos conservadores emergiram numa posição muito mais forte, controlando o Senado.

Em 13 de setembro, o Soviete de Helsingfors e os representantes do exército e da marinha russos apoiaram em peso a moção do bolchevique Vladímir Antónov-Ovsiénko, que condenava o Governo Provisório e apoiava o movimento finlandês pela independência. Ironicamente, no desenrolar dos eventos, essa tentativa de mostrar que o chauvinismo nacional russo tinha morrido com o czarismo permitiria à Finlândia escapar do domínio comunista de Moscou pouco tempo depois.

A crise imediata do Governo Provisório em junho e julho havia sido desencadeada pelo fato de a Rada Central Ucraniana em Kiev ter declarado independência. Os líderes nacionalistas ucranianos, Símon Petliúra e Volodímir Vinnitchênko e o historiador Mikháilo Gruchévski, que presidiam a Rada, haviam tentado em maio negociar algum grau de autonomia com o governo de Gueórgi Lvóv, mas sua delegação fora praticamente ignorada. Cada ponto que eles apresentavam era respondido insistindo-se que nada poderia ser decidido a não ser pela Assembleia Constituinte. Obviamente, essa ofuscação apenas aumentou sua determinação de buscar a plena independência. Eles escolheram uma bandeira com as cores azul-clara e amarela e uma declaração "Universal", baseada num estatuto do século XVII do ataman da Hoste Cossaca de Zaporijia, que Gruchévski havia estabelecido como sendo o direito ancestral do país. Petliúra, um prolífico jornalista, mais tarde se tornaria formalmente o presidente e o "Ataman Supremo" de uma República Popular da Ucrânia.

O Governo Provisório, concordando em fazer concessões depois de muita protelação, enviou uma delegação a Kiev, liderada por Keriénski e Tseretiéli. Eles propuseram um reconhecimento parcial das demandas ucranianas para acalmar os ânimos. Mas isso deixou indignados os nacionalistas russos em Kiev, e houve tumultos. Três membros do governo dos kadetes, cada vez mais à direita, exigiam que os russos na Ucrânia, país que eles preferiam chamar de "Pequena Rússia", fossem apoiados. Eles se recusaram a aceitar o acordo de concessões que Tseretiéli e Keriénski haviam trazido ao voltar e renunciaram em 4 de julho, o mesmo dia em que os insurgentes bolcheviques tinham tentado fazer o Soviete de Petrogrado substituir o Governo Provisório. Com representantes chegando de outras partes do país, este já começara a se autodenominar Soviete de Delegados Operários e Soldados de Toda a Rússia.

Keriénski via a si mesmo acima da disputa entre socialistas e liberais, mas não conseguiu ver o quanto se tornara perigosa a cisão entre eles. A maioria dos socialistas, chocada com os ataques extremados da imprensa de direita aos bolcheviques, começou a se aproximar deles devido a um medo exagerado de uma contrarrevolução. No entanto, eram tantos os tumultos por todo o país que não apenas os oficiais e a classe média ansiavam por um líder forte. Talvez não tenha sido coincidência que, em 7 de julho, Keriénski tomou a malfadada decisão de despachar a família imperial de Tsarskoie Selo para Tobolsk, na Sibéria. Ele temia que o levante da extrema esquerda dos últimos dias provocasse um revide monarquista.

Muitos daqueles que haviam acolhido a Revolução de Fevereiro com alegria e esperança estavam agora profundamente desiludidos com o caos e os crimes que se seguiram. "Pouquíssimas pessoas têm consciência agora", escreveu Lakier. "Elas não conseguem compreender que liberdade não é ultraje e usurpação de poder. Para a maioria, porém, a liberdade e o banditismo comum viraram sinônimos. As pessoas na Rússia são como crianças sem controle; não conhecem limites." E o doutor Krávkov registrou sua crença: "Apenas um grande golpe de força pode trazer alívio ao sofrimento da Rússia, onde muitos de seus habitantes, após séculos de escravidão, estão ainda inertes, ignorantes e aptos apenas a servirem de arma cega nas mãos do primeiro hipnotizador que aparecer... Roubos e saques estão aumentando em escala colossal. Está indo de mal a pior: o comandante do Corpo foi roubado pela manhã, e de noite o chefe do estado-maior foi despojado de tudo o que tinha com ele naquela hora, e isso aconteceu na frente das sentinelas. Esses são os extremos a que chega o atrevimento do bolchevismo!".

Em 6 de julho, logo após a ofensiva russa ter desandado no Front da Galícia, uma força de ataque alemã sob o general Arnold von Winckler subitamente abriu caminho através do combalido Décimo Primeiro Exército. Ela seguiu então em direção a Tarnopol (Ternopil), que caiu cinco dias mais tarde. A vasta estepe ucraniana estava desguarnecida. Lakier escreveu ansiosamente em Odessa: "O exército está apertando o cerco. Há uma brecha colossal. 120 quilômetros". A reintrodução da pena capital por Keriénski parecia não fazer muita diferença para a disciplina. "É uma sensação terrível quando seu ídolo favorito revela ter pés de barro e cai", escreveu Lakier. "Acreditei cegamente em Keriénski, mas agora ele está cometendo um erro atrás do outro." Começou a circular o rumor de que Odessa teria que ser evacuada e de que os bancos ali já estavam indo embora.

Um avanço alemão em direção a Riga, no litoral do Báltico, também fez circular rumores de que a própria capital teria que ser abandonada. "Um punho cerrado se ergueu sobre Petrogrado", escreveu Prokôfiev em seu diário. "[Riga] ainda estava distante, mas seriam os soldados revolucionários fortes o suficiente, e o que aconteceria se 3 milhões de habitantes fugissem de Petrogrado? E os Zeppelins podem aparecer a qualquer momento. Havia multidões na estação, e trens lotados levavam residentes assustados para o sul."

O linchamento de oficiais aumentou, com obscenas mutilações sendo praticadas enquanto estavam ainda vivos, e aumentou também o número dos que cometiam suicídio. A atitude dos soldados de "agora quem manda somos nós" parecia incentivá-los a se vingarem de cada humilhação e injustiça passadas, tanto as imaginadas quanto as reais. "Tudo está desmoronando e os oficiais estão no nível mais baixo da sociedade", escreveu um jovem oficial da Artilharia da Guarda. "Somos inimigos de classe. Os suboficiais estão nos tratando como se fôssemos merda. Precisamos ter cuidado porque milhares de olhos estão nos vigiando." Ele então acrescentou: "Nossa geração está condenada... Tudo o que nos resta é o exílio ou a morte". A desmoralização do corpo de oficiais foi claramente um fator que contribuiu para o colapso do Front Sudoeste em julho, mas nem todos haviam desanimado.

Vladímir von Dreier conseguiu ser transferido para a 7ª Divisão de Cavalaria, cujo comando o major-general Piotr Wrangel, de uma família de barões do Báltico, assumiu durante a retirada. Muito alto e magro, Wrangel, com seus olhos afundados e olhar penetrante, intimidava os outros, mas também conquistava lealdades intensas. Ele não era apenas enérgico. "Ele sempre obrigava todo mundo a ser ativo, mesmo quando não havia nada para fazer", Dreier observou. Ele galopava de um regimento a outro de sua divisão para conferir tudo pessoalmente. Como ocorreu com outras divisões montadas, a 7ª de Cavalaria de Wrangel teve de cobrir a retaguarda após o avanço alemão. A divisão de cavalaria adjacente era comandada pelo major-general Barão Gustaf Mannerheim, um finlandês de ascendência germano-sueca e ex-oficial da Guarda de Cavaleiros.

"A infantaria, de início, retirou-se em relativa ordem, oferecendo alguma resistência de vez em quando", Dreier registrou, "mas depois simplesmente abandonou as armas e fugiu. Às vezes marchavam sessenta quilômetros num dia, de tão ansiosos que estavam para voltar à fronteira russa. Durante a retirada, os soldados saqueavam e ateavam fogo em tudo que encontravam: armazéns, aldeias, pilhas de feno e casas nas cidades. Uma noite o quartel-general da divisão parou para pernoitar na cidade de Stanislavov [Ivano-Frankivsk], pela qual os últimos grupos de infantaria passavam. Eu estava em pé na rua com Wrangel, observando-os. De repente, vimos vários soldados separando-se do agrupamento e arrebentando a vitrine de uma loja no andar térreo de um edifício de cinco andares. Eles entraram e tentaram atear fogo ao que havia dentro. Wrangel e [o coronel] Zíkov imediatamente correram até lá e começaram a bater naquela gentalha, Wrangel com seu chicote de cavalgar e Zíkov com os punhos." E os cossacos, supostamente mais disciplinados, podiam ser tão ruins quanto a infantaria. "Quem rouba os civis?", um soldado de infantaria escreveu para casa. "Cossacos. Quem estupra e mata civis? Cossacos."

Víktor Chklóvski, comissário de Kornílov do Oitavo Exército, descreveu a punição selvagem infligida aos desertores e saqueadores por soldados comuns. "Comitês *ad hoc* dessas unidades que haviam resistido firmes capturavam os desertores. Enfurecidos por isso ter acontecido em terras russas, onde as vilas da Volínia ardiam em chamas, eles chicoteavam os homens... Era dada ao desertor a escolha entre ser fuzilado ou chicoteado. Uma espécie monstruosa de juramento foi inventada, pela qual ele abria mão de seus direitos como cidadão e testemunhava que aquilo que faziam com ele estava sendo feito com seu consentimento." Os açoitamentos eram realizados com varas de limpar fuzis, como era o costume no velho exército czarista.

Chklóvski foi ferido no estômago e removido para um hospital de campanha improvisado em Nadvirna. Logo após Kornílov tê-lo condecorado com a Cruz de São Jorge, Chklóvski soube que os alemães se aproximavam. Três regimentos russos haviam deixado a linha aberta, e a cavalaria alemã havia passado sem oposição. "Armazéns de suprimentos foram incendiados. Quase que pela força das armas, os feridos disputavam lugares no último trem... A infantaria estava indo embora. A artilharia também... O front havia se dissolvido; apenas quatro veículos blindados restaram para tentar conter os alemães."

Em 16 de julho, Keriénski convocou uma conferência na *Stavka* para discutir o desastre. Foi realizada na Mansão do Governador, de estilo neoclássico, que havia sido a residência de Nicolau II quando ele estava em Mogilev. Assim como Brusílov e o general Rúski, Antón Deníkin, um futuro comandante em chefe dos exércitos Brancos no sul da Rússia, compareceu e revelou ser o participante crucial. Estavam presentes também os dois principais comissários, Borís Sávinkov e Maksimiliân Filoniênko, ambos socialistas-revolucionários de direita. Quando Keriénski, acompanhado pelo ministro do Exterior Mikhail Teriéschenko, chegou à estação de Mogilev, ficou indignado por não ser recebido pelo comandante em chefe e sim por um adjunto. Recusou-se a sair dali até que Brusílov se apresentasse em pessoa.

Depois que a reunião começou, Brusílov pouco falou, e Keriénski, dessa vez, também se conteve. Estava claramente abalado pelas denúncias dos outros generais a respeito de como a política revolucionária havia destruído o exército. Liderados por Deníkin, eles pediram a anulação da *príkaz* nº 1, que no seu entender havia virado a autoridade militar de cabeça para baixo. Enquanto ouviam relatos da retirada, Keriénski permaneceu sentado, curvado, horrorizado e em silêncio, a cabeça entre as mãos, enquanto Teriéschenko apenas derramava lágrimas.

Kornílov, que não conseguira sair do seu quartel-general, deu os parabéns a Deníkin mais tarde quando soube o que havia dito. Quando Sávinkov e Filoniênko voltavam de trem a Petrogrado com os dois ministros, aproveitaram a oportunidade para promover Kornílov como sucessor do exausto Brusílov, já que era um dos poucos generais que apoiavam o papel dos comissários no front. Keriénski concordou. Como alguém que facilmente sentia sua vaidade ofendida, ele com certeza não havia esquecido daquilo que interpretara como um desrespeito na estação. Naquele mesmo dia, nomeou Sávinkov vice-ministro da Guerra.

O relatório da *Stavka* sobre o colapso do Front Sudoeste veio a calhar para a imprensa de direita, que imediatamente associou a falta de disciplina no exército às Jornadas de Julho. Aumentou assim o clamor por um líder forte que colocasse um fim àquela desordem. Kornílov, com sua ancestralidade siberiana e cazaque, ou talvez buriate, surgia como o candidato óbvio. Ninguém parecia mais distante que ele do arquétipo do general czarista da guarda imperial, embora Kornílov estivesse longe de ser o modesto "filho de um camponês cossaco" que ele alegava. Ele havia formado uma guarda pessoal de trezentos lanceiros tekintsi* vestidos de capas escarlate, que lembravam bastante os mamelucos de Napoleão. Ele certamente tinha seus admiradores no exército, embora houvesse vários altos oficiais que julgavam Kornílov bem mais corajoso do que inteligente.

Keriénski, enquanto isso, ainda via a si mesmo como o Bonaparte da Revolução Russa. Apesar do terrível revés da ofensiva, ele adotou o Palácio de Inverno como seu quartel-general e a suíte do Czar Alexandre III como sua residência, o que lhe valeu o apelido de "Alexandre IV". Tal *folie de grandeur* ["delírio de grandeza"] certamente sugeriu que estava perdendo seu bom senso num momento em que as simpatias por uma contrarrevolução se fortaleciam. Embora em fevereiro ninguém tivesse levantado um dedo em defesa da velha ordem czarista, oficiais, latifundiários e capitalistas estavam agora tão assustados com o colapso da lei e da ordem que achavam ter chegado a hora de agir, ainda mais com os

---

* Tekintsi é o nome dado pelos russos aos Teke, uma das maiores tribos turcomenas que habitavam a região da Ásia Central. As tropas tekintsi ficaram famosas por sua combatividade e obediência (N.R.).

bolcheviques fora de cena após o fiasco das Jornadas de Julho. No entanto, embora os bolcheviques ainda estivessem recuados, eles continuavam a se preparar. Seu Sexto Congresso foi realizado clandestinamente de 26 de julho a 2 de agosto. Lênin, ainda escondido na Finlândia, começara a escrever *O Estado e a Revolução*, bem como suas cáusticas denúncias dos socialistas-revolucionários e mencheviques por seu apoio ao Governo Provisório de Keriénski. Como observou Chklóvski, os bolcheviques podiam ter sido "totalmente esmagados. Mas isso não significava nada – eles estavam crescendo de novo".

No início de agosto, Keriénski começou a se perguntar se havia sido uma boa ideia nomear Kornílov, que se comportava de maneira cada vez mais autoritária. Além de exigir reformas para fortalecer a disciplina no exército de campo, ele queria que a pena de morte fosse estendida às guarnições na retaguarda, uma medida claramente dirigida aos regimentos da reserva de Petrogrado infiltrados pelos bolcheviques. Kornílov queria inclusive que a lei marcial entrasse em vigor em todo o país e defendia a militarização das indústrias do transporte e da defesa para evitar greves.

Hoje as evidências indicam que o próprio Kornílov não planejava um *coup d'état*, como os historiadores soviéticos sempre afirmaram. Seu principal objetivo era fortalecer o Governo Provisório para poder livrar-se do Soviete de Petrogrado e restaurar a ordem. Mas muitos de seus apoiadores, tanto dentro do exército como fora, estavam convencidos de que ele mesmo deveria tomar o poder para expulsar o cada vez mais volátil Keriénski. O embaixador britânico foi abordado por um banqueiro, que lhe pediu para "ajudá-los, colocando os blindados britânicos à sua disposição e ajudando-os a fugir caso sua empreitada falhasse". Buchanan recusou de maneira gentil mas firme, e replicou que era muito ingênuo "pedir a um embaixador que conspirasse contra o Governo pelo qual era credenciado".

Keriénski, na expectativa de conseguir apoio, convocou uma Conferência de Estado em Moscou, no Teatro Bolshoi. Seu objetivo era posicionar-se como a única figura capaz de manter o país unido. Mas na sua abertura, em 12 agosto, a divisão política entre os lados opostos, que se refletia na escolha dos assentos, não parecia muito encorajadora em meio aos pilares e ao brilho da persistente decoração imperial.

General Lavr Kornílov e Borís Sávinkov.

Kornílov não se deu ao trabalho de comparecer no primeiro dia, mas sua chegada a Moscou acabou sendo tanto uma marcha triunfal como uma provocação. Ao chegar à Estação Aleksandrovski, Kornílov foi recebido com uma chuva de flores por mulheres admiradoras suas que lhe imploravam para "Salvar a Rússia!". Ele foi carregado nos ombros por oficiais para fora da estação até um automóvel aberto de desfile. Seguido por muitos outros carros lotados de admiradores, fez uma visita ao santuário de Iverski, onde os czares costumavam orar ao chegarem a Moscou.

Quando o general Kornílov finalmente apareceu na conferência no segundo dia, direitistas, muitos deles industriais de fraque, ficaram em pé para aplaudi-lo e saudá-lo. Todos os da esquerda ficaram com os rostos sisudos e não se moveram. A direita, feliz com a perspectiva de talvez fazer os ponteiros do relógio voltarem atrás, estava tão cega quanto a esquerda moderada para o perigo de que essa polarização política acabasse beneficiando os bolcheviques. O discurso de Kornílov na conferência foi curto e inexpressivo, mas isso não pareceu fazer diferença para a sua grande e ruidosa claque no auditório. Sukhánov referiu-se aos "arrivistas da direita, que gritavam sem qualquer moderação saudando

O general Kornílov saudado por oficiais e direitistas como herói em sua chegada a Moscou para a Conferência de Estado de Keriénski, em 12 de agosto de 1917.

o general 'Punho' como a única salvação". O discurso de encerramento de Keriénski, por outro lado, parecia interminável, vago e cada vez mais incoerente. O embaraço crescente na plateia só terminou quando as pessoas começaram a aplaudir, sinalizando com isso que já era o bastante. Keriénski, emotivo como sempre, desmaiou. O momento demonstrou o declínio de sua capacidade de controlar os acontecimentos.

Em 20 de agosto, foi realizada uma eleição para o conselho municipal de Petrogrado. Os resultados foram surpreendentes. "Quem foi o único vencedor?", Sukhánov perguntou retoricamente. "Foram os bolcheviques, até bem pouco tempo atrás atirados na lama, acusados de traição e venalidade, totalmente derrotados moral e materialmente, e que até aquele mesmo dia enchiam as prisões da capital." Eles conseguiram perto de um terço dos votos, logo atrás dos socialistas-revolucionários. Mas os líderes socialistas moderados, os verdadeiros democratas que haviam defendido os bolcheviques contra os ataques da Coalizão de Keriénski e da imprensa de direita, ainda não conseguiam ver o perigo. Sukhánov, o menchevique-internacionalista, exasperava-se porque eles não conseguiam ver as ameaças de ambos os extremos. "Agora vocês estão vendo os bolcheviques? *Agora* estão entendendo?", enfatizava. Sukhánov acreditava que a direita tinha uma ideia muito melhor dos riscos e que faria um ataque preventivo.

Kornílov, que desprezava a política, mal deu atenção a esses resultados. Com a ajuda editorial do vice-ministro da Guerra de Keriénski, Borís Sávinkov, encaminhou suas demandas para que a lei marcial fosse aplicada às indústrias do transporte ferroviário e da defesa, e para a restauração da disciplina e da cadeia de comando no exército. Kornílov tinha entendido que Keriénski havia concordado com todos esses pontos. No entanto, após várias tentativas frustradas de conseguir sua assinatura, soube que o primeiro-ministro não concordara em estender a pena de morte a soldados na retaguarda. Enquanto isso, em alguns exércitos no front, os comandantes haviam começado a reafirmar a disciplina e a prender agitadores bolcheviques. No Quinto Exército, que tivera um péssimo desempenho na ofensiva, "nada menos que 12.275 soldados e 37 oficiais foram colocados sob custódia".

Keriénski ficou alarmado com a perspectiva de as demandas de Kornílov e sua crescente influência atrapalharem seu número de equilibrismo entre a esquerda e a direita, especialmente porque o Soviete opunha-se a qualquer forma de pena de morte. Kornílov, por outro lado, não se sentia seguro diante da falha de Keriénski em caçar os bolcheviques após as Jornadas de Julho. Também suspeitava de que outros ministros da esquerda estivessem colaborando secretamente com os bolcheviques. Kornílov sentiu que deveria forçar Keriénski a assumir uma posição. E queria estar preparado para o caso de os bolcheviques tentarem outro levante com o apoio dos marinheiros de Kronstadt.

Segundo Sávinkov, Keriénski havia sido informado pelo comissário-chefe Filoniênko de um complô de oficiais contra ele na *Stavka*. Keriénski queria que Sávinkov fosse a Mogilev com o objetivo de investigar, mas também de obter a autorização de Kornílov para transferir o comando do distrito militar de Petrogrado dele para o governo. E, a fim de proteger o governo contra outra insurreição como a das Jornadas de

Julho, Keriénski disse a Sávinkov que pedisse a Kornílov para transferir um corpo de cavalaria para a capital, o que ele concordou em fazer. Infelizmente, nada disso foi registrado.

Segundo outra versão, Kornílov disse a Sávinkov que havia ordenado que o III Corpo de Cavalaria do general Krímov se deslocasse do Front Romeno para o norte até Vielikie Luki, que era mais perto de Petrogrado e de Moscou. Esse corpo continha duas divisões de cossacos e a Divisão "Selvagem" do Cáucaso, que havia sido comandada por Mikhail, irmão do Czar. Quando o general Lukômski questionou a razão dessa mudança, Kornílov se explicou. Ele afirmou que não tinha intenção de reviver o velho regime, que sempre odiara, mas que estava determinado a restaurar a autoridade do governo para salvar a Rússia e assegurar a instauração da Assembleia Constituinte. Essas intenções ganharam urgência com a captura de Riga pelos alemães em 21 de agosto.

Keriénski, porém, apreensivo com as estridentes manifestações de apoio a Kornílov na Conferência de Estado, afligia-se com as conclamações da imprensa de direita para dar ao comandante em chefe plenos poderes. A desconfiança e a rivalidade entre os dois homens acabaram levando a uma série de desastrosos mal-entendidos, todos eles criados por um fantasista que se colocou como emissário entre os dois. Um ex-deputado da Duma chamado V. N. Gueórgi Lvóv (sem parentesco com o Príncipe Gueórgi Lvóv) abordou Keriénski com uma versão própria da história sobre um complô da *Stavka*, acrescentando que os generais queriam matá-lo. Keriénski, que vinha desenvolvendo um delírio persecutório, deu-lhe ouvidos. Ele provavelmente não deve ter autorizado Gueórgi Lvóv a negociar com Kornílov, mas pode muito bem ter pedido que descobrisse mais coisas. Gueórgi Lvóv parece ter enfiado na cabeça que deveria ser ele quem forçaria o comandante em chefe a tomar o poder. Ele foi até Mogilev em 24 de agosto e conseguiu falar com Kornílov, que ingenuamente não lhe pediu provas de que estava ali agindo como representante de Keriénski.

Lvóv propôs três alternativas, fazendo parecer que vinham do ministro-presidente – era assim que Keriénski agora se apresentava. As alternativas eram uma ditadura de Keriénski; uma ditadura conjunta, semelhante ao Consulado francês; ou uma ditadura de Kornílov, tendo Keriénski e Sávinkov como ministros-chave. Ainda imaginando que

Gueórgi Lvóv estivesse autorizado a dizer tudo isso, Kornílov imaginou que Keriénski estivesse convidando-o de maneira indireta a tomar o poder. Após alguma reflexão, disse que, no geral, preferia a terceira opção, mas se contentaria perfeitamente em servir como subordinado de Keriénski. Ele sugeriu que, se Keriénski viesse a Mogilev, eles poderiam discutir os detalhes.

Dois dias mais tarde, de volta a Petrogrado, Gueórgi Lvóv visitou Keriénski no Palácio de Inverno, num estado de grande agitação. Ele disse ao ministro-presidente que este estava condenado. Um golpe bolchevique estava para acontecer, e o general Kornílov exigia o poder supremo para si. O já nervoso Keriénski tornou-se ainda mais paranoico quando foi informado de que Kornílov queria que ele viajasse a Mogilev. Ficou convencido de que Kornílov preparava um golpe auxiliado pela União de Oficiais, uma organização não oficial que unia militares da ativa e aposentados que se opunham à democratização do exército. Como resultado, Keriénski só conseguiu ver o perigo da direita, e sentiu que precisava de uma reaproximação com a esquerda. Ele decidiu que, para derrotar seu rival, iria se apresentar como o salvador da revolução.

Todo esse imbróglio de mal-entendidos causado por Gueórgi Lvóv seria cômico se não tivesse produzido consequências tão trágicas. Naquela noite de 26 de agosto, enquanto Kornílov discutia a respeito de compromissos do ministério com o general Lukômski, Keriénski convocou uma reunião de emergência do Conselho de Ministros à meia-noite. Nela, ele denunciou Kornílov como traidor e solicitou poderes ditatoriais para enfrentar a conspiração, o que significava que todos os ministros deveriam renunciar.

Sávinkov adivinhou imediatamente que um terrível mal-entendido havia acontecido e decidiu falar. Ele discutira a movimentação do III Corpo de Cavalaria com Kornílov na *Stavka* em 23 de agosto e tinha falado com Keriénski sobre isso ao voltar. Sávinkov instou Keriénski a contatar Kornílov de imediato, mas ele se recusou terminantemente, dizendo que era tarde demais, o que não era verdade. Kornílov não estava tentando derrubar o governo. Às 2h40 de 27 de agosto, para confirmar o que ele entendeu que havia sido combinado, ele enviou o Telegrama nº 6.394 a Keriénski como ministro da Guerra. "O Corpo irá concentrar-se na área de Petrogrado no início da noite de 28 de agosto. Solicito que a lei marcial seja declarada em Petrogrado em 29 de agosto. General Kornílov."

Keriénski, tenso e tomado por suspeitas, enviou sua própria mensagem a Kornílov para informá-lo de que ele estava sendo removido do comando dos exércitos. Ela só chegou à *Stavka* às sete da manhã. Como o comandante em chefe não podia ser demitido sem o envolvimento de todos os ministros, e como Kornílov não tivera nenhuma notícia de Sávinkov, ele supôs de início que havia ocorrido um golpe bolchevique e que eles estavam aprisionados. Quando ficou claro que Keriénski não estava aprisionado, Kornílov concluiu que havia sido propositalmente enganado. Mais tarde naquele dia, fez uma proclamação à nação em resposta à acusação de traição feita por Keriénski. Começava assim: "Cidadãos russos! O telegrama do Presidente dos Ministros continha informações falsas... Uma grande provocação ocorreu, e ela põe em risco o destino da Pátria-Mãe". Levado por sua fúria, Kornílov até mesmo acusou: "o Governo Provisório, sob pressão da maioria dos Sovietes, está agindo em total coordenação com o plano do estado-maior alemão".

Kornílov, a essa altura, havia sido levado a iniciar uma revolta aberta. Por telegrama, requisitou apoio aos comandantes do exército e até pediu que os esquadrões de blindados britânicos fossem posicionados. "O estado-maior de Kornílov, em seguida, atribuiu o fracasso deles à nossa recusa em cooperar", reportou o comandante Locker-Lampson ao Primeiro Lorde do Almirantado, Sir Edward Carson. "Sete dias depois, o senhor Keriénski expressou mais ou menos a mesma opinião", acrescentou. No entanto, a presença de blindados britânicos em Kiev foi o que teria evitado um levante bolchevique ali em resposta à *démarche** de Kornílov.

Quando os telegramas de Kornílov chegaram de Mogilev, os comandantes do exército se viram diante de um dilema, sem saber na realidade o

* Em francês no original, *démarche* é um termo usado internacionalmente para indicar uma diligência diplomática ou manobra política (N.T).

que estava acontecendo ou em quem acreditar. Wrangel e Mannerheim, ambos agora comandantes de corpos do exército e fiéis apoiadores de Kornílov, desentenderam-se quanto a quais dos comandantes do exército recalcitrantes eles deveriam prender. Wrangel disse que iria falar com Sokóvnin, o novo comandante do Oitavo Exército, que estava hesitante, mas, quando ele instou Mannerheim a prender o general Keltchévski, do Nono Exército, "Mannerheim reagiu friamente a essa sugestão, como um bom finlandês".

Enquanto o corpo do general Krímov, liderado pela Divisão Selvagem, avançava em direção a Petrogrado, Keriénski convocou o general Alekséiev, que aceitou ser reconduzido emergencialmente ao posto de comandante em chefe apenas na esperança de resolver a desordem. Apesar das duas reuniões e de ter passado a noite de 28 de agosto no Palácio de Inverno, ele não se sentiu tranquilizado pelo tom "evasivo" de Keriénski. Como ele mais tarde descobriu, Keriénski estava ciente do plano de mover o III Corpo de Cavalaria para Petrogrado a fim de impedir um ataque ao governo.

A denúncia feita por Keriénski de que Kornílov seria um traidor da revolução significava que o Soviete de Toda a Rússia, como era agora chamado, iria apoiá-lo. Na realidade, o Tsentróbalt, isto é, o Soviete da Frota do Báltico, relatou que "O Ministro Keriénski... trabalha em estreito contato com o Comitê Executivo" do Soviete de Delegados Operários e Soldados de Toda a Rússia. O mesmo ocorreu no Tsentroflot, o Soviete que representava toda a marinha. Mensagens indo e vindo mostram como essa colaboração era estreita. "Urgente. Ao Ministro Naval Keriénski. O Tsentroflot considera necessário convocar imediatamente dois destróieres para Petrogrado a fim de defender a revolução. Por favor, respondam." Keriénski respondeu pedindo quatro e instruiu-os a entrarem pelo Neva e bloquearem a Ponte Nikolaevsky.

O Tsentróbalt também informou Keriénski de que "a 2ª Guarda do Báltico tem uma companhia de marinheiros que serviram por dois anos e meio como parte da Divisão Selvagem. Esse longo período de serviço conjunto criou vínculos entre eles, e alguns têm bons amigos ali. Considerando esse vínculo entre os marinheiros e a Divisão Selvagem, o Tsentroflot requer instruções urgentes para o encontro entre essas duas unidades. Na opinião do Tsentroflot, isso poderia revelar-se extremamente útil".

Até mesmo a Frota do Mar Negro enviou sinais a Keriénski declarando que eles "preferem morrer a permitir que desprezíveis mercenários czaristas afoguem nossa amada liberdade em sangue". Esse acesso de ultraje moral da esquerda radical em apoio a Keriénski foi notável. Seus próprios camaradas haviam tentado derrubá-lo e ao Governo Provisório apenas um mês antes, e Keriénski tentou dissolver o Tsentróbalt em 7 de julho.

Keriénski parecia não imaginar quanto poder estava transferindo aos bolcheviques, e de bandeja. Os Guardas Vermelhos, banidos após as Jornadas de Julho, foram rearmados e reposicionados. O Tsentróbalt mandou cerca de 5 mil marinheiros de Kronstadt para se posicionarem em Petrogrado em defesa do Soviete. Keriénski concordou até mesmo que o Tsentroflot enviasse seus próprios especialistas de correio e telégrafo, muito bem armados, "para ocupar e defender a Sede dos Correios, a fim de garantir a eficiência do trabalho em prol da Revolução".

Ao ver que Keriénski estava sendo tão prestativo com a esquerda, o Soviete de Kronstadt pediu, "a fim de aumentar a confiança para com o órgão central da revolução, a libertação de nossos camaradas que são os melhores combatentes e filhos da revolução. Atualmente, neste exato momento, eles estão sofrendo em prisões, quando poderiam ser úteis como os melhores defensores da Revolução".

Trabalhadores das ferrovias já haviam se mobilizado para deter os trens com soldados, do mesmo jeito que antes haviam bloqueado o Czar. Keriénski foi informado de que "trilhos de ferrovia têm sido desmontados nas linhas do Báltico, Vinava e Ribinsk, no caminho do avanço de Kornílov. Todas as providências estão sendo tomadas para deter suas tropas". O comissário Onípko da Frota do Báltico reportou que "sete trens de cossacos do Don, apoiadores de Kornílov, foram bloqueados entre Narva e Iamburg [Kingissepp], um total de 2 mil homens com seções de metralhadoras". Eles foram detidos pela remoção de trechos dos trilhos. "Os cossacos estão tentando corrigir isso para poder avançar."

A denúncia de Kornílov feita por Keriénski desencadeou mais ataques contra oficiais por seus soldados, que estavam convencidos de que todos eles eram contrarrevolucionários dissimulados. Na Finlândia, o comandante do XLII Corpo, general Oganóvski, e a maior parte de seu oficialato foram capturados, como o oficial cossaco Máksim Kulík testemunhou. "A agitada multidão de soldados reuniu-se, por algum motivo, na ponte que liga as duas partes de Viborg. Eles arrastaram até lá o comandante do corpo e outros oficiais, para fazê-los declarar aos soldados ali reunidos se apoiavam o governo de Keriénski ou o 'traidor' Kornílov. Em seguida, os soldados passaram a jogar seus prisioneiros no golfo. Quando os oficiais tentavam nadar, eram fuzilados. A multidão embrutecida acompanhou essas atrocidades com zombarias e gargalhadas. E provavelmente ficaram chocados com a própria brutalidade, porque logo depois da execução a multidão voltou para os alojamentos, e a ponte ficou vazia."*

Como parte dessa "onda de violência", quatro oficiais do navio de guerra *Petropavlovsk*, que haviam sido enviados à terra "para ficarem à disposição do Comitê Revolucionário da Finlândia, foram mortos por seus guardas no cais". Seu crime havia sido responder "Não" quando perguntados se obedeceriam ao Comitê Executivo do Soviete de Delegados Operários e Soldados.

Em 1º de setembro, o Tsentroflot reportou que "os generais Kornílov, Lukômski e Romanóvski e o coronel Pliuchtchévski foram detidos pelo Soviete de Delegados Operários e Soldados de Mogilev". Eles foram entregues à Comissão Especial de Investigação, e "outras detenções ligadas ao complô de Kornílov serão levadas a cabo sob suas ordens". O general Krímov, após se render, foi levado ao Palácio de Inverno para ser interrogado por uma Comissão Extraordinária. Keriénski recusou-se a falar com ele. "A última cartada para salvar a Pátria-Mãe foi dada e perdida", escreveu Krímov numa tira de papel. "Não vale a pena viver mais." Ele então deu um tiro em seu próprio coração.

---

* A versão do Tsentroflot para os eventos foi curta. "O comandante do corpo, assim como o general Aránovski, comandante da fortaleza de Viborg, além do coronel Thurenius e de alguns outros, foram presos por apoiarem Kornílov. Os primeiros três foram mortos pela multidão exaltada quando estavam sendo conduzidos para a fortaleza."

O general Alekséiev, amplamente considerado o mais honesto dos homens, renunciou desgostoso com a má-fé de Keriénski no episódio todo. Em uma carta de 12 de setembro a Pável Miliúkov, escreveu: "Respeitadíssimo Pável Nikoláievitch! Não consegui vê-lo antes de minha partida de Petrogrado em 31 de agosto. Agora, depois de abrir mão de meu cargo, não posso mais vir a Petrogrado, portanto não tenho escolha a não ser incomodá-lo com uma carta. Um auxílio urgente, amplo e ativo é necessário de sua parte e da de outras figuras públicas, na realidade de qualquer um em condições de ajudar. A razão de minha renúncia foi uma fundamental rejeição à linha que foi seguida no Incidente Kornílov.

"Membros do governo estão fazendo um grande esforço para convencer a Rússia inteira de que os eventos de 27-31 de agosto não foram nada além de um motim iniciado por um punhado de generais e oficiais, com o objetivo de derrubar o regime existente e se tornarem eles mesmos governantes. Essas pessoas estão tentando provar que o pequeno grupo de rebeldes que traiu o país deles não era apoiado por nenhum grupo dentro da sociedade e que, portanto, deveriam ser julgados pelo mais primitivo dos julgamentos, isto é, pela corte marcial revolucionária, e sentenciados à punição capital. O objetivo dessa grande pressa em julgar é ocultar toda a VERDADE e as verdadeiras metas do movimento, assim como a participação nele de figuras do governo.

"A ação de Kornílov não era nenhum segredo para os membros do governo, já havia sido discutida com Sávinkov, Filoniênko e, por intermédio deles, com Keriénski. Apenas uma primitiva corte marcial seria capaz de esconder a participação dos oficiais acima citados nas negociações preliminares e na conclusão do acordo. A participação de Keriénski é indubitável. Não sou capaz de dizer por que todas essas pessoas recuaram quando o movimento começou, por que voltaram atrás em sua palavra."

Felizmente, Keriénski recuou pelo menos em relação ao tribunal revolucionário. Sua Comissão Extraordinária, que chegou a Mogilev em 2 de setembro, providenciou que Kornílov e cerca de trinta outros generais e oficiais ficassem presos no mosteiro de Bikhov, próximo dali. Os generais Deníkin e Márkov também foram levados para lá, sob a guarda de duas companhias de cadetes da Escola de Tenentes do Front Sudoeste. "Os prisioneiros foram trazidos", um membro da escolta escreveu, "com os generais Deníkin e Márkov à frente, seguidos por um grupo de oficiais do estado-maior. O comandante da nossa companhia ordenou: 'Apresentar armas!'. O grupo entrou no espaço entre as companhias que estavam em posição de sentido. Houve um novo comando: 'Ombro arma!'. Uma cena repulsiva se seguiu. Aquilo era uma verdadeira Via Dolorosa para os generais e seus oficiais. A multidão de soldados desenfreada gritava, xingava, assobiava. Pequenas pedras começaram a ser atiradas; uma delas atingiu o rosto do general Márkov, fazendo-o sangrar. Os comandantes de companhia ordenaram: 'A postos!'." Os cadetes-tenentes ergueram seus fuzis aos ombros. "A aglomeração imediatamente recuou." Kornílov não precisou enfrentar esses insultos. Ele teve permissão para cavalgar até a prisão improvisada, rodeado por sua escolta de cavalaria tekintsi.

O apoio do general Wrangel a Kornílov logo se tornou conhecido por todos e ele foi demitido do posto de comandante do corpo. Vendo como as coisas andavam após a prisão de Kornílov, ele saiu de cena e foi para a Crimeia juntar-se à sua esposa na propriedade da família dela. E, quando os bolcheviques assumiram o poder dois meses mais tarde, ele escondeu-se junto a seus amigos tártaros na Crimeia.

O exílio, de uma forma ou de outra, de repente tornou-se uma opção para muitos. Após o fiasco de Kornílov, o futuro parecia muito ameaçador. A Rússia podia se tornar uma prisão. O Comitê Central do que era agora conhecido como Congresso de Delegados Operários e Soldados de Toda a Rússia queria tomar uma decisão urgente "a respeito de não aceitar permitir que traidores do povo deixem a Rússia".

Quaisquer ilusões que Keriénski pudesse ter a respeito de ser visto como o salvador da revolução rapidamente evaporaram. Ele não recebeu nenhum agradecimento dos líderes bolcheviques quando estes foram libertados da prisão. Ao se voltar contra a direita, havia feito o jogo da esquerda, mas ele agora não era mais útil para a esquerda e seus dias estavam contados. Lênin não tinha dúvidas a respeito disso, embora ainda se sentisse obrigado a permanecer escondido na Finlândia. Em 14 de setembro, ele escreveu ao Comitê Central do Partido: "Todas as condições objetivas estão dadas para uma insurreição bem-sucedida".

8

O GOLPE DE OUTUBRO

Setembro-novembro de 1917

A derrota de Kornílov foi muito pior do que uma vitória de Pirro para Keriénski. No início de setembro ele aboliu o Departamento de Contrainteligência Política. Este era obviamente um alvo-chave dos bolcheviques, e Keriénski tomou essa decisão talvez para acalmar a extrema esquerda, ou quem sabe porque ela já estivesse ali infiltrada. Durante a crise de Kornílov, o Tsentróbalt reportou: "Sobre o assunto da contrainteligência: a seção em Helsingfors está sob o rigoroso controle do recém-estabelecido Comitê Revolucionário".

Em 4 de setembro, apenas três dias após a prisão do general Kornílov, Leon Trótski foi libertado da prisão sob fiança. Na ausência de Lênin, Trótski, que acabara de se filiar ao Partido Bolchevique, assumiu o papel de líder, apesar de Stálin estar numa posição mais forte naquele momento. Os modos autoritários e arrogantes de Trótski impediam que fosse benquisto por seus colegas, especialmente o menos carismático Stálin. Com sua aptidão natural para os púlpitos, Trótski logo se viu em seu elemento, inflamando plateias lotadas em salas de Petrogrado como a do vasto *Cirque Moderne* com sua sagacidade mordaz. Ele gostava de provocar qualquer um que fosse obviamente burguês, ou *burjúi*, que ele identificasse pelas roupas no meio da multidão. "Seu rosto magro e afilado era positivamente mefistofélico em sua expressão de maliciosa ironia", escreveu o jornalista americano John Reed.

Como Lênin, Trótski não tinha tempo para a democracia e menosprezava o "pré-parlamento", de representantes de partidos que estavam preparando as bases para a Assembleia Constituinte. A lentidão deles, com seus longos debates, não favorecia os bolcheviques, já que nenhuma decisão sobre a reforma agrária poderia ser tomada até que eles concluíssem seu trabalho. Trótski desdenhava dos democratas, com sua "atitude intelectual, pseudoaristocrática e de repulsa em relação ao povo", e desprezava a desconfiança deles "daquelas massas sombrias". No entanto, Lênin não tinha a menor intenção de depositar sua confiança em quaisquer não bolcheviques, e menos ainda nas "massas sombrias" que haviam aberto às cegas o espaço de que ele precisava. Greves nas fábricas da cidade e a irracional destruição das mansões e fazendas da pequena nobreza revelavam dia após dia a impotência do regime de Keriénski.

Era sem dúvida um momento promissor para os bolcheviques. Lênin concordou em reviver o slogan "Todo o poder aos Sovietes!" agora que via a chance de infiltrar e dominar seus comitês para obter o controle. O Incidente Kornílov e o papel obscuro que Keriénski desempenhou nele haviam minado a confiança na democracia parlamentar. Mencheviques e líderes socialistas-revolucionários, quase todos membros da alta *intelligentsia*, pareciam cada vez mais fora de sintonia. Eles haviam participado de coalizões com os kadetes, que tinham apoiado Kornílov, e haviam se recusado a tomar o poder do Governo Provisório em julho, quando a oportunidade lhes foi dada.

A "massa cinzenta" de soldados, que tendia a ver todos os oficiais como contrarrevolucionários, agora suspeitava de que Keriénski e seus ministros quisessem prolongar a guerra para aumentar seu poder. Um bom número deles se juntou aos bolcheviques simplesmente por sua oposição à "guerra imperialista". Os socialistas-revolucionários, que haviam tentado justificá-la, perderam credibilidade, assim como os mencheviques que apoiavam aquele frágil equilíbrio, o "defensismo".

"Os bolcheviques eram bem mais lógicos", Ivan Seriébrennikov argumentou. "Na opinião deles, como a guerra servia aos interesses dos capitalistas, então, chega de guerra. Espetem suas baionetas no chão e vão para casa. Isso era claro, simples e muito atraente para os camponeses em seus sobretudos cinza... O front, que cada vez mais desmoronava, estava preparando exércitos de milhões de agitadores bolcheviques ativos, aqueles soldados *frontóvik** que logo iriam se espalhar por toda a Rússia."

---

* *Frontóvik* (plural *frontoviki*) significa "combatente do front". É usado aqui para se referir às

Um dos grandes pontos fortes dos bolcheviques numa época em que as massas tinham pouca sofisticação política era fazer seus oradores repetirem slogans em vez de tentarem convencer sua audiência por meio de argumentos (uma técnica que ainda parece funcionar). Em um trem para Orel, um parente de direita do compositor Rímski-Kórsakov viu-se num vagão com um grupo de aprendizes de agitadores. Um ou dois tinham pequenos cavanhaques à moda bolchevique. "Repetiam slogans em voz alta a fim de memorizá-los: 'Paz às cabanas e guerra aos palácios!', 'Paz sem anexações ou reparações!', 'Terra para o povo trabalhador!', 'Nacionalização das usinas e fábricas!', 'Morte aos *burjúi*!' etc. etc. Eram delegados indo a algum congresso em Moscou."

Em setembro, o apoio aos bolcheviques aumentou fortemente entre os trabalhadores de fábricas de Petrogrado e os soldados das guarnições. O Partido Bolchevique agora controlava uma maioria tanto no Soviete de Petrogrado quanto no de Moscou. Lênin sentiu que os bolcheviques estavam em condições de fazer sua tentativa de conquistar o poder. Na segunda semana de setembro, ele escreveu de seu esconderijo na Finlândia duas cartas ao Comitê Central. Com a superotimista afirmação de que "a maioria das pessoas está do nosso lado", declarou que os bolcheviques "podem e *devem* tomar o poder do Estado em suas mãos... A tarefa presente deve ser um levante armado em Petrogrado e Moscou (com as respectivas regiões), a tomada do poder e a derrubada do governo. Devemos considerar como conduzir a agitação nesse sentido sem dizer expressamente isso na imprensa".

O Comitê Central, no entanto, estava profundamente preocupado. Uma tentativa prematura permitiria que Keriénski suprimisse o Partido inteiramente. Lênin derrubou esse argumento, insistindo que o risco de serem esmagados era mais uma razão para agirem imediatamente. Sua real preocupação era que se eles esperassem até o Congresso dos Sovietes, em outubro, os bolcheviques poderiam ter que dividir o poder com os mencheviques e os socialistas-revolucionários, que ele desprezava como "conciliadores". Mais do que nunca, Lênin queria o controle total.

---

tropas que participaram diretamente de combates na guerra e que, portanto, eram formadas por veteranos de guerra (N.R.).

Até mesmo Trótski ficou incomodado com a furiosa impaciência de Lênin para organizar um golpe imediatamente. "A desconfiança nos bolcheviques foi substituída pela simpatia", Trótski escreveu, "ou, na pior das hipóteses, por uma neutralidade atenta. Mas a simpatia não era ativa. A guarnição permaneceu, num sentido político, extremamente instável e – como é comum aos mujiques – cheia de suspeitas." Ele avaliou que não mais de mil soldados estariam "prontos para lutar do lado da revolução... entre as unidades mais passivas". Suas esperanças estavam postas muito mais nos Guardas Vermelhos – "não mais uma milícia das fábricas e dos bairros operários, mas sim os quadros de um futuro exército insurgente".*

A desintegração do exército acelerou à medida que os oficiais desertavam para salvar suas vidas. O coronel Conde Dmítri Heiden, ao chegar da *Stavka* de Mogilev, ficou abalado ao fazer a baldeação em Jmerinka e ver a maneira como os soldados tratavam seus oficiais, ameaçando-os e insultando-os. "Era claro", escreveu de maneira reveladora, "que a fera havia se libertado de suas correntes. Após três anos, eles haviam se acostumado com sangue e falavam em assassinato como se falassem da mais corriqueira das coisas, tão necessária quanto o ar e a comida." Tudo o que as autoridades locais podiam fazer para atenuar a destruição era eliminar os estoques de bebida alcoólica. "Uma leva de soldados retornando do front parou em Brailov, a dezessete verstas [cerca de dezessete quilômetros] de nós, e invadiu a fábrica de bebidas. Muitas pessoas morreram nos tanques de bebidas alcoólicas."

O contínuo avanço alemão pelo litoral do Báltico em direção a Petrogrado causava grande alarme. O governo de Keriénski começou a tomar precauções para o caso de ser preciso abandonar a capital. "Caixas com o acervo do Hermitage começaram a chegar ao nosso museu", escreveu Oriéchnikov, o curador do Museu Histórico de Moscou, em 1º de outubro. No entanto, o governo aguardou até 6 de outubro para ordenar que

* Urítski estimou que a Guarda Vermelha de Petrogrado havia chegado a 40 mil homens em meados de outubro, mas mesmo Trótski admitiu que essa cifra provavelmente estava exagerada, e mais tarde sugeriu que seriam menos de 20 mil.

boa parte da guarnição de Petrogrado defendesse os acessos ocidentais da cidade. Trótski e os bolcheviques apresentaram isso no Soviete como um complô para esvaziar a capital de seus defensores revolucionários. Invertendo a situação real, com seus próprios planos para um golpe, os bolcheviques argumentaram que a Revolução de Fevereiro ainda corria perigo de um "ataque ostensivamente preparado por militares e civis kornílovitas". Foi uma estratégia deliberada. "Embora uma insurreição possa vencer na ofensiva", admitiu Trótski, "ela se desenvolve melhor quanto mais se parecer com uma autodefesa."

Lênin, enquanto isso, havia se mudado de Helsingfors para Viborg, no lado finlandês da fronteira. Ele raspou a barba de novo, e dali, disfarçado com uma peruca grisalha e trajes de pastor luterano, voltou secretamente para Petrogrado. Queria confrontar pessoalmente o Comitê Central bolchevique para obrigá-lo a concordar com suas exigências o mais rápido possível.

Na noite de 10 de outubro, Lênin, ainda em sua indumentária eclesiástica e de peruca, juntou-se a uma dúzia de membros do Comitê Central num apartamento. Ele pertencia ao menchevique Nikolai Sukhánov e sua esposa, que era bolchevique. Ela o persuadira a passar a noite perto de seu trabalho para evitar a cansativa viagem de volta para casa, a fim de que ele não soubesse da reunião. Entre os presentes estavam Trótski, Stálin, Féliks Dzerjínski, Moisséi Urítski (outro futuro Tchekista), Svierdlóv, Aleksandra Kollontai, Kámeniev e Zinóviev.

A atmosfera divertida que se instalou diante do improvável disfarce de Lênin não durou muito. A determinação dele de lançar um golpe armado não se abatera. O tempo de ficar somente nas palavras havia terminado, ele argumentou. Também estava convencido de que as revoluções iriam se alastrar por toda a Europa, se não pelo mundo. Depois de falar por uma hora, o debate teve início e durou a maior parte da noite. No final, uma maioria do Comitê Central presente votou pela insurreição como ele havia exigido, mas Kámeniev e Zinóviev se opuseram. Argumentavam que ele estava pondo em risco todo o futuro do Partido. Zinóviev observou com serenidade que, se falhassem, seriam todos fuzilados. A impaciência de Lênin para agir era também instigada pelas negociações que se aproximavam entre os principais partidos a respeito das eleições de novembro para a futura Assembleia

Constituinte. Ele suspeitava de que os bolcheviques não iriam conseguir a maioria em todo o país. O campesinato ainda votaria nos socialistas-revolucionários.

Três dias depois, o Soviete de Toda a Rússia, por insistência de Trótski, formou um Comitê Militar Revolucionário, que logo recebeu o acrônimo de Milrevkom. A ele foram confiadas tarefas de amplo espectro para ocultar seu propósito principal de preparar o levante. "Com esse mesmo propósito de camuflagem", escreveu Trótski, "um socialista-revolucionário e não um bolchevique foi escolhido para chefiá-lo." Pável Evguénevitch Lazímir, explicou ele, era "um daqueles socialistas-revolucionários de esquerda que já estavam caminhando ao lado dos bolcheviques". Para alarme dos mencheviques e dos socialistas-revolucionários de direita, o Comitê Militar Revolucionário era pouco mais que uma versão disfarçada do Comitê Militar dos bolcheviques. No entanto, havia mais medo de um golpe contrarrevolucionário inexistente do que do plano muito real dos bolcheviques de tomar o poder.

Em 16 de outubro, outra reunião do Comitê Central bolchevique teve lugar nos arredores de Petrogrado. Esta também se estendeu pela noite e se revelou ainda mais turbulenta que a primeira. Um Lênin exasperado continuou repisando o argumento de que o povo estava com eles e de que a classe trabalhadora na Europa viria também. Embora de início a maioria dos presentes estivesse contra ele, foi exaurindo, pela força de sua personalidade, aqueles críticos que argumentavam que a maioria dos trabalhadores e soldados russos ainda não queria tomar parte em uma insurreição. Sua resolução foi aprovada. Isso deu-lhe a liberdade de ação de que precisava, mas Lênin ainda continuou de péssimo humor, convencido de estar rodeado por incompetentes e medrosos.

Lênin teve muita sorte de contar com Trótski, que preparava o golpe com descarada destreza. Depois de assumir o Soviete de Petrogrado, Trótski criou o Milrevkom, ao qual forneceu credenciais espúrias para controlar as ações da guarnição. O planejamento bolchevique de um levante armado havia começado, mesmo que não da maneira que Lênin queria. A maioria de seus colegas apoiou a iniciativa de Trótski de atuar através do Milrevkom. Usando sua posição de presidente do comitê, Trótski fez uma encomenda a uma fábrica de armas de Petrogrado de 5 mil fuzis, a serem distribuídos à Guarda Vermelha.

Keriénski estava ciente dos preparativos dos bolcheviques, mas nem isso conseguia tirá-lo de sua complacência. Como disse ao embaixador britânico, Sir George Buchanan, "Meu único desejo é que eles apareçam, e então irei derrotá-los". Em 20 de outubro, ele gabou-se para Vladímir Nabókov dizendo que uma revolta bolchevique seria bem-vinda, porque eles seriam fragorosamente derrotados. No mesmo dia, o ministro da Guerra, general Aleksandr Verkhóvski, advertiu Keriénski de que o exército não tinha condições de combater, então a melhor política seria abrir negociações com os alemães e assim roubar o grande trunfo das mãos dos bolcheviques. Keriénski, muito irritado, rejeitou a ideia e demitiu-o. Os comandantes militares tampouco levaram a ameaça muito a sério, avaliando que uma grande maioria da guarnição opunha-se a um golpe. Mas isso de forma alguma significava que estivessem preparados para agir para salvar o governo. Ao saberem que Keriénski recusara-se a colocar a organização bolchevique na ilegalidade, os cossacos viram que não havia sentido em arriscar suas vidas por aquele governo. Decidiram permanecer neutros.

Com base em informações parciais produzidas pela imprensa mais à direita, o governo preparou-se para um levante, primeiro em 17 de outubro, depois em 20 de outubro, e novamente dois dias mais tarde. "Rumores estão se difundindo com crescente persistência", escreveu Górki em 18 de outubro, "sobre alguma 'ação dos bolcheviques' que terá lugar em 20 de outubro; em outras palavras, as repugnantes cenas de 3-5 de julho podem se repetir". Esses gritos de "Lobo!" atuaram em seu favor. Em 22 de outubro, o Ministério da Guerra expediu um ultimato ao Comitê Militar Revolucionário para que fosse anulada a ordem de Trótski de que os regimentos da guarnição deveriam obedecer apenas ao Milrevkom. Para evitar a prisão, os bolcheviques aceitaram negociar apenas para ganhar tempo. A tática funcionou. Keriénski preferiu pensar que o ânimo dos bolcheviques iria fraquejar de novo como acontecera em julho.

A tensão aumentou em outras cidades russas conforme a tempestade se armava. Em Moscou, o Museu de História voltou a receber tesouros nacionais a serem protegidos. A Academia de Ciências mandou seus manuscritos mais valiosos de Liérmontov e Púchkin, assim como o anel de esmeralda de Púchkin. Ielêna Lakier, em Odessa, escreveu em seu diário: "Nenhum de nós saiu à rua hoje, pois havia uma manifestação armada dos bolcheviques. Há mais e mais deles. Eles fazem agitação sem descanso e conseguem resultados brilhantes. Mobilizam a população e incitam-na a tomar parte de ataques e tumultos. Isso não vai terminar bem. Há roubos pelas ruas. Eles tomam os chapéus das pessoas, seus casacos e até as roupas. Os cidadãos são obrigados a ficar em casa depois que anoitece".

As descrições no relato de Trótski de patrulhas noturnas de cossacos montados circulando pelos distritos proletários de Petrogrado e do reforço do Palácio de Inverno foram grosseiramente exageradas. Faziam parte da falsa narrativa dos bolcheviques de que o Comitê Militar Revolucionário não era o instigador, e de que apenas reagia a uma ameaça da direita. Corria junto com esse falso boato o de que Keriénski planejava entregar Petrogrado aos alemães para esmagar a revolução.

Trótski falava de ventos frios e cortantes vindos da direção de Kronstadt e soprando pelas praças e ao longo dos cais de Petrogrado. Essa era sua maneira de ameaçar a burguesia com os temidos marinheiros da Frota do Báltico. Nesse período de chuvas de outono, as ruas haviam virado um lamaçal. As reuniões das massas eram permeadas pelo cheiro de lã molhada das capas de pele de carneiro encharcadas e dos casacões cinza dos soldados, assim como dos xales de lã que cobriam a cabeça das mulheres. Enquanto isso, segundo o general Alekséiev, a grande massa de oficiais desmoralizados, dos quais havia o bastante em Petrogrado para resistir ao golpe se eles estivessem organizados, recaiu em um estado de desespero alcoolizado.*

A deslumbrante Petrogrado era uma caricatura do que já fora depois de fevereiro, mas Trótski ainda considerava isso útil. "Oficiais da guarda ainda estalam suas esporas e vão atrás de aventuras", ele escreveu. "Festas exuberantes estão sendo realizadas em salões de jantar privados em restaurantes caros. O desligamento da luz elétrica à meia-noite não impede o florescimento de clubes de apostas onde o champanhe cintila à luz de velas, onde especuladores ilustres dão golpes em não menos ilustres espiões alemães, onde conspiradores monarquistas dobram as apostas de

---

* Alekséiev acreditava que deveria haver em torno de 15 mil oficiais em Petrogrado, um terço dos quais poderia estar preparado para lutar.

contrabandistas semitas, e onde as cifras astronômicas das apostas indicam tanto a escala da devassidão quanto a da inflação."

Como ocorre na maioria dos golpes bem-sucedidos, o desfecho em Petrogrado dependeria principalmente da apatia da maioria e da vigente perda de fé do governo em si mesmo. A aristocracia e as classes médias, que não confiavam em Keriénski, aguardavam sua sorte com resignação ou com um desespero impotente. Keriénski, ainda isolado num casulo fora da realidade, revelou que ele não era um Bonaparte.

Trótski, enquanto isso, prestava particular atenção à divisão de veículos blindados e à Fortaleza de Pedro e Paulo. Na tarde de uma segunda-feira, 23 de outubro, ele foi à fortaleza, onde uma reunião da guarnição estava sendo realizada no pátio. Ele afirmou que a maioria dos soldados estava disposta a apoiá-los e que prometia acatar ordens apenas do Milrevkom. Seu interesse não era apenas na Fortaleza como símbolo – a Bastilha czarista. O arsenal Kronvierski adjacente continha, segundo se estimava, 100 mil fuzis. Também haviam sido feitas tentativas de ganhar a adesão dos regimentos cossacos em Petrogrado, pois eram os mais propensos a se opor a um golpe, mas, na ausência de qualquer liderança, eles permaneciam neutros. Com exceção da Guarda Pávlovski, do 1º Regimento de Metralhadoras e de uns poucos destacamentos de outros batalhões da reserva, bem menos soldados da guarnição saíram em apoio ao golpe bolchevique do que se costuma afirmar.

Logo cedo na manhã seguinte, terça-feira, 24 de outubro, o Estado-Maior de Petrogrado enviou uma companhia de jovens oficiais cadetes "*junkers*" para fecharem as tipografias do Partido Bolchevique. Foi expedida também uma ordem de prisão para os membros do Comitê Militar Revolucionário de Trótski, mas a essa altura era tarde demais. Tudo o que o governo conseguiu fazer foi erguer as pontes sobre o Neva para impedir que manifestações de massa inundassem o centro de Petrogrado. Outros destacamentos de *junkers* da Academia Militar Ivánovski foram enviados para defender o Palácio de Inverno. Eles tiveram o reforço de uma companhia de bicicletas, de uns poucos cossacos e de duas companhias reforçadas do Batalhão da Morte Feminino, o que no total compunha uma força de menos de 1.500.

Às três da manhã da quarta-feira, 25 de outubro, o cruzador leve *Aurora* chegou de Kronstadt, entrou no Neva e ancorou logo abaixo da ponte Nikolaevsky. Ainda antes do amanhecer, Guardas Vermelhos começaram a ocupar edifícios-chave, estações de trem e a desarmar piquetes de *junkers* nas pontes. Trótski alegou que a estação telefônica central havia sido tomada por uma companhia de infantaria sem resistência, enquanto um destacamento de marinheiros ocupava o banco estatal.* Na realidade, um grupo de *junkers* havia chegado primeiro para tomar a central telefônica na rua Gorókhovaia, em direção ao Almirantado.

Do lado de fora dele, chegaram vários caminhões com soldados do Regimento de Fuzileiros da Letônia, comandado pelo bolchevique Mikhail Lachévitch. Os primeiros letões a saírem dos veículos fuzilaram as sentinelas. O destacamento invadiu o edifício e abriu fogo contra os *junkers* que estavam no andar de cima. As operadoras de telefonia gritavam de terror.

Um jovem observador, aprendiz de chapeleiro, que se abrigou numa ruela próxima, registrou que "letões e *junkers*, tanto mortos como feridos, eram atirados pelas janelas. Eu ouvi o som de seus ossos se partindo. Mulheres que estavam perto de mim rezavam à Mãe de Deus e choravam. Um soldado letão que falava russo explicou-me que um levante havia começado na cidade. Trabalhadores e soldados haviam se rebelado contra o governo russo burguês. Quando tudo terminou, saímos de lá para ver os corpos. Jaziam com rostos ensanguentados e cabeças rachadas. Vimos que foram carregados em caminhões e ouvimos a ordem de Lachévitch para levá-los até o Neva e lançá-los ali".

Disfarçado de oficial sérvio, Keriénski havia escapado logo após as nove da manhã, deixando seus ministros no Salão Malaquita do Palácio de Inverno. Ele foi tirado da cidade num carro da Embaixada Americana com a bandeira estrelada desse país, e levado para o quartel-general do Front Norte, em Pskov, para buscar reforços. É irônico que os únicos soldados que Keriénski conseguiu encontrar para enfrentar os bolcheviques

---

* O relato de Trótski tenta fazer crer que não houve praticamente nenhuma resistência durante o golpe ou logo após, e que quase todos os regimentos em Petrogrado haviam passado para o lado dos bolcheviques.

fossem os cossacos do Don do III Corpo de Cavalaria, agora comandado pelo tenente-general Piotr Krásnov.

Nesse dia fatídico, Lênin não conseguira mais permanecer enfurnado no apartamento de Petrogrado onde buscava passar despercebido. Levando consigo um companheiro e disfarçado com peruca, óculos e uma bandana em volta da cabeça para garantir, ele seguiu de bonde até o quartel-general do Comitê Militar Revolucionário, sediado no Instituto Smolni, um imenso palacete de estilo palladiano no qual as filhas da aristocracia haviam sido educadas. Agora havia se tornado uma fortaleza, com metralhadoras Maxim montadas no telhado e peças de artilharia leve junto à entrada.

Substituindo o Palácio Tauride como lar do Soviete e de seu Comitê Executivo, o Smolni havia passado a ser ocupado também por socialistas-revolucionários e mencheviques. Portanto, Lênin entrou com grande cautela, mantendo o disfarce. De início ninguém o reconheceu quando se sentou no canto de uma mesa. Um relato conta que o líder menchevique Fiódor Dan entrou na sala com um par de amigos para recolher seu casaco. Ele imediatamente o reconheceu, apesar de sua aparência, e rapidamente bateu em retirada da sala. Lênin explodiu numa gargalhada de desdém.

Ele não perdeu tempo para escrever a proclamação "Aos Cidadãos da Rússia!". Ela começava com um anúncio tipicamente precoce: "O Governo Provisório foi deposto. O poder do Estado passou às mãos do órgão do Soviete de Delegados Operários e Soldados de Petrogrado – o Comitê Militar Revolucionário, que dirige o proletariado e a guarnição de Petrogrado". Apesar dessa declaração de inabalável confiança, Lênin ainda não relaxou, mesmo quando se deitou no chão, fingindo dormir.

Os ministros de Keriénski aguardavam no Salão Malaquita do Palácio de Inverno que seu líder aparecesse a qualquer momento à frente do reforço de uma coluna de cavalaria. O famoso assalto do Palácio de Inverno, um mito bolchevique perpetuado até hoje pelo filme de propaganda de Serguêi Eisenstein, esteve longe de ser heroico.

A praça do Palácio era defendida por cadetes *junkers* com metralhadoras e artilharia leve. Eles estavam posicionados em pequenos nichos feitos com troncos e sacos de areia. Na primeira rajada de fogo dos defensores, o tímido ataque dos Guardas Vermelhos desabou. A afirmação de Lênin de que havia um forte apoio da guarnição se provou falsa. No início da tarde, uma grande leva de marinheiros da Frota do Báltico, alguns dizem que quase 5 mil, desembarcou de diversos tipos de embarcações vindas de Kronstadt para atacar o Palácio de Inverno. Mas eles também cederam diante do fogo dos *junkers* e do Batalhão das Mulheres.

Como os marinheiros de Kronstadt não estavam preparados para atacar atravessando o espaço aberto da praça do Palácio, o cruzador leve *Aurora,* ancorado no cais em frente ao Palácio de Inverno, apontou seu canhão de seis polegadas. Às 6h30 da tarde, Trótski e o Milrevkom expediram um ultimato aos membros do Governo Provisório. Advertiram que, se não se rendessem, os canhões da Fortaleza de Pedro e Paulo e do *Aurora* abririam fogo. A única esperança dos ministros dentro do palácio era que Keriénski aparecesse à frente de tropas leais. O cruzador na realidade chegara sem projéteis; portanto, quando veio a ordem, às 9 da noite, ele só pôde disparar uma única rodada de tiros de festim. Os canhões da Fortaleza tinham munição real, mas a precisão dos artilheiros era precária considerando o tamanho do seu alvo. Apenas dois projéteis dos mais de trinta disparados atingiram a fachada do Palácio de Inverno no lado do Neva. As metralhadoras Colt nas muralhas da fortaleza também atiraram através do Neva, mas com pouca eficácia.

Logo em seguida, alguns Guardas Vermelhos descobriram um acesso desguarnecido do Palácio de Inverno e entraram, mas renderam-se ao se deparar com alguns cadetes *junkers* ali dentro. Os defensores, no entanto, desanimados com a ausência dos reforços que lhes haviam sido prometidos, começaram a fugir. Quando ficou claro que a defesa estava evaporando, alguns marinheiros e soldados se aproximaram. Encorajados pela falta de reação, eles invadiram o palácio através de algumas das janelas. Quase imediatamente, uma multidão começou a saquear as adegas do palácio atrás de vinho e vodca, arrancando o couro das cadeiras e sofás para remendar suas botas e estraçalhando os espelhos. Vladímir Antónov-Ovsiénko, que em tese estava no comando, descreveu que as sentinelas, primeiro da Guarda Preobrajiénski, e depois da Guarda Pávlovski, posicionadas para impedir a entrada nas adegas de vinho, juntaram-se à bebedeira e também ficaram totalmente embriagadas. "Quando a noite chegou, uma violenta bacanália extravasou. 'Vamos brindar ao cadáver dos Románovs'." Eles chegaram a tentar inundar as adegas, "mas os bombeiros enviados para realizar essa tarefa embebedaram-se também".

Após se renderem a Antónov-Ovsiénko, os ministros foram escoltados até a Fortaleza de Pedro e Paulo. Conta-se que algumas das soldadas do Batalhão das Mulheres foram estupradas após aquela orgia de destruição, ao serem levadas para o quartel do Regimento de Granadeiros. Mas o alto oficial de ligação britânico, o major-general Knox, que convenceu Antónov-Ovsiénko a libertá-las, relatou: "Pelo que pude averiguar, embora tivessem sido espancadas e insultadas de todas as formas no quartel Pávlovski e a caminho do Regimento dos Granadeiros, elas não foram de fato feridas".

Os líderes bolcheviques no Instituto Smolni aguardavam com impaciência notícias da rendição. O Segundo Congresso dos Sovietes havia se reunido no grandioso salão de baile, com suas colunatas brancas. Os chamados a uma coalizão dos partidos socialistas tiveram bom apoio, mas o assalto bolchevique ao Governo Provisório deu lugar a condenações de que aquilo era uma declaração de guerra civil. "Um partido após o outro", escreveu Vladímir Zienzínov, um socialista-revolucionário, "declarou seu protesto contra as ações dos bolcheviques, contra suas táticas desleais. Representantes de movimentos revolucionários subiram na tribuna um após o outro, declararam seu protesto em termos indignados e foram embora do congresso para mostrar que não queriam ter nada em comum com os bolcheviques."

O líder menchevique Mártov advertiu os bolcheviques das consequências de suas ações. Elas provocariam "uma inevitável fome e a degeneração das massas". Trótski simplesmente o descartou como um "pequeno burguês assustado, confrontado por grandes eventos". E, quando Mártov se retirou em protesto, Trótski gritou seu famoso insulto: "Vocês são miseráveis e falidos. Seu papel acabou. Vão para o lugar ao qual agora pertencem: a lata de lixo da história!".

Os que foram embora em sinal de protesto deixaram o terreno livre para Lênin, que queria uma guerra civil para destruir todos os oponentes e rivais. Embora Máksim Górki tivesse sido muito amigo de Lênin, ele não tinha ilusões a respeito de seu caráter nem receio de dizer o que pensava. Em sua coluna "Pensamentos Inoportunos" na revista *Nováia Jízn* em 7 de novembro, após o golpe bolchevique, Górki escreveu: "A classe trabalhadora deveria saber que não ocorrem milagres na vida real, que eles devem se preparar para a fome, a completa desorganização da indústria, a desorganização dos transportes e uma anarquia prolongada e sangrenta, seguida por uma reação não menos sangrenta e terrível. É para isso que o proletariado está sendo levado por seu presente líder, e precisa ser entendido que Lênin não é um mago onipotente e sim um charlatão de sangue-frio, que não poupa nem a honra nem a vida do proletariado".

9

A CRUZADA DOS GAROTOS – A REVOLTA DOS *JUNKERS*

Outubro-novembro de 1917

Na noite de 26 para 27 de outubro, Lênin discursou para uma plateia lotada no antigo Instituto Smolni para Donzelas Nobres. Era a sessão de encerramento do Segundo Congresso dos Sovietes de Toda a Rússia. O ar estava quase irrespirável de tanto tabaco *makhórka* sendo fumado, corpos suados e falta de oxigênio, mas as pessoas estavam excitadas demais para cair no sono. Quando ele declarou "Devemos agora começar a construir a ordem socialista!", soou como um rugido ensurdecedor de triunfo. Para Lênin não havia paradoxo em sua convocação às pessoas de todos os países beligerantes a selarem a paz imediatamente, e ele então acrescentou: "Mas esperamos que a revolução logo irrompa".

Algumas horas mais tarde, às 2h30 da manhã de 27 de outubro, Kámeniev disse à vasta plateia presente que, enquanto a Assembleia Constituinte não assumisse, o país seria comandado por um "governo provisório de trabalhadores e camponeses", o chamado Conselho dos Comissários do Povo. E leu em voz alta seus nomes. Eles incluíam os de Vladímir Ilitch Uliánov (Lênin), presidente do conselho, Liév Davídovitch Bronstein (Trótski), Comissário do Povo para Assuntos Exteriores, Vladímir Antónov-Ovsiénko para a Guerra, Aleksandra Mikháilovna Kollontai para o Bem-Estar Social, Anatóli Vassílievitch Lunatchárski para a Educação e Esclarecimento Popular e Ióssif Vissariónovitch Djugachvíli (Stálin) como Comissário do Povo para as Nacionalidades. Esse governo, porém, acabaria sendo permanente, e não provisório, e a Assembleia Constituinte nunca teria a chance de se reunir. Os delegados do congresso finalmente se dispersaram, exaustos, às quatro da manhã.

Mais tarde naquela mesma manhã, um avião biplano apareceu no centro de Petrogrado e sobrevoou a avenida Niévski, lançando cópias de uma proclamação de Keriénski. Ele dizia que seus soldados haviam tomado Tsarskoie Selo e estariam na capital no dia seguinte. O general Krásnov, mesmo desprezando Keriénski após o Incidente Kornílov, tinha avançado em direção à capital vindo de Pskov com pouco mais de mil homens, quase todos seus cossacos do Don, do III Corpo de Cavalaria, além de um carro blindado e de um trem blindado. Eles haviam posto uma força de Guardas Vermelhos para correr, ocuparam Gatchina antes do amanhecer e partiram na manhã seguinte para Tsarskoie Selo. No total, desarmaram 16 mil soldados e mandaram-nos embora. Os cossacos não dispunham de homens o bastante para guardá-los como prisioneiros.

Trótski convocou os Guardas Vermelhos para marchar para fora da cidade e defender a revolução. Aqueles que não tinham armas pegaram pás para cavar trincheiras. Uma grande procissão com mulheres voluntárias como enfermeiras marchou para sudoeste saindo de Petrogrado. Eles eram comandados por Nikolai Podvóiski, do Comitê Militar Revolucionário dos bolcheviques. Ele estava sobrecarregado pela tarefa, e as tentativas de Lênin de conduzir as coisas desde o Smolni não melhoravam a situação. Quando Podvóiski ameaçou renunciar, "Lênin ordenou que ele continuasse em seu posto ou seria entregue a um tribunal do Partido e fuzilado".

Lênin estava em constante contato com o Tsentróbalt, requisitando mais marinheiros de Helsingfors e Kronstadt, além de navios de guerra. Raskólnikov despachou o cruzador *Oliég* e o destróier *Pobiedítel*. Foram também enviados reforços da guarnição de Petrogrado para a linha defensiva nas Colinas de Pulkovo. O Regimento da Guarda Volínski não teve um bom desempenho. Um tenente que recebeu ordens de fazer um reconhecimento fracassou em sua missão e o avanço todo foi caótico. Os Guardas Vermelhos das colinas de Pulkovo acusaram o oficial no comando de ser um antigo monarquista e obrigaram o comissário do regimento a renunciar. No total, cerca de 5 mil marinheiros da Frota do Báltico e 10 mil Guardas Vermelhos se reuniram em Pulkovo.

Krásnov enviava telegramas para comandantes do front a cada oportunidade, implorando por reforços, mas sem sucesso. Ele estava frustrado com a comunicação ruim e com a falta de cooperação dos altos oficiais, particularmente do general Tcheremíssov em Pskov, que se recusara a ajudar Keriénski quando este fugiu de Petrogrado. Os generais tinham medo tanto de provocar os bolcheviques como de serem responsáveis pelo primeiro passo em direção a uma guerra civil. O Vikjel,* a direção do sindicato dos ferroviários, formado por mencheviques e por socialistas-revolucionários, bloqueou as linhas de novo para impedir a chegada de reforços de ambos os lados. Eles exigiam uma trégua e um governo de coalizão com representação de todos os partidos socialistas.

As fortes chuvas transformaram a carga da cavalaria montanha acima contra as colinas de Pulkovo em uma manobra desesperada, apesar da má pontaria dos Guardas Vermelhos que disparavam contra eles. Pelos seus binóculos, Krásnov podia ver os marinheiros da Frota do Báltico, com suas jaquetas pretas e quepes navais, defendendo os flancos. Uma sótnia de cossacos da Guarda tentou um ataque, mas ficou atolada e perdeu muitos de seus cavalos.

Na segunda-feira, 30 de outubro, enfrentando probabilidades de quase vinte para um, Krásnov teve que abandonar qualquer intenção de atacar as colinas de Pulkovo. Seus homens, cuja determinação havia sido minada pelos contatos com bolcheviques, sofriam com a escassez de munição, de rações e de feno para seus cavalos. Krásnov pouco pôde fazer quando seus cossacos enviaram uma delegação aos marinheiros para combinar um cessar-fogo. Eles voltaram acompanhados por alguns marinheiros e por seu líder de barba preta, Pável Dibiénko, um bolchevique ucraniano e jovem amante de Aleksandra Kollontai, a Comissária do Povo para o Bem-Estar Social. Dibiénko, lançando mão de seu grande charme e de subterfúgios, fingiu que a liderança bolchevique estava disposta a concordar com a proposta da direção do sindicato de formar uma coalizão e que, portanto, não havia necessidade de lutar.

Tudo o que os soldados cossacos queriam era voltar para casa, para o "Don Silencioso". Para tanto, dispunham-se até mesmo a entregar

---

* Vikjel é o acrônimo em cirílico do Comitê Executivo do Sindicato dos Ferroviários de Toda a Rússia (N.R.).

Keriénski aos bolcheviques, mas o antigo líder da Rússia conseguiu fugir a tempo, disfarçado como um marinheiro pouco convincente. Tendo perdido o apoio de todos os lados, o herói da Revolução de Fevereiro deixou a Rússia rumo a Paris. Nesse sentido, teve mais sorte do que a família imperial, que ele havia enviado para Tobolsk.

Junto ao avanço de Krásnov, o assim chamado "Comitê de Salvação do País e da Revolução" (uma organização com predomínio de socialistas-revolucionários de direita) convocou seus apoiadores a se erguerem contra a ditadura bolchevique. Fato notável é que poucos oficiais czaristas se juntaram à revolta, que se transformou em uma cruzada de garotos, com cadetes *junkers* de algumas academias militares levados à batalha por seus instrutores. Vários deles tinham pouco mais de catorze anos, e manejavam fuzis que eram quase da sua altura. O anseio por provar seu valor e sacrificar suas jovens vidas por uma causa lembrava o herói ficcional Fabrice del Dongo, do romance *A Cartuxa de Parma*, de Stendahl.

O centro de Petrogrado acordou no domingo, 29 de outubro, ao som do fogo de metralhadoras. Jovens cadetes *junkers* de várias academias militares de Petrogrado e arredores haviam passado a noite toda se preparando. A Escola Militar de Engenheiros fortificou seu campus, o Castelo Mikhailovski, na confluência dos rios Fontanka e Moika. Construída pelo Czar Paulo I, que foi assassinado lá, essa imensa curiosidade arquitetônica abrigava agora uma academia para cadetes de engenharia. Fiódor Dostoiévski havia sido treinado ali no final da década de 1830, antes de se tornar tenente e escrever seu primeiro romance.

Na noite anterior à revolta, os *junkers* haviam prendido dois dos seus, um deles bolchevique, o outro um socialista-revolucionário de esquerda, para impedir que alertassem o Milrevkom no Smolni. Em seguida, nas primeiras horas do dia, alguns deles haviam atacado a arena de hipismo Mikhailovski, que abrigava o destacamento de blindados. "Antes do amanhecer, um grupo de *junkers* de repente aproximou-se do portão de trás e prendeu as sentinelas sem enfrentar resistência", reportou o comissário Zíbin no dia seguinte, criticando a disciplina negligente. "O operador de metralhadora do turno não estava presente e não houve resistência… A atitude dos soldados não era confiável. Apenas uma minoria tinha uma visão revolucionária firme." Como resultado, os *junkers* conseguiram se apossar de certo número de veículos, incluindo três carros blindados, que trouxeram de volta em triunfo para o vizinho Castelo Mikhailovski.

Pouco antes do amanhecer, os oficiais instrutores equiparam os cadetes com munição. Logo, um grupo de Guardas Vermelhos da Siderúrgica Putilov, com braçadeiras vermelhas, chegou com alguns marinheiros de Kronstadt e um canhão leve de campanha. Contavam com o reforço de soldados com insígnias vermelhas. Enquanto isso, outros grupos de cadetes haviam tomado a central telefônica e o Hotel Astoria, que hospedava tanto funcionários bolcheviques como jornalistas estrangeiros. "De repente, um garoto oficial", relatou uma correspondente americana, "com um cigarro pendendo despreocupadamente do canto da boca e com um revólver na mão, enfileirou os guardas bolcheviques contra a parede e desarmou-os." O plano em cada um desses casos era tomar posse do edifício até que Keriénski chegasse com a cavalaria.

Um grupo de jovens na central telefônica capturou o míope Antónov-Ovsiénko, o novo Comissário do Povo para a Guerra, que eles haviam encontrado na rua. "Os oficiais que apoiam o comitê chegaram em segredo", declarava um relatório bolchevique sobre a revolta. Esses oficiais disseram aos cadetes que "algumas unidades da guarnição, como a Guarda Ismáilovski, a Guarda Semionóvski, o Regimento Volínski, os cossacos e outras", apoiavam sua insurreição, "embora essa informação tivesse acabado se revelando falsa e uma grosseira provocação. Os *junkers,* que não sabiam muito a respeito de política, acreditaram nessas mentiras deslavadas".

O major-general Knox, o bem estabelecido adido militar britânico, ficou impressionado com a relutância dos antigos oficiais em apoiar os cadetes. "Enquanto tiros ainda estavam sendo disparados, encontrei um oficial que conhecia andando por uma rua próxima de braço dado com uma amiga. Expressei meu espanto por ele não estar interessado na luta, e ele disse que aquilo nada a tinha a ver com ele!"

Os marinheiros bolcheviques que estavam cercando a central telefônica ficaram furiosos ao saber que os cadetes haviam feito Antónov prisioneiro. Eles já sabiam que os cadetes *junkers* estavam interceptando e ouvindo as comunicações bolcheviques, como Raskólnikov descobrira.

Os oficiais instrutores acabaram admitindo para os cadetes que as tropas de Keriénski não estavam sequer perto de Petrogrado e que não havia uma única unidade na guarnição de Petrogrado que apoiasse o comitê. Esses oficiais da academia, que haviam levado os cadetes para o combate, foram os primeiros a desaparecer, arrancando suas dragonas com insígnias e abandonando seus postos.

Ao se verem rodeados por uma força esmagadora de marinheiros de Kronstadt e sem esperança alguma na chegada de reforços, os garotos começaram a entrar em pânico. Os marinheiros queriam matar todos eles porque alguns, capturados no Palácio de Inverno, ao se renderem haviam dado sua palavra de que não pegariam em armas de novo. Os garotos ofereceram a liberdade ao seu refém se ele salvasse suas vidas. Para desgosto dos marinheiros, Antón manteve sua palavra e impediu que os cadetes sofressem qualquer represália.

A revolta dos jovens cadetes terminou às cinco da tarde no Castelo Mikhailovski. "Os *junkers* capitularam e foram levados em marcha até a Fortaleza de Pedro e Paulo", reportou Morgan Philips Price, do *Manchester Guardian*. "Mas não sem antes alguns deles terem sido separados do resto e mortos a coronhadas de fuzil."

O golpe bolchevique não transcorreu tão bem em Moscou. Isso principalmente porque os líderes ali se opuseram à ideia de tomar o poder pela força, do mesmo modo como Kámeniev e Zinóviev haviam se oposto em Petrogrado. Também havia uma confusão considerável. "As redações de jornais 'burgueses' foram tomadas pelos bolcheviques", escreveu Oriéchnikov na sexta-feira, 26 de outubro, em seu diário no Museu Histórico, "portanto não havia notícias sobre os eventos em Petrogrado." Mas então ele revelou que um destacamento de jovens *junkers* de uma das academias militares de Moscou havia secretamente passado a noite no Museu Histórico, que era perto do Kremlin.

Mais tarde naquela manhã, dois representantes do Comitê Revolucionário de Moscou foram ao Kremlin pedir ao 56º Regimento que entregasse as armas guardadas ali, mas descobriram que tinham chegado tarde demais. Os cadetes escondidos no Museu Histórico haviam cercado e tomado o Kremlin. As fontes bolcheviques insistem em afirmar que os cadetes persuadiram os soldados a sair e se render, e que então os fuzilaram. Esse confronto, no qual apoiadores do Governo Provisório ocuparam o Kremlin e o centro de Moscou, marcou o início de vários dias de conflitos de rua. O Soviete de Operários e Soldados, que ficava na residência do antigo governador-geral na Tverskaia, a grande avenida que segue a noroeste a partir do Kremlin, viu-se sitiado. O intenso tiroteio obrigou os moradores dos apartamentos voltados para a avenida a se protegerem nas escadarias dos fundos.

Foram cavadas trincheiras e erguidas barricadas em muitos lugares, como uma na esquina da praça Lubianka que era feita de "lenha, mobília e todo tipo de tralha", onde os cadetes *junker* instalaram duas metralhadoras. Muitos estudantes universitários em Moscou aderiram aos *junkers* na condição de voluntários mas, como ocorrera em Petrogrado, havia poucos antigos oficiais dispostos a arriscar o pescoço.

Os dois lados, *junkers* e Guardas Vermelhos, montavam constantes patrulhas à noite. Eles se chocavam uns contra os outros no que parecia ser uma cidade assustadoramente vazia. As principais estações de trem, apesar de desertas, estavam todas iluminadas. "Os tiros continuam ecoando", escreveu um jovem operário bolchevique, "e a impressão é a de que os tiroteios estão acontecendo em toda a nossa volta." De início, eles só disparavam em sombras, posicionados atrás de postes de luz. "Nosso olhos acostumaram-se à escuridão, e tentávamos vislumbrar o que havia à nossa frente."

Na noite de 28 de outubro, o fogo de artilharia foi ouvido pela primeira vez, e intensificou-se dramaticamente no dia seguinte. Os *junkers* disparavam do Kremlin conta a fábrica Einem, uma fortaleza bolchevique, enquanto os bolcheviques revidavam fogo atirando contra o Kremlin desde a colina dos Pardais, causando mais estragos nos antigos monumentos do que os alemães conseguiram causar na Segunda Guerra Mundial. O escritor Ivan Búnin ficou isolado no apartamento de sua sogra junto à rua Arbat. "Houve muitos disparos de artilharia durante o dia", escreveu ele, "explosões constantes de granadas e de estilhaços, o estalar constante dos tiros de fuzil. Uma pesada salva estava reverberando sobre o telhado agora há pouco, não sei de que tipo de arma provém… É quase meia-noite. Dá medo de ir para a cama. Montei uma barricada no meu quarto com o guarda-roupa." Sem jornais circulando, espalhavam-se os boatos mais absurdos, muitas vezes ridiculamente otimistas. Um engenheiro que viera de Petrogrado chegou a dizer a Oriéchnikov em 1º de novembro que soldados leais a Keriénski haviam agora ocupado a capital e que "Lênin e companhia fugiram para Kronstadt no *Aurora*".

Imaginava-se que houvesse trezentos cadetes *junkers* defendendo a central telefônica de Moscou. Os Guardas Vermelhos e alguns soldados trouxeram um morteiro para poderem atacar as barricadas do lado de fora quando o morteiro explodisse. Depois que uma segunda bomba atingiu o telhado, os Guardas Vermelhos conseguiram invadir a central telefônica. Gritaram aos defensores que se rendessem e bateram nas portas com a coronha dos fuzis. Uma bandeira branca acabou aparecendo em uma janela do terceiro andar. Alguns dos disparos continuaram, mas os garotos terminaram saindo para se render. Havia menos de duzentos deles. "Disseram-nos que eram todos cadetes, mas agora vimos que há muitos civis entre eles, incluindo pessoas com os quepes pontiagudos de estudantes. Pareciam todos muito assustados." Conforme iam saindo, os soldados tentavam bater neles e gritavam ameaças e xingamentos. Eles tinham ouvido histórias sobre o 56º Regimento do Kremlin ter sido arrasado com metralhadoras ao se render. Os Guardas Vermelhos ficaram com pena dos jovens oficiais cadetes, mas os soldados replicaram: "E daí que são crianças? Eles ainda desejam ser 'Vossas Excelências'".

"Os *junkers* estavam em pé, enfileirados em volta da bandeira, perto do muro do edifício", escreveu Paustóvski a respeito da rendição em 2 de novembro. "Seus quepes estavam amarrotados, e suas capas haviam se acinzentado com a poeira do estuque. Muitos deles estavam meio adormecidos, encostados a seus fuzis." Um homem desarmado, em uma capa preta de couro e escoltado por vários Guardas Vermelhos, aproximou-se. O oficial que comandava os *junkers* deu um passo à frente e jogou no chão seu quepe e revólver. Os *junkers* seguiram seu exemplo, fazendo uma pilha com seus fuzis e cartucheiras, e então também se afastaram caminhando lentamente... As tílias, com seus galhos partidos, erguiam-se por entre a geada e a fumaça. As tochas de luminárias quebradas ardiam ao longo da avenida, pelo caminho todo até o monumento a Púchkin. A rua estava cheia de pilhas de fios rompidos. Retiniam como numa queixa ao balançarem contra a calçada. Um cavalo morto, exibindo seus dentes amarelados, jazia sobre os trilhos do bonde... Não havia por enquanto nada daquele amargor que viria depois, durante a guerra civil.

*

O primeiro levante contra o golpe bolchevique aconteceu bem longe de Petrogrado. Em 26 de outubro, o dia posterior à tomada do Palácio de Inverno, o coronel Aleksandr Dútov liderou um pequeno grupo que tomou a cidade de Orenburgo, no extremo sul dos Urais. Era o lar da Hoste Cossaca de Orenburgo, com meio milhão de habitantes. Dútov decretou a lei marcial na cidade e a guerra aos bolcheviques. Mesmo com apenas 2 mil homens, a maioria oficiais, ele estava em ótima posição para ameaçar as comunicações com a Sibéria. No entanto, Dútov, que era praticamente o único ataman cossaco a leste dos Urais, diligentemente organizou eleições para a Assembleia Constituinte.

Mais a leste na Sibéria, em Verkhnieudinsk (Ulan-Ude), o coronel Grigóri Semiónov levantou-se contra os bolcheviques em 18 de novembro. Ele era apoiado por alguns de seus cossacos do Transbaikal e por um regimento de cavalaria da Buriácia, que ele havia treinado junto do ainda mais homicida Barão Román von Ungern-Sternberg. Semiónov, um personagem atarracado com bigodes moldados como chifres de um búfalo d'água, sem instrução, brutal, mas cujos olhos desconfiados indicavam uma grande astúcia camponesa. Já Ungern-Sternberg, de uma família de barões do Báltico, era um psicopata inteligente.

Em 1913, um viajante russo na Mongólia chamado Burdúkov havia encontrado o barão. Ele descreveu-o como um guerreiro asceta, obsessivo. "Era magro, maltrapilho e desarrumado, com uma barba amarelada de vários dias e os olhos perdidos e gélidos de um maníaco. Seu uniforme estava extremamente sujo, as calças puídas, as botas esburacadas... Um oficial russo viajando a cavalo do Amur e cruzando toda a Mongólia sem roupa de cama ou muda de roupa, nem provisões, era algo extraordinário." Todos pareciam lembrar de seus olhos, que com frequência eram descritos como frios como o gelo, dando a impressão de que podiam ver através das pessoas. Também tinha uma cabeça insolitamente pequena sobre os ombros largos, dos quais saíam braços compridos.

Um relatório sobre suas qualidade militares lhe era bem mais favorável, apesar de atribuir todas as suas deficiências a uma falha principal. "Seu único vício sério é que bebe constantemente", dizia o relato. "Quando embriagado, é capaz de uma conduta incompatível com a honra de um oficial." Ungern-Sternberg também desprezava regulamentos e burocracia. Odiava tanto a papelada que simplesmente atirava toda a correspondência oficial no fogo do fogão a lenha.

Em 31 de dezembro, um trem da Ferrovia Transiberiana aproximava-se de Tchita. Vários bolcheviques, confiantes em ainda controlar aquela linha, continuavam festejando num compartimento reservado de primeira classe, celebrando o Ano-Novo de 1918. Seu líder, um comissário naval bolchevique, era um marinheiro chamado Kudriachév, que estava a caminho de Vladivostok com 200 mil rublos para a organização local. Ele estava tão bêbado que esqueceu de fazer a baldeação para a Ferrovia Amur. Só se deu conta do perigo que corria depois que foram parados em Daúria. Um oficial magro e loiro, seguido por subordinados, entrou no compartimento. Ele fixou seus olhos pálidos em Kudriachév. "Vice-Comissário Naval, é você?" Kudriachév estremeceu de terror e admitiu que era. O Barão Ungern examinou seus documentos, e então fez um gesto brusco com a mão para seus companheiros. "Quanto a estes merdas", acrescentou, apontando para os demais do grupo de Kudriachév, "basta chicoteá-los e pô-los para fora." Segundo uma testemunha ocular, Kudriachév prostrou-se, implorando por sua vida, enquanto era tirado do trem e atirado na neve, onde Ungern deu a ordem de fuzilá-lo. A vultosa soma de dinheiro encontrada com ele foi usada para pagar os homens de Ungern. Todos os bens que viajavam para a Rússia Europeia foram tomados por ordem de Ungern para serem leiloados. Ele nunca gastava consigo mesmo e evitava a companhia de mulheres. Em vez disso, criava lobos em sua casa em Daúria.

No que ficou conhecido como a *atamánschina*, o reino do terror dos atamans cossacos, a Sibéria para além do lago Baikal iria sofrer mais do que qualquer outro lugar na Rússia com a inacreditável crueldade de comandantes militares como Semiónov, Ungern e Borís Ánniekov.

De todas as regiões da Rússia, a que tinha maior probabilidade de se tornar um centro de resistência ao domínio bolchevique era o Don. Em 1812, durante a Guerra Patriótica contra Napoleão, os cossacos do Don haviam fornecido sozinhos 26 regimentos de cavalaria, totalizando perto de 50 mil sabres. O general de cavalaria Alekséi Kaledín tinha sido eleito ataman dos cossacos do Don em junho. Várias semanas mais tarde, ele firmou uma aliança com o Partido Kadete, de centro-direita, mas arrependeu-se disso assim que seus líderes vieram em peso para a capital do Don, Novotcherkassk, junto com oficiais de Moscou e de Petrogrado que não estavam mais recebendo nenhum pagamento. Os bolcheviques ficaram furiosos ao saber que a Rada ucraniana estava desarmando tropas soviéticas, ao mesmo tempo que permitia que oficiais e destacamentos armados de cossacos do Front Romeno atravessassem seu território para se juntar a Kaledín.

Kaledín naturalmente deu as boas-vindas aos cossacos que retornavam se queixando do tratamento que recebiam sob o novo regime bolchevique. O comissariado dos soldados cossacos na *Stavka* reportou: "Os cossacos, em especial os cossacos do front que não reconhecem o governo do Sovnarkom, estão sendo tratados como proscritos. A massa de soldados, influenciada pelos bolcheviques, insulta e odeia os cossacos. As unidades cossacas são as últimas a receber suprimentos vitais, e às vezes nem sequer os recebem. E, devido à falta de forragem, os cossacos têm perdido a maioria de seus cavalos. Os regimentos cossacos baseados na Finlândia e em Petrogrado foram obrigados a permanecer ali. Trótski declarou a seus delegados que eles são vistos como reféns. As novas autoridades, usando a tática de dividir para governar, tomam todas as providências para impedir quaisquer concentrações de unidades cossacas".

A unidade era frágil, mesmo no interior da Hoste dos Cossacos do Don. Havia tensões entre oficiais e soldados, e, quando os cossacos mais jovens voltavam do front para casa, surgia uma cisão geracional entre os "pais" tradicionalistas e aqueles "filhos" que haviam apoiado muito do que a revolução defendia. Havia também hostilidade entre os cossacos e os camponeses migrantes não cossacos, conhecidos como *ingórodnie*, que não dispunham de terras e eram tratados como cidadãos de segunda categoria. E, como era de esperar, os trabalhadores industriais de Taganrog e de Rostov-no-Don, assim como os mineiros do Donbas, viam os cossacos como reacionários czaristas.

Depois que a reunião do *Krug* do Don em Novotcherkassk declarou sua independência em 20 de novembro, os Guardas Vermelhos do proletariado local tomaram Rostov, proclamando contra eles uma República Soviética do Don. Os operários industriais da vizinha Taganrog cercaram cinquenta cadetes *junkers*, que se renderam na esperança de que suas vidas fossem poupadas. Mas eles foram levados até uma fábrica metalúrgica, onde, com os braços e pernas amarrados, foram atirados um por um em um alto-forno.

Em 2 de dezembro, Kaledín e seus seguidores retomaram Rostov-no-Don, a porta para o Cáucaso. A reação bolchevique foi imediata. A Escola Naval de Combate Aéreo informou o Comitê Naval Revolucionário que, "Em razão do levante de Kaledín, o Comitê da Escola Naval de Combate Aéreo solicita... O envio urgente de vinte bombas de um pud [ou 16,38 quilos] e quarenta bombas de meio pud". O "Don Silencioso" iria se tornar um dos principais campos de batalha da guerra civil.

Houve várias outras insurreições contra a tomada do poder pelos bolcheviques, mas eram revoltas sem qualquer coordenação entre si, quase como cidades-Estado independentes, e foram esmagadas individualmente. Em 14 de novembro, a Guarda Finlandesa foi enviada de trem de Petrogrado até Nizhny Novgorod, para sufocar ali um levante contrarrevolucionário. Os soldados da Guarda Finlandesa queriam abolir a hierarquia de vez e opunham-se até às tentativas de seu comissário de promovê-los. Eles também votaram numa reunião que toda a prataria do refeitório dos oficiais deveria ser dada ao banco estatal, e lançaram um apelo para que outras unidades da Guarda fizessem o mesmo. A intenção era ajudar a aumentar o valor do rublo no exterior, que em apenas dez dias caíra para a metade do seu valor anterior em relação ao dólar, após a notícia do golpe bolchevique.

Na Sibéria, a tomada de Irkutsk pelos bolcheviques só se deu em 8 de dezembro, quando os habitantes acordaram com grupos de soldados pró-bolcheviques armados patrulhando as ruas. Para eliminar quaisquer dúvidas a respeito de quem estava no comando, eles instalaram metralhadoras na colina Jerusalém, nos arredores da cidade, e posicionaram algumas peças de artilharia atrás da estação de trem apontadas para o centro. "E assim os bolcheviques teriam dominado Irkutsk sem derramar uma única gota de sangue", escreveu o advogado e etnógrafo Moisséi Król, "não fosse pelas várias dezenas de cadetes *junkers*, cossacos, oficiais e políticos que decidiram defender o novo regime com armas nas mãos."

"Vi um pequeno destacamento *junker* com um oficial", escreveu Seriébrennikov. "Estavam com todo o equipamento de batalha. Usavam botas siberianas de feltro *válienkis*, capas de pele de carneiro sobre os casacões, fuzis nos ombros e granadas de mão dependuradas no cinto." Eles instalaram-se em sua academia militar. De início tomaram a iniciativa e sitiaram os Guardas Vermelhos na casa do governador-geral. A força bolchevique "não havia contado com batalhas prolongadas e não tinha muitos suprimentos, portanto logo começou a passar fome. Tampouco tinham água potável. Quando um mais corajoso ousava correr até o [rio] Angara com um balde para pegar um pouco de água, ou mesmo um pouco de neve do pátio, caía sob as balas bem direcionadas dos *junkers*. As janelas haviam sido quebradas logo no primeiro dia, e fazia muito frio no interior do edifício. Os Vermelhos estavam usando tudo o que podiam encontrar para se aquecer: tábuas do piso, mobília e pinturas do palácio. Finalmente, não tiveram outra escolha a não ser render-se".

Houve muitas mortes de civis quando as metralhadoras disparavam contra a rua. "Ocasionalmente conseguíamos ver, de nossa janela, um trenó passando, com uma bandeira da Cruz Vermelha tremulando nele. Algumas pessoas mais corajosas transitavam pelas ruas recolhendo os mortos e os feridos." Essas batalhas prosseguiram por quase dez dias, até que os bolcheviques em Krasnoiarsk enviaram muitos reforços a Irkutsk e conseguiram então cercar os *junkers*, obrigando-os a se render.

"Os vencedores garantiram aos vencidos total liberdade pessoal; eles podiam permanecer em Irkutsk ou deixar a cidade sem qualquer represália. O acordo foi assinado por representantes de ambos os lados, e devo dizer que os bolcheviques de Irkutsk o respeitaram." Mas aqueles antibolcheviques que haviam partido na esperança de se juntar ao ataman Semiónov mais a leste não sabiam que outros grupos de Vermelhos mais adiante na ferrovia Circum-Baikal haviam montado "um segundo posto de controle para capturar contrarrevolucionários, no qual muitas vidas foram perdidas".

Havia relatos de tumultos e saques por quase toda parte. "Alguma coisa maluca está acontecendo em Belets e Kharkov", Lakier escreveu, "mas os piores tumultos estão na Bessarábia. A onda de *pogroms* até agora não chegou a Odessa, mas também são previstos tumultos aqui."

Em Irbit, nos Urais, os saques só começaram por volta do final de novembro. Previsivelmente, o primeiro alvo foi uma destilaria chamada

A Pousada Siberiana, que ficava em frente à mesquita. Os soldados saíam de lá cambaleando, com uma garrafa de três litros de vodca em cada mão. Pouco depois, uma loja junto à área do mercado foi incendiada, relatou um estudante. "Mulheres da região atearam fogo para poderem enxergar melhor e se ocuparam em tomar coisas. Não havia mais de dez soldados saqueando, a maioria ficou só observando do lado de fora, e de vez em quando disparavam seus fuzis para o ar. Estavam todos bêbados. Atravessando a rua na diagonal havia outra loja com pernis, linguiças, aguardente e vários tipos de vinho. Para lá foram os soldados, e eu os segui. Na multidão que ali havia, uma mulher de meia-idade dizia: 'Aqui, peguem as chaves. Mas não quebrem nada'. Era a proprietária da loja. Obviamente, eles fizeram o oposto. Arrombaram janelas e portas para entrar. A mulher atirou as chaves no chão e foi embora."

Ninguém nesse momento tinha tarefa mais ingrata do que o general Nikolai Dukhônin, o último comandante em chefe do antigo exército, que havia sido rapidamente promovido na esteira do Incidente Kornílov. Wavell, que o conheceu muito bem, descreveu-o como "um homem gentil, tranquilo, capaz, mas não muito impressionante".

Em 8 de novembro, Lênin ordenou que Dukhônin contatasse as autoridades militares alemãs para cessar as hostilidades e abrir as negociações de paz. Dukhônin, para ganhar tempo, disse que precisava primeiro contatar os Aliados, mas foi pressionado e acabou admitindo que não reconhecia o Sovnarkom como o governo central autêntico da Rússia. Lênin imediatamente removeu-o do cargo e enviou um sinal para todas as unidades anunciando que o suboficial Krilênko estava substituindo o general Dukhônin.

Em 20 de novembro, o bolchevique Krilênko, apoiado por uma força de 3 mil marinheiros e soldados da Frota do Báltico, do batalhão de reserva da Guarda Finlandesa e da Guarda Litovski, chegou a Mogilev. Os ferroviários do Vikjel não estavam mais bloqueando as forças bolcheviques. Dukhônin, que rejeitara uma oferta para fugir de carro, foi até a estação para render-se a Krilênko. Não foi uma decisão sábia, pois, como ele deveria ter imaginado, os marinheiros ficaram furiosos ao saber que ele permitira que Kornílov, Alekséiev, Deníkin, Lukômski e os demais generais presos fugissem do mosteiro-prisão de Bikhov.

Krilênko tentou abrigar Dukhônin em seu vagão, mas os marinheiros de Kronstadt estavam sedentos de sangue e o invadiram. Arrastaram Dukhônin até a plataforma, deram-lhe uma surra, despiram-no, "ergueram-no em suas baionetas" e mutilaram seu cadáver nu. Os bolcheviques transformaram sua morte numa piada conhecida. "Checar os documentos de alguém no quartel-general de Dukhônin" virou uma gíria para executar um oficial.

Uma semana mais tarde, a nova *Stavka* enviou uma dura advertência a todos os altos oficiais que pudessem simpatizar com "os generais Kaledín, Kornílov, Dútov e outros... Advertimos os comandantes de que quaisquer atividades contrarrevolucionárias da parte deles e daqueles que com eles simpatizem serão punidas sem misericórdia. Qualquer um que for culpado será demitido de seu cargo e entregue a um tribunal militar revolucionário". Krilênko também ordenou que todos os oficiais removessem suas dragonas, que haviam se tornado odiados símbolos da opressão aos olhos dos soldados enfurecidos.

À medida que o faminto inverno se aproximava, uma acentuada mudança de humor ia se produzindo. O jovem jornalista Konstantín Paustóvski escreveu que "a 'aura de romantismo' da Revolução de Fevereiro e a 'crença na felicidade universal' haviam evaporado". Ele contou como o veterano escritor Vladímir Giliaróvski, com sua capa de pele de carneiro, seu extravagante bigode cossaco e sua voz rouca, entrara na redação. "Seus bebês chorões!", grunhiu ele, dirigindo-se a todos os presentes. "Socialistas! Liberais complacentes! Vocês não sabem mais a respeito do povo russo do que aquela velha estúpida, a Madame Kurdiukóva.* Eu conheço o povo russo. E eles irão lhes mostrar onde as lagostas passam os invernos!"

---

* Madame Kurdiukóva, uma espécie de Senhora Malaprop russa, era a protagonista da novela cômica de Ivan Miátlev *Sensações e observações de Madame Kurdiukóva no exterior, Dans l'étranger* (1840-44) [A Senhora Malaprop, por sua vez, é um personagem da peça *The Rivals*, de Richard Brinsley Sheridan (1775), caracterizada pelo mau uso que fazia de palavras com sonoridade similar (N.T.).].

10

O INFANTICÍDIO DA DEMOCRACIA

Novembro-dezembro de 1917

A ordem de Lênin ao general Dukhônin de iniciar negociações com os alemães teve uma consequência imediata: outra grande leva de soldados abandonou o front e voltou para casa. Se a paz estava próxima, nenhum camponês queria ficar para trás na distribuição das terras tomadas dos latifundiários e da Igreja.

"O exército de soldados indo embora se espalhava pelos trilhos das ferrovias da Rússia, destruindo com seu descuido tudo pelo caminho. Nos próprios trens, tudo que pudesse ser pego ou destruído havia sido pego ou destruído. Placas de metal haviam sido arrancadas dos tetos dos vagões. Havia um comércio ativo no mercado de Sukharevski, de pias de lavar as mãos, espelhos e pedaços de veludo vermelho arrancados de assentos." Os chefes de estação fugiam toda vez que uma massa desses soldados "chegava com seus gritos de bandidos, músicas de acordeão e tiros de metralhadora".

Trótski justificava essa atitude deles, de arrancar o veludo dos antigos assentos de primeira classe para fazer ataduras para seus pés, dizendo que mereciam um pouco de luxo em suas vidas. Lênin, por outro lado, apoiava a destruição por si mesma. Ele sabia havia muito tempo que a única chance que os bolcheviques tinham de tomar o poder em toda aquela vastidão de terras da Rússia e de mantê-lo era criar uma *tabula rasa* por meio da violência, para que não houvesse possibilidade de retorno ao passado.

Em setembro, Lênin havia escrito que "a guerra civil é a forma mais aguda da luta de classes". Depois argumentou que "o proletariado chegou bem perto de iniciar uma guerra civil" nas Jornadas de Julho, mas que a revolta de Kornílov havia sido "uma conspiração por meio da qual a burguesia tinha, na realidade, iniciado uma guerra civil". A propaganda bolchevique precisava, é claro, alegar que os reacionários é que haviam iniciado o conflito. O ponto essencial, como ele claramente reconheceu, era que "o proletariado revolucionário é incomparavelmente mais forte na luta extraparlamentar do que na luta parlamentar no que diz respeito a influenciar as massas e trazê-las para a luta. Essa é uma observação muito importante a respeito da guerra civil". Assim, ciente de que os bolcheviques talvez não chegassem diretamente ao poder nas eleições para a Assembleia Constituinte, Lênin sabia que "a força que eles poderiam desenvolver na guerra civil" seria bem maior. Desde o início, a guerra civil claramente constituía para ele a continuação da política por outros meios. No entanto, ele não ousou cancelar as eleições para a Assembleia Constituinte, pois isso teria unido todos os partidos socialistas contra os bolcheviques. Seria mais fácil desmantelar a Assembleia Constituinte mais tarde, depois que eles estivessem com as rédeas firmes em suas mãos.

Em novembro, logo após a tomada do poder pelos bolcheviques em Petrogrado, Lênin começou a dirigir ódio e violência aos "inimigos de classe", aqui já definidos como "inimigos do povo". Esse foi o início de sua estratégia deliberada de "terror de massas". "Bem mais do que simplesmente canalizar a violência social", como um estudo francês conceituou, "o 'terror de massas' difundiu-se e desenvolveu-se como uma política definida, teorizada e reafirmada, sem qualquer tipo de inibição, como um ato de regeneração do corpo social como um todo".

Lênin enfurecia-se toda vez que era confrontado, vendo isso como traição ou sabotagem. Em 29 de outubro, ficou furioso ao descobrir que servidores civis haviam convocado uma greve geral em protesto contra a tomada de poder pelos bolcheviques. Os arquivos de todos os ministérios foram trancados e as chaves removidas das instalações. Pior de tudo, o Banco do Estado e o Tesouro do Estado, assim como os bancos privados, recusaram-se a emitir dinheiro ou a reconhecer a autoridade do Sovnarkom. Os bolcheviques enfrentaram esse obstáculo por um mês e meio. Mas os Guardas Vermelhos acabaram sendo enviados para ocupar as instalações de todos os bancos. Sua nacionalização foi anunciada naquela tarde. No dia seguinte foi criado o Conselho Supremo de Economia Nacional.

Trótski só visitou seu ministério como Comissário do Povo para Relações Exteriores em 9 de novembro, quando convocou todos os funcionários. "Eu sou o novo Ministro das Relações Exteriores, Trótski", anunciou ele. Isso foi recebido com risadas irônicas. Ele os mandou voltar ao trabalho, mas em vez disso foram todos para casa. Como em outros ministérios, apenas zeladores, mensageiros e alguns secretários reapareceram.

Trótski em seguida mandou um informe em francês a todas as embaixadas russas no exterior, ordenando que o pessoal respondesse imediatamente se consentia em seguir as ordens do novo regime.

"Todos aqueles que se recusarem a seguir essas novas políticas devem deixar seus cargos e entregar documentos e material a assessores que concordem em levar adiante as instruções do Sovnarkom." Era assinado pelo "*Commissaire du peuple pour affaires étrangères, Trotzky*". Poucos altos diplomatas escolheram permanecer em seus cargos.

Os bolcheviques acabaram se vendo obrigados a impor os próprios comissários em cada ministério e escritório governamental importante. O pessoal do serviço público teve que retomar o trabalho, assinando uma declaração de lealdade ao Sovnarkom, para não enfrentar um tribunal revolucionário. Altos oficiais que haviam servido o regime czarista foram substituídos por jovens carreiristas ou por gente ambiciosa de fora dos ministérios, que muitas vezes era ignorante e sem instrução. Lênin havia previsto esse problema, mas até mesmo ele ficou abalado com o caos e a corrupção que resultaram disso. Os oportunistas com frequência eram os administradores mais eficazes, mas raramente eram leais ao regime que serviam. "Sabe", Radek admitiu a um deles que secretamente se opunha ao regime, "todas as pessoas da minha equipe não são confiáveis. São todas de direita, mas controlo todas com pulso firme."

Lênin resistira firmemente a todos os apelos, inclusive de membros do Comitê Central do Partido, para que aceitasse o tipo de governo de coalizão proposto pelo Vikjel do sindicato dos ferroviários. Ele dominava completamente todas as reuniões de gabinete do Sovnarkom e não tinha problemas em passar por cima do Comitê Executivo do Soviete, embora tivesse dado o golpe sob o slogan "Todo o poder aos Sovietes". Kámeniev, na condição de presidente, renunciou em protesto, mas isso não fez diferença. Lênin seguia em frente sem medir as consequências. Ele simplesmente substituiu Kámeniev por Iákov Svierdlóv, que garantiu que o Soviete continuasse servindo para pouco mais do que assinar as decisões do Sovnarkom.

Todos os jornais não bolcheviques foram proibidos, e então reapareciam com novo nome, até serem proibidos mais uma vez. A única exceção era o *Nováia Jízn,* que, apesar dos ataques diretos de Górki a Lênin e à ditadura bolchevique, de algum modo sobreviveu até o mês de julho seguinte. Lênin fechou-o mais tarde, alegando que, durante a guerra civil, eles não podiam permitir nenhum tipo de "pessimismo da *intelligentsia*".

Em 12 de novembro, teve início a votação nas eleições para a Assembleia Constituinte, às quais até mesmo Lênin fora obrigado a dar seu apoio, pelo menos da boca para fora. Os bolcheviques tinham atacado muitas vezes o Governo Provisório pelo atraso em convocar a Assembleia Constituinte, e havia certo número de bolcheviques mais moderados que acreditavam genuinamente nela. Para a oposição, a eleição era a última chance de deter o desenvolvimento do que iria se tornar o primeiro Estado de um só partido, presidido por um líder ainda mais autocrático do que Nicolau II. Foi o adversário de Marx, Mikhail Bakúnin, que havia advertido que, "Se você pegou o mais ardente revolucionário e lhe deu poder absoluto, em um ano ele será pior que o próprio Czar".

A votação foi muito demorada por causa das grandes distâncias entre a Rússia europeia e a Sibéria oriental. O evento também teve aspectos sem precedentes, pois as mulheres puderam votar pela primeira vez. Em algumas áreas, porém, sacerdotes reacionários, assim como a extrema esquerda, ainda tentavam manipular a eleição. Na região do Don, Filípp Mirónov, um tenente-coronel cossaco que também era um socialista-revolucionário de esquerda, compareceu no dia 15 de novembro em sua seção local de votação. "É claro, um padre havia sido nomeado para presidi-la", escreveu ele. "Estava sentado com seu cabelo comprido solto, junto à urna de votação, dizendo a todo mundo: 'Votem na 4ª lista' (que, obviamente, havia sido organizada pelo general Kaledín e seus assistentes). Eu disse: 'Votem na 2ª lista, em que há socialistas-revolucionários', e eles começaram a rosnar para mim como animais. É assim que todos estão sendo intimidados por aqueles ociosos cabeludos [os padres]. E agora eles acham que sou bolchevique!".

Essa eleição sem precedentes estava fadada a ter suas irregularidades e distorções, embora não fossem muitas. Os resultados, porém, sempre foram um tema polêmico. Os bolcheviques, embora estivessem rapidamente ganhando mais apoiadores, ficaram decepcionados ao ver que haviam obtido apenas 10 milhões de votos, menos de um quarto da votação total. O maior partido, o socialista-revolucionário, recebeu cerca de 16 milhões de votos, o que representava 38% do total. Isso, no entanto, era enganoso, pois não levava em conta a irreconciliável divisão entre SRs de esquerda e SRs de direita, um fato recente demais para ser refletido na maioria das cédulas de votação. E, como muitos dos SRs de esquerda estavam dispostos a trabalhar com os bolcheviques nessa época, essa votação não constituía um quadro fiel das forças políticas. A única coisa que ela revelava claramente era que os bolcheviques não tinham uma base de apoio sequer parecida com a que alegavam ter, acima de tudo nos locais mais afastados das cidades no norte da Rússia.

Para irritação de Lênin, os kadetes foram melhor do que o esperado, particularmente em Petrogrado e Moscou. O apoio a eles veio não só das classes médias, mas também de muitos dos eleitores mais pobres, chocados com o caos e com o aumento da criminalidade. "Muitos, mesmo entre as pessoas comuns, tinham nostalgia do Czar e da ordem", escreveu Ielêna Lakier em Odessa, três dias antes da votação. "Toda noite ouvem-se tiros, mas estamos tão habituados a isso que simplesmente viramos para o lado e voltamos a dormir... Estou indo cada vez mais para a direita. Logo, logo vou virar monarquista. No presente momento, sou uma kadete da cabeça aos pés e pouco tempo atrás costumava ser uma SR. Nossa empregada e nossa cozinheira assinaram a lista eleitoral dos kadetes. Elas têm certeza de que essa é única maneira de restabelecer a ordem."

A polarização política fez cair drasticamente o apoio aos mencheviques e a outros partidos moderados de esquerda, mas isso se devia também à sua mensagem eleitoral vaga. "Quase ninguém tinha a menor ideia do que os diferentes partidos socialistas pretendiam fazer", escreveu Globatchóv, ex-chefe da Okhrána. "As massas russas ignoravam isso totalmente."

Os bolcheviques não perderam tempo em questionar os resultados e pedir novas eleições. Eles exigiam o direito de que os delegados pudessem ser retirados individualmente, mas surgiram sinais ainda mais claros de que pretendiam sabotar a própria Assembleia Constituinte. Em 20 de novembro, o Sovnarkom anunciou que haveria um atraso em sua abertura oficial. Depois, em 23 de novembro, membros bolcheviques do Comitê Militar Revolucionário prenderam os três comissários eleitorais durante uma reunião no Palácio Tauride. Eles foram levados para o Smolni e o Sovnarkom nomeou o bolchevique Moisséi Urítski, o futuro chefe de Petrogrado da Tcheká, a polícia secreta, para assumir essa função.

Essas intervenções descaradas levaram os partidos de oposição a organizarem manifestações na frente do Palácio Tauride, que os bolcheviques tacharam de contrarrevolucionárias. Acusando o Partido Kadete, eles colocaram-no na ilegalidade e aprisionaram seus líderes como "inimigos do povo" na Fortaleza de Pedro e Paulo. Lênin também tentou culpar os especuladores burgueses pelos episódios de severa escassez de pão na maioria das cidades, nas quais a ração diária havia caído para pouco mais de cem gramas. Muitos nem o consideravam pão de verdade. "Começaram a fazer um pão horrível, com palha e farelo", escreveu Lakier. "A crosta é tão dura que é difícil cortá-lo com uma faca. Além disso, os pedaços de palha ficam presos entre seus dentes." Lênin sabia que um novo governo que não fosse capaz de alimentar as cidades não sobreviveria, especialmente um governo que dependia do apoio dos trabalhadores urbanos. Em 4 de dezembro, atrás de barricadas em seu escritório no Smolni e guardado de perto por fuzileiros letões, Lênin queixou-se amargamente a Féliks Dzerjínski a respeito do problema da sabotagem levada a cabo pela burguesia. No dia seguinte, foi criada a polícia secreta bolchevique, a Tcheká – a Comissão Extraordinária de Toda a Rússia para o Combate à Contrarrevolução, Especulação e Sabotagem –, que substituiu o Comitê Militar Revolucionário. A instrução de Lênin a Dzerjínski, nomeado para chefiá-la, começava assim:

> A burguesia está preparada para cometer os mais hediondos crimes; está subornando os elementos proscritos e degradados da sociedade e atraindo-os com bebida para usá-los em tumultos. Os apoiadores da burguesia, particularmente entre os funcionários de escritório mais bem pagos, gerentes de bancos e assim por diante, estão sabotando seu trabalho, e organizando greves para frustrar as ações do governo para a realização de reformas socialistas. Eles chegaram ao ponto de sabotar a distribuição de comida, e com isso ameaçam milhões de pessoas com a fome.

Não se explicava exatamente como a burguesia estava fazendo para sabotar a distribuição de comida, embora a própria declaração de guerra de Lênin mais tarde naquele mesmo mês dificilmente pudesse ser mais clara. "Guerra até a morte contra os ricos e seus parasitas, os intelectuais burgueses." A desumanização deles que promovia, chamando-os de "piolhos", "pulgas", "vermes" e "parasitas", equivalia a um chamado para um genocídio de classe.

Féliks Dzerjínski, um polonês alto, macilento e oriundo de uma família de nobres empobrecidos, tinha um rosto pálido e ascético, estilo El Greco, com uma barba comprida e rala de mago e olhos caídos. Era um verdadeiro fanático, devotado a uma crença pela qual sacrificaria tudo, mesmo a própria saúde e sanidade. Os bolcheviques mais velhos observavam com uma mistura de orgulho, medo e admiração que "Féliks não pouparia nem a própria mãe em nome da Revolução". Como seu subsequente aliado Stálin, Dzerjínski havia sido treinado para o sacerdócio antes de se voltar violentamente contra a religião cristã. Sua determinação de desmascarar todo inimigo e traidor era ao mesmo tempo impiedosa e obsessiva, e, no entanto, ele não mostrava a sede de sangue de alguns de seus sucessores. Deixava a matança e a tortura a cargo de outros. Absolutamente incorruptível, mortificava sua carne com a pureza de sua postura contra qualquer forma de privilégio. Ele não tocava em nenhuma comida que não fosse a mais básica ração, e seu escritório, em cujo chão ele dormia enrolado em um casacão, não era aquecido por insistência sua.

Além do fumo, outra *faiblesse* de Dzerjínski era a poesia. Embora fosse a mais elevada forma de arte na imaginação eslava, o fascínio mútuo que rapidamente emergiu entre tchekistas e poetas, como Sergei Iésenin, Vladímir Maiakóvski e Aleksandr Blok, foi de fato impressionante, como Donald Rayfield enfatizou. Os tchekistas achavam inebriante a romantização da violência combinada com o autossacrifício.

Numa antologia publicada pela Tcheká, um de seus carrascos produziu estes versos:

> Não há prazer maior, ou música mais bela,
> Do que o estalar de vidas e ossos partidos.
> E eis por que, quando nossos olhos se enchem de langor
> E a paixão começa a fervilhar em tumulto no peito,
> Quero escrever em sua sentença
> Algo inabalável: "Contra o muro! Fogo!".

A Tcheká autodenominava-se "A Espada e o Escudo da Revolução". Isso resumia a crueldade idealizada pelos bolcheviques, que elevavam sua causa acima de quaisquer preocupações humanas, como a justiça natural ou o respeito pela vida. Dzerjínski esperava recrutar homens com sua própria pureza espiritual e criar uma tropa de elite bolchevique. Ele inclusive equipou seus homens com as jaquetas de aviador de couro preto que haviam sido fornecidas pelos britânicos para a nascente força aérea czarista. A vantagem do couro era que, ao contrário da lã, ele resistia à infestação de piolhos, que transmitiam o tifo.

Dzerjínski afirmava que o tchekista ideal tinha "coração ardente, cabeça fria e mãos limpas". Mas Lênin sabia muito bem que a Tcheká também estava fadada a atrair criminosos, assassinos e psicopatas. Alguns haviam se brutalizado nas trincheiras, outros haviam sido libertados da prisão durante a revolução, e a maioria não era de russos étnicos. Havia transcaucasianos – azeris, armênios e georgianos – assim como poloneses, letões e judeus. Os dois principais tenentes de Dzerjínski eram ambos letões, Iákov Péters (Jēkabs Peterss) e Martín Látsis (Mārtiņš Lācis). Péters, que havia buscado refúgio em Londres antes da Primeira Guerra Mundial, chamou a atenção pela primeira vez em 1911, após o assassinato de três policiais e o cerco à Sidney Street.

Durante o período crucial pós-golpe, os letões desempenharam um papel vital como guarda pretoriana de Lênin. Em agosto de 1915, durante a guerra contra a Alemanha, a *Stavka* czarista formou oito batalhões de fuzileiros com letões evacuados da Curlândia. Haviam sido usados para defender Riga e a linha do rio Daugava, o que fizeram com grande bravura, apesar das pesadas baixas. Mas seu tratamento nas mãos de seus comandantes russos levou a maioria de seus soldados, e mesmo certo número de oficiais, a apoiarem os bolcheviques durante o final do verão de 1917, conforme o exército czarista se desintegrava. O avanço do Oitavo Exército alemão naquele outono, ocupando a Letônia e depois a Estônia, obrigou-os a voltar a Petrogrado, onde eles eram exatamente o que os bolcheviques precisavam. Os antibolcheviques logo afirmaram que "Lênin fez a revolução com cérebros judeus, estupidez russa e baionetas letãs".

O antissemitismo estava profundamente arraigado na maioria das classes e regiões do país, e contaminou até mesmo as fileiras bolcheviques. Assim, não era surpresa que o antissemitismo czarista, cuja forma mais extrema consistiu nos *pogroms* homicidas lançados pelas Centúrias Negras, tivessem empurrado jovens judeus indignados para os braços dos bolcheviques. Isso, em contrapartida, criou um círculo vicioso de ódio na guerra civil, com mais *pogroms* de oficiais de direita, cossacos e nacionalistas ucranianos. A crença, difundida na direita, de que quase todos os judeus eram bolcheviques constituía um grave equívoco. Em Smolensk, por exemplo, os partidos socialistas judaicos trabalharam com os socialistas-revolucionários e mencheviques para formar um bloco eleitoral contra os bolcheviques. Os judeus tinham o dobro de probabilidade de serem roubados em comparação com os gentios, muitas vezes por soldados da guarnição local, assim como por desertores de passagem que concordavam com os bolcheviques. Não só os comerciantes, mas até mesmo judeus empobrecidos, que faziam transações no mercado, eram insultados e atacados como "*burjúi*".

Apesar da emancipação dos judeus em março pelo Governo Provisório, muitos camponeses na Bielorrússia mantinham seus preconceitos. Atribuíam a frequente escassez de farinha e a elevação dos preços à acumulação e especulação supostamente promovidas por judeus. A impressão era a de que as "autoridades soviéticas tacitamente toleravam a violência contra judeus". No final de novembro e início de dezembro, soldados atacaram os escritórios de partidos socialistas judaicos, destruindo-os, interromperam uma reunião e submeteram os presentes "a um corredor polonês de coronhadas de fuzil enquanto os chamavam de '*burjúi*' e '*yids*'". Conforme a escassez de alimentos piorava e a raiva popular se intensificava, as autoridades bolcheviques muitas vezes permitiam que a culpa fosse desviada para os judeus.

Embora Lênin tivesse bloqueado o plano do Vikjel para um governo de coalizão, ele aceitou, em dezembro, a ideia de usar os socialistas-revolucionários de esquerda como aliados. Isso diluía sua responsabilidade por decisões difíceis, e Lênin não queria alienar totalmente o campesinato, "a infantaria da revolução", como eram chamados pelos SRs de esquerda.

Os SRs de esquerda encaravam a ideia de um pacto como parte de seu dever de apoiar a "espontaneidade das massas", após o seu recente racha com a direita do Partido. Eles foram encorajados pela maneira como Lênin havia, sem o menor pudor, copiado as propostas deles para a reforma agrária. Em 12 de dezembro, os SRs de esquerda se juntaram aos bolcheviques no Sovnarkom, no qual receberam cargos menores. Quando se depararam com fortes críticas de outros partidos de esquerda, justificaram sua colaboração como a única maneira de contrabalançar o autoritarismo bolchevique e de continuar a avançar em partes de seu próprio programa. Eles não foram capazes de entender que os bolcheviques continuariam insistindo em governar sozinhos e, portanto, falharam totalmente em compreender a dinâmica da ditadura.

Na maioria dos casos, os poucos comissários dos SRs de esquerda que o Sovnarkom concordou em nomear eram ignorados. Na Ucrânia, o SR de esquerda Mikhail Muráviov queixava-se muito da maneira como Lênin incentivava Antónov-Ovsiénko nas detenções em massa de "Kaledínitas"* e "sabotadores capitalistas", sem qualquer consulta. Destacados SRs de esquerda também lutavam pela distribuição de terras aos camponeses, colocando-se contra o que eles agora suspeitavam que fosse um plano bolchevique de nacionalização pura e simples. Acima de tudo, eles tentaram controlar as detenções em massa de "inimigos de classe"

---

* Kaledinitas era o nome dado aos apoiadores de Aleksei Kaledin, general czarista que apoiou o golpe de Kornílov e declarou guerra aos bolcheviques como autoproclamado ataman do Don (N.R.).

promovidas por Dzerjínski. Sua mais alta nomeação foi a do Comissário do Povo para a Justiça, Isaak Steinberg.

Depois que a Tcheká prendeu políticos de oposição que faziam campanha em apoio à Assembleia Constituinte, Steinberg mandou soltá-los. Na manhã seguinte, 19 de dezembro, Dzerjínski atacou Steinberg numa reunião do Sovnarkom no Smolni. Ele alegou que essa ação havia "humilhado e desmoralizado" a Tcheká. Steinberg foi repreendido por discordar de uma decisão do Sovnarkom e foi informado de que apenas o Sovnarkom podia contradizer uma ordem da Tcheká.

Steinberg lutou bravamente e até pediu que SRs de esquerda fossem nomeados para a Tcheká. Isso foi rejeitado por Dzerjínski, mas o Sovnarkom finalmente permitiu que quatro membros do Partido aderissem à Tcheká, com um deles, Piotr "Víatcheslav" Aleksándrovitch, como vice de Dzerjínski. Para surpresa de Dzerjínski, ambos se tornaram bastante amigos. No entanto, quando os SRs de esquerda finalmente se rebelaram contra os bolcheviques no ano seguinte, Dzerjínski assumiu a responsabilidade de fuzilar Aleksándrovitch ele mesmo, como se fosse um cão favorito seu que de repente tivesse se tornado perigoso.

Dezembro de 1917 também se destacou pela maneira como o foco da nascente guerra civil de repente se voltou para o sul, com o Sovnarkom declarando guerra à Rada ucraniana e com a revolta do ataman Kaledín no Don. Os generais que haviam na última hora fugido do mosteiro--prisão de Bikhov também seguiram para Novotcherkassk, a capital do Don. Korníloy, que orgulhosamente se proclamava um camponês cossaco, dispensou qualquer disfarce. Também se recusou a ir de trem. Inacreditavelmente, partiu em seu cavalo cinza usando uniforme czarista, dragonas, rodeado por sua escolta de cavalaria tekintsi, imediatamente reconhecíveis pelas imensas *papákhas* de pele.

Os outros generais não tiveram escrúpulos em se disfarçar. Lukômski raspou seu exuberante bigode e sua barba imperial e fingiu um sotaque alemão. Romanóvski, apesar da idade, vestiu-se como um suboficial; Márkov passou a desempenhar o papel de um debochado ordenança; e o corpulento general Deníkin, futuro comandante em chefe das forças Brancas no sul, fingia ser um nobre polonês, apesar de viajar de terceira classe.

Com uma jornada de 1.400 quilômetros pela frente, Kornílov e sua cavalaria tekintsi enfrentaram muitas batalhas e emboscadas pelo caminho, numa viagem quase digna da fuga de Xenofonte para o outro lado do mar Negro. Os Guardas Vermelhos, que os enfrentavam sem sucesso, telegrafavam para a guarnição seguinte. Após inúmeras escaramuças, os tekintsi de Kornílov acabaram encontrando um oponente à altura na forma de um trem blindado. O cavalo do general foi morto e os sobreviventes de sua escolta estavam com o moral tão baixo que Kornílov disse a eles que voltassem individualmente para suas casas, além do Cáspio. E ele não teve escolha a não ser seguir o exemplo de seus colegas e tomar vários trens até Novotcherkassk, disfarçado de camponês. Foi o último dos prisioneiros de Bikhov a chegar à capital do Don.

Outro viajante pela região dirigia-se a um lugar bem além de Novotcherkassk. Víktor Chklóvski, o comissário de Kornílov no Oitavo Exército, havia sido enviado ao Front Transcaucasiano na Pérsia para supervisionar sua retirada e desmobilização. "Perto de Baku", escreveu, "eu vi o mar Cáspio, de um verde profundo diferente de qualquer outro mar. E camelos andavam em volta em seu passo tranquilo."

Ele seguiu adiante até Tiflis (Tibilisi). "Cheguei a Tiflis. Bela cidade, uma espécie de Moscou dos pobres. Havia tiroteio pelas ruas; soldados georgianos, num louco entusiasmo, atiravam para o ar. Eles não podiam não atirar – [era esse] o caráter nacional. Passei uma noite com os Futuristas georgianos. Jovens amáveis, com mais saudade de Moscou que 'As Irmãs' de Tchékhov." De Tiflis, o trem levou outros dois dias até Tabriz, e dali ele seguiu até o quartel-general do VII Destacamento do Corpo de Cavalaria em Úrmia, em meio a desertos e pântanos salgados.

O corpo e seu pessoal de apoio totalizavam cerca de 60 mil homens, que não recebiam rações havia algum tempo. Em vez disso, apossavam-se de todos os carneiros e grãos de que necessitavam, o que condenava os moradores da região a ficar sem comer. Um terço da população da Pérsia morreu de fome e doenças durante a Primeira Guerra Mundial, uma porcentagem mais alta que a de qualquer outro país mesmo na Segunda Guerra Mundial.

Chklóvski ficou horrorizado ao saber o que dez anos de ocupação russa haviam feito com a região, que incluía parte do Curdistão e parte do Azerbaijão. A população era ainda mais variada, com persas, armênios, tártaros, curdos, aissores nestorianos (assírios) e judeus. "Nenhuma dessas tribos dava-se bem com as outras desde tempos imemoriais. Quando os russos vieram, isso mudou; ficou pior ainda." Chklóvski viu com os próprios olhos os crimes que seus regimentos cometiam sem qualquer receio de punições disciplinares. Os cossacos do Transbaikal eram os piores. "No comitê do exército, eram chamados de 'perigo amarelo', e não só em razão da cor das listras de suas bombachas. De rosto largo, bem moreno, montavam pôneis que podiam viver literalmente apenas de raízes; os cossacos do Transbaikal eram valentes e cruéis, como os hunos... no entanto, penso que a crueldade dos cossacos do Transbaikal era mais distraída. Um persa me contou: 'Quando eles cortam com seus sabres, provavelmente não têm noção de estarem usando sabres. Acham que estão usando chicotes.'"

O maior ódio e portanto a maior crueldade dos soldados russos era dirigida contra os curdos, que provocavam acidentes de trens e então atacavam os vagões. Uma terrível vingança era perpetrada. "Uns homens que conheci", Chklóvski registrou, "contaram-me que, quando nossos soldados invadiam uma vila, as mulheres cobriam seu rosto, seios e corpo de excrementos, dos joelhos à cintura, para não serem estupradas. Os soldados limpavam-nas com trapos e as estupravam."

"Continuei vendo a mesma coisa na estrada: vilas arrasadas e pessoas mortas. Já vi muitos cadáveres na vida, mas esses me causaram impacto por sua aparência cotidiana. Não haviam sido mortos na guerra. Não; haviam sido mortos como cachorros por alguém que queria testar seu fuzil... No rosto de um dos cadáveres havia um gato sentado, todo arrepiado, desajeitado, roendo as bochechas com sua boca pequena."

A tarefa de Chklóvski de desmobilizar as forças russas na Pérsia para mandá-las para casa era complicada pela recusa dos soldados em entregar suas armas. Haviam descoberto o que podiam conseguir com elas numa cultura de total desumanidade em relação às mulheres. "Um fuzil – especialmente um russo – é um tesouro no Leste", explicou Chklóvski, chocado. "No início da nossa retirada, os persas davam dois ou 3 mil rublos por um fuzil; por um cartucho, pagavam três rublos no bazar... Em termos comparativos, considere o preço das mulheres sequestradas da Pérsia e do Cáucaso por nossos soldados. Em Teodósia, por exemplo, uma mulher custava quinze rublos, usada, e quarenta rublos, virgem, e se tornava sua para sempre. Então, por que não vender um fuzil?" Górki também descreveu esse bárbaro comércio escravo. Segundo ele, em Teodósia as mulheres transcaucasianas eram vendidas por apenas 25 rublos cada.

A corrupção nos círculos militares chegou a estender-se à frota russa no Cáspio, que era necessária para a retirada. Um oficial bolchevique chamado Khátchikov, por meio de várias intrigas, ganhou apoio suficiente entre os colegas para se tornar o comandante. Arranjou, então, um jeito de tomar os navios de propriedade da ferrovia junto com os navios militares, e começou a comercializar frutas secas. Chklóvski soube mais tarde por meio do comissário da Frota do Báltico que "Khátchikov acabou ajudando a entregar nossa frota do Cáspio aos ingleses".

Era considerável o interesse britânico na região, em razão dos campos de petróleo de Baku e de suas próprias forças na Pérsia e no front mesopotâmico contra a Turquia. Agora, a retirada dos exércitos russos do general Nikolai Iudénitch dessa área criava uma ameaça estratégica. As divisões britânicas e indianas que enfrentavam os turcos viram seu flanco direito ao norte exposto. Os exércitos turcos, não mais bloqueados pelos 200 mil russos de Iudénitch, podiam avançar pelo sul do Cáspio até a Ásia Central e atacá-los pelo flanco, talvez com isso ameaçando também a Índia britânica.

Sem consultar o quartel-general em Bagdá nem o Departamento de Guerra em Londres ou o quartel-general do Exército Indiano em Shimla, concordaram em mobilizar três forças especiais para treinar e comandar recrutas da região a fim de conter o avanço turco. Mas para conseguir isso, teriam de juntar armênios, azerbaijanos, assírios, curdos, georgianos, turcomenos e russos, que se odiavam. A força do major-general Lionel Dunsterville avançaria de Basra cruzando o leste da Pérsia até Anzali e depois ocuparia Baku na margem ocidental do Cáspio. A força do major-general Wilfred Malleson deveria ocupar o lado leste do Cáspio, especialmente a Ferrovia da Ásia Central até Bucara e Samarcanda, a fim de proteger a cidade persa de Mexed. E a força do major-general Macartney, a menor das três, seguiria até a própria Tachkent, no interior da Ásia Central russa.

Lionel Dunsterville, apesar de parecer o típico major-general inglês da época, com seu bigode militar obrigatório,* era muito mais original do que a maioria de seus contemporâneos. Colega de escola de Rudyard Kipling e também a inspiração para o personagem "Stalky" de Kipling, Dunsterville era um tipo aventureiro e um bom linguista. Ele insistiu em recrutar o maior número possível de oficiais e suboficiais australianos, neozelandeses, sul-africanos e canadenses, por achá-los bem mais autoconfiantes e enérgicos do que os oficiais regulares do Exército Britânico. Infelizmente, o processo de selecioná-los e extraí-los do Front Ocidental, e depois seu transporte de Londres para Basra, demorou bem mais que o previsto. O general Dunsterville e seus homens só conseguiriam chegar a Baku no início do verão de 1918. Ali, como parte de uma aliança muito improvável de bolcheviques, cossacos e armênios que haviam escapado dos massacres turcos, Dunsterforce iria lutar para defender a cidade de uma formação otomana numericamente muito superior.

* De 1860 a 1916, o uso do bigode foi obrigatório no Exército Britânico (N.R.).

PARTE DOIS

1918

11

QUEBRANDO PADRÕES

Janeiro-fevereiro de 1918

Lênin se tornou cada vez mais inquieto nos primeiros dias do novo ano. Acabara de sobreviver ao primeiro atentado contra a sua vida em 1º de janeiro, quando dois assassinos dispararam tiros de revólver contra sua limusine. No entanto, sua maior preocupação agora era como sabotar a Assembleia Constituinte, que iniciaria seus trabalhos em 5 de janeiro. Proibi-la antes de que se reunisse parecia ser um risco excessivo. Ele ainda estava incerto sobre como lidar com o evento inaugural no Palácio Tauride, que fora totalmente redecorado em vermelho e marrom para a ocasião. Lênin pedia sugestões incessantemente, o que não era habitual, e então Urítski e Serguêi Gússiev apresentaram suas ideias para impedir a sessão inaugural. A primeira reação dele foi descartá-las, irritado, mas depois acabou aceitando o que haviam sugerido.

Embora estivesse muito frio, com neve alta acumulada em volta das ruas, 5 de janeiro se mostrou um belo dia. O céu estava limpo, pois as fábricas estavam todas paradas por falta de combustível. Patrulhas de Guardas Vermelhos e marinheiros da Frota do Báltico, armados de espadas e fuzis com baionetas, preparavam-se para impedir quaisquer manifestações de apoio à Assembleia Constituinte. "Qualquer um que estivesse lá naquele dia... nunca esquecerá", escreveu o delegado socialista-revolucionário Vladímir Zienzínov. "Para começar, a cidade havia virado um acampamento militar." O corpo de fuzileiros letões que guardava o Smolni foi reforçado para o caso de um ataque, mas os soldados da guarnição não foram utilizados, pois a grande maioria apoiava a Assembleia Constituinte. Apenas Guardas Vermelhos e marinheiros foram posicionados para impedir quaisquer manifestações. O slogan "Todo o poder à Assembleia Constituinte" havia sido declarado contrarrevolucionário pelo Sovnarkom.

Houve confrontos na avenida Liteni. O escritor e jornalista Arthur Ransome estimou que cerca de quinze pessoas haviam sido mortas ali, com mais uma centena de feridos. Um dos mortos era um delegado eleito. Górki, ultrajado, comparou as mortes às promovidas pelos soldados czaristas que abriram fogo contra a marcha do Padre Gapon em 1905. O Palácio Tauride foi cercado por barricadas, e na sua entrada metralhadoras e duas peças de artilharia intimidavam os membros antes mesmo que entrassem. Um ou dois jornalistas estrangeiros, entre eles Ransome, não conseguiam entender por que os quinze kadetes eleitos não haviam aparecido. Não passou pela cabeça deles que estavam todos presos, junto de alguns poucos SRs de direita.

Uma jovem bolchevique descreveu sua participação no plano de Gússiev. "Gússiev reuniu jovens como eu – secretários, datilógrafos, mensageiros e faxineiros – e nos deu apitos e matracas. Ele instalou-nos no balcão diplomático do Palácio Tauride e sentou embaixo, atrás da cortina. Quando os deputados começaram a chegar, foram recebidos por marinheiros. Esses homens de jaquetas azuis estavam todos armados e tinham cintos de metralhadora em volta do corpo. Substituindo os porteiros, eles iam recebendo a todos. Os delegados foram então para a recepção, e de novo eram marinheiros que se ofereciam para tirar seus casacos. Então, os delegados entraram no salão vestidos com os casacos, já assustados. Sentaram-se e ficaram olhando em volta."

Lênin sentou-se em um dos lados da tribuna do orador, sua cabeça calva visível a todos. Ele não tinha a intenção de participar. Havia designado Svierdlóv para falar em seu nome e para abrir os trabalhos pedindo que a Assembleia reconhecesse o Soviete de Toda a Rússia como o poder supremo. Todos os bolcheviques presentes, bem como os marinheiros e os Guardas Vermelhos, aplaudiram e deram vivas, enquanto os SRs de direita permaneceram num silêncio pétreo. Mas mesmo eles não conseguiram evitar ficar em pé e se juntar ao canto da "Internacional".

Após uma espera interminável pela contagem dos votos, o líder dos SRs de direita, Tchernóv, foi eleito presidente da Assembleia

Constituinte. A essa altura, já era quase meia-noite. Lênin espreguiçou-se conspicuamente, fingindo estar sonolento. A fala de Tchernóv foi supercautelosa e muito longa, e ele evitou cuidadosamente qualquer menção à insistência de Svierdlóv na primazia do Soviete de Toda a Rússia sobre a Assembleia Constituinte. Foi seguido pelo líder menchevique Tseretiéli, que mais uma vez foi o orador mais impressionante de todos.

Gússiev deu o sinal. As pessoas que ele havia recrutado, assim como os marinheiros, começaram a criar um pandemônio. "A sessão da noite", escreveu Zienzínov, "foi conduzida numa atmosfera insuportável. Nós, os deputados, fomos rodeados por uma multidão ensandecida." O bando de Gússiev instalado na galeria começou a "assoviar, tocar matracas e gritar. Berravam aos delegados: 'Quanto a Antanta está pagando a vocês?'* ou 'Chega de guerra!'". Tchernóv, na tentativa de aquietá-los, gritou de volta: "Camaradas do balcão diplomático! Se não pararem com o barulho, vou mandar tirá-los daqui!". Eles simplesmente riram dele. "A quem ele daria a ordem? Aos marinheiros?"

Um dos deputados bolcheviques anunciou que a Assembleia Constituinte, ao se recusar a reconhecer a supremacia do Soviete de Toda a Rússia, mostrava ser uma organização contrarrevolucionária. Esse era o sinal para que todos os bolcheviques abandonassem a sala. Foram acompanhados pelos socialistas-revolucionários de esquerda. Marinheiros começaram a bocejar ostensivamente, depois cercaram os deputados, com os fuzis erguidos, xingando-os de contrarrevolucionários. Um deputado apressadamente apresentou uma moção para que eles adiassem os trabalhos para as cinco da tarde. Foi aprovada e eles saíram em fila do Palácio Tauride. A Assembleia Constituinte estava encerrada. O que Lênin chamava com desdém de "democracia burguesa" não tivera a permissão de durar nem doze horas, e isso significou a morte da *intelligentsia* liberal e socialista. Aqueles homens de mente aberta nunca tiveram uma chance contra a implacável obstinação dos bolcheviques.

Mais tarde naquele dia, 6 de janeiro, ministros do Governo Provisório foram transferidos para a Fortaleza de Pedro e Paulo. Dois dos deputados kadetes que já estavam ali, Chingáriov e Kokôchkin, foram transferidos para o departamento prisional do Hospital Marinski, pois

---

* "Antanta" era como os russos chamavam a Tríplice Entente dos Aliados.

estavam doentes. Na noite seguinte chegaram dez marinheiros e, ao que parece, gritaram: "Vamos passá-los na faca e liberar mais duas rações de pão!". Mais tarde, alegaram estar vingando a repressão que se seguiu à revolta de 1905.

Como na guerra, a sorte podia virar em questão de segundos. Entre os membros presos da Assembleia Constituinte estava Vladímir Dmítrievitch Nabókov, secretário-executivo do Conselho de Ministros do Governo Provisório e o advogado responsável por redigir a declaração de abdicação do Grão-Duque Mikhail. Naqueles tempos caóticos, a Guarda Vermelha que escoltava Nabókov deixou-o por um momento num corredor e ele conseguiu fugir para a rua por uma porta não trancada. O elegante Nabókov conseguiu organizar tudo num espaço de tempo muito curto. Suas roupas foram colocadas em malas por seu valete Osip, enquanto a cozinheira da família preparava sanduíches de caviar. Nabókov já havia despachado a família para a Crimeia, incluindo seu filho mais velho, o escritor, a fim de evitar que os rapazes fossem convocados para a Guarda Vermelha. Ele foi juntar-se a eles de trem.

Em 8 de janeiro, os bolcheviques, depois de terem protestado com veemência contra a introdução da pena capital por Keriénski no verão, insistiram na pena de morte para os agitadores contrarrevolucionários e para quaisquer burgueses que resistissem ou evitassem o trabalho compulsório. Os pretextos para as execuções logo passaram a incluir a colagem não autorizada de cartazes, o não pagamento de impostos, o desrespeito ao toque de recolher e a resistência à prisão por alguns comerciantes. Segundo a tática bolchevique, a raiva proletária era tão intensa que eles não conseguiam resistir às demandas por "justiça popular".

No mês seguinte, Lênin garantiu à Tcheká o direito de torturar e matar sem julgamento ou qualquer supervisão judicial. Com uma montanha de casos, era mais rápido e fácil para os tchekistas condenar cada prisioneiro à morte em vez de investigar. Mas nem mesmo as longas horas de trabalho desencorajavam aqueles que se candidatavam a trabalhar nela, atraídos pelo ilimitado poder de torturar e matar. Em dois anos, Dzerjínski tinha 20 mil homens e mulheres sob seu comando.

Aqueles que queriam escapar da fome e do medo de serem presos em Petrogrado, e que esperavam encontrar uma vida mais fácil nas províncias distantes, podiam acabar profundamente desapontados. Ao chegarem por fim a Saratov, os membros da família Borel descobriram que o comitê revolucionário local estava impondo pesadas multas ou "contribuições" à burguesia. O não pagamento significava que eles todos podiam terminar detidos pela Tcheká local.

"Eles estavam inventando todo tipo de tortura e execuções. Centenas de pessoas eram presas todo dia em Saratov, que não era uma cidade grande na época. As cadeias da cidade estavam superlotadas, então vários edifícios particulares foram requisitados e também convertidos em prisões. Os métodos que eles utilizavam para torturar só podiam ser comparados a expedientes medievais. Eles puxavam 'luvas' das mãos das pessoas, isto é, arrancavam as peles das mãos depois de mergulhá-las em água fervente; faziam cintos com a pele tirada das costas das pessoas, quebravam ossos e torturavam com fogo. Uma balsa com um grande vazamento ficava ancorada no meio do Volga, especialmente para os *burjúis*. Os condenados eram levados ali e deixados sem comida. Tinham que ficar pondo a água para fora com baldes, mas não conseguiam sobreviver além de poucos dias. Alguns enlouqueciam e se suicidavam, e outros resistiam, mas, conforme iam perdendo as forças, a balsa afundava cada vez mais e finalmente submergia com várias centenas de pessoas a bordo." Essas balsas que afundavam – as *noyades* da Revolução Francesa – foram copiadas em vários lugares. Os marinheiros de Kronstadt amarravam as vítimas com arame farpado antes de afundar suas balsas-prisão. Os corpos mais tarde acabavam aparecendo nas praias finlandesas.

Não havia praticamente nenhum controle sobre a aplicação do Terror Vermelho pelos marinheiros, tanto os da Frota do Báltico quanto os da Frota do Mar Negro. Reunidos em destacamentos antiespeculadores, posicionavam-se em estações de trem para confiscar aleatoriamente quaisquer artigos. E não havia como recorrer. Um homem cujos bens haviam sido apreendidos descreveu o chefe de um desses grupos: "um marinheiro com os malares saltados, uma Mauser no cinto e um brinco de estanho na orelha. Ele estava comendo peixe salgado com uma colher de madeira, como se fosse um mingau, e não mostrava nenhuma disposição para conversar". A tarefa favorita deles era detectar *burjúis* disfarçados e vingar-se. Um grupo que revistava um trem prendeu o general

Abaliéchev, que dificilmente conseguiria se passar por um trabalhador. Ele foi forçado a abrir sua mala. Bem em cima estava sua ombreira com a insígnia czarista. Fuzilaram-no ali mesmo, junto aos trilhos.

Essa vingança de classe indiscriminada era a missão de muitos marinheiros. Em meados de janeiro, bolcheviques da Frota do Mar Negro participaram dos confusos combates em Odessa contra cadetes *junkers*, oficiais e nacionalistas ucranianos. Estima-se que só em Odessa houvesse 11 mil oficiais desempregados. "Um oficial acaba de passar sendo levado preso", Ielêna Lakier registrou em seu diário. "Era alto e bem jovem. Coitado. Será que o estão levando para o *Álmaz*, um cruzador ancorado no porto? Eles levam os oficiais ali, torturam-nos e então atiram seus corpos ao mar." No dia seguinte, quando o apartamento deles foi revistado por marinheiros, um deles investigou as camas e armários, cutucando-as com sua espada. Ele gabou-se para Ielêna Lakier: "Peguei essa espada de um oficial no monte Tchumnaia, e depois dei cabo dele".

"Não sentiu pena de tê-lo matado? Afinal, era um compatriota russo!" "E quem é que vai ter pena de matar um contrarrevolucionário? Nós 'demos banho' num monte deles do *Álmaz*."

Ecos das atrocidades no sul logo chegaram a Moscou. Um amigo do escritor Ivan Búnin que acabara de voltar de Simferopol na Crimeia reportou o "indescritível horror" que estava tendo lugar ali. "Soldados e trabalhadores estão 'andando com sangue até os joelhos'. Um velho coronel foi queimado vivo na fornalha de uma locomotiva." Em 14 de janeiro, marinheiros bolcheviques da Frota do Mar Negro mataram cerca de trezentas vítimas em Eupatoria atirando-as ao mar do navio a vapor *Románia*, depois de terem quebrado seus braços e pernas. "O mais alto oficial, que havia sido ferido, foi pego e atirado de cabeça na fornalha do navio. No cargueiro *Truevor*, os oficiais foram trazidos do porão um por um, e seus corpos foram mutilados enquanto ainda estavam vivos, antes de serem atirados ao mar." Eventos similares aconteceram em Teodósia e Sebastopol. Em Ialta, eles atiravam em *burjúis* do cais onde o conto mais famoso de Tchékhov, "A dama do cachorrinho", é ambientado.

Em Petrogrado e Moscou, as buscas em apartamentos por armas ou oficiais logo se tornaram saques oficialmente sancionados. Em Petrogrado, o líder tchekista Péters afirmou que, quando convocou voluntários para realizar buscas em casas da burguesia, "até 20 mil trabalhadores, marinheiros e soldados do Exército Vermelho participaram". Guardas Vermelhos, marinheiros e soldados não hesitavam em parar na rua cidadãos bem-vestidos e requisitar-lhes as roupas. Homens com colarinhos engomados e mulheres vestindo chapéus eram automaticamente definidos como *burjúi*. Em todas as principais cidades ficou perigoso até mesmo usar óculos na rua, se você não quisesse ser insultado e roubado por acharem que era burguês. "Todos tratavam as pessoas de óculos com suspeitas naqueles tempos de violência", escreveu Paustóvski em Moscou. Membros de famílias de classe média costumavam sair à rua vestindo roupas velhas, na tentativa de esconder suas origens, com o *papa de famille* deixando a barba crescer para parecer um camponês. Ladrões, muitos deles soldados desmobilizados, tornavam extremamente perigoso sair à noite. Até mesmo Urítski, o chefe da Tcheká de Petrogrado, teve suas roupas roubadas sob a mira de um revólver.

As autoridades bolcheviques ordenaram o confisco do vinho. Às vezes destacamentos inteiros de soldados invadiam casas à procura de adegas. Assim que descobriam alguma bebida alcoólica, eles não perdiam tempo e ficavam totalmente embriagados. Eventualmente era necessário chamar os bombeiros, que então usavam água fria para acordá-los ou fazê-los parar de brigar entre si. Para tentar controlar o tumulto ocasionado pela bebedeira, eles destruíam as garrafas restantes.

De início, os oficiais, apesar de não receberem soldo, tinham permissão para entrar na fila da comida nas cantinas militares. Elas ofereciam uma sopa com cabeça e ossos de arenque, ou um cozido de carne de cavalo com batatas apodrecidas pela geada. Mas até mesmo esse privilégio foi retirado. Alguns oficiais foram obrigados a trabalhar como carregadores em estações de trem, porque estavam impedidos de assumir qualquer cargo no governo. Depois, o regime bolchevique soube que Borís Sávinkov estava montando uma organização clandestina. Na suposição de que a grande maioria dos oficiais fosse hostil, os bolcheviques decidiram lidar com eles numa operação dupla. Os oficiais receberam ordens de se registrar na Tcheká local sob pena de execução caso não o fizessem, mas assim que se apresentavam eram presos. As prisões ficaram superlotadas, e então alguns foram executados. Foi estabelecido então, distrito por distrito, um registro de prédios e inquilinos, porteiros e zeladores.

Em seguida, cada quarteirão era cercado por Guardas Vermelhos para que os tchekistas pudessem entrar, revistar e prender todos os oficiais e suspeitos de serem *burjúis*. "Era comum ouvir sinistras salvas de tiros da Fortaleza de Pedro e Paulo", escreveu um advogado que planejava fugir. "Os habitantes da capital temiam o dia de amanhã. A fome vinha se aproximando, junto com a Morte, com sua longa foice."

A catástrofe econômica levou cerca de 30 mil prostitutas a trabalhar nas ruas, das quais entre um terço e metade provinha de famílias respeitáveis. A anarquista americana Emma Goldman ficou chocada ao ver várias jovens de boa criação circulando pela avenida Niévski "vendendo-se em troca de um filão de pão ou de uma barra de sabão ou de chocolate". Outras se juntavam ao harém de jovens comissários, que promoviam orgias de cocaína nos grandes palacetes dourados de São Petersburgo, onde imensos ursos empalhados no saguão, segurando bandejas para cartões de visita, contrastavam com a mobília Luís XVI.

Diferentemente das amadoras relutantes, as prostitutas profissionais eram instantaneamente reconhecidas por seus modos triunfantes e "revolucionários". Em Odessa, em 22 de janeiro, Ielêna Lakier escreveu: "Em pleno centro da cidade, três prostitutas caminham à minha frente, com pesada maquiagem, temíveis e descaradas. Uma senhora bem-vestida, jovem e muito atraente, vinha na direção delas vestindo um casaco de pele de foca. Uma das prostitutas deu-lhe um tapa na cara. As três seguiram adiante, rindo no limite de suas vozes".

O termo bolchevique "ex-pessoas",* usado para descrever as agora despossuídas classes média e alta, era uma versão desumanizada do *ci-devant*** usado durante a Revolução Francesa. Quase todos haviam tido que vender ou trocar suas posses em brechós, não importava o que fosse, de joias e medalhas czaristas a uniformes de gala, por uma minúscula fração de seu valor, simplesmente para poder comprar comida. Em Moscou, Ivan Búnin observou: "Na Tverskaia, um pobre velho general

---

* O termo "ex-pessoas", Бывшие люди, tem sua origem no conto de Górki traduzido para o português como "Os ex-homens", em que essa expressão é empregada para se referir aos marginalizados da sociedade russa czarista (N.R.).

** "*Ci-devant*" significa "de antes", "ex", e era utilizado durante a Revolução Francesa para se referir aos membros da nobreza abolida, agora reduzidos a meros cidadãos (N.R.).

Mulheres das "classes de antes" vendem seus últimos pertences nas ruas de Moscou.

com óculos de armação de prata e um gorro de pele preto estava vendendo algo. Ficava ali parado em pé, humilde como um mendigo". Várias famílias aristocráticas haviam tido a sorte de serem salvas por criados que contrabandeavam para eles comida trazida de suas propriedades no campo, ou por um ex-chef de cozinha a quem havia sido oferecido trabalho num refeitório público. Chá, um produto vital para os russos, era impossível de obter, então as pessoas recorriam a raspas de cenoura. Mesmo aqueles que tinham conseguido retirar algum dinheiro do banco antes de ele ser nacionalizado precisavam entrar em filas infindáveis, junto com o restante da população. Na primavera, a ração de um trabalhador fornecia pouco mais de trezentas calorias por dia. Petrogrado estava literalmente passando fome.

Poucos conseguiam escapar de serem escolhidos para trabalhos forçados quando apontados pelo todo-poderoso representante do prédio, que costumava ser um antigo porteiro ou *concierge*. Eles "recebiam uma pá ou enxada e seus nomes eram chamados em voz alta no início ou final do turno". A visão deles nas ruas, removendo desajeitadamente neve e gelo ou lixo, era uma humilhação que os Guardas Vermelhos que os escoltavam se compraziam em ver, assim como outros espectadores. Para a antiga pequena nobreza, isso era um vislumbre do futuro que teriam sob a luta de classes leninista, assim como a perda de privacidade em suas próprias casas. A política bolchevique de alojar famílias pobres em apartamentos nas áreas residenciais nobres não era simplesmente uma maneira de dividir a habitação de modo mais justo. Era também uma forma popular de vingança e um jeito de introduzir olhos e ouvidos entre o inimigo *burjúi*.

Muitos membros da aristocracia e da burguesia em Petrogrado haviam continuado na cidade acreditando que o regime bolchevique estava fadado a cair em meio à anarquia que havia incentivado. Mas o fechamento da Assembleia Constituinte, e especialmente o brutal assassinato dos dois membros do Partido Kadete em seus leitos de hospital logo em seguida, convenceram muitos de que precisavam fugir. Aqueles que haviam ido embora no começo, pouco antes ou logo após o golpe bolchevique de outubro, tiveram a opção de fazer a viagem mais fácil até a Finlândia, indo depois para a Suécia, ou talvez para Berlim ou Paris, quando a guerra no oeste terminou. Mas a maioria daqueles que fugiam de Petrogrado e Moscou sem conhecer muito bem a situação no sul tinha a esperança de sobreviver ali, na Crimeia, ou em Kiev, ou em Novotcherkassk. Difundira-se a notícia de que um "Exército de Voluntários" estava sendo reunido no Don sob os generais Kornílov e Alekséiev. Eles tentavam convencer-se de que, com aquele exército, a Rússia anárquica talvez pudesse ser salva de si mesma.

Os bolcheviques estavam cientes dos perigos que correriam se falhassem em manter a Ucrânia e o sul da Rússia. Antónov-Ovsiénko foi nomeado comandante de um recém-criado Front Sul. Tinha sua base em Kharkov, junto de uma rapidamente fabricada "República Popular da Ucrânia", pronta para tomar o lugar da Rada. Embora Antónov pretendesse concentrar-se em lutar contra o general Kaledín, ele enviou uma força com unidades da Guarda Vermelha reforçada por marinheiros da Frota do Báltico e por alguns recrutas de infantaria do velho exército para avançar sobre Kiev. Eram comandados por um socialista-revolucionário de esquerda e oficial de carreira, o tenente-coronel Mikhail

Muráviov. Ele primeiro tomou Poltava, onde executou todos os oficiais e cadetes *junkers* capturados. Depois avançou sobre Kiev, derrotando no caminho uma pequena força ucraniana de pouco mais de quinhentos homens em Kruti.

Os russos em Kiev não esperavam que as forças ucranianas oferecessem muita resistência. Deliberadamente ignorando a verdadeira cultura e história ucranianas, eles haviam adotado o patriotismo ucraniano quase como uma piada. O general Conde Dmítri Heiden escreveu: "O mesmo circo continuou até os menores detalhes. Eles vestiram o exército com uns uniformes fantásticos. Para o primeiro desfile que Gruchévski organizou na praça Sofia, pegaram alguns trajes do Teatro Ucraniano, que já haviam sido usados na representação de uma peça histórica chamada 'Cossacos Zaporozianos no Danúbio'". O escritor Ivan Najívin ficou ao mesmo tempo espantado e irritado com "a opereta histórica com trajes requintados que o Professor Gruchévski, o escritor Vinnitchênko e os agentes austríacos estavam tentando encenar aqui. Era possível ver um cossaco zaporoziano saído diretamente de um livro de Gógol, ou um bravo guerreiro com uma mecha em seu escalpo que ele acabara de deixar crescer. Todos estavam se divertindo".

Em 15 de janeiro, os chamados 1º e 2º Exércitos Revolucionários de Muráviov, totalizando apenas 4 mil homens, chegaram à margem leste do Dniepre e começaram a bombardear a cidade por dez dias. Muráviov, em uma mensagem para Lênin, gabava-se de ter destruído palácios e igrejas, e especialmente a casa do próprio Gruchévski. A resistência ucraniana ficou reduzida a um pequeno bolsão. Na manhã de 27 de janeiro, o ministro da Guerra da República Ucraniana jurou que "a situação de Kiev é estável e não há o que temer", enquanto a Rada Central liderada por Gruchévski fugia para oeste até Jitomir.

Oficiais russos em Kiev haviam se recusado a tomar parte nos combates. Por mais que eles odiassem os Vermelhos, não iriam lutar sob a bandeira amarela e azul da Ucrânia pelo fato de a Rada ser pró-Alemanha. Essa neutralidade, no entanto, não os poupou. Os Guardas Vermelhos de Muráviov "começaram a arrastar os infelizes oficiais dos hotéis e apartamentos", escreveu uma testemunha ocular, "literalmente para a morte no 'quartel-general de Dukhônin', que era o apelido irônico dado ao parque Marinski. Este era o local favorito para as execuções".

Nos intervalos das execuções, os Guardas Vermelhos de Muráviov embarcavam em uma onda de roubos, sob as bênçãos do slogan de Lênin de "saquear os saqueadores", e isso, com demasiada frequência, descambava para assassinatos e estupros. Havia ricos itens a serem pilhados, já que os refugiados ali eram tão numerosos como em Petrogrado e Moscou. O geógrafo Nikolai Mogiliânski descreveu a dupla que roubou seu apartamento. Um deles era um rapaz sério e bem-comportado, claramente sob as ordens de um homem mais velho, um Guarda Vermelho das fábricas Putilov em Petrogrado, que se gabava de suas execuções. "Cartucheiras de metralhadora pendiam cruzadas sobre seu peito, e ele se mostrava cheio de ódio e espírito de vingança. Jorravam ameaças de sua boca, que fedia a álcool. 'Ah, vou encontrar todos eles, conheço-os bem, esses oficiais contrarrevolucionários', dizia, erguendo seu revólver e apontando-o para uma vítima imaginária."

"Execuções em massa eram conduzidas de maneira extremamente brutal", relatou um alto membro da Sociedade Geográfica Russa. "As vítimas, que tinham que se desnudar antes da execução, eram mortas com um tiro na parte de trás da cabeça, ou então a golpes de baioneta, isso sem falar das torturas prévias. A maioria das execuções tinha lugar na praça diante do palácio onde ficava o quartel-general, assim como no parque Marinski atrás dele... A visão era horrível. Havia corpos nus espalhados pela praça e pelos caminhos do parque; e cachorros vagando entre eles. Por toda parte havia sangue sobre a neve. Muitos jaziam com o 'tíquete vermelho'* preso na boca, e vários cadáveres tinham os dedos dobrados para fazer o sinal da cruz." Segundo a Cruz Vermelha Ucraniana, das 5 mil vítimas mortas pelos homens de Muráviov, dois terços eram oficiais.

O general Heiden, que conseguiu escapar do massacre, escreveu que "A sala de anatomia da universidade ficou lotada de cadáveres de oficiais mortos, empilhados como troncos. As pessoas encontravam seus parentes e furtivamente levavam os corpos para o cemitério. Daqueles que conhecia pessoalmente, o general Víktor Ivánovitch e seu filho foram mortos, e também o general Guslévski, para quem suas filhas

---

* O "tíquete vermelho" era um certificado emitido pela República Ucraniana para indicar a cidadania ucraniana e, portanto, a adesão à Rada (N.R.).

conseguiram o perdão do comandante Muráviov, porém tarde demais; e o jovem coronel Domôntovitch e o general Ridaévski, de oitenta anos, aposentado, que foi tirado de seu apartamento e fuzilado na rua".

A população inteira de Kiev estava aterrorizada. "À noite é escuro, ermo e aterrador", um cidadão escreveu. "Os soldados ficam vagando por toda parte, desalinhados, cantando alto suas canções. Muito de vez em quando, uma patrulha armada passa. Ouvem-se tiros de fuzil aqui e ali, ou rajadas curtas de metralhadora. Civis assustados ficam em casa, ouvindo, em grande tensão."

12

BREST-LITOVSK

Dezembro de 1917-março de 1918

Depois da primeira tentativa de Lênin de abordar os alemães em novembro para solicitar um armistício, as convenções da diplomacia tradicional foram logo viradas pelo avesso. A delegação do Soviete que foi enviada à cidadela de Brest-Litovsk, o quartel-general alemão no leste, conhecido como *Ober Ost*, era, para dizer o mínimo, incomum.

O grupo incluía um soldado comum, que observava tudo de olhos arregalados e mal abria a boca; um marinheiro de convés inferior da Frota do Báltico; um jovem trabalhador, animado e autoconfiante, chamado Obúkhov; e Anastásia Bitsênko, uma ex-terrorista dos socialistas-revolucionários de esquerda que em 1905 assassinara um general czarista. Os líderes que negociariam com os oficiais prussianos eram três judeus: Adolf Ióffe, um sofisticado intelectual revolucionário: Liév Kámeniev, cunhado de Trótski; e Grigóri Sokólnikov, que viajara com Lênin naquele "trem lacrado" que veio da Suíça.

Quando estavam a caminho da Estação Varsóvia, Ióffe e Kámeniev de repente se deram conta de que haviam esquecido de incluir um camponês na delegação. Pararam seu automóvel expropriado numa esquina e colocaram a bordo um homem idoso meio maltrapilho, chamado Román Stáchkov. Ele disse que se dirigia à estação, então ofereceram-lhe carona. Como Stáchkov precisava a toda hora se corrigir ao se dirigir a eles chamando-os de *bárin* (mestre) e não de *továrisch* (camarada), Ióffe achou melhor perguntarem a ele quais eram suas simpatias políticas.

Stáchkov respondeu que era um socialista-revolucionário, como todos os demais na sua aldeia.

"De esquerda ou de direita?"

Stáchkov fez uma pausa para certificar-se de qual seria a resposta correta. "De esquerda, camaradas, é claro. Um verdadeiro esquerdista." Stáchkov ficou apreensivo ao descobrir que eles não estavam indo para a Estação Nikolaevsky, que era aonde ele precisava ir para voltar para casa. No entanto, depois de ser persuadido por numerosos incentivos a acompanhá-los até Brest-Litovsk a fim de selar a paz, ele se acomodou para apreciar aquele estranho golpe do destino.

Os bolcheviques haviam feito uma aposta arriscada ao demolirem os restos do exército czarista, mesmo com o país ainda em guerra com as Potências Centrais. Lênin, porém, estava ciente de que só poderia vencer a batalha política pondo um fim aos combates. Agora, para conseguirem um espaço para respirar e consolidar o poder bolchevique, eles precisavam manter essa promessa. A estratégia bolchevique também se baseava na crença fervorosa de que um levante em toda a Europa iria se seguir imediatamente à sua revolução e à declaração de paz.

Lênin e Trótski haviam conclamado os governos da França e da Grã-Bretanha a se juntarem a eles nas negociações com a Alemanha para pôr um fim à guerra. Previsivelmente, tal proposta foi recebida com um silêncio pétreo. Lênin então publicou um "Decreto de Paz" destinado a um público internacional, esperando que ele causasse constrangimento nos Aliados e produzisse greves e motins na Grã-Bretanha e na França.

Em razão das condições das ferrovias, a delegação russa levou dois dias para chegar a Brest-Litovsk. O comandante em chefe titular do Front Leste era o marechal de campo SAR o Príncipe Leopoldo da Baviera, mas o real poder no quartel-general do *Ober Ost* concentrava-se em seu brilhante chefe do estado-maior, o major-general Max Hoffman, um homem grande, glutão, de pele lisa e *pince-nez*. O líder da delegação alemã era o Barão Richard von Kühlmann, secretário de Estado para Assuntos Exteriores, um homem de grande charme e inteligência. Ele tinha um interesse genuíno numa paz duradoura e era bem mais esclarecido do que os generais de Berlim, obcecados pela vitória.

Mais dias se passaram até a chegada das delegações das outras Potências Centrais, a Áustria-Hungria, a Bulgária e o Império Otomano. Agora que um armistício havia sido acertado, esse hiato pareceu ser uma vantagem para os bolcheviques, que esperavam que a revolução eclodisse por toda a Europa e os salvasse. Eles distribuíram panfletos revolucionários aos soldados alemães ao longo da terra de ninguém, e até mesmo em Brest-Litovsk, o que Hoffman de início achou divertido, mas depois o irritou.

Na noite de 7 de dezembro, o Príncipe Leopoldo ofereceu um jantar aos delegados. Com boas maneiras impecáveis, colocou Ióffe à sua direita, "um judeu recentemente libertado de uma prisão siberiana". Do outro lado de Ióffe sentou-se Ottokar Graf Czernin von und zu Chudenitz, o ministro do Exterior do Imperador Karl. Ióffe, em "tom gentil", confidenciou-lhe: "Espero que consigamos promover a revolução também em seu país". Czernin, bem ciente das condições desesperadoras do Império Austro-Húngaro, comentou em seu diário naquela noite: "Dificilmente precisaremos de qualquer ajuda do bom Ióffe".

O velho camponês Stáchkov, com seu cabelo grisalho desalinhado e a longa barba através da qual enfiava grandes bocados de comida, estava tendo o melhor momento de sua vida. Quando o ordenança alemão perguntou se ele queria vinho tinto ou branco, Stáchkov virou-se para seu vizinho, o Príncipe Ernst von Hohenlohe. "Qual dos dois é mais forte? O tinto ou o branco? Pra mim tanto faz tinto ou branco, só quero saber qual é mais forte." Do outro lado do Príncipe Hohenlohe nesse jantar extraordinário estava Anastásia Bitsênko, a "silenciosa e reservada pequena assassina de cabelo grisalho".

Logo após o início das conversações, Ióffe imaginou ter dado um grande passo. As Potências Centrais pareciam concordar com suas propostas de paz sem anexações, mas em seguida ficou claro que os alemães não tinham intenção de abrir mão de sua ocupação dos Países Bálticos e da Polônia. Eles mencionaram a declaração bolchevique sobre a autodeterminação, confiantes de que a promessa de eleições locais em um momento posterior iria permitir ao Exército Alemão manter suas atuais posições.

Com poucos indícios da antevista revolução na Europa ocidental, Lênin estava agora muito inquieto em relação às perspectivas deles.

Trótski chegou a fazer aberturas mais genuínas aos britânicos e franceses numa tentativa de trazê-los para as negociações. Os bolcheviques precisavam ganhar tempo a qualquer custo, e foi por isso que Lênin escolheu Trótski para assumir as negociações. Trótski chegou a Brest-Litovsk de trem, acompanhado por Karl Radek, o "*goblin* revolucionário de óculos", que anunciou sua chegada lançando apelos insurrecionais pela janela do seu vagão para os perplexos soldados alemães.

Trótski era um orador brilhante, capaz de discutir qualquer questão examinando-a por todos os ângulos possíveis, tanto em alemão quanto em outras línguas. Durante dias, conseguiu envolver Kühlmann em debates teóricos abstratos e filosóficos, como parte de sua tática para ganhar tempo. O plano de longo prazo de Kühlmann era obter as províncias do Báltico, a Polônia e a Ucrânia como estados satélites da Alemanha, sob uma pretensa autodeterminação. Mas então o Comando Supremo, na pessoa dos marechais de campo Paul von Hindenburg e Erich Ludendorff, fez soar suas botas. Eles queriam que a transferência de divisões alemãs para o Front Ocidental fosse acelerada a tempo de utilizá-las em sua ofensiva de primavera, a fim de nocautear os britânicos e franceses antes que os americanos viessem salvá-los. O pobre Conde Czernin, por outro lado, queria apenas conquistar a paz para o cambaleante Império Austro-Húngaro, cujo sofrimento com a fome era ainda pior do que o da Alemanha.

A posição bolchevique ficou ainda mais deteriorada quando uma delegação ucraniana enviada pela Rada apareceu inesperadamente. Naquele momento, a ofensiva de Muráviov sobre Kiev era iminente, e os nacionalistas ucranianos decidiram que sua vida seria melhor sob uma ocupação alemã do que sob o domínio bolchevique de Petrogrado. Foi assinado em 11 de janeiro um "Tratado de Paz entre Ucrânia e as Potências Centrais". Isso significava que a Ucrânia iria se tornar um protetorado alemão, e sua perda era vista como desastrosa pelos bolcheviques. A posição alemã foi imediatamente fortalecida por isso, tanto na negociação quanto em termos de recursos vitais. Um milhão de toneladas de víveres se tornaram imediatamente disponíveis. Isso fortaleceria a posição interna dos governos alemão e austro-húngaro e tornaria uma revolução bem menos provável.

Em 5 de janeiro, no mesmo momento em que os bolcheviques estavam prestes a dissolver a Assembleia Constituinte em Petrogrado, o major-general Hoffmann apresentou o mapa com as futuras fronteiras que o supremo comando alemão exigia. Ele representava uma grande humilhação para a Rússia, com sua evacuação dos Estados Bálticos, da Polônia, Finlândia e Ucrânia. Era um *Diktat* bem mais feroz do que aquele que os próprios alemães seriam obrigados a aceitar mais tarde em Versalhes, para seu prolongado ressentimento. Trótski tentou argumentar que as recém-criadas nações precisavam de um referendo para expressar a vontade de seu povo, o que era um pouco irônico considerando a destruição da democracia planejada para o Palácio Tauride naquela mesma noite.

Trótski voltou a Petrogrado com o mapa que mostrava as fronteiras. Esse foi um grande choque para o Comitê Central. Lênin estava preparado para aceitar praticamente quaisquer termos, por mais humilhantes que fossem, simplesmente para assegurar a sobrevivência do poder bolchevique. Seus oponentes no Comitê Central, liderados por Bukharin, acreditavam que fazer essas concessões minaria qualquer esperança de uma revolução internacional. Defenderam em vez disso uma guerrilha de resistência contra a ocupação alemã, que iria certamente inspirar seus simpatizantes ao longo da Europa a se levantarem em apoio. Os socialistas-revolucionários de esquerda e sua incendiária líder, Maria Spiridónova, também acreditavam nisso, mas eles estavam equivocados.

Lênin, por outro lado, havia suspeitado de que eles não poderiam contar com nenhuma ajuda de fora, pelo menos durante um tempo. Resistir contra a máquina de guerra alemã estava fora de questão. Eles perderiam não só o Báltico, mas também Petrogrado e a maior parte da Rússia central se tentassem resistir. O Comitê Central reuniu-se assim que Trótski voltou. Bukharin e os que defendiam a guerra revolucionária eram a fração majoritária. Trótski, que fora obrigado a reconhecer a força dos argumentos de Lênin, ainda não conseguia abandonar a esperança de uma revolução internacional, então adotou a posição e o slogan inéditos de "Nem guerra, nem paz". Sua tática era voltar a Brest-Litovsk e declarar que a guerra havia acabado, recusar-se a assinar o documento alemão e depois retornar a Petrogrado. Isso, argumentou, faria da Alemanha o flagrante agressor contra um país pacífico.

Lênin sabia que tal desempenho teatral não daria em nada. O dever deles era salvar a única revolução que havia dado certo e mantê-la viva vencendo a guerra civil que haviam iniciado. Na inimitável frase de Lênin: "A burguesia tem que ser sufocada, e para isso precisamos ter as duas mãos livres". Contudo, para impedir o triunfo da maioria de Bukharin, Lênin e seu punhado de apoiadores não tinham escolha a não ser apoiar Trótski e sua fração.

Trótski voltou a Brest-Litovsk em 15 de janeiro e encontrou os alemães com uma disposição muito mais resoluta. Ele contra-argumentou dizendo que a conquista bolchevique de Kiev tornava nulo o tratado com a Rada ucraniana. Os representantes das Potências Centrais rejeitaram isso na hora. As forças deles poderiam varrer os Guardas Vermelhos e marinheiros de Muráviov num instante. O general Hoffmann estava cada vez mais impaciente com o endiabrado Karl Radek, que argumentava que todos os poloneses nos Exércitos Alemão e Austríaco deveriam ter permissão para promover agitação pela independência do seu país. E também ficava o tempo todo inclinando-se para a frente na mesa e soltando baforadas de fumo no rosto de Hoffman. Essas atitudes infantis eram ainda mais inúteis do que a recusa de Trótski de reconhecer o tratado das Potências Centrais com a Rada ucraniana.

Trótski tampouco sabia que, em Petrogrado, alguns bolcheviques exageradamente otimistas haviam começado a fazer transmissões para a Alemanha pela estação de rádio de Tsarskoie Selo. A estação de rádio alemã em Königsberg interceptou mensagens "incitando os soldados alemães a se amotinarem, assassinarem o Imperador Guilherme, os generais do alto-comando e os oficiais de seus próprios regimentos, e a selarem uma paz independente com os bolcheviques". Sentindo-se ultrajado, o Kaiser não estava mais disposto a ouvir os argumentos moderados de Kühlmann. Informado de que sem os regimentos de fuzileiros letões o regime de Lênin entraria em colapso, ele agora apoiava inteiramente a postura linha-dura de Hindenburg e Ludendorff.

Em 9 de fevereiro, o Kaiser ordenou que Kühlmann apresentasse os termos da Alemanha para Trótski como um ultimato, a ser respondido em 24 horas. A ausência de resposta seria entendida como o fim do armistício. O fato de que uma onda de greves havia eclodido tanto em Berlim quanto em Viena fortaleceu a determinação alemã em vez de enfraquecê-la. No dia seguinte, Trótski decidiu jogar o que lhe parecia ser a sua carta curinga, "nem paz, nem guerra". Ele começou fazendo um discurso inflamado contra todos aqueles que se opunham à revolução bolchevique. Em seguida, anunciou que a Rússia declarava que a guerra contra as Potências Centrais estava encerrada, e que ela se recusava a assinar uma paz com anexações.

Os delegados ficaram sentados ali, sem acreditar e sem saber o que dizer, até que Hoffmann explodiu: "Nunca vi nada parecido!". Trótski levou seu grupo para fora da sala, saboreando o efeito de choque daquilo que tinham acabado de fazer. Mas ele estava prestes a descobrir o quanto estava equivocado quando fez sua confiante declaração a Lênin de que "os alemães serão incapazes de nos atacar depois que declararmos que a guerra acabou". Hindenburg e Ludendorff ordenaram a Hoffmann que preparasse os exércitos do *Ober Ost* para avançar.

Trótski e os membros de sua delegação voltaram a Petrogrado e foram recebidos como heróis. No entanto, em 16 de fevereiro, Kühlmann foi obrigado a anunciar que as hostilidades seriam retomadas em dois dias, ao meio-dia. Assim que soube disso, Lênin quis assinar imediatamente os termos alemães, se isso fosse ainda possível, mas Trótski insistiu para esperarem pelo menos até que o *Ober Ost* iniciasse seu avanço, para que pudessem condenar perante o mundo a agressão imperialista alemã. Ainda tinha esperanças de que isso fosse o suficiente para desencadear a revolução na Alemanha. Lênin, muito acertadamente, não se convenceu, mas continuava em minoria.

Pelo dia seguinte inteiro a aviação alemã fez reconhecimentos a leste da linha de cessar-fogo. Em seguida, na manhã de 18 de fevereiro, divisões de infantaria em seu uniforme *Feldgrau* e regimentos montados de *ulanos*, com seus característicos capacetes *czapka* parecendo placas de argamassa em miniatura, com seus pendões esvoaçando das lanças, avançaram para leste a partir da linha de frente, que corria do golfo de Riga no Báltico até o delta do Danúbio no mar Negro. Soldados alemães e austro-húngaros avançaram em direção à Ucrânia. Dvisnk foi a primeira cidade a cair. Bastaram umas poucas horas naquele primeiro dia. As botas alemãs de cano alto ecoaram pelas ruas vazias. O colapso da resistência foi total. Seiscentos cossacos renderam-se a um tenente e seis homens.

No dia seguinte, na cidadela de Brest-Litovsk, Hoffmann recebeu um telegrama de Lênin e Trótski aceitando as condições que haviam recusado anteriormente. Ao reportar isso ao quartel-general supremo, Hoffmann foi instruído por Ludendorff a reagir o mais lentamente possível, para permitir que o avanço prosseguisse. O grande major-general estava apreciando a *Schadenfreude* depois de todos aqueles irritantes jogos e insultos bolcheviques das últimas semanas. "É a guerra mais cômica de que já tive notícia" foi sua famosa declaração. "Nós colocamos um punhado de homens de infantaria com metralhadoras e um revólver num trem e os mandamos para a estação seguinte; eles a tomam, prendem os bolcheviques, aprisionam mais alguns soldados e seguem adiante. Esse procedimento, de todo modo, tem o charme da novidade."

A aceitação formal pelo Sovnarkom das condições da Alemanha foi entregue em Berlim em 21 de fevereiro. No entanto, dois dias mais tarde, enquanto o Exército Alemão marchava pela costa do Báltico em direção a Petrogrado e avançava pela Ucrânia, termos ainda mais duros chegaram ao Smolni. Os alemães agora queriam todo o território que haviam ocupado até aquele momento. Lênin encontrou pouco consolo no fato de ter estado certo o tempo todo, quando argumentava em favor da imediata aceitação dos termos originais. Ele defendia que deveriam pedir apoio militar à Grã-Bretanha e à França. Como o Sovnarkom estava repudiando todos os tratados e cancelando todas as dívidas externas, esse pedido vinha em um mau momento, no mínimo. Bukharin e seus apoiadores condenaram Lênin e renunciaram, enquanto os socialistas-revolucionários de esquerda chamaram-no de "Judas". Lênin declarou a lei marcial, convocou batalhões de trabalho para cavar trincheiras e deu ordens para que fossem feitos preparativos para evacuar Petrogrado. Isso desencadeou uma fuga em pânico e uma onda de saques de última hora.

Finalmente, em 3 de março, foi assinado o Tratado de Brest-Litovsk. Na Rússia, ele foi visto como uma humilhação, mas essa brilhante jogada de *realpolitik* de Lênin preservou o poder bolchevique. Na Alemanha, ele representou a maior e mais barata vitória da guerra, salvando o país da fome e permitindo que ele continuasse lutando. O tratado triplicou o tamanho do território germânico. Tragicamente para ambos os países, porém, ele deu aos nacionalistas alemães a ideia

de que a Rússia europeia e a Ucrânia deveriam se tornar possessões coloniais da Alemanha na guerra seguinte.

A guerra civil no antigo Grão-Ducado da Finlândia vinha fermentando desde as eleições de outubro ordenadas por Keriénski, nas quais a esquerda perdeu o controle. O *coup d'état* bolchevique em Petrogrado, ocorrido logo em seguida, acelerou todo o processo. Em 2 de novembro de 1917, Lênin havia declarado o direito de autodeterminação para os povos da Rússia. Ele justificou isso para seus companheiros bolcheviques alegando que, de outro modo, eles seriam acusados de promover o "chauvinismo grão-russo mascarado sob o nome de comunismo". Na realidade, ele acreditava que as fronteiras e identidades nacionais se tornariam irrelevantes com a revolução mundial vindoura. Em 15 de novembro (do novo calendário), liderado pelo Senado conservador, o Parlamento finlandês declarou independência. Os nacionalistas da direita queriam aproveitar a oportunidade criada pelos bolcheviques.

Logo começaram os confrontos entre a Guarda Civil – os apoiadores do Senado – e os Guardas Vermelhos. Em 27 de janeiro de 1918 (do novo calendário), comunistas locais proclamaram a República Socialista dos Trabalhadores da Finlândia em Helsingfors. A capital e as cidades mais industrializadas do sul da Finlândia forneceram a maior parte de seus 70 mil Guardas Vermelhos, dos quais cerca de 2 mil eram jovens mulheres. Grupos de Guardas Vermelhos faziam batidas em casas de classe média para confiscar os rifles de caçar veados e alces dos moradores, mas a maioria de suas armas vinha de soldados russos ou pela fronteira, de Petrogrado.

Os líderes conservadores fugiram de Helsingfors para o norte e um Governo Provisório Branco, chefiado pelo presidente do Senado, Pehr Evind Svinhufvud, foi estabelecido em Vaasa, na costa oeste de Ostrobótnia. Ele podia contar com a lealdade da velha casta governante, de língua sueca, além do apoio daqueles que temiam o caos revolucionário e de fazendeiros e agricultores independentes da parte central e norte da Finlândia. Para o posto de comandante militar, o governo de Svinhufvud nomeou o tenente-general Barão Carl Gustaf Mannerheim, o oficial que havia servido na Guarda de Cavaleiros do Czar e que fora promovido a comandante de corpo na guerra. Mannerheim ordenou que a Guarda Civil começasse a desarmar soldados russos no oeste e introduziu o serviço militar obrigatório.

Embora o governo sueco pretendesse manter-se firmemente neutro, os simpatizantes dos Brancos no país montaram uma brigada de voluntários inexperientes, com cerca de mil homens, para apoiar os Brancos. E em fevereiro o 27º Batalhão de Jägers atravessou o Báltico congelado com um quebra-gelo da Alemanha, chegando ao golfo de Bótnia. Outros Jägers finlandeses, que haviam servido no exército alemão, reforçariam o Exército Branco de Mannerheim, fornecendo uma liderança experiente. No sul da Carélia, dois ex-oficiais Jägers montaram uma força para combater os bolcheviques russos que chegavam para ajudar os Vermelhos finlandeses. Enquanto os Brancos tinham um núcleo de soldados experientes para treinar seus homens, os Vermelhos estavam em desvantagem, pois os finlandeses não haviam sido recrutados para a guerra europeia.

Seis dias após a assinatura em Brest-Litovsk, a Marinha Real britânica desembarcou um pequeno contingente de Fuzileiros Navais Reais em Murmansk, no extremo norte, para guardar os depósitos e carregamentos de material de guerra despachados para o exército czarista durante a guerra. O Soviete de Murmansk havia feito a solicitação, temendo um ataque das forças Brancas finlandesas que estavam do outro lado da fronteira. Os britânicos, por sua vez, estavam preocupados com o crescimento das forças alemãs na Finlândia. Isso marcou o primeiro passo do que se tornaria a intervenção aliada na Guerra Civil Russa.

Na segunda semana de fevereiro, a Missão Militar Britânica no exército czarista finalmente teve permissão para deixar Petrogrado e voltar para casa. Eles partiram da Estação Finlândia, onde Lênin chegara menos de um ano antes, apenas para se deparar com as linhas de batalha entre finlandeses Vermelhos e Brancos em sua guerra civil. Os britânicos tiveram então que suportar a situação "um tanto embaraçosa" de depender de oficiais alemães que apoiavam os finlandeses Brancos para completar sua viagem de trem até Estocolmo. Finalmente, tomando um navio na Noruega, eles chegaram a Aberdeen.

Os finlandeses Brancos conseguiram deter uma ofensiva mal planejada lançada pelos Guardas Vermelhos em fevereiro. Depois, no início de março, os Guardas Brancos de Mannerheim, agora cerca de 17 mil, contra-atacaram ao sul de Vaasa em direção à capital, Helsingfors. A batalha crucial se deu na cidade industrial de Tampere, uma fortaleza que os Vermelhos estavam determinados a defender. Por volta do final do mês, Mannerheim havia cercado a cidade e a batalha selvagem prosseguia. Apesar das pesadas baixas entre os Jägers e os voluntários suecos, os Brancos entraram na cidade na quinta-feira, 28 de março. Mannerheim ordenou uma pausa para reagrupar, enquanto sua artilharia bombardeava o centro da cidade, que estava lotado de refugiados. Então, em 5 de abril, a ofensiva final começou. Uma última resistência teve lugar na prefeitura, a cargo de uma força mista de Guardas Vermelhos homens e mulheres, enquanto vários de seus líderes fugiam atravessando um lago congelado.

Apesar da promessa do general Mannerheim de que os Brancos não iriam fuzilar seus prisioneiros, uma brutal represália aconteceu. Ambos os lados sofreram ao todo cerca de oitocentas baixas na luta, mas os homens de Mannerheim fuzilaram mais mil finlandeses e duzentos prisioneiros russos após a rendição. Cerca de 10 mil foram obrigados a marchar até um rudimentar campo de prisioneiros onde outros 1.228 morreram de exposição ao frio, de doenças e desnutrição.

Contra a vontade de Mannerheim, o senador Svinhufvud já havia apelado a Berlim pedindo ajuda. O antigo general czarista, no entanto, precisou passar por cima de seu orgulho e reconhecer o auxílio de seu recente inimigo. "Em consonância com a solicitação do governo finlandês", sentiu-se forçado a declarar, "destacamentos do vitorioso Exército Alemão desembarcaram em território finlandês para ajudar-nos na luta contra a escória bolchevique. Estou convencido de que o companheirismo em armas, que será selado com sangue nesta luta, fortalecerá ainda mais a amizade e a fé que a Finlândia sempre demonstrou pelo Kaiser e pelo povo alemão."

Os 13 mil soldados alemães, que assegurariam uma rápida vitória dos Brancos, eram da Divisão *Ostsee* do tenente-general Rüdiger Graf von der Goltz e do destacamento do coronel Otto von Brandenstein. Goltz declarou que a missão deles era simplesmente libertar a Finlândia "do Terror Vermelho". O general Erich Ludendorff, porém, tendo declarado que tomara a decisão de intervir na Finlândia tanto "com a minha cabeça quanto com o meu coração", tinha um plano duplo. Ele queria ser capaz de ameaçar Petrogrado desde o lado finlandês, ao norte, como também no flanco estoniano, a sudoeste. Isso certamente impediria quaisquer surpresas desagradáveis no Front Leste da Alemanha, já que Ludendorff preparava sua grande ofensiva, *Kaiserschlacht*, contra os Exércitos Britânico e Francês no oeste. Ele esperava que isso também fornecesse à Alemanha bases permanentes nas costas tanto do norte quanto do sul do golfo da Finlândia.

Goltz e as forças de Brandenstein desembarcaram no litoral finlandês a oeste de Helsingfors e avançaram sobre a capital, que foi tomada em 13 de abril. A vitória dos Brancos foi concluída na batalha de Viborg, no istmo da Carélia, ao norte de Petrogrado. Viborg, que havia se tornado a capital da Finlândia Vermelha após a perda de Helsingfors, também estava cheia de refugiados de esquerda, que agora ficavam sem uma rota de fuga. Os Brancos cercaram a cidade em 23 de abril para impedir a chegada de reforços e armas bolcheviques vindos de Petrogrado. Apenas os líderes Vermelhos conseguiram fugir a tempo pelo mar. Seguindo um padrão similar ao da batalha em Tampere, os Brancos sofreram pesadas baixas, especialmente entre seus recrutas destreinados.

Pouco antes de os Brancos tomarem a cidade, em 29 de abril, Guardas Vermelhos embriagados fuzilaram um grupo de trinta prisioneiros mantidos na cadeia, incluindo dois membros conservadores da Eduskunta. Muitas outras vítimas da classe média foram encontradas executadas em suas casas. A vingança Branca que se seguiu foi tão cruel quanto havia sido em Tampere, com cerca de 1.200 prisioneiros russos e finlandeses executados, e mais outros oitocentos mortos vítimas das horrendas condições do campo de prisioneiros nos arredores da cidade.

No geral, parece ter havido menos atrocidades cometidas pelos Vermelhos, se bem que, de acordo com o general Von der Goltz, em Kouvola, a nordeste de Helsingfors, direitistas foram amarrados e enterrados até o pescoço. A seguir, os Vermelhos cobriram suas cabeças com palha e atearam fogo. No entanto, como o conflito finlandês demonstrou, o lado vencedor numa guerra civil geralmente acaba sendo o que executa o maior número de vítimas. No total, os quatro meses de combates levaram a quase 40 mil mortos, dos quais cerca de 12.500 eram prisioneiros de guerra Vermelhos.

A combinação de Brest-Litovsk com a Guerra Civil Finlandesa produziu a mais brilhante ação da Frota do Báltico, e um dos mais grotescos exemplos da justiça bolchevique. No início de abril, parte da Frota Imperial alemã estava indo para Helsingfors a fim de proteger a capital finlandesa, mas também para capturar um esquadrão russo da Frota do Báltico encalhado ali, no gelo. O adido naval britânico em Petrogrado, o capitão Francis Cromie, relatou a corrupção e a apatia das tripulações russas, conforme observado pelos submarinos britânicos que estavam igualmente imobilizados ali. "Não se fazia a menor questão de manter uma aparência de moralidade em nenhum lugar: os navios viviam cheios de garotas de dia e de noite, os oficiais desviavam dinheiro público e organizavam a venda de provisões do governo, avidamente procuradas em terra, onde reinavam altos preços pela escassez de comida. Nossos marinheiros conseguiam seu prazer por dez torrões de açúcar."

O capitão Aleksêi Schástni, o comandante local, teve que se decidir entre afundar os navios de guerra ou tentar salvá-los levando-os através do congelado golfo da Finlândia até Kronstadt. Ele reanimou as tripulações desmoralizadas, sugerindo que os alemães iriam enforcá-los quando chegassem. Usando os quebra-gelos da frota, ele desencalhou os seus navios de guerra na noite de 12 de março. O mesmo foi feito com cinco cruzadores e, depois, com mais 59 destróieres e doze submarinos.

Schástni foi saudado como o "Salvador da Marinha" pelo que ficou conhecido como a façanha da "Viagem no Gelo", mas depois, em 27 de maio, foi preso por ordens de Trótski, porque havia entrado em choque com o novo e arrogante Comissário do Povo para a Guerra. Trótski acusou-o de traição e processou-o pessoalmente, afirmando que Schástni tentara criar um conflito entre a Frota do Báltico e o Sovnarkom visando apenas a sua glória pessoal. "O Tratado de Brest-Litovsk está impresso e qualquer um pode lê-lo", declarou Trótski. "Todas as afirmações a respeito de algum tipo de acordo secreto da Marinha são invenções descaradas dos Brancos. O Tratado de Brest-Litovsk estipula que nossa frota deve permanecer em seus portos."

Schástni foi considerado culpado. O indiciamento do tribunal revolucionário dizia: "Schástni, agindo heroicamente, tornou-se popular com a intenção de usar isso contra o governo do Soviete". Ele foi fuzilado em 22 de junho. O líder menchevique Mártov chamou isso de "a comédia sangrenta de um homicídio a sangue-frio". O novo comandante em chefe da Frota do Báltico informou a Trótski: "A execução de Schástni teve um efeito depressivo sobre os comandantes, mas seu baixo moral até agora não tomou nenhuma forma particular. As tripulações estão calmas, e só querem uma explicação".

*

Por volta da primeira semana de março, quando o tratado foi assinado em Brest-Litovsk, os exércitos alemães no lado sul do Báltico haviam avançado cerca de 200 quilômetros até Narva, na fronteira com a Estônia, a apenas 150 quilômetros de Petrogrado. Uma semana mais tarde, a liderança bolchevique mudou a sede de seu governo de Petrogrado para o Kremlin, em Moscou. Lênin nunca havia gostado da cidade, mas Moscou oferecia melhores comunicações com o resto do antigo império, ao passo que Petrogrado estava agora ameaçada por dois lados, como Ludendorff havia planejado.

Duas outras mudanças vieram mais ou menos juntas. O termo "bolchevique" foi abandonado no Sétimo Congresso do Partido, naquele mês, o que significou também o abandono da Segunda Internacional socialista e o primeiro passo rumo à criação da Internacional Comunista, ou Comintern. A partir daí, os bolcheviques seriam o Partido Comunista, embora o termo "bolchevique" continuasse de uso corrente. Ao mesmo tempo, o Sovnarkom parou de usar o antigo calendário juliano. O país saltou à frente treze dias para se alinhar com o calendário gregoriano do mundo ocidental.

Petrogrado, passando fome, meio às escuras, abandonada por seus líderes, estava em estado lastimável. "Os cartões de racionamento só permitiam obter quantidades mínimas de pão da pior qualidade, o pior tipo de óleo e batatas apodrecidas e estragadas pela geada", escreveu um polonês que estava isolado ali. "As pessoas passam fome e os pobres vasculham os refugos à procura de comida. As latas de lixo estavam infestadas de ratos, que se multiplicavam loucamente, ao passo que gatos e cachorros haviam desaparecido. Os cavalos caíam mortos de inanição e exaustão pelas ruas, praças e pontes."

"Vivemos numa cidade morta", escreveu Téffi. "Pelas ruas há cadáveres de cavalos, e com bastante frequência também de pessoas... À noite, figuras assustadas se esgueiram furtivamente até as carcaças de cavalos e cortam um pedaço de carne." Petrogrado estava totalmente transformada após apenas alguns meses de poder soviético. Todas as lojas particulares foram fechadas. As vitrines estavam parcialmente quebradas, em parte cobertas de giz. As ruas ficaram vazias e mortas. As autoridades começaram a remover as estátuas das praças. Em seu lugar, "colocaram esculturas horríveis de gipsita de novas estrelas revolucionárias e vários

Avanço e ocupação
dos alemães
Março-novembro de 1918
Petsamo
[Petchenga]
Murmansk
Mar de
Barents
Mar
Branco
Arcangel
NORUEGA
SUÉCIA
Golfo de Bótnia
FINLÂNDIA
Vaasa
Lago
Lagoda
Viborg
Lago
Onega
Duína do Norte
Montes Urais
Estocolmo
Helsinque
Golfo da Finlândia
Kotlas
Reval
[Talín]
Petrogrado
Tsarkoie Selo
Mar Báltico
Novgorod
Vologda
Pskov
Viatka
Perm
Ecaterimburgo
Riga
Curlândia
Iaroslavl
Duína
Velikie Luki
Nizhny
Novgorod
Königsberg
Prússia
ALEMANHA
Oriental
Wilno
[Vilnius]
Cazã
Vitebsk
Moscou
Silésia
Smolensk
Ufa
POLÔNIA
Minsk
Mogilev
Tula
Simbirsk
Varsóvia
Brest-Litovsk
Samara
Orel
Tambov
Gomel
Orenburgo
Cracóvia
Tchernigov
Ural
Galícia
Lvóv
(Lemberg)
Kiev
Voronej
Saratov
Berdítchev
Kharkov
ÁUSTRIA-
-HUNGRIA
Dnieper
Poltava
Dniester
Donets
Volga
Don
Tsaritsin
Odessa
Rostov
ROMÊNIA
Astracã
Mar
de Azov
Bucareste
Crimeia
Cubã
Sófia
Sebastopol
Stavropol
BULGÁRIA
Mar Negro
Terek
Montanhas do Cáucaso
Mar Cáspio
Constantinopla
Tiblissi
Baku
Krasnovodsk
IMPÉRIO
OTOMANO
Anzali
PÉRSIA
Linha do front no início das conversações sobre o armistício em Brest-Litovsk, dezembro de 1917
Linha posterior do avanço alemão, agosto de 1918
0 100 200 300 400 500 milhas
0 200 400 600 800 km

emblemas nos velhos pedestais. As casas estavam cheias de sujeira, as ruas cheias de lixo, as de paralelepípedos cheias de buracos e os poucos táxis e carros de comissários moviam-se por elas com grande dificuldade".

As fábricas foram paralisadas pela falta de combustível, mas também porque os trabalhadores, que passavam fome, roubavam suas matérias-primas para revender. Não havia eletricidade, gás ou óleo para as lâmpadas de rua. Nas duras geadas que penetravam nos edifícios pelas vidraças partidas, o único brilho vinha da luz das estrelas refletida na neve nada imaculada. Victor Serge chamou isso de "escuridão pré-histórica". "As pessoas dormiam em aposentos gelados, onde cada canto habitável era como o canto de uma toca de animal. Um fedor ancestral empesteava até mesmo seus casacos forrados de pele, que nunca eram tirados." Muitas vezes as únicas fontes de combustível para um pequeno fogão de ferro fundido, conhecido como *burjúi* por conta de seu formato barrigudo, eram livros, mobília despedaçada ou tábuas do piso arrancadas. Quase todo mundo se viu forçado a roubar madeira, das cercas ou de casas abandonadas dilapidadas. "Fogo é vida. Como o pão", escreveu Victor Serge.

Nessa cidade de granito sem aquecimento, as tubulações de água e os banheiros congelaram. Alguns marinheiros de Kronstadt que haviam tomado um apartamento no *piano nobile** de um antigo palácio simplesmente abriram um buraco redondo no piso para usar como latrina, que dava para a área de convivência do andar de baixo. O degelo, quando veio, liberou não só um terrível cheiro de esgoto como também doenças.

Victor Serge fez uma memorável descrição de uma subclasse anárquica que tomava posse de embaixadas e grandes edifícios vazios. "Bandidos entram pelos pátios e ficam morando ali, tomando cuidado para que nenhuma luz seja vista pelo lado de fora e delate sua presença. Eles jogam baralho, tomando conhaque envelhecido roubado das adegas de grandes mansões. Garotas com lábios pintados de um vermelho feroz, com nomes como Katka-Pequena-Maçã, Dunya-a-Serpente, e Marfa-Pequena-Cossaca-Nariz-Achatado, que se vestem com roupas íntimas

---

* *Piano nobile*, que significa "piso nobre", é o piso principal de um palacete ou de uma casa grande (N.R.).

de luxo sujas e vestidos de grandes costureiros que pegaram de apartamentos vazios, às vezes espreitam, invisíveis atrás das janelas escuras." A capital do império estava morta, e a "janela para o Ocidente" de Pedro, o Grande, fechada. Ao final do verão, ela estaria selada com pregos, assim que a Tcheká concluísse seu trabalho.

13

A MARCHA NO GELO DO EXÉRCITO VOLUNTÁRIO

Janeiro-março de 1918

O general Alekséiev, último chefe do estado-maior do Czar, era um homem modesto, que todos respeitavam por sua honestidade. Ao contrário de generais mais imponentes, como Wrangel, ele era um homem de infantaria que odiava cavalos. Ficara famoso no exército por seu tempo como capitão-instrutor de uma academia para cadetes de cavalaria. Quando lhe ofereciam um cavalo em algum exercício, replicava: "Não, obrigado, estou com pressa", e ia embora a pé.

Desde o Incidente Kornílov, Alekséiev vinha fazendo tudo ao seu alcance para ajudar oficiais presos e suas famílias. Seu status e seus contatos com políticos e industriais permitiam-lhe levantar fundos numa época em que a maioria das pessoas pensava apenas em si. Ele conseguiu convencer alguns deles da necessidade de formar um exército para combater a ditatura bolchevique.

Depois da apatia que quase todos os oficiais haviam demonstrado tanto na Revolução de Fevereiro quanto durante o golpe bolchevique de outubro, as realidades da luta de classes do novo regime começaram a transformar as atitudes. Jovens oficiais em Petrogrado e Moscou ouviam casualmente menções a um exército contrarrevolucionário sendo formado no Don. Também ouviam falar da ajuda que a organização de Alekséiev e outros podia oferecer em termos de documentos de identidade falsos, dinheiro e passagens para chegar ao sul. Havia uma enfermeira extraordinariamente corajosa e habilidosa que levava grupos de oficiais de trem, enrolados em muitas bandagens como se fossem

General M . V. Alekséiev.

soldados gravemente feridos que estivessem sendo enviados por ordem médica para o sul para se recuperarem.

Alekséiev reunira apenas quarenta oficiais após sua chegada a Novotcherkassk em meados de novembro, bem antes de que Kornílov e os outros generais aprisionados em Bikhov aparecessem. Mesmo no final de novembro o "Exército Voluntário" tinha pouco mais de trezentos homens. De início, Alekséiev não podia oferecer-lhes um soldo, apenas comida. Cada rublo que sobrava era gasto em armas, munição e equipamento.

Inicialmente, o general Kaledín, na condição de ataman, acolhera a ideia do Exército Voluntário de Alekséiev. No entanto, a maioria dos cossacos, farta de combater, ressentia-se da presença deles, pois ela atrairia a guerra para o Don. Quando os Guardas Vermelhos tomaram Rostov e ameaçavam Novotcherkassk, Alekséiev imediatamente ofereceu a Kaledín sua pequena força para ajudar. Em 9 de dezembro, então com poucos cossacos dispostos a lutar, os oficiais de Alekséiev tiveram sucesso em tomar a cidade. Muitos viram isso como o ato inicial da guerra civil.

Apesar de sua reputação de reacionário, Kaledín introduziu reformas no *Krug* para permitir que os *ingórodnie* não cossacos participassem da política e do governo do Don. Ele sentia que a declaração de independência do Don havia reduzido seus direitos e que essa injustiça precisava ser corrigida. Mas isso não era suficiente para eliminar a hostilidade dos não cossacos, nem as simpatias esquerdistas dos cossacos mais novos que ainda estavam voltando do front.

A luta nas estepes do Don assumiu um estranho padrão conforme os dois "exércitos" Vermelhos de Antónov-Ovsiénko avançavam sobre Rostov e Novotcherkassk. O 1º Exército, comandado pelo socialista-revolucionário de esquerda Iuri Sáblin, consistia principalmente em Guardas Vermelhos enviados de Moscou e reforçados por alguns marinheiros da Frota do Mar Negro. Sua tarefa era bloquear a estepe do Don a partir do norte e fazer pressão sobre Novotcherkassk. Enquanto isso, o 2º Exército de Rudolf Sivers avançava desde o Donbas para retomar Rostov a partir do oeste ao longo da costa do mar de Azov.

Os Guardas Vermelhos, que não haviam tido experiência de guerra a não ser nos confrontos com os cadetes *junkers* em Moscou, estavam naturalmente nervosos por enfrentar cossacos *frontóvik*, mas "muitos trabalhadores tinham contas a ajustar com eles após os rigores das expedições de 1906 e 1907", escreveu o letão Eduard Dune. O comandante deles era um tenente ingênuo – "ele não era nenhum bolchevique" – que deixou todos perplexos ao aparecer com botas reluzentes e dragonas na túnica de seu uniforme. Tiveram que avisá-lo de maneira severa que ele nunca mais deveria aparecer com dragonas. Mas ele se mostrou corajoso na batalha e eles o apoiaram.

A tarefa inicial de Dune e seus trezentos camaradas era desarmar os cossacos que voltavam do Front Romeno. Como os cossacos forneciam e eram donos de seus cavalos e armas, essa era uma atividade potencialmente explosiva, mas com alguma diplomacia básica e o apoio dos ferroviários, que podiam isolar os cossacos num desvio, ela era geralmente bem-sucedida. Os mineiros do Donbas se apresentavam como reforços voluntários, enquanto os camponeses *ingórodnie* eram simpáticos a eles,

A "Guerra das Ferrovias". Guardas Vermelhos (trabalhadores armados) e soldados desmobilizados ajudaram os bolcheviques a assumir o controle da maior parte da Rússia central no inverno de 1917-1918.

às vezes trazendo comida mas relutantes em se comprometerem pessoalmente, já que achavam que os oficiais experientes e os cossacos estavam fadados a vencer.

As grandes distâncias nas gélidas estepes do Don e a falta de cavalaria dos Vermelhos significavam que a luta seguia as rotas das ferrovias. Os confrontos eram pouco mais que escaramuças. Um trem de Vermelhos avançava até que um trem de Brancos fosse localizado. Os homens desciam dos vagões de gado e, como a estepe era plana, os fuzileiros se deitavam numa extensa linha sobre o chão congelado. Dune registrou seu primeiro encontro com os Brancos. Ele e seus camaradas ficaram tensos vendo a aproximação dos outros. Alguém gritou "São oficiais. Suas dragonas estão cintilando". Dune, no entanto, havia adivinhado que eram oficiais pelo simples fato de que tinham confiança para avançar sem disparar e não haviam se atirado no chão quando os Guardas Vermelhos começaram a disparar ferozmente seus fuzis. Suas metralhadoras haviam travado depois de algumas poucas rajadas. "Era a primeira vez que eu via o inimigo tão de perto", escreveu Dune. "Eu tremia de ouvir o som das balas passando por mim." Mas então os inimigos ouviram três toques do apito de seu trem e viram que ele recuava. Aterrorizados com a possibilidade de serem abandonados ali nas estepes, correram de volta para os vagões apesar dos xingamentos de seu furioso comandante.

Dune relatou que, logo em seguida, eles capturaram dois jovens oficiais e uma enfermeira que haviam chegado de trenó, sem saber do avanço Vermelho. Foi tudo muito civilizado. Depois que eles renderam suas pistolas, Dune deixou-os ir embora. "Será que teriam me tratado do mesmo jeito?", ele se perguntou mais tarde. "Eu me lembro da batalha em Likhaia e do que aconteceu com os nossos feridos." Os habitantes da região tinham apontado para uma colina ao longe. "Há uma vala comum do seu povo ali em cima." Não havia feridos nem prisioneiros. Apenas os mortos. "Oficiais não fazem prisioneiros", eles lembraram a si mesmos, e estavam certos. O general Kornílov dera ordens expressas de não poupar nenhum prisioneiro.

"Em certa ocasião", Dune relembrou, "o trem parou entre duas estações ao localizarmos os cadáveres de três pessoas amarradas aos postes de telégrafo. Os corpos estavam ensanguentados, vestidos apenas com a roupa de baixo e camisetas navais rasgadas. Sem botas. Um deles tinha um quepe de marinheiro enfiado na cabeça abaixada, coberta de sangue. Os mesmos quepes estavam jogados no chão perto dos outros dois corpos." Eles os desamarraram e enterraram junto aos trilhos da ferrovia.

"É claro que sentimos o ódio de classe", Dune escreveu, "mas não era o mesmo sentimento daquela raiva pessoal que transforma um ser humano num selvagem brutal e num carniceiro... Em comparação com o inimigo, tínhamos uma grande vantagem. Acreditávamos na causa da justiça universal como oposta aos privilégios pessoais de classe". Dune certamente estava dizendo a verdade no que lhe dizia respeito, mas o padrão de matança dificilmente era unilateral.

Em 14 de janeiro, os trabalhadores em Taganrog rebelaram-se atrás das linhas do Exército Voluntário. Houve selvagens combates de rua, com os trabalhadores mal armados em muito superando numericamente os Voluntários. Alguns cadetes *junkers* enraivecidos capturaram uma dúzia de trabalhadores. Conta-se que cortaram fora os narizes deles, arrancaram-lhes os olhos e os enterraram vivos junto com cachorros mortos. Os Guardas Vermelhos de Sivers e os marinheiros retomaram Taganrog em 20 de janeiro e vingaram-se. Os oficiais e cadetes defensores renderam-se com a condição de que lhes seria permitida passagem segura para saírem da cidade, mas então seus feridos e doentes foram arrancados dos hospitais e mortos na rua. Ao que parece, cerca de cinquenta oficiais foram amarrados e lançados na fornalha da siderúrgica do Báltico. Muitas das vítimas foram retalhadas com sabres até a morte, tanto para poupar munição quanto para satisfazer a raiva dos soldados Vermelhos.

Por volta do final de janeiro, o Exército Voluntário de Alekséiev ainda era decepcionantemente pequeno. Não mais de 3 mil oficiais, cadetes e estudantes haviam se alistado, enquanto os vários milhares de oficiais que haviam procurado a segurança do sul recusavam-se a aderir. Os voluntários tendiam a ser jovens e vingativos, pois as propriedades de suas famílias haviam sido destruídas. Muitos eram monarquistas reacionários e queriam o retorno da autocracia czarista. Viam a minoria que acreditava na Assembleia Constituinte quase como "Vermelhos".

Também surgiu uma disputa acirrada pela liderança. Embora tivesse sido Alekséiev quem colocara o Exército Voluntário em movimento, Kornílov insistia em ser seu comandante em chefe, caso contrário iria embora para a Sibéria. Ainda não conseguira perdoar Alekséiev por tê-lo prendido por ordem de Keriénski, quando na verdade tudo o que Alekséiev fizera fora tentar resolver aquela trágica confusão e proteger os altos oficiais envolvidos de um tribunal revolucionário. Chegou-se por fim a um consenso, pelo qual Kornílov seria o comandante de campo do Exército Voluntário, enquanto Alekséiev, já sofrendo com o câncer que viria a matá-lo, seria seu chefe político, financeiro e administrativo. Alekséiev fez de Borís Sávinkov o responsável pelas relações com os governos estrangeiros, apesar da falta de contato deles com quem quer que fosse fora da Rússia.

O relacionamento entre Kornílov e Alekséiev nunca melhorou. A arrogância de Kornílov era deliberadamente provocativa, não só em relação a Alekséiev, mas também aos políticos kadetes, especialmente Miliúkov, que ele odiava. O grande erro de quase todos os generais Brancos era sua obstinada crença de que deveriam continuar a longa guerra contra a Alemanha junto com a guerra contra os Vermelhos. Isso colocou quase todos os camponeses e ex-soldados contra eles, incluindo os cossacos.

O ataman Kaledín estava igualmente deprimido ao ver quão poucos cossacos se dispunham a resistir ao avanços das forças de Sáblin e Sivers. A esmagadora maioria queria simplesmente cultivar seus campos em paz. Em 28 de janeiro, Alekséiev escreveu a Kaledín para adverti-lo de que seus homens não poderiam continuar a proteger o Don praticamente sozinhos. "A total falta de disposição dos cossacos do Don para defender seu legado coloca um fardo insuportável nos ombros do Exército Voluntário e torna muito difícil prolongar a luta." O movimento para o norte da 39ª Divisão Bolchevique de Cubã ameaçava a rota de fuga do Exército Voluntário. Kaledín implorou a Alekséiev que ficasse, mas tanto Kornílov quanto Alekséiev concordaram que precisavam salvar o Exército Voluntário para manter viva a causa antibolchevique.

A tarefa de Kaledín era dificultada também pelos oficiais cossacos que se posicionavam abertamente contra resistir aos bolcheviques. O tenente-coronel Filípp Miriónov, um socialista-revolucionário de esquerda, escreveu em 25 de janeiro: "O terreno está instável sob os pés do general Kaledín, de seu assistente Bogaévski e do Governo Militar. Eles não conseguiram enganar os *frontóviki*! Já há comitês militares-revolucionários nas aldeias cossacas de Ust-Medveditskaia, Kamiénskaia e Uriupínskaia que não reconhecem a autoridade do general Kaledín e de seu governo militar e pedem sua renúncia".

No final de janeiro, tanto Rostov, onde ficava o quartel-general do Exército Voluntário, quanto a capital do Don, Novotcherkassk, estavam ameaçadas. O líder dos partisans cossacos, Tcherniétsov, foi esquartejado até a morte e seu destacamento quase completamente destruído depois que outro oficial cossaco Vermelho, o tenente-coronel Gôlubov, passou para o lado dos Vermelhos com várias centenas de homens. Novotcherkassk foi deixada indefesa. Kaledín perdeu o ânimo. Em 29 de janeiro (do antigo calendário), anunciou ao governo do Don: "Já houve conversa suficiente". Foi até a sala ao lado e deu um tiro no coração. Um novo ataman, o general Anatóli Nazárov, foi eleito, mas suas chances de defender o Don eram escassas.

O general Mikhail Sviétchin conhecia Nazárov da academia do estado-maior. "Dei-lhe os parabéns por sua coragem em aceitar o cargo. Ele sorriu amargamente e respondeu: 'Não pude dizer não. Enquanto restar uma pequena faixa de terra cossaca, alguém tem que assumi-la e segurar o cetro de ataman'." Sviétchin perguntou o que ele pretendia fazer. "Ordenei ao ataman de campo, general Pópov, que juntasse pequenos grupos de cossacos e se deslocasse até Zimovniki além do Don." Sviétchin apresentou-se como voluntário para se juntar a Pópov, que estava prestes a partir com 1.500 homens, mas Nazárov avisou-o de que as condições eram as mais espartanas. "Não temos carros de suprimentos, nem mensageiros, você terá apenas um cavalo e uma sela cossaca, com todo o seu equipamento nas bolsas da sela." Nazárov então avisou o Exército Voluntário de que a resistência estava no fim. Era hora de partir.

Em 23 de fevereiro (do novo calendário), os soldados de Sivers entraram em Rostov, e dois dias mais tarde os Guardas Vermelhos de Sáblin fizeram seu avanço final até Novotcherkassk. Desembarcaram de seus trens e até mesmo descarregaram suas cozinhas de campanha. Marchando pela estepe coberta de neve numa longa coluna, olharam ao redor. "O inimigo não estava à vista", Dune escreveu. "A distância, podíamos divisar vilarejos cossacos. Homens e mulheres olhavam para nós desconfiados. Conseguimos ver a cúpula dourada da catedral de Novotcherkassk e depois a própria cidade. Havia um quê de expectativa no silêncio." À frente, sua seção de reconhecimento havia alcançado os arredores e acenava para que viessem.

As ruas estavam desertas quando o general Sviétchin apareceu naquela manhã para descobrir o que estava acontecendo. Na direção da catedral, viu um destacamento de cavalaria subindo a colina. Tratava-se daquele do tenente-coronel Gôlubov, que se juntara aos bolcheviques. Sviétchin correu para casa a fim de esconder seu uniforme, enquanto sua mulher escondia as joias dela. O ataman Nazárov, que se recusara a abandonar a cidade, foi até a assembleia do *Krug* do Don. Gôlubov irrompeu no salão com uma pequena multidão de seguidores e gritou para Nazárov, que permaneceu sentado: "Fique de pé quando a autoridade de Estado entrar na sala!".

"Sou o ataman do Don, eleito por todos os cossacos do Don", Nazárov replicou. Gôlubov avançou, arrancou as dragonas dele e prendeu-o. Dois dias mais tarde, Gôlubov mandou fuzilá-lo.

Sviétchin descreveu que, ao longo dos dias seguintes, bandos de Vermelhos começaram a saquear apartamentos. Muitos generais cossacos, oficiais e autoridades regionais haviam permanecido na cidade, e houve numerosas execuções. O idoso general Ivan Orlôv foi parado na rua apesar de estar com um casaco de pele de carneiro e sem dragonas. "Nem sequer perguntaram quem era, foi baleado ali na hora. Era constante o som de armas de fogo disparando pela cidade. Retiraram os feridos dos hospitais, atiraram-nos em caminhões como se fossem toras de madeira, levaram-nos ao depósito de lixo e os deixaram ali; fuzilaram alguns, enquanto outros foram abandonados para morrer."

Ao perder Novotcherkassk, o Exército Voluntário não teve alternativa a não ser sair de Rostov e avançar para o sul do Don, na esperança de ter apoio dos cossacos de Cubã. Sabiam que no Cáucaso enfrentariam a fome, condições de inverno duríssimas e forças Vermelhas muito superiores, incluindo a 39ª Divisão, mas não havia outra rota de fuga.

O general Alekséiev escreveu à sua esposa desde Rostov pouco antes de saírem. "Minha querida, amada Niúta! Parece que nosso punhado de homens, que não tem qualquer apoio dos cossacos, foi abandonado por todos... Ficaremos em situação extremamente difícil quando sairmos do Don. Teremos que encarar, muito provavelmente, um longo deslocamento a pé, e só Deus sabe para onde. Você deve certamente entender o estado em que me encontro, embora eu tenha que ocultar isso aqui e aparentar calma no meio de um caos considerável. É especialmente difícil porque não tenho aqui notícias de você e das meninas. Tenho que partir para o desconhecido sem poder ver vocês antes da partida, para abençoá-las e beijá-las. Mas não há o que fazer. Se é o meu destino não voltar e nunca mais ver as pessoas que me são mais próximas e mais queridas, saiba que tenho sempre comigo o pensamento em você e nas minhas filhas, e é com esses pensamentos que irei viver meus últimos minutos se estiver destinado agora a morrer."

Em 23 de fevereiro (do novo calendário), enquanto os Guardas Vermelhos de Sivers entravam em Novotcherkassk, o Exército Voluntário atravessava o Don congelado sem contratempos, apesar do ataque

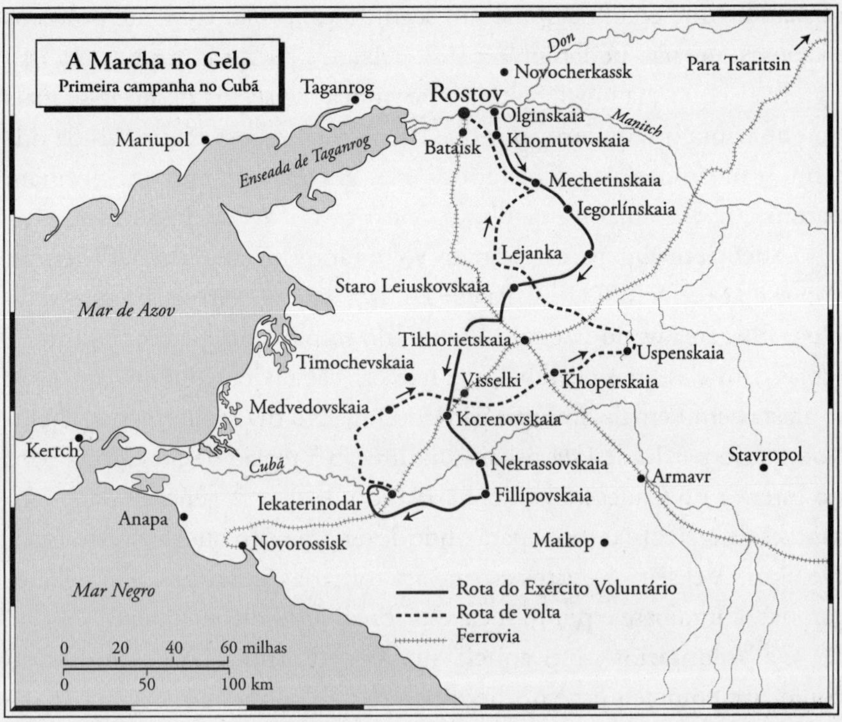

ineficaz de duas aeronaves Vermelhas. Eles estavam fora de perigo imediato ao chegarem à *stanitsa*, ou acampamento cossaco, de Olginskaia. Sua presença na área causou grande alarme entre os assentamentos vizinhos, que naturalmente temiam uma retaliação Vermelha.

Kornílov comandou aquela que foi talvez a formação mais desequilibrada da história das guerras. O Exército Voluntário de cerca de 3.700 homens contava com 36 generais, incluindo Kornílov, Alekséiev, Deníkin, Romanóvski, Lukômski e Márkov; 199 coronéis; 50 tenentes-coronéis, 2.083 capitães, tenentes e suboficiais; e 437 *junkers*. Apenas 880 não eram oficiais ou cadetes de oficiais. Kornílov reorganizou o que teria sido uma massa de pequenos grupos em um Regimento de Oficiais, comandado por Márkov, mais o Regimento "Kornílov", o Regimento Partisan composto principalmente de cossacos do Don sob o general Bogaévski, e um Batalhão *Junker*. Havia ainda uma bateria de artilharia com oito canhões, dois dos quais tinham sido adquiridos de Guardas Vermelhos em troca de vodca. No entanto, eles enfrentavam um severo obstáculo, que eram os quase mil seguidores, principalmente políticos e esposas que não poderiam ter sido deixados para trás em Rostov. Isso significava que sua longa coluna a pé nunca conseguia deslocar-se mais do que trinta quilômetros por dia, e geralmente bem menos ainda durante o inverno. Apenas os feridos e os gravemente enfermos tinham permissão para viajar no comboio de carroças *arba* de duas rodas.

O déficit mais grave do Exército Voluntário era na cavalaria. O general Pópov apareceu em Olginskaia em 26 de fevereiro com seus cossacos do Don. Os generais do Exército Voluntário imploraram para que juntasse forças com eles, mas ele sabia que não era capaz de mantê-los juntos se se afastassem demais do território do Don. No dia seguinte, o Exército Voluntário partiu de Olginskaia em direção à região de Stavropol, bem no interior do Cáucaso. Isso era arriscado, já que os generais não eram capazes de concordar sobre para onde deveriam ir e o que deveriam fazer. Deníkin, Alekséiev e outros esperavam tomar a capital de Cubã, Iekaterinodar, como base e ponto focal das forças antibolcheviques.

Os Voluntários viam aquela sua jornada rumo ao desconhecido como um empreendimento heroico, mas, se soubessem o grau de sofrimento que tinham pela frente, seus corações teriam fraquejado. De qualquer modo, sua sobrevivência representava um imenso deslize da parte dos bolcheviques, que permitiram que tanto o Exército Voluntário quanto a força de cossacos de Pópov escapassem para aquela região hostil e selvagem. Apesar da baixa velocidade, os Vermelhos só conseguiram interceptar aquela sinuosa coluna de Voluntários em 6 de março (do novo calendário), em Lejanka. A mistura de Guardas Vermelhos e soldados da 39ª Divisão foi surpreendida quando o Regimento de Oficiais de Márkov cruzou um pequeno rio e os ultrapassou. Eles fugiram, mas vários oficiais da divisão foram capturados. Kornílov ordenou que fossem submetidos à corte marcial, mas foi persuadido a poupá-los se se juntassem ao Exército Voluntário, e, ainda assim, alguns jovens oficiais, numa atitude perversa, espancaram e sacrificaram sessenta camponeses. Três dias mais tarde, o Exército Voluntário, virando para oeste, entrou em Cubã e encontrou os cossacos locais muito mais receptivos, apesar da presença de forças Vermelhas na região. Até mesmo ganharam recrutas de algumas das *stanitsas* da área, embora fossem às vezes obrigados a combater grupos de cossacos pobres e de *ingórodnies*.

A maior batalha foi em Korenovskaia, quando, em vez da pequena força de Vermelhos que esperava encontrar, o Exército Voluntário deparou-se com um total de 10 mil Guardas Vermelhos e marinheiros. Em vez de bater em retirada, Kornílov, cujas forças tinham pouca munição, tomou a arriscada decisão de lutar, na esperança de capturar os suprimentos do inimigo. A batalha estendeu-se por quatro dias e custou aos Voluntários quatrocentos homens, mas eles prevaleceram apesar de tudo e, em 17 de março, capturaram a estação de Korenovskaia com todos os suprimentos de que precisavam. Mesmo umas poucas baixas significavam que eles teriam de ceder mais algumas de suas preciosas carroças para os feridos, mas a taxa de baixas que eles haviam acabado de sofrer os obrigou a amontoar os gravemente feridos uns em cima dos outros. As *arbas,* desprovidas de molas, sacolejavam pelos buracos da estrada e agravavam suas dores.

A região de Cubã não havia contado com uma liderança no período crucial após o golpe bolchevique em Petrogrado. Ela também sofreu com as dezenas de milhares de soldados bolchevizados que batiam em retirada por ali, vindo dos fronts da Pérsia e da Turquia, aqueles mesmos que Víktor Chklóvski havia sido enviado para desmobilizar. Quando os generais do Exército Voluntário souberam que soldados Vermelhos haviam forçado os cossacos cubãos a abandonar sua capital, Iekaterinodar, não houve consenso sobre o que fazer em seguida. Alekséiev e Deníkin ainda queriam atacar a cidade, mas Kornílov insistia que eles não tinham força suficiente para isso.

Kornílov deu a ordem de seguir para o sul em direção a Maikop, sem conhecer o poderio das forças Vermelhas na área. Em vez de aproveitar uma oportunidade de se recuperar e reorganizar, o Exército Voluntário viu-se envolvido em um combate após o outro. Fisicamente exauridos, famintos e com um número crescente de doentes e feridos, tanto soldados quanto civis sofriam terrivelmente. Suas botas e calçados apodreciam, e havia gente demais que não dispunha de peles de carneiro para se proteger do inclemente frio das montanhas. Muitos sofriam de ulcerações causadas pelo frio depois de atravessarem rios cheios sem ter como secar suas roupas ou as ataduras que protegiam seus pés.

Eles estavam próximos do desespero, mas finalmente, em 22 de março (do novo calendário), ouviram o inconfundível som de canhões a distância. Em sua rota tortuosa, eles acabaram se deparando por acaso com o Exército de Cubã, liderado pelo notável coronel Víktor Pókrovski, que havia sido piloto na guerra contra a Alemanha e agora se revelava um dos grandes líderes de cavalaria da causa Branca. Seus recentes sucessos haviam funcionado como o melhor sargento de recrutamento que se poderia imaginar. Após os ultrajes e roubos cometidos pelos Vermelhos e pelos soldados desmobilizados que passavam pelo território deles, um número crescente de cossacos cubãos resgatou seus fuzis de esconderijos em celeiros e estábulos, selou seus corcéis e cavalgou para se juntar a ele.

O Exército Voluntário e os cossacos cubãos de Pókrovski tinham mais ou menos o mesmo porte quando se encontraram. Finalmente, Kornílov tinha a cavalaria de que precisava, mas ele estava tão convencido de sua posição como futuro líder da Rússia que tratou Pókrovski e os membros da Rada de Cubã com uma arrogância que beirava o desprezo. Os líderes cossacos estiveram bem perto de se recusar a servir sob seu comando. Foi necessária uma frenética diplomacia de bastidores para arranjar outra reunião e chegar a um acordo.

Com essas forças somadas, Kornílov avançou rapidamente até Iekaterinodar, onde os Vermelhos tinham bem mais homens do que os 18 mil que os Brancos haviam estimado. Dessa vez os marinheiros e operários da Guarda Vermelha defendiam posições fixas, portanto não se sentiam tão vulneráveis como em campo aberto. Em 11 de abril, a manhã de seu ataque, Kornílov não esperou que a brigada de Márkov cruzasse o rio, o que foi um erro, agravado pelas más comunicações e pela confusão. No feroz combate, as baixas foram muito pesadas de ambos os lados, principalmente porque os Vermelhos defenderam seu terreno bravamente. Os exaustos Voluntários receberam um dia de descanso após o ataque, antes que outro assalto fosse planejado por Kornílov. Ele rejeitou os pedidos de Alekséiev e Deníkin de recuar o exército para que se recuperasse adequadamente após aquele banho de sangue. Seu argumento foi o de que precisavam vencer e tomar a cidade, depois de terem gastado muita munição. Kornílov estava inflexível.

Sua coragem pessoal era uma forma de arrogância, como se nenhum inimigo pudesse ousar matá-lo. Alekséiev uma vez comentou que

Kornílov tinha a bravura de um leão e o cérebro de um carneiro, e esse se tornou seu epitáfio. Ignorando conselhos em contrário, Kornílov havia estabelecido seu posto de comando numa casa de fazenda caiada, bem visível para a artilharia Vermelha. Na manhã seguinte, 13 de abril, pouco antes de o ataque ser retomado, um obus acertou o alvo. Kornílov morreu sob os escombros com os membros de seu estado-maior. Deníkin não deixou a notícia chegar aos soldados, mas, quando ela vazou, mais tarde naquele dia, o Exército Voluntário quase se desintegrou.

Alekséiev imediatamente nomeou Deníkin substituto de Kornílov. Ele escreveu a um amigo dizendo que com isso as coisas haviam melhorado muito. "Estou agindo em total concordância com Deníkin, estamos resolvendo os problemas juntos para benefício de todos." Ele acrescentou que, se Kornílov tivesse continuado no comando, "isso teria colocado em risco tudo o que ainda tínhamos e ameaçado arruinar a causa toda". Os dois homens de fato trabalharam bem juntos, mas o grande e avuncular Antón Deníkin nunca se igualaria ao temerário carisma de Kornílov.

Deníkin, ciente de que o exército precisava recuperar-se do choque para ganhar moral, ordenou uma rápida retirada em direção ao norte. Os Vermelhos celebraram sua vitória com uma cremação pública em Iekaterinodar do cadáver exumado de Kornílov, mas não conseguiram usufruir de sua vantagem. "O exército semidestruído", escreveu um dos devotados oficiais de Kornílov, "passou longo tempo vagando constantemente em perigo, perseguido e cercado por inimigos. Por toda parte, arrastava atrás de si sua assustadora e sangrenta cauda, as carroças com os feridos, com quilômetros de extensão. Não era possível deixar os feridos à própria sorte. A guerra tem sido igualmente brutal para ambos os lados. Os Voluntários fuzilam seus prisioneiros e acabam com os feridos com tamanha brutalidade que não há como esperar misericórdia. E, no entanto, a situação é tão ruim, e esse terrível comboio de carroças é um fardo tão grande para o exército fatigado que várias centenas dos gravemente feridos foram finalmente abandonados em diferentes lugares. A maioria morreu, uns poucos sobreviveram. Foi apenas esse horrendo sacrifício, bem como seus inacreditáveis esforços, que permitiram ao Exército romper o cerco e chegar ao Don."

*

O fracasso do Exército Voluntário em conquistar o Cubã nem de longe foi tão importante quanto sua capacidade de sobreviver até que os cossacos do Don e de Cubã fossem convencidos a resistir. A vingança dos Vermelhos, naquele momento que eles acharam que fosse o da vitória, revelou-se mais do que contraproducente. Um destacamento Vermelho chegou à *stanitsa* cossaca de Gundarovskaya e pensou que poderia agir com impunidade, saqueando, estuprando meninas e mulheres e incendiando as casas e lojas maiores. Um grupo de cossacos com alguns estudantes e oficiais organizou um ataque em represália, e isso se transformou na chamada Revolta de Gundaróvski, que também os levou a formar seu próprio Regimento Gundaróvski.

Inevitavelmente, um círculo vicioso de violência acabou por se formar. "Nenhum dos lados fazia prisioneiros", um recém-chegado ao Exército Voluntário logo descobriu. "E éramos proibidos de fuzilar os prisioneiros. Tinham que ser mortos com sabre ou baioneta. A munição era preciosa demais e precisava ser poupada para o combate." E, em Odessa, Ielêna Lakier soube por um amigo do Exército Voluntário que: "Os bolcheviques estão enterrando vivos os oficiais capturados, enquanto os oficiais, por sua vez, queimam os bolcheviques vivos".

O escritor Ivan Najívin, que havia sido amigo íntimo de Tolstói, falou com altos oficiais no Exército Voluntário a respeito da luta no sul da Rússia. "Do outro lado, os marinheiros são os melhores combatentes, eles são desesperados", os comandantes Brancos comentaram com ele. "Os chineses lutam furiosamente, os soldados do Exército Vermelho são fracos." Os chineses "internacionalistas", que lutavam junto aos Vermelhos, eram recrutados entre os que haviam sido usados pelo governo czarista para cavar trincheiras e transportar materiais durante a guerra. No sul da Rússia, o bolchevique Iona Iakír comandava um batalhão de seiscentos chineses.

"De ambos os lados", prosseguiu Najívin, "a brutalidade alcançou um extremo, uma escala desumana. Os Vermelhos, depois que tomam uma *stanitsa*, saqueiam tudo o que podem, estupram mulheres qualquer que seja a idade delas e não poupam balas... Os cossacos também são extremamente amargos para com os Vermelhos, especialmente com os marinheiros e chineses. Eles os espancam até a morte com barras de metal, enterram-nos no chão até o pescoço e então cortam a cabeça deles com seus sabres, ou castram-nos e os dependuram em árvores às dezenas... Mesmo aqueles que gostariam de se render acabam não se rendendo. Ao exterminarem os Vermelhos dessa maneira, os Brancos com frequência matam amigos e homens que poderiam ajudá-los e que haviam sido obrigados a se juntar às fileiras dos Vermelhos."

O general Alekséiev, em carta à sua esposa, escreveu: "Uma guerra civil é sempre uma coisa cruel, especialmente no caso de uma nação como a nossa. Os bolcheviques estão destruindo tudo o que esteja acima de um trabalhador ou um camponês. A hostilidade para com todos que estejam acima desse baixo nível é impactante. É difícil impedir que os nossos queiram vingar-se, dar o troco. E esse tipo de guerra cruel traz mais horrores que uma guerra externa. É duro, mas inevitável".

A postura dos cossacos mais jovens também havia mudado por outras razões. Muitos daqueles que voltavam do front para suas *stanitsas* mostravam-se suscetíveis à propaganda bolchevique, mas, depois que chegavam em casa, a geração mais velha começava a reafirmar os valores patriarcais. Quaisquer vestígios de simpatia pelos bolcheviques eram abalados pelos destacamentos Vermelhos de aprovisionamento, que vinham das grandes cidades para expropriar grãos e gado. Os vilarejos próximos das cidades eram os que sofriam mais, já que era muito complicado e caro enviar os destacamentos para mais longe. Os cossacos haviam parado de levar produtos ao mercado pelo receio de que eles fossem confiscados. As *stanitsas* também sofriam com o assédio de gangues que fingiam trabalhar para as autoridades.

Enquanto estava em Sebastopol, aguardando sua oportunidade de se juntar ao Exército Voluntário, o ex-oficial de artilharia Aleksandr Makhónin recebeu uma carta de seu fiel ordenança, que havia voltado para casa. Ele contou-lhe que um grupo de bolcheviques havia aparecido e solicitado que entregasse sua vaca. "Eu disse a eles", escreveu, "que a vaca era tudo o que me restava e que meu filho mais novo precisava de leite, então não poderia dar-lhes a vaca. 'Muito bem', responderam, 'então vamos dar um jeito de o seu pirralho não precisar mais de leite'. E, apesar de toda a minha resistência, arrancaram meu filho mais novo dos meus braços e arrebentaram a cabeça dele contra um muro; e então levaram embora minha vaca e me deixaram ali com meu bebê morto."

Coronel V. G. Buizin, comandante do regimento nomeado em homenagem ao general Alekséiev, com sua esposa, V. I. Buizína, que lhe serviu como ajudante de campo.

O ressentimento dos cossacos em relação às expropriações foi se intensificando. A aldeia de Krivianskaia, a apenas cinco quilômetros de Novotcherkassk, explodiu em revolta, assim como Gundarovskaya. No final de março, os cossacos expulsaram aqueles que tinham vindo requisitar alimentos. O capitão cossaco Fetístov reuniu trezentos ou quatrocentos cossacos e liderou-os até Novotcherkassk, tomando a cidade de surpresa. Os líderes comunistas e todos os seus Guardas Vermelhos fugiram.

"Houve grande júbilo na cidade, mas agora era necessário defendê-la", escreveu o general Sviétchin, que se encontrou com alguns comandantes e oficiais cossacos que também haviam sobrevivido escondidos. O palácio do ataman virou o quartel-general de sua defesa, e foram afixados cartazes em todas as ruas requisitando voluntários para defender a cidade. "Tínhamos uns 5 mil cossacos a pé e algumas poucas centenas montados, então éramos superiores à força do general Pópov, que tinha apenas 1.500, mas Pópov, como ataman de campo, tinha precedência." Logo em seguida, o *Krug* do Don reuniu-se para eleger um novo ataman, e escolheram o general Piotr Krásnov, comandante do III Corpo de Cavalaria em Gatchina. A arrogância e o oportunismo de Krásnov eram uma provocação para os líderes do Exército Voluntário, especialmente quando ele começou a oferecer abertura para os alemães que ocupavam a Ucrânia.

Enquanto os Voluntários sofriam na Marcha no Gelo no norte do Cáucaso, outra lenda heroica foi criada em torno do general Mikhail Drozdôvski. No Front da Romênia, Drozdôvski ouvira rumores em dezembro sobre o plano de Alekséiev de montar um exército. Ele enviou uma mensagem oferecendo-se para recrutar o maior número possível de oficiais e homens e atravessar a Ucrânia para levá-los até ele. Em 26 de fevereiro, Drozdôvski partiu com 1.100 homens, a maioria oficiais, e evitou as tentativas dos soldados romenos de desarmá-los. Em 21 de abril, após uma marcha de 1.200 quilômetros, os homens de Drozdôvski chegaram a Rostov e capturaram a cidade. Fizeram isso na hora mais oportuna. A força de Drozdôvski então se juntou aos cossacos do Don de Krivianskaia para defender sua capital, Novotcherkassk. A Marcha no Gelo do Exército Voluntário e a viagem de Drozdôvski constituíram juntas os mitos fundadores dos exércitos Brancos no sul da Rússia.

14

OS ALEMÃES INVADEM

Março-abril de 1918

Após a assinatura do Tratado de Brest-Litovsk em 3 de março, os Exércitos Alemão e Austro-Húngaro começaram a avançar para o leste a fim de assegurar os alimentos de que seus países tanto precisavam. Em 7 de março, quando os alemães estavam a apenas dezoito quilômetros de Odessa, a população temia ferozes represálias dos Guardas Vermelhos e marinheiros de Muráviov antes que fossem obrigados a ir embora.

"Não dormimos desde sábado", escreveu Ielêna Lakier. "*Burjúis* que não conseguem pagar 'taxas revolucionárias' estão sendo presos." Oficiais e outros suspeitos ainda estavam sendo assassinados no cruzador *Álmaz*, atracado no porto. Os Vermelhos ameaçavam bombardear a cidade com seus navios de guerra. No cais, a multidão começou a gritar aos Guardas Vermelhos pedindo que soltassem um velho trabalhador da ferrovia de barba branca e um jovem soldado aterrorizado, que estavam sendo levados ao *Álmaz*. "De repente, houve algumas rajadas ensurdecedoras. Um caminhão cheio de marinheiros chegou e começou a atirar na multidão. Eu vi pessoas caindo. Um homem pisou numa garota que estava caída no chão e ela gritou histericamente."

Em 12 de março, um grupo de oficiais alemães entrou na cidade para advertir o Comitê Executivo Central comunista de que todas as forças Vermelhas teriam que se retirar. Quando os oficiais em seus capacetes *pickelhaube** emergiram da reunião, um grande número de

---

* Refere-se aos capacetes de metal com uma ponteira usados pelos exércitos alemães até o final da Primeira Guerra Mundial (N.R).

Março de 1918. As divisões alemãs do *Ober Ost* marcham em Kiev como parte de sua ocupação das províncias do Báltico, da Bielorrússia e da Ucrânia após o Tratado de Brest-Litovsk.

pessoas que haviam se reunido começou a saudá-los. "Eles desceram a escadaria, eretos como varetas. De repente a multidão começou a gritar '*Hurraaa!*' sem qualquer inibição, e a jogar seus chapéus para o alto e aplaudir. Os alemães, bastante surpresos, viraram-se para fazer uma reverência, e partiram em seu automóvel... De repente, vários bolcheviques apareceram numa sacada, e um deles brandiu seu revólver e gritou: 'Se vocês não se dispersarem agora mesmo vou atirar!'. A multidão, tomada de pânico, começou a se espalhar em todas as direções." Dois dias depois, os alemães chegaram. "Os alemães estão em Odessa. Entraram calmamente, como quem volta para casa, e montaram seus canhões de campanha na avenida."

Em Kiev, Dmítri Heiden estava na multidão e viu a "bem organizada massa de alemães, de aspecto metálico com seus capacetes e com a expressão orgulhosa de vencedores. Claro que era muito bom estar livre da autoridade bolchevique; no entanto, a visão dos soldados alemães contra os quais havíamos lutado por três anos e que agora faziam da praça Sofia, perto da Duma Estatal, sua nova casa deixou-me horrorizado". O jovem Vladímir Nabókov também expressou esses sentimentos contraditórios experimentados por muitos. "Os bolcheviques sumiram, e um exército de alemães singularmente silencioso substituiu-os. Russos patriotas ficaram divididos entre o alívio instintivo de escapar de seus executores nativos e o constrangimento de dever seu perdão a um invasor estrangeiro – sobretudo aos alemães."

Para aqueles que haviam fugido do território comunista e escapado de suas revistas, o momento de cruzar a fronteira em Orcha e entrar na Ucrânia ocupada pelos alemães era de emoção. "Assim que o trem cruzou a barreira, um sonoro '*Hurraaa!*' ecoou por todos os vagões", escreveu o major-general Vladímir von Dreier. Muitas pessoas choravam, se abraçavam e agitavam seus lenços para os soldados alemães, que olhavam de volta impassíveis, debaixo de seus capacetes de balde de carvão. "Elas viam os soldados como seus salvadores."

Após o empobrecimento e a ausência de lei em Moscou e Petrogrado, aquela impressão de tranquila prosperidade agiu como um elixir inebriante para os refugiados do norte. Téffi via as agitadas ruas de Kiev como "uma cena maravilhosa e sem precedentes, como sonhar com uma vida já esquecida, com algo improvável, revigorante e inspirador – na porta de uma padaria há um oficial em pé, com dragonas, comendo um pedaço de bolo!". A cidade estava tão superlotada de pessoas da classe média e alta que arranjar um quarto por qualquer que fosse o preço era praticamente impossível. Ex-membros da corte czarista se sentiriam gratos por conseguir uma poltrona para dormir. "Naqueles dias a vida em Kiev era como um banquete no meio de uma peste", escreveu Paustóvski. "Foram abertos muitos cafés e restaurantes. A cidade, em sua aparência externa, dava uma impressão de riqueza maltrapilha... As moças bonitas de olhos grandes de Kiev patinavam nos rinques da cidade com oficiais. Casas de jogo e casas de tolerância surgiam da noite para o dia. A cocaína era vendida a céu aberto na praça Bessarábia, onde prostitutas de dez anos de idade ofereciam-se aos passantes."

De novo, mais oficiais preferiam entregar-se a uma existência permissiva regada a bebida e jogo a tentar se juntar ao Exército Voluntário. Pegando dinheiro emprestado sem muitos pudores, viviam vidas paralelas, mas separadas, às da intelectualidade, dos poetas, escritores e atrizes, que podiam desfrutar da vida noturna dos clubes e cafés sem medo de serem roubados.

Enquanto isso, toda manhã, o geógrafo Mogiliânski observava que seus salvadores, a soldadesca alemã, "reuniam-se em frente às vitrines de lojas de comida, que exibiam uma variedade de assados de leitõezinhos, gansos, patos, frangos, pernis, manteiga, açúcar e vários tipos de doces, que era possível comprar barato e sem precisar de cartões de racionamento. De manhã, os alemães gostavam especialmente de comprar fatias de bacon nos mercados. Ficavam mascando com gosto aquelas grossas fatias do delicioso bacon ucraniano. Seus corpos deviam estar havia muito tempo carentes de gordura".

As autoridades militares alemãs decidiram ignorar seu tratado com a Rada ucraniana, pois ela se mostrara incapaz de entregar os suprimentos prometidos. Em 18 de abril, num golpe elaborado com a ajuda do Príncipe Kotchúbei, da Associação dos Produtores de Grãos, eles escolheram seu próprio governante títere ruritano* na pessoa do ataman Skoropádski. "Toda essa comédia, preparada com antecedência, transcorreu sem problemas", escreveu o Conde Dmítri Heiden, um dos produtores de grãos. Skoropádski, vestido com adereços de gala cossacos, foi aclamado enquanto os alemães prendiam os líderes ucranianos Petliúra, Vinnitchênko e Gôlubovitch.

Pavlo Skoropádski era um descendente dos Skoropádski que em 1708 haviam substituído Ivan Mazêpa como ataman da Hoste Cossaca Zaporoziana. Muito consciente de sua ancestralidade, "o pequeno Pável já era chamado de 'o ataman', quando ainda era uma criança de colo". Seguindo a carreira típica da alta nobreza, ele havia servido no Corpo de Pajens de São Petersburgo, depois como oficial da Guarda de Cavaleiros do Czar, junto com os generais Sviétchin e Mannerheim. Skoropádski era elegante e extremamente educado, mas não muito inteligente, portanto era um candidato ideal a títere da Alemanha. Sua esposa muito rica, uma Durnóva, estava ainda isolada em território soviético, e os alemães tinham agora como pressionar o Sovnarkom para liberá-la. Skoropádski recusou-se a morar no palácio real no Dniepre e preferiu em vez disso a residência do governador-geral da Ucrânia, mas sua *entourage* ainda se referia a ele como "Mui Ilustre Ataman".

---

* Referência a uma nação fictícia criada por Ernest Gellner em uma paródia dos movimentos nacionalistas do século XIX e seus mitos fundadores (N.R.).

O general Sviétchin, agindo como embaixador informal do Exército Voluntário, foi visitar seu antigo colega oficial. Sviétchin sentiu que Skoropádski ficou desconfortável quando os sentinelas alemães apresentaram armas. "Posso ver que eles o estão guardando muito bem", observou.

"Sou simplesmente um prisioneiro", Skoropádski disse, com tristeza. "Fui eleito pela assim chamada 'Associação dos Produtores de Grãos', de ricos agricultores e donos de terras, mas não posso negar que fui também escolhido pelos alemães, que preferiam que houvesse um estado com um ataman e não o experimento socialista de Petliúra. No entanto, precisamos tolerar a mão forte dos alemães. Foram os bolcheviques que permitiram que eles nos governassem. Eu pessoalmente acho que a guerra está prestes a terminar com a vitória total dos alemães." Ele acreditava que os americanos levariam tempo demais para cruzar o Atlântico com seus homens e armas.

Como velho amigo dele, Sviétchin pôde mencionar as acusações de traição que lhe eram lançadas por muitos oficiais russos em Kiev. "Eles estão protegidos pelos mesmos coturnos alemães pelos quais me condenam", replicou ele. "Será que eles também não se venderam aos alemães ao simplesmente permanecerem aqui? E por que a consciência deles não lhes diz para ir lutar pela Rússia?"

Os dois conversaram a respeito das demandas alemãs por grãos e gordura animal. "Eles de fato pagam por tudo", Skoropádski disse, "mas agora o dinheiro vale menos do que os grãos. Os alemães permitem que cada soldado mande para casa um pacote semanal de três quilos para alimentar suas famílias. Os camponeses aceitam os marcos deles com mais boa vontade do que o nosso dinheiro."

Skoropádski claramente tinha pouca noção de qual era a real situação do campo, mas o major-general Hoffmann, chefe do estado-maior em Brest-Litovsk, não nutria ilusões a respeito. "A Ucrânia só nos interessa até a próxima colheita", disse ele. "Depois, vocês poderão fazer o que quiserem com a Ucrânia." O problema era que os confiscos de grãos pelos alemães para alimentar o Reich eram muito prejudicados pelos saques operados por seus próprios soldados para si mesmos e suas famílias. "Havia muitos casos", reportou o geógrafo Mogiliânski, "em que os proprietários de terras valiam-se dos soldados alemães para retomar suas propriedades saqueadas. Às vezes isso levava a conflitos tão sérios que os alemães eram obrigados a usar a artilharia." Na maioria dos casos, os camponeses obedeciam, percebendo que estavam indefesos. "O que podemos fazer, mestre?", um camponês disse a ele. "Os alemães estão exigindo comprar feno de nós pelo preço de um rublo por pud, sendo que ele custa oito rublos. Eles pegam a gordura de bacon e pagam um rublo por libra, sendo que ela custa cinco rublos em Tchernigov." Mogiliânski ouviu dizer que os soldados austro-húngaros eram ainda piores que os alemães quando recorriam à violência.

O ar de normalidade e de boa vida em Kiev estava fadado a durar pouco, pois o regime de Skoropádski dependia totalmente das baionetas estrangeiras. "Assim que os alemães partirem, sua administração está fadada a desabar como um castelo de cartas", observou Globatchóv, o antigo chefe da Okhrána. Tendo finalmente fugido para Kiev, ele havia voltado a trabalhar com alguns de seus antigos agentes. Ele sabia que os bolcheviques clandestinos na cidade estavam se preparando para esse dia. A Ucrânia também seria engolida pela guerra civil. Havia pouca chance de qualquer estabilidade em áreas controladas pelos Brancos.

A atmosfera irreal do protetorado alemão incentivava delírios extraordinários da construção de um império ao sul da Rússia. Sviétchin ficou perplexo ao ver no palácio do ataman um mapa da Ucrânia no piso de mármore, que incluía tanto o Don quanto Cubã. Ele manifestou sua surpresa. Skoropádski tentou argumentar que falavam ucraniano no Cubã. Sviétchin destacou que os falantes de ucraniano eram uma pequena minoria ali. Ao mesmo tempo, em Novotcherkassk, o ataman Krásnov fantasiava a respeito de unir as Hostes Cossacas numa federação que seria liderada pelos cossacos do Don.

Para ultraje de Rodziánko, o antigo presidente da Duma Estatal, assim como dos líderes do Exército Voluntário, Krásnov bajulava os alemães. O avanço deles pela Ucrânia em direção a Rostov-no-Don empurrava as forças Vermelhas de Antónov-Ovsiénko do leste da Ucrânia e do Donbas para território cossaco. Para resistir aos Vermelhos, Krásnov queria tomar o conteúdo dos arsenais russos estabelecidos na Ucrânia durante a guerra para os Fronts da Romênia e do Sudoeste. Ele estava totalmente preparado para compartilhar seus dividendos com o Exército Voluntário e declarou, de maneira curiosa, que havia salvado Deníkin da contaminação, já que as armas que ele recebera haviam sido purificadas pelas águas do Don. Krásnov então escreveu ao Kaiser Guilherme II pedindo ajuda em sua luta contra os bolcheviques, quase como se fosse um colega soberano.

> À VOSSA IMPERIAL E REAL EXCELÊNCIA,
>
> Hoje, nove décimos da terra do Grande Exército do Don estão livres das gangues Vermelhas... Fizemos alianças com os exércitos de Astracã e de Cubã... Assim que eles expulsarem os bolcheviques de suas terras, seremos capazes de formar um estado federativo estável juntando o Grande Exército do Don, o Exército de Astracã e os calmuques de Stavropol, o Exército de Cubã e, mais tarde, depois de limparmos seus territórios, também o Exército do Terek, assim como os povos do norte do Cáucaso. O Ataman Zimovói foi autorizado por mim a pedir a Vossa Excelência que reconheça o Grande Exército do Don como Estado independente, e que faça o mesmo com os Exércitos de Astracã, Cubã e Terek, assim como com os territórios do norte do Cáucaso depois que forem libertados. O nome desse Estado será União do Don e do Cáucaso.
>
> Gostaríamos de pedir a Vossa Majestade que junte Kamichin e Tsaritsin da região de Saratov ao Grande Exército do Don, assim como Voronej. Isso é necessário por razões estratégicas... O Grande Exército do Don assegurará prioridade à Alemanha para remover o excedente de pão, grãos e farinha após atender à demanda local desses produtos, assim como de couro, produtos de pesca, madeira, gorduras vegetais e animais, tabaco, animais de criação e vinho, e em troca a Alemanha fornecerá maquinário agrícola, produtos químicos, extratos para curtumes e equipamento para indústrias químicas e outras, incluindo as de produção de cédulas etc.

Isso foi demais para Rodziánko, cuja autoestima estava à altura de seu grande porte e vasta barba. Ele escreveu: "Ao Ataman do Grande Exército do Don. Recebi uma cópia de sua carta ao Imperador Alemão. A pessoa anônima que me passou tal cópia garantiu-me que o original foi enviado a Berlim pelo Duque de Lichtenstein. Se foi de fato você que escreveu e enviou esta carta ao Imperador Alemão, então, assim como o Ataman Skoropádski, colocou-se na condição de vassalo em relação à Alemanha, e de forma alguma está servindo à causa russa".

A resposta veio dois dias depois. "Ao Cidadão da República Democrática Russa Mikhail Vladímirovitch Rodziánko. De acordo com ordens do ataman dos cossacos do Don, gostaria de pedir-lhe, prezado senhor, para se retirar do território do Grande Exército do Don dentro de três dias."*

O agente britânico em Moscou, Robert Bruce Lockhart, foi bem mais realista em sua avaliação de Krásnov. "Assim como a maioria das pessoas abastadas da Rússia, ele é um oportunista: hoje pró-Alemanha, amanhã pró-Aliados." Em Kiev, o marechal de campo Hermann von Eichhorn, comandante em chefe alemão na Ucrânia, não fez objeção ao fato de Skoropádski permitir que Krásnov ficasse com o armamento dos arsenais russos, mas se opôs fortemente a que fossem passados ao Exército Voluntário "porque eles rejeitam qualquer ideia de paz com a Alemanha".

Ex-aliados de Lênin, os socialistas-revolucionários de esquerda também se opunham a quaisquer acordos com os alemães. "Todos os destacamentos do Exército Vermelho obedeceram às ordens da autoridade soviética, exceto os dos socialistas-revolucionários de esquerda", escreveu Eduard Dune, junto ao exército de Sáblin. "Eles não concordavam. O comandante de nosso exército, Iuri Sáblin, era um deles." No entanto, toda vez que os SRs de esquerda entravam em conflito com os alemães, eram obviamente derrotados.

O coronel Mirónov, SR de esquerda e cossaco Vermelho, denunciou Krásnov tão frontalmente quando Rodziánko. "Nossos eternos inimigos de ontem, os austríacos e alemães, entraram no território do Don... O bastão do general e a disciplina alemã agora ameaçam as cabeças dos cossacos, junto com a servidão." Mas Mirónov também advertiu os líderes do Exército Vermelho contra as "ações de soldados revolucionários dirigidas contra as propriedades e as casas das pessoas, e, consequentemente, contra mulheres e crianças. Aldeias são

* Seria muito interessante incluir toda a correspondência entre Krásnov e Rodziánko, que é bem impressionante, mas ela ocuparia páginas e páginas.

frequentemente incendiadas por um capricho de algum camarada ignorante e emocionalmente instável". Isso, ele sentia, era simplesmente fazer o jogo dos reacionários.

Mirónov então entrou em contato com o Distrito Militar do Norte do Cáucaso em Tsaritsin, pedindo que suas perguntas fossem encaminhadas ao Camarada Trótski. "Preciso saber como o Comissariado Militar encara a Região do Don, no aspecto político. O fato é que Moscou continua enviando comissários que não têm a mínima ideia nem da vida cotidiana nem da mentalidade do *óblast* do Don... é talvez graças a esses comissários que metade do *óblast* do Don está agora nas mãos de contrarrevolucionários. É por isso que eu gostaria de pedir ao Camarada Trótski uma resposta definitiva: o que planeja fazer no *óblast* do Don? Tem intenção de garantir aos cossacos o direito de organizar suas próprias forças e de expulsar a contrarrevolução com o apoio da autoridade central? Se é isso o que o Sovnarkom decidiu, insisto que chame de volta todos esses 'comissários extraordinários' e dê ao nosso Comitê Executivo Central o direito de trabalhar de modo independente."

Em Moscou, os SRs de esquerda haviam renunciado do Sovnarkom em protesto contra o Tratado de Brest-Litovsk e o fato de Lênin rejeitar a "guerra revolucionária" contra os alemães. No entanto, alguns de seus membros mantiveram seus cargos na Tcheká e em outras instituições. Além de seu ódio implacável em relação à ocupação alemã, os SRs de esquerda também estavam descontentes com o crescente uso de destacamentos de aprovisionamento, que faziam incursões nas aldeias para expropriar supostos "excedentes" de grãos dos camponeses. Como representantes dos camponeses, os SRs de esquerda haviam saudado com entusiasmo a incorporação por Lênin de suas ocupações de terras. Eles não tinham ideia de que isso era puramente uma artimanha tática antes de que elas passassem totalmente para o controle do Estado. Mas sabiam que o conceito comunista de luta de classes dentro das aldeias, entre camponeses pobres e "*kúlaks*" ricos, era esquemático demais para uma realidade mais complexa. E, à medida que eles tomavam conhecimento de conflitos letais cada vez mais frequentes entre Guardas Vermelhos e camponeses, aumentava sua preocupação com a retórica leninista de luta implacável e punições impiedosas.

A mudança da capital de Petrogrado para Moscou pela ameaça de um avanço maior dos alemães destacou os contrastes entre as duas cidades. Lênin não gostava do aspecto ortodoxo russo, quase eslavófilo, de Moscou. Ele era um modernizador brutal e ficava apreensivo com a perspectiva de viver e trabalhar no Kremlin, com seus domos dourados e ameias antigas. Trótski também via isso como uma escolha paradoxal para uma ditadura revolucionária.

Após um ano de total negligência e da luta que houvera ali no outono anterior, o Kremlin estava em péssimas condições; então, por um breve período, Lênin viveu e trabalhou no vizinho Hotel Nationale. Depois que o Edifício do Senado do Kremlin ficou pronto para o Sovnarkom, com um apartamento adjacente para Lênin e para sua irmã e Krúpskaia, eles se mudaram, de novo guardados por fuzileiros letões. Isso não impedia Lênin de se encontrar com Inessa Armand, tanto no Kremlin quanto no apartamento dela da rua Arbat, onde podiam conversar sem interrupções. Inessa, como os comunistas de esquerda de Bukharin, havia se oposto radicalmente ao Tratado de Brest-Litovsk, mas Lênin nunca usou isso contra ela. Ele tinha respeito demais pela sua mente e suas opiniões.

Ao voltar para o apartamento do Kremlin, Lênin achava divertido quando o serviçal do antigo regime servia sua sopa de legumes e *kasha* num jogo de jantar Románov, com as águias de duas cabeças meticulosamente alinhadas, mas demarcou seus limites em termos musicais. Ele insistiu que os sinos do relógio do Portal Spasskie tocassem "A Internacional" em vez de "Deus Salve o Czar".

Tanto Lênin quanto Trótski eram pragmáticos, assim como ideólogos. Eles já haviam reconhecido a necessidade de recrutar "especialistas", mesmo que de lealdade duvidosa, em lugar de fanáticos incompetentes. Muitos outros comissários também acreditavam que escolher os mais brilhantes e melhores era a única alternativa para a sobrevivência do regime. Um dos recrutados para os altos postos da burocracia comunista era um apoiador secreto dos Brancos chamado Bórman. Ele trabalhou com Manuílski, Rakóvski, Radek e outros a partir de março de 1918.

Manuílski, como outros na hierarquia, não acreditava que o domínio bolchevique fosse durar muito tempo. Conta-se que disse a Bórman em várias ocasiões: "Eles vão acabar matando todos nós, mas, antes de ir embora, bateremos a porta na cara deles como se deve e faremos os *burjúis* passarem maus bocados". Quando Bórman perguntou por que precisariam ser exterminados, replicou: "Para que fique mais fácil tomar o poder de novo no futuro, e, seja como for, quanto menos *burjúis* houver no mundo, melhor".

Bórman observou "a classe inteiramente nova de burocratas" que havia se instalado no Hotel Mietrópol perto do Kremlin. "Eles eram atraídos para lá pelos quartos baratos e pela cantina no térreo, na qual a comida era ruim, mas ainda assim melhor que em outros lugares da cidade." Na atmosfera frenética de reuniões do Kremlin, que podiam estender-se noite adentro, a maioria dos comissários vivia de modo frugal, mas o economista Iuri Lárin parecia viver muito bem no Quarto 305. "Lárin era completamente diferente", Bórman notou. "A comida dele era farta e refinada. Duas mulheres de olhos negros cuidavam de maneira gentil e dedicada daquele homem repulsivo, que tinha mãos de paralítico e uma boca terrivelmente distorcida." (Talvez fosse em Lárin que Kurt Riezler, o assessor do recém-chegado embaixador alemão, estivesse pensando ao comentar sobre "a disseminada corrupção dos oficiais comunistas e seus hábitos promíscuos, especialmente a insaciável sede por mulheres".)

Bórman ficou impressionado ao ver que a maioria dos comunistas que conheceu no Mietrópol não era russa. "Haviam chegado a um país estrangeiro, ou, de qualquer modo, a um país pelo qual não tinham sentimentos, a fim de fazer seu experimento. Tratavam as pessoas como material, como cobaias de laboratório. Dava para perceber que estavam totalmente dissociados da vida real. Àquela altura, as principais figuras comunistas não esperavam que seus experimentos fossem sobreviver por muito tempo. Em numerosas ocasiões, ouvi deixarem escapar 'devemos tentar isso e aquilo enquanto ainda estamos aqui'."

Pelo menos em duas ocasiões, Bórman foi admitido numa sessão do Sovnarkom. "As mesas ficavam dispostas num quadrado com um dos lados aberto, cobertas por feltro verde. Dezesseis a vinte pessoas sentavam-se em volta das mesas. Outras acomodavam-se em cadeiras e bancos ao longo das paredes. Lênin sentava-se sozinho à cabeceira da mesa. Trótski ficava em pé atrás dele, junto à parede. Tchitchêrin reclinava-se no parapeito, o olhar perdido nas cúpulas das igrejas iluminadas pelo sol do fim de tarde... Lênin tinha a expressão de uma pessoa que definitivamente sabe o que está fazendo e o que quer. Seus olhos eram perspicazes e sorridentes. De alguma maneira, ele me lembrava um comerciante do norte da Rússia. Conduzia as sessões com confiança, explicava as questões, fazia perguntas aos presentes e então ditava sua versão da resolução ao secretário."

Embora os bolcheviques fossem o único partido político disciplinado na Rússia, eles também podiam ser improvisadores espontâneos. Em meados de março, Bórman encontrou o búlgaro Khristián Rakóvski no Hotel Mietrópol. Rakóvski perguntou-lhe se ele gostaria de se juntar a uma delegação com Manuílski e Stálin, o Comissário do Povo para as Nacionalidades, para irem "até Kursk, a fim de negociar a paz com os ucranianos". Isso foi logo após a ocupação alemã, quando a Rada ainda era reconhecida.

Bórman apareceu na Estação Kursk conforme instruído, pronto para a partida deles. "A expressão no rosto de Stálin era pouco notável", escreveu ele. "Seu olhar é desagradável e raivoso. Suas bochechas são cobertas por marcas de varíola. Ele estava vestindo uma camisa de veludo azul-escuro por baixo do paletó. Ficou sentado em silêncio, sem se mexer. Manuílski é um homem pequeno, de pele escura, ágil. É russo, e ficou tentando me convencer de que era um camponês da *gubiérnia** de Kiev... Já os 'especialistas' parecem bastante confusos. Não sabem como se comportar. Um monte de rostos de meia-idade. Um jovem judeu fica andando em volta de Rakóvski. Veste uma túnica, culotes e botas de cano alto. Era Záitsév, um tchekista, secretário da delegação."

Ficaram ali sentados aguardando, e então descobriu-se que ninguém avisara a administração ferroviária, portanto não havia sido preparado nenhum trem especial. "Finalmente, Stálin telefonou para o Kremlin. Por alguma razão, falou com o comandante dos fuzileiros letões. Apesar das pressões do Kremlin, ainda tivemos que esperar mais duas horas. Podvóiski [o ex-chefe da Organização Militar bolchevique] veio até o nosso trem na Estação Kursk e embarcou. Ele era o comandante do

* A *gubiérnia* era a principal subdivisão administrativa do Império Russo. A região da Ucrânia era então composta de nove *gubiérnias* (N.R.).

setor local do front contra alemães e gaidamák.* Contou que tivera que recorrer ao fuzilamento de alguns homens a fim de restaurar a disciplina nas unidades. Mas estava acompanhado por um marinheiro ruivo enorme, de aspecto aterrador. Estávamos sentados no vagão restaurante, que tinha ainda a aparência bem cuidada do passado. O marinheiro imediatamente repreendeu-nos pela toalha de mesa branca. Declarou: 'Já é tempo de abandonar esses modos burgueses. Por exemplo, o camarada Podvóiski e eu estamos vivendo como proletários. Se você está a serviço da autoridade soviética, não tem que ficar comendo com toalhas de mesa'. Esse foi meu primeiro encontro com marinheiros. Mas as coisas não demoraram a ficar mais sérias. Os destacamentos de marinheiros, ou melhor, as gangues independentes, não reconheciam nenhuma autoridade e ficaram muito perturbadas com a nossa chegada. 'Que tipo de paz vocês querem assinar?', perguntaram. 'Estamos aqui lutando, matando *burjúis* e gaidamáks e vocês ficam tentando atrapalhar. Precisamos verificar quem são vocês.'"

O ressentimento e as suspeitas dos marinheiros não se acalmaram. "Já no primeiro dia da nossa chegada, foi reportado a Manuílski que alguns destacamentos navais pretendiam atacar a delegação. O fato de haver várias centenas de marinheiros na cidade não deteve Manuílski.

Imediatamente, ele pegou vinte letões de sua escolta e foi até o quartel-general deles. Provavelmente os tratou de maneira bem severa. Correram rumores de que vários marinheiros foram executados ali mesmo... De fato, após esse incidente nenhum destacamento de marinheiros tentou interferir no trabalho da delegação."

No final, a delegação não permaneceu muito tempo em Kursk porque ficou sabendo que os alemães haviam prendido Petliúra e a Rada, substituindo-os pelo fantoche Skoropádski. Ao voltar à Estação Kursk em Moscou, a delegação foi parada por um destacamento de aprovisionamento do Exército Vermelho, que insistiu numa revista completa de sua bagagem. A escolta de letões cerrou fileiras e gritou de volta: "E de

* Gaidamáks eram soldados ucranianos. Originalmente eram camponeses que se revoltaram no século XVIII contra os senhores poloneses. Quase sempre tinham as cabeças raspadas e usavam uma longa trança, no estilo tradicional ucraniano, pendurada para fora de seu quepe de pele de carneiro.

quem precisamos ter permissão? Fomos nós que iniciamos a Revolução!". Os soldados pediram apoio ao seu comandante, mas "os letões se comportaram como soberanos", registrou Bórman, achando graça. "Se quiser, pode ir reclamar lá no Kremlin!", disseram, enquanto afastavam o comandante do destacamento de aprovisionamento.

15

INIMIGOS NA PERIFERIA

Primavera e verão de 1918

Após a desastrosa perda de território para as Potências Centrais – sem falar da oposição que crescia em toda parte –, era previsível que os quadros comunistas em Moscou estivessem nervosos. A escassez desesperadora de comida, especialmente nas cidades, começava a minar seu apoio mesmo entre o proletariado. Mas a tentativa de atribuir seus problemas inteiramente à "fome e à ignorância das massas" vinha da recusa em admitir os próprios erros.

Bem antes de os países da Entente terem considerado sua política futura, Lênin já não nutria ilusões a respeito do que a rebatizada República Socialista Soviética Russa deveria esperar assim que a guerra no Ocidente terminasse. Estava convencido de que a natureza capitalista e imperialista desses países os levaria a estrangular o recém-nascido comunismo antes que ele desenvolvesse a força para defender a si mesmo. No entanto, além dos 20 mil da Divisão de Fuzileiros Letões, o Sovnarkom não tinha soldados treinados para enfrentar um eventual inimigo externo, e muito menos soldados o bastante para lidar com os diversos focos de revoltas em toda a imensa periferia do país.

Como já mencionado, a Marinha Real britânica havia desembarcado Fuzileiros Reais em Murmansk para proteger provisões militares previamente entregues aos exércitos czaristas. No entanto, quando essa pequena guarnição foi reforçada em maio por outros 370 fuzileiros navais e depois mais 600 soldados da infantaria, Lênin e Trótski reagiram contra a ideia de abrigar forças estrangeiras em território soviético. Ironicamente, a primeira ação dos Fuzileiros Reais foi em apoio aos Guardas Vermelhos que lutavam contra uma força de finlandeses Brancos que haviam tomado algum território entre Murmansk e a fronteira.

A força britânica no norte da Rússia, cobrindo Murmansk e Arcangel, foi crescendo até chegar a 18.400 homens. Ao longo do ano, eles foram acrescidos de destacamentos de outras nações Aliadas – americanos, canadenses, franceses, sérvios e italianos. O presidente Woodrow Wilson era totalmente contrário a interferir na Rússia no início de 1918, mas, por influência de seu secretário de Estado Robert Lansing, aceitou a ideia de defender Murmansk. Os perigos da intervenção foram claramente expressos com antecedência pelo chefe do estado-maior britânico, o marechal de campo Sir Henry Wilson. "Depois que uma força militar envolve-se em operações terrestres", escreveu Wilson em uma avaliação, "é praticamente impossível limitar a magnitude de seu comprometimento." Então, mais de um ano depois de sua intervenção, ele justificou a demora em remover os soldados alegando que não poderiam deixar seus aliados russos locais à mercê dos bolcheviques. Pouco mudou nas expedições militares desde então. Wilson, embora sua família viesse do Ulster, adotou um sotaque irlandês em Londres, por uma questão de orgulho. Recusava-se a se considerar britânico. Conhecido como o mais feio oficial do exército em razão de uma ferida no rosto recebida na Birmânia, Wilson se importava tão pouco com a sua vaidade quanto com bajular políticos.

Os desembarques originais em Murmansk haviam tido uma intenção defensiva, mesmo quando reforçados por mais soldados comandados pelo major-general Maynard. Mas a captura de Arcangel em agosto, somada ao golpe anticomunista, levou a uma estratégia muito mais agressiva. O major-general Poole, comandante britânico, interpretou suas ordens de maneira muito despreocupada. Ele decretou a lei marcial, tratou com indiferença os chefes do governo independente da região Norte e preparou-se para uma invasão na direção sul, rumo a Vologda. Foi mais tarde desenvolvido um plano, baseado numa fantasia desenhada em um mapa de que as forças antibolcheviques atacariam pelo oeste partindo dos Urais e poderiam unir-se em Vologda a soldados aliados vindos de Arcangel.

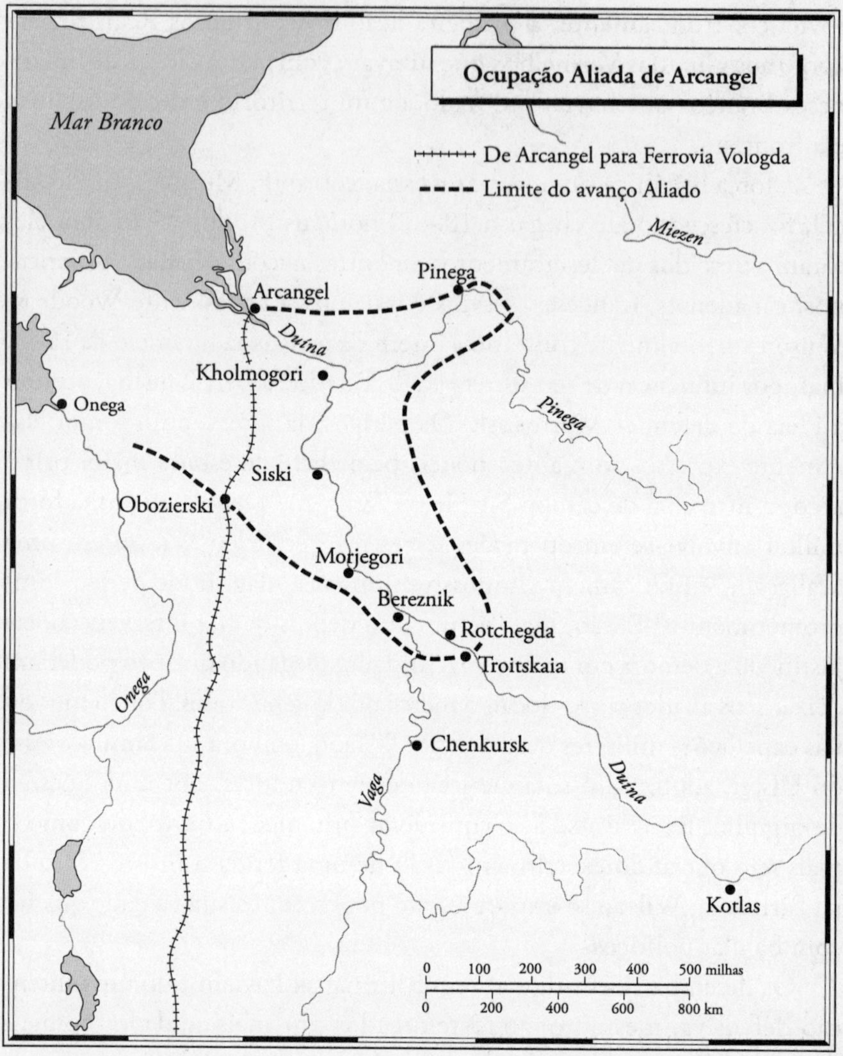

As autoridades locais tanto em Murmansk quanto em Arcangel não haviam recebido nenhum apoio de Moscou e não tinham dinheiro para pagar quaisquer salários. A região de Murman, com apenas algumas minas e núcleos de pesca, informou o Kremlin de que precisava de 50 milhões de rublos para sobreviver. O Sovnarkom ignorou a requisição e simplesmente ordenou que resistissem aos Aliados, apesar de não terem armas nem soldados. "Se não recebermos nenhuma ajuda", disseram a Moscou, "então teremos que solicitar ajuda aos Aliados."

*

A fragilidade do regime de Lênin ficou evidente em abril nos relatos do embaixador alemão em Moscou, Conde Wilhelm von Mirbach-Harff. Ele reportou a Berlim que o controle bolchevique da capital dependia inteiramente dos regimentos de fuzileiros letões. Enquanto isso, Ióffe, que liderara a delegação bolchevique em Brest-Litovsk, transferiu-se como "embaixador" para a velha embaixada czarista na Unter den Linden, onde, na sua condição de judeu bolchevique que planejava derrubar a ordem tradicional, era tratado como uma espécie de piada.

Lênin era fascinado pela Alemanha, e não só por vê-la como o país-chave para a disseminação de uma revolução universal. De maneira menos previsível, invejava e chegava a elogiar o capitalismo de Estado que a Alemanha guilhermina adotara na Primeira Guerra Mundial. (Os britânicos, por outro lado, viam-no como um "socialismo de guerra", porque descobriram que era proibido ter mais que dois pares de botas.) Lênin considerava o sistema alemão um bom modelo para o socialismo de Estado. Louvava seus "princípios de disciplina e organização, de sólido trabalho em equipe com base no maquinário industrial mais moderno, com rigorosa contabilidade e controle". Todas essas eram qualidades com as quais ele só podia sonhar na caótica Rússia, mas estava determinado a impô-las pela força.

No ano anterior, o Governo Provisório sob o Príncipe Gueórgi Lvóv havia permitido que os estonianos dessem seu primeiro passo em direção à independência, com fronteiras e uma assembleia provincial, a Maapäev. No entanto, os bolcheviques na Estônia é que detinham o poder *de facto*, pelo número de soldados russos ainda estacionados ali. De qualquer modo, o apoio ao bolchevismo começara a declinar no final de 1917. Quando foram realizadas eleições, os bolcheviques simplesmente cancelaram o resultado, alegando que ele não estava de acordo com "os interesses das massas trabalhadoras". Essa desculpa também veio acompanhada de alusões a uma suposta conspiração entre os proprietários de terras alemães e *burjúis* estonianos. Seguiu-se então uma onda de prisões, mas as forças Vermelhas precisaram se retirar, já que os alemães vinham avançando da Letônia em direção à Estônia, terminando por dirigir-se à fronteira russa em Narva.

A ocupação militar alemã da Estônia foi naturalmente bem recebida pelos barões do Báltico, mas brotava à superfície um patriotismo estoniano, além de ressentimentos. Os "barões do Báltico", com ancestrais que muitas vezes remontavam aos Cavaleiros Teutônicos da Idade Média, eram donos de quase metade das terras cultiváveis.

Num grande gesto simbólico, foi declarada a independência estoniana em 23 de fevereiro de 1918, e um Governo Provisório assumiu o poder. Isso teve apoio da Divisão Nacional Estoniana, formada em segredo para enfrentar os bolcheviques. Quando o Oitavo Exército Alemão ocupou a maior parte da Estônia no final do mês, as unidades estonianas, junto com uma Força de Autodefesa da capital Talín (a antiga Reval), tiveram inicialmente permissão para permanecer, desde que se mantivessem neutras, mas em abril foram desarmadas. Ao mesmo tempo, o Governo Provisório estoniano foi substituído por um governo de "barões do Báltico" que sonhavam em criar um ducado báltico alemão a partir das três províncias. No entanto, essa fantasia, encorajada pelo general Von der Goltz e por Ludendorff, logo iria por água abaixo com a derrota dos exércitos alemães no oeste, bem como seu sonho de uma monarquia alemã na Finlândia.

Em 5 de abril, mais de 9 mil quilômetros a leste, no outro extremo do antigo Império Czarista, a Marinha Imperial Japonesa desembarcou um batalhão de infantaria naval em Vladivostok. Oficialmente, era uma resposta à morte de três civis japoneses. Na realidade, as mortes foram apenas um pretexto para o primeiro passo das ambições japonesas na região. Duas divisões de infantaria já haviam sido enviadas à Coreia e dois cruzadores lotados com mais homens da infantaria naval estavam aguardando no porto de Vladivostok. O cruzador da Marinha Real HMS *Suffolk* desembarcou cinquenta Fuzileiros Navais Reais e marinheiros em apoio ao seu então aliado. Fuzileiros Navais dos Estados Unidos também foram desembarcados do USS *Brooklyn*. Os Estados Unidos, os grandes rivais do Japão no Pacífico, já haviam estabelecido uma presença na Rússia ao oferecer ajuda técnica ao Governo Provisório do Príncipe Gueórgi Lvóv, fazendo melhoramentos na Ferrovia Transiberiana com engenheiros do Corpo de Serviços Ferroviários.

A Ferrovia Transiberiana foi importante para o desdobramento seguinte, totalmente inesperado, daquilo que rapidamente estava se tornando uma guerra civil internacional. O Império Czarista havia sido tão multinacional quanto seu vizinho, o Império Austro-Húngaro. Em 1914, tchecos na Rússia haviam se apresentado como voluntários para combater ao lado de seus companheiros eslavos contra o Exército Austríaco, que incluía um grande número de relutantes recrutas tchecos, que por sua vez se aproveitavam de qualquer oportunidade para se render. Depois de capturados, juntavam-se voluntariamente às formações tchecas baseadas na Ucrânia, vestindo uniformes russos.

No outono de 1917, enquanto o velho exército czarista se desintegrava, os tchecos mantinham sua coesão e disciplina. O iminente colapso do Império Austro-Húngaro fez brotar grandes esperanças de independência nos tchecos assim que a guerra terminasse com a vitória aliada. No entanto, os Aliados não conseguiam entrar em acordo sobre o que fazer com aquele corpo de exército tcheco de 40 mil homens. Os franceses queriam que eles voltassem para reforçar o Front Ocidental na França, enquanto os britânicos preferiam mantê-los na Rússia, para o caso de haver alguma chance de reviver um Front Leste contra a Alemanha. O cônsul-geral americano em Irkutsk concordava totalmente com a posição britânica. "É absolutamente necessário que os soldados da Tchecoslováquia permaneçam na Rússia", reportou ele a Washington, "e que não sejam enviados à França como se desejava originalmente... Todos falam russo, e se suas unidades forem deixadas intactas irão formar a espinha dorsal da intervenção aliada, e terão sucesso uma vez mais em restabelecer um front contra a Alemanha na Rússia".

O general Maurice Janin, futuro chefe da Missão Militar Francesa na Sibéria, soube mais tarde pelo líder tcheco Tomáš Masaryk que o general Alekséiev havia solicitado que as forças tchecas fossem transferidas para o território do Don. Mas Masaryk, "não querendo cooperar de nenhuma maneira com uma restauração czarista", discordou. Ele, em todo caso, temia que seria muito difícil retirá-los do mar Negro enquanto o Império Otomano permanecesse na guerra.

Em março, depois de os alemães avançarem sem resistência, Lênin e o Sovnarkom estavam muito conscientes da própria fragilidade militar. Eles queriam os tchecos fora do país, e concordaram em permitir que viajassem pela Ferrovia Transiberiana até Vladivostok, de onde navios aliados os levariam de volta à Europa ocidental. Um comboio começou a transportá-los para o leste, com as formações tchecas espalhadas ao longo da rota. Mas então os tchecos descobriram que seus trens estavam sendo detidos deliberadamente pelos Sovietes locais, que pareciam estar enviando de volta os prisioneiros de guerra alemães e austríacos, na esperança de convertê-los ao comunismo. O cônsul-geral Harris em Irkutsk disse que Gueórgi Tchitchêrin, o novo Comissário do Povo para Relações Exteriores, enviara uma mensagem em 20 de abril ordenando: "Transportem os prisioneiros alemães o mais rápido possível para oeste. Contenham os escalões tchecoslovacos".

As autoridades soviéticas queriam que eles fossem desarmados, mas os tchecos desconfiavam das relações bolcheviques com as Potências Centrais. Eles temiam ser entregues aos austríacos e tratados como traidores. Trótski, agora o Comissário do Povo para a Guerra, cometeu então o extraordinário equívoco de mandar prender qualquer soldado tcheco que não entregasse suas armas. Isso iria transformar inteiramente o conflito, fazendo-o se estender por todo o terreno da Eurásia.

Mais ao sul, no Don e no norte do Cáucaso, os Vermelhos estavam sob pressão. Como Mirónov havia tentado avisar a Trótski, o saque promovido pelos Guardas Vermelhos e pelos destacamentos da infantaria naval nas *stanitsas* cossacas despertara a fúria das Hostes do Don e de Cubã.

O ataman Krásnov, com seu sonho de uma federação cossaca ampliada, reuniu um exército de 40 mil homens. Sabendo que seu flanco ocidental até Rostov-no-Don era guardado por alemães, suas forças seguiram para o norte em direção a Voronej, enquanto um reforçado destacamento sob o general Konstantín Mámontov cavalgou para o nordeste cruzando a estepe até o Volga para atacar Tsaritsin. Mámontov era um grande líder (e, depois de Iudénitch, tinha os maiores bigodes vitorianos de todos os comandantes Brancos), mas, como a cavalaria ligeira não costuma ser a melhor força para tomar uma cidade, seus homens foram derrotados. A Missão Militar Britânica reportou a respeito dele atribuindo-lhe o maior elogio que um cavalheiro inglês pode oferecer: "Ele é um grande esportista e mantinha uma matilha de cães de caça em Moscou". Foram feitas mais tarde outras tentativas de tomar a

Ióssif Stálin como comissário do 10º Exército em Tsaritsin.

cidade, e, com Ióssif Stálin atuando como comissário-chefe, o "cerco de Tsaritsin", a futura Stalingrado, tornou-se depois um mito heroico para os propagandistas soviéticos.

Em 22 de junho, o Exército Voluntário, sob o general Deníkin, que ainda contava com menos de 9 mil homens, marchou de volta para Cubã para uma segunda tentativa de capturar a capital, Iekaterinodar, onde Kornílov havia sido morto. O general Alekséiev e outros haviam tentado convencer Deníkin a marchar para o norte pelo Volga em direção a Samara para se juntarem aos tchecos, mas Deníkin estava resoluto: queria estabelecer uma base sólida para o Exército Voluntário no Cubã e trazer seus regimentos cossacos para uma associação coesa. Talvez estivesse também determinado a reverter o resultado da "brutal batalha de cinco dias nos arredores da cidade, quando o Exército Voluntário perdeu três quartos de suas forças, assim como o corpo de seu líder e herói, o general Kornílov". De qualquer modo, muitos acreditavam que a falha de Deníkin em concentrar suas forças no médio Volga em 1918, como

Alekséiev havia demandado, tinha sido a grande oportunidade perdida para a causa dos Brancos.

Na cidade industrial de Armavir, os comunistas massacraram não só os Brancos, mas também refugiados armênios e persas. Deníkin não era um general aventureiro, e os 80 mil Guardas Vermelhos e marinheiros que continuavam no norte do Cáucaso claramente o preocupavam. Embora em número bem inferior, o Exército Voluntário foi reforçado por cossacos cubãos, como Deníkin havia esperado, e em meados de agosto eles estavam em posição para atacar Iekaterinodar. "Dessa vez", observou um de seus oficiais, "o Exército foi apoiado pela população local, cuja atitude em relação aos Voluntários havia mudado radicalmente após o contato mais próximo com os bolcheviques."

Depois de uma sucessão de derrotas, as pouco disciplinadas forças Vermelhas bateram em retirada de Iekaterinodar em uma total confusão. Seis oficiais Brancos mantidos prisioneiros na cadeia perto da ponte sobre o rio Cubã viram-nos bater em retirada com uma nervosa empolgação. Os oficiais faziam parte dos feridos abandonados durante a Marcha no Gelo. Milagrosamente, haviam sido bem tratados, levando em conta que seu próprio lado vinha matando todos os Vermelhos capturados e feridos. Mas então alguns marinheiros descobriram sua presença na prisão. "Estava tudo misturado naquele infindável comboio de carroças", escreveu Pável Konstantínov, que era um deles. "Havia canhões de campanha, carroças com colchões de plumas e samovares, cozinhas de campanha, automóveis de luxo, caixas de munição e fardos com mercadorias. Por toda parte havia caos e desespero. A única força que movia aquela massa era a completa certeza de que os Voluntários seriam cruéis. É claro, aqueles que apoiavam os Brancos assistiam àquela agonia e pânico crescentes com um prazer malicioso e prendiam a respiração aguardando o momento... Com uma esperança ansiosa, ouvíamos o som da artilharia, que estava agora muito próxima."

Quando o final da coluna que batia em retirada pôde ser visto, os seis oficiais finalmente ousaram pensar que estavam de fato a salvo. Mas então os marinheiros reapareceram. Não haviam se esquecido deles. Tiraram-nos da prisão, escoltaram-nos por sobre a ponte e, com o cair da noite, levaram-nos à beira da estrada para executá-los. Konstantínov caiu com uma bala que lhe atravessou o ombro. Paralisado de dor, conseguiu

Coronel Andrei Chkuró com sua *papákha* de pele de lobo.

permanecer quieto quando os marinheiros se aproximaram de suas vítimas para dar-lhes uma ocasional estocada de baioneta nas nádegas a fim de confirmar se estavam de fato mortos. Ficou deitado ali até os marinheiros irem embora, e então se arrastou até a cabana de um camponês durante a madrugada, bem na hora em que as forças de Deníkin entravam na cidade. Seus colegas oficiais e o comandante da Marcha no Gelo não conseguiram reconhecê-lo depois de tudo o que havia sofrido.

A vitória de Deníkin, que obrigou os Vermelhos a recuarem até Stavropol e Piatigorsk no interior do Cáucaso, contou com a ajuda da força de cavalaria de guerrilha do coronel Andrei Chkuró, que agia por trás das linhas Vermelhas. Astuto e cruel, esse oficial de 31 anos tinha seguidores dedicados. Sua escolta pessoal era conhecida como a Sótnia dos Lobos, pelas *papákhas* de pele de lobo que usavam, e seu estandarte pessoal trazia a imagem de uma cabeça de lobo. Chkuró era um recrutador eficaz. "Ele pegava cinco ou seis cossacos confiáveis e um corneteiro, aparecia numa *stanitsa* e reunia os habitantes locais. Ele proclamava: 'Cossacos, estou anunciando uma convocação em sua *stanitsa*. Em duas horas, todos os cossacos têm que estar montados em seus cavalos junto à igreja'."

Para aqueles que criticavam sua estratégia, a resposta de Deníkin era que, no final da Segunda Campanha no Cubã, em setembro, o Exército Voluntário havia quadruplicado seu porte e os Vermelhos tinham perdido o controle do Cáucaso. Se ele teria mudado o desfecho da guerra indo para o norte em vez de para o sul é, obviamente, impossível de dizer ao certo, mas é improvável.

Embora os estágios finais da Primeira Guerra Mundial tivessem produzido desdobramentos complexos na periferia do Império Russo, suas consequências também tiveram um longo alcance no Oriente Médio com o colapso do Império Otomano. O foco na guerra de trincheiras na Europa ocidental tende a obscurecer as lutas no Iraque, no Front Mesopotâmico, e a ocupação da Pérsia pelos turcos, russos e britânicos.

O major-general Lionel Dunsterville, líder de uma das três forças especiais mobilizadas pelos britânicos para o sul do Cáucaso e a Transcáspia, havia se adiantado às suas tropas durante o inverno. Ele reunira um pequeno grupo avançado da Força Expedicionária Mesopotâmica e partira pelas montanhas nevadas do leste da Pérsia em carros e camionetes Ford. Em menos de sessenta homens, chegaram a Anzali, no mar Cáspio, na segunda quinzena de fevereiro de 1918. Eles tiveram uma recepção hostil. Embora fosse uma cidade persa, o comandante bolchevique ali, com 4 mil homens, insistia que, após o Tratado de Brest-Litovsk, o estado soviético não estava mais em guerra contra a Turquia e a Alemanha. Os imperialistas britânicos não eram bem-vindos. Dunsterville não teve opção a não ser retirar-se para Hamadã e aguardar reforços. Generosamente abastecido com ouro britânico e prata persa, ele fez muito para aliviar a fome na região e reconstruir estradas durante esse período de ociosidade forçada.

Demorou mais de três meses para o corpo principal da força de Dunster [apelidada de Dunsterforce] chegar de Basra, portanto eles só conseguiram ocupar Anzali em 27 de junho. A essa altura, a vanguarda turca estava a apenas sessenta quilômetros de Baku, que era defendida principalmente por mal treinados Guardas Vermelhos armênios.

Embora os bolcheviques ainda estivessem no comando em Baku, Dunsterville enviou um grupo avançado à cidade em meados de julho. A ameaça de um avanço turco era tão grande que os bolcheviques estavam preparados para cooperar relutantemente em sua defesa tanto com os imperialistas britânicos quanto com um ataman cossaco local chamado coronel Lázar Bitcherákhov. A Dunsterforce estava equipada com um esquadrão de carros Rolls-Royce blindados, e quatro deles foram destacados para fortalecer os cossacos.

Liderado por Stepán Chaumián, o controle soviético de Baku não chegava nem perto de exercer a brutalidade como nos outros lugares. Até mesmo a Tcheká era notavelmente contida, e executara apenas dois homens, ambos estelionatários. Entre os comissários militares em Baku estava o jovem Anastás Mikoian, um dos pouquíssimos líderes comunistas que sobreviveriam a todas as mudanças na liderança ao longo dos sessenta anos seguintes, morrendo pacificamente em sua cama.

A Comuna de Baku não tinha condições de melhorar seus escassos suprimentos de comida, nem de evitar que seus soldados armênios bebessem e maltratassem os muçulmanos da região. Em 25 de julho, um grupo de socialistas-revolucionários de direita, mencheviques e dachnakes* armênios, que se autodenominaram a Ditadura Centro-Caspiana, deu um golpe sem derramamento de sangue contra os bolcheviques. O golpe teve o apoio de Bitcherákhov e seus carros de combate. Os bolcheviques foram tirados do poder, mas permaneceram em liberdade.

Por volta dessa época, na margem leste do mar Cáspio, os alemães, em cooperação com os bolcheviques, estavam comprando toda a produção de algodão do Turquestão no porto de Krasnovodsk. Mas um oficial de inteligência britânico, o capitão Reginald Teague-Jones, conseguiu impedir o transporte desse lote com a assistência de alguns simpatizantes locais. Eles falsificaram um sinal cifrado, instruindo os navios a descarregarem os fardos de algodão e voltarem vazios para Astracã. Então, logo em seguida, sabotaram o transmissor, para que não fosse possível enviar uma contraordem.

Mais a leste, além do mar de Aral, os uzbeques e quirguizes, isolados pelos combates ao sul dos Urais, viviam um sofrimento extremo. "Os pobres povos nativos estão condenados a comer gatos e cães para sobreviver", foi o que o cônsul-geral Harris em Irkutsk ouviu de um de seus

* Dachnakes eram os membros da Federação Revolucionária da Armênia, um partido político social-democrata e nacionalista (N.R.).

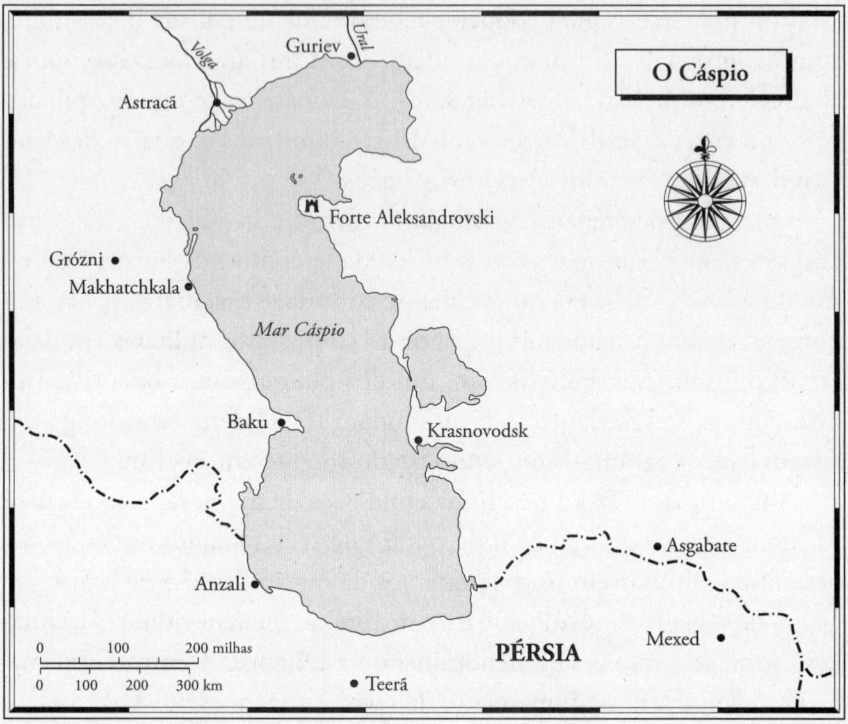

assistentes. "Após o Tratado de Brest-Litovsk, os bolcheviques soltaram os prisioneiros de guerra alemães e austríacos, que também passaram a sofrer de inanição. Era tão grande a escassez de comida que os nômades quirguizes dos desertos de Sir-Dária montaram um mercado de escravos em Tachkent. Vi nada menos do que quinze moças jovens colocadas à venda. Uma delas foi vendida por 1.500 rublos." Ao que parece, elas eram vendidas pelas próprias famílias para reduzir o número de bocas a serem alimentadas.

Conforme as forças britânicas começaram a se concentrar na margem ocidental do Cáspio, o quartel-general de Bagdá especulava se a Marinha Real deveria envolver-se também naquele mar interior. Eles perguntaram se a Marinha poderia desmontar uma canhoneira de classe "Fly", armada com um canhão de quatro polegadas, e transportá-la por terra. Essa ideia foi abandonada, mas, em vez disso, eles cogitaram levar apenas os canhões e montá-los nos barcos que já estavam ali. No entanto, o reabastecimento de munição por caravanas de camelos seria limitado, já que cada camelo só podia carregar oito obuses de 4,7 polegadas. Em julho, eles decidiram criar cruzadores mercantes armados e montar uma base de hidroaviões em Anzali. O objetivo era "negar o poderio marítimo aos outros", como parte da defesa dos campos de petróleo de Baku pela Dunsterforce contra ataques dos turcos e alemães.

No final do mês, o comodoro David Norris saiu de Bagdá com um grupo de oficiais e marinheiros da flotilha da Marinha Real do rio Tigre. Seu suboficial timoneiro Dickason havia participado da Expedição Antártica de Scott. Os canhões enviados de Bombaim a Basra deveriam segui-los em caminhões. Norris encontrou-se com o general Dunsterville em Qazvin, e também com Gertrude Bell, a exploradora.

Em 26 de julho, soldados turcos, reforçados por membros de tribos tártaras, compondo uma força de cerca de 14 mil homens, cercaram a península de Baku. Cinco dias mais tarde, o pânico tomou conta da cidade à medida que os turcos voltaram a avançar. Os soldados, a maioria armênios, fugiram, deixando a defesa do front para os cossacos. Enquanto milhares de civis armênios em Baku brigavam para entrar nos vapores e conseguir escapar da vingança turca, Bitcherákhov percebeu que seus homens não tinham a menor chance sozinhos. Ele preparou-se para fugir também, mas a situação foi salva de maneira inesperada.

Os bolcheviques haviam levado seus canhões de campanha até o porto, e estavam prontos para evacuá-los até Astracã quando um de seus comissários, Grigóri Petróv, foi alertado de que soldados inimigos estavam avançando a pé em direção à cidade. Petróv, um homem de caráter volátil, mudou de ideia. Em vez de embarcar os canhões, ordenou que seus homens abrissem fogo. O efeito foi impressionante. Os turcos deram meia-volta e fugiram. Bitcherákhov reuniu seus cossacos e foram perseguir o inimigo em fuga.

Em uma semana, o grupo avançado de Dunsterville chegou a Baku. Os oficiais britânicos e dos domínios imperiais, bem como os suboficiais, trabalharam duro para tentar transformar os Guardas Vermelhos, em sua maioria armênios, numa força de combate capaz de enfrentar um inimigo duas vezes mais forte. Para sua surpresa, eles descobriram que havia mulheres armênias nas trincheiras. "Elas tinham preferido lutar junto com os homens a ficar em casa desprotegidas", observou o capitão William Leith-Ross, dos Fuzileiros da Força de Fronteira. Em várias ocasiões, essas mulheres revelaram-se bem mais corajosas que seus conterrâneos homens. "A cidade é uma curiosa mistura, com uma população de russos, tártaros e armênios", escreveu um oficial naval. "O lugar está pela metade; você vê um edifício que não destoaria da Strand, e ao lado dele uma fileira de choupanas."

Os reforços britânicos da 39ª Brigada de Infantaria chegaram, deixando a Dunsterforce com cerca de mil homens. Eles foram usados para reforçar as unidades armênias. Stepán Chaumián, Petróv e os outros líderes bolcheviques tentaram fugir para Astracã certa noite, usando uma variedade de embarcações, mas o vapor armado *Astarabad* interceptou-os e expediu um ultimato. Não houve resposta, e então o *Astarabad* abriu fogo e atingiu um dos navios. O comboio voltou para Baku. Os navios foram revistados no cais e descobriu-se então que estavam lotados de itens saqueados, assim como dos tão necessários canhões e de munição. A maioria dos líderes bolcheviques foi presa dessa vez, mas por alguma razão Mikoian ficou solto.

Em 17 de agosto, o major-general Dunsterville entrou no porto de Baku a bordo do vapor armado *Kruger*, que um mês mais tarde se tornaria a nau capitânia da flotilha britânica do Cáspio. Dunsterville havia içado a tradicional bandeira tricolor russa, branca, azul e vermelha. No entanto, quando alguém comentou que tal bandeira seria vista agora como contrarrevolucionária, pois era usada pelos Brancos do general Deníkin, ele mandou içá-la invertida, de modo que a faixa vermelha ficasse no alto. Ele não contou a ninguém na época que isso a transformava na bandeira nacional da Sérvia. Dunsterville se comprazia com os paradoxos dessa situação. "Um general britânico no Cáspio", escreveu ele, "o único mar nunca antes singrado por quilhas britânicas, a bordo de um navio com o nome de um presidente sul-africano e [ex-]inimigo, navegando de um porto persa, sob uma bandeira sérvia, para reforçar contra os turcos uma tropa de armênios numa cidade russa revolucionária."

No domingo, 1º de setembro, os britânicos tiveram que informar ao Comitê Centro-Caspiano que governava Baku "que, a menos que os armênios fizessem mais e demonstrassem mais coragem, os turcos entrariam na cidade quando quisessem... e, se os habitantes não quisessem ou não conseguissem defender a cidade, então era melhor que entrassem em algum acordo, e os britânicos iriam evacuá-la". O comitê sentiu-se ofendido com essa crítica. Eles tentaram argumentar que a culpa deveria ser dos britânicos, porque "os armênios eram os mais corajosos de todos".

Em 14 de setembro, depois de apenas seis semanas de combates, a força de turcos e tártaros finalmente rompeu a linha de defesa de Baku, apesar de todos os esforços da Dunsterforce para manter seus batalhões improvisados unidos. No total, 180 de seus homens haviam tombado na batalha, um quinto da sua força. O general Dunsterville havia recebido ordens de retirar seus homens assim que o porto estivesse sob fogo direto de artilharia. Então, atrás de uma retaguarda do 7º Batalhão de Staffordshire do Norte, sua equipe dirigiu a retirada por dentro da cidade e sua evacuação de volta até Anzali de barco, junto com vários milhares de refugiados armênios.

Em meio ao caos, os comissários bolcheviques mantidos prisioneiros em Baku aparentemente foram libertados a tempo por soldados armênios comandados por Mikoian. Eles embarcaram no vapor *Turcomano* e ordenaram que o capitão seguisse para o norte até a fortaleza comunista de Astracã, mas este temia ser preso ali, então discretamente tomou curso para o leste, indo para Krasnovodsk na Transcáspia. Essa decisão levaria ao notório massacre dos "26 comissários", dois dos quais eram amigos de Lênin. A acusação de Moscou de que isso havia sido um "crime de guerra britânico" era exagerada, mas o incidente se tornou uma profissão de fé comunista por vários anos.

As cenas de estupro e assassinato durante o saque de Baku foram atrozes. "Os turcos e tártaros entraram na cidade indefesa", escreveu em seu diário o capitão Teague-Jones, "e saciaram seus selvagens desejos com a miserável população armênia... sem poupar nenhum homem, mulher ou criança." Estimativas sobre o número de mortos variam entre 5 mil e 20 mil, mas a cifra mais provável é de cerca de 7 mil. Os tártaros tinham muito o que vingar. Mais cedo naquele ano, soldados armênios em Baku haviam massacrado a maioria dos tártaros muçulmanos que viviam ali, e os turcos prometeram se vingar na proporção de três para cada um de seus mortos. Enquanto isso, Bitcherákhov e seus cossacos haviam escapado para o norte navegando pelo litoral até Petrovsk (hoje Makhatchkala, capital do Daguestão), onde conseguiram reunir a maior parte dos navios.

Apesar da derrota em Baku, o capitão Teague-Jones, que tinha pouca paciência com a maioria dos oficiais superiores, fez grandes elogios a Dunsterville e seus homens por terem detido as forças imensamente superiores do inimigo por tanto tempo. Sua missão havia se revelado simplesmente impossível para tão poucos soldados.

De todo modo, o triunfo dos turcos em Baku durou pouco. A grande vitória do exército do general Allenby em Megido, na Palestina, uma semana mais tarde impediu que os turcos explorassem os campos de petróleo, e um mês depois a guerra no Oriente Médio terminou em um armistício. A partida dos turcos de Baku levou os líderes locais a pedirem novamente ajuda britânica. A 27ª Divisão Indiana logo foi instalada ali para guardar os campos petrolíferos, enquanto a bandeira branca da Marinha Real era içada e seus navios improvisados partiam para combater a flotilha Vermelha fundeada na foz do Volga, perto de Astracã.

16

A REVOLTA DOS TCHECOS E DOS SOCIALISTAS-REVOLUCIONÁRIOS DE ESQUERDA

Maio-julho de 1918

Depois que os bolcheviques em Petrogrado fecharam a Assembleia Constituinte em janeiro, os socialistas-revolucionários de direita fugiram para suas terras de origem mais a leste – especialmente para a região do Volga. Estavam desapontados, pois, apesar dos votos que haviam recebido dos camponeses, estes mostravam pouca inclinação para a revolta. O equilíbrio de poder só começou a oscilar contra os comunistas em maio, com o movimento das tropas tchecas ao longo da Ferrovia Transiberiana.

Em 14 de maio, em Tcheliabinsk, próximo aos Urais, houve um violento confronto entre prisioneiros de guerra húngaros e os tchecos, que resultou em várias mortes. Os prisioneiros de guerra alemães e austro-húngaros estavam indignados porque, após o Tratado de Brest-Litovsk, eles pensaram que fossem voltar para casa. E os tchecos, espalhados em trens por toda a Ferrovia Transiberiana, pareciam estar impedindo isso. O Soviete de Tcheliabinsk prendeu alguns dos tchecos, mas seus camaradas os libertaram a mão armada e tomaram a cidade.

Trótski ficou furioso. Ele primeiro ordenou a prisão dos representantes do Conselho Nacional Tcheco em Moscou, e em seguida deu instruções para que a Legião Tcheca fosse interceptada em seus trens. Seus membros deveriam juntar-se ao Exército Vermelho ou então seriam alistados nos batalhões de trabalho. Em 22 de maio, os tchecos recusaram-se a ser desarmados. Trótski enviou seu fatal telegrama em

25 de maio. "Todos os Sovietes nas ferrovias estão obrigados, sob pena de grave responsabilização, a desarmar os tchecos. Todo tcheco encontrado com armas na ferrovia deve ser fuzilado na hora. Todo grupo no qual seja encontrado um único homem armado deverá ser expulso dos vagões, e os homens confinados num acampamento de prisioneiros de guerra. Os comissariados militares locais devem executar essa ordem sem hesitar... Tropas confiáveis estão sendo enviadas contra a retaguarda dos grupos tchecos para dar uma lição nos amotinados. Os tchecos que depuserem armas serão tratados como irmãos. Trótski." Para os tchecos, não havia agora como voltar atrás. Eles não confiavam na ideia de fraternidade de Trótski.*

Uma cidade após a outra foi tomada pelos tchecos ao longo da Ferrovia Transiberiana, a começar por Novo-Nikolaievski (Novosibirsk), na região central da Sibéria, no dia seguinte à ordem de Trótski. Nos últimos dias de maio os comunistas foram expulsos de Penza, a oeste do Volga, de Sizran, no Volga, e de Tomsk, no oeste da Sibéria.

Graças ao telégrafo da ferrovia, a notícia disseminou-se como um incêndio, e tanto os socialistas-revolucionários de direita quanto grupos de oficiais começaram a contatar os tchecos para coordenar suas ações. A notícia da revolta dos tchecos também encorajou ainda mais SRs de direita e outros antibolcheviques em Moscou e Petrogrado a irem para o Volga e os Urais, para participarem de qualquer governo que viesse a surgir.

Na tranquila cidade de Kurgan, entre Tcheliabinsk e Omsk, dois trens com tchecos chegaram do oeste. "Soldados altos, jovens e bonitos apareceram nos trens", escreveu um antibolchevique, "bem-vestidos em seus casacões cinza com fitas vermelhas e brancas nos quepes. Era grande o contraste entre eles e as forças de segurança do Soviete, que vestiam uniformes desgastados e sujos." Um grupo local de 120 homens dispostos a derrubar os comunistas imediatamente entrou em contato. Os tchecos deram armas a eles. "Dividimo-nos em grupos de quinze a vinte homens e iniciamos um rápido avanço em direção às posições dos

* Após mais de um ano, o "cônsul em missão especial" americano reportou a Lansing em Washington que "O governo alemão, por meio de seu embaixador Von Mirbach, insistiu que Trótski desarmasse os tchecoslovacos e com isso precipitou a crise antes do previsto".

Vermelhos. Eles foram pegos desprevenidos e não ofereceram muita resistência, exceto os defensores da ponte ferroviária sobre o rio Tobol e os da cadeia, onde os Vermelhos ainda mantinham um bom número daqueles que não eram a seu favor."

A cidade do Volga mais importante a ser libertada foi Samara. "A notícia da intervenção tcheca em Penza e Sizran espalhou-se com a velocidade de um raio", escreveu Iákov Dvórjets, um destacado socialista-revolucionário. Os tchecos entraram na cidade às cinco da manhã do dia 8 de junho. Logo estavam atirando em qualquer comunista que lhes fosse apontado. "Havia cadáveres espalhados pela cidade", escreveu Dvórjets. "Os corpos de conhecidas personalidades bolcheviques jaziam em volta do jardim da catedral... Alguém precisava pôr um fim àquele ultraje. Exausto, fui até o quartel-general, onde descobri que haviam sido estabelecidas comunicações com a liderança tcheca." Desde o primeiro dia ficou evidente a profunda divisão entre os oficiais reacionários e os SRs de direita antimonarquistas, que tinham total apoio dos trabalhadores das ferrovias. Seu slogan era "Fora, bolcheviques, em nome da Assembleia Constituinte!". Os oficiais mais reacionários não acreditavam nem um pouco em democracia e queriam simplesmente uma ditadura militar.

Fora da Duma de Samara, Dvórjets encontrou oficiais e cidadãos ricos celebrando sua libertação, arrancando os tapumes com os quais os Vermelhos haviam coberto a estátua do Czar Alexandre II. A multidão gritava "*Hurra!*". Quando prisioneiros bolcheviques foram conduzidos até a Duma, as ameaças e xingamentos fizeram Dvórjets temer que eles fossem linchados. "Abri a porta e ordenei aos soldados tchecos que os escoltavam que levassem os prisioneiros para dentro, subi até o degrau mais alto e fiz um discurso à multidão, dizendo que excessos não eram aceitáveis naquele momento em que estávamos estabelecendo a lei e a ordem. Eles deveriam ser entregues aos tribunais." Isso não caiu nada bem entre os reacionários, em parte porque Dvórjets era judeu.

"Um grupo de oficiais liderado pelo tenente Zíbin cercou-me no hall. Eu soube que alguém, por alguma razão, o havia nomeado comandante. Em altos brados e de modo ameaçador, Zíbin pediu que eu explicasse por que havia tido permissão para me dirigir à multidão. Ele insinuou que agora aquele lugar não era mais próprio para *yids*. Fiquei chocado e enfurecido, e declarei em alto e bom som que não permitiria que ele interferisse. Eu falei como membro da cúpula dos SRs de direita e como membro do comitê. Ele precisava saber que eu, e não eles, era quem tinha o direito de fazer declarações... Para mim, isso confirmou que não podíamos confiar nos oficiais."

Os socialistas-revolucionários de direita montaram um governo em Samara chamado de Comitê dos Membros da Assembleia Constituinte – ou Komútch, em sua forma abreviada. No entanto, como Dvórjets temia, a facção militar logo assumiria o controle. Ele considerou revelador o contraste entre os uniformes resplandecentes dos militares e os "paletós surrados e as calças pouco ajustadas" dos representantes do Komútch. "Já no dia seguinte ao golpe os oficiais apareceram nas ruas com os uniformes completos do velho regime, com todas as suas medalhas, quepes e dragonas."

Em 10 de junho, outro grupo de oficiais apareceu e começou a montar um embrião do Exército do Povo, com apenas 350 homens. Havia entre eles um intriguista dúbio chamado de coronel Gálkin, que se recusou a revelar ao comitê o que estava sendo planejado, mas também um dos líderes mais impressionantes de toda a guerra, o coronel Vladímir Káppel. Segundo Dvórjets, no Exército do Povo "os de baixa patente tinham um claro ressentimento em relação aos comandantes. Isso valia tanto para os recrutados como para vários dos voluntários. Muitos deles simpatizavam com o Exército Vermelho e os bolcheviques, porque seus próprios oficiais haviam reintroduzido a punição corporal".

Káppel não poderia ser mais diferente disso. Ele era um dos pouquíssimos comandante Brancos que de fato era amado por seus homens, por sua modéstia e determinação em compartilhar os perigos que eles enfrentavam. Como um jovem oficial de cavalaria empobrecido, ele havia fugido com Olga, a filha de um conselheiro de Estado que o havia considerado inadequado para ser seu genro. O sogro de Káppel logo reconheceu seu erro durante a Primeira Guerra Mundial, quando o jovem oficial foi rapidamente promovido, depois de aprender muito sobre estratégia no posto de capitão de estado-maior e de aplicar isso muito bem ao voltar para o front. Káppel acreditava na guerra psicológica, que ficou conhecida como *Kappeliévtsi* em sua homenagem. Ele acreditava, por exemplo, em avançar silenciosamente sobre o inimigo sem abrir fogo, porque isso o desestabilizava muito mais. Mesmo quando se tornou general na Sibéria, em 1919, Káppel ainda andava armado apenas com um fuzil e consumia a mesma ração que seus homens.

O Komútch estava naturalmente ansioso para conhecer e fazer contato com outros grupos antibolcheviques ao redor da Rússia. O ataman Dútov dos cossacos de Orenburgo recebeu as boas-vindas da facção militar em uma visita, com uma parada militar na estação ferroviária e um jantar de gala no quartel-general. "O quartel-general do Exército do Povo encarou isso como seu sagrado dever em relação a um 'corajoso lutador contra os bolcheviques'", mas Dvórjets suspeitou de que eles estivessem sonhando que Dútov se tornasse "um futuro ditador napoleônico". Na realidade, esse presidente eleito do governo de Orenburgo era provavelmente o menos homicida de todos os líderes cossacos. Ele acabou se revelando "uma figura pequena e rechonchuda numa *tchokhá** azul com dragonas prateadas de coronel, carregando um sabre cossaco, de cabeça baixa e com olhos raivosos espreitando por debaixo das sobrancelhas". A primeira solicitação de Dútov foi de dinheiro e armas. "Ele declarou que tudo o que eles e seus companheiros cossacos haviam feito era pela Assembleia Constituinte. Que os cossacos eram os verdadeiros guardiões da revolução."

Os primeiros 12 mil tchecos que chegaram a Vladivostok colocaram-se sob o comando do general russo Mikhail Díterikhs. Eles diziam que a munição de artilharia que vinha sendo usada contra a formação de tchecos do general Radola Gajda havia sido tomada pelos Vermelhos dos depósitos aliados nos arredores de Vladivostok.

O crescimento das forças dos Aliados também acelerou. No total, desembarcaram três divisões japonesas, bem como dois regimentos de infantaria americanos vindos de Manila, um batalhão colonial francês da Indochina e duas unidades britânicas: o 25º Batalhão do Regimento de Middlesex de Hong Kong e o 9º Batalhão do Regimento de Hampshire de Quetta. Uma brigada canadense juntou-se a eles um pouco mais tarde. Toda essa força antibolchevique no Extremo Oriente encorajou o

---

* Um casaco de lã de colarinho alto que faz parte da vestimenta tradicional de vários povos do Cáucaso, entre eles os cossacos (N.R.).

general Dmítri Khôrvat em Harbin, que era o encarregado da Ferrovia Chinesa. Ele declarou-se chefe de outro "Governo Provisório de Toda a Rússia", com o apoio dos cossacos de Ussuri do Ataman Ivan Kalmíkov. Ele rivalizava com um "Governo Provisório Siberiano" liderado por um socialista-revolucionário chamado Piotr Diérber.

A própria Vladivostok foi tomada pelos Aliados num golpe traiçoeiro. A concentração de soldados tchecos na cidade e a ação tcheca contra os bolcheviques ao longo da Ferrovia Transiberiana instigaram os representantes dos Aliados a se livrarem do governo soviético da cidade. Em 29 de junho, numa batalha que durou algumas poucas horas, "os tchecos tomaram de assalto o quartel-general fortificado, o local onde haviam se escondido os líderes soviéticos que não conseguiram fugir da cidade". Uma semana depois, "os Aliados anunciaram que haviam colocado Vladivostok sob sua proteção em razão de uma ameaça à cidade e às forças Aliadas ali concentradas, da parte dos prisioneiros de guerra austríacos e alemães, de espiões e emissários". Uma invencionice completa, pois não havia ameaça. A proclamação não fez nenhuma menção aos bolcheviques, que eram os verdadeiros alvos da operação aliada.

Os cossacos de Kalmíkov uniram-se aos tchecos sob o comando do general Díterikhs. Juntos, eles varreram o restante da região de Vladivostok de forças Vermelhas antes de seguirem para o oeste e se juntarem à força de Gajda que se aproximava de Irkutsk. Díterikhs, que adotara o uniforme tcheco, era profundamente religioso e tinha sua própria capela com imagens e velas no seu trem e quartel-general. Um oficial de ligação britânico, o major Leo Stievéni, acompanhava-o nos dois sentidos do termo, pois acoplara seu próprio vagão ao do general.

Os comunistas em Irkutsk, a grande cidade siberiana perto da margem sudoeste do lago Baikal, ficaram muito inquietos à medida que as forças tchecas se aproximavam vindas de ambos os lados. A sua única unidade confiável era um batalhão recrutado de prisioneiros de guerra húngaros. "Sua presença perturbava muito os locais, que não conseguiam tolerar o fato de os antigos prisioneiros de guerra serem agora praticamente os donos da cidade."

Irkutsk era também a base Vermelha a partir da qual eles combatiam contra o ataman Semiónov, com sua base em Tchita. "Os bolcheviques de Irkutsk ficaram alarmados quando o ataman iniciou uma bem-sucedida ofensiva a partir da Manchúria e tomou a estação de Borzia na Ferrovia Transbaikal. Seus jornais da época publicaram muitos artigos sobre a 'hidra da contrarrevolução, que está erguendo a cabeça'. Eles entravam facilmente em pânico... e passaram a revistar todos os trens que vinham do oeste, checando todos os passageiros. Circulava um boato de que o Czar e seu filho (o Tsariévich) haviam fugido da prisão em Tobolsk, e estavam a caminho do Extremo Oriente."

A organização clandestina de oficiais de Irkutsk havia tentado dar um golpe em 14 de junho. Eles fizeram um ataque simulado à ponte da ferrovia na margem sul da cidade, enquanto outro grupo tomava a prisão ao norte e libertava cem oficiais russos, além de prisioneiros políticos. "Apitos de fábrica soaram para convocar os trabalhadores às armas, mas grupos de Brancos os desarmaram assim que emergiram." O levante, porém, fracassou quando os prisioneiros de guerra húngaros e alemães, que haviam se juntado aos bolcheviques, contra-atacaram usando automóveis com metralhadoras montadas neles. Depois de derrotarem essa ameaça, os bolcheviques começaram a tomar seus suprimentos de comida, inclusive os fornecidos pelos dinamarqueses para os prisioneiros de guerra alemães e austríacos. O vice-cônsul dinamarquês protestou com veemência, mas os únicos prisioneiros que restavam agora nos campos eram aqueles que se recusaram a se juntar à Guarda Vermelha bolchevique e que haviam sido deixados à míngua.

Em 11 de julho, os soldados tchecos e cossacos de Gajda capturaram Irkutsk praticamente sem resistência. A Guarda Vermelha, "consistindo principalmente em prisioneiros de guerra armados e com uniformes alemães e austríacos", havia se retirado da cidade no dia anterior depois de saqueá-la e de explodir a ponte sobre o rio Irkut. Radola Gajda, por trás de sua fachada de tcheco, era fruto de uma complexa mistura de nacionalidades do Império Austro-Húngaro. Nascido Rudolf Geidl no Reino da Dalmácia, filho de um oficial do Exército *Kaiserlich und Königlich* do Imperador Francisco José, ele seguiu os passos do pai até ser capturado na Bósnia em 1915. Prontamente mudou de lado e se juntou ao Exército de Montenegro como capitão. Um ano depois, quando o Exército de Montenegro entrou em colapso, ele fugiu para a Rússia e juntou-se a um batalhão sérvio. Este também foi destruído, e então ele se tornou um oficial da Legião Tcheca, seu quarto exército em três anos.

General Radola Gajda.

Em pouco tempo foi promovido, e revelou-se um comandante capaz, mas não um democrata, como sua admiração pelo fascismo no pós-guerra viria a demonstrar.

Para as forças antibolcheviques, o maior desastre a essa altura foi o levante de 6 de julho organizado por Borís Sávinkov em Iaroslavl, no alto Volga, a nordeste de Moscou. A cidade já havia se mostrado resistente aos bolcheviques no ano anterior e recentemente atraíra um grande número de oficiais de Moscou. Eles também podiam se unir a outras revoltas em cidades próximas, como Ribinsk e Kostroma, mas elas ficavam muito ao norte para receberem qualquer ajuda dos tchecos. A União para a Defesa da Pátria-Mãe e da Liberdade de Sávinkov também esperava receber o apoio de uma força francesa que deveria desembarcar em Arcangel. Ele fizera contato secretamente com Robert Bruce Lockhart e informara-lhe que sua organização estava pronta para matar líderes bolcheviques assim que se iniciasse uma intervenção aliada, mas os franceses queriam que ele tomasse a iniciativa. Bruce Lockhart reportou tudo isso a Londres. "[Sávinkov] baseia suas esperanças de sucesso principalmente na insatisfação da população com as condições de fome extrema. Ele propôs angariar a simpatia dos camponeses decretando o livre-comércio entre todos os governos e removendo o impopular monopólio do pão. Sua política agrária é deixar a terra para os camponeses e indenizar os proprietários de terras."

Embora cerca de 6 mil homens tivessem se apresentado como voluntários para se juntar à revolta de julho liderada pelo coronel Aleksandr Perkhúrov, havia armas apenas para pouco mais de mil deles. Os ferroviários chegaram a construir um trem blindado nas oficinas locais, mas o tchekista letão Martín Látsis trouxe um trem blindado muito mais poderoso para bombardear a cidade e incendiá-la. A destruição infligida em apenas duas semanas de combates foi terrível. O fornecimento de água foi cortado e os defensores entraram em desespero. A liderança comunista queria que isso servisse como um duro aviso aos demais. Em 21 de julho, os rebeldes se renderam ao tenente Balk, da Comissão de Prisioneiros de Guerra Alemães, após serem assegurados de que não sofreriam represálias, mas, como a Tcheká se gabou posteriormente, poucos escaparam com vida.

Outra revolta, desta vez mais perto de casa, também pegou o Kremlin de surpresa.

Quando os socialistas-revolucionários de esquerda deixaram o Sovnarkom em protesto contra o Tratado de Brest-Litovsk, Lênin permaneceu notavelmente indiferente. Ele sentia que aquilo havia sido pouco mais que um gesto, e parte de seus membros continuou em posições-chave. Muráviov, que capturara Kiev em janeiro e depois Odessa antes da invasão alemã, tornou-se comandante em chefe do Grupo do Exército do Leste no Volga. Piotr "Víatcheslav" Aleksándrovitch, o camponês de 33 anos de Riazan que havia se tornado o vice de Dzerjínski, não demonstrou nenhum ressentimento, e ainda havia um bom número de SRs de esquerda na Tcheká, especialmente em seu departamento de combate paramilitar.

No entanto, vários SRs de esquerda estavam indignados, e não apenas com a ocupação alemã. Eles detestavam a arrogância ditatorial de Lênin, as execuções de opositores e a brutalidade com que os destacamentos comunistas de aprovisionamento expropriavam os grãos dos camponeses. Maria Spiridónova, a líder dos SRs de esquerda, podia

Mulheres revolucionárias russas. Maria Spiridónova, que mais tarde se tornaria a destemida líder dos socialistas-revolucionários de esquerda, é vista aqui à esquerda na prisão czarista de Niertchinsk em 1907, com cinco camaradas.

ser pequena e delicada, mas tinha uma vontade de ferro. Ela agora via o regime que eles tinham ajudado a colocar no poder no último mês de outubro como pior do que o governo de Keriénski que haviam derrubado. Os SRs de esquerda queriam realizar uma provocação espetacular para destruir a cooperação do Sovnarkom com os imperialistas alemães, se necessário desencadeando uma guerra. Eles não queriam o poder para si mesmos; na realidade, estavam agora mais próximos dos anarquistas do que da Oposição de Esquerda de Bukharin. Era um retorno aos seus ancestrais políticos, os assassinos naródniks de oficiais czaristas do século XIX. Seu alvo seria o Conde Von Mirbach, embaixador alemão em Moscou.

A Tcheká não suspeitava do complô, pois os três homens escolhidos para realizar o ato eram SRs de esquerda dessa própria organização. Quando o Quinto Congresso dos Sovietes foi aberto no grande Teatro Bolshoi, o palco ainda estava montado com o cenário de *Borís Godunóv*. Os jornalistas ficaram espremidos no fosso da orquestra, de onde viam Lênin andando de um lado para outro ao longo dos refletores do piso enquanto falava, "às vezes enfiando as mãos bem fundo nos bolsos da calça, às vezes segurando com ambas as mãos as cavas de seu colete preto".

O Conde Von Mirbach estava sentado como observador num camarote lateral. Ele era alto e calvo, de bigode, e usava um colarinho branco excepcionalmente alto e rígido que lhe dava uma aparência arrogante. Quando o SR de esquerda Kamkóv começou a denunciar a repressão do Exército Alemão às revoltas camponesas na Ucrânia, Mirbach pegou seu jornal e fingiu lê-lo. Kamkóv caminhou em direção ao camarote de Mirbach e pediu guerra contra a ocupação alemã. "Longa vida à rebelião na Ucrânia! Abaixo a ocupação alemã! Abaixo Mirbach!" Todos os SRs de esquerda presentes ficaram em pé, gritando, apoiando e brandindo os punhos no ar. No meio do pandemônio, Mirbach levantou-se, deixou seu jornal no corrimão de metal diante do camarote e foi embora sem a menor pressa.

Trótski rejeitou com firmeza as manifestações dos SRs de esquerda em apoio aos trabalhadores da Ucrânia que resistiam à ocupação alemã. Declarou que quaisquer socialistas-revolucionários de esquerda que tentassem isso seriam denunciados "como agentes provocadores". Com os delegados bolcheviques compondo uma maioria artificialmente inflada, o Congresso votou uma moção declarando que "todas as questões de paz e guerra devem ser decididas exclusivamente pelo Conselho dos Comissários do Povo e pelo comitê executivo dos Sovietes". Os SRs de esquerda disseram que foi isso o que os obrigou a agir.

No dia seguinte, 6 de julho, o Bolshoi lotou bem cedo. Havia um clima de excitação entre os jornalistas no fosso da orquestra. Esperava-se algum evento explosivo, mas, surpreendentemente, ninguém de fora da conspiração imaginava o que seria. O início do congresso foi retardado algumas vezes. Ninguém sabia o que estava acontecendo. Delegados SRs de esquerda notaram a ausência de sua líder, Spiridónova, e de seus associados mais próximos.

Logo após as 2h15 da tarde, um automóvel da Tcheká estacionou diante da embaixada da Alemanha. Dois jovens tchekistas que eram socialistas-revolucionários de esquerda, Iákov Bliúmkin e Nikolai Andreiév, saíram do carro. Assim que entraram pela porta da frente, eles anunciaram que precisavam ver o embaixador com urgência e mostraram uma autorização escrita por Aleksándrovitch, o SR de esquerda vice-diretor da Tcheká, com uma versão falsificada da assinatura de Dzerjínski. Riezler, o vice de Mirbach, atendeu-os no saguão dizendo que ele mesmo poderia lidar com o que quer que eles precisassem, mas eles insistiram em ver o embaixador, com a história inventada de uma suposta prisão de um parente dele. Mirbach apareceu descendo a escada, e os dois assassinos puxaram suas pistolas e começaram a atirar. Eles estavam tão tensos que erraram os tiros, apesar da curta distância. Até mesmo a bomba improvisada que lançaram teve pouco efeito. Mirbach começou a subir as escadas de volta, correndo, mas Andreiév perseguiu-o e disparou em sua nuca. Em seguida, ele e Bliúmkin saltaram para o jardim por uma janela aberta. Conseguiram escalar e pular uma grade de segurança, encontraram o motorista que os aguardava e fugiram.

Antes de Mirbach morrer, menos de uma hora após ter sido alvejado, o adido militar alemão correu até o Hotel Mietrópol para informar Tchitchêrin, o Comissário do Povo para Relações Exteriores. Lênin recebeu o telefonema no Kremlin. Segundo seu secretário, Vladímir Bontch-Bruiévitch, "Lênin não ficou pálido – ficou branco".

Dirigentes comunistas, abalados pelo assassinato, compareceram à embaixada para prestar condolências. Radek foi o primeiro, seguido por Tchitchêrin e Dzerjínski. Lênin não queria deixar o Kremlin, mesmo bem guardado por uma escolta letã, mas Riezler insistiu, e naquelas circunstâncias ele não pôde recusar. Ao saber por meio de Riezler que havia membros SRs de esquerda da Tcheká envolvidos, Dzerjínski foi direto ao quartel de Pókrovski, base da seção de combate da Tcheká. Era lá que o Comitê Central dos socialistas-revolucionários de esquerda havia se reunido. A repentina aparição de Dzerjínski ali foi uma ação temerária, tendo em conta a desvantagem numérica em que ele se encontrava, mas isso não o impediu de ameaçar fuzilar todos eles se os assassinos não fossem entregues imediatamente. Em vez disso, porém, ele foi feito refém, como garantia de que Spiridónova, que havia saído para ir ao Bolshoi, não seria ameaçada.

Ao chegar ao teatro, Spiridónova subiu no palco, brandindo uma pistola acima da cabeça, e gritou "Vida longa à revolta!". Isso e o discurso que se seguiu não tiveram nenhum efeito, pois o Bolshoi foi logo cercado por fuzileiros letões, encurralando os SRs de esquerda ali dentro.

Tudo o que eles conseguiram foi tomar o escritório do telégrafo, para comunicar ao mundo sua oposição à ocupação alemã.

A rebelião de Spiridónova, que nunca teve a intenção de tomar o poder, representou a mais inútil forma de política simbólica, resultando em muitos mortos e sacrifícios a troco de nada. Como argumentou Ioakím Vatsetís, o comandante dos regimentos de fuzileiros letões, os SRs de esquerda poderiam facilmente ter tomado a capital. Eles haviam reunido secretamente uma força de 2 mil homens, principalmente marinheiros da Frota do Báltico armados com "oito canhões de artilharia, 64 metralhadoras, e entre quatro e seis carros blindados". Vatsetís, por sua vez, estava com menos da metade de seus batalhões na cidade, além de uma unidade mal equipada de prisioneiros de guerra húngaros comandada por Béla Kun. Enquanto isso, os soldados da guarnição de Moscou relutavam em enfrentar os SRs de esquerda. Segundo Steinberg, o antigo Comissário do Povo para a Justiça, Lênin estava muito nervoso, temendo que os letões não fossem capazes de defender Moscou. Ele convocou Vatsetís e foi direto ao ponto: "Camarada, acha que conseguiremos resistir até a manhã?". Lênin agora suspeitava até mesmo de Vatsetís e insistiu que mais comissários fossem destacados para vigiá-lo. Vatsetís, um personagem extremamente forte, de cabeça calva, não era um político nem um traidor, mas de algum modo não inspirava confiança em Lênin nem em Stálin.

O dia seguinte, 7 de julho, amanheceu enevoado, enquanto as companhias de fuzileiros letões tomavam posição em volta do quartel de Pókrovski. Eles arrastaram um canhão de campanha de uma escola de treinamento de artilharia próxima, posicionando-o a uma distância de não mais de trezentos metros. A equipe do canhão disparou dezessete tiros. Um dos projéteis explodiu na sala perto de onde o Comitê Central dos socialistas-revolucionários de esquerda estava reunido. Tendo resistido ao bombardeio, seus líderes decidiram que podiam render-se com sua honra intacta.

Os dois assassinos não puderam ser localizados na onda de prisões que se seguiu. Foram realizadas cerca de doze execuções, entre elas a do leal vice de Dzerjínski, Aleksandrovich, a quem ele fuzilou pessoalmente. Lênin começou até mesmo a suspeitar de que o próprio Dzerjínski estivesse secretamente envolvido no complô dos SRs de esquerda.

Alguns dos presos foram levados à Lubianka* da Tcheká. Seus corredores mal iluminados e os estalos metálicos das portas de suas celas faziam-na parecer o interior de um grande navio. Os prisioneiros a chamavam de "Navio da Morte". Havia até uma escada de ferro que descia ao porão, conhecido como a "sala das máquinas", onde eram realizadas as execuções, com um tiro na nuca de cada vítima ajoelhada. Mas, no geral, as represálias foram muito menos selvagens do que se poderia esperar. Isso porque os comunistas temiam provocar os seguidores dos SRs de esquerda numa época em que já enfrentavam muitas outras revoltas.

Muráviov, comandante do Exército Vermelho no Front do Volga, imediatamente desfiliou-se dos socialistas-revolucionários de esquerda. Apesar das suspeitas generalizadas nutridas por Lênin a respeito dele, isso pareceu satisfazê-lo. Ele simplesmente disse aos comissários que ficassem de olho em Muráviov para que o Exército Vermelho pudesse continuar "fazendo uso de suas excelentes qualidades de combatente". Mas em 10 julho, apenas três dias após a revolta de Spiridónova em Moscou ter sido sufocada, Muráviov e mil de seus leais homens seguiram seu fatídico exemplo. Eles navegaram correnteza abaixo, de Cazã a Simbirsk, a cidade natal de Lênin. Muráviov pediu a retomada da guerra contra a Alemanha e conclamou os tchecos a se unirem à luta. Mas ele foi enganado e caiu numa emboscada, sendo baleado antes que pudesse sacar sua pistola. "Foi dito que Muráviov havia cometido suicídio", observou Evan Mawdsley, "mas, como seu corpo tinha cinco buracos de bala e vários ferimentos de baioneta, isso parece um pouco improvável." Lênin e Trótski imediatamente decidiram quem seria o substituto de Muráviov no comando do Volga. Escolheram Vatsetís, cujos letões haviam salvado o regime.

Apesar do fracasso da revolta de Spiridónova em Moscou, os socialistas-revolucionários de esquerda não haviam abandonado sua campanha para tentar provocar uma reação alemã. Em 30 de julho, em Kiev, o SR de esquerda Borís Donskói assassinou o velho marechal de campo prussiano Hermann von Eichhorn, comandante em chefe na Ucrânia, com uma bomba. Eichhorn estava longe de ser um general agressivo.

* Lubianka era o nome popular do grande edifício de fachada amarela na praça de mesmo nome em Moscou, que abrigava a prisão da Tcheká (e posteriormente da KGB) (N.T.).

Gostava de fumar charutos no seu escritório e falar sobre o passado. "Não é uma pena que a guerra tenha mudado tanto?", lamentava-se a Sviétchin. "Nos velhos tempos, os soldados iam para a batalha em seus uniformes de gala."

A morte de Eichhorn não foi o último ato terrorista na velha tradição *narodnik*, mas de qualquer modo os SRs de esquerda começaram a se fragmentar. A maioria se juntou aos comunistas, mas isso tampouco iria garantir sua segurança futura sob o regime paranoico de Stálin.

Assassinatos bem mais famosos que os de Mirbach e Eichhorn tiveram lugar naquele mês. No último dia de abril, o antigo Czar e a Czarina haviam chegado a Ecaterimburgo, nos Urais, a fronteira simbólica entre a Europa e a Ásia. A cidade tinha sido também, sob o regime Románov, uma das paradas ao longo da *Via Dolorosa* dos prisioneiros que eram condenados a percorrer a pé todo o caminho até seu exílio siberiano. Quando ia de Tobolsk a Ecaterimburgo, a família imperial passou por Pokrovskoie, a aldeia de Raspútin. A antiga Czarina, vigiada de perto, insistiu em parar por um longo tempo para fitar sua casa. Os familiares de Raspútin a observaram da janela da casa, sem ousar sair.

O plano dos bolcheviques era trazer Nicolau e Alexandra de Tobolsk a Moscou para um julgamento-espetáculo presidido por Trótski, mas as ameaças internas ao regime haviam crescido subitamente na primavera, assim como os rumores de planos de resgate por grupos monarquistas. O maior perigo surgira com a revolta das tropas tchecas no final de maio, começando em Tcheliabinsk, pouco mais de duzentos quilômetros ao sul de Ecaterimburgo.

O casal real e seus cinco filhos estavam sendo mantidos na Casa Ipatiev, uma residência bastante sombria de um engenheiro da ferrovia. Agora rebatizada de "Casa com Propósito Especial" – uma designação sinistramente vaga –, havia sido convertida numa prisão improvisada, com uma paliçada de madeira em toda a volta para bloquear a visão em ambos os sentidos. Comparando-a com a prisão domiciliar que haviam vivido em Tobolsk, o antigo Czar foi logo motivado a escrever em seu diário: "É com toda a certeza um regime de prisão!". No entanto, ainda era bem mais confortável do que uma prisão de verdade da Tcheká. Eles tinham seus próprios quartos e, após o jantar, o ex-Czar lia para a esposa e suas filhas, ou então jogavam besigue. Na Casa Ipatiev, o Czar descobriu os romances satíricos de Saltikóv-Schedrín. Leu oito deles de uma só vez e ficou surpreso ao ver o quanto desfrutara de sua leitura. Era uma pena não ter se deparado com eles quando mais jovem.

Do sol e das precipitações de neve da primavera, eles logo passaram a experimentar o calor cada vez maior do verão siberiano, com suas noites úmidas. A escassez de água contribuiu para os crescentes surtos de tifo na cidade. A família real sentira a atmosfera hostil, mas não fora informada da chegada dos marinheiros de Kronstadt no final de maio, e de que eles haviam assassinado 45 membros do clero ortodoxo local, além de "agredir e estuprar mulheres, atacar e matar membros da burguesia e saquear a destilaria local para pegar vodca e distribuí-la à multidão". O ex-Czar tampouco sabia que seu irmão mais novo, o Grão-Duque Mikhail, em favor de quem ele em tese abdicara, fora tirado de sua prisão em Perm em 12 de junho pela Tcheká e fuzilado nos bosques vizinhos. Seu corpo foi atirado numa fornalha de fundição. A Tcheká espalhou a história de que ele havia sido levado embora por "Guardas Brancos".

No final de junho, era possível ouvir disparos de armas de fogo a distância, à medida que os tchecos avançavam. Em 29 de junho, o ex--Czar notou que, nos últimos dias, "recebemos duas cartas, uma após a outra, nas quais fomos alertados a nos preparar para um resgate por pessoas devotadas a nós. Mas vários dias se passaram e nada aconteceu; era torturante ficar esperando nessa atmosfera de incerteza".*

O avanço dos tchecos causou pânico em toda a região. Em Irbit, menos de duzentos quilômetros a nordeste, o Comitê Militar Revolucionário anunciou em 6 de julho que certo número de residentes ricos seria levado como refém e fuzilado caso houvesse alguma tentativa de levante. Um de seus cartazes alertava: "A contrarrevolução avança em todas as frentes, enquanto donos de fábricas, proprietários de terras, comerciantes e outros parasitas andam livremente em nossas cidades. Os traidores devem lembrar que cem dos seus irão morrer para cada um de nossos mortos".

---

* Nicolau, ignorando deliberadamente a recente adoção pelos bolcheviques do calendário gregoriano, manteve o calendário juliano de seus ancestrais e registrou a data de 16 de junho.

A última entrada no diário de Nicolau data de 13 de julho. Era a respeito de seu filho, que vinha sofrendo muito. "Alexis tomou seu primeiro banho desde Tobolsk; seu joelho está melhor, mas ele ainda não consegue dobrá-lo completamente. O tempo está bom, agradável. Sem notícias de fora."

O destino deles, assim como o de outros parentes seus presos na região, já estava decidido. Lênin, Dzerjínski e Svierdlóv haviam concordado numa reunião no Kremlin que, diante do avanço tcheco, não queriam dar aos Brancos uma "bandeira". Eles falharam inteiramente em ver que os Románov, depois de mortos, seriam muito mais úteis aos seus inimigos como mártires. Lênin não quis assumir nenhuma responsabilidade pela decisão, principalmente quanto ao assassinato de crianças, portanto a culpa seria colocada no Soviete do Ural. Nas primeiras horas do dia 17 de julho, a família foi acordada na Casa Ipatiev e levada até o porão pelos guardas, metade deles internacionalistas húngaros, e por seu comandante, Iuróvski. O ex-Czar teve que carregar seu filho nos braços, pois o garoto não conseguia descer as escadas. Iuróvski leu a sentença de morte em voz alta e o fuzilamento começou. O garoto Aleksêi, ex-Tsariévich, ainda estava vivo apesar de jazer numa poça de sangue, então Iuróvski disparou mais duas balas de seu Colt na cabeça dele.

Na noite seguinte, em Alapaievsk, 130 quilômetros ao norte de Ecaterimburgo, outros prisioneiros Románov, assim como a irmã da Czarina, a Grã-Duquesa Ielizaviéta Fiodoróvna, foram levados de sua prisão improvisada. Os guardas, metade dos quais dessa vez era de internacionalistas austríacos, escoltaram-nos até uma mina inundada. O Grão-Duque Serguêi resistiu e foi baleado ali mesmo. Todos os seus companheiros foram atirados no fosso da mina. Instantes depois, ouviram sons de alguém se debatendo na água e cantando hinos. Eles então atiraram granadas para finalizá-lo. De novo, a estapafúrdia história de que eles haviam sido levados embora por "Guardas Brancos" foi disseminada. Os assassinatos de todos esses Románov, junto com o de outros parentes seus e amigos, equivalia a uma declaração de guerra total – uma guerra na qual "a santidade da vida humana", assim como conceitos como culpa e inocência, não contava mais.

17

TERROR VERMELHO

Verão de 1918

Na inevitável discussão sobre as origens da guerra civil e a responsabilidade por sua crueldade, os comunistas alegavam não ter tido escolha. O Terror Vermelho lhes havia sido imposto. Eles colocaram a culpa em várias circunstâncias – na contrarrevolução, que na definição deles significava qualquer um que não os apoiasse, nos atentados à vida de seus líderes ou na intervenção estrangeira. No entanto, nas guerras civis, a prática do terror é quase sempre a reação daqueles que estão mais conscientes de serem uma minoria. Ele começa como um ato reflexo, mas o regime se apega a ele por muito tempo depois que a ameaça já foi derrotada. No caso de Lênin, essa visão estava ali desde o início, com a fundação da Tcheká em dezembro de 1917, bem antes de que a guerra civil começasse de forma ostensiva e reconhecível. A coerção comunista por meio do terror foi, portanto, uma medida preventiva, mas, no final de agosto de 1918, dois ataques a líderes comunistas no mesmo dia desencadearam uma explosiva escalada de violência.

Na manhã de sexta-feira, 30 de agosto, Leónid Kannegiser, um ex-cadete de 22 anos da Escola de Artilharia Mikhailovski, matou a tiros Moisséi Urítski, o chefe da Tcheká de Petrogrado. Kannegiser havia ido à sala de espera do quartel-general da Tcheká no dia que era reservado à recepção de denúncias por Urítski. Este chegou meia hora depois, e, assim que entrou na sala, Kannegiser deu-lhe um tiro à queima-roupa atrás da cabeça com seu revólver Colt. Segundo o pai do jovem, ele quis simplesmente vingar a morte de seu melhor amigo, Pereltsveig, executado por ordem de Urítski. No entanto, as autoridades soviéticas estavam convencidas de que o ataque era parte de uma conspiração.

Kannegiser saiu correndo do edifício, montou na sua bicicleta e fugiu, perseguido por tchekistas enfurecidos. Chegou à rua Millionnaia, largou a bicicleta, correu para o pátio do número 17 e subiu as escadas. Entrando na primeira porta que conseguiu abrir, invadiu o antigo apartamento do Príncipe Melíkhov, pegou um casaco do cabideiro com a intenção de mudar sua aparência e voltou às escadas. Ali, viu seus perseguidores no térreo e abriu fogo. Sangáilo, o tchekista mais veterano do grupo, queria capturá-lo vivo a fim de descobrir quem mais estaria envolvido no complô. Ele colocou um manequim vestindo seu casaco no elevador e mandou-o para o primeiro andar. A ideia era que o assassino gastasse suas balas atirando nele. Mas o jovem tirou o casaco do manequim, vestiu-o e desceu a escada, dizendo que o homem que procuravam havia continuado a subir as escada. Reconhecendo o próprio casaco, Sangáilo prendeu-o e levou-o para ser interrogado.

Lênin já ficara incomodado com a revolta dos SRs de esquerda em julho, que mostrara o quanto os comunistas eram vulneráveis mesmo em sua própria capital. Levando em conta o quanto costumava preocupar-se com a própria segurança, sua decisão de realizar uma visita a uma fábrica em Moscou era algo fora do comum, especialmente naquele momento em que acabara de ser notificado do assassinato de Urítski em Petrogrado. Krúpskaia e a irmã dele imploraram para que não fosse.

Após um ato na Bolsa de Cereais, Lênin foi levado de carro até a fábrica Mikhélson, no sul de Moscou. Enquanto fazia seu usual discurso lá dentro, uma jovem abordou seu motorista e perguntou se Lênin de fato havia entrado. Tratava-se de Fanni Kaplán, filha de um professor de hebraico. Ela filiara-se aos SRs de esquerda ao sair da prisão, onde convivera com Spiridónova. Kaplán havia sido uma anarquista sentenciada a trabalhos forçados perpétuos aos dezesseis anos, por ter atuado em uma explosão terrorista. Após o golpe bolchevique e a dissolução da Assembleia Constituinte, ela decidiu matar Lênin e entrou como voluntária na organização de combate dos socialistas-revolucionários.

Conforme as pessoas saíam da fábrica após o discurso, Kaplán foi caminhando logo atrás de Lênin, que parou antes de entrar no seu carro porque uma mulher questionou-o a respeito do confisco de alimentos nas estações de trem. Kaplán disparou três tiros com sua pistola Browning. Duas balas atingiram Lênin, uma no braço e a outra no pescoço, junto ao queixo. A terceira atingiu a mulher que falava com ele. Kaplán fugiu, mas depois parou perto de algumas árvores e ali foi presa.

Enquanto Lênin, inconsciente, era levado de carro em alta velocidade de volta ao Kremlin, Kaplán foi conduzida diretamente à Lubianka para ser interrogada pelo tchekista letão Iakov Péters. Ela admitiu ter atirado em Lênin, mas recusou-se a revelar quem lhe deu a arma e negou ter quaisquer companheiros conspiradores. A Tcheká, convencida de que se tratava de um complô inglês, prendeu o representante britânico Robert Bruce Lockhart naquela noite e levou-o a uma cela na Lubianka. Colocaram então Kaplán na mesma cela para ver se os dois se conheciam. Claramente não houve nenhum sinal de reconhecimento, então Kaplán foi levada embora e trancada no porão do Kremlin. Acabou sendo executada a tiros num pátio lateral em 3 de setembro. O ruído da execução foi ocultado pelo ruído de automóveis sendo acelerados.

Em Petrogrado, enquanto Kannegiser continuava sendo interrogado no sábado, 31 de agosto, um forte contingente da Tcheká tomou a Embaixada Britânica. Seu alvo era o capitão Francis Cromie, do departamento de inteligência da Marinha Real, que de fato estava tramando para derrubar o governo de Lênin. Cromie, na tentativa de encobrir a fuga de dois de seus agentes russos (um dos quais pode ter sido um espião da Tcheká), revidou até seu revólver ficar sem balas, quando então foi alvejado na grande escadaria de mármore. Outros oficiais e funcionários foram presos e levados embora, sendo soltos bem depois numa troca de prisioneiros.

Naquele mesmo dia, Dzerjínski chegou a Petrogrado para interrogar Kannegiser pessoalmente. O jovem ainda se recusava a dizer se tivera cúmplices, ou como havia obtido o revólver. A Tcheká declarava ter encontrado no apartamento dele 467 endereços de membros do Governo Provisório de Keriénski, generais czaristas e socialistas-revolucionários de direita, e no entanto, ele havia sido membro do pequeno Partido Socialista Popular. Kannegiser só recebeu seus "nove gramas de chumbo" em 21 de dezembro. Não devem ter sido poucas as torturas que sofreu nesse período.

*

Lênin sobreviveu aos ferimentos, apesar dos temores de seus médicos, e esse "milagre" marcou o início do culto à personalidade que cresceu em torno dele. Ele foi elevado à condição de santidade secular, até mesmo comparado a Cristo, enquanto Kaplán era atacada como uma Charlotte Corday* fracassada. O ultraje moral do regime e de seus seguidores assumiu contornos histéricos. "Precisamos vingar as feridas infligidas ao querido líder do proletariado mundial, o Camarada Lênin."

Até mesmo o sinistro membro da polícia secreta, Urítski, foi tratado como mártir. "O funeral de Urítski foi cheio de pompa", escreveu uma testemunha. "O corpo foi carregado pelas ruas por várias horas sob um luxuoso baldaquino." Na procissão, os bolcheviques vestiam uniformes variados e carregavam um grande número de cartazes com ameaças. "Milhares de suas cabeças para cada uma de nossos líderes"; "Uma bala no peito de cada inimigo da classe trabalhadora"; "Morte aos mercenários do capital anglo-francês". Todos os jornais do Partido expressaram esse mesmo ânimo de vingança.

As ameaças se cumpriram. Em Petrogrado, quinhentos reféns foram executados imediatamente pela Tcheká, numa vingança cega pelo assassinato de seu chefe. Os reféns foram enfiados em duas balsas, que foram rebocadas até o meio do golfo da Finlândia e afundadas. Alguns corpos que apareceram na praia mostraram que suas mãos haviam sido amarradas com arame farpado. Há estimativas de que, com os assassinatos perpetrados em Kronstadt e na Fortaleza de Pedro e Paulo, as represálias chegaram a 1.300 mortos, com outras 6.229 pessoas presas como reféns. As seções provinciais da Tcheká gabavam-se das próprias represálias cometidas em Iaroslavl, Sumi, Piatigorsk, Pskov e Smolensk. Eles executavam não apenas socialistas-revolucionários, mas qualquer um que fosse considerado antibolchevique. Em Nizhny Novgorod, anunciaram ter executado 41 pessoas e capturado setecentos reféns.

A Tcheká parecia deleitar-se com sua reputação de praticar o terror noturno. "Dzerjínski só trabalha à noite", escreveu o historiador judeu Grigóri Aronson. "O mesmo ocorre com Péters. Os investigadores

* Charlotte Corday, descendente de aristocratas franceses, assassinou o líder radical francês Jean-Paul Marat durante a Revolução Francesa (N.R.).

comuns imitam seus chefes. Pelo que sabemos, é isso também o que fazem os carrascos. Eles convocam as pessoas para o interrogatório à noite. O Colegiado se reúne também à noite. As sentenças finais são anunciadas à noite. Eles executam as pessoas à noite em diferentes partes de Moscou e nos porões e galpões da Tcheká." Os que estavam presos costumavam referir-se ao "Comissário Morte chegando no meio da noite".

Numa antecipação dos esquadrões da morte nazistas na Rússia, menos de um quarto de século mais tarde, os prisioneiros da Tcheká eram instruídos a se desnudarem completamente para que suas roupas pudessem ser reutilizadas. Depois eram obrigados a se ajoelhar em porões, ou junto a covas abertas, para que seus carrascos tivessem o trabalho apenas de erguer suas pesadas pistolas Mauser com coronhas de madeira para atirar na parte de trás da cabeça de suas vítimas. Alguns carrascos compraziam-se da carnificina, enquanto outros acabavam enlouquecendo com aquele incessante abate, como Himmler descobriu mais tarde com seus próprios *Einsatzgruppen*.

O Terror Vermelho não se restringiu, é claro, às detenções e aos edifícios da Tcheká nas cidades. Nas regiões ao redor do Don, o medo e o ódio em relação aos contrarrevolucionários cossacos assumiu uma forma ainda mais indiscriminada e quase genocida. Um ex-membro da Tcheká relatou o ocorrido no distrito de Morozovski, 220 quilômetros a oeste de Tsaritsin. "A população do distrito enfrentou um período incrivelmente sangrento, que consistia simplesmente no extermínio de cossacos com idade superior a 45 anos, sem qualquer limite superior de idade. 'Exterminem-nos completamente!'. Essa foi a resolução tomada por membros do Comitê Revolucionário da aldeia cossaca de Morozovskaya, chefiada por um certo Boguslávski [...]. Depois que terminavam seu expediente nas repartições, alguns membros do Comitê Revolucionário [...] reuniam-se à noite na casa de Boguslávski, ficavam totalmente embriagados, promoviam orgias inacreditáveis, e então traziam indivíduos cossacos da cadeia local a fim de praticar neles. Eles gostavam de praticar tiro ao alvo com eles, feri-los com espadas, golpeá-los com adagas etc. [...] Mais tarde foi revelado que nenhum julgamento havia sido feito. Posteriormente foram descobertos 67 cadáveres enterrados no jardim de Boguslávski."

Um membro de Moscou do Partido Comunista reportou: "Às vezes matavam de cinquenta a sessenta pessoas por dia. O princípio-guia era que, quanto mais cossacos fossem mortos, mais isso reforçaria a autoridade soviética no Don. Não foi feita uma única tentativa de entrar em acordo com os cossacos... Quase todo dia era possível testemunhar a cena insana de mais um grupo de prisioneiros sendo levado à execução. Os prisioneiros saudáveis eram obrigados a carregar os doentes. Guardas armados com fuzis afastavam os transeuntes, abrindo caminho. Todos sabiam que essas pessoas estavam condenadas a morrer. Muitas vezes vi cossacos que haviam apoiado o regime soviético chorarem ao assistir a cenas como essas. Ficavam indignados e perguntavam: "É possível que isso seja verdade, que o regime soviético traga com ele tais horrores?"... Quando realizavam revistas, os oficiais do Tribunal Revolucionário confiscavam copos, colheres, pratos, e muitas vezes ficavam com eles... Algumas pessoas tinham a esperança de que haveria alguma inspeção de Moscou, enquanto outras, é claro, aguardavam que os cossacos se rebelassem".

A verdade é que Dzerjínski tinha pouco controle sobre as Tchekás locais, muitas das quais eram praticamente autonomeadas. Um relatório da Tcheká de agosto de 1918 revelou o caos e a corrupção em Kursk. "Em Kursk, a população não recebe sua ração de pão há três semanas. Ocorrem confrontos entre as patrulhas de aprovisionamento que fazem a requisição de grãos. Isso pode levar uma patrulha a desarmar outra, com trocas de tiros e mortes. Grupos de patrulha particulares e patrulhas inteiras de requisição de grãos os vendem na estação de trem, o que gera insatisfação nas massas. O padrão de disciplina das unidades do Exército Vermelho em Kursk é precário. Eles se confraternizam com a população local e entregam-se a bebedeiras e libertinagens. Tomaram as melhores casas da cidade e circulam de carro." Muitos outros relatos de Kursk confirmaram que tanto membros da Tcheká quanto patrulhas de aprovisionamento usavam seu poder para roubar grãos, fosse para uso pessoal ou para revender.

Em Kiev, Péters criou um falso Consulado Brasileiro, onde os operativos de sua Tcheká vendiam vistos por altas somas de dinheiro para refugiados desesperados para ir embora e, em seguida, prendiam-nos. Quando os Brancos capturaram Kiev, declararam ter descoberto 5 mil cadáveres e estimaram que havia outras 7 mil pessoas desaparecidas. A

Tcheká tinha duas prioridades: tomar o dinheiro e os itens valiosos de suas vítimas para financiar a causa Vermelha e esmagar qualquer oposição em potencial por meio de uma impiedosa guerra de classe. Létsis, em suas instruções aos membros da Tcheká, deixava isso perfeitamente claro. "Ao interrogar, não procure evidências materiais ou provas das palavras ou ações do acusado contra o poder soviético. A primeira pergunta que você deve fazer é: a que classe a pessoa pertence, qual educação, criação, origem ou profissão ela tem? Essas perguntas determinam qual será o destino do acusado. Esse é o sentido e a essência do Terror Vermelho." As evidências encontradas em batidas eram usadas para estabelecer a culpa, nunca para justificar a inocência.

Acima de tudo, o Terror Vermelho foi usado para subjugar o campo, pois as cidades estavam passando fome. Um sistema de racionamento diferenciado foi introduzido em Petrogrado e Moscou no verão de 1918, com os trabalhadores braçais, outros trabalhadores e os membros da burguesia recebendo alimentos na proporção de 4:3:1. A ração "intocável" de nível mais alto era a dos soldados do Exército Vermelho e a dos operários. A ração para os *burjúi* não trabalhadores era, deliberadamente ou não, insuficiente para manter alguém vivo. A única esperança era trocar suas posses mais valiosas na praça Sukharevskaia por comida, o que levou o mercado clandestino a ficar conhecido como *Sukhariévka*. Os altos membros do Partido, os seus quadros e especialmente os comissários não tardaram a ter suas próprias cantinas privilegiadas. A estratificação tornou-se bem mais complexa, com "trabalhadores intelectuais" tendo prioridade, assim como "especialistas burgueses".

Em maio de 1918, uma delegação de trabalhadores da fábrica Putilov foi tratar com Lênin da desastrosa situação alimentar em Petrogrado. Ele respondeu convocando-os para servir nos destacamentos de comida a fim de salvar a revolução. Ele disse que a revolução precisava de dez vezes mais destacamentos de comida para poder vencer a fome, embora fossem esses destacamentos de aprovisionamento os responsáveis por agravar o problema. Eles começaram a confiscar até os grãos que seriam semeados na próxima colheita, o que deixou o campesinato aterrorizado e levou-o a esconder ou consumir seus grãos antes que lhes fossem tirados.

Os camponeses podiam não ser muito instruídos, mas logo suspeitaram de que os bolcheviques estavam transformando-os em servos do proletariado industrial. "As feiras foram proibidas e os que compravam nelas passaram a ser perseguidos. Com isso, as populações das cidades passam fome enquanto os camponeses aproveitam o excedente de grãos da melhor maneira que podem, seja dando-o como alimento ao gado, seja produzindo bebida alcoólica."

Esse desafio deliberado a todas as forças econômicas produziu seu próprio círculo vicioso. Um pud de farinha custava de vinte e cinco a trinta rublos na região do Volga em 1918, enquanto em Petrogrado podia chegar a mil rublos. Os destacamentos de aprovisionamento comunistas começaram a confiscar todo o grão, não só o mal definido "excedente" de produção. Lênin recusava-se a aceitar que as requisições forçadas estivessem reduzindo desastrosamente a produção. Indignado com essa resistência, sua reação foi intensificar a repressão. Os destacamentos de comida foram instruídos a recrutar camponeses pobres como informantes contra os camponeses ricos, os "*kúlaks*". Os destacamentos de aprovisionamento, formados principalmente por comunistas de cidades grandes e pequenas, não conseguiam ver a diferença entre um camponês pobre, um "camponês médio" e um "inimigo de classe" supostamente rico. Eles não atentavam para a necessidade de conservar grãos para usar como sementes na colheita do ano seguinte. Estavam interessados apenas em extrair a produção estimada que lhes havia sido passada. Como resultado, os camponeses decidiram não plantar nada além do que precisavam para suas próprias necessidades no ano seguinte. Eles escondiam seus grãos selando-os em grandes jarros de cerâmica que eram depois enterrados. Os destacamentos de aprovisionamento passaram então a torturar membros das famílias, para obrigá-los a revelar seus esconderijos. Num ciclo de violência, os camponeses começaram a atacar membros dos destacamentos, em alguns casos matando-os e cortando suas barrigas, que enchiam então de grãos, como advertência.

A Europa não via esse grau de crueldade sendo usado como arma de terror desde as guerras de religião.* Isso levanta a questão de se a guerra

* O autor se refere aqui às guerras entre diversas denominações protestantes e católicas no século XVI, que tiveram seu auge na chamada "Guerra dos Trinta Anos" (N.R.).

civil política, seu equivalente moderno, seria um desenvolvimento previsível. Em 23 de agosto, antes mesmo do ataque de Kaplán a Lênin, o tchekista Látsis publicou um artigo no *Izviéstia* declarando que "as práticas de guerra estabelecidas" eram irrelevantes. "Massacrar todos os feridos que lutaram contra você – isso é uma lei da guerra civil." No entanto, de onde vinham os extremos de sadismo – retalhar com sabres, cortar com facas, queimar com fogo ou água fervente, escalpelar pessoas vivas, fixar dragonas com pregos aos ombros, arrancar os olhos, molhar as vítimas no inverno para que congelassem até a morte, castrar, eviscerar, amputar?

Tudo isso era apenas uma parte atávica da descrição feita por Púchkin da revolta russa como "insensata e impiedosa"?* Ou o frenesi de vingança fora intensificado a outro nível pela retórica do ódio político?

* "Deus nos poupe de ver uma revolta russa, insensata e impiedosa. Aqueles que tramam impossíveis levantes entre nós ou são jovens ou não conhecem nosso povo, ou são homens insensíveis que não dão a mínima para a própria vida ou para a vida do outros." Essa observação de Púchkin sobre a rebelião incrivelmente violenta de Iemielián Pugatchóv (1773-4) está em *A filha do capitão*, Londres, 2009, p. 203.

18

A LUTA NO VOLGA E O EXÉRCITO VERMELHO

Verão de 1918

Julho foi um mês ruim para o Exército Vermelho. Além do levante de Sávinkov em Iaroslavl, enfrentou uma derrota atrás da outra. Em 21 de julho, os tchecos tomaram Ecaterimburgo quatro dias após o massacre da família imperial. Depois, no dia seguinte, o coronel Káppel informou ter ocupado a cidade natal de Lênin, Simbirsk (Ulianovsk), com seus homens e um regimento tcheco. Isso foi possível após se aproximarem fazendo uma marcha de 140 quilômetros, o que lhes permitiu pegar os soldados Vermelhos de surpresa. O telegrama de Káppel em 22 de julho anunciou: "Às oito horas, após uma batalha na área, as unidades do 1º Destacamento de Samara entraram em Simbirsk. Uma grande quantidade de equipamentos militares e de artilharia foi capturada, assim como diversas locomotivas a vapor, um trem blindado e vários itens que ainda não foram contados".

Houve outro frenesi de pânico em Moscou. A moral do Exército Vermelho no Volga estava muito baixa e Vatsetís pouco podia fazer em seu novo comando. Fiódor Raskólnikov, agora vice-comissário da Marinha, recebeu ordens para levar canhoneiras e navios de guerra leves Volga abaixo de Nizhny Novgorod, para ajudar as forças Vermelhas sitiadas que enfrentavam os tchecos. Ele estava acompanhado pela esposa, com quem se casara havia apenas alguns dias, Larissa Reisner, sua "guerreira Diana". Essa bela poetisa de 22 anos tornou-se a primeira comissária mulher da linha de frente. Armada apenas com uma pequena pistola Browning, Larissa Reisner iria atuar com uma temerária valentia

A flotilha Vermelha do Volga comandada por Fiódor Raskólnikov tendo sua esposa, a escritora Larissa Reisner, como comissária.

como batedora e espiã, sem falar de seu papel como instrutora política dos rudes marinheiros do Báltico. Quando ela morreu de tifo, quase doze anos mais tarde, Trótski também exaltou essa lenda heroica como "uma deusa olímpica que combinava uma inteligência sutil e um humor irônico com a coragem de um guerreiro".

A flotilha do Volga de Raskólnikov seguiu para o sul em direção a Cazã, sem saber muito bem o que poderiam encontrar ali. Eles se depararam com os Guardas Vermelhos totalmente abatidos. "A cidade ainda não foi tomada", observou Larissa, "mas sua derrota é certa. Ouve-se o bater de portas dos quartos abandonados. Os pisos estão cheios de papéis e pertences espalhados. Nada é pior do que uma retirada." Em 5 de agosto, Vladímir Zienzínov estava prestes a sair da cidade quando ouviu salvas de artilharia vindas do Volga. "De repente, espalhou-se o boato de que soldados antibolcheviques e tchecos haviam chegado em vapores de Samara... Os bolcheviques foram surpreendidos pelo ataque repentino. Ninguém teve mais dúvidas quando os primeiros projéteis explodiram sobre a cidade. Era possível ouvir disparos de fuzis e metralhadoras." "A cidade era defendida pelo 5º Regimento de Fuzileiros Letões, enquanto o Batalhão Internacional Sérvio, que ocupava a fortaleza de Cazã, atacava o inimigo", relatou o alto-comando Vermelho. Na caótica fuga, o comandante em chefe Vermelho, Vatsetís, quase foi capturado. Só conseguiu escapar porque um grupo de seus homens abriu caminho para ele no meio da multidão de refugiados.

O coronel Káppel estava de novo na vanguarda com o seu Destacamento de Samara do antibolchevique Exército do Povo, em seis vapores armados. "Nossas principais unidades entraram na cidade ao meio-dia. Houve uma batalha na rua principal da cidade contra a infantaria e os veículos blindados do inimigo. Não tínhamos munições capazes de perfurar blindados nem apoio de artilharia." Em razão do calor e da exaustão de seus homens – que não haviam comido, já que seus suprimentos ainda estavam nos vapores dos quais desembarcaram, no rio –, Káppel trouxe-os de volta para a fronteira da cidade. Na manhã seguinte, às quatro horas, eles entraram de novo. "Eliminação de bolcheviques na cidade", reportou ele ao Komútch no final do dia. "Apreensão por nosso destacamento de todas as reservas de ouro – 645 milhões, assim como uma grande quantia de dinheiro em caixas, pertencentes às unidades soviéticas."*

O antigo ministro da Marinha de Keriénski, Vladímir Lébediev, que Dvórjets descrevera como "o gênio do mal do Komútch", levou as reservas de ouro pelo Volga na noite seguinte até Samara. Prokôfiev era outro que antipatizava com Lébediev. Meses mais tarde, depois de ser levado por alguns amigos "para provar algumas tortas caras", Prokôfiev encontrou Lébediev num sarau musical. "Perguntei se havia sacrificado alguém depois de tomar Cazã", escreveu Prokôfiev em seu diário. "Ele respondeu: 'Fuzilei duas centenas'. Exclamei: 'Duas centenas?!', e ele acrescentou: 'Canalhas'. Então pediu a Shindler [seu anfitrião] que tocasse algo de Kalínikov. Ele gosta de música suave."

A humilhação pelo Tratado de Brest-Litovsk, somada à superioridade militar dos tchecos, estava sendo uma dura lição para a liderança comunista. Os seguidores de Bukharin na "Oposição de Esquerda" e os SRs de esquerda, que haviam defendido a guerra revolucionária para resistir

---

* Muitos supõem que foram os tchecos que capturaram as reservas de ouro, mas ao que parece foram os homens de Káppel. De qualquer modo, foi um grande golpe para o Sovnarkom num momento em que o rublo tinha apenas um quinto de seu valor antes da queda de Keriénski.

aos alemães, continuavam opondo-se visceralmente a qualquer ideia de criar um exército profissional. Ideologicamente, não podiam aceitar nada além de uma milícia de cidadãos, composta basicamente pelos operários armados da Guarda Vermelha.

De início, os comunistas promoveram suboficiais talentosos. Vários deles seguiram adiante e vieram a ocupar altos postos na Segunda Guerra Mundial, especialmente aqueles associados a Stálin e Kliment Vorochílov em Tsaritsin. Entre eles, Gueórgi Júkov e Semión Budiônni, ambos sargentos de regimentos de dragões, além de Semión Timochenko e Ivan Kóniev, um artilheiro.* Mas tanto Lênin quanto Trótski sabiam que para que o comunismo sobrevivesse eles precisavam não só de disciplina e organização, mas também de especialistas para treinar um Exército Vermelho efetivo, capaz de derrotar mais do que camponeses rebeldes. Eles então recrutaram membros do corpo de oficiais czarista, apesar de toda a sua retórica sobre nunca confiar em inimigos de classe. Um passo inicial nessa direção havia sido dado ao contratar especialistas em economia e comércio, mas a própria palavra "oficial" era uma anátema para seus seguidores, portanto eles receberam o título eufemístico de "especialistas militares". Essa foi uma política contra a qual Stálin, apoiado por Dzerjínski, lutou com todas as suas forças.

Trótski ressentia-se muito da intromissão de Stálin em assuntos militares. Lênin enviara Stálin a Tsaritsin para aumentar as requisições de grãos na região do baixo Volga, mas Stálin, assumindo o papel de comissário, passou a atuar como se fosse o comandante do front. Ele também ampliou a Tcheká em Tsaritsin e impeliu-os a realizar massacres terríveis.

Alguns comandantes do Exército Vermelho nomeados nessa época foram oficiais aspirantes ou de nível médio na guerra, como Mikhail Tukhatchévski e Aleksandr Vassiliévski. Outros já eram generais. Por exemplo, o irmão mais novo do general Mikhail Sviétchin, Aleksandr,

---

* Budiônni era famoso por sua vaidade. Seu bigode de cavalaria foi crescendo cada vez mais conforme ia subindo na hierarquia, e ele vestia culotes vermelhos com listras prateadas. Timochenko foi o modelo para o personagem Savítski do conto de Isaak Bábel "Meu primeiro ganso".

M. N. Tukhatchévski, comandante do exército aos 25 anos, mais tarde marechal e executado por ordens de Stálin em 1937 em seu expurgo do Exército Vermelho.

também havia sido um general czarista. Mais tarde ele tornou-se o principal teórico militar do Exército Vermelho na década de 1920 e o pai da "arte operacional" soviética, até ser executado nos expurgos de Stálin quase trinta anos mais tarde, junto com Tukhatchévski.* Ao final da guerra civil, não menos do que 75 mil oficiais czaristas haviam servido no Exército Vermelho. Muitos haviam sido obrigados a aceitar porque não havia outro trabalho disponível ou então por terem sido coagidos, com suas famílias tomadas como reféns, embora um grande número tivesse se mostrado leal e trabalhado bem com seus comissários.

O Exército Vermelho de Operários e Camponeses não conseguiu recrutar mais do que um terço dos voluntários que Trótski havia imaginado. Foi preciso instituir o alistamento obrigatório, já que o número de fronts a serem preenchidos multiplicava-se à medida que a guerra civil se

* Wavell não gostava de Tukhatchévski. "Tukhatchévski, com quem almocei um dia, era uma pessoa muito desagradável, de quem tomei aversão na hora, mas sem dúvida era capaz, ambicioso e cheio de energia."

desenrolava. Mesmo os que se alistavam precisavam de encorajamento para não desistirem na primeira oportunidade. Um dos métodos testados pelas autoridades era oferecer mais benefícios, para além de rações e uniformes, principalmente para recrutar camponeses, e não apenas proletários. Para isso, foi produzido um "documento de proteção" para familiares de soldados do Exército Vermelho, estipulando que "nem suas terras, nem animais de criação, nem sementes podem ser confiscados" pelos destacamentos de aprovisionamento. A garantia provavelmente valia menos do que o papel no qual estava impressa.

Os Vermelhos precisavam de cavalaria para ficar à altura dos Brancos, em especial nas imensas estepes do sul da Rússia e a oeste da Sibéria. Trótski via os regimentos a cavalo como o brinquedo antiquado da aristocracia, mas aceitou a ideia por necessidade. Foram afixados cartazes por todo lugar retratando um trabalhador soviético galopando em um cavalo, com a espada na mão e uma estrela vermelha no chapéu. Por cima, em grandes letras, lia-se: "Proletários, a cavalo!". Não foram muitos os trabalhadores industriais que seguiram essa exortação. A cavalaria Vermelha teve melhor sorte recrutando cossacos pobres ou *ingorodnies*.

Quase não havia uniformes na época, então os soldados inventavam os seus. Eles eram obcecados pela cor vermelha. Mesmo comandantes experientes não se constrangiam em vestir o casaco vermelho de uma mulher. Os soldados arranjavam tecido vermelho para fazer camisas e túnicas. Ao que parece, em algumas unidades os soldados vestiam-se inteiramente de vermelho.

Trótski também logo percebeu que os cerca de 2 milhões de prisioneiros de guerra alemães, austro-húngaros e búlgaros ainda presos na Rússia poderiam ser uma boa fonte de recrutas para seu Exército Vermelho. Eles já eram soldados treinados, muitos deles podiam ser trazidos para a causa comunista e disseminariam a ideia revolucionária mais tarde ao voltarem para casa. Alguns viriam a se tornar comandantes ou organizadores das Brigadas Internacionais na Guerra Civil Espanhola, como Gall, Kléber, Lukács e Josip Broz Tito. Os prisioneiros de guerra repatriados em 1918 receberam panfletos de propaganda comunista em alemão para distribuir. Em Viena, o alto-comando do exército *Kaiserlich und Königlich* ficou alarmado. "Uma 'quarentena moral' é considerada imperativa, para que o 'veneno bolchevique' que os homens possam ter absorvido na Rússia não seja importado para a Áustria."

Rudolf Rothkegel, um comunista prisioneiro de guerra alemão, fora convocado a Moscou no fim de janeiro de 1918 e instruído a visitar os campos de prisioneiros para persuadir presos de guerra alemães a entrarem para a Guarda Vermelha. Ele, e outros como ele, usaram os slogans "A Pátria socialista corre perigo!" e "A Revolução Russa é também nossa revolução e nossa esperança!". Eram incansáveis os esforços para essa lavagem cerebral dos prisioneiros. "No campo [de Khabarovsk]", relatou um major austríaco, "os discursos de agitação e propaganda em favor do comunismo e da conversão ao bolchevismo eram, apesar de protestos enérgicos, a ordem do dia. Os homens estavam vulneráveis, porque muitos oficiais não ousavam opor-se aos agitadores por medo de perseguições."

Os recrutadores comunistas faziam o possível para convencer os prisioneiros a ficarem na Rússia em vez de voltarem para casa. O ministro da Guerra em Viena soube que "está sendo disseminada propaganda entre os prisioneiros de guerra na Rússia, afirmando que todos os que retornarem serão convocados imediatamente para o serviço militar ativo. Portanto, os homens estão desanimados, sem motivação para voltar para casa". A pressão também podia ser exercida oferecendo rações do Exército Vermelho, pois todos os que estavam em campos de prisioneiros passavam fome, como era o caso em Irkutsk e no Turquestão. No campo de Tsaritsin, cerca de 4 mil prisioneiros austro-húngaros morreram de fome em poucas semanas, porque os Guardas Vermelhos que os supervisionavam não permitiam sequer que comprassem comida.

Mesmo antes de os comunistas tomarem o poder, as condições já eram terríveis. No campo de prisioneiros de guerra perto de Krasnoiarsk, 54% dos detentos haviam morrido. Em Novo-Nikolaievski, 80% dos prisioneiros sucumbiram por tifo no inverno de 1915, e em Omsk 16 mil haviam morrido nos primeiros dez meses da guerra. Assim, não surpreende que tantos prisioneiros das Potências Centrais tenham saudado a revolução como um alívio, e que odiassem o regime czarista. Deve-se também lembrar de que o Kaiser havia sido tentado pela ideia de deixar seus prisioneiros de guerra russos morrerem de fome, um precursor da crueldade demonstrada na Operação Barbarossa.*

Mesmo assim, os Brancos e vários historiadores têm tentado argumentar que os internacionalistas eram mercenários, ou que o regime soviético era essencialmente uma "invasão estrangeira" ou uma "ocupação internacionalista". Já na primavera de 1918, antes da pressão para convertê-los, havia grupos de prisioneiros alemães e austro-húngaros em unidades improvisadas na Sibéria, no Volga e no sul. Chegou a haver 160 comunistas alemães atuando junto à Tcheká em Cazã. Estimativas sobre quantos prisioneiros se tornaram "*Internationalisten*" no Exército Vermelho variam muito, entre 40 mil e 250 mil. E é claro que, além disso, havia também os 25 mil fuzileiros letões, sem falar dos chineses que serviram no Exército Vermelho e na Tcheká.

Após a eclosão da Grande Guerra em 1914, o governo czarista recrutou ou alistou mais de 150 mil trabalhadores braçais chineses para auxiliarem seus exércitos no front e na retaguarda. Quase 10 mil chineses trabalharam na Ferrovia de Murmansk, que ia até o Círculo Ártico. Muitos mais viviam no país ilegalmente, a maioria no Extremo Oriente. Como os chineses haviam sofrido maus-tratos e sido submetidos a condições de vida atrozes nas mãos das autoridades militares czaristas, os bolcheviques detectaram a oportunidade e começaram a recrutá-los. Poucos falavam alguma coisa de russo ou entendiam a ideologia bolchevique, mas muitos se dispunham a lutar nas fileiras do Exército Vermelho simplesmente para receber comida e roupa. Na Sibéria, porém, os chineses que ali moravam não apoiavam os bolcheviques. "A autoridade soviética precisou, ao chegar à região, começar o trabalho político e de propaganda a fim de conquistar os migrantes."

Após o golpe bolchevique, a maioria deles viu-se sem trabalho. Em maio de 1918, foi criado um centro de recrutamento em Moscou, liderado pelo comissário bolchevique Shen Chenho. Trótski também havia tido a ideia de envolver os chineses no Exército Vermelho. O esquadrão de execução que fuzilou a vítima de Trótski, o capitão Aleksêi Schastny,

* Operação Barbarossa foi o codinome da invasão nazista à União Soviética, que se iniciou em 1941, durante a Segunda Guerra Mundial. A invasão e a política de extermínio promovidas pelas tropas nazistas levaram à morte de mais de 10 milhões de civis soviéticos (N.R.).

era todo de chineses. Eles logo mostraram ser "não só soldados confiáveis na linha do front, como foram usados em grande escala para realizar funções punitivas, suprimindo Unidades Vermelhas rebeldes, executando reféns, sufocando levantes camponeses na retaguarda e tomando à força mantimentos dos camponeses". Também compunham destacamentos de bloqueio, para prender ou fuzilar quaisquer soldados do Exército Vermelho que estivessem batendo em retirada sem ordens.

Fontes russas declararam que cerca de 30 mil a 40 mil chineses serviram nas fileiras bolcheviques durante a guerra civil, embora as estimativas de diplomatas chineses indiquem o dobro dessa cifra. Shen Chenho afirmou que o número real era próximo de 100 mil. Havia até mesmo algumas unidades formadas inteiramente por "internacionalistas chineses". E, no auge da guerra civil, a Tcheká de Kiev tinha um "destacamento especial" todo de chineses, comandado por Li Xu-Liang. Alguns eram recrutados pela Tcheká porque pareciam não ter escrúpulos quanto a matar ou torturar prisioneiros dos Brancos quando a equipe russa já não tinha mais estômago para ver sangue. Conta-se que foram os torturadores chineses que inventaram ideias como pregar as dragonas militares de oficiais em seus ombros nus. Quer isso seja totalmente verdade ou não, um terrível círculo vicioso de crueldade desenvolveu-se com as vinganças perpetradas por cossacos e Brancos contra qualquer chinês que tivesse a infelicidade de ser pego vivo. "Eu temia mais a captura do que ser morto", contou o metralhador Yao Sin-Cheng, "porque os bandidos Brancos tinham um ódio particular dos soldados chineses. Quando um chinês caía nas mãos deles, era torturado: cortavam-lhe fora as orelhas e o nariz, arrancavam-lhe os olhos, e só depois é que o matavam." Em abril de 1918, a Embaixada Chinesa reportou a Pequim: "Na área controlada pelo Exército do Don, os cossacos prenderam todos os chineses sem exceção e os enviaram não sabemos para onde. O mesmo ocorre em áreas controladas pelo Exército Voluntário".

Iona Iakír, um comandante bolchevique, montou um batalhão de chineses com quase quinhentos homens. Ele admirava sua disciplina e bravura, e dizia que a única coisa capaz de tirá-los do prumo era uma carga de cavalaria com sabres desembainhados. Observou também: "Os chineses levavam muito a sério a questão do seu salário. Abriam mão facilmente de suas vidas, mas queriam ser pagos em dia e bem alimentados".

Além disso, pediam que todo o batalhão fosse pago independentemente das baixas, para que os salários dos que haviam morrido pudessem ser enviados às suas famílias. Yakir concordou com isso, mas o que eles não sabiam era que ele pagava aos soldados russos pelo menos trinta vezes mais.

A fragilidade do governo soviético era tão grande naquele verão que os alemães se sentiram obrigados a apoiar o regime para impedir seu colapso. Temiam que, de outro modo, os Aliados reativassem o Front Leste. Na França, os alemães enfrentavam a chegada de novas tropas americanas, e em 8 de agosto teve início o massivo ataque geral aliado conhecido como a Ofensiva dos Cem Dias. O governo alemão, além de ter feito surpreendentemente pouco estardalhaço a respeito dos assassinatos de Mirbach e Eichhorn, garantiu que não atacaria a Rússia. Isso permitiu que Trótski movesse os demais batalhões letões do oeste para o Volga, especificamente para a batalha pela retomada de Cazã.

Logo após Cazã cair diante dos Brancos em 7 de agosto, as forças Vermelhas, incluindo Larissa Reisner, recuaram vinte quilômetros para oeste da vila e da estação ferroviária de Sviajsk. Raskólnikov chegou a ser capturado, mas depois conseguiu fugir. Trótski, ao receber a notícia da perda de Cazã, reagiu com uma atividade frenética. Quarenta e oito horas após a queda da cidade, havia organizado seu trem blindado e levou-o até o front. Era muito mais que um posto de comando sobre rodas, pois trazia duzentos voluntários comunistas de Petrogrado, e em outras composições vinham também uma estação de rádio, geradores elétricos, prensa tipográfica e cinco automóveis com grandes reservas de combustível. Outros vagões carregavam armas de reserva, munição, botas e uniformes. Havia ainda um vagão reservado para um tribunal revolucionário, para lidar com desertores e covardes. Outro trem o seguia trazendo a cavalaria em vagões de gado e até um aeroplano pronto para ser remontado. Numa demonstração evidente de sua intenção de permanecer com os soldados no front, Trótski enviou sua locomotiva de volta a Moscou.

Apenas alguns dias após a perda de Cazã, Trótski e Vatsetís ordenaram que o 3º Exército avançasse ao longo da linha ferroviária que ia de Perm a Ecaterimburgo. Seu quartel-general reportou prematuramente um triunfo: "O inimigo está explodindo os trilhos enquanto faz sua retirada. Morte aos inimigos do proletariado!". O 3º Exército no Front do Norte dos Urais era comandado por Reingold Biérzin. Ele enfrentava grandes problemas com os marinheiros destreinados e indisciplinados do 1º Destacamento Expedicionário da Frota do Báltico. De Perm, eles haviam sido enviados para ocupar uma posição em Sarga. Mas o destacamento ficara a maior parte do tempo realizando manifestações para reclamar da comida e de como eram tratados. Na realidade, eles estavam relutantes em abandonar seu trem, e muitos de seus membros haviam pedido dispensa médica por doenças venéreas. Eles diziam que, sob ameaça de ataque dos Brancos, tinham pedido ajuda à unidade vizinha. "Mas o destacamento de Vielikie Luki alegou: 'Estamos com fome, lutamos durante sete dias e ninguém nos deu apoio. É impossível apoiar alguém de mãos vazias, e não temos munição'. Explicaram então que seus comandantes haviam fugido levando todos os documentos e o dinheiro. Eles disseram que se tratava de uma evidente traição, e que portanto não iriam apoiá-los."

Os marinheiros do Báltico fizeram outra reunião de protesto e decidiram que deveriam voltar a Petrogrado para serem retreinados. "Isso foi relatado ao comandante do 3º Exército, o camarada Biérzin, que reuniu todos os marinheiros e tentou convencê-los a continuar no front, não como força de combate, mas como unidade de bloqueio, para deter aqueles que tentassem fugir do front. Os marinheiros não concordaram com isso e disseram que partiriam para serem retreinados e depois voltariam para combater. O camarada Biérzin então disse: 'Não posso detê-los aqui à força, tudo o que me resta é informar os camaradas em Petrogrado'."

Manter os soldados e marinheiros do Exército Vermelho na linha de frente não era um problema apenas do Front do Norte dos Urais, como Trótski logo descobriu. Larissa Reisner exaltou Trótski por ele ter aparecido em Sviajsk como um *deus ex machina*. "Ao lado de Trótski", escreveu ela, "podemos morrer lutando depois de disparar o último cartucho, esquecidos de nossos ferimentos; pois ele encarnava a santa demagogia da batalha, com palavras e gestos evocando as mais heroicas páginas da história da Revolução Francesa." A intensidade de seus sentimentos vinha não apenas das armas e suprimentos que ele trouxera para elevar o moral, mas de sua forte liderança e genialidade organizativa. "Forte liderança" significava a execução de comandantes e comissários de regimento, bem como de qualquer soldado pego fugindo da linha de frente.

Quando o coronel Káppel lançou um ataque surpresa contra a retaguarda de suas posições, "o pânico agora tomou conta das forças Vermelhas", escreveu Victor Serge. Trótski ficou chocado ao ver que pouco mais de quinhentos homens haviam permanecido para enfrentar uma força de Vatsetís de quase 10 mil. Em seu desespero, muitos daqueles que fugiam tentavam embarcar nos navios da flotilha do Volga. Nada menos do que 27 dos duzentos voluntários do Partido Comunista que Trótski trouxera foram fuzilados por covardia. Definitivamente, a execução ordenada por Trótski de quadros comunistas servia para encorajar os outros. Ele também ofereceu uma recompensa de 50 mil rublos pela cabeça do coronel Káppel. Larissa, porém, não mencionou em seu relato nada que pudesse ofuscar suas gloriosas lembranças daqueles dias.

Trótski agora defendia as mesmas medidas, incluindo metralhadoras atrás das linhas de frente, pelas quais os bolcheviques haviam condenado Kornílov durante a ofensiva de Keriénski. O "destacamento de bloqueio", formado por quadros comunistas para impedir a retirada não autorizada, acabaria se tornando uma prática padrão no Exército Vermelho. Essa rigidez, combinada com o apoio de mais canhoneiras que se juntaram à flotilha de Raskólnikov no Volga, de mais artilharia e de alguns bombardeiros, começou a fortalecer a resistência dos soldados do front de Cazã. Mas isso não significava que a confiança na qualidade dos marinheiros enviados ao front tivesse aumentado. O comandante em chefe da Frota do Báltico mandou uma mensagem para Raskólnikov no quartel-general do 5º Exército. "Quinhentos comunistas da Marinha, da Divisão de Minas, estão indo para Sviajsk hoje, 26 de agosto, às vinte horas. Dez oficiais também serão enviados hoje, mas nem o comandante da Marinha, nem o Comissário da Marinha de Kronstadt podem atestar por eles. Recomendamos mantê-los sob rígido controle. Tudo que podemos ordenar-lhe que faça é fuzilar pelo menos cinco oficiais para cada traidor."

O Comissário do Povo para a Guerra teria se surpreendido se soubesse mais a respeito de sua escolta de cavalaria. O tenente Raczyński havia decidido numa prisão da Tcheká que "o caminho para a liberdade passava pelo exército bolchevique" e se apresentara como voluntário junto com outros legionários poloneses.* As autoridades soviéticas enviaram de bom grado esses "camaradas conscienciosos" para se juntarem ao Regimento Polonês Vermelho de Ulanos da Mazóvia do Exército Vermelho. Raczyński, um experiente oficial de cavalaria, foi logo promovido e fez com que os outros legionários secretos fossem transferidos para a sua tropa. Todos eles concordavam em tirar uma "licença polonesa" assim que surgisse a oportunidade de voltarem para casa. Sua nova tarefa na escolta de Trótski deu a eles a ideia de realizar um plano arriscado. "Trótski, tentando impressionar os soldados como um 'comandante em chefe combatente', costumava sair com sua escolta pessoal para realizar patrulhas de reconhecimento ao longo do front, e até mesmo fazia incursões pelas brechas nas posições da retaguarda inimiga." No entanto, no dia em que os poloneses prepararam seu sequestro, deu tudo errado, em razão de um inesperado avanço dos Vermelhos. Raczyński evitou o desastre por pouco, e eles conseguiram cobrir seu rastro. A chance deles de saírem numa "licença polonesa" veio mais tarde, e eles acabaram se juntando ao 1º Regimento Kościuszko.**

O padrão geral da guerra civil na vastidão da Eurásia tendia a oscilar loucamente de uma direção a outra. Principalmente em razão das imensas distâncias envolvidas, um lado podia desfrutar de uma série de avanços, estender-se além de suas capacidades e, de repente, descobrir que precisava bater em retirada. Após seus impressionantes sucessos em maio, junho e julho, as unidades tchecas agora estavam exaustas e desmotivadas. Isso devia-se em parte ao fato de não gostarem de se envolver em alianças com oficiais reacionários. Preferiam os socialistas-revolucionários, mas, agora que os dias do Komútch estavam claramente contados, principalmente pela falta de apoio do campesinato, os tchecos começavam a pensar de novo em ir para casa.

Ao mesmo tempo, o sólido e inabalável Vatsetís havia estabilizado seu comando no Volga e reposicionado seus soldados. Com o 5º Exército

* As Legiões Polonesas foram tropas de voluntários poloneses que lutaram ao lado das Potências Centrais na Primeira Guerra contra o Império Russo, na esperança de que sua derrota ajudasse na criação de uma Polônia independente (N.R.).

** O 1º Regimento Kościuszko foi uma tropa formada por ex-membros das Legiões Polonesas que lutou na Sibéria ao lado dos Exércitos Brancos e da Legião Tchecoeslovaca (N.R.).

reequipado, Trótski estimulou a raiva e a determinação deles com seus inflamados discursos pedindo vingança. Eles deviam afogar seus inimigos no Volga. "Em frente para Cazã!" Em 4 de setembro, quando a luta alcançou a periferia da cidade, os trabalhadores do arsenal de Cazã rebelaram-se contra os Brancos. Muitos foram massacrados. O ataque final deu-se seis dias mais tarde, e os Brancos que restavam fugiram pelo Volga em vapores.

Em 11 de setembro, um dia após a retomada de Cazã pelos Vermelhos, Trótski discursou para uma enorme plateia que lotava seu maior teatro. Referindo-se a si mesmo na terceira pessoa, mostrou obsessão pela ideia de que toda a revolta tcheca e as rebeliões no Volga haviam sido inteiramente organizadas pelos britânicos e franceses. "O plano do quartel-general dos Aliados e daqueles em Cazã era o seguinte: matar Lênin e capturar Trótski vivo junto com o seu trem, que naquela época estava na estação de Sviajsk. Káppel foi enviado para matar Lênin. Quanto a Trótski, Sávinkov ficou responsável por essa missão, junto com Lébediev." Na realidade, havia sido o coronel Káppel, e não Sávinkov, que chegara mais perto de capturar Trótski no combate perto de Tiurlema, quando conseguiu destruir seu trem de munição. Trótski não resistiu a associar o fracasso em matá-lo ou capturá-lo ao que ele interpretou como o ponto de inflexão na guerra civil.

"A essa altura, o camarada Trótski, sem dúvida, teria morrido", Trótski continuou. "E não só o camarada Trótski... Parece-me que, se tivéssemos sido derrotados perto de Tiurlema, então não só os russos, mas a revolução social estaria condenada. O sucesso perto de Tiurlema teria aumentado dez vezes as força de nossos inimigos. Eles teriam seguido adiante depois de Cazã, teriam capturado várias cidades, organizado uma rebelião em Moscou e Petersburgo... Nós perdemos muita coisa em Tiurlema, mas os Guardas Brancos perderam tudo."

No dia seguinte, 12 de setembro, o 1º Exército de Tukhatchévski conquistou uma cabeça de ponte na parte leste do Volga em Simbirsk. Isso causou muitas baixas, já que seus homens atravessaram a ponte de um quilômetro de extensão sob pesado fogo. Mas abriu o caminho até Samara por ambas as margens. Foi o início do fim para o Komútch. Desertores de seu Exército do Povo começaram agora a passar em peso para o Exército Vermelho.

Esse vaivém da luta em terra também era o padrão dos combates entre as flotilhas Vermelha e Branca. Em 18 de setembro, a reforçada flotilha do Volga de Raskólnikov avançou por sessenta quilômetros depois de Cazã até a confluência dos rios Volga e Kama. Como um membro do esquadrão Branco no Kama registrou: "a flotilha bolchevique, que estava mais bem armada e organizada, consistia em lanchas blindadas que haviam sido trazidas do Báltico, mas que tinham dificuldade de manobrar em rios pequenos, preferindo então se manter a distância. Elas tinham receio das minas flutuantes que usávamos, já que estavam sempre a jusante do rio de onde estávamos".

As embarcações Brancas eram na maioria rebocadores, armados com um canhão na proa e uma proteção improvisada. Os barcos eram comandados por oficiais navais czaristas, com equipes de artilheiros no convés, ao passo que os foguistas e maquinistas embaixo eram moradores da região. Reabastecidos rio Kama acima em Perm, eles vinham navegando "até a linha de frente, a fim de ajudar nossos soldados e impedir que a Frota Vermelha do oponente assumisse o controle do rio Kama". Mas, como eles admitiram, raramente eram capazes de dar muita assistência aos próprios soldados em terra em razão da falta de comunicações e à dificuldade até mesmo de saber onde estava a linha de frente a cada dia.

Nos momentos de respiro entre as batalhas no Kama, Larissa Reisner continuou escrevendo o que seria seu livro mais conhecido, *O Front*. Em Tchistopol, no baixo Kama, um grupo de marinheiros Vermelhos desembarcou do *Kashin* e tomou a cidade, que possuía um haras. A notável Reisner, que cavalgava bem, expropriou alguns cavalos e treinou vários de seus marinheiros como uma tropa de reconhecimento de cavalaria.

Para os Vermelhos, o momento mais crítico da guerra civil tinha passado e eles haviam sobrevivido. "Todas as localidades mais importantes capturadas pelo inimigo estavam recuperadas no outono", declarava uma avaliação. "Depois que as extensões médias do Volga foram retomadas, o Estado soviético respirou aliviado." A grande vantagem deles era sua posição estratégica, e isso se mostraria válido novamente em 1919, quando os Brancos de novo pareciam ter triunfado. "Com uma boa rede ferroviária indo do centro para a periferia, nossos líderes foram capazes de deslocar soldados de um front ao outro. Eles usaram a tática napoleônica de concentrar todas as forças em determinado local, esmagando os exércitos inimigos e impedindo-os de se unirem."

19

DO VOLGA À SIBÉRIA

Outono de 1918

Logo depois que os tchecos e as forças de Káppel tomaram Cazã, em 7 de agosto, outra rebelião antibolchevique eclodiu a nordeste, na direção de Perm. Para constrangimento dos Vermelhos, os trabalhadores das fábricas de munições de Ijevsk e Votkinsk sublevaram-se. Haviam recebido ordens de se alistar no Exército Vermelho, mas não lhes deram permissão para servirem juntos. A maioria era de socialistas-revolucionários e mencheviques, e a eles se juntaram os oficiais czaristas da área. A minoria bolchevique das duas cidades fugiu.

O 3º Exército de Biérzin, ao norte do rio Kama, recebeu a tarefa de esmagar a rebelião, mas nessa fase de fragilidade Vermelha ele pouco pôde fazer. Foi formado um Komútch da região do Kama com a ideia de se juntar ao Komútch de Samara da Assembleia Constituinte. Depois que Vatsetís recapturou Cazã na segunda semana de setembro, Biérzin recebeu ordens para lidar com Ijevsk e com a sua cidade aliada na produção de munições, Votkinsk. Trótski estava determinado a impedir que os Brancos ganhassem o controle das fábricas.

Biérzin enviou uma força mista de Guardas Vermelhos, marinheiros do Báltico e internacionalistas chineses, todos comandados por um letão, Iuri Áplok. Os Guardas Vermelhos e os marinheiros fizeram um desembarque desordenado na margem norte do Kama e precisaram ser resgatados, depois de perder muitos homens. Áplok pediu reforços. Biérzin respondeu que enviaria oitenta homens imediatamente e mais seus 350 chineses no dia seguinte. Desembarcaram na aldeia de Babki, um pouco adiante rio acima a partir de Votkinsk. No entanto, embora fossem bem mais disciplinados, descobriram que os rebeldes haviam montado metralhadoras no campanário da igreja, e os chineses foram obrigados a escapar de barco.

O reforço das forças Vermelhas além do trecho médio do Volga tornou a vida difícil na região do Kama para os rebeldes de Ijevsk e Votkinsk. Com voluntários insuficientes, eles tiveram que reunir recrutas à força, muitos dos quais desertaram para os Vermelhos. Suas fábricas, sem acesso às matérias-primas cruciais, não puderam produzir munição suficiente sequer para uso próprio. No início de outubro, o Exército Vermelho capturou a cidade de Sarapul no rio Kama, ao sul de Ijevsk. Na hora da batalha-chave, em 7 de novembro, os rebeldes, aparentemente ao som de bandas marciais, avançaram em ordem de revista com fuzis descarregados. Alguns dos soldados Vermelhos perderam a coragem e fugiram, mas não havia mais dúvida quanto ao desfecho. Ijevsk foi tomada no dia seguinte. Os rebeldes retiraram-se para Votkinsk, que também caiu em 11 de novembro, dia em que os canhões silenciaram em toda a Europa ocidental.

Biérzin e outros comandantes comunistas no front Volga-Siberiano ainda tinham problemas com os reforços navais que recebiam. "Chegaram mais de trezenos marinheiros mobilizados", dizia um relatório a Moscou. "A maioria desses homens é de qualidade extremamente baixa. É impossível integrá-los aos destacamentos. Além disso, muitos estão doentes ou fisicamente inaptos... Vocês poderiam dar instruções às comissões nas localidades para que realizassem exames médicos antes de despachá-los?" Em outro lote de quarenta, nada menos do que 28 tiveram que ser enviados ao hospital.

Os burocratas comunistas estavam interessados apenas em alcançar a cota de reforços solicitados, e pouco se importavam com sua qualidade. Flieróvski, o comandante em chefe da Frota do Báltico, viu-se obrigado a advertir Antónov-Ovsiénko em Moscou. "Chegaram mais de 4 mil homens mobilizados, e mais continuam chegando todos os dias. A Marinha do Mar Negro e a Marinha do Mar Branco produzem uma impressão particularmente ruim, assim como o destacamento armado que foi enviado de Moscou. É impossível mandá-los ao front sem um treinamento político e disciplinar, e estamos agora concentrando toda a nossa energia nesse trabalho." À parte os problemas na infantaria naval, o Exército Vermelho no Front do Volga havia chegado a 70 mil homens. Isso incluía os regimentos letões, e deixou o Front Ocidental quase completamente desguarnecido de homens.

Para os socialistas-revolucionários do Komútch, perder Cazã e Simbirsk para os Vermelhos no médio Volga foi um duro golpe para o moral. Os camponeses haviam se recusado a entrar para o seu Exército do Povo e não viam muita razão para lutar pela Assembleia Constituinte – e menos ainda para combater os alemães, como os socialistas-revolucionários de esquerda insistiam ainda. A deserção no Exército do Povo era um problema bem maior do que no Exército Vermelho. Na realidade, a crescente brutalidade desesperada de seus oficiais para prender desertores das aldeias levou muitas delas a se revoltarem abertamente.

O coronel Káppel tinha dificuldade para manter o ânimo do seu assim chamado Corpo Unido, que por volta do final de setembro era menor que uma divisão. "Valorosos soldados! A Grande Rússia está renascendo, apesar de todo o grande sofrimento. Os esforços de vocês e o sangue que estão derramando criarão a base sobre a qual a História construirá a grandeza de sua Pátria... Suas conquistas enchem de júbilo e esperança os corações de todos os cidadãos honestos da Rússia. Nossa má sorte é temporária e em pequena escala, e logo irá mudar." Ele evitou mencionar o colapso do Komútch, exaltando a Conferência de Estado em Ufa, que visava criar "uma autoridade estatal russa unificada". A ideia dessa convenção em Ufa era chegar a um acordo a respeito de um Governo de Toda a Rússia, reunindo todas as administrações antibolcheviques.

Após a captura de Simbirsk por Tukhatchévski, os dias do Komútch sediado em Samara estavam contados. Em 7 de outubro, o Exército Vermelho tomou a cidade, provocando a fuga de socialistas-revolucionários para Ufa, cerca de quinhentos quilômetros a leste. Sua única esperança era se juntar a esse futuro Governo de Toda a Rússia, ao lado do Governo Provisório siberiano e dos "canatos" cossacos semi-independentes. Mas, considerando a maneira como o próprio Komútch deles havia sofrido a infiltração e sido tomado por reacionários autopromovidos, como o

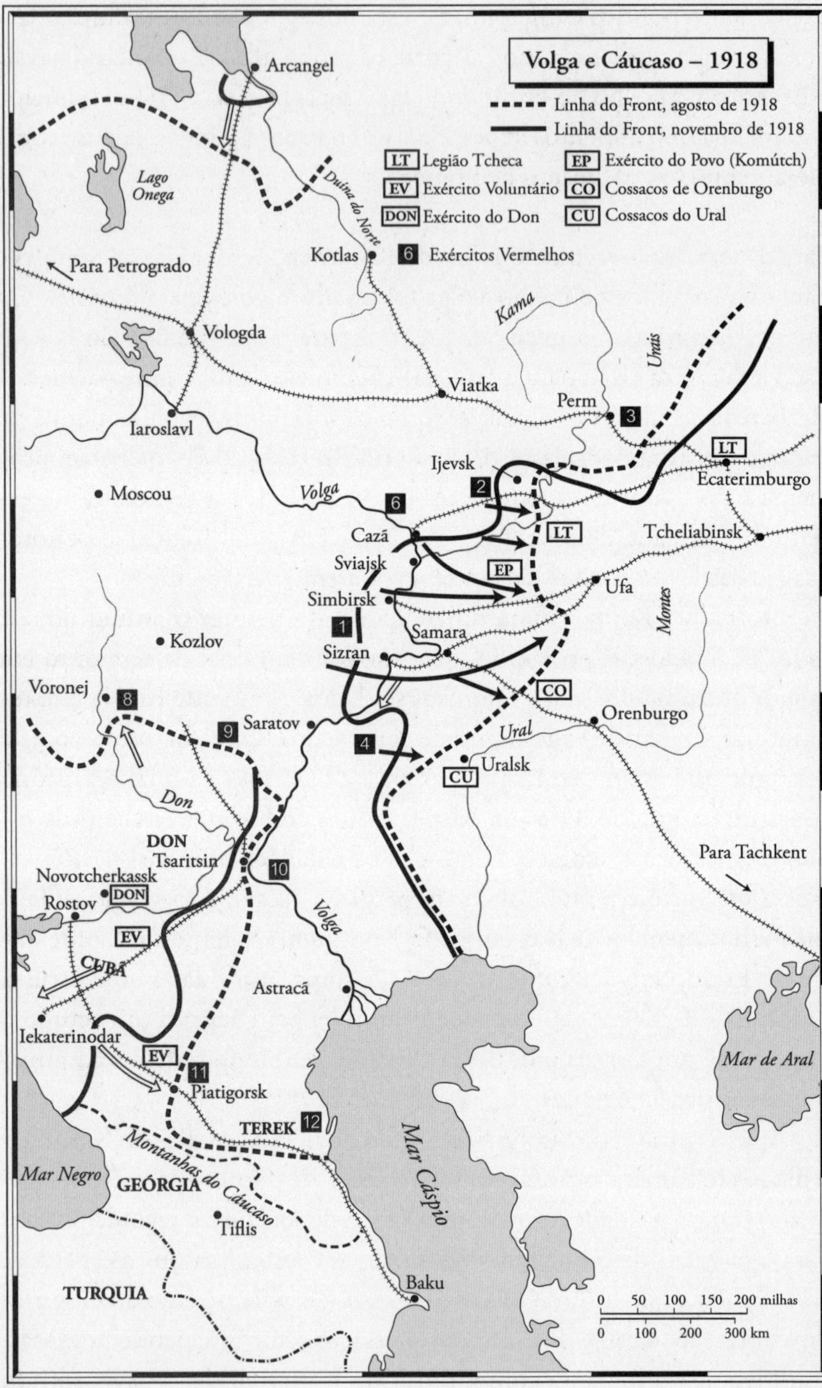
Volga e Cáucaso – 1918
Linha do Front, agosto de 1918
Linha do Front, novembro de 1918
LT Legião Tcheca
EV Exército Voluntário
DON Exército do Don
EP Exército do Povo (Komútch)
CO Cossacos de Orenburgo
CU Cossacos do Ural
6 Exércitos Vermelhos
Arcangel
Lago Onega
Duina do Norte
Kotlas
Para Petrogrado
Vologda
Kama
Urais
Viatka
Perm
3
Iaroslavl
LT
Ijevsk
2
Ecaterimburgo
Moscou
Volga
6
Cazã
LT
Tcheliabinsk
Sviajsk
EP
Ufa
Simbirsk
Montes
1
Samara
Kozlov
Sizran
Voronej
8
CO
9
Saratov
Orenburgo
4
Ural
Uralsk
CU
Don
DON
Tsaritsin
10
Novotcherkassk
DON
Rostov
Volga
Para Tachkent
EV
CUBÃ
Astracã
Iekaterinodar
EV
11
Mar de Aral
Piatigorsk
TEREK
12
Mar Cáspio
Mar Negro
GEÓRGIA
Montanhas do Cáucaso
Tiflis
Baku
TURQUIA
0 50 100 150 200 milhas
0 100 200 300 km

"general" Gálkin, suas chances de controlar os eventos eram bem reduzidas. O socialista-revolucionário Iákov Dvórjets não nutria ilusões a respeito de lidar com "os brutalizados e insolentes oficiais e com os reacionários Centúrias Negras".* Chegou a considerar permanecer em Samara com os Vermelhos, em vez de partir para Ufa e testemunhar "o fim da malfadada aventura". Mas como sabia qual seria seu destino se fizesse isso, seguiu para Ufa, para "testemunhar a agonia do vergonhoso filho bastardo do Komútch".

A Conferência de Estado de Ufa foi aberta em 8 de setembro, apesar de muitos de seus delegados não terem chegado ainda. Uma guarda de honra do Exército do Povo de Samara e outra dos cossacos de Orenburgo, enviada pelo Ataman Dútov, recepcionaram alguns dos trens. A conferência no Hotel Sibéria foi barulhenta, com mais de duzentos delegados de "vários grupos governamentais, partidos, agrupamentos nacionais e públicos que haviam surgido no território que fora libertado dos bolcheviques". Havia também uma delegação do corpo tchecoslovaco, embora eles não participassem.

Seriébrennikov estava bem ciente das tensões que precisariam ser superadas para que se pudesse chegar a algum acordo. Na esquerda, havia os socialistas-revolucionários que haviam perdido Samara e o Volga, mas que tinham as reservas de ouro e o apoio dos tchecos. "Na direita, havia representantes do governo siberiano e dos governos militares de sete exércitos cossacos: da Sibéria, Urais, Orenburgo, Semirietchie, Astracã, Enisei e Irkutsk." Eles, é claro, eram apoiados pelos comerciantes e proprietários de terras, que queriam suas empresas e propriedades de volta. "Nunca vou esquecer aqueles dois guardas em pé em posição de sentido, com as espadas desembainhadas diante da porta do general Gálkin, comandante do Exército do Povo do Komútch. As más línguas diziam que os SRs do Komútch tinham tanto medo de Gálkin quanto os SRs siberianos tinham de Gríchin-Almázov, e é por isso que haviam organizado uma vigilância tão atenta."

O general Alekséi Gríchin-Almázov era o mais jovem e o mais capaz dos líderes no Governo Provisório siberiano de Omsk. Os

---

* As Centúrias Negras eram grupos reacionários monarquistas, nacionalistas e antissemitas da época czarista, apoiados por Nicolau II.

socialistas-revolucionários o temiam como um ditador militar em potencial. Também o odiavam por tê-los usado até alcançar seu posto, para depois descartá-los. Portanto, fizeram seus poderosos apoiadores, os tchecos, voltarem-se contra ele. Oficiais russos Brancos já começavam a se ressentir dos tchecos, que, para eles, estavam comportando-se na Sibéria como se a tivessem conquistado, recusando-se a compartilhar o butim. Como muitos outros russos Brancos, Gríchin-Almázov não gostava dos tchecos e dos Aliados ocidentais em geral, porque sentiam que eles os tratavam com condescendência.

Em Tcheliabinsk, após várias taças de vinho, Gríchin-Almázov fez um anúncio imprudente, além de totalmente equivocado. "Os russos precisam menos dos Aliados do que estes dos russos, porque a Rússia é atualmente a única que pode reunir um exército revigorado capaz de decidir o destino da guerra." Também disse ao principal representante tcheco na Sibéria: "Se vocês tchecos não gostam das coisas aqui, podem ir embora". No final, a pressão dos tchecos e dos Aliados, apoiados pelos socialistas-revolucionários, forçou sua demissão, mas, como ocorreu tantas vezes na política militar dos Brancos, ele foi substituído por um oficial mais reacionário ainda.

A conferência em Ufa ficou cada vez mais dividida entre os polos opostos de Samara e Omsk, o que equivalia também a uma oposição entre os ideais da Assembleia Constituinte e os instintos de uma ditadura militar. Ela foi encerrada em 23 de setembro, com a pouco convincente conciliação de um Diretório de cinco: dois liberais siberianos, Vológodski e Vinográdov; dois socialistas-revolucionários, Avkséntiev e Zienzínov; e o general Bôldiriév, tido como apoiador dos SRs. Aparentemente o resultado era vantajoso para os socialistas-revolucionários, mas isso teria vida breve.

Vológodski recebeu a tarefa de montar o novo Conselho de Ministros do Governo de Toda a Rússia. Esse processo se alongou por quase quinze dias em meio a infindáveis conflitos e intrigas. De novo, a atmosfera ficou extremamente tensa. Os siberianos ressentiam-se da vantagem aparente dos socialistas-revolucionários. Tão logo o general Ivanóv-Rinóv substituiu Gríchin-Almázov como comandante do Exército Siberiano, deu ordens para restaurar as dragonas dos oficiais sem discuti-lo com o novo governo. A essa se seguiram mais e mais ordens, "muitas das quais eram não só militares, mas também de cunho político".

A restauração das dragonas fez pouco para melhorar o desempenho militar das forças Brancas. Na primeira semana de novembro, o Exército Vermelho havia avançado desde Samara até Bolchaia Ustiuba, uma aldeia pequena a pouco mais de cem quilômetros de Ufa. Os Brancos em retirada estavam desesperados para comemorar quaisquer sucessos, mesmo que pequenos. Quando a sótnia dos cossacos de Orenburgo do iessául (capitão) Shein atacou a retaguarda do avanço inimigo, obrigando-o a uma "retirada às pressas", fizeram isso soar como uma grande vitória. Até mesmo o coronel Káppel teve dificuldade em encontrar façanhas para celebrar. Uma delas foi uma missão de reconhecimento realizada pelo 1º Regimento de Fuzileiros de Cazã, que "capturou uma metralhadora Maxim e cinco fuzis e voltou". O Exército Siberiano expediu uma advertência aos Vermelhos contra o uso de balas dum-dum improvisadas. "Soldados do Governo Siberiano estão sendo feridos com balas explosivas, e foram encontrados com soldados do Exército Vermelho alguns cartuchos com as pontas cortadas. Todos os prisioneiros pegos com tais cartuchos serão fuzilados sem misericórdia". Na Sibéria, tanto Vermelhos quanto Brancos dependuravam os cadáveres de suas vítimas em galhos de árvores de ambos os lados da estrada. Uma população crescente de lobos começou a comer-lhes os pés.

Horrores de guerra bem piores viriam em seguida. Os cossacos siberianos eram treinados na crueldade desde o recrutamento, geralmente com uma iniciação envolvendo um massacre. "Fui levado para servir sob o ataman Ánniekov em outubro de 1918", escreveu S. A. Zabórski em um depoimento nove anos mais tarde. "Os 'novos recrutas' eram distribuídos entre as sótnias... Nosso regimento foi enviado para a área de Semipalatinsk. Houve uma pequena batalha quando estávamos a caminho da aldeia de Troitskoe. Após a batalha, o comandante do destacamento, iessául Zotík, ordenou que retalhássemos até a morte absolutamente todos, e que incendiássemos a aldeia. A ordem foi cumprida."

O ataman Ánniekov, que servira no 1º Regimento Cossaco Siberiano, começou sua carreira na guerra civil montando um pequeno destacamento perto de Omsk. No outono de 1918, Ánniekov foi para o sul, atacando aldeias rebeldes pelo caminho com grande brutalidade, matando e saqueando a população. Sua postura era muito informal. As continências eram pouco mais do que um aceno, e os oficiais "dirigiam-se uns aos outros e ao próprio ataman usando o tratamento '*tó*' em vez de '*ví*'". Mas Ánniekov claramente tinha delírios de grandeza, e criou regimentos com títulos dramáticos – como "Hussardos da Morte", "Ulanos Azuis" e "Guarda Pessoal do Ataman". Os oficiais adotavam um "penteado como o do ataman, com uma franja caindo sobre um dos olhos".

"Ánniekov era um grande cavaleiro, excelente atirador com o fuzil e o revólver, um mestre da espada, dono de grande força física, esbelto, jovem, de boa aparência, em resumo, um militar dos pés à cabeça", escreveu mais tarde um de seus oficiais. "Sempre pareceu calmo e equilibrado, e o visitante fascinado por ele nunca adivinhava que aquele ataman que ouvia suas solicitações atentamente iria logo depois ordenar que um par de assassinos o seguisse e o despachasse. Mas não era um grande estrategista." Ele deveria ter acrescentado que Ánniekov era um psicopata aterrorizante, como sua conduta subsequente revelaria.

O ataman Semiónov, o dos imensos bigodes e olhos desconfiados, não apreciava a boa aparência de Ánniekov. Ele agora estabelecera sua base em Tchita, na Ferrovia Transiberiana, cerca de quinhentos quilômetros depois da margem sul do lago Baikal. No regime de Semiónov, ali reinava uma corrupção hedonista, com champanhe aparentemente ilimitado, uma orquestra própria formada por prisioneiros de guerra austro-húngaros e muitas damas. Sua favorita, Mácha, cantora de uma casa noturna de Harbin, era judia, o que talvez possa sugerir que ele não compartilhava do antissemitismo de seu aliado próximo, o Barão Von Ungern-Sternberg.

As refugiadas que fugiam dos bolcheviques ficavam presas em Tchita. Mesmo esposas ou filhas de oficiais czaristas viam-se forçadas à prostituição e com frequência à dependência de ópio ou cocaína. Semiónov era basicamente um bandido à moda antiga, que financiava seu regime confiscando uma parte de todos os bens transportados pela linha férrea. Sabendo que nunca conseguiria sair impune sozinho, fez uma aliança com o Exército Imperial Japonês, que o preservaria até a derrota japonesa na região em 1945 e sua execução pelo Exército Vermelho triunfante.

Os cossacos siberianos eram reacionários e orgulhavam-se disso. Desprezavam os civis e, acima de tudo, todos os judeus. O ataman Krassílnikov, que o socialista-revolucionário Zienzínov descreveu como "uma pessoa ignorante e violenta", costumava cantar "Deus Salve o Czar" ao embebedar-se no jantar. Oficiais Aliados – britânicos, franceses e tchecos – não entendiam como o Diretório, oficialmente comprometido com a restauração da Assembleia Constituinte, podia tolerar tais manifestações monarquistas.

Conforme o Exército Vermelho foi avançando do oeste, o Diretório foi obrigado a sair de Ufa, que corria o risco de se tornar parte da linha de frente. Ecaterimburgo e Omsk eram as duas únicas bases possíveis para o futuro Governo Provisório de Toda a Rússia. Em 7 de outubro, escolheram Omsk, e dois dias depois o Diretório chegou.

"Sua recepção não foi particularmente festiva", Seriébrennikov lembrou. "Acho que construíram algum arco simples perto da estação. Uma pequena aglomeração reuniu-se junto à linha férrea onde o trem iria parar, e a guarda de honra estava também ali. Eu oficialmente recebi o Diretório em nome do Governo Siberiano. O Diretório precisou passar um tempo vivendo em vagões de trem na estação. Omsk, que de repente viu-se transformada em uma capital improvisada, ficou completamente lotada à época, e era dificílimo encontrar um apartamento ou mesmo um quarto. Havia um fluxo ininterrupto em Omsk de várias missões diplomáticas e militares dos Aliados, que requeriam instalações grandes, e também chegavam refugiados."

As conspirações e tramas entre as facções dentro do Diretório tornaram-se destrutivas. Enquanto os socialistas-revolucionários apoiavam a Assembleia Constituinte, os siberianos e os militares acreditavam que apenas uma ditadura poderia funcionar. O nome mais mencionado para o cargo de ministro da Defesa era o do almirante Koltchák, que estava a caminho, vindo de Vladivostok no trem do líder tcheco, o general Gajda. Também foi sugerido o nome de Borís Sávinkov. O onipresente Sávinkov estava nesse momento em Omsk, mas era visto como um "homem perigoso", portanto o Diretório decidiu enviá-lo à Europa em missão diplomática junto aos Aliados.

Logo após sua chegada, o almirante Koltchák decidiu apresentar-se ao governo siberiano, e Seriébrennikov recebeu-o oficialmente no Conselho de Ministros. Koltchák apareceu com um terno civil, acompanhado de seu secretário. Falou em frases curtas, abruptas. Seriébrennikov no geral ficou impressionado. Mas Valentin Feduliênko, que havia se tornado o chefe dos guarda-costas de Koltchák, suspeitava de que o próprio almirante secretamente sabia que não era talhado para o grande papel que estava sendo traçado para ele. "Era um brilhante marinheiro, um grande explorador, homem de raros talentos... Era [também] muito irascível, sem muita paciência, e não gostava quando seus subordinados não o entendiam."

Koltchák compareceu ao Conselho de Ministros seguinte do Diretório como observador. Estava portanto presente quando Vológodski "declarou em tom de voz cansado que todos os seus esforços para organizar a nova autoridade governante não haviam trazido nenhum resultado positivo, que se sentia totalmente exausto tanto no aspecto físico quanto no moral, e que se recusava a conduzir quaisquer outras negociações ou prosseguir com sua missão". Vológodski então ficou em pé, passou a presidência para Seriébrennikov e deixou a sala. "Fez-se um silêncio sinistro." O Diretório àquela altura tinha virado uma espécie de piada e ganhou o apelido de "A Trajetória".

"Os olhos de todos então se voltaram para o almirante Koltchák", escreveu Seriébrennikov, "como que dizendo: 'Aqui está o único que ainda persevera. Tudo agora depende dele'. Virei-me então para o almirante e propus-lhe em nome de toda a conferência que salvasse a situação tornando-se parte do Conselho de Ministros... Após alguns segundos de tormentosa espera, o almirante finalmente cedeu e aceitou. A crise estava resolvida."

Durante a noite de 17 para 18 de novembro, patrulhas de cossacos apareceram nas ruas de Omsk, prendendo os membros do Diretório, que eles viam como liberal demais. Seriébrennikov também foi preso, mas depois libertado pelo oficial de outra patrulha que passava por ali. Ele recebeu a senha que lhe permitiria voltar para casa sem problemas. Era "Iérmak", o primeiro nome do ataman cossaco Timoféievitch, que iniciou a conquista da Sibéria para Ivã, o Terrível, no século XVI. Koltchák foi nomeado "Governante Supremo" na manhã seguinte. Esse "golpe criminoso" levou a denúncias e ameaças, com um telegrama dos ministros do Komútch advertindo-o de que os Aliados seriam informados.

Os socialistas-revolucionários presos a mão armada na noite anterior pelos oficiais cossacos de Krassílnikov estavam furiosos, mas não totalmente surpresos. "Sentimos a influência reacionária do antigo governo siberiano já no primeiro dia após nossa chegada a Omsk", escreveu Vladímir Zienzínov. "A sensação era como estivéssemos numa floresta de intrigas políticas e fofocas. Os círculos militares na Sibéria eram claramente antidemocráticos, e alguns até monarquistas." Dois dias mais tarde, Zienzínov e outros socialistas-revolucionários foram levados por guardas cossacos de trem até a fronteira chinesa, onde foram liberados e instruídos a não mais voltar.

A política bizantina na Sibéria deixou o presidente Woodrow Wilson extremamente cauteloso. Seu secretário da Guerra havia advertido o comandante da Força Expedicionária Americana, o major-general William S. Graves, "Tenha cuidado. Você andará pisando em ovos carregados de dinamite, Deus o abençoe". As ordens recebidas por Graves num memorando esboçado pelo próprio presidente limitavam-no a facilitar a retirada segura da Legião Tcheca da Rússia, guardar o equipamento militar americano armazenado em Vladivostok e Murmansk, no valor de quase um bilhão de dólares, e ajudar os russos "democratas" a organizarem seu novo governo.

Graves, que tinha a aparência de um antigo mestre-escola, com seu bigode estilo escova de dentes e seus óculos sem armação, chegou a Vladivostok em 1º de setembro, um mês após as primeiras unidades dos Estados Unidos. Mas o fim da guerra na Europa em novembro não significou a volta para casa da Força Expedicionária Americana na Sibéria. Wilson quis adotar uma política de "esperar para ver" até que a conferência de paz em Paris fosse concluída, antes de decidir qual dos vários governos russos deveria reconhecer e se era o caso de retirar a Força Expedicionária americana de Vladivostok.

Além da situação militar que se deteriorava, o primeiro problema a ser resolvido por Koltchák era o da Ferrovia Transiberiana e dos trens tchecos. Koltchák não levou em conta que os trabalhadores da Ferrovia Baikal

Soldados americanos desembarcando em Vladivostok.

estavam em greve, por "não receberem nenhum pagamento havia quatro meses". Em vez disso, ele queixou-se ao alto oficial Aliado na Sibéria, o general francês Maurice Janin, assim como ao major-general Knox, ao cônsul-geral Harris e aos japoneses, de que "a organização do tráfego é prejudicada pela interferência dos trens tchecos na operação das ferrovias. Os tchecos exigiram que apenas seus trens tenham permissão para passar... Se essa situação continuar, levará à completa paralisação dos trens russos. Nesse caso, reservar-me-ei o direito de tomar medidas extremas". Koltchák pode ter chegado a Omsk no trem do general tcheco Gajda, mas suas brigas com os tchecos a respeito de quem controlava a Ferrovia Transiberiana acabariam por levá-lo a ser traído e executado.

Outro problema era o ataman Semiónov em Tchita. "Não posso reconhecer o almirante Koltchák como Governante Supremo do estado", Semiónov escreveu num telegrama a Omsk que chegou em 25 de novembro. "Proponho os seguintes candidatos, que para mim são todos aceitáveis: generais Deníkin, Khôrvat e Dútov – para esse cargo de extrema responsabilidade." Os diplomatas americanos, tanto o embaixador Morris em Tóquio como o cônsul-geral Harris em Irkutsk, tinham uma ideia de quem havia sido responsável por essa provocação. Eles já estavam preocupados com o "número excessivo de forças japonesas na Sibéria". O Japão, Morris observou, "parece que geralmente persegue

Major-general Graves (sentado no centro) em encontro com o ataman Semiónov (sentado à esquerda), que ele abominava.

uma política voltada a impedir que se estabeleça qualquer tipo de governo ordeiramente unido na Sibéria". O general Kuroki, ele soube, havia aconselhado Semiónov e outros atamans a não cooperarem com Koltchák. E os japoneses também estavam começando a assumir o controle da Ferrovia do Leste da China.

O general Knox, o representante britânico, ordenou ao major Stievéni que tentasse descobrir mais a respeito da recusa de Semiónov em reconhecer Koltchák. Stievéni encontrou-o "em pé no meio da Ferrovia Transiberiana e interferindo no movimento dos trens de munição, que já estavam transportando suprimentos militares para as forças do almirante Koltchák que estavam operando no oeste da Sibéria, depois de Omsk". Semiónov, que havia sido ferido num ataque a bomba, estava recolhido em sua cama junto de Mácha. Ele prometeu não interferir mais nos trens, mas Stievéni não acreditou nele. Assim, ele foi visitar o general Oba, comandante da 3ª Divisão de Infantaria de Nagoya, que tinha seu quartel-general em Tchita. Eles concordaram que, no futuro, os trens de munição iriam trafegar com uma escolta de militares britânicos.

A fúria de Koltchák contra Semiónov alarmou Seriébrennikov. "Se o ataman Semiónov tivesse caído nas mãos dele agora, o almirante não teria hesitado em mandar fuzilá-lo ali mesmo." O séquito bajulador de Koltchák atiçou a raiva dele, a ponto de ele expedir uma ordem destituindo Semiónov de todos os seus cargos. Com o apoio tácito dos japoneses, Semiónov ainda assim se recusou a obedecer às ordens e cortou as comunicações com Omsk. Essa ação impensada serviu apenas para minar a autoridade de Koltchák.

Também ficou claro que Koltchák, bem como todos os comandantes militares Brancos e senhores da guerra cossacos na Sibéria, não tinha a mínima ideia de como lidar com seus possíveis aliados japoneses ou com as autoridades chinesas ao longo de seu flanco sul. A China era uma fonte vital de alimentos e matérias-primas para todo o leste da Sibéria – o Transbaikal, o Amur e as províncias marítimas. Os senhores da guerra Brancos, como Semiónov em Tchita, Kalmíkov com seus cossacos de Ussuri em Khabarovsk, Rózanov em Vladivostok e Ungern-Sternberg na fronteira mongol, geravam um profundo ressentimento nos chineses por seu comportamento imperialista. O "militarismo anárquico" deles, que deixou uma "trilha de caos e devastação", era visto pelos chineses como um retorno àqueles russos czaristas que haviam imposto os "Tratados Iníquos" e humilhado repetidamente o frágil Império Qing no século XIX. Os Vermelhos, por outro lado, mostraram-se muito mais inteligentes em suas tratativas com as autoridades chinesas, destacando sua ideologia anti-imperialista.

A tarefa mais urgente para Koltchák, o Governante Supremo, era obter mais soldados. Seu chefe de gabinete tinha em mente um exército de 700 mil homens. Feduliênko, ajudante de ordens de Koltchák, observou que o campesinato siberiano era "imensamente rico", mas relutava muito em se unir à luta contra os bolcheviques. "Impressionou-me a riqueza deles, e, no entanto, apesar de tudo isso, eram completamente passivos, como se nossa luta não lhes dissesse respeito." Koltchák precisou introduzir o recrutamento obrigatório, mas a maioria dos recrutados desertava na primeira oportunidade.

Um reforço inesperado chegou na forma da Legião Polonesa, que se juntou ao Corpo Integrado do recém-promovido major-general Káppel. "Valorosos soldados, nossos irmãos poloneses!", ele assim os saudou. "Sua chegada ao nosso front esteve associada a um importante sucesso militar conseguido em cinco dias de árduas lutas, nas quais vocês demonstraram sua coragem cavalheiresca e a grande fibra de seu espírito." A comunidade polonesa na Sibéria havia sido revigorada pela proclamação da independência de seu país e não confiava no governo comunista. "A imprensa bolchevique referiu-se aos poloneses como estrangeiros e com grande dose de sarcasmo", observaram. O que logo passou a ser chamado de "Exército Polonês na Sibéria" exigia ser repatriado para seu país para defender as novas fronteiras.

O general Maurice Janin não se impressionou com o chefe de gabinete de Koltchák, que ele havia "encontrado da última vez como capitão na *Stavka* em Mogilev e que então já julgara ter sido promovido sem méritos". E tampouco teve boa impressão daqueles em torno de Koltchák. "Homens confiáveis parecem raros num grau que me espanta, apesar de minha experiência de tantas viagens." Quanto ao próprio Governante Supremo, Janin não se convenceu com sua "pretensão de deter competência militar nas táticas de forças terrestres".

Na noite de 22 de dezembro, houve um levante bolchevique em Omsk. Trabalhadores armados, incluindo uma unidade militar cooptada pela propaganda bolchevique, tentaram um golpe. Os rebeldes tomaram a prisão e libertaram os prisioneiros. Também tomaram a estação e as armas da polícia ferroviária. O levante foi sufocado pelos cossacos com previsível brutalidade, e quase todos os trabalhadores rebeldes foram mortos.

Havia muitos prisioneiros políticos entre os libertados da prisão, não só bolcheviques, mas também alguns socialistas destacados que recentemente tinham se recusado a aceitar Koltchák como Governante Supremo. O comandante da guarnição, general Brjêjovski, expediu a ordem: "Todos os ilegalmente libertados da prisão precisam voltar para lá imediatamente; os que não o fizerem serão fuzilados assim que forem achados". Isso causou grande alarme entre os libertados, muitos dos quais haviam trabalhado para o Diretório. Alguns imploraram a amigos que perguntassem ao ministro da Justiça do governo de Koltchák o que deveriam fazer. O conselho foi que o mais seguro seria voltar à prisão, o que eles fizeram no dia seguinte. Mas à noite alguns oficiais bêbados foram até as celas, arrastaram doze deles e levaram-nos até o rio Irtixe, congelado, onde foram retalhados até a morte com sabres, sobre o gelo. Sete eram socialistas-revolucionários de direita, membros da Assembleia Constituinte. O corpo de um, Ivan Fomin, tinha trezes cortes de sabre, cinco dos quais haviam sido infligidos enquanto estava vivo. O líder dos assassinos embriagados foi preso, mas depois libertado. Ele então se juntou aos cossacos siberianos do ataman Ánniekov.

Esse incidente pavoroso foi extremamente constrangedor para Koltchák em um momento em que ele tentava convencer os britânicos e franceses de suas credenciais democráticas. O general Janin ausentou-se logo em seguida, indo visitar em Ecaterimburgo o general Gajda, que o recebeu na estação com uma guarda de honra tcheca. Janin, homem alto, que usava o quepe francês vermelho e dourado de general e um imenso casaco de pele de urso com a espada cerimonial ao lado, não ficou impressionado pela imundície que encontrou. "Havia esterco de cavalo e excrementos de cabras por toda parte", anotou em seu diário, e não se surpreendeu ao saber da epidemia de tifo em curso. Achou Gajda muito jovem, com um nariz proeminente. Ele ouvira falar que era um homem de humores difíceis, mas que também tinha qualidades militares naturais. Gajda, que adotara a malfadada Casa Ipatiev como quartel-general após a captura de Ecaterimburgo, realizou em 8 de dezembro um grande desfile na neve, fora dos muros de um mosteiro, com bandas, destacamentos coloridos e metralhadoras Maxim sobre rodas alinhadas em frente às fileiras. Seus soldados tchecos usavam uma variedade de uniformes. A maioria vestia casacões russos e altas *papákhas* cossacas de pele de carneiro, mas muitos ainda usavam seus altos quepes do Exército Austro-Húngaro.

Outro comandante na Sibéria com qualidades militares naturais era o general Anatóli Pepéliaev, de 27 anos. Ele era o irmão mais novo de Víktor Pepéliaev, que se tornou primeiro-ministro de Koltchák e foi executado junto com ele. Tenente-coronel antes do golpe bolchevique de outubro, ele mais tarde reuniu uma grande força de voluntários em Tomsk, sua cidade natal. No verão, avançou rápido para o leste, de Krasnoiarsk a Tchita, onde fez contato com as tropas do ataman Semiónov. Ele levou então seu Corpo Siberiano para oeste até o Front dos Urais. Ali, eles enfrentaram o 3º Exército de Biérzin, que incluía um regimento de chineses comandado por Zen Fu-Cheng. Seu destacamento de metralhadoras estava bem equipado com armas Maxim, Colt e Lewis. Houve pesados combates na neve profunda em Nijnaia Tura, 250 quilômetros ao norte de Ecaterimburgo, que trocou de mãos várias vezes. "Tínhamos que poupar munição, então disparávamos rajadas curtas", um dos metralhadores lembrou. "Um pelotão de fuzileiros chineses cobria nossos flancos. Exatamente trinta minutos mais tarde, pusemos as metralhadoras nas carroças e nos retiramos para a floresta. O comandante Li Tse-hen disse: 'Não queremos morrer, ainda temos que vencer os Brancos, portanto ordeno que nos guiem pela floresta até a aldeia de Aleksandrovka, para nos juntarmos ao 17º Regimento de Petrogrado'."

O 3º Exército de Biérzin no flanco norte do Front dos Urais foi vencido e recuou para Perm em dezembro, num dos poucos sucessos Brancos no Front Leste. As forças Vermelhas também sofriam com a falta de roupas de inverno, em especial a escassez de botas de feltro *válienki*. Regimentos inteiros reduziram-se a pouco mais de 120 homens em razão de "ulcerações de frio e doenças". Até mesmo uma companhia de voluntários vermelhos finlandeses perdeu setenta de seus 160 homens. A artilharia Vermelha ficou sem obuses e fez uma retirada caótica. O comissário de brigada precisou obrigar o comandante a voltar ao seu quartel-general e o substituiu. Ele descobriu unidades retirando-se em colunas pela estrada até Perm. Vassíli Bliúkher, comandante partisan que depois se tornaria marechal da União Soviética, assumiu o comando e ordenou que a 5ª Brigada se retirasse na direção de Perm para se reorganizar. Ela não estava pronta para marchar como ele havia ordenado, então ele prendeu o comandante de brigada e ordenou ao chefe do estado-maior que assumisse seu posto.

O regimento chinês sofreu tantas baixas na retirada rumo a Perm que precisou ser reforçado com recrutas locais, e foi renomeado como Batalhão Internacionalista Chinês. O Corpo Siberiano e as unidades tchecas continuaram avançando. "A artilharia dos Guardas Brancos disparava com metralha sobre as ruas da cidade; inimigos da Revolução que eram moradores da região começaram a disparar com rifles... Alguns dos antigos oficiais czaristas que serviam com os Vermelhos traíram-nos e passaram para as fileiras inimigas junto com suas unidades. Os traidores capturaram o arsenal da cidade, instalaram metralhadoras no alto dos edifícios e abriram fogo contra os Vermelhos. Unidades do 3º Exército saíram de Perm e o inimigo imediatamente atacou os soldados em retirada. As baixas foram elevadas. Centenas ou mesmo milhares de guerreiros Vermelhos morreram ao cruzar o rio Kama."

O Corpo Siberiano capturou 20 mil alistados desmoralizados do pouco que havia restado do 3º Exército de Biérzin. Essa vitória, que chocou a liderança comunista em Moscou, transformou Pepéliaev em um grande herói em Omsk num momento oportuno. Koltchák e sua administração queriam desviar a atenção do massacre de delegados socialistas-revolucionários e da perda de Ufa no sul. Enquanto isso, Pepéliaev quis prosseguir seu avanço até Viatka, o superotimista objetivo do avanço britânico rumo ao sul a partir de Arcangel, mas a temperatura caiu tanto que teria sido loucura. Eles, como quase todos os demais, sabiam que o ano seguinte seria palco das batalhas decisivas para o futuro do antigo Império Russo.

20

AS POTÊNCIAS CENTRAIS VÃO EMBORA

Outono-inverno de 1918

Em 11 de novembro de 1918, após mais de quatro anos de lama e massacre, um silêncio fantasmagórico desceu sobre todo o Front Ocidental. Os termos do armistício ditado pela Entente na floresta de Compiègne também obrigaram a Alemanha a renunciar ao Tratado de Brest-Litovsk e a retirar todas as suas forças de ocupação no leste para as fronteiras da Alemanha pré-1914. A única exceção permitida foi nas províncias do Báltico, de modo que Estônia, Letônia e Lituânia não fossem tomadas pelos bolcheviques. Dois dias mais tarde, o Sovnarkom anunciou que também renunciava ao tratado, mas reafirmava sua autoridade sobre as três províncias.

Na semana anterior, Bruce Lockhart havia escrito a Arthur Balfour, o secretário do Exterior: “Hoje é óbvio que, primeiro, mesmo que Lênin tenha recebido dinheiro do governo alemão, ele o usou para seus próprios fins e não para os fins dos alemães, e, em segundo lugar, que o bolchevismo está agora num estágio muito além de qualquer controle do exterior. Talvez não seja exagero dizer que o bolchevismo agora é um perigo bem maior para a Europa do que o militarismo alemão”.

A liderança comunista encarava o litoral do Báltico como a rota vital para fazer a conexão com a revolução alemã, espalhando-a desde a Frota de Alto-Mar, em Kiel e Wilhelmshaven, até Berlim e Munique. O Tratado de Brest-Litovsk havia sido o maior triunfo da Alemanha em toda a Primeira Guerra Mundial. Mas agora, apenas oito meses depois, suas esperanças de um império oriental indo do mar Negro até o Báltico haviam se desfeito. Isso era algo que Adolf Hitler tentaria ardentemente reviver 23 anos mais tarde.

Teve início um intranquilo interregno ao longo da Ucrânia e da Crimeia. Os primeiros soldados alemães que seriam retirados foram trazidos de volta de sua posição mais a leste, a península de Taman, que se projeta no mar de Azov. "Eles sumiram na noite, silenciosamente, como se nunca tivessem estado ali", relembrou Máksim Kulík, do Regimento Branco de Taman, que os alemães haviam apoiado. "Uma manhã", escreveu Nadiéjda Dubákina na Crimeia, "a empregada que nos trazia o samovar disse que os alemães tinham desaparecido. Quando fui para fora, havia um silêncio sinistro. Tudo ficou completamente tranquilo em Simferopol por dois ou três dias, mas então começaram a circular rumores de que os bolcheviques estavam se aproximando e que era hora de ir embora." Em Odessa, os habitantes locais brincavam que os alemães certamente teriam varrido o chão de seus escritórios antes de ir embora, mas isso era para disfarçar o medo do que poderia vir em seguida.

A repentina partida das forças alemãs no sul deixou muitos novamente expostos ao retorno dos nacionalistas ucranianos de Petliúra, e depois das forças Vermelhas. Aqueles proprietários de terras que haviam usado os soldados alemães para se vingar dos camponeses que lhes haviam tomado as terras agora temiam retaliações. Houve vários casos de oficiais Brancos que reuniram grupos de cossacos montados, supostamente para uma missão de reconhecimento, a fim de se vingarem. Um deles, quando perguntado o que fora fazer depois de três dias de ausência, respondeu: "Bem, fomos com o capitão à sua propriedade a fim de açoitar os mujiques por terem arado a terra dele". A punição era aplicada no estilo do exército czarista: chicotadas usando as varetas de limpar fuzis.

Em 14 de dezembro, enquanto as forças de Petliúra se aproximavam de Kiev, o ataman Skoropádski fugiu, fingindo ser um oficial alemão ferido. Ele instalou-se em Berlim, onde adquiriu uma propriedade no Wannsee. A mansão tinha muito espaço nas paredes para todos os retratos de seus ancestrais atamans, e ele fez uma grande horta da qual tinha grande orgulho. No entanto, diferentemente de outros generais russos Brancos que se abrigaram na Alemanha, ele evitou criar relações com os nazistas. Na primavera de 1945, enquanto fugia pela segunda vez das forças soviéticas que avançavam, foi mortalmente ferido num bombardeio aliado.

A chegada de navios de guerra britânicos e franceses junto à costa acendeu grandes esperanças em Odessa, mas de início não houve desembarque de soldados. As forças de Petliúra atacaram a cidade em 18 de dezembro. Oficiais do Exército Voluntário resistiram, assim como um destacamento da Legião Polonesa que ficara preso ali. A artilharia ucraniana bombardeou o Hotel Passage, o parque da cidade e o porto. Os franceses deram a eles um ultimato, e, ao cair da noite, a batalha estava encerrada.

No dia seguinte, Ielêna Lakier saiu para ver os danos com sua avó. "De repente, vimos um carro funerário preenchido até a metade com cadáveres", escreveu no diário dela. "Dava para ver pernas nuas saindo para fora dele. Eram os homens de Petliúra a caminho do necrotério." As forças francesas então desembarcaram, com marinheiros de camisetas listradas e bonés azul-marinho com pompons vermelhos, além de zuavos* e homens de infantaria da 156ª Divisão. Boatos espalharam-se pela cidade de que a Ucrânia iria tornar-se um *département* francês, e que o próprio presidente Poincaré viria para sua inauguração.

De início, os franceses não se intrometeram muito nos assuntos internos da administração russa, mas, com a chegada de mais soldados e oficiais, o comandante francês, o general Philippe d'Anselme, quis ampliar a zona de ocupação o máximo possível. O Exército Voluntário em Odessa era comandado por Gríchin-Almázov, que tinha chegado de Omsk. As relações deles com os franceses ficaram tensas em razão da intenção de Anselme de negociar com os representante de Petliúra. Também desembarcaram dois batalhões de soldados gregos.

Globatchóv, o ex-chefe da Okhrána que dirigia o serviço de inteligência dos Brancos, ficou visivelmente preocupado com a eficácia da propaganda bolchevique dirigida aos soldados franceses. "As forças de ocupação francesas em Odessa eram indisciplinadas", escreveu. "Os soldados passavam o tempo bebendo com judeus e judias. Havia muitos

* Zuavos era como os franceses chamavam as tropas argelinas e de outros territórios árabes que compunham seus exércitos (N.R.).

agitadores bolcheviques que falavam francês. Por volta de fevereiro cresceu a agitação entre os soldados dos Aliados e os marinheiros, que estavam cansados da guerra e queriam voltar para casa. Alguns também passaram abertamente para o lado dos bolcheviques, e a contrainteligência francesa fez pouco para combater a propaganda deles."

As atividades criminosas também alcançaram "proporções monstruosas". A alta dos preços de alimentos significava que os especuladores do açúcar tinham se tornado "os ditadores econômicos de Odessa". O Exército Voluntário decidiu adotar medidas extremas. Ladrões pegos em flagrante eram executados sem misericórdia, e a polícia foi orientada a matar os ladrões já conhecidos como cães, assim que cruzassem com eles. Míchka Iapóntchik, conhecido como "Mícha, o japonês" (na realidade, Moisséi Vinítski), e sua enorme gangue aterrorizavam a cidade, e trabalhavam em estreita ligação com Vermelhos clandestinos. Os comunistas dariam a ele o comando de seu próprio regimento quando ele os ajudou a tomar cidade mais tarde, mas a Tcheká armou-lhe uma emboscada e matou-o tão logo ele deixou de se mostrar útil.

Mais a leste, o Exército Vermelho concentrou forças entre Voronej e Saratov para impedir qualquer possibilidade de as forças de Koltchák se unirem às de Deníkin. Eduard Dune, o jovem Guarda Vermelho letão de Moscou, foi enviado como comissário até o quartel-general do 9º Exército no Front Sul em Balachov, a oeste de Saratov. Ele ficou perplexo ao ver o quanto aquilo era diferente de um exército proletário. "O pessoal do quartel-general estava bem-vestido, bem barbeado", ele notou. "Dirigiam-se uns aos outros pelo nome e sobrenome e eram enfaticamente gentis com visitantes como eu. Não se fumava *makhórka* ali e não havia bitucas de cigarro no piso de madeira."

Enquanto almoçava na cantina, ele soube que seria incorporado ao 1º Regimento de Nizhny Novgorod. No final do dia seguinte, finalmente alcançou o comboio deles de carroças e cozinhas de campanha. "A unidade marchava como se desfilasse. O comandante do regimento apresentou-me aos comandantes de batalhão." Ele também descobriu que "os soldados do Exército Vermelho não falavam de maneira soviética. Dirigiam-se ao comandante do regimento como 'coronel' e referiam-se a outros como 'nosso capitão'. Ficava claro que eram militares do exército czarista que estavam no comando aqui, e não me era possível usar um tom familiar, mesmo que quisesse". Os soldados eram camponeses que só conversavam a respeito de casa ou admiravam o rico solo da área em que estavam. "Brancos ou Vermelhos, revolução ou contrarrevolução, nacionalização ou socialização, tudo isso era uma absoluta bobagem para eles, e quase tão interessante e inteligível quanto um sermão do púlpito. Comecei a me sentir muito desconfortável, como um intruso. Não havia nada sobre o que eu pudesse conversar com os soldados e menos ainda com os comandantes que eram antigos oficiais."

Dune logo ouviu boatos de traição no quartel-general do 9º Exército, focados na sua 15ª Divisão. O comandante, um antigo oficial da guarda chamado Gussárski, foi executado por ordens de Trótski, embora aqueles que o conheciam estivessem convencidos de sua inocência. "Trótski puniu o homem errado", Dune escreveria mais tarde. Ele estava convencido de que o traidor era o comandante do 9º Exército, Kniagnítski, que "no outono de 1919 abandonou seus soldados e se juntou ao exército de Deníkin conforme ele avançava".

Em novembro, durante o avanço do Exército Voluntário no Donbas após a retirada alemã, o general Vladímir Mái-Maiévski estava no comando no flanco oeste. Mái-Maiévski era tão obeso que mal cabia em seu uniforme. Com grossa papada, um enorme "nariz em forma de cereja", bigode desgrenhado e *pince-nez*, mais parecia um gerente de circo libertino, embora tivesse comandado o 1º Corpo da Guarda no exército czarista pouco antes da tomada bolchevique. Mái-Maiévski era não só um glutão, mas também um paxá depravado, com um bordel ambulante. Era também um general extraordinariamente eficaz e corajoso nessa guerra de ferrovias, durante a qual a estação de Konstantinovka mudou de lado 28 vezes. Desengonçado e suando profusamente, Mái-Maiévski estava constantemente no front e nunca buscou se proteger das balas que inexplicavelmente falhavam em acertar um alvo tão grande e tentador. Seu grande talento era usar aeronaves para reconhecimento e deslocar suas forças menores rapidamente de um ponto a outro na rede ferroviária do Donbas.

Sob seu comando estava o regimento de Samur, baseado no 83º Regimento de Infantaria, que consistia quase inteiramente em prisioneiros

General Vladímir Mái-Maiévski.

do Exército Vermelho que ainda assim lutavam bravamente pelos Brancos. Mái-Maiévski também trabalhava em estreita colaboração com o insolente e cruel cossaco de Cubã Andrei Chkuró. No entanto, não ficou muito convencido com o relato que Chkuró lhe fez sobre sua batalha contra as guerrilhas anarquistas de Niéstor Makhno, perto de Iuzóvka (mais tarde Stalino, e hoje Donetsk). "Os homens de Makhno fugiram em pânico, abandonando suas armas, casacos de pele e até as botas", escreveu Chkuró a ele. "Acho que Andrei pode estar exagerando um pouco", observou Mái-Maiévski secamente ao seu oficial-chefe de rádio, Erást Tchevdar.

De acordo com um de seus ordenanças – um bolchevique clandestino chamado Pável Makárov –, Mái-Maiévski tinha mais medo de Makhno que do Exército Vermelho. "Makhno sempre aparecia inesperadamente e interferia nas ofensivas de Mái-Maiévski", escreveu ele. "O general alocou unidades especiais, comandadas pelo general Revíchin, para combater Makhno. Seu quartel-general ficava na estação Volnovakha, e Mái-Maiévski o visitava com frequência. O general Mái-Maiévski sorria. 'Não duvido de sua capacidade, mas não é provável que você consiga pegá-lo. Estou acompanhando as operações dele de perto e não me importaria de ter do meu lado um líder de soldados tão experiente'."

Niéstor Makhno.

Niéstor Makhno foi um dos líderes mais extraordinários da guerra civil. Embora fosse muito baixo e parecesse jovem para a idade, era conhecido por seus homens e pelos camponeses do sudeste da Ucrânia como "Bátko" ou "Pai". Alguns o viam como um ataman anarquista, outros como um gângster a cavalo, e muitos como um Robin Hood das estepes. Ele nasceu em uma família camponesa empobrecida da grande aldeia de Guliai-Polie na *gubiérnia* de Iekaterinosláv (Dnipro). Guliai-Polie, onde ele fora eleito presidente do soviete local em 1917, mais tarde se tornaria sua base de operações contra os Brancos, Petliúra e o Exército Vermelho.

A revolta contra os saques que os alemães e austríacos realizavam no campo começara no verão de 1918. Bandos montados de guerrilheiros atingiam de volta os ocupantes e latifundiários da associação dos produtores de grãos liderada pelo ataman Skoropádski. Makhno, que retornou de Moscou em julho, rapidamente mostrou ser um organizador brilhante e persuasivo, unindo os diferentes bandos numa força considerável. Ele logo se transformou numa figura legendária por sua coragem imprudente e por suas táticas astutas. O círculo vicioso de vingança e repressão intensificou-se. Oficiais, fossem eles alemães, austríacos ou ucranianos, eram mortos, e os soldados comuns ou membros da milícia

Varta eram desarmados e liberados, desde que não tivessem cometido atos de crueldade.

Em novembro, as forças de Makhno tomaram a cidade de Iekaterinosláv dos petliuristas, empregando um estratagema. Ele lotou um trem com seus soldados disfarçados de trabalhadores e enviou-o direto à estação principal. Seus homens desembarcaram e tomaram o centro da cidade. Após apenas três dias, a força de Makhno foi embora. Ele usava as ferrovias com frequência quando queria deslocar seus homens a grandes distâncias. De uma plataforma de estação, Paustóvski descreveu-os passando. "Eu podia ver os rostos de jovens rindo com suas armas – espadas curvas, sabres navais, adagas com cabo de prata, revólveres, fuzis e bolsas de cartuchos feitas de oleado. Enormes fitas pretas e vermelhas esvoaçavam de chapéus de todo tipo e de quepes de pele de carneiro."

O Exército Revolucionário Insurgente da Ucrânia era uma força considerável. Muitos o chamavam de Exército Negro por causa de suas bandeiras anarquistas pretas. Poderia ser chamado também de exército voador por sua velocidade no interior do país, com a cavalaria e sua arma herdada dos partas protegendo-os contra perseguições após uma incursão. Tratava-se da *tatchânka*, uma carruagem *Drójki* aberta puxada por uma *tróika* ["trio"] de cavalos, com uma pesada metralhadora montada atrás. Eles usavam a *tatchânka* como se fosse uma antiga biga de guerra, com um condutor, um fuzileiro e um metralhador. Seus inimigos – fossem Vermelhos, Brancos ou nacionalistas ucranianos – tinham sido avisados.

Embora de início fosse aliado dos Vermelhos, Makhno e seus seguidores mais tarde voltaram-se contra seu comunismo de Estado ditatorial. Conforme a guerra se movia em diferentes direções, ora Brancos ora Vermelhos enviavam uma força para ocupar Guliai-Polie, na expectativa de capturar o legendário rebelde, mas com frequência eles mesmos é que eram pegos de surpresa por um repentino ataque noturno.

A esposa de Makhno, Galina Kuzmiénko, descreveu um desses contra-ataques em seu diário: "Os soldados do Exército Vermelho não reclamavam muito; eles entregavam logo suas armas, ao passo que seus comandantes lutavam até o fim, até serem mortos ali mesmo. Pela manhã, quase três quartos do 6º Regimento tinham sido desarmados. Parte do regimento bateu-se bravamente conosco numa troca de tiros, mas, quando ficaram sabendo que seus camaradas haviam sido desarmados, renderam suas armas por iniciativa própria. Os nossos rapazes estavam com muito frio e cansados, mas cada um deles foi recompensado pela descoberta de que mesmo um grupo pequeno de pessoas, com corpos enfraquecidos mas com um espírito determinado, inspirados por uma grande ideia, pode alcançar grandes feitos. Em algumas horas, 70 ou 75 dos nossos rapazes haviam capturado mais de 450 a 500 do inimigo, matado quase todos os seus comandantes e recolhido um monte de fuzis, cartuchos, metralhadoras, carroças e cavalos".*

Um oficial de artilharia da cavalaria dos Brancos, parte da força especial reunida para caçá-lo, reconheceu que "a população toda estava do lado de Makhno".** Ele também admitiu que tinha tanto medo de ser capturado por makhnovistas que, ao chegar finalmente a local seguro após uma cavalgada solitária de volta à bateria, "minhas pernas estavam tão bambas que quase caí da sela".

Uma vez, quando entraram numa aldeia, ele perguntou a um camponês de que lado estava. "De lado nenhum", respondeu ele. "Os Brancos saqueiam, os Vermelhos saqueiam, os makhnovistas saqueiam. Então, quem você acha que devemos apoiar?" Esse oficial Branco chamado Mámontov descobriu por conta própria que os soldados não saqueiam simplesmente para comer. Certa vez ele foi persuadido por alguns colegas a ir saquear, para que visse como era. Sentiu aversão por isso, "mas outro mau sentimento foi me invadindo aos poucos. A embriaguez do poder absoluto. Aquelas pessoas aterrorizadas ficavam à sua mercê. Você podia fazer com elas o que quisesse".

Longe dali, para o sudeste, a Dunsterforce havia sido retirada do Cáucaso e desmobilizada após o armistício com o Império Otomano. Mas as duas outras missões militares britânicas no mar interior da Transcáspia (no que mais tarde passou a ser conhecido como Turcomenistão) viram-se confrontando o Exército Vermelho. Em julho, a organização

---

* Foram levantadas dúvidas quanto à autenticidade do diário de Kuzmenko. De fato, há partes acrescentadas que parecem dúbias, mas isso não significa necessariamente que tudo seja falso.

** A força especial consistia em três esquadrões do 2º Regimento Montado de Oficiais, duas companhias do Regimento de Infantaria de Drozdôvski e o 11º Regimento de Hussardos da Íngria, remanescente de um regimento regular do exército czarista.

dos socialistas-revolucionários em Asgabate assinara um acordo de assistência militar com o major-general Malleson, em Mexed. O Comitê de Asgabate, que tinha intenções de formar um governo, era liderado por Fiódor Fúntikov, um operador de locomotiva na Ferrovia da Ásia Central que, segundo o capitão Teague-Jones, era pouco sutil, tagarela (um defeito agravado por sua gagueira) e tendia a beber demais (talvez para superar a gagueira). Seu vice era outro ferroviário, chamado Kuríliev, um personagem mais dramático, que nunca ia a nenhum lugar sem um grande revólver e uma pasta de couro. Outros membros dessa improvável administração socialista-revolucionária eram o Conde Alekséi Ióssifovitch Dorrer, um múltiplo bígamo chamado Dôkhov e um misterioso estrangeiro que acabara de aparecer em Asgabate chamado Semión Lvovítch Drúchkin. Funtikov, confiando em seu colega socialista-revolucionário e advogado, nomeou-o chefe da polícia de segurança. Na falta de qualquer expertise profissional, as finanças do Comitê de Asgabate ficaram caóticas. Não demorou para não haver mais combustível e os ferroviários ficarem sem pagamento.

O comandante do pequeno exército da Transcáspia era "um velho turco de ótima aparência chamado Oraz Sardar". Muitos de seus compatriotas turcos usavam *papákhas* de astracã, tão grandes quanto as peles de urso dos guardas. Avançando a partir do norte, a força bolchevique muito maior que eles enfrentaram tinha sido imensamente fortalecida pelos prisioneiros de guerra húngaros do Exército Austro-Húngaro. Em 25 de agosto, houve acirrados combates em Kaka, a sudeste de Asgabate. Os Vermelhos atacaram, mas um pelotão de metralhadoras do 19º Regimento de Punjabis, apoiando os homens de Oraz Sardar, lhes infligiu pesadas baixas. O restante do batalhão e um esquadrão do 28º Regimento de Lanceiros vieram rápido até a cena, com todos os oficiais vestindo seu regulamentar chapéu de sol, que ardia inclemente. Os sipais do Exército Indiano, com seus característicos turbantes cáqui, de início ficaram um pouco confusos, já que muitos de ambos os lados usavam gorros de pele de cabra. Mas eles se saíram muito bem, e os Vermelhos bateram em retirada para se reorganizar. Seguiu-se uma calmaria nos combates.

Ao amanhecer de 15 de setembro, Mikoian, Chaumián, Petróv e os outros líderes bolcheviques, que haviam fugido da tomada de Baku no vapor *Turcomano,* chegaram perto do porto de Krasnovodsk na Transcáspia, apesar de terem ordenado ao capitão de seu vapor que os levasse até a fortaleza Vermelha de Astracã. O capitão soou sua sirene quando se aproximavam para alertar a guarda costeira, que veio e acompanhou o navio até o cais. Os bolcheviques a bordo foram obrigados a se render. Foram todos presos e levados até a cadeia local.

O comandante passou um cabograma para o Comitê de Asgabate pedindo instruções. Eles, por sua vez, contataram seu representante em Mexed, o bígamo Dôkhov, e pediram que perguntasse ao major-general Malleson se os britânicos poderiam levar os prisioneiros de volta para a Índia. Segundo Teague-Jones, Malleson respondeu em 18 de setembro que simplesmente não tinha os guardas ou os meios de transporte necessários para isso. Por outro lado, Malleson e o chefe do estado-maior em Shimla acreditavam que os comissários poderiam ser úteis como reféns, numa troca por quaisquer britânicos aprisionados pelos bolcheviques, mas Teague-Jones não fez nenhuma menção a isso em seu diário, nem depois em seu relatório oficial ao Ministério do Exterior.

Naquela tarde, Teague-Jones compareceu a uma reunião na casa do Conde Dorrer, onde estavam também Funtikov, o chefe da administração Asgabate, Kuríliev, o do grande revólver, e o professor primário Zímin, que atuava como "ministro do Exterior". Teague-Jones, que andava de muletas por ter sido ferido na coxa durante a batalha em Kaka, estava exausto. Seu papel como autoridade política, além de oficial de inteligência, parecia cobrir tudo na área, desde lidar com britânicos e indianos feridos a servir de intérprete no hospital, assim como para todos os assuntos anglo-russos. Ele alegou ter apenas uma "vaga recordação" do que havia sido conversado, mas admitiu que não interveio quando Funtikov e Kuríliev sugeriram fuzilá-los, enquanto Zímin e Dorrer discordavam. "Permaneci rigorosamente neutro e não participei ativamente da discussão", escreveu.

Na noite seguinte, 19 de setembro, Teague-Jones soube por Funtikov que eles haviam decidido fuzilar os "26 comissários", como logo passariam a ser conhecidos. Ele quase certamente poderia ter impedido as execuções se tivesse insistido, já que o Comitê de Asgabate dependia dos britânicos. Na noite seguinte, 20 de setembro, Kuríliev colocou os 26, incluindo o amigo de Lênin, Chaumián, num vagão ferroviário.

Inexplicavelmente, Anastás Mikoian não estava entre eles. Foram levados pela linha férrea por cerca de sessenta quilômetros desde Krasnovodsk e executados em grupos junto aos trilhos.

Quando a notícia das execuções chegou a Moscou, a fúria bolchevique explodiu. Trótski acusou Teague-Jones de ordenar as mortes pessoalmente, e Stálin, em abril de 1919, denunciou os britânicos como "canibais". Os comissários de Baku se transformaram em mártires soviéticos. Suas mortes receberam homenagens em monumentos, selos postais e outras iconografias, além de um poema de Serguêi Iessénin, "A balada dos vinte e seis", além de uma pintura altamente imaginativa daquela execução, de Isaak Brodsky, retratando a cena à luz do dia, com ambos os generais, Malleson e Teague-Jones, observando. Na realidade, Teague-Jones estava a uns trezentos quilômetros dali e Malleson em Mexed, na Pérsia. Mais recentemente, em 2004, um historiador russo afirmou que todos os prisioneiros foram decapitados por um gigante turco com um imenso sabre.

Por outro lado, a flotilha da Marinha Real no Cáspio parece ter encarado as execuções, de certo modo, como um exemplo divertido dos costumes locais. Eles souberam que o líder do pelotão de execução havia se queixado a Funtikov: "Suas ordens foram cumpridas, mas as cinco espadas fornecidas mal deram para realizar o serviço". A partir de então eles passaram a se referir a Funtikov como "o cinco de espadas".

O Front Transcaspiano entrou em inatividade, principalmente porque os bolcheviques ao norte da linha da Ásia Central estavam convencidos de que as forças britânico-indianas na área eram bem maiores do que de fato eram. Ambos os lados tinham um trem blindado que empregava a tática de "jogar e fugir", avançando pela linha até um ponto conveniente, para disparar uma bomba e imediatamente recuar. Os soldados britânicos haviam recebido ordens para não avançar além de Bayramaly, e com certeza não até a linha do rio Oxus, como os transcaspianos queriam. A convicção em Moscou de que os britânicos secretamente planejavam ocupar toda a Transcáspia estava bem longe de ter fundamento.

O major-general Malleson permanecia em seu quartel-general em Mexed e vinha até a fronteira de Asgabate apenas uma vez por ano, para passar poucos dias, em meados de novembro. As comunicações entre o quartel-general britânico-indiano em Bagdá, Mexed e Anzali nunca haviam sido boas. Tampouco melhoraram quando a Marinha Real organizou sua flotilha do mar Cáspio para ajudar a defender Baku e a Transcáspia dos turcos e resistir à flotilha Vermelha que operava fora de Astracã e no delta do Volga. O comodoro David Norris, o comandante, trouxe alguns canhões navais de quatro polegadas por terra de Bagdá para montar nos navios do Cáspio. O navio a vapor *Kruger* agora era o HMS *Kruger*, e sua nau capitânia. A flotilha incluía outros cinco navios mercantes armados que serviam de cruzadores auxiliares e ostentavam a bandeira dos Brancos. Mais tarde, uma dúzia de lanchas a motor muito rápidas da Marinha chegou de trem de Batumi no mar Negro. Após a partida das forças turcas, o Cáspio logo veria três flotilhas em ação, uma flotilha Vermelha, uma Branca e a Marinha Real, a essa altura baseada em Baku e defendida pela 27ª Divisão Indiana.

À primeira vista, os eventos na região do Cáspio tinham às vezes um sabor de opereta, mas a tragédia e a crueldade nunca estavam muito distantes. Os turcos, cuja atividade histórica havia sido atacar as regiões persas da fronteira e depois vender seus cativos, principalmente mulheres, como escravos, agora temiam o futuro. Como Teague-Jones observou, depois que os britânicos foram embora, eles "não tinham mais ilusões quanto ao próprio destino nas mãos dos Vermelhos".

21

O BÁLTICO E O NORTE DA RÚSSIA

Outono-inverno de 1918

A sudoeste de Petrogrado, a retirada alemã deixou a pequena força Branca do general Aleksandr Rodziánko, o Corpo do Norte, exposta na cidade de Pskov, perto da ponta sul do lago Peipus. Quando o 7º Exército Vermelho chegava a seus arredores, a força bastante mista de Rodziánko, de oficiais czaristas e recrutas relutantes, cerca de 5 mil ao todo, recuou às pressas através da fronteira com a Estônia. Rodziánko, sobrinho do antigo presidente da Duma Estatal, havia sido um membro da Guarda de Cavaleiros do Czar e um cavaleiro olímpico, qualificações que não tendiam a torná-lo popular entre os estonianos. Ele, como a maioria dos oficiais czaristas, via o país deles como parte integrante da Rússia, mas naquele momento os estonianos estavam extremamente vulneráveis e precisavam de apoio. O 405º Regimento de Infantaria alemão havia se retirado, deixando a 4ª Infantaria estoniana, de armamentos leves, com pouquíssimas chances de sucesso.

Em 18 de novembro, o Governo Provisório estoniano ressurgiu e anunciou a criação de um exército nacional. Três dias depois, proclamou uma mobilização geral para resistir a uma invasão russa. A Liga de Defesa da Estônia foi revivida como milícia de reserva e foram enviados delegados a Londres por mar, para implorar ao governo britânico auxílio militar.

Em 22 de novembro, Lênin ordenou que o 7º Exército iniciasse ataques rumo à capital Tallinn em apoio a grupos bolcheviques locais. Ciente de que o Exército Vermelho seria visto como um invasor estrangeiro, Lênin quis que a força tivesse o maior número possível de estonianos, mas só foram encontrados 2.300. O plano era primeiro tomar Narva, depois ocupar a Estônia e por fim capturar Riga. Esse seria o primeiro estágio de uma tentativa de entrar em contato com os revolucionários na Alemanha. A 6ª Divisão de Fuzileiros Vermelha, incluindo alguns voluntários bolcheviques estonianos, tomou Narva em 28 de novembro, após quase uma semana de combates.

A legalidade do Governo Provisório estoniano foi confirmada em seu parlamento, o Maapäev, por um voto decisivo em favor da independência. Bolcheviques locais leais a Moscou reagiram convocando uma greve geral em protesto. Embora menos de 4 mil trabalhadores tivessem participado, o Kremlin assim mesmo reconheceu aquela criação sua, a "República Soviética Estoniana". De um ponto de vista nacional estoniano, porém, isso "equivalia a uma declaração de guerra civil feita do exterior". Quando os bolcheviques em Tallinn proclamaram uma Comuna em 17 de dezembro, enquanto o 7º Exército Vermelho se aproximava, o governo estoniano não hesitou em esmagar a revolta.

Depois que o governo estoniano, em grande parte de classe média, fez seu primeiro apelo para que voluntários se alistassem, os estudantes se apresentaram em massa, mas o campesinato mostrou-se extremamente relutante. Assim, em 20 de dezembro, foi anunciado um programa de reforma agrária no Maapäev, com aclamação quase unânime. As grandes propriedades dos "barões do Báltico" alemães seriam divididas, e foram prometidos lotes de terra a cada soldado por sua prestação de serviços. Muitos camponeses então também se apresentaram como voluntários.

Apesar do sentimento antigermânico, foi formado um batalhão que mais tarde se tornou o *Baltenregiment*, com estudantes da minoria alemã e outros voluntários antibolcheviques. Uma estrutura de comando notavelmente eficiente evoluiu sob um oficial czarista liberal, o coronel Johan Laidoner, que se revelaria um líder exemplar. Laidoner, apesar de ter nascido filho de um agricultor simples na Livonia, trabalhou duro até se tornar chefe do estado-maior de uma divisão graças puramente ao seu talento e aplicação. De aparência impecável, com um pequeno bigode bem cuidado, exalava uma autoridade natural. Era a escolha óbvia para se tornar comandante em chefe das forças estonianas durante sua guerra de independência.

Laidoner formou mais três regimentos, que foram equipados com armamento alemão. Também chegou ajuda da Finlândia, na forma de um carregamento de 5 mil fuzis e vinte canhões de campanha, e de voluntários que mais tarde fariam parte do Regimento Filhos do Norte da Finlândia. Outros começaram a chegar da Dinamarca, que acabaram formando uma companhia dinamarquesa-báltica, e da Suécia, sob o major Carl Axel Mothander, um veterano da Guerra Civil Finlandesa.

O Gabinete da Guerra em Londres recusara o pedido urgente dos estonianos, em novembro, de envio de tropas terrestres britânicas. Em vez disso, mandou a Tallinn o 6º Esquadrão de Cruzadores Leves da Marinha Real, com fuzis, canhões Lewis e artilharia de campanha para o seu nascente exército. A esquadra era comandada pelo contra-almirante Edwyn Alexander-Sinclair, um corajoso escocês cujo navio havia sido o primeiro a avistar a Frota de Alto-Mar germânica na Jutlândia. Ele agora prometia aos estonianos atacar os bolcheviques tão longe quanto seus canhões pudessem alcançar.

Na última parte de dezembro de 1918, chegou a Petrogrado a notícia de que uma esquadra britânica havia aparecido na costa da capital estoniana de Tallinn. Nenhum dos submarinos da Frota do Báltico era capaz de cruzar o golfo da Finlândia para fazer reconhecimento "em razão de sua precária condição técnica". Uma esquadra que incluía o encouraçado *Andrei Pervôzvani*, o cruzador *Oliég* e três destróieres – *Spártak*, *Avtroil* e *Azard* – foi enviada sob o comando de Fiódor Raskólnikov, que havia abandonado tanto sua flotilha do Volga quanto Larissa Reisner. Raskólnikov estava convencido de que as interceptações de sinais de rádio da Marinha Real eram apenas uma artimanha dos britânicos para manter a frota soviética parada em Kronstadt. Assim, com um grande quebra-gelo abrindo caminho, partiram para o litoral estoniano. O *Azard* precisou voltar porque havia esquecido de se abastecer de carvão antes de partir – "Uma desordem ultrajante como essa só era possível no caos de 1918!", comentou Raskólnikov.

Os dois destróieres restantes seguiram em frente para testar as baterias costeiras estonianas, disparando nelas para provocar uma resposta, mas não havia nenhuma bateria. Encorajado por isso, Raskólnikov, no *Spártak,* e o *Avtroil* avançaram até o porto de Tallinn, mas, ao se aproximarem, avistaram a fumaça de navios soltando vapor ao acelerar. Deram meia-volta para recuar de volta a Kronstadt, mas os cruzadores leves e destróieres britânicos eram bem mais rápidos. Para piorar as coisas, o *Spártak* encalhou. Segundo Raskólnikov, o capitão ficava repetindo, amargurado: "Todo mundo sabe desse banco de areia, está em todos os mapas. Que aporrinhação terrível!".

Um grupo de abordagem do destróier HMS *Wakeful* tomou o navio e levou-os prisioneiros, e logo estavam consumindo biscoitos e chá forte em sua detenção. Foram trazidos de volta ao convés mais tarde para testemunhar a captura do *Avtroil*. Isso, protestou Raskólnikov, foi feito para "ferir nosso orgulho revolucionário". Os dois navios de guerra soviéticos foram então entregues aos estonianos para formar o núcleo de sua marinha, e Raskólnikov foi levado de volta a Londres como prisioneiro para ser trocado mais tarde por oficiais britânicos capturados pelo Exército Vermelho.

No entanto, a Marinha Real pouco poderia fazer contra a superioridade do Exército Vermelho em terra. Em 22 de dezembro, a Divisão Vermelha Letã de Fuzileiros capturou a cidade de Tartu, a segunda maior da Estônia. Na véspera do Ano-Novo, o 7º Exército, com cerca de 7 mil homens, havia ocupado a metade oriental do país, embora os estonianos se mostrassem um oponente bem mais aguerrido e efetivo do que o Corpo Branco do Norte. No sul do país, Laidoner formou outra divisão a partir de novos regimentos e montou um batalhão de partisans, cujos homens tinham no boné a insígnia de uma caveira.

O patriotismo estoniano era simbolizado pelo laço azul, preto e branco. Era praticamente o único item padrão do uniforme. Tanto estudantes quanto camponeses usavam uma mistura de jaquetas de pele de carneiro, casacões, capacetes alemães, quepes russos de tecido ou chápkas* de pele de cordeiro, botas de cavalgar ou grevas. No Natal e durante a última semana do ano, os estonianos começaram a preparar seu contra-ataque, usando alguns trens blindados convertidos às pressas, e lançando mão dos 3.800 voluntários finlandeses Brancos cuja língua eles compartilhavam. Encorajado pela esquadra de cruzadores da

---

* A chápka (boné de inverno em russo) é um gorro, geralmente de pele e com abas protegendo as orelhas, muito usado por caçadores (N.R.).

Marinha Real que operavam ao longo de sua costa em apoio ostensivo, o governo estoniano colocou o soviete de Tallinn na ilegalidade, enquanto o 7º Exército Vermelho se aproximava. Em 6 de janeiro de 1919, os estonianos lançaram sua contraofensiva.

Em 1º de dezembro de 1918, a Guerra Civil Letã começou com a invasão do Exército Vermelho. Três dos regimentos de fuzileiros letões bolcheviques tomaram Daugavpils ao sul, e outros três avançaram por Pskov rumo ao sudeste da Estônia. Conforme avançavam até Riga, Moscou proclamou a República Socialista Soviética da Letônia em 17 de dezembro. Dezoito dias depois, entraram na cidade. O Governo Provisório letão convocou a formação de uma milícia nacional. Afora essa, sua única esperança era a força de defesa alemã do Báltico, a *Baltische Landeswehr*, cujo principal interesse era impor a hegemonia teutônica na região. Só a parte ocidental da península de Curlândia resistia, enquanto unidades alemãs e letãs armavam um contra-ataque.

A guerra civil da Lituânia foi ainda mais complicada, já que acabou envolvendo forças russas, alemãs e polonesas. Duas divisões Vermelhas de fuzileiros, que foram rapidamente reforçadas, começaram a invasão a partir da Bielorrússia em 12 de dezembro de 1918. Em meados de janeiro de 1919, os Vermelhos haviam ocupado dois terços do país, mas também iriam logo enfrentar uma resistência muito maior do que esperavam. A insistência do Kremlin em que os três países ainda estavam sujeitos à sua vontade mostrou-se nitidamente prematura, e a expressão "guerra civil" parecia cada vez mais imprecisa. As províncias do Báltico lutavam por suas identidades nacionais e por sua independência de Moscou.

Em novembro, o general Nikolai Iudénitch, que havia sido o comandante em chefe czarista do Front Transcaucasiano, chegou à Finlândia. Foi ver o general Mannerheim, decidido a montar um exército com muitos dos 2.500 oficiais russos que haviam fugido para território finlandês. Fez contato também com o almirante Koltchák, que o financiou com um milhão de rublos, e recebeu outros 2 milhões de rublos de russos ricos da região do Báltico. Uma vez que Koltchák havia reconhecido Iudénitch como comandante em chefe do Exército do Noroeste e era o

O general Nikolai Iudénitch (segurando seu quepe) parece pequeno ao lado do general Aleksandr Rodziánko, seu mais relutante subordinado no Exército do Noroeste.

dono do dinheiro, o general Rodziánko, com relutância, teve que aceitá-lo como seu superior. Mannerheim tampouco o via com bons olhos.

Enquanto a Estônia corria para se defender do poderio alemão e da incursão bolchevique, o Báltico de repente passou a atrair o interesse do governo francês assim como do britânico, embora a situação fosse diabolicamente complexa. As forças alemãs em toda a região do Báltico constituíam a mais efetiva barreira à expansão bolchevique, e, sob o Artigo XII do Armistício de Compiègne, eles tinham a autorização para permanecer ali por enquanto. Não havia nenhuma garantia de que os Estados do Báltico fossem capazes de se defender, e ao mesmo tempo as forças Brancas russas planejavam atacar Petrogrado. Mas nem os finlandeses nem os estonianos viam com bons olhos esses supremacistas russos antibolcheviques que se recusavam a reconhecer sua independência. Uma tentativa Branca de invadir o território soviético provavelmente fracassaria e provocaria um contra-ataque Vermelho. Para complicar ainda mais o imbróglio no Báltico, enquanto Iudénitch apelava aos britânicos e franceses pedindo apoio militar, havia outra força russa Branca sob o coronel Pável Bermondt-Aválov financiada por Berlim.

Do outro lado das linhas, Petrogrado ainda estava às voltas com a fome e com o frio de mais um inverno. Quem quer que tivesse tido a chance de ir embora já havia feito isso, e os habitantes que restaram tiveram uma prévia dos horrores que o cerco de Leningrado pelos nazistas traria uma geração mais tarde. As lareiras queimando livros e mobília eram insuficientes para impedir que as pessoas morressem de frio nas próprias casas. Muitos faziam barracas no meio dos aposentos com tapetes velhos ou lonas, estendidos sobre cadeiras, como cabaninhas de crianças. Passavam os dias na desesperada busca de comida. Mesmo uma dieta à base da ração oficial era totalmente insuficiente, e a escassez de gordura significava que as feridas não saravam. As pessoas não tinham forças sequer para puxar cadáveres em trenós até os cemitérios, então muitos dos mortos permaneceram em seus leitos até o degelo da primavera. "Era tão frio lá fora", escreveu Víktor Chklóvski, "que os cílios ficavam cobertos de gelo; as narinas congelavam. O frio penetrava sob suas roupas como água. Não havia luz em nenhum lugar. Ficávamos sentados longas horas no escuro".

O Front Norte era o teatro de guerra menos volátil, em grande parte por conta de suas densas florestas e pântanos, o que restringia o movimento às linhas ferroviárias ou rios, e também por causa do clima extremo do Círculo Ártico. Aqui, o 6º Exército Soviético do general Samóilo enfrentava os Aliados sediados em Murmansk e Arcangel em combate direto com as unidades terrestres das forças multinacionais, sob comando britânico.

Desde a política propositalmente confusa de Trótski de "nem paz, nem guerra" durante as negociações de Brest-Litovsk, as autoridades locais em Murmansk e Arcangel haviam percebido que nunca receberiam qualquer ajuda de seu próprio governo. Em julho, o soviete de Murmansk "descartou a lealdade ao governo soviético de Moscou", e em 1º de agosto "o *coup d'état* teve lugar em Arcangel, e por meio dele foi estabelecido o Governo Provincial do Norte da Rússia". O golpe sem derramamento de sangue não teria ocorrido sem o apoio dos canhões da Marinha Real na costa do mar Branco e das baionetas da Infantaria Ligeira da Marinha Real em terra. O moderado socialista-revolucionário de direita Nikolai Tchaikóvski foi instalado como líder, mas sob a tutela severa do major-general Poole.

Os desembarques iniciais, cujo objetivo era formar um bastião contra os ataques alemães, haviam sido tacitamente aceitos pelos bolcheviques, mas agora a presença dos Aliados despertava profunda hostilidade em Moscou. O otimista Poole quis reunir um grande exército a partir da região e avançar ao sul para Vologda, a fim de se juntar aos soldados tchecos nos Urais. Ele não tinha ideia de que Vologda era o quartel-general do 6º Exército de Samóilo. Vologda era também a cidade em que os embaixadores e as missões dos Aliados haviam se instalado depois que os bolcheviques abandonaram Petrogrado. Apenas em 25 de julho as autoridades comunistas permitiram que diplomatas estrangeiros partissem para Arcangel, de onde iriam de navio para seus respectivos países.

Os esforços aliados para reviver o front contra os alemães a leste podiam ser justificados, já que os bolcheviques em 1918 estavam de novo recebendo considerável apoio de Berlim. Esse argumento bastou para convencer o presidente Woodrow Wilson a enviar um regimento de infantaria americano para reforçar o contingente britânico no norte da Rússia, mas não foi possível manter essa decisão após o armistício de novembro. Em vez de formular um plano claro para derrubar o regime comunista, o Conselho Supremo de Guerra Aliado em Versalhes vinha mantendo suas opções em aberto numa época complicada. Ele, afinal, estava lidando com a desordenada situação criada após do fim da Primeira Guerra Mundial, além de tentar reformular a Europa entre os "bons" vencedores e os "maus" vencidos.

Reforços franceses, canadenses, poloneses e italianos também chegaram, o que aumentou a força aliada em Murmansk para 6 mil homens e a de Poole para perto de 10 mil. Poole já iniciara seu avanço para o sul no mês anterior. Parte de sua força, apoiada por um trem blindado, seguiu pela linha férrea de Vologda, enquanto a Força Fluvial tomou o Duína ao norte, apoiada por monitores da Marinha Real, canhoneiras, alguns hidroaviões obsoletos e bombardeiros da RAF.

Embora fossem capazes de fazer flutuar minas pelo rio contra as embarcações britânicas, os Vermelhos estavam em grande desvantagem em termos de armas. O 4º Destacamento Expedicionário Naval do Báltico mandou uma mensagem urgente a Kronstadt pedindo que canhões de 120 mm, "dos quais há número suficiente disponível a bordo dos navios", fossem enviados para armar os barcos a vapor Vermelhos no rio. "Se isso for feito, segundo nossos delegados, Arcangel passará às nossas mãos em duas semanas ou menos".

A Força C da Força Expedicionária do Norte da Rússia, do tamanho de uma brigada, incluía o 2/10º Batalhão Real Escocês e um destacamento russo. Num confronto em Troitka em 18 de agosto, conseguiram, após se aproximarem em uma marcha noturna, surpreender uma bateria de canhões Vermelhos, que eles viraram para atacar a flotilha Vermelha que navegava por ali.

Na sexta-feira 13 de setembro, conforme avançavam com duas companhias americanas ao longo das margens do Duína, eles tiveram mais sorte do que aquela data poderia indicar. Seu novo comandante chegou sem aviso num hidroavião para inspecionar o front e todos abriram fogo contra a aeronave, inclusive o monitor no Duína. "Para nossa grande surpresa", um oficial relembrou, "o general Finlayson saiu do avião e nós agradecemos à boa sorte que os canhoneiros não o tivessem atingido." Quatro dias depois, um incidente mais desagradável teve lugar. Três jovens soldados do Batalhão Real Escocês que haviam sido feitos prisioneiros "foram mortos a sangue-frio pelos bolcheviques".

Durante a estação chuvosa do outono, soldados britânicos sofreram uma epidemia de disenteria, que foi tratada com óleo de rícino. Estava na hora de começar a procurar abrigos para passar o inverno. Um convento foi tomado no rio Vaga, um afluente do Duína do Norte. Numa segunda-feira, 21 de outubro, o capitão William Serby, dos Fuzileiros da Rainha, anotou em seu diário: "O inverno sem dúvida começou. A maior parte do solo está coberta com a primeira neve e o tempo está muito frio". A Força C recebeu roupas de inverno na forma de "quepes de pele, capas com forro de pele de carneiro e botas de lã 'Shackleton'". A artilharia canadense, que acabara de chegar para apoiá-los, estava mais bem equipada para as temperaturas e longas noites que teriam pela frente. Em meados de dezembro, havia menos de quatro horas de luz diurna, e o moral começou a cair. Soldados e marinheiros Aliados naturalmente começaram a questionar o que estavam fazendo ali. Agora, com o fim da guerra, eles esperavam ser desmobilizados e voltar para casa.

"Com a derrota da Alemanha", Lockhart escrevera a Balfour para o Gabinete da Guerra, "fica evidente que nossa intervenção na Rússia entrou em sua fase mais perigosa. Nossas vitórias sobre a Alemanha removeram nosso pretexto original para intervir e, ao mesmo tempo, fortaleceram a posição dos bolcheviques ao aumentarem suas esperanças de uma revolução na Áustria e na Alemanha; e cresceu seu poder na Ucrânia, Polônia e em outros distritos russos presentemente ocupados pela Alemanha.

"Sem o apoio ativo de soldados estrangeiros", acrescentou em outro despacho a Balfour, "as forças contrarrevolucionárias na Rússia não são fortes o suficiente para derrotar os bolcheviques. Ao financiarmos essas organizações sem dar-lhes apoio ativo, ficamos vulneráveis às mesmas acusações que ouviríamos se estivéssemos intervindo com forças e, ao mesmo tempo, apenas prolongando a guerra civil e o derramamento de sangue desnecessário na Rússia."

Lockhart, porém, estava usando esses argumentos contra um envolvimento a distância na guerra civil, para pedir uma intervenção direta com tropas terrestres. "Ao restaurarmos a ordem na Rússia de uma vez, estaremos não só impedindo que o bolchevismo se alastre como ameaça política como iremos salvar para o restante da Europa os ricos e férteis distritos de grãos da Ucrânia, que, na eventualidade de meias medidas ou da ausência de medidas, será tornado estéril pela anarquia e pela revolução. Como a Europa irá precisar após a guerra de todos os grãos que conseguir, a questão de ordem no sul da Rússia e na Romênia é de extrema importância."

Embora estivesse consciente de alguns dos problemas, especialmente do imenso número de homens necessários ao longo de vários anos, Lockhart parecia subestimar os perigos bem reais da insatisfação civil doméstica e de motins entre os soldados enviados. Mesmo Churchill, o novo secretário de Estado para a Guerra, ficara abalado com o que o marechal de campo Sir Henry Wilson definira como "um estado geral de motim incipiente" no Exército Britânico durante janeiro e fevereiro de 1919.

Um levante de 4 mil soldados britânicos em Calais precisou de duas divisões de infantaria para ser controlado. Também houve tumultos em Glasgow e Liverpool, e uma invasão do próprio Departamento de Guerra por um grande número de soldados rebeldes, furiosos por não terem sido dispensados. "Os alicerces da sociedade britânica ficaram mais inseguros nessa época do que em qualquer outro momento", Churchill escreveu logo depois. Ele estava ainda mais determinado a derrotar o bolchevismo, não importava o que custasse.

PARTE TRÊS
1919

22

A CONCILIAÇÃO FATAL

Janeiro-março de 1919

O novo ano de 1919 começou com uma estranha cena dentro dos muros do Kremlin. O chefe da Tcheká, Féliks Dzerjínski, que costumava ser um homem de autocontrole férreo, caiu irremediavelmente no alcoolismo. Ele implorava a Lênin e Kámeniev que o fuzilassem. "Eu derramei sangue demais", dizia a eles, "a ponto de não ter mais direito de viver." E, no entanto, o genocídio de classe que Lênin e a Tcheká ameaçavam fazer mal havia começado.

Os comunistas já haviam vencido a guerra civil interna nas áreas que controlavam, como Lênin afirmava, mas, após o armistício alemão, eles temiam as forças reacionárias da Entente. E, no entanto, o Supremo Conselho de Guerra Aliado em Paris não mostrava nenhuma coesão a respeito do assunto. Foi proposta uma conferência de paz para encerrar a guerra civil, prevista para ser realizada na ilha de Prinkipo no mar de Marmara, a menos de vinte quilômetros de Constantinopla. Várias motivações diferentes estavam envolvidas. Woodrow Wilson fez os convites ao Sovnarkom e às várias administrações antibolcheviques, e esperava sinceramente que o conflito fosse encerrado. Outros achavam que o fato de realizar as conversações iria permitir que os Aliados lavassem as mãos em relação ao imbróglio russo. Mas Georges Clemenceau, o primeiro-ministro francês, abominava o bolchevismo e queria esmagar o poder deles. Ele também acreditava que o governo soviético não tinha por que comparecer à conferência, já que sua concordância com o Tratado de Brest-Litovsk representava uma grave traição à Entente. Winston

Churchill, o secretário de Estado para a Guerra britânico, também esperava que Lênin rejeitasse a proposta. Isso daria legitimidade aos seus planos de ajudar os exércitos Brancos.

Os Brancos russos viam os bolcheviques como usurpadores criminosos, então ficaram decepcionados e furiosos com a ideia de uma conferência de paz. O ex-ministro do Exterior do Czar, Sazónov, perguntou a um diplomata britânico de que maneira os Aliados esperavam que ele se sentasse à mesa com pessoas que haviam assassinado sua família. Borís Sávinkov fez de tudo para frustrar a proposta de Prinkipo. Suspeitava de que os Aliados estivessem mais interessados nos recursos naturais da Rússia do que preocupados com seu povo. "Reconheci o cheiro de petróleo" em seus planos, ele mais tarde relembrou.

A paz nunca teve a menor chance. O Sovnarkom respondeu que iria comparecer, mas em seguida recusou-se a implementar um cessar-fogo, como exigido. O presidente Wilson estava doente e planejava voltar para casa, então de certo modo abandonou o projeto. "As últimas palavras de Wilson antes de ir embora na sexta-feira", escreveu Churchill com um sorriso mal disfarçado, "foram para dizer que, embora ele estivesse ansioso para se livrar de vez da Rússia, e disposto a 'encontrar-se com os bolcheviques a sós em Prinkipo', se todas as negociações falhassem, ele iria 'fazer sua parte junto aos demais Aliados em quaisquer medidas militares que eles julgassem necessárias'."

Em 16 de fevereiro, o dia após o prazo final para a realização da conferência, Churchill escreveu a Lloyd George. "Não acho que tenhamos que mostrar nossas cartas imediatamente. Uma linha de ação mais prudente será montar já uma Comissão Militar para avaliar toda a situação, e preparar, com os recursos que estiverem disponíveis, um plano de guerra contra os bolcheviques."

A expressão "plano de guerra" despertou uma reação alarmada de Lloyd George. "Considerações do Primeiro-Ministro. Estou muito alarmado com seu telegrama a respeito de planejar uma guerra contra os bolcheviques. O Gabinete nunca autorizou uma proposta desse tipo... Se a Rússia é de fato antibolchevique, então um suprimento de equipamentos irá permitir-lhe redimir-se. Se a Rússia é pró-bolchevique, não só não é nosso papel interferir em seus assuntos internos como seria positivamente pernicioso: fortaleceria e consolidaria a popularidade bolchevique. Uma guerra cara de agressão contra a Rússia é uma maneira de fortalecer o bolchevismo na Rússia e de fomentá-lo em casa... Os franceses não são guias confiáveis nessa questão. A opinião deles é em grande parte condicionada pelo grande número de pequenos investidores que colocaram seu dinheiro em empréstimos russos e que agora não veem perspectivas de recuperá-lo algum dia. Não há nada de que eles gostariam mais do que ver-nos tirando as castanhas do fogo por eles."

Lloyd George, assim como Woodrow Wilson, sentia que a velha ordem czarista havia recebido o que merecia. O "mago galês" chegou a comentar a respeito de Churchill que "Seu sangue ducal revoltou-se contra a eliminação no atacado de grão-duques na Rússia". Mas Churchill não estava equivocado quando argumentava que "Não há 'vontade de vencer' por trás desses empreendimentos. Em todos os pontos ficamos aquém do necessário para alcançar real sucesso... As Potências Aliadas em Paris não decidiram se querem guerrear contra os bolcheviques ou fazer as pazes com eles. Ficam no meio dessas duas linhas de ação, sentindo igual aversão por ambas".

Essa conciliação fatal, que até mesmo Churchill sentiu-se obrigado a seguir na esperança de gerar uma oportunidade para consolidar a política Aliada rumo a uma intervenção decidida, simplesmente prolongou a agonia. Os eventos em Odessa dificilmente poderiam ser mais reveladores. Em março, os comandantes franceses decidiram distanciar-se do Exército Voluntário e montaram a nova administração com o general Schwarz como comandante em chefe da região de Odessa.

O chefe do estado-maior de Gríchin-Almázov, o general Aleksandr Sânikov, havia sido nomeado pelo general Deníkin, então este foi ver o general Philippe d'Anselme, a quem encontrou usando um gorro e a Legião de Honra em volta do pescoço. "Anselme era muito educado, mas não conseguia entender a razão da minha presença", escreveu Sânikov. "No que lhe dizia respeito, aquela cidade estava sob controle francês." O general Gríchin-Almázov havia feito pouco para melhorar as relações com os franceses. A escritora "Téffi", que o conhecia bem, descreveu-o como um "pequeno Napoleão". Exibido, enérgico e arrogante, com sua grande entourage e guarda pessoal, Gríchin-Almázov fracassou em convencer os franceses a ajudarem o Exército Voluntário, permitindo-lhes que introduzissem o alistamento obrigatório e tomassem os arsenais em

Odessa e fora da cidade. A recusa de D'Anselme significava que todos os suprimentos cairiam nas mãos dos bolcheviques.

O general Henri Berthelot chegou em fevereiro e pareceu estar mais aberto ao Exército Voluntário, mas permaneceu a impressão de que os oficiais franceses estavam inseguros em relação a apoiar os Brancos porque temiam as simpatias bolcheviques de seus próprios soldados e marinheiros. Tinham boas razões, especialmente após os motins de seu exército que ocorreram em seguida à desastrosa ofensiva de Nivelle em 1917. Após a evacuação de Odessa, motins espalharam-se na segunda metade de abril entre os navios de guerra franceses da esquadra do mar Negro, incluindo o encouraçado *Jean Bart*. Tudo começou no porto romeno de Galați, sob a liderança do comunista francês André Marty, que mais tarde seria o organizador das Brigadas Internacionais na Guerra Civil Espanhola. Em Sebastopol, as tripulações dos navios de guerra franceses começaram a cantar "The Internationale" e se recusaram a trabalhar.

As forças Vermelhas haviam recapturado tanto Kharkov quanto Kiev em janeiro de 1919. O ataman Grigóriev, que se juntara a eles, tomou Kherson em março, obrigando franceses e gregos a se retirarem. Conta-se que os gregos lutaram bravamente, mas os soldados franceses, incluindo os zuavos, não se empenharam muito na luta. Quando chegou a hora de defender Voznessensk, até mesmo os zuavos se recusaram completamente a combater. Em Berezovka, os soldados franceses fugiram, abandonando cinco tanques Renault e seus canhões de campanha. Constrangidos, os comandantes franceses, perplexos com esse colapso, pediram que o Exército Voluntário enviasse suas forças ao front, apesar de terem-lhes recusado armas e munição pouco tempo antes. Grigóriev então tomou Nikolaiev, e, no final de março, os franceses tiveram que sair de Mariupol no mar de Azov, o lugar mais distante a que sua ocupação havia chegado.

A luta na Ucrânia produziu *pogroms* antissemitas em uma escala sem precedentes por parte da horda de Grigóriev e de ucranianos ligados a Petliúra. O escritor Ivan Najívin descreveu que os soldados de Petliúra arrasaram Jitomir e Berdítcheve e "organizaram um *pogrom* profissional, apoiado não só por metralhadoras, mas também por blindados e artilharia! ... Foi seguido por um violento saque, no qual não só os judeus sofreram, mas todos os residentes mais ricos. Centenas de judeus foram mortos". Ele não pôde deixar de lembrar-se de uma discussão em Moscou numa redação de jornal. "Um cínico inteligente disse a eles: 'Posso lhe contar uma história breve de nossa revolução... continuaremos por um tempo com essa bagunça estúpida e sangrenta, e então a grande Revolução Russa terminará com um *pogrom* de judeus de uma magnitude até então desconhecida na história'."

Ao chegar a Odessa, Najívin foi visitar Ivan Búnin para uma troca de impressões e experiências. "Búnin, que era um dos meus escritores favoritos, rememorou os dias em que eles comemoravam qualquer indício de que o regime czarista poderia cair, sem que jamais imaginassem as reais consequências. 'Ivan Fiódorovitch', Búnin disse, 'como éramos insensatos! Lembro do momento em que soube do assassinato de Stolípin, quando estava na minha aldeia. Custo a acreditar nisso agora, mas lembro que fiquei correndo pelo meu terraço, gritando de alegria!'"

Quando restava pouco mais que a área de Odessa e arredores nas mãos dos franceses, Clemenceau ordenou à guarnição que resistisse a todo custo, apesar de estar profundamente cético. Em 1º de março, o marechal de campo Wilson relatou após uma discussão que o marechal Foch tampouco tinha "muita fé em Koltchák ou Deníkin", e que estava "insatisfeito com a situação de Odessa, já que a divisão francesa é muito fraca e o moral dos homens não está muito bom e ele não acha que os soldados gregos possam ajudar muito". No mesmo dia, Lloyd George escreveu a Churchill para se queixar do general Franchet d'Espèrey, o comandante em chefe francês da região do mar Negro. "Os franceses estão ficando muito intoleráveis. Embora sejam a terceira potência em termos de força, querem criar a impressão de que são os primeiros em termos de autoridade. Não podemos permitir que nossos homens recebam ordens no Leste, onde o prestígio é mais importante para nós do que em qualquer outra parte do globo."

Em 20 de março, Franchet d'Espèrey chegou a Odessa num navio de guerra vindo de Constantinopla para averiguar pessoalmente a situação. Ao ver os soldados ali muito desmotivados e a cidade em estado caótico, sem comida, pediu permissão para iniciar a evacuação. Clemenceau consentiu com muita relutância em 1º de abril. Para evitar uma debandada até os navios no porto, Franchet não transmitiu nenhum alerta à população civil ou ao Exército Voluntário. Em razão da escassez de navios, o grosso dos soldados franceses e gregos partiu marchando para oeste pela Bessarábia até a Romênia. Navios de guerra e outras naus começaram a embarcar o restante das forças Aliadas.

No dia seguinte, a notícia da retirada dos franceses se espalhou e teve início um êxodo colossal. O escritório de passaportes ficou lotado, com milhares de pessoas na fila para obter vistos de saída. Outros correram aos bancos, mas em vão. O Soviete de Delegados Operários de Odessa havia proibido retiradas de dinheiro, qualquer que fosse a soma. Ielêna Lakier e sua avó, sabendo que não conseguiriam sobreviver no exterior sem dinheiro, decidiram ficar. Às cinco, souberam que o Exército Vermelho havia entrado na cidade.

Marinheiros bolcheviques nos navios que levavam refugiados embora para Constantinopla sabotaram os motores e se recusaram a partir, portanto os navios ficaram presos no porto quase uma semana. As pessoas tinham colapsos nervosos, com medo de serem entregues de volta aos bolcheviques. Os especuladores agiam descaradamente. Um pedaço de pão custava duzentos rublos e um copo de água, trezentos.

Em 6 de abril, as unidades do Exército Vermelho avançaram também pelo istmo de Perekop e entraram na Crimeia, causando pânico. No dia seguinte, por ordens do Rei Jorge V, o encouraçado HMS *Marlborough*, da classe *Iron Duke*, ancorou na costa de Ialta. Sua missão era resgatar a Imperatriz Maria Fiodoróvna, mãe do Czar assassinado e irmã da Rainha Alexandra, junto de dezessete parentes dos Románov.

"Ialta está sendo evacuada hoje", escreveu o comandante Goldsmith, capitão do destróier de escolta HMS *Montrose*, "e com esta cidade de conto de fadas da Rússia vai embora a última casa de seus antigos nobres. A pobre e velha Imperatriz, e aquele bom rapaz, o Grão-Duque Nicolau, embarcaram no *Marlborough* nesta tarde. Eles têm sorte, perderam apenas o país deles. Mas e quanto aos outros?"

O *Montrose* seguiu adiante para Sebastopol. Ali, Goldsmith observou com grande interesse que alguns bolcheviques, sob uma bandeira de trégua, foram levados até a nau capitânia francesa, o encouraçado *Jean Bart*. "Os delegados pareciam uma dupla de sujeitos bem suspeitos. Um deles era um homem de cáqui, um ratinho, o outro era um pequeno homem da cavalaria de olhos negros, de roupa azul-escura, com um grande barrete preto de pele de astracã e uma cimitarra de prata. Os franceses não quiseram permitir que o exército entrasse na cidade e os bolcheviques recusaram-se a ficar fora dela, então às quatro da tarde do dia seguinte o *Jean Bart* abriu fogo com uma tremenda salva de seus canhões de doze e seis polegadas, que, no mínimo, arrebentou todas as vidraças de Sebastopol." No HMS *Iron Duke*, o tenente Webb-Bowen relatou um intenso programa de treinamento com armas. "Durante a tarde, todos os marinheiros do navio fizeram exercícios de tiro e todas as equipes de fuzileiros navais desmontaram, remontaram e atiraram com suas metralhadoras Lewis."

Dois dias depois, Webb-Bowen registrou que os navios de guerra franceses na baía, incluindo os couraçados *Jean Bart* e *France*, "içaram a bandeira vermelha no mastro de proa". "Os homens, depois de celebrarem e agirem como loucos, desembarcaram e foram marchando pela cidade numa procissão, na companhia de habitantes entusiasmados, que, é claro, eram em sua maioria bolcheviques também a essa altura. Ao chegarem ao quartel dos gregos, estes apareceram e abriram fogo contra essa turba, e todos então fugiram na mesma hora para seus navios, e revidaram voltando seus canhões contra um pequeno navio de guerra grego ancorado no porto." Desconfiado dos marinheiros franceses amotinados, o *Iron Duke* manteve "dois oficiais de sentinela a noite inteira, canhões de seis polegadas e holofotes de busca tripulados, e um barco de piquete patrulhando em volta do navio".

A família do escritor Vladímir Nabókov foi resgatada nesse dia. "Começou uma tumultuada evacuação de grupos antibolcheviques", registrou Nabókov. "Num mar cristalino na baía de Sebastopol, sob fogo violento de metralhadoras disparando da praia, minha família e eu partimos para Constantinopla e o Pireu num navio grego pequeno e mambembe, o *Nadiéjda* [Esperança], carregado de frutas secas."

O HMS *Montrose*, escoltando o *Centaur* e o *Emperor of India*, contornou a Crimeia e entrou no mar de Azov, para onde o Exército Voluntário havia se retirado até a península de Kertch. Goldsmith escreveu uma carta para casa. "Fiz contato com o coronel Conde Rímski-Kórsakov", que comandava um grupo remanescente dos Guarda-Costas do Czar. "Ele me pediu para enviar seus cumprimentos ao coronel de nosso

1º Regimento de Guarda-Costas. Pobres sujeitos – não admira que parecessem um grupo de rufiões sentados na sala de teto baixo do chalé, com uma janela pequena e suja que iluminava fracamente a mesa onde comiam... A guerra havia transformado os camponeses russos analfabetos, simplórios e supersticiosos em pequenos diabos, e os membros da aristocracia, inconsequentes, bêbados e amantes dos prazeres, em demônios que eles queriam exterminar... Os dois lados são igualmente bárbaros, e a tortura aplicada aos prisioneiros é tão desumana que não consigo descrevê-la aqui. Todo homem carrega uma granada amarrada no botão de sua túnica, com a qual pode explodir a própria cabeça se for capturado."

O início de 1919 foi na realidade um período de sortes desencontradas. Enquanto o Exército Vermelho tinha subitamente expulsado de Tsaritsin os cossacos do Don de Krásnov, numericamente inferiores, e avançava rapidamente pela Ucrânia, ele sofreu sua maior derrota no Cáucaso. Deníkin havia de novo direcionado o principal corpo do Exército Voluntário para o sul, a fim de criar no norte do Cáucaso uma base sólida. Em janeiro, o general Wrangel esmagou o isolado 11º Exército, já enfraquecido por uma epidemia de tifo, quando recebeu ordens de marchar ao norte sobre Rostov. Frio e calculista, Wrangel era impiedoso.

A batalha principal começou perto de Petrovskoye, onde Wrangel utilizou grande parte de seus 8 mil sabres. As forças Vermelhas do 11º Exército imaginavam estar em posição inexpugnável ao longo de uma serra vizinha, até que regimentos cossacos escalaram a íngreme encosta em silêncio, sob um fogo errático que eles não revidaram. Isso perturbou os defensores ainda mais. Os mal treinados recrutas Vermelhos fugiram e foram perseguidos por dezoito quilômetros pelos cossacos de Cubã, que os interceptaram perto da aldeia de Spitsevka. Voltaram a Petrovskoye com cerca de 5 mil prisioneiros. "Pela primeira vez desde o início da guerra civil", escreveu um jovem oficial da artilharia a cavalo, "prisioneiros não foram fuzilados. Havia um número excessivo deles para isso."

Numa pausa, os regimentos formaram uma imensa praça aberta. Houve um repentino grito de "*Smir-nó* [Sentido!]". A cavalaria de Cubã e os canhoneiros da artilharia montada ficaram de prontidão junto às suas montarias. Um triunfante Wrangel galopou até o centro num magnífico corcel. Vestia uniforme cossaco completo – com a *cherkesska* com estojos de cartuchos costurados em diagonal sobre o peito, a *papákha* preta de pele que ele usava de lado, quase na parte de trás da cabeça, e uma capa *búrka* de lã. "Obrigado, minhas águias!", gritou. Eles responderam com um ensurdecedor "*Hurra!*". Houve até quem afirmasse que alguns de seus prisioneiros ficaram tão fascinados pela dramática visão que também se juntaram à saudação.

A vitória de Wrangel obrigou o 12º Exército a recuar para Astracã, o que permitiu que o Exército Voluntário capturasse em fevereiro todas as principais cidades até a serra montanhosa e se unisse aos cossacos do Terek. Trótski ficou visivelmente abalado por esse desastre infligido ao seu Front Cáspio-Caucasiano por uma força bem menor. Os recrutas do Exército Vermelho tinham pavor dos cossacos.

Ao norte do Cáucaso, porém, o Exército Vermelho conseguia resistir. As tropas soviéticas avançando na Ucrânia consistiam principalmente no Exército Especial, com cerca de 30 mil homens, e um de seus primeiros regimentos de cavalaria. As forças Vermelhas no sul da Rússia também incluíam o 8º Exército baseado em Voronej, o 9º Exército em Balashov, e o 10º Exército em Tsaritsin. No todo, eram estimados em 160 mil homens, um número similar ao dos cossacos do Don e do Exército Voluntário somados. Segundo rumores, quase 20 mil deles eram chineses.

Um batalhão chinês na 1ª Divisão de Operários de Moscou desempenhou importante papel em janeiro de 1919 nos combates em torno de Lugansk. Esse batalhão, cercado na *stanítsa* de Luganskaya, ficou sem munição, e as unidades do Exército Voluntário conseguiram capturar seus sobreviventes. Quando os Vermelhos retomaram o lugar três dias depois, descobriram que todos os duzentos prisioneiros chineses haviam sido executados. Seus corpos foram dependurados em postes de iluminação e árvores, com as barrigas rasgadas, os olhos arrancados e as línguas cortadas. Essa atrocidade levou os Guardas Vermelhos chineses, quando entraram em Odessa em abril, a promoverem um revide sanguinário contra os oficiais do Exército Voluntário dali.

Filípp Mirónov, o socialista-revolucionário de esquerda cossaco que comandava a 23ª Divisão, continuou a criticar a estúpida brutalidade do

Exército Vermelho na região do Don. Em 18 de janeiro, enviou outro telegrama sobre o assunto a Trótski, exigindo que as autoridades soviéticas respeitassem "o modo de vida, as crenças e tradições" dos cossacos. Três dias depois, expediu uma ordem a seus homens: "Em nome da Revolução, vocês estão de agora em diante proibidos de fazer requisições não autorizadas de animais de criação, cavalos e outras propriedades da população... Não há lugar no Exército Vermelho para bandidos! Se esta ordem falhar em interromper esse mal, terei que adotar medidas mais drásticas, e minha mão não irá vacilar".

O Comitê Central respondeu alguns dias mais tarde com suas próprias instruções, bem diferentes. "A incansável luta contra a elite dos cossacos e seu completo extermínio devem ser vistos como o único curso de ação correto. Nem concessões e nem meias medidas são aceitáveis." Os cossacos deviam ser completamente desarmados. As armas deviam ser fornecidas apenas a "elementos confiáveis entre os não cossacos". Os grãos dos cossacos deviam ser confiscados e suas terras entregues a pobres não cossacos. Trótski, ciente do apoio que Mirónov tinha entre os cossacos, convocou-o a Serpukhov, cem quilômetros ao sul de Moscou, "para que o quartel-general de campanha e eu tenhamos a chance de conhecê-lo melhor".

Em questão de semanas, as advertências anteriores de Mirónov sobre uma reação às medidas opressivas de "descossaquização" se tornaram realidade. Em 16 de março, o Front Sul expediu ordens aos 8º, 9º e 10º Exércitos. "As medidas mais drásticas devem ser empregadas contra as aldeias por trás do levante: (a) incendiar as aldeias; (b) fuzilar impiedosamente todas as pessoas que tenham tido participação direta ou indireta no levante; (c) fuzilar cada quinto ou décimo homem na população adulta; (d) fazer apreensão em massa de reféns das aldeias próximas àquelas que se rebelaram; (e) espalhar a notícia a todas as vilas e aldeias cossacas de que, em todas aquelas que tiver sido prestada ajuda aos rebeldes, a população adulta masculina será impiedosamente exterminada e os assentamentos incendiados."

As consequências dessa declaração de guerra não eram difíceis de adivinhar. Como o comandante Goldsmith observou em carta para casa, "Uma grande fome está prevista este ano. Os camponeses veem claramente que, não importa o que plantem, será roubado deles por

Vladímir Lênin e Leon Trótski (batendo continência) na Praça Vermelha em 1919.

qualquer exército que vier, e não se preocupam nem um pouco em semear a terra".

Stálin demandava constantemente o envio de reforços a Tsaritsin, o principal objetivo dos cossacos do Don, em razão da necessidade de manter o Volga desimpedido para poder acessar a fortaleza bolchevique de Astracã, onde a flotilha Vermelha estava sediada. Em 10 de março, porém, teve início um protesto de trabalhadores em Astracã apoiado por alguns soldados do 45º Regimento de Infantaria. Apesar de ser uma manifestação totalmente pacífica, as autoridades comunistas locais ordenaram que fosse reprimida sem piedade. O 1º Destacamento Chinês Independente da Tcheká, liderado por Pu Qisan, abriu fogo com fuzis, depois com metralhadoras, e finalmente arremessou granadas na multidão. "Dezenas de trabalhadores foram mortos, mas isso foi só o início. Os chineses caçaram homens o dia inteiro."

O Comitê Revolucionário liderado por Serguêi Kírov comunicou Moscou e pediu instruções. Em 12 de março, Trótski, talvez enfurecido com todas as demais greves que eclodiam em outras cidades, como Tula, Briansk e Petrogrado, respondeu: "Lidem com elas sem piedade". Os prisioneiros foram de início fuzilados, mas depois, com a escassez de cartuchos, os chineses passaram a afogá-los. Testemunhas contam que os prisioneiros tinham os pés e as mãos amarrados e pedras presas ao pescoço. Então eram atirados de balsas no Volga. Um dos trabalhadores conseguiu se esconder no porão e sobreviveu. Disse depois que cerca de 180 pessoas haviam sido atiradas do vapor *Gógol* em apenas uma noite. Na própria Astracã, eram tantos os fuzilados nos escritórios da Tcheká que o destacamento teve dificuldade para levar todos os corpos para o cemitério, onde iam para uma vala comum com a alegação de serem vítimas do tifo. Estima-se o número de mortos entre 2 mil e 4 mil.

No mesmo mês de março, protestos na fábrica Putilov em Petrogrado, outro bastião bolchevique, desencadearam uma selvagem reação da Tcheká por ordens de Lênin, com novecentos presos e duzentos fuzilados.

Nos Estados do Báltico, janeiro de 1919 foi palco do início da reação contra o 7º Exército soviético, que contava com 8 mil homens. Na primeira semana de janeiro, o comandante em chefe estoniano general Laidoner usou seus novos regimentos para deter o avanço das forças bolcheviques. Então, em 7 de janeiro, a 1ª Divisão estoniana no norte, apoiada por voluntários finlandeses e pelas novas unidades de trens blindados, contra-atacou. Tapa foi retomada dois dias mais tarde. Desembarques no litoral com o apoio dos dois destróieres capturados surpreenderam as forças Vermelhas, e em 19 de janeiro eles foram expulsos de Narva pelos finlandeses e voluntários estudantes.

No sul, em 14 de janeiro, trens blindados estonianos e o Batalhão Partisan Kuperjanov obrigaram os Vermelhos a fugir de Tartu, enquanto a 2ª Divisão lançava sua contraofensiva, tomando de volta Tõrva e Valga nas duas semanas seguintes. Em meados de fevereiro, o território estoniano estava livre de forças do Exército Vermelho.

O Governo Provisório letão não havia ordenado uma mobilização até a Véspera de Ano-Novo, portanto isso dependia quase inteiramente do *Landeswehr* alemão e de 4 mil voluntários do *Freikorps** da

* Os *Freikorps* eram grupos paramilitares surgidos na Alemanha após o fim da Primeira Guerra Mundial, compostos sobretudo de soldados desmobilizados e que não aceitavam o

46ª Divisão da Saxônia, que consistiam principalmente em oficiais e soldados ressentidos com o Armistício. Em 2 de janeiro, membros do governo fugiram de Riga para a costa da Curlândia, na esperança de encontrar refúgio em navios de guerra britânicos. Um contra-ataque em 16 de janeiro, a cargo do 1º Batalhão Letão Independente, dos *Freikorps* alemães da "Brigada de Ferro" e de um batalhão de russos Brancos, forçou a Divisão Vermelha de Fuzileiros Letões a recuar. Isso deu tempo aos letões para aumentar as forças sob o controle de seu comandante em chefe Jānis Balodis.

O 6º Esquadrão de Cruzadores Alexander-Sinclair foi substituído no Báltico pelo 1º Esquadrão de Cruzadores Leves do contra-almirante Walter Cowan. Um de seus destróieres, o HMS *Seafire*, foi capturado pelo comandante Andrew Cunningham, o destacado líder da Marinha Real na Segunda Guerra Mundial. A força de Cowan logo dominou o litoral, mantendo a Frota Vermelha do Báltico retida na base naval de Kronstadt e guardando com isso o flanco das forças antibolcheviques na região.

Depois que recapturaram Pskov junto à fronteira soviético-estoniana, os Vermelhos relataram problemas inesperados para Petrogrado, apesar de uma "exaustiva limpeza de todos os contrarrevolucionários e inimigos do povo". Eles descobriram que havia maquinistas "traidores" que deliberadamente sabotaram suas locomotivas. "Muitos deles tiveram que ser arrastados de debaixo de suas camas e obrigados a voltar ao trabalho. A sabotagem dos maquinistas foi um golpe colossal contra a autoridade soviética, e resultou na perda de mil vagões de carga, tanto cheios quanto vazios, assim como de 98 locomotivas." Esses trabalhadores das ferrovias foram entregues à Tcheká. "A camarilha negra de maquinistas sabia que os comunistas não tinham misericórdia com os contrarrevolucionários."

Mais grave ainda, eles enfrentavam sua terceira revolta no distrito de Luga, como resultado dos saques de grãos dos camponeses promovidos pelos soldados do Exército Vermelho. Em junho do ano anterior, "o destacamento de cavalaria de Bałachowicz, conhecido por suas soluções

---

retorno à vida civil. Foram utilizados como mercenários por diversas organizações e forças políticas, auxiliando o Estado alemão a esmagar diversas revoltas comunistas em seu território (N.R.).

drásticas, havia sido particularmente ativo em sufocar esse levante. Por exemplo, Bałachowicz e seus homens usaram seus sabres para matar aldeias inteiras. Poucos foram executados por fuzilamento após um julgamento." O levante foi atribuído a "desertores e indivíduos suspeitos" que se aproveitavam do "baixo nível cultural dos camponeses locais, que cria amplas oportunidades para provocações. E da falta de esclarecimento cultural e de sua completa ignorância da verdadeira política da autoridade soviética". Foi necessário recorrer à artilharia para completar a repressão. Provavelmente não era nenhuma surpresa ver a Tcheká apoiar fortemente as selvagens represálias ordenadas por Bałachowicz.* "A rebelião da Guarda Branca-Kúlak no distrito de Luga", reportou ela, "foi sufocada graças às resolutas ações do destacamento revolucionário independente conjunto, comandado pelo camarada Bałachowicz."

O comissário-chefe do 7º Exército estava visivelmente nervoso diante da raiva dos camponeses que enfrentava em toda a região do golfo da Finlândia e do lago Ladoga. Ele escreveu a Ielêna Stásova, do Comitê Central, a respeito da necessidade de "combater os apetites predatórios e bandidos e os complôs da sanguinária burguesia finlandesa, instigada pelos capitalistas britânicos e americanos. É necessário criar uma atmosfera de ódio e tornar a população leal à Rússia Socialista Soviética". O conselho militar do Front da Carélia também reportava "muitos casos de soldados do Exército Vermelho assassinados pelos locais".

Terror gerava terror, e isso levava a uma crueldade ainda mais conspícua. Aqueles na Grã-Bretanha e França que relutavam em abandonar seus protegidos Brancos ao próprio destino simplesmente ignoravam os horrores, vendo-os como algo inevitável numa guerra civil. Lloyd George, por outro lado, tinha profundas suspeitas quanto ao entusiasmo de Churchill pela causa antibolchevique. Escreveu a Churchill da conferência de paz em Paris: "Tive uma longa entrevista com Tchaikóvski**

---

* Stanislaw Bulak-Balachovich (1883-1940) comandou uma unidade de guerrilha de cavalaria operando por trás da linhas alemãs na guerra, e uniu-se ao Exército Vermelho com a aprovação de Trótski, mas logo mudou de lado e juntou-se às forças Brancas do general Iudénitch.

** Nikolai Tchaikóvski (1851-1926) havia sido o líder dos socialistas-revolucionários em Arcangel.

e Paderewski* a respeito da posição na Rússia e temo que nenhum deles endosse suas visões a respeito de Koltchák e Deníkin e sua *entourage*: ao contrário, estão genuinamente alarmados e temem que o sucesso deles possa resultar no triunfo da reação... se nossos esforços redundarem apenas no estabelecimento de um regime militar reacionário na Rússia, a Democracia britânica nunca nos perdoará".

* Ignacy Paderewski (1860-1941). Quando Clemenceau, na Conferência de Paz de Versalhes, perguntou a alguém de sua *entourage* quem era ele, ouviu que se tratava do famoso pianista Paderewski, que agora se tornara o primeiro-ministro da Polônia. "*Quelle chute!*" ("Que derrocada") foi a réplica inimitável.

23
SIBÉRIA
Janeiro-maio de 1919

A quase infindável extensão da Sibéria, de Vladivostok até os Urais, continha uma variedade bem maior de soldados Aliados do que qualquer outro lugar na guerra civil. As ambições japonesas na região marítima do Extremo Oriente dera origem à maior força estrangeira, distribuída entre Tchita, Harbin, o distrito de Amur e Novo-Nikolaievski. Era o único contingente nacional que não respondia ao general francês Maurice Janin, o comandante-geral Aliado nomeado pelo Conselho Supremo em Paris.

A maior formação sob o comando de Janin era a Legião Tcheca, que agora se tornara o Exército Tchecoslovaco na Rússia. O almirante Koltchák promoveu Gajda ao posto de tenente-general como comandante do Front dos Urais. Havia dois batalhões britânicos, o 1/9º Batalhão do Regimento de Hampshire em Ecaterimburgo, e o 25º Batalhão do Regimento de Middlesex, dividido entre Omsk, Krasnoiarsk e Vladivostok. Os de Hampshire não ficaram impressionados positivamente pelo que viram dos oficiais de Koltchák, com suas muitas namoradas. Um capitão escreveu a respeito dos seus "trens de estado-maior, a maioria dos quais poderia ser descrito resumidamente como bordéis ambulantes". Um batalhão canadense e parte de uma força de 1.600 italianos também estavam estacionados em Vladivostok; um batalhão colonial francês fora enviado a Tcheliabinsk e 3 mil romenos para Irkutsk. Havia ainda 8.500 soldados americanos do general Graves espalhados entre Vladivostok e o distrito de Amur.

A Sibéria se mostrou uma experiência reveladora para os americanos. O capitão William S. Barrett, do 27º Regimento de Infantaria, comandou um destacamento em Khabarovsk, na remota região de tundra gelada, mil quilômetros ao norte de Vladivostok. Eles davam graças aos céus por seus chapéus de pele, casacos e luvas de pele de carneiro, em temperaturas que chegavam a menos trinta graus Celsius. Barrett ficou surpreso ao descobrir que os soldados japoneses posicionados na mesma cidade haviam "trazido suas *Yoshewara* ou mulheres públicas com eles. Cada um de seus soldados recebe certa quantidade de tíquetes de *Yoshewara*, que eles podem usar ou trocar, ou usar para apostar, o que acharem melhor. Entendo que a taxa de doenças venéreas deles é mantida muito baixa por meio desse sistema. A nossa é muito alta".

O senhor da guerra local era o coronel Kalmíkov, o ataman dos cossacos do Ussuri. Agia como o líder de uma quadrilha, matando qualquer "infeliz cidadão que lhe cause algum desprazer" e obrigando bancos a lhe pagarem por proteção. Ele tinha sua própria banda de cossacos, que tocava sua marcha favorita assim que ele entrava em algum lugar, momento no qual se esperava que todos ficassem de pé.

As primeiras forças americanas na Sibéria, pouco mais de trezentos engenheiros ferroviários do Exército dos Estados Unidos, eram do chamado Serviço Ferroviário Russo, e estavam ali desde o início de 1918. Tratava-se de uma oferta do governo de Woodrow Wilson ao governo de Keriénski. Sua tarefa havia sido reorganizar a Ferrovia Transiberiana para ajudar a manter os suprimentos para os exércitos russos na guerra contra a Alemanha. Agora, no caos da guerra civil, eram mais imprescindíveis do que nunca para manter as linhas desimpedidas, mas precisavam de uma companhia do 31º Regimento de Infantaria para protegê-los de perto. A outra grande contribuição dos Estados Unidos veio da missão da Cruz Vermelha americana na Rússia. Ela atuava para melhorar as condições terríveis dos hospitais de prisioneiros de guerra, assim como para cuidar de soldados Aliados, mas também treinava pessoas da região como enfermeiras e pessoal de apoio médico e cuidavam de crianças desacompanhadas, enviadas à Sibéria para fugir da fome em Petrogrado.

Logo surgiram tensões entre os Estados Unidos e o Japão. Em 25 de fevereiro, um destacamento japonês enviado de Khabarovsk foi emboscado e retalhado. De uma força de 311 oficiais e homens, 302 foram

Um vagão-hospital americano da Cruz Vermelha na Sibéria oriental, mas que provavelmente não fazia parte do "Grande Trem Branco" que tratava das vítima de tifo.

mortos e os nove restantes ficaram gravemente feridos. Os comandantes japoneses sentiram-se ultrajados pelo fato de o general Graves ter se recusado a enviar a 27ª Infantaria para ajudá-los. Ele justificou isso afirmando que "os japoneses haviam fuzilado mulheres e crianças e que, além disso, ele não reconhecia os russos contra os quais os japoneses haviam sido enviados como os verdadeiros inimigos".

As relações franco-americanas na Rússia não estavam muito melhores. Eram marcadas por "frieza e insatisfação", ao que parece principalmente porque os oficiais franceses sentiam que seus aliados haviam esquecido que a França "tivera que suportar o fardo mais pesado da guerra em seus ombros".

A presença de tantos destacamentos e missões militares estrangeiros contribuiu para o otimismo do quartel-general de Koltchák em Omsk na primeira parte de 1919, que já havia sido grandemente estimulado pela vitória do jovem general Anatóli Pepéliaev em Perm. Vológodski, ministro-chefe de Koltchák, mostrava-se muito satisfeito com sua posição nacional e internacional, embora o próprio Koltchák ainda sofresse de pneumonia, provavelmente decorrente da pandemia de gripe "espanhola",* agravada por seu alcoolismo.

"Os militares estão confiantes em recuperar Ufa em três semanas", Vológodski relatou ao chefe provincial de Irkutsk em ligação telefônica em 23 de janeiro. "A importância de nosso governo no cenário internacional cresceu notavelmente. O fato é que Deníkin reconheceu o almirante Koltchák como Governante Supremo da Rússia e que Sazónov, como ministro do Exterior, causou uma impressão muito favorável nos Aliados. As pessoas em Paris, que obtinham suas informações através das entrevistas dadas por Avkséntiev [um dos socialistas-revolucionários de direita obrigados a se exilar] a jornalistas japoneses e americanos, viam-nos como um governo reacionário, mas essa visão claramente mudou. Ela também é influenciada pelo fato de termos autorizado Borís Sávinkov e Tchaikóvski, junto com o Príncipe Gueórgi Lvóv, a definir as necessidades da Rússia e apresentá-las na Conferência de Paz."

Vológodski também sentiu alívio ao ver que as discussões a respeito da cadeia de comando pareciam ter sido finalmente resolvidas. "Quanta energia tem sido gasta em definir o relacionamento entre o Governante Supremo, como supremo comandante em chefe do Exército Russo, e o general Janin, que os Aliados nomearam para comandar as forças Aliadas. Essa questão agora foi resolvida de maneira indolor, como você pode ver pelos telegramas." Houve outros desdobramentos animadores conforme a primavera se aproximava. No norte, o exército de Gajda avançou sobre Cazã e planejava se dirigir a Kotlas, na distante esperança de se reunir às forças Aliadas de Arcangel no Duína do Norte. Mas as botas de seus homens apodreciam no degelo de primavera e na lama e chuva da estação, conhecida como *raspútitsa*. Oficiais Brancos russos rebelaram-se contra o fato de Gajda manter o comando de campo depois de ter sido rechaçado de Cazã, mas essa derrota se deveu em parte à vantagem do Exército Vermelho nas linhas de suprimentos do interior e às suas melhores comunicações. Além disso, as flotilhas de rio dos

---

* A gripe espanhola foi uma pandemia causada pelo vírus *influenza*, que teve início em 1918 e causou milhões de mortos em todo o mundo. O autor utiliza aspas no nome porque, apesar de ser conhecida por esse nome, a gripe provavelmente teve sua origem nos Estados Unidos (N.R.).

Vermelhos os poupavam de depender tanto das linhas férreas quanto os Brancos, e portanto tinham relativa facilidade para dar a volta e flanquear as posições dos Brancos. De qualquer modo, o sonho fantasioso de Churchill de ameaçar Moscou e ao mesmo tempo evacuar os tchecos via Arcangel não deu em nada.

Nos Urais e na Sibéria, os Brancos tinham em tese 220 mil homens, porém mais da metade não estava perto do front. Havia também uma falta de unidade em razão dos egos dos atamans cossacos. Um grande número de soldados era mantido na reserva, ou era necessário para guardar a Ferrovia Transiberiana de ataques ao longo de sua extensão por grupos de partisans Vermelhos, que estavam crescendo em tamanho e ousadia.

Esses partisans emergiam das florestas principalmente para queimar pontes de madeira, sabotar trilhos e atacar trens. Em 20 de maio, um bando de cerca de quatrocentos atacou um trem e queimou uma ponte perto de Adrianovka, a sudeste de Tchita. Foram rechaçados por soldados japoneses com metralhadoras. Outros ataques foram realizados ao longo do mês contra a 14ª Divisão japonesa. Seu comandante, o tenente-general Kurita, anunciou que haviam "tomado a firme decisão de exterminar o inimigo".

Os partisans também aterrorizavam aldeões, obrigando-os a dar-lhes abrigo e comida. Quando a neve derreteu em Belebei, revelou um massacre ocorrido no inverno, depois de eles tomarem a aldeia. Os cadáveres exibiam "crânios fraturados, feridas abertas, indícios de tortura". Entre as vítimas havia uma garota de dezesseis anos que segundo alegações havia sido "morta por rejeitar o amor de um comissário". Um grupo infiltrou-se nas minas de carvão de Sutchan para provocar greves e ameaçar os mineiros. O trabalho cessou "na maioria das minas de ouro da região de Amur em razão dos ataques sistemáticos dos bolcheviques".

Os 14 mil homens de Semiónov nunca se afastaram muito de Tchita, e o próprio ataman abrigou-se num complexo murado guardado por pesadas metralhadoras. Muitos de seus homens trabalhavam para o departamento de contrainteligência dirigido pelo coronel Sipáilov, um psicopata sádico. Apenas no mês de maio, acredita-se que cerca de 350 prisioneiros tenham sido massacrados em seu campo de execuções perto de Adrianovka.

A divisão de Ánniekov, com seus mercenários afegãos, uigures e chineses, passou mais tempo aterrorizando os moradores da região do que perseguindo partisans Vermelhos. Os oficiais Brancos regulares estavam furiosos com o ódio que eles despertavam. Também se ressentiam do fato de Ánniekov, embora supostamente fosse o comandante do Front da Estepe, ter se recusado a cumprir ordens de deslocar seus homens para oeste a fim de combater os Vermelhos. Ele havia argumentado que os quirguizes e chineses em sua divisão "não se dispunham a abandonar a fronteira russo-chinesa e que os cossacos de Semirietchie não queriam deixar suas *stanítsas* sem proteção". Os poucos regimentos que ele chegou a enviar para o front eram extremamente mal disciplinados, incluindo seus Hussardos Negros e seus Ulanos Azuis. Iniciaram um período desses ultrajantes saques em Petropavlovsk que acabou com dezesseis de seus homens executados por ordens de cortes marciais de campanha.

Em 25 de fevereiro, Semiónov abriu um Congresso Pan-Mongol em Tchita com representantes do Tibete e da Mongólia. Semiónov queria criar um Estado independente chamado Daúria, nome de uma montanha próxima. Suas intenções provocaram profundas suspeitas na China. Semiónov, ao que parece, outorgou a si mesmo o título de Grão-Duque, mas a imprensa chinesa chamou-o de "califa por uma hora e joguete dos japoneses". Semiónov queria ter o próprio exército e uma Milícia do Povo. Havia originalmente se mudado para Tchita com o Barão Von Ungern-Sternberg, que apoiava seu plano de criar uma divisão de cavalaria buriate-mongol, com cossacos do Transbaikal, buriates e mongóis. O problema era que muitos dos buriates viviam além da fronteira, na Mongólia Exterior, que estava sob controle chinês. No entanto, com o estabelecimento de uma escola de treinamento de oficiais, ele logo conseguiu reunir uma brigada de cavalaria com 4.500 sabres.

A contrainteligência também era uma grande preocupação do quartel-general de Koltchák em Omsk. Células bolcheviques clandestinas, das quais às vezes também participavam socialistas-revolucionários de esquerda, espalhavam-se pelos Urais e pela Sibéria. No final de março, o departamento de investigações especiais dos Brancos realizou "amplas detenções de comunistas em Tcheliabinsk, Ecaterimburgo, Kurgan, Petropavlovsk e Omsk". Só na noite de 3 de abril, a contrainteligência dos

Brancos prendeu 66 comunistas em Tcheliabinsk. Foram levados a Ufa, que acabara de ser recapturada, para um interrogatório brutal. "Uma corte marcial sentenciou 34 deles à morte, alguns enforcados e outros fuzilados. Mas acabaram todos tendo o mesmo fim. Na noite de 16 para 17 [de abril] foram retalhados até a morte por cossacos embriagados." Isso parece ter sido parte de um massacre geral de 670 prisioneiros, entre eles vários SRs de esquerda.

O comitê comunista clandestino em Omsk supôs que suas redes haviam sido traídas por um agente duplo conhecido como "Kárlovitch", apelido de Stanisláv Rogozínski, que viera em março de Tcheliabinsk para Omsk como delegado para a Terceira Conferência Clandestina do Partido na Sibéria. Depois de denunciado, foi logo eliminado, apesar de "Kárlovitch" ser inocente de qualquer traição. Os Brancos haviam pego três comunistas realizando uma "expropriação" não sancionada pelo comitê local do Partido. Os três foram "apertados", e um deles, Obráztsóv, "entregou a organização inteira, provavelmente sendo obrigado a isso após um espancamento".

O Exército Ocidental do general Mikhail Khánjin havia recapturado Ufa em 13 de maio, após cruzar o rio Belaia congelado e pegar o 5º Exército de Blumbergs de surpresa. Trótski, em seu trem blindado, escapou por pouco de ser capturado. Em 17 de abril, Khánjin capturou Buguruslan, mas teve que interromper a operação e desviar uma divisão para o sul em direção ao Turquestão para salvar o ataman Dútov e seus cossacos de Orenburgo. O 1º Exército de 14 mil homens de Tukhatchévski, que acabara de tomar a própria Orenburgo, estava a ponto de ameaçar a retaguarda de Khánjin. A fragilidade dos cossacos de Orenburgo sob Dútov, na parte mais ao sul do Front dos Urais, logo revelou-se uma vulnerabilidade fatal.

Soldados recrutados de ambos os lados já haviam demonstrado sua falta de disposição em se sacrificar desnecessariamente. O chefe de gabinete de Koltchák em Omsk, o major-general Lébediev, indignou-se ao saber que "alguns novos recrutas em unidades operacionais solicitam à administração distrital que lhes forneça um documento provando que não se apresentaram como voluntários ao exército, mas foram recrutados. Isso é para não serem perseguidos pelos bolcheviques se forem capturados. Eu, por meio desta, ORDENO que tais documentos não sejam fornecidos. Comandantes e oficiais precisam explicar que os soldados que fazem tais solicitações não merecem o alto título de GUERREIRO RUSSO, que aberta e honradamente defende sua Pátria".

Não muito tempo depois, o próprio Governante Supremo expediu outra ordem que revelou o pânico crescente no quartel-general de Koltchák. "Soldados jovens, recém-recrutados no nosso exército, estão rendendo-se ao inimigo ou mudando de lado antes da batalha. Durante as batalhas há casos de ações hostis de membros da população local." Todas as propriedades e terras das famílias envolvidas deveriam ser confiscadas em prol do Estado. "No decorrer das operações, não aprisionem os mencionados traidores. Eles devem ser executados na hora, sem julgamento."

Os Vermelhos também vinham se deparando com pouca simpatia da população civil. Um comissário do Exército Vermelho no Front dos Urais queixou-se a Stasova de "sabotagem em quase todas as instituições". A população local tinha uma atitude tão negativa em relação à autoridade soviética que chegavam a odiar os agitadores do Partido e chamá-los de "jacarés". Não muito tempo depois, foram criados campos de trabalhos forçados para civis sentenciados por tribunais revolucionários.

Existia uma vulnerabilidade ainda maior ao sul de Orenburgo. O Exército Cossaco dos Urais, comandado por seu novo ataman, o general Vladímir Tolstóv, tentou recapturar sua capital, Uralsk (hoje Oral, no Cazaquistão). Uma incursão da 25ª Divisão de Vassíli Tchapaiév, recém-transferida de Ufa, colocou a força em fuga, mas um repentino contra-ataque em Lbishchensk pegou os homens de Tchapaiév desprevenidos e ele foi morto.* A maioria dos cossacos dos Urais voltou às pressas para suas *stanítsas* a fim de defender suas casas e famílias. Em 5 de fevereiro, Tolstóv expediu uma ordem proibindo a retirada. "O exército será reformulado. A retirada motivada pelo pânico deve ser interrompida imediatamente. Qualquer cossaco que abandonar a luta para voltar aos seu assentamento deverá retornar à sua unidade no front, caso contrário será punido com o maior rigor. As *stanítsas* devem auxiliar nesse retorno dos cossacos à suas unidades."

---

* Vassíli Tchapaiév foi um dos mais famosos heróis Vermelhos da guerra civil. Há um filme de 1934 sobre sua vida e morte.

Eles haviam perdido tantos cavalos que Tolstóv ordenou que os cossacos desmontados fossem transportados, em grupos de cinco, em trenós ou carroças. Cossacos com mais de cinquenta anos deviam alistar-se na Milícia da Santa Cruz do Presbítero Kabaiév.* "Embora estejamos agora sofrendo com a desintegração de unidades, com homens indo embora por conta própria, os oficiais devem permanecer em seus postos mesmo que sejam os únicos que restaram. Devem retornar às suas unidades no prazo mais curto possível. Departamentos especiais serão montados para buscar desertores e armas mantidas nas *stanítsas*." Para o general Tolstóv, no entanto, o pior de tudo era o "vergonhoso fenômeno de cossacos vendendo seus fuzis e metralhadoras".

Sua força minguante retirou-se para o sul na segunda semana de março para Guriev (Atirau) no Cáspio. Ali, para fúria dos habitantes locais, abandonaram seus feridos e doentes de tifo, a fim de poderem escapar para nordeste e unirem-se às forças de Koltchák. O calvário que sofreram os remanescentes do Exército dos Urais nos desertos do Turquestão foi um dos horrores pouco conhecidos da guerra civil.

Em razão da falta de comunicações confiáveis ao longo das vastas extensões de terra da Eurásia, os líderes Aliados tinham pouca ideia da verdadeira situação no terreno, especialmente quando os eventos voltavam-se contra os Brancos. Com frequência, suas próprias missões militares relutavam em admitir nos seus relatos o quanto as coisas estavam de fato indo mal. Embora houvesse pouca esperança de uma resolução em curto prazo do conflito, as Potências Aliadas em Paris declararam no final de maio estarem preparadas para continuar dando assistência às forças de Koltchák "desde que eles estejam convencidos de que isso realmente ajudará o povo russo a conseguir liberdade, autogoverno e paz". Portanto, suas condições para prosseguir apoiando com munições, suprimentos e comida incluíam a necessidade de uma garantia de que os Brancos "convocariam uma Assembleia Constituinte eleita pelo voto livre, secreto e democrático como a Suprema Legislatura da Rússia", e

---

* Mokí Kabaiév era um presbítero ortodoxo da denominação dos abakumitas (ou velhos crentes) que organizou uma divisão de soldados para lutar contra os bolcheviques, muitas vezes armados com pouco mais do que cruzes e implementos de madeira (N.R.).

"não fariam nenhuma tentativa de reintroduzir o regime que a revolução havia destruído".

Outras condições insistiam em que a declaração do almirante Koltchák de honrar as dívidas externas da Rússia deveria ser respeitada; e em que "a independência da Finlândia e da Polônia teria que ser reconhecida", junto com a dos Estados do Báltico e dos países transcaucasianos e transcaspianos, com quaisquer divergências sobre território sendo alinhadas pela Liga das Nações. Os Aliados e as Potências Associadas também "acataram com satisfação a solene declaração feita pelo almirante Koltchák e seus associados de que não tinham intenções de restaurar o antigo regime de terras". Essa comunicação foi assinada por Georges Clemenceau, David Lloyd George, V. E. Orlando pela Itália, Woodrow Wilson e Saionji Kinmochi pelo Japão.

Em 4 de junho, o Conde Damien de Martel, representante da França em Omsk, transmitiu a total garantia dada pelo almirante de que iria convocar eleições para a Assembleia Constituinte assim que fosse possível. Koltchák, de maneira pouco convincente, afirmava que "Uma comissão está agora trabalhando nos preparativos para isso com base no sufrágio universal". Em seguida, esquivou-se da responsabilidade de reconhecer as fronteiras e a independência de Estados vizinhos que haviam se separado do Império Czarista, dizendo que isso só seria democrático se a decisão final sobre as fronteiras territoriais fosse deixada a cargo da Assembleia Constituinte. Em 12 de junho, os líderes das Potências Aliadas sinalizaram sua satisfação com a plena aceitação por parte de Koltchák de suas condições. No entanto, não parece que nenhum dos representantes Aliados junto às forças dos Brancos tenha feito pressão em suas contrapartidas russas para que honrassem as obrigações estabelecidas por acordo.

Churchill ficou frustrado com a recusa do governo britânico em reconhecer Koltchák como chefe "do governo russo", mas o secretário do Exterior, Lorde Curzon, advertiu-o de que "Há uma forte suspeita das inclinações imperialistas de Koltchák". Ele não estaria preparado para ir além "da fórmula mais modesta de um Governo Provisório da Sibéria". O otimista Churchill não tinha ideia de quão rapidamente as coisas poderiam dar errado.

O Exército Vermelho estava aumentando sua força, e por volta de maio conseguiu um grande sucesso, que nem as forças mais bem treinadas de Káppel conseguiram impedir. O Exército Ocidental de Khánjin foi obrigado a recuar rapidamente, embora Gajda, determinado a retomar seu avanço, tenha se recusado a fazer o mesmo. A situação política também havia se deteriorado. Em 20 de maio, o reacionário general Sákharov concordou em se tornar chefe do estado-maior do Exército Ocidental com a condição de que todos os socialistas-revolucionários fossem suprimidos. Isso, é claro, favoreceria os comunistas. Três dias mais tarde, as forças Vermelhas avançaram sobre Ufa. Os cossacos de Orenburgo de Dútov foram derrotados perto de Sterlitamak e avançaram mais ainda para o sul. Káppel, no entanto, aproveitando que os Vermelhos não tinham cavalaria, lançou um contra-ataque e rechaçou-os. Mas foi apenas um respiro temporário. A cavalaria de Volkov recebeu ordens de desmontar e ajudar a infantaria a defender Ufa, mas sem sucesso. Ufa foi abandonada em 8 de junho.

24

DON E UCRÂNIA

Abril-junho de 1919

Os repetidos e custosos fracassos dos ataques de cossacos do Don a Tsaritsin levaram à derrubada do general Krásnov em fevereiro. Os sucessos de Deníkin no Cáucaso e a promessa de ajuda britânica significavam agora que o Exército do Don teria de se juntar ao Exército Voluntário em uma posição subalterna. Uma terceira formação, um Exército do Cáucaso formado principalmente por cossacos cubãos, também passaria a existir sob o general Barão Wrangel, herói da campanha realizada ali. Deníkin seria o comandante em chefe do que agora eram as Forças Armadas do Sul da Rússia, e estabeleceu seu quartel-general em Iekaterinodar, capital da região do Cubã.

O relacionamento entre os Voluntários e os cossacos do Don foi de início um casamento ditado pela necessidade mais do que pela conveniência. O Exército do Don estava em colapso, e Krásnov demitiu-se em meados de fevereiro. O novo ataman dos cossacos do Don era o tenente-general Bogaévski, um antigo comandante czarista do 1º Corpo de Cavalaria da Guarda que, ao contrário de seu predecessor, trabalhava bem com os Voluntários. Os dois exércitos, no entanto, continuavam com visões totalmente diferentes. O Exército Voluntário ainda via a si mesmo como parte da Entente e em guerra contra as Potências Centrais. Seus líderes e oficiais ainda se ressentiam da colaboração dos cossacos do Don na ocupação alemã e consideravam as esperanças de Krásnov de uma federação de cossacos independente um desafio separatista ao nacionalismo russo.

A prioridade na primavera de 1919 era recuperar os territórios no Don. A desintegração parcial do exército de Krásnov significava que até mesmo Rostov-no-Don estava ameaçada por contra-ataques dos Vermelhos. Rostov, porém, estava defendida pela estranha e obesa figura do general Mái-Maiévski, que superara os Vermelhos na bacia do Donets, ajudado por seu terrível *protégé*, Andrei Chkuró.

Chkuró era um comandante corajoso e perspicaz, adorado por seus homens, mas era também arrogante e imprudente, sem qualquer respeito pela autoridade. Ele chantageara descaradamente tanto Denikin quanto Mái-Maiévski para que o promovessem a tenente-general quando tinha 32 anos. Muitos dos que haviam tido contato com ele teriam se horrorizado com suas opiniões políticas. Chkuró era não só um feroz anticomunista, mas também antissemita e sádico. Adorava assistir a um açoitamento e deleitava-se em orgias com álcool e prostitutas. Segundo um oficial que chegou mais tarde com a missão militar britânica, Chkuró era "muito popular entre os soldados porque permitia que realizassem saques" e era "muito devasso em seus hábitos, tendo um harém com dez concubinas".

Quando os cidadãos prósperos de Rostov se reuniram para lhe agradecer por sua libertação, presentearam-no com uma substancial soma em dinheiro como mostra de sua gratidão. Chkuró simplesmente passou o maço de notas para um membro da sua escolta cossaca. "Tomem, gastem com prostitutas", disse a ele em voz alta. Então se dirigiu à burguesia: "Estou derramando sangue aqui para dar-lhes uma vida tranquila. Vocês realmente acham que essa quantia de dinheiro será suficiente?". Ele esperava que eles lhe fornecessem 10 milhões de rublos.

O escritor Ivan Najívin contou como Chkuró celebrou sua dúbia promoção. "O trem de Chkuró consistia em vários bons vagões, com duas orquestras: uma era sinfônica e a outra uma banda de metais. Havia um grupo de cantoras de cabaré muito emperiquitadas no vagão de Chkuró, e promoviam orgias dia e noite." Conforme o trem desacelerava ao se aproximar de uma estação na área de mineração reconquistada do Donets, um Chkuró embriagado debruçava-se sobre uma janela e cantava seus versos favoritos:

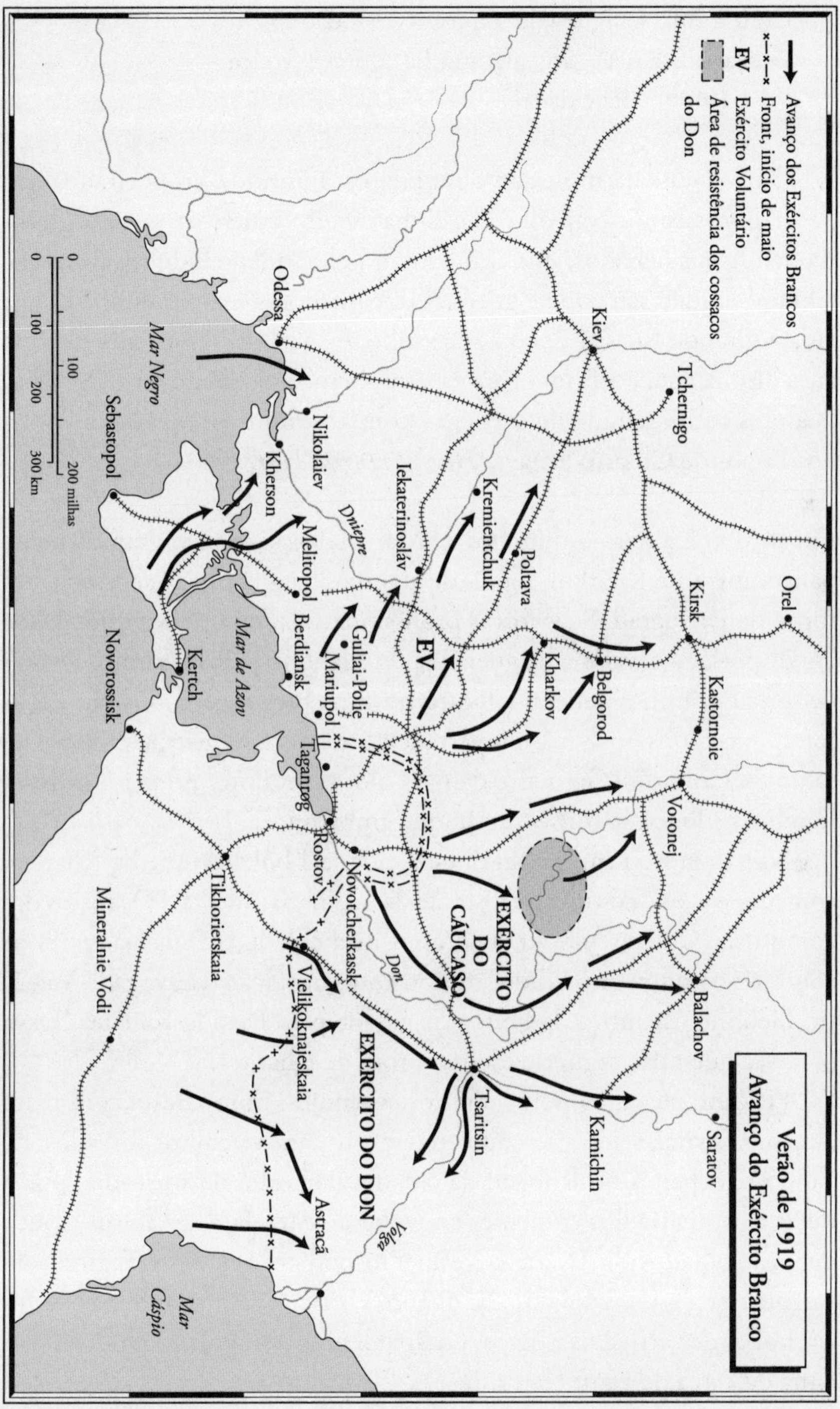

Verão de 1919
Avanço do Exército Branco
Avanço dos Exércitos Brancos
Front, início de maio
EV Exército Voluntário
Área de resistência dos cossacos do Don
Kiev
Tchernigo
Orel
Kirsk
Kastornoie
Voronej
Balachov
Saratov
Kamichin
Tsaritsin
Astracã
Belgorod
Kharkov
Poltava
Kremientchuk
Iekaterinosláv
Dniepre
Odessa
Nikolaiev
Kherson
Melitopol
Berdiansk
Guliai-Polie
Mariupol
Taganrog
Rostov
Novotcherkassk
Don
Volga
Vielikoknajeskaia
Tikhorietskaia
Mineralnie Vodi
Novorossisk
Kertch
Sebastopol
Mar Negro
Mar de Azov
Mar Cáspio
EV
EXÉRCITO DO CÁUCASO
EXÉRCITO DO DON
0 100 200 milhas
0 100 200 300 km

Com minha gangue vou saquear cem cidades!
Desça, desça pela garganta, minha adorável vodca,
Você é minha felicidade!

Uma "pequena multidão de mineiros, imundos, empoeirados, em pé ali", prosseguiu Najívin, "não tinha escolha a não ser ouvir a cantoria de oficiais bêbados, que combatiam pela unida e indivisível Rússia. Chkuró ergueu seu copo e gritou: 'Trabalhadores e camponeses! Longa vida à Grande Rússia! Bebo à sua saúde, *hurra!*'. Ele esvaziou seu copo até a última gota e atirou-o para espatifá-lo sobre a plataforma. Os trabalhadores continuaram em silêncio e com ar sombrio enquanto a Sótnia dos Lobos de Chkuró gritava '*Hurra! Hurra! Hurra!*'".

Em abril, o Exército Voluntário de Mái-Maiévski avançou rapidamente para o norte até Kharkov depois de algumas batalhas bem-sucedidas em torno de Pavlograd. Suas forças profissionais tiveram pouca dificuldade em dispersar a cavalaria de guerrilha de Makhno pelo caminho. Depois de tomar Izium, o general Chkuró fez uma breve pausa. Os vitoriosos foram recebidos por uma tempestade de aplausos, registrou o oficial de rádio de Chkuró. "Garotas e damas colocavam flores no peito dos Voluntários e logo me tornei um buquê ambulante."

Não demorou muito para que a cidadela bolchevique de Kharkov começasse a ouvir o trovejar distante da artilharia Branca. "Os rostos dos comunistas que circulavam às pressas pela cidade em suas jaquetas de couro tinham um ar perdido", notou com satisfação o advogado Valentin Liékhno, membro da Duma da cidade pelo Partido Kadete. "Dava para ver que num segundo estariam fora de Kharkov."

Liékhno passara a noite anterior escondido num jardim com mato alto para evitar ser pego, como refém ou para trabalhos forçados cavando trincheiras no lado sul da cidade. Por volta do meio-dia, podia ouvir a artilharia dos combates em volta de Merefa, logo ao sul. Pouco depois, soldados do Exército Vermelho podiam ser vistos fugindo do Regimento de Drozdôvski. "Enquanto corriam, iam abandonando fuzis, bolsas de cartuchos e outros equipamentos militares, atirando-os por cima da cerca de algum jardim."

Como membro da Duma da cidade, Liékhno juntou-se a um painel para entrevistar e libertar cidadãos inocentes, detidos como reféns na prisão de Kholodnogorskaia. "O nome de Preobrajiénski foi chamado. Ele havia sido preso como 'contra' [revolucionário]. Um homem jovem em roupas semimilitares entrou na sala. Seu cabelo estava completamente branco. Sabia-se que os bolcheviques haviam executado vários reféns e contrarrevolucionários na noite anterior. Por volta de duas da manhã o açougueiro da Tcheká, Saiénko, conhecido por todos em Kharkov, apareceu na cadeia. Como de hábito, estava totalmente embriagado. Circulou junto às celas chamando nomes de sua lista. Ele levava as pessoas para fora e imediatamente as executava a tiros no pátio da cadeia. Ele chamou duas pessoas da cela de Preobrajiénski e então chamou o nome dele. Com muita calma, Preobrajiénski respondeu: 'Mas você o fuzilou ontem!'. Todos os demais na cela permaneceram em silêncio. 'A-ha', Saiénko murmurou. Os companheiros de cela de Preobrajiénski não o traíram, mas o cabelo dele embranqueceu completamente da noite para o dia."*

Liékhno então trabalhou com patologistas na comissão da Duma para examinar os crimes da Tcheká. Ele foi levado a três grandes valas cheias de corpos de reféns, que haviam sido encontradas junto ao Instituto de Tecnologia na rua Tchaikóvski. "Examinamos a cena, era absolutamente pavorosa. Por todo lugar naquele edifício de vários andares encontramos vestígios das atrocidades cometidas pelos bolcheviques. Manchas de sangue estavam quase por toda parte. As pessoas haviam escrito nas paredes, nos parapeitos das janelas, onde desse para escrever. Muitos desses mártires faziam isso para que suas famílias fossem informadas de sua morte, e anotavam os endereços. Ficava claro por esses escritos que muitas das vítimas estavam longe de ser *burjúis*. As paredes do porão onde eles haviam realizado execuções estavam cobertas de sangue, pedaços de pele e de cabelo, cérebros. Na sala contígua a esse porão encontramos uma 'luva' intacta, esfolada da mão de uma pessoa

* Saiénko, o chefe da Tcheká de Kharkov, era viciado tanto em bebida alcoólica como em cocaína. Seu sadismo patológico era notório. Ele gostava de enterrar a faca um pouco na carne e então girar a lâmina, e também de escalpelar prisioneiros ainda vivos e dar a eles o "tratamento da luva". Um socialista-revolucionário de esquerda sobrevivente descreveu-o como "baixinho, com olhos brilhantes e um rosto maníaco, com tiques".

enquanto ainda viva, e duas outras rasgadas... Quando passamos ao exame dos mais de trezentos cadáveres encontrados ali, fiquei arrepiado. Jaziam uns sobre os outros, corpos empilhados sem qualquer distinção de idade, sexo, status social ou nacionalidade, todos vítimas do 'novo regime'." Em outras valas, encontraram vítimas de tortura. "Estavam todos nus, com dragonas recortadas em seus ombros, alças nas costas e listras nas pernas. Não fomos capazes de estabelecer quem eram aquelas infelizes pessoas."

O general Mái-Maiévski, que havia se instalado em grande estilo no Hotel Astoria, não mostrou qualquer interesse na vida da cidade, exceto como fonte de rendimentos. A liberação dos controles comunistas fez com que a vida econômica revivesse instantaneamente. "Os comerciantes voltaram ao mercado trazendo bens que eram inimagináveis apenas alguns dias antes." Muitos vendedores, porém, pediram ao Exército Voluntário a devolução de seus bens que haviam sido requisitados pelos Vermelhos, que estavam ainda trancados em armazéns. Quando Valentin Liékhno abordou a autoridade relevante no estado-maior de Mái-Maiévski, ele replicou: "Sim, nós salvamos sua propriedade, e isso custa dinheiro". Liékhno perguntou quanto seria, e ele falou "um valor que era de arregalar os olhos. Precisei barganhar e chegamos a um acordo".

Os Brancos foram muito auxiliados em maio quando o ataman Grigóriev na Ucrânia desertou dos Vermelhos para embarcar em sua campanha de *pogroms* antissemitas e saques. Os combates eram mais acirrados no flanco leste, onde os cossacos esperavam recuperar terras além do rio Don. O 15º Regimento de Cossacos do Don teve ordens de enviar agentes oferecendo recompensas por informações importantes. O 9º Exército Vermelho enfrentava revoltas cossacas em sua retaguarda, provocadas por ataques a padres e igrejas, assim como pelo selvagem programa de "descossaquização" voltado a destruir sua cultura tradicional, que Mirónov condenara junto a Trótski.* "Os cossacos equiparam-se

* Em 16 de março, Vatsetís, o comandante em chefe do Exército Vermelho, deu a Mirónov autorização para montar uma divisão de cossacos Vermelhos. Já no dia seguinte, o Birô do Don informou o Comitê Central do Partido de que eles haviam "tomado a decisão de remover Mirónov do *óblast* do Don" porque era um encrenqueiro.

com armas que haviam escondido (por exemplo, no rio, ou em túmulos nos cemitérios) e atacaram o Comitê Revolucionário", reportou o Birô do Don ao Kremlin a respeito de um levante. "Parte do comitê foi morta, mas alguns membros, junto com pequenas guarnições, conseguiram fugir até nossas tropas."

Lênin, ciente do dano que estava sendo promovido pela "descossaquização", enviou um telegrama ao Comitê Militar Revolucionário do Front Sul. "Gostaríamos de chamar sua atenção para a importância de ser especialmente cauteloso quanto a combater pequenos aspectos da vida cotidiana que não desempenham qualquer papel na política geral, mas ao mesmo tempo irritam a população. Mantenham um curso firme nas questões principais e façam concessões aos atrasos arcaicos aos quais a população está acostumada."

Tais instruções foram ignoradas pelos comissários, que prosseguiram com uma campanha praticamente genocida. Iona Iakír, agora no Conselho Militar Revolucionário do 8º Exército, claramente não concordava com isso. "Nós derrotamos em batalha campal o monstro apodrecido e fedorento das tropas de Krásnov, e agora toleramos e acolhemos em nosso peito a serpente da traição na forma dos eternos lacaios do Czar, os cossacos." Mas havia ressentimento também contra outro perigo. "Makhno é um perigoso foco de atração para as instáveis unidades do 8º e do 13º Exércitos", reportou o comissário do 12º Exército. "Desertores estão mudando de lado para segui-lo."

Esperava-se que a 14ª Divisão no flanco esquerdo do 9º Exército se unisse ao 10º Exército sediado em Tsaritsin. "Este 10º Exército ficou famoso vinte anos mais tarde", escreveu o comissário Eduard Dune, "porque Ióssif Djugachvíli havia sido um membro de seu conselho revolucionário, mas na época era famoso apenas por aterrorizar a cidade com execuções em massa." A certa altura, "o quartel-general do 9º Exército fugiu de maneira vergonhosa". Toda a margem esquerda do Don por trezentos quilômetros foi deixada vulnerável, porque "o 10º Exército estava assustado demais para se aventurar muito longe de Tsaritsin".

As unidades de cavalaria do 10º Exército consistiam principalmente em cossacos Vermelhos, e ainda deviam muito poucos membros à campanha de recrutamento do ano anterior de "Proletários a Cavalo!". Um sargento cossaco do exército czarista, Borís Dumiénko, havia formado a

1ª Brigada de Cavalaria do 10º Exército, com Semión Budiônni como seu segundo no comando. Budiônni, famoso por seu bigode de cavalaria cada vez mais comprido e por beber muito, e também por sua astúcia camponesa e sua coragem, era um não cossaco – um *inogorodny*. Os dois homens se desentenderam, com Budiônni sendo apoiado por Stálin e Dumiénko por Trótski. Os soldados de Dumiénko o adoravam. "Os soldados falavam dele em tom reverente", escreveu um deles, "e citavam com orgulho sua coragem." Bloqueado junto com seus soldados pela campanha de Wrangel no Cáucaso, Dumiénko liderou-os de volta para se juntarem ao 10º Exército numa marcha heroica, ameaçando Rostov pelo caminho, apenas para descobrir que sua esposa e sua filha haviam sido mortas pelos Brancos na sua ausência.

Comandando formações diferentes após seu conflito, Dumiénko e Budiônni começaram a construir o braço de cavalaria dos Vermelhos, mas Dumiénko não sobreviveu ao ninho de cobras das rivalidades comunistas. Depois que seu corpo de cavalaria tomou Novotcherkassk, a capital do Don, em janeiro do ano seguinte, foi acusado de assassinar um comissário enviado para investigá-lo e fuzilado meses depois.

Em maio, o 9º Exército Vermelho fragmentou-se em grupos pequenos ao longo da linha férrea de Millerovo. "Os combalidos remanescentes da 14ª e 23ª Divisões e da Brigada de Kamichin estão se retirando para a aldeia cossaca de Ust-Medveditskaia", reportou a 1ª Divisão de Infantaria de Cossacos do Don. "Pequenas unidades de combate Vermelhas e unidades de retaguarda estão defendendo a área entre o Don e a linha férrea de Tsaritsin." A divisão recebeu ordens de continuar a "expulsar todos os Vermelhos da área, mobilizar o grosso da população cossaca com idade entre 18 e 48 anos e prender qualquer um que tivesse trabalhado para os Vermelhos". O levante dos cossacos do Don na retaguarda do 9º Exército vinha desenvolvendo-se e constituía um rude golpe para os Vermelhos. Soldados, oficiais e até mesmo o comandante do 9º Exército desertaram e passaram para os Brancos.

Os destinos da guerra haviam de repente oscilado e se inclinado em favor dos Brancos. A Ucrânia ficara exposta após a deserção de Grigóriev para os Vermelhos. A oeste do Exército do Don, os Voluntários de Mái-Maiévski liderados pelo corpo de cavalaria de Chkuró, depois

O trem blindado "Rússia Unida", dos Brancos, que ajudou a tomar a cidade de Tsaritsin, no Volga.

de terem tomado o Donets e avançado rapidamente até Kharkov, tomaram Poltava e em seguida Iekaterinosláv. Restava pouco mais que a guerrilha de Makhno para levar adiante a luta. A ameaça de os Brancos isolarem a Crimeia levou as forças Vermelhas a uma retirada precipitada. Enquanto isso, nos Fronts dos Urais e da Sibéria, a retomada de Ufa pelos Brancos e a aparente ameaça a Cazã pelo exército de Gajda haviam desviado a atenção do Kremlin do Front Sul, com graves consequências. Cerca de 80 mil reforços e o grosso dos suprimentos foram encaminhados para os Urais.

Na terceira semana de maio, os cossacos cubãos do general Wrangel infligiram uma severa derrota aos 10º Exército a sudoeste de Tsaritsin. Aquela pedra no sapato do Exército Vermelho, o sempre crítico Filípp Mirónov, assistiu às consequências na estação de Tsaritsin. "Os soldados do Exército Vermelho, entre gemidos e queixas, abandonados e implorando ajuda, jaziam pela estação junto às cercas e na própria estação. Então vi o trem médico... cadáveres haviam ficado nos vagões por dois dias, e junto deles havia pessoas doentes. Moscas cobriam os corpos de seus camaradas mortos, e então voltavam até os vivos. Conversei com o médico-chefe Dmítrovski, que declarou não ter ninguém para atender os feridos; na realidade, porém, o trem estava cheio de pessoas com braçadeiras médicas. As coisas simplesmente não podem continuar desse jeito, senão a revolução se afogará no sangue dos trabalhadores."

Um mês mais tarde, as tropas de Wrangel estavam nos arredores de Tsaritsin, prontas para conseguir o que Krásnov não fora capaz de fazer. Seu Exército do Cáucaso tinha apoio britânico, não só em suprimentos. O Esquadrão 47 da Força Aérea Real, com bombardeiros DH.9 e caças Sopwith Camel, estava estacionado numa pista de pouso e decolagem improvisada nos arredores de Beketovka. Os caças decolaram numa manhã, alertados de que a cavalaria de Budiônni preparava-se para atacar. Foram informados de que os cossacos cubãos de Wrangel diante deles assumiriam uma formação em X no terreno, para poderem ser identificados. Ao voarem para o norte, os Sopwith Camels viram claramente parte da cavalaria Branca formando um X no meio de uma praça aberta. Mais adiante, puderam ver que a cavalaria Vermelha preparava uma armadilha para os cossacos cubãos. Uma pequena força avançou na direção deles para provocar uma resposta, enquanto seu corpo principal escondia-se atrás em terreno baixo. Os pilotos dos caças engatilharam suas metralhadoras gêmeas Vickers e mergulharam para atacar. Disparos a baixa altitude logo colocaram a cavalaria Vermelha em fuga.

Pouco antes do principal ataque às defesas de Tsaritsin, os Sopwith Camels fizeram um reconhecimento da área e abateram um balão de observação Vermelho, que poderia ter detectado os seis tanques britânicos que estavam se alinhando. No entanto, na hora do ataque principal no dia seguinte, descobriram que só havia combustível suficiente para um dos tanques. Então o major Ewen Cameron Bruce do Corpo de Tanques liderou o ataque num Mark V, apesar de ter perdido um braço na Batalha de Messines dois anos antes. Esse solitário monstro de ferro, rolando sobre emaranhados de arame farpado e cruzando a primeira linha de trincheiras, foi suficiente para colocar os defensores Vermelhos em fuga. O butim militar obtido foi considerável. Além das fábricas de munições de Tsaritsin e das grandes quantidades de artilharia de campanha e metralhadoras, os Brancos capturaram trens blindados e várias locomotivas, das quais tinham urgente necessidade, além de vagões.

O coronel Conde Dmítri Heiden chegou a Tsaritsin logo após a captura da cidade. Ficou chocado ao ver como o local estava morto.

Blindados britânicos em Tsaritsin (mais tarde Stalingrado) em agosto de 1919.

"As ruas estavam vazias, os moradores haviam ficado tão intimidados durante o governo bolchevique que agora tinham receio de sair de suas casas. O mercado estava quase deserto, as casas tinham as janelas vedadas com tábuas, as bancas estavam fechadas, não havia restaurantes abertos, nem na estação nem na cidade, e o Volga estava vazio, não havia um único barco ali."

Deníkin havia dito a Heiden para avaliar a situação do suprimento e do equipamento em seus diferentes exércitos. Grandes quantidades de material militar britânico, inclusive uniformes cáqui, estavam sendo desembarcadas no porto de Novorossisk e precisavam ser alocadas. Heiden foi direto reportar-se a Wrangel, que ele não via desde a retirada de Bukovina em 1917. "O general Wrangel não havia mudado muito naqueles dois anos, ainda parecia animado, vivaz e impulsivo, e dava também a impressão de ser uma pessoa feita para estar no poder." O exército de Wrangel consistia nos Corpos I e II de Cubã, no Corpo IV de Cavalaria, e em mais três divisões independentes: a Divisão de Cossacos de Astracã e a 6ª e 7ª Divisões de Infantaria. Wrangel advertiu-o para que prestasse muita atenção à situação da Divisão de Cossacos de Astracã. Ele explicou que pelo menos os suprimentos de comida não estavam tão maus como antes, graças ao que haviam capturado dos Vermelhos em Tsaritsin.

Heiden na verdade ficou chocado quando visitou os cossacos de Astracã em Raigorod, cinquenta quilômetros rio abaixo, onde eles sofriam ataques ocasionais da flotilha Vermelha do Volga-Cáspio. "Os soldados pareciam indigentes. Muitos estavam descalços ou de chinelos. Menos da metade tinha botas de cano alto, ou botas com cadarços. Muitos estavam com as camisas e calças esfarrapadas, como os soldados do Exército Vermelho capturados." De repente, veio à mente de Heiden que, "durante a Guerra Civil, todas as transações prévias entre o front e a retaguarda haviam sido viradas de cabeça para baixo. No passado, a retaguarda provia as necessidades do exército. Agora os papéis estavam invertidos. Todas as transações estavam baseadas no que era possível tirar do inimigo, o que incluía homens". Era verdade. Ambos os lados, pelo menos durante parte da guerra, dependiam de forçar os prisioneiros inimigos a trocarem de lado após uma batalha. Se não estivessem aptos por causa de ferimentos ou doenças, tiravam suas roupas ou botas. Heiden, incomodado por ver tanta "carne através dos furos nas roupas deles", tinha apenas 3 mil uniformes britânicos para distribuir entre as duas divisões de infantaria.

O comandante Goldsmith do HMS *Montrose* fora informado de que os Brancos em Novorossisk estavam tão "apáticos e preguiçosos" que a Marinha Real precisou usar prisioneiros de guerra turcos para descarregar os suprimentos para as forças de Deníkin. Mas descarregar era apenas um dos problemas. O que de fato drenava os suprimentos eram o roubo e a corrupção a cada etapa. Camas e roupas de cama destinadas a hospitais de campanha logo despareciam, e a escassez de roupas para a população civil significava que as mulheres reformavam os uniformes cáqui para elas mesmas e para os homens da casa.

Como Heiden constatou pelas conversas deles, Wrangel criticava furiosamente a estratégia de Deníkin e sua dependência de uma base firme no Cáucaso. Embora seu Exército do Cáucaso consistisse em grande parte em cossacos de Cubã e do Terek, Wrangel sentia que a firme defesa por parte de Deníkin das regiões cossacas atrapalhava a única chance que tinham de vencer a guerra para a Rússia como um todo. Na sua visão, a única esperança era unirem-se às forças de Koltchák. Os dois homens dificilmente poderiam ser mais diferentes, tanto no caráter quanto no

General Antón Deníkin.

General Barão Piotr Wrangel.

físico. O rotundo e bonachão Deníkin era de origem humilde, enquanto o barão do Báltico, com seu porte avantajado e olhos fundos mas penetrantes, tinha uma determinação glacial.

Deníkin dera a Wrangel o Exército do Cáucaso, não para conquistar seu apoio, mas puramente porque ele era o mais destacado general de cavalaria dos Brancos. Deníkin, porém, embora não fosse exatamente um covarde, ainda preferia evitar conflitos com seus altos oficiais, como ficara demonstrado por suas concessões ao ultrajante Chkuró. Seu chefe do estado-maior, o general Romanóvski, disse certa vez a Deníkin numa reunião com outros generais: "Antón Ivánovitch, no corpo do general Chkuró há saques, bebedeira, desobediência e excessos terríveis! Isso não pode continuar assim!". Mas Deníkin, embora constrangido, não faria nada, mesmo sabendo que Chkuró ignorava todas as suas ordens contra saques e *pogroms* antissemitas.

Deníkin tinha uma *faiblesse* por desfiles de vitória e cerimônias nas cidades que conquistava. Em Poltava, a burguesia extremamente grata cobriu seu automóvel aberto de flores. Ele murmurou ao general Mái-Maiévski ao lado dele: "Vladímir Zienónovitch, estou um pouco preocupado, achando que eles podem jogar uma bomba em nós em vez

3 de julho de 1919, Deníkin anuncia a "Diretriz de Moscou" em Tsaritsin, tomada por Wrangel.

desses maços de flores". E, no entanto, Deníkin foi recebido diante da catedral por todo o clero, que o saudou como se fosse o próprio Czar.

Em 3 de julho, o mais importante desfile da vitória de todos teve lugar em Tsaritsin. Diante da catedral, Deníkin anunciou sua "Diretriz de Moscou", declarando sua intenção de "conquistar nossa meta final, a captura do coração da Rússia". Seu plano previa que seus diferentes exércitos seguiriam as principais linhas férreas até Moscou. No flanco oeste, o Exército Voluntário de Mái-Maiévski avançaria para o norte, com o grande rio Dniepre à sua esquerda. O Exército do Don do general Sidórin no centro continuaria para o norte a partir de Voronej, e o Exército do Cáucaso de Wrangel no flanco leste avançaria mais ou menos paralelo ao Volga até Nizhny Novgorod, para então virar a oeste no sentido de Moscou. Wrangel expressou suas dúvidas a respeito da operação nos termos mais firmes. Não havia concentração de forças o suficiente; o que havia era excesso de otimismo. Ele sentia que o vital era lidar primeiro com a fortaleza Vermelha de Astracã. Deixar isso na retaguarda deles com a flotilha do Volga-Cáspio intacta parecia-lhe um grave erro.

Na realidade, a Marinha Real tinha o Cáspio sob controle com seus oito navios mercantes armados, doze lanchas costeiras e hidroaviões. Eles estavam levando suprimentos para os cossacos dos Urais em Guriev na margem nordeste e bloqueando os navios de guerra Vermelhos no estuário do Volga. Haviam desarmado a pouco confiável flotilha Centro-Caspiana em março, comandada por "um ex-oficial de cavalaria e bandido de primeira classe" chamado Voskressénski. E, quando o gelo no norte finalmente cedeu, atacaram os navios de guerra Vermelhos, agora sediados em Forte Aleksandrovski, numa baía ao sul de Guriev. A flotilha Vermelha tinha oito destróieres, pelo menos seis navios mercantes armados, três submarinos e várias outras embarcações.

Em 20 de maio, o comodoro Norris reuniu seus navios, e no dia seguinte, que finalmente amanheceu sem neblina, passaram pela boca do porto em forma de V para observar a situação. Relembrando a máxima do Lorde St. Vincent de que "Um momento como este não pode ser desperdiçado", Norris, no HMS *Kruger,* liderou sua esquadra de cinco navios para a batalha logo após o meio-dia, com disparos de seus canhões de seis e quatro polegadas. As baterias costeiras bolcheviques abriram fogo a uma curta distância, mas eram muito imprecisas. Apenas dois navios britânicos foram atingidos, e as baixas foram impressionantemente modestas em comparação com a destruição operada nos navios Vermelhos. "Nove embarcações, incluindo um grande contratorpedeiro, foram afundadas ou explodidas, e podemos dizer que o inimigo sofreu um pesado golpe." Ficaram particularmente satisfeitos em abater o navio depósito para submarinos *Reval.* A flotilha Vermelha abandonou o Forte Aleksandrovski dali a poucos dias. As embarcações sobreviventes retiraram-se para as águas rasas do estuário do Volga, aonde os grandes navios britânicos não podiam ir. Como foi publicado na *Stavka* do Exército Vermelho, sua flotilha do Cáspio "evitou combates em condições desfavoráveis".

Numa visita subsequente aos cossacos dos Urais em Guriev, o comodoro Norris soube que sua contraparte bolchevique, o comandante da flotilha Vermelha, havia sido executado por sua derrota em Fort Aleksandrov. Ele foi substituído por Fiódor Raskólnikov, que trouxera sua flotilha do Volga pelo rio assim que Tsaritsin sucumbiu a Wrangel e agora comandava também os remanescentes da esquadra do Cáspio. Oficiais britânicos souberam também que Madame Raskólnikov – Larissa Reisner – havia sido posta no comando das canhoneiras. Logo depois, oficiais russos Brancos do quartel-general de Deníkin em Iekaterinodar começaram a entrar em contato com os britânicos, pedindo o apoio de sua artilharia naval. Queriam, assim como o general Wrangel, capturar Astracã antes do grande avanço para o norte. No entanto, como não dispunham de nenhum mapa do Cáspio e sabiam pouco a respeito de navios e de seu calado, não conseguiam entender por que a Marinha Real não se dispunha a ajudar nas águas rasas do delta do Volga. De qualquer modo, Norris recebeu ordens em 20 de julho para retirar todo o seu pessoal através de Baku e Batumi, apesar do pedido de Churchill ao Almirantado para que fossem mantidos ali. Seus navios seriam entregues às forças navais bastante desqualificadas do general Deníkin. A Insígnia Branca da Marinha Real tremulava pela última vez naquele mar interior.

25
MURMANSK E ARCANGEL
Primavera e verão de 1919

Numa tentativa de elevar o moral dos soldados, um grupo de atores, cantores e dançarinos da organização de artes ProletKult chegou para entreter o 6º Exército soviético no Front Norte. Originalmente a companhia de 51 artistas iria a Perm, mas, com a fragorosa derrota do 3º Exército e a captura da cidade pelos Brancos em dezembro, a ideia foi descartada. Em janeiro, foram desviados para Vologda e depois para Plesietskaia. "Havia ressentimento e protestos no grupo", relatou, indignado, o comissário encarregado a Petrogrado. Havia queixas "chorosas" por estarem sendo alimentados com rações do Exército Vermelho e por não haver comida quente. "Algumas das mulheres do grupo mostraram que haviam ido apenas para flertar."

Em Plesietskaia, eles apresentaram dois concertos na igreja e se queixaram do frio, que tornava muito difícil cantar. "No dia do funeral de um camarada tombado em batalha", o relato prosseguia, "nosso glorioso ProletKult, por iniciativa de várias jovens do grupo, organizou um festa dançante que durou a noite inteira. Diante dos soldados do Exército Vermelho, elas começaram a se dependurar no pescoço de funcionários de escritório do quartel-general. Eu então passei a tomar severas providências em relação a elas e disse-lhes que estavam manchando o nome do ProletKult, que eram devassas e não combinavam com aquele ambiente. Ameacei mandá-las de volta a Petrogrado se não entrassem na linha." Ele disse a elas que eram uma desonra para os "soldados do

Exército Vermelho, que estão rechaçando os imperialistas de quatro países em condições congelantes".

Os imperialistas, dada sua melhor higiene, não sofriam tanto quanto o Exército Vermelho com os surtos de disenteria, cólera, escorbuto, tifo e varíola, apesar dos 10 mil casos de gripe espanhola em Arcangel. Mas o moral dos soldados Aliados tampouco era muito melhor. Os soldados franceses e americanos em Murmansk amotinavam-se, embora não com a mesma frequência que os soldados russos Brancos. "E nós mesmos tivemos quatro ou cinco incidentes desagradáveis", Churchill informou ao primeiro-ministro.

Com apenas três a quatro horas de claridade ao longo do dia, um frio paralisante e falta de comida quente, poucos se convenciam das justificativas de seus oficiais sobre a missão no norte da Rússia, e tinham a impressão de que todos os demais em seus respectivos exércitos estavam voltando para casa. Os Vermelhos podiam facilmente gritar desde suas linhas naquela quietude congelante e perguntar aos inimigos o que estavam fazendo na Rússia. A mesma questão aparecia cada vez com maior frequência na imprensa britânica. A maioria dos soldados enviados ao norte da Rússia para guardar os depósitos de suprimentos era de "categoria médica inferior".*

Em 19 de janeiro, as forças Vermelhas lançaram uma série de ataques a Chenkursk no rio Vaga, duzentos quilômetros ao sul de Arcangel. Os defensores americanos sofreram pesadas baixas, e a cidade precisou ser abandonada. Em 8 de março, Churchill, ainda alimentando secretamente a esperança de poder usar a presença Aliada em Murmansk e Arcangel para se unir às forças de Koltchák, conseguiu convencer o Gabinete de Guerra de que as guarnições britânicas com moral baixo deviam ser substituídas por duas brigadas de 4 mil homens cada para cobrir uma eventual retirada. Elas iriam "consistir em voluntários que se reapresentaram". Ele foi autorizado a fazer quaisquer arranjos necessários.

---

* A categoria médica inferior, ou LMC na sigla em inglês, era uma das categorias de avaliação da saúde das tropas do Exército Britânico. Tropas assim categorizadas eram convocadas apenas em situações de grande necessidade, e geralmente preteridas em promoções. Boa parte delas vinha de bairros operários de grandes cidades inglesas, com condições sanitárias notoriamente ruins (N.R.).

Churchill persistia num sonho pouco realista, e atormentava Lloyd George para obter permissão para aproveitar a oportunidade caso ela surgisse. "Quanto ao movimento de Gajda em Viatka e Kotlas", o marechal de campo Wilson reportou de Paris, o "primeiro-ministro dirá apenas que, se Gajda chegar a Viatka e se estabelecer ali firmemente, e se seguir pela via férrea até Kotlas, não haveria objeção a que o [general de brigada William] Ironside preparasse tudo para um ataque subindo o Duína contra Kotlas, mas esse Gabinete teria que ser consultado antes que um movimento como esse fosse de fato realizado". No entanto, como apontado por Harris, cônsul-geral americano em Irkutsk, Gajda, "incentivado pela Entente, queria avançar para noroeste, quando na realidade precisava avançar para sudoeste e proteger o flanco de Khassín. Alguns o acusaram de alimentar essa louca ambição em seu desejo de entrar em Moscou".

O que se conseguiu não foi além de uma junção de forças puramente simbólica no rio Pechora, 850 quilômetros ao norte de Perm. Uma pequena unidade de Arcangel se uniu com um grupo do tamanho de uma companhia do Exército do Norte de Gajda. Mas as grandes distâncias num terreno hostil como aquele tornavam o projeto todo irreal em termos puramente logísticos. O marechal de campo Sir Henry Wilson era bem mais pragmático que Churchill. "Em vista do enorme tamanho do país", escrevera em 24 de fevereiro, "da indigência dos habitantes, das parcas comunicações, da deplorável condição das ferrovias e da exaustão militar dos Aliados, a invasão e a ocupação da Rússia no presente momento não podem ser consideradas uma proposta militar viável."

As esperanças de Churchill de criar um exército russo Branco eficaz para derrotar o bolchevismo não pareciam muito animadoras no final de março e início de abril. Primeiro, um batalhão do 3º Regimento de Fuzileiros do Norte da Rússia e depois todo o 8º Regimento de Fuzileiros do Norte da Rússia juntaram-se aos comunistas. Oficiais britânicos, assim como oficiais russos, dormiam com revólveres carregados sempre à mão. Foi um alívio quando a brigada do general de brigada Grogan chegou, em 26 de maio, e quando o general de brigada Sadleir-Jackson desembarcou, em 10 de junho. A evacuação dos combalidos soldados que haviam suportado o inverno do Ártico começou pelos americanos e franceses indo embora nos primeiros navios, junto com as duas baterias de artilharia canadenses. Os recém-chegados oficiais britânicos, por sua vez, até gostaram das pitorescas igrejas brancas com cúpulas verdes e apreciaram caçar narcejas e patos no estuário do Duína.

Os ataques do Exército Vermelho ocorriam a intervalos de um mês e visavam os sistemas dos rios Duína e Vaga. Com o Duína correndo para o norte até o Círculo Ártico, as áreas ao norte degelavam antes das do sul, e isso significou que a flotilha Vermelha foi capaz de operar enquanto os navios britânicos ainda estavam presos pelo gelo em Arcangel até 13 de maio. A flotilha da Marinha Real incluía quatro canhoneiras, *Cockchafer*, *Cicada*, *Cricket* e *Glow-worm*, e dois monitores atuando como artilharia flutuante. Todos seguiram rio acima na segunda metade de maio, assim que o gelo pesado foi quebrado. "Havia esperanças de auxiliar os russos a chegar a Kotlas e juntar forças com Koltchák", escreveu o major Lund, repetindo a fantasia impressionantemente persistente de Winston Churchill.

Em 19 de junho, num combate acirrado, a flotilha britânica apoiou a brigada de Grogan em Troitskaia (hoje Jerliginskaia). Seus monitores realizaram o bombardeio inicial enquanto as canhoneiras faziam recuar a flotilha Vermelha. No dia seguinte, o 2º Batalhão do Regimento de Hampshire e o 3º Regimento do Norte da Rússia atacaram as aldeias de Rotchegda e Tonsa na margem direita do Duína. Fizeram quatrocentos prisioneiros e tomaram três canhões de campo e várias metralhadoras, com muita ajuda da flotilha da Marinha Real e dos hidroaviões da RAF trabalhando em estreita colaboração.

O general de brigada Ironside teve permissão do Gabinete da Guerra para atacar Kotlas ao sul, embora a essa altura fosse evidente que o exército siberiano de Koltchák nunca conseguiria ter sucesso. Ironside, um notável linguista que dominava sete idiomas, podia ser facilmente detectado no meio de um grupo por sua altura descomunal. Isso dera margem a um irônico apelido de escola – "Pequenino" –, que o acompanhou pelo resto da vida. O novo plano era arrasar a base da flotilha Vermelha em Kotlas de modo que as forças Vermelhas não pudessem perseguir os Aliados descendo o rio Duína enquanto estes se retiravam. Em Londres, Lloyd George ainda tinha receio de que Ironside pudesse seguir adiante para o sul em direção a Kotlas. Ele queria que Ironside soubesse que sob nenhuma circunstância deveria "envolver-se no sul a ponto de precisar que uma coluna de resgate fosse enviada da Inglaterra para o salvamento [dele], já que tais soldados não poderiam ser enviados". Ele também precisava certificar-se de que sua força estaria numa posição que lhe permitisse a evacuação "antes de que o gelo se formasse".

Ao final de junho, Ironside tinha 22 mil soldados russos, entre eles a Legião Eslavo-Britânica, com oficiais britânicos e suboficiais controlando desertores e prisioneiros oriundos do lado bolchevique. Considerar esse aumento de força algo positivo seria inadequado. Na noite de 7 de julho teve início outro motim nas unidades dos Brancos, incluindo o Batalhão de Dyer, da Legião Eslavo-Britânica formada por ex-soldados Vermelhos, e o 4º Regimento de Fuzileiros do Norte da Rússia. Três oficiais britânicos e quatro russos foram assassinados, e outros foram feridos. "O inimigo, que evidentemente estava a par da situação", escreveu o major Lund, "aproveitou a oportunidade para atacar." Forças Vermelhas aproximaram-se até "1.200 metros da ancoragem da flotilha e da base de hidroaviões".

Um destacamento de jaquetas-azuis e fuzileiros navais desembarcou para proteger a posição até a chegada de reforços britânicos. Hidroaviões também ajudaram, bombardeando, enquanto um monitor e o HMS *Humber*, com seus canhões de seis polegadas, obrigaram a flotilha Vermelha a se retirar. Mas dois navios caça-minas, o *Sword Dance* e o *Fandango*, foram afundados por minas colocadas para flutuar no rio pelos "Bolos" – como os britânicos e americanos chamavam os bolcheviques. Grupos navais nas margens precisaram mais tarde estender redes pelo rio para recolher mais minas. Alguns dos amotinados foram julgados por cortes marciais e fuzilados, mas os líderes escaparam.

Em 19 de julho, o contingente italiano retirou-se. Três dias depois, o regimento russo perto do lago Onega amotinou-se e abriu o front aos bolcheviques. No Front da Ferrovia de Vologda, soldados russos também tentaram se amotinar, mas foram logo contidos por um destacamento da Legião Polonesa e por soldados britânicos. O contágio espalhara-se a quase todas as unidades russas, e elas tiveram que ser retiradas. Depois que a notícia de uma total evacuação Aliada foi confirmada por reportagens da imprensa britânica, as autoridades militares britânicas não puderam fazer nada para impedir a propaganda bolchevique no front. Os russos que haviam servido ali em regimentos Brancos temiam ser deixados à própria sorte nas mãos dos comunistas. A evacuação britânica havia sido planejada para ocorrer entre 15 de outubro e 10 de novembro, pouco antes que o Duína congelasse, mas, com o estado das forças russas, parecia melhor não esperar mais.

Em agosto, o general Lorde Rawlinson assumiu como comandante em chefe do Norte da Rússia. Com dois novos batalhões de infantaria, alguma artilharia de campanha e cinco tanques, ele deveria supervisionar a retirada. Um batalhão de fuzileiros navais também foi enviado a Murmansk, que precisava ser mantida por mais tempo para que a flotilha do rio se reequipasse para a viagem de volta a águas britânicas. O plano era desferir um forte golpe subindo o Duína contra as forças do Exército Vermelho para afastá-las e criar espaço para respirar.

Em 10 de agosto, a brigada de Sadleir-Jackson fez seu ataque a posições do Exército Vermelho em Puchega e Borok, no trecho norte do Duína. Um balão de observação que flutuava acima de uma balsa ajudou a calcular a distância para a artilharia. Ao todo, foram capturados 2 mil prisioneiros e dezoito canhões de campanha. Esse avanço permitiu à Marinha Real preparar sua operação de minas para bloquear o avanço da flotilha Vermelha pelo rio, conforme a retirada era iniciada. Rawlinson e Ironside tentaram convencer o líder do governo do Norte da Rússia, o general Ievguêni Miller, a abandonar Arcangel e se concentrar em Murmansk, mas ele se recusou a fazê-lo, citando uma ordem do almirante Koltchák "de defender Arcangel até o fim". Por solicitação de Miller, foi realizado um último ataque em 29 de agosto à linha da ferrovia de Vologda.

Em 6 de setembro, forças Vermelhas contra-atacaram, mas foram vencidas pelos soldados de Sadleir-Jackson, que seis dias mais tarde retiraram-se pelo rio. Dez dias depois, o assistente militar de Rawlinson, major Lund, registrou em seu diário: "Tempo frio e com ventos. Parece que o inverno está começando". Nesse mesmo dia, o marechal de campo Wilson contou a Churchill o que ouvira de Rawlinson. O general russo Miller disse que pretendia defender Arcangel até o fim, mas, na visão de Rawlinson, ele "não tinha nem a intenção nem a coragem para fazer algo do tipo... Seus soldados estão no limite. Na noite anterior, um batalhão do 4º [Regimento do Norte da Rússia] estava a caminho do front da ferrovia e teve que ser transferido do barco para o trem. Quando o trem partiu, todos os oficiais estavam ausentes e apenas 250 homens haviam se apresentado. Os oficiais estavam todos bêbados na cidade e foram detidos pelo marechal". Miller então pediu que os britânicos lhe dessem os cinco tanques remanescentes, mas Rawlinson advertiu Londres: "Se eu lhes der o que pedem, sei que estarei passando tudo para os bolos". No final, os russos Brancos ficaram furiosos quando os britânicos deixaram apenas dois tanques e destruíram os demais para impedir que caíssem nas mãos do Exército Vermelho.

Por volta de 23 de setembro, quase todo o pessoal britânico havia alcançado o perímetro defensivo interno em torno de Arcangel. "A evacuação final em 27 de setembro foi conduzida em perfeita ordem, e os monitores se retiraram" até o cruzador HMS *Fox*, estacionado junto a Arcangel. Com o embarque concluído, o general Ironside e seu estafe partiram. Assim também fez o cruzador francês *Condé*, num gesto de apoio dos Aliados.

Enquanto isso, a força em Murmansk começou sua retirada após uma ofensiva bem-sucedida. O general de brigada Jackson assumiu o lugar de Maynard, que sofrera um ataque cardíaco. Por volta de 4 de outubro, todos os soldados britânicos estavam ao norte de Kandalakcha. A evacuação final de Murmansk foi concluída em 12 de outubro. Apenas 6.535 cidadãos russos antibolcheviques, muito menos do que o esperado, embarcaram nos navios britânicos para serem transferidos para os Estados do Báltico ou para o sul da Rússia. O total de baixas britânicas, incluindo feridos e mortos por doenças, chegou a 106 oficiais, 877 homens de outras patentes, além dos 41 oficiais e 286 homens de outras patentes mortos em combate.

O marechal de campo Wilson estava absolutamente certo quando concluiu: "Em nenhum país Aliado houve peso suficiente da opinião pública para justificar uma intervenção armada contra os bolcheviques em uma escala decisiva, e o inevitável resultado disso foi que as operações militares pecaram por falta de coesão e de propósito".

26

SIBÉRIA

Junho-setembro de 1919

O grande surto de otimismo no quartel-general de Koltchák após a recaptura de Ufa em março logo se desfez. A reação do Kremlin à ameaça dos exércitos Brancos siberianos havia transformado o cenário no Front Leste, apesar de ter enfraquecido o Exército Vermelho no sul da Rússia. Mikhail Frúnze, do 4º Exército, assumiu o comando no sul dos Urais e começou seu avanço em direção a Ufa na segunda semana de abril. Frúnze, um bolchevique desde 1903, mostrou ser um comandante dos mais competentes. Os reforços enviados pelo Kremlin ao Front Leste incluíam grande número de quadros comunistas para reforçar a determinação dos soldados do Exército Vermelho, especialmente dos terrivelmente surrados soldados do 3º Exército ao norte. Isso deu-lhes a superioridade numérica, com 81 mil homens contra 70.500 Brancos.

As forças de Frúnze ocuparam Ufa em 9 de junho, apesar de a cidade ter sido defendida com coragem suicida pelos soldados de Káppel. Seu Grupo do Sul reportou um total de 25.500 prisioneiros e desertores Brancos, a um custo de 16 mil baixas Vermelhas entre mortos e feridos. O 5º Exército de Tukhatchévski avançou em direção a Tcheliabinsk, tomando Zlatoust no caminho. Em 1º de julho, apenas dois dias antes de Deníkin anunciar em Tsaritsin seu avanço sobre Moscou, os ministros de Koltchák souberam que o exército de Gajda ao norte estava também em retirada.

Os diferentes exércitos de Koltchák na Sibéria, de Deníkin no sul e de Iudénitch no Báltico nunca haviam sido capazes de coordenar suas operações. As comunicações muito escassas entre eles, feitas via Paris, demoravam várias semanas para chegar. A grande desvantagem dos Brancos era sua dispersão em torno do núcleo central do território comunista, enquanto o Exército Vermelho se beneficiava imensamente das linhas internas de comunicação e de uma estrutura de comando mais centralizada. No entanto, a liderança Vermelha podia também ser rachada por brigas acirradas.

As frentes dessas disputas haviam se desenvolvido no ano anterior, após as ácidas críticas de Trótski ao papel de Stálin em Tsaritsin e os ataques de Stálin a Trótski por ter empregado ex-oficiais czaristas para tornar o Exército Vermelho mais profissional. A isso agora se seguia um choque frontal a respeito de estratégia. Serguêi Kámeniev, o comandante do Front Leste, defendia firmemente que suas vitórias sobre os exércitos de Koltchák deveriam ser levadas adiante até sua total destruição, sem pausa. Stálin apoiava Kámeniev, mesmo sendo ele um ex-oficial czarista. Vatsetís, o comandante em chefe do Exército Vermelho, apoiado por Trótski, insistia em afirmar que os exércitos de Deníkin representavam a maior ameaça. O Exército Vermelho, portanto, deveria parar no Front Leste e ampliar suas forças no sul. Lênin apoiava Kámeniev, e Stálin provocava Trótski para que renunciasse à presidência do Comitê Militar Revolucionário. Lênin pacificou-o com a promessa de que ele poderia expedir qualquer ordem por conta própria e contar com seu apoio automático. Trótski cedeu e concordou em ficar, mas Stálin conseguiu introduzir mais apoiadores seus no comitê.

A retirada de Gajda no norte foi-lhe imposta pela retirada do Exército Ocidental de Khánjin. Mas o forte ressentimento dos oficiais russos Brancos em relação aos tchecos também desempenhou um papel, como observou o ministro do Exterior de Koltchák, Víktor Pepéliaev. "Aqui eles têm tamanha vontade de acabar com Gajda", acrescentou ele, "que chegam a distorcer o quadro geral da realidade. Isso precisa acabar." O próprio Koltchák acusava Gajda abertamente de "ter tendências democráticas, preferindo os socialistas-revolucionários e rodeando-se em seu exército e em seu estado-maior de homens com ideias progressistas".

Gajda respondia que era muito mais perigoso alimentar uma visão reacionária e lembrava o almirante das promessas de democracia que ele fizera aos Aliados. Koltchák então o acusava de não dominar a ciência

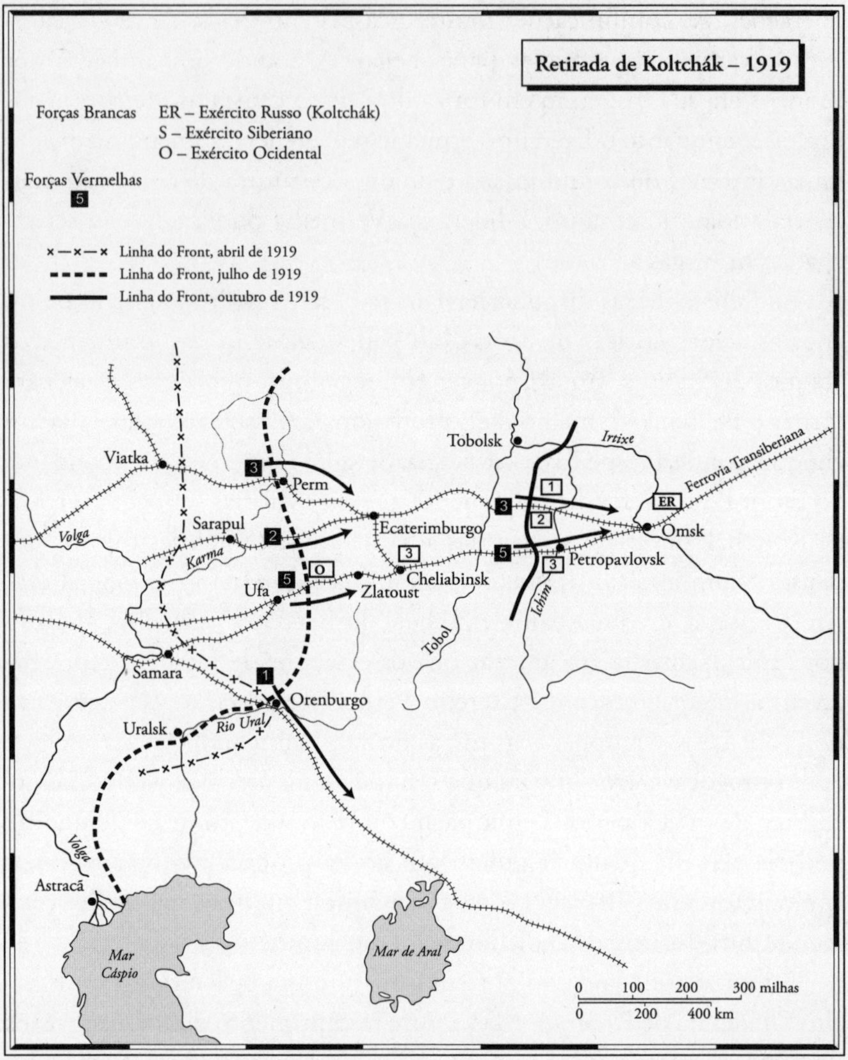

militar. Gajda respondia que comandar três navios no mar Negro não permitia a Koltchák fingir conhecer alguma coisa sobre o assunto. Koltchák ameaçou-o com uma corte marcial e Gajda retrucou que era tcheco e não se reportava a ele. Gajda foi direto a Janin para pedir seu respaldo, pois tinha receio de ser preso, e o general francês disse-lhe que podia contar com seu total apoio. Os tchecos ressentiam-se de seu papel na defesa de czaristas inveterados e não viam mais razão para permanecer na Rússia. Queriam voltar para casa.

Foi especialmente amargo para Pepéliaev saber da perda de Perm no início de julho, cidade que seu irmão mais novo Anatóli havia capturado com muita aclamação em dezembro. "Os soldados abandonaram Perm esta noite", escreveu ele. "Nossa flotilha foi incendiada. Despejaram óleo no rio e atearam fogo. Vinte e cinco embarcações foram destruídas em consequência disso." O regimento chinês, que sofrera tanto durante a retirada através de Perm no mês de dezembro anterior, estava agora reformado, tendo Fu I-Cheng como comandante e um camarada Spiridónov como comissário. A satisfação deles com a recaptura de Perm era intensa.

Em 14 de julho em Omsk, o general Janin escreveu em seu diário: "O front desintegra-se cada vez mais. Uma série de eventos sintomáticos – excesso de oficiais mortos [por seus próprios homens]. Um coronel tentou impedir um de seus batalhões liderado por um oficial de passar para o lado do inimigo. E esse oficial matou-o com um tiro de revólver". Na 1ª Divisão de Infantaria, três regimentos também haviam se bandeado para o inimigo.

Para o governo de Koltchák, a "questão tcheca" era de capital importância, Pepéliaev lembrou. "Eles não se dispõem a lutar. Portanto, foi proposto convidar os japoneses a assumirem a defesa a oeste do [lago] Baikal." A ideia de trazer os ambiciosos japoneses para o centro da Rússia parecia estranha para uma administração tão nacionalista, que odiara ter que reconhecer a independência da Finlândia e dos Estados do Báltico. Os japoneses nem sequer se davam ao trabalho de esconder seus interesses. O jornal deles em Vladivostok, o *Vladivo-Nippo*, ao discutir o possível envio de forças japonesas para o Front dos Urais, argumentou: "É muito melhor enviar nossos soldados diretamente aos Urais e assim aumentar a confiança da população pan-russa. Ao mesmo tempo, iríamos assegurar desse modo nossos direitos excepcionais na Sibéria e no Extremo Oriente". Um oficial americano ficou boquiaberto quando um oficial de inteligência japonês, o capitão Yamamoto, declarou a ele: "O mundo estará falando japonês dentro de dez a quinze anos. Ele será obrigado a isso para conseguir acompanhar o progresso japonês".

A inteligência americana estimou que os japoneses tinham nada menos do que 85 mil homens e 14.550 cavalos na Sibéria. Haviam contabilizado 831 mortos e 376 feridos em todas as suas batalhas e escaramuças, em uma impressionante reversão da taxa usual de três feridos para cada morto. No início de julho, soldados japoneses e americanos lutaram lado a lado, guardando as minas de Sutchan contra um ataque Vermelho. Os americanos eram comandados pelo coronel Robert L. Eichelberger, que recebeu várias condecorações dos japoneses, como a Ordem do Sol Nascente. No entanto, 26 anos mais tarde foi o Oitavo Exército de Eichelberger que finalmente derrotou os japoneses nas Filipinas.

Além da "questão tcheca", havia também a questão polonesa. A 5ª Divisão Polonesa na Sibéria havia se armado e estava guardando um trecho de mil quilômetros da ferrovia, mas os russos Brancos viram uma provocação no fato de eles se recusarem a lutar no front. Os poloneses insistiam que a sua missão era voltar à Polônia para defendê-la. Janin viu-se tendo que tomar partido contra a furiosa crítica do almirante e seus ministros, que os acusavam de "todos os pecados de Israel". Um dos conselheiros de Koltchák disse a Janin que, se os poloneses não fossem para o front, então deveriam ser desarmados. Ele replicou que só poderiam lutar ali se recebessem uma ordem de seu governo, que os Brancos relutavam em reconhecer.

Em 9 de julho, Koltchák voltou de uma visita ao Exército do Norte. "O governante voltou do front", Pepéliaev escreveu em seu diário naquela noite. "Ouvimos suas impressões no vagão de trem. A situação é desesperadora." O general Díterikhs advertiu que "provavelmente Ecaterimburgo e Tcheliabinsk terão que se render". Pepéliaev também notou a crescente instabilidade de Koltchák. Em 20 de julho, escreveu: "O governante de repente disse 'Sabe de uma coisa? Você não acha que uma ditadura deveria ser de fato uma ditadura?'. Ele não desenvolveu o pensamento". Koltchák cada vez mais tinha terríveis ataques de raiva, especialmente quando alguém sugeria que algumas reformas mais progressistas talvez conquistassem um pequeno apoio da população civil. Ele também entrava a toda hora em fervorosas discussões com o comandante-geral aliado, Maurice Janin, principalmente a respeito dos tchecos, que Koltchák acusava de fazer "*exigences insolentes*". Após uma dessas discussões, Janin escreveu em seu diário: "É um cansativo desperdício de nervos manter o sangue-frio tentando conversar racionalmente com um homem que não é mais senhor de si".

O Governante Supremo, almirante Koltchák.

O chefe da missão militar britânica, major-general Knox, a essa altura convenceu-se de que a causa dos Brancos na Sibéria estava irremediavelmente perdida. O marechal de campo Wilson repercutiu o relato de Knox ao Gabinete da Guerra em 23 de julho. "A incompetência do estado-maior russo e dos oficiais de regimento, que só se equipara à sua vaidade e impaciência diante de qualquer conselho externo, resultou no desperdício tanto de homens quanto de material em ações prematuras e mal planejadas, de modo a não restar praticamente nada para uso futuro. O general Janin, que chamou para si a responsabilidade de aconselhar Koltchák em operações militares, demonstrou que ele apenas faz número, sem a menor influência sobre a situação... O estado-maior russo parece que não aprendeu nada e não esqueceu nada."

Knox não era o único a fazer essa avaliação. Em 25 de julho, o general Anatóli Pepéliaev telefonou a seu irmão mais velho, o ministro das Relações Exteriores. "Sua visão", Víktor relembrou, "é a de que a situação é quase desesperadora, a não ser que o 'Exército', que precisa ser recriado, ouça as pessoas e concorde em lutar. Ele gostaria de sair". Naquela noite, Víktor Pepéliaev soube que os Vermelhos haviam acabado de tomar Tcheliabinsk. "Desintegração, por causa do moral baixo... O Governante Supremo de fato parece exaurido." O desastre em Tcheliabinsk decorreu de um esquema mal pensado de cercar o 5º Exército Vermelho, algo sonhado pelo inexperiente general Sákharov. Tanto Koltchák quanto seu chefe do estado-maior, o general Lébediev, recusaram-se a ouvir as advertências de que a manobra era complicada demais para as formações dos Brancos envolvidas. O plano deu muito errado, e os Brancos perderam 15 mil homens só em prisioneiros, algo com o que eles não estavam em condições de arcar, assim como a importante cidade industrial de Tcheliabinsk. O Exército Vermelho estava firmemente assentado além dos Urais.

Os comunistas não perdiam tempo quando capturavam uma cidade siberiana. Emitiam uma ordem para recrutar todos os "ex-oficiais Brancos de até 50 anos, oficiais de estado-maior de até 55 e generais até 60, tanto da região quanto os que viviam ali temporariamente". Isso demonstrava uma maior confiança de que estavam se tornando mais raros os casos de oficiais que passavam para o lado dos Brancos.

O desânimo das fileiras Brancas devia-se em parte à ineficácia do Ministério da Guerra em Omsk, que falhara em repor as botas apodrecidas do exército de Gajda ou em melhorar a conduta dos oficiais Brancos reacionários. Gajda, que foi culpado pela perda de Perm, tornara-se impopular por condenar as práticas do exército czarista que oficiais Brancos haviam reintroduzido na Sibéria, como o açoite e esbofetear seus soldados no rosto quando faziam algo errado.

Talvez o mais danoso de tudo fosse a profunda corrupção na retaguarda, que chegava a superar a deterioração por trás das linhas dos exércitos de Deníkin. A maioria dos oficiais do estado-maior ou em cargos administrativos buscava apenas favorecer a si própria – e vendia rações, equipamento e até armas para compensar o que havia perdido com a revolução, ou para fazer um pé de meia pensando no exílio. Muitos levavam suas esposas e família consigo, e conseguiam tratamento preferencial, usando transporte, rações e suprimentos militares. "Há muitas famílias de oficiais na retaguarda imediata circulando em carroças do exército, enquanto as unidades se queixam... de que não têm carroças disponíveis para evacuar doentes e feridos." Foi expedida uma ordem determinando que nenhuma família tinha permissão de avançar além da "área do quartel-general do Exército". Conforme os Brancos começaram a retirada, surgiu um terrível mercado clandestino de passagens de trem.

O cinismo americano em relação às tentativas de Koltchák de pressionar os Aliados aumentou quando eles leram um anúncio na imprensa de que o general Kassátkin, chefe das comunicações militares, havia sido preso em Omsk. Isso ocorreu depois que se descobriu que "a frota de trens para o transporte de suprimentos e soldados estava sendo disponibilizada a particulares ao preço de cerca de 25 mil a 50 mil rublos por vagão. Os presos foram levados à corte marcial. Eles talvez recebam a pena de morte". Dois meses mais tarde, porém, ninguém se surpreendeu ao saber que Kassátkin, longe de ser executado, havia sido simplesmente nomeado chefe da intendência.

Muitos oficiais nas áreas da retaguarda dependiam de uma constante ingestão de álcool e drogas para tentar calar o pensamento racional. (É surpreendente que a cocaína, que ao que parece era consumida em grande quantidade em Omsk, estivesse disponível nas regiões remotas da Sibéria.) No entanto, itens comuns de comida ficaram escassos na superlotada capital de uma Rússia supostamente livre. Isso provocou uma inflação galopante numa cidade que nem sequer tinha dinheiro para pagar seus trabalhadores e ferroviários. Membros do governo convenceram a si mesmos de que o problema tinha origem no fato de os Aliados estarem especulando para derrubar o rublo. A única razão de o sistema todo não ter entrado em colapso eram as reservas de ouro capturadas pelos homens de Káppel em Cazã, mas Koltchák recusava-se a gastá-las.

Nas áreas de retaguarda, os bolcheviques que haviam passado à clandestinidade formaram mais grupos guerrilheiros para sabotar a Ferrovia Transiberiana, queimar pontes de madeira e arrancar linhas de telégrafo. Ao mesmo tempo, a selvageria dos destacamentos cossacos em missões antipartisans colocou o campesinato, geralmente conservador, contra os Brancos. O ataman Semiónov, que havia reafirmado a Koltchák que reconhecia "o governo russo presidido por Vossa Excelência, seguindo suas ordens", naturalmente passou a ignorá-los de novo. Foi essa *atamánschina* – o reino do terror e da tortura por atamans criminosos como Semiónov, Ungern-Sternberg, Kalmíkov, Krassílnikov e Ánniekov, assim como os generais Ivanóv-Rinóv e Rózanov – que em última instância havia garantido a vitória Vermelha na Sibéria. O tenente-general Serguêi Rózanov, que comandou a região do Cis-Amur, era notório pelas execuções de reféns, apesar das ordens de Koltchák em sentido contrário, e por dependurar suas vítimas em postes de telégrafo ao longo da Ferrovia Transiberiana.

Ainda em 1º de junho, Vológodski, ministro-chefe de Koltchák, havia anunciado que "a sede do Governante Supremo logo será transferida para Ecaterimburgo". O 1/9º Batalhão do Regimento de Hampshire, que tomara o lugar do Regimento de Middlesex em Omsk, foi transferido para Ecaterimburgo como força de guarda para o quartel-general de Koltchák, mesmo que este ainda estivesse em Omsk. Churchill teve que reafirmar para Lloyd George que sua intenção não era combater, "mas a presença deles dá certo apoio moral ao governo de Omsk".

Havia também uma equipe britânica de treinamento de oficiais e suboficiais em Ecaterimburgo, tentando criar uma brigada anglo-russa a partir de 2.500 recrutas, muitos deles sem botas. O jovem capitão Brian Horrocks era o segundo em comando. Falava um pouco de russo, mas a tarefa de treinar camponeses analfabetos com pouquíssimos intérpretes revelou-se inviável. O general Gajda havia prometido ceder alguns de seus suboficiais, mas eles nunca apareceram. O maior ressentimento foi demonstrado por um núcleo de oficiais russos Brancos, que fez clara objeção a qualquer presença ou assistência de britânicos. Então, assim que o treinamento começou a mostrar resultados, chegaram ordens por intermédio do major-general Knox em Omsk para que o pessoal britânico fosse retirado de Ecaterimburgo junto com o batalhão de Hampshire.

A sua partida coincidiu com o rápido avanço do 2º Exército Vermelho sobre a cidade, provocando acusações de covardia da parte dos oficiais russos Brancos. Até mesmo o general Janin ficou chocado. Mas os britânicos talvez tenham sido duplamente afortunados por terem escapado a tempo. Eles partiram pouco antes de os Brancos realizarem um pavoroso *pogrom* contra a população judaica, cinco dias antes de os Vermelhos tomarem a cidade, em 15 de julho. Cerca de 2.200 pessoas morreram nessa atrocidade, boa parte fuzilada em razão do mito vingativo da extrema direita de que todo judeu era bolchevique. Os Brancos afirmaram que mais de 3 mil habitantes de Ecaterimburgo haviam sido mortos após a tomada da cidade pelos Vermelhos, mas isso pode muito bem ter sido uma tentativa de encobrir o *pogrom*.

Em 11 de julho, quando Ecaterimburgo estava prestes a cair, Koltchák havia nomeado Díterikhs para o lugar de Gajda como comandante do Exército Siberiano no norte. Duas semanas mais tarde houve uma reorganização adicional. Em 26 de julho foi feita a divisão entre o 1º e o 2º Exércitos, comandados pelo tenente-general Anatóli Pepéliaev e pelo tenente-general N. A. Lokhvítski, enquanto o 3º Exército, ex-Exército Ocidental, era entregue ao general Sákharov. A designação de exércitos, corpos e divisões começava a fazer menos sentido ainda conforme a taxa de deserção aumentava na retirada, como foi registrado por um professor da região. "Os soldados comuns no exército de Koltchák, que haviam sido recrutados à força, não queriam lutar contra os soldados revolucionários. Eles eram encontrados por toda parte: na floresta, em pântanos, junto aos lagos, escondidos em trigais altos... Koltchák organizou expedições punitivas a fim de localizá-los, mas o tratamento rude dispensado aos civis aumentou a desintegração do exército em vez de contê-la."

Até mesmo entre os regimentos de fuzileiros siberianos de Káppel começaram a haver casos de ferimentos autoinfligidos, para escapar do combate. "Vários incidentes vexaminosos foram registrados, como evitar lutar dando um jeito de se ferir, geralmente com ferimentos autoinfligidos nos dedos. Lamento ter que apontar que o maior número de ferimentos nos dedos ocorreram naquelas unidades que supostamente deveriam dar o exemplo às demais, como as unidades de ataque e as equipes de treinamento. A noção de 'siberiano' é incompatível com a de alguém que atira no próprio dedo." Aqueles reportados pelos médicos iam para a corte marcial. O capitão americano William Barrett, que guardava a Ferrovia Transiberiana, registrou que os trens-hospitais que passavam por ali vinham cheios de soldados com ferimentos autoinfligidos, que desejavam apenas evitar combater. "Eles atiram em si mesmos através de um filão de pão, para que as queimaduras de pólvora não infeccionem a ferida." Tiveram a sorte de não ser executados por essas tentativas óbvias.

Também havia receios no Exército do Sul de que o uso contínuo de prisioneiros de guerra austríacos e alemães fosse um perigo. "Os efeitos corruptores dessa coabitação e cooperação estão favorecendo claramente a espionagem e a disseminação de ideias internacionalistas." Enquanto isso, o Exército Ocidental advertia que "Todos aqueles que se renderem voluntariamente ao inimigo ou desertarem serão despojados de todas as suas propriedades como traidores, suas terras serão tiradas deles, ficarão condenados à pobreza. Quando a região for libertada dos bolcheviques, nenhum desses traidores será capaz de viver em seu local de origem, serão todos entregues à corte marcial e executados como pessoas que cometeram o pior dos crimes. Que aqueles que estejam alimentando pensamentos criminosos ou covardes de se render ou trair pensem bem nas consequências, como a irrevogável perda de todas as suas posses e do direito à terra, além da inevitável execução".

No início de agosto, era possível ver refugiados em carroças em número cada vez maior, em colunas que se intercalavam com os soldados de Koltchák. Em 10 de agosto, a tentativa do almirante de dissimular a gravidade da situação não convencia ninguém. "Nossos exércitos têm lutado desde março", ele anunciou. "Precisam de um descanso, e sob minhas ordens estão batendo em retirada e não irão envolver-se em nenhuma grande batalha contra o inimigo... o Exército e eu confiamos na vitória final."

Pouco antes de se retirarem, alguns Brancos ressentidos fingiram ser Vermelhos para dar uma lição naqueles que secretamente simpatizavam com os bolcheviques. "Um pequeno grupo de soldados apareceu num dia ensolarado na estrada para Malo-Beloe", escreveu o Professor A. Astafiév. "Quatro deles estavam numa *Drójki*, e um ia segurando uma bandeira vermelha. Mais tarde soube-se que eram soldados de Koltchák disfarçados... Mikhail Ivanóv, da vila de Pestiereva, veio recebê-los. 'Olá, camaradas!' Eles o amarraram a um abeto e o torturaram. Perfuraram seu peito com uma baioneta, cortaram seu nariz com um sabre e depois o decapitaram. Escreveram sobre seu corpo irreconhecível: 'Morte aos bolcheviques!'. O corpo foi encontrado três dias depois por soldados do Exército Vermelho."

O capitão Barrett, em Misovaia, na margem sul do lago Baikal, deparou-se com uma tarefa horrível em 4 de agosto. Um trem havia chegado com 2.200 prisioneiros bolcheviques capturados no front. "A maioria dos prisioneiros aparentava estar doente de tifo, e em estado de inanição. Vários mortos foram removidos dos vagões. Parece que há mortos sendo removidos a cada estação." A companhia de Barrett tinha que guardar o trem até Tchita, onde os homens de Semiónov lidariam com eles. Dali foram levados a Adrianovka, e obrigados a cavar as próprias covas e descalçar suas botas antes de serem fuzilados.

Em agosto, a retirada dos Urais teve sua correspondência no sul. Logo após Wrangel tomar Tsaritsin, ele enviou o coronel Izièrguin ao sul, até Guriev, no mar Cáspio, como oficial de ligação com o exército cossaco do Ural, comandado pelo ataman Tolstóv. Izièrguin, no entanto, descobriu que os cossacos do Ural haviam sido enviados para o leste, aos desertos do Turquestão, para se unirem aos cossacos de Orenburgo de Dútov ou a alguma outra formação das forças de Koltchák. Izièrguin descobriu também que várias famílias de cossacos, temendo a vingança dos Vermelhos, tinham ignorado o apelo do ataman Tolstóv de permanecer. Embora muitos estivessem doentes de tifo, haviam abandonado seus assentamentos e partido com seus pertences e animais de criação.

A força de Tolstóv continuou indo para leste em direção à ponta norte do mar de Aral, onde foram logo cercados por forças Vermelhas. Sua única rota de fuga até a Ferrovia Transiberiana era por uma estreita passagem pelo deserto de Túrgai. Camelos rebocavam sua artilharia, e carroças de duas rodas levavam suprimentos cada vez mais escassos, além de seus doentes e feridos. Depois que o verão terminou, suportaram ventos gélidos e nuvens de poeira que açoitavam seus rostos com areia. Os condutores precisavam usar óculos de proteção nas tempestades de areia, como lembrou Serguêi Khitún, comandante da sua coluna motorizada. "Cavalos, camelos, animais de criação e todos os suprimentos de comida disponíveis eram confiscados dos camponeses de aldeias próximas." Muitas das aldeias já estavam vazias, por medo daquela força cheia de doenças que se aproximava. Com escassez de comida e água, eles roubavam e comiam as melancias cultivadas pelos habitantes locais, mas isso aumentava a disseminação da cólera e da febre tifoide.

Não demorou para que qualquer coisa que os atrasasse, incluindo a artilharia e milhares de doentes e feridos, fosse abandonada. "Os poucos veículos motorizados penavam para avançar na areia, usando álcool como combustível." De manhã, às vezes levava até uma hora para descongelar o motor e fazê-lo funcionar. O veículo mais confiável era o caminhão-hospital, chamado de "Hotel Benz". Apenas uns poucos destacamentos de cossacos eram capazes de combater as ações movidas contra a sua retaguarda pelos Vermelhos que os perseguiam.

Ao receberem a notícia da retirada acelerada das forças de Koltchák, os cossacos dos Urais sabiam que não seriam capazes de alcançá-los numa marcha diagonal para nordeste até a Ferrovia Transiberiana, então continuaram para o leste. Com forças Vermelhas bem equipadas entre eles e a ferrovia, sua única chance agora era cruzar a maior parte da Ásia Central e chegar à fronteira chinesa. "A retirada às pressas ia deixando atrás de si uma medonha trilha de cadáveres congelados. Camelos irrecuperavelmente exauridos pelo esforço extremo jaziam aqui e ali com suas corcovas tombadas."

Em agosto, uma grande batalha foi travada entre o rio Tobol e a cidade de Petropavlovsk. Começou com um intenso combate no setor em que a Ferrovia Transiberiana atravessa o Tobol. Depois, mais para o final do mês, o 5º Exército Vermelho conseguiu cruzar o rio, enquanto os Brancos preparavam o contra-ataque, que seria comandado por Anatóli Pepéliaev. "O papel [de ponta de lança do ataque]", registrou posteriormente uma avaliação do Exército Vermelho, "foi confiado a um corpo dos cossacos siberianos que contava com 7 mil sabres." Enquanto atacavam o flanco do 5º Exército, o 3º Exército dos Brancos deveria atacar de frente. Mas juntar e posicionar a força de cavalaria tomou mais tempo que o previsto, e o contra-ataque só teve início a partir de Petropavlovsk em 1º de setembro. No decorrer de outro mês de combates, o 5º Exército foi rechaçado por quase cem quilômetros, até além do Tobol, onde o front permaneceu por algum tempo em razão da exaustão de ambos os lados. As perdas dos Brancos foram maiores do que eles poderiam suportar, ao passo que o Exército Vermelho recebia constantes reforços.

Mais tarde, quando soube desse contra-ataque, as esperanças de Churchill ressurgiram. Ele enviou um comunicado a Koltchák por intermédio do major-general Knox. "Palavras não podem expressar minha alegria ao ver que o supremo esforço do Exército de Vossa Excelência foi contemplado por fim com uma medida tão grande de sucesso." Ele depois prosseguiu e explicou que os britânicos haviam se concentrado em apoiar os exércitos de Deníkin ao sul, por serem eles mais acessíveis, e que esperavam que o governo dos Estados Unidos apoiasse o almirante Koltchák na Sibéria. "Sugerimos por vários canais aos Estados Unidos que, enquanto fazemos nossa parte no sul, confiamos que eles irão carregar o fardo na Sibéria." O general Graves e seus mandantes políticos em Washington não tinham intenção de fazer isso.

A mensagem de congratulações de Churchill chegou tarde demais, porque seguidos reveses tinham obliterado aquele breve momento de esperança. Os ataques de partisans aumentaram muito, incentivando o contínuo avanço do Exército Vermelho. Segundo Feduliênko, o comandante da escolta de Koltchák, "o general cossaco Ivanóv-Rinóv prometeu ao almirante que mobilizaria todos os cossacos e que iria deter a retirada. Isso nunca aconteceu". Díterikhs demitiu o presunçoso Ivanóv-Rinóv, que então passou para o lado dos bolcheviques. O grande erro de Koltchák, e que iria custar-lhe a vida, foi sua recusa em ouvir o general Díterikhs quando este insistiu para que abrisse mão de Omsk e se retirasse até Irkutsk, perto do lago Baikal.

Até o mais racional Víktor Pepéliaev partilhava do sentimento geral de ultraje em relação aos Estados Unidos no quartel-general de Koltchák. "A conduta da América é ultrajante", escreveu ele em 22 de setembro. "Eles exigiram que removêssemos Semiónov e Kalmíkov. O general Graves bloqueou as armas que estavam sendo enviadas a nós, pelas quais já havíamos pagado em ouro." Na realidade, os americanos tinham uma ideia bem mais precisa dos horrores perpetrados pelos atamans cossacos do que o governo de Koltchák em Omsk, que preferiu fazer vista grossa. O general Knox também advertiu Pepéliaev a respeito de quão indignados ainda estavam os tchecos com a destituição de Gajda. Havia focos de revolta contra Koltchák em Vladivostok, como a "tentativa de golpe durante a noite de 18 para 19 de setembro". A Comissão Interaliada exigiu a retirada dos soldados do general Rózanov de Vladivostok, mas Koltchák e seus ministros rejeitaram isso veementemente.

O major-general Knox tinha poucas ilusões a respeito das forças de Koltchák. Enfurecia-se ao ver que 80% dos recrutados dos Brancos, todos vestidos e equipados pelos britânicos, bandeavam para o lado dos Vermelhos na primeira oportunidade. Ele queixou-se amargamente para o general Janin da maneira como 200 mil conjuntos de uniformes haviam sido desperdiçados. Para piorar, Trótski enviou a Knox uma carta para agradecer-lhe a generosidade. Knox não se surpreendeu quando Tobolsk caiu nas mãos dos Vermelhos na primeira semana de outubro. Logo seria a vez de Omsk.

O Exército Vermelho não era a única ameaça que avançava pela Sibéria. A cólera em Harbin começara a se espalhar, enquanto em Vladivostok havia um grande surto de varíola e de cólera. Disseminaram-se boatos de peste negra, e em Tomsk eclodiu uma pandemia de tifo. "Em razão das aglomerações", reportou a Força Expedicionária Americana, "a epidemia provavelmente assumirá proporções terríveis no inverno. O influxo de refugiados continua."

Os oficiais americanos achavam divertido ver que os jornais russos pareciam mais preocupados com o comportamento das jovens russas, que sem dúvida esperavam escapar da catástrofe que se avizinhava nos braços de um "*doughboy*" [soldado americano]. A sua seção de inteligência coletava recortes de jornal que denunciavam "Caçadoras de Dólares" e "Russas Desavergonhadas" unindo-se a soldados americanos. "A cada parada é possível ver exemplos revoltantes de conduta indecente por parte de mulheres russas." "A taça da humilhação ainda não foi bebida até a última gota. A mão impiedosa do destino ameaça a honra das mulheres russas." "Essas assim chamadas mulheres não veem nem os soldados doentes e feridos voltando do front, nem os que são obrigados a fugir dos Urais pela terrível 'pestilência'." Em Vladivostok, em 6 de setembro, o *Dálni Vóstok* descreveu cenas no restaurante Zolotói Iákor [Âncora Dourada]. "Seminuas, mulheres bêbadas e cavalheiros americanos ficam à vontade aqui e promovem orgias, com as janelas abertas e as luzes elétricas acesas." Vladivostok era vista também como uma cidade de espiões, onde mulheres jovens trabalhando para os Vermelhos tentavam seduzir oficiais para obter detalhes de carregamentos transportados pela Ferrovia Transiberiana.

Em 6 de setembro, quase houve um tiroteio na estação de trem de Iman quando um dos oficiais do ataman Kalmíkov acusou um sargento americano de mau comportamento para com uma mulher russa. Ele ameaçou o americano com uma pistola, dizendo que cossacos "não podiam tratar como amigos aqueles que molestam suas esposas e filhas". O sargento puxou seu Colt e houve um tenso impasse. Soldados dos Estados Unidos correram para tirá-lo da situação, e o "ataman ordenou que os cossacos formassem uma linha de escaramuça, montassem um canhão e respondessem à força com força". Kalmíkov, que fazia questão de viajar escoltado por dois trens blindados, era capaz de mobilizar armas pesadas quase instantaneamente, portanto foi necessário fazer uso de uma firme e séria diplomacia para evitar o confronto.

O ciúme e a desconfiança dos russos estendiam-se até a Cruz Vermelha americana. "Quando havia combates", escreveu um alto membro, "muitos russos feridos eram trazidos aqui em péssimo estado. Nem os primeiros socorros lhes haviam sido dispensados. A Cruz Vermelha queria cuidar dessas pessoas, mas elas se recusavam a ser atendidas. Gastamos milhões de bons dólares americanos com esses ingratos. Eles encaram o que lhes oferecemos com suspeita – querem saber por que fazemos isso."

A maioria dos oficiais americanos via pouco sentido em continuar ali, pois acreditava que o país acabaria de qualquer modo sendo bolchevique. A única vez em que viram sentido em combater foi depois de um destacamento americano ter sido surpreendido em Romanovka em suas tendas antes do amanhecer. Foram dezenove mortos e quarenta feridos. No entanto, quando se tratava da guerra civil entre Vermelhos e Brancos, perdiam o ânimo. "Koltchák tem escassa disciplina em seu exército, e os homens são muito jovens, na verdade são garotos. Dão a eles um fuzil, roupas, um pedaço de pão preto e sal, e mandam-nos para a linha de frente... Já os americanos querem todos ir embora, pois não se trata de uma briga de cavalheiros."

27

VERÃO NO BÁLTICO

Maio-agosto de 1919

Mudar a capital bolchevique para Moscou forçosamente reduzia a importância de Petrogrado, mas não diminuiu o valor estratégico de sua posição. A ponta leste do Báltico estava agora flanqueada por nações potencialmente hostis, que o Kremlin queria voltar a controlar, em parte como território-ponte para a Alemanha. O sonho bolchevique de uma revolução espalhando-se pela Europa era notavelmente persistente, apesar dos reveses. Depois que o levante espartaquista em Berlim foi sufocado em janeiro e membros do Freikorps da Cavalaria da Guarda assassinaram Rosa Luxemburgo e Karl Liebknecht, as esperanças revolucionárias do Kremlin focaram a Baviera e a Hungria.

Em março de 1919 surgiu uma República Soviética na Hungria liderada por Béla Kun, num golpe inicialmente sem derramamento de sangue, auxiliado pelas amargas consequências da derrota e pelo ódio à velha ordem imperial. Kun, já então um socialista comprometido, radicalizara-se num campo de prisioneiros de guerra russo, e formou o protótipo do Partido Comunista Húngaro em Moscou. Ele lutou pelos bolcheviques na guerra civil como internacionalista em 1918 e voltou a Budapeste no final do ano com fundos fornecidos por Lênin. Kun chegou ao poder superando com suas manobras o Partido Social-Democrata, que era bem maior.

No início de abril, nasceu em Munique uma *Räterepublik* – república de sovietes –, após o assassinato de Kurt Eisner, o ministro-presidente socialista do Estado do Povo da Baviera. Sua versão inicial era basicamente uma fantasia anarquista boêmia que durou seis dias, quando uma administração comunista bem mais linha-dura assumiu. À medida que as forças contrarrevolucionárias, entre elas um contingente de Freikorps, avançavam sobre Munique no final de abril, os comunistas mataram dez reféns, um deles o Príncipe Von Thurn und Taxis. As forças Brancas, que incluíam vários futuros nazistas, fizeram disso um pretexto para chacinar quase todos os esquerdistas que capturavam.

Ao mesmo tempo, a fúria húngara diante da decisão da Conferência de Paz de Paris de transferir boa parte de seu território para a Romênia deu forças a Kun e aos comunistas. Quando forças romenas entraram na Transilvânia, o internacionalismo comunista beneficiou-se do ultraje patriótico. Voluntários, entre eles ex-oficiais, correram para juntar-se ao Exército Vermelho húngaro. Os governos francês e britânico ficaram alarmados ao ver a doença bolchevique alastrar-se pela Europa central e pelos Bálcãs. Em junho, havia caos na economia e um Terror Vermelho selvagem contra burgueses e camponeses. Isso originou um movimento Branco, chefiado pelo almirante Miklós Horthy. Em agosto, o regime de Béla Kun caiu em meio ao desastre humanitário, agravado pelo colapso da infraestrutura e pela fome. Kun fugiu para Moscou. O terror Branco que se seguiu matou bem mais gente que o Terror Vermelho precedente, com esquadrões da morte antibolcheviques caçando seus inimigos. O almirante Horthy nomeou-se "Regente" e governou até ser deposto por Hitler em 1944, por não cooperar o bastante com a "Solução Final".

Em maio, o general Iudénitch em Helsinque solicitou grande quantidade de armas e até mesmo de aeronaves dos Aliados para seu exército na Estônia. Seu relutante subordinado ali, o general Aleksandr Rodziánko, o cavaleiro olímpico, lançou uma ofensiva conjunta com os estonianos comandados pelo general Laidoner. Mas foi a força guerrilheira da cavalaria de Bułak-Bałachowicz, que agora havia abandonado os Vermelhos, que capturou Pskov numa incursão por território russo. Rodziánko não conseguiu controlar Bułak-Bałachowicz, que foi tão selvagem ao assumir o controle da cidade quanto havia sido ao sufocar a revolta de Luga para os Vermelhos. Ele promoveu *pogroms* contra os judeus que não lhe cediam seu dinheiro e enforcou suspeitos de serem Vermelhos nos postes de iluminação da cidade.

General Johan Laidoner, comandante em chefe estoniano, visita Bułak-Bałachowicz (esquerda) em Pskov em 31 de maio de 1919, logo após a captura da cidade.

Laidoner continuou o avanço em direção a Petrogrado em apoio ao Corpo Branco do Norte da Rússia e a um batalhão da Íngria. Seu plano era criar um Estado-tampão em território soviético, pois os ingrianos luteranos da região identificavam-se bem mais com os finlandeses e estonianos do que com os russos. Menos de dez anos depois, sob Stálin, foram um dos primeiros grupos étnicos da União Soviética a serem deportados. A ideia de Laidoner era sediar o Exército do Noroeste ali numa zona-tampão, em vez de continuar na Estônia, onde os oficiais reacionários e autoritários de Rodziánko proclamavam sua crença de que o país deveria continuar sendo parte do Império Russo. Eles não se tornavam mais bem-vistos por seus sofridos anfitriões ao cantarem "Deus Salve o Czar" quando bebiam demais nos bares e ruas de Tallinn.

Lênin ordenou que Stálin se encarregasse de Petrogrado para garantir que o símbolo sagrado de sua revolução nunca fosse capturado. Após seu reino de terror em Tsaritsin, Stálin fora enviado para investigar a perda de Perm para o exército de Anatóli Pepéliaev em dezembro. Sua subsequente chegada a Petrogrado militarizou e aterrorizou a cidade inteira. Os trabalhadores foram exercitados e treinados em noções básicas de armamentos, enquanto potenciais inimigos eram presos. Stálin pediu reforços ao Exército Vermelho, mas a real ameaça a Petrogrado naquele verão veio do mar, apesar das imensas defesas da Frota do Báltico em Kronstadt.

Em 13 de maio, a 1ª Divisão Estoniana e o Exército do Noroeste atacaram a leste a partir de Narva, apoiados sempre que possível pelos canhões de seis polegadas dos cruzadores leves de Cowan. Usando os dois destróieres capturados de Raskólnikov, a infantaria naval estoniana desembarcou atrás da linha do front do Exército Vermelho. A liderança bolchevique ficou em pânico, imaginando que Petrogrado pudesse cair com o auxílio dos Brancos ainda escondidos na cidade. Na noite de 12 para 13 de junho, Stálin e Iákov Péters da Tcheká, que haviam reunido secretamente uma força de 15 mil homens, fizeram detenções em massa em Petrogrado de ex-oficiais e suas famílias, assim como de desertores do Exército Vermelho. Várias centenas foram fuzilados.

O medo que Stálin tinha de traições aumentou. Com a ajuda de um motim de alguns de seus defensores, o batalhão da Íngria capturou a grande fortaleza de Krasnaia Gorka, que guardava o acesso sul à base naval de Kronstadt. A maioria dessa guarnição era de ingrianos recrutados localmente. Por ordens de Stálin, as baterias de artilharia costeira que guardavam a base começaram a retaliar com um bombardeio massivo, acompanhadas pelos dois encouraçados, *Petropavlovsk* e *Andrei Pervôzvani*, com seu armamento principal de canhões de doze polegadas. Víktor Chklóvski, escrevendo de uma dátcha em Lakhta, no litoral norte do estuário do Narva, a cerca de trinta quilômetros dali, notou que suas vidraças tremiam constantemente com o som dos canhões do outro lado das águas.

Naquele dia, a Frota do Báltico reportou a Petrogrado: "Às 8h50 Krasnaia Gorka começou a responder ao nosso bombardeio. Suas bombas caíam no Pequeno Porto [da base naval de Kronstadt]. Até o momento não causaram nenhum dano. Nosso ânimo está elevado. *Andrei* e *Petropavlovsk* nos dão cobertura constante".

A revolta dos ingrianos em Krasnaia Gorka também levou Stálin a ordenar uma imediata caça às bruxas contra oficiais no Front do Báltico. "Estamos anexando para sua consideração a lista de oficiais do encouraçado *Gángut* e do cruzador *Aurora*", dizia um relatório ao conselho militar revolucionário. "Gostaria de informá-lo que recebemos do comissário do Genmor [o estado-maior naval], camarada Gan, a lista de certos membros da liderança dos navios que estão nas listas da Tcheká de toda a Rússia como membros de organizações contrarrevolucionárias." Cerca de setenta oficiais seriam executados. Entre os suspeitos estava o comandante do cruzador blindado *Oliég*, navio que foi logo detectado pelo tenente Augustus Agar, a cargo das lanchas de alta velocidade da Marinha Real, escondido numa baía na costa finlandesa.

Na quarta-feira 18 de junho, com uma tripulação de três numa lancha costeira rápida, Agar conseguiu afundar o *Oliég* enquanto este bombardeava Krasnaia Gorka. Mas seu sucesso fez pouca diferença. Os canhonaços das baterias costeiras e dos encouraçados eram tão intensos que o batalhão ingriano e os amotinados foram obrigados a abandonar a fortaleza.

Apesar de terem afundado o *Oliég*, os Brancos ainda se queixavam da falta de apoio dos navios de guerra britânicos. Eles se recusavam a aceitar o fato de o esquadrão de cruzadores do almirante Cowan no Golfo da Finlândia não ser capaz de penetrar os trechos minados em volta de Kronstadt. Essa desculpa tornou-se a justificativa de Rodziánko para o fracasso de seu Corpo do Norte em tomar Gatchina e avançar sobre Petrogrado. Seus oficiais também culparam o fato de seus tanques britânicos terem quebrado pelo seu fracasso. Eles ainda tentaram alegar que os seis monstros de ferro haviam sido sabotados com areia em seus motores. Essa ideia bizarra teria supostamente nascido da insatisfação dos britânicos com o modo como esses oficiais czaristas proclamavam abertamente que a Estônia seria sempre parte do Império Russo. Qualquer que fosse a verdade, sua retirada precipitada de Gatchina custou-lhes o desprezo dos estonianos.

A 2ª Divisão Estoniana, enquanto isso, havia sido mais bem-sucedida ao derrotar a Divisão Vermelha de Fuzileiros Estonianos, e levar o 1º Regimento de Fuzileiros deles a mudar de lado. Mas a principal ameaça à Estônia vinha não apenas dos bolcheviques. Assim que os Vermelhos foram rechaçados, as ambições dos nacionalistas alemães vieram à tona. Eles acreditavam que seus direitos sobre a região remontavam à Cruzada do Norte, lançada pelo Papa Inocêncio III em 1193. Os conselhos unidos da Livônia, Curlândia e Estlândia, representando os alemães do

Báltico, haviam concedido no Tratado de Brest-Litovsk que essas províncias se tornassem Estados independentes. Mesmo assim, os nacionalistas alemães ainda reivindicavam seus direitos sobre a região, que remontavam à Cruzada. Em setembro de 1918, o Kaiser havia amalgamado as três províncias num Ducado Unido do Báltico. Seu recém-designado duque nunca assumiu o cargo em razão da derrota das forças alemãs no Ocidente. Mas sua força armada, o *Baltische Landeswehr*, ainda tentava exercer uma autoridade germânica.

No início de fevereiro de 1919, o *Generalleutnant* Rüdiger von der Goltz, que exercera papel importante no sucesso dos Brancos finlandeses, desembarcou na Curlândia para reorganizar o Freikorps como o VI Corpo da Reserva, agora reforçado pela Divisão de Guardas da Reserva. Em 16 de abril, os alemães derrubaram o governo letão de Kārlis Ulmanis e instalaram seu próprio governo títere. Após a retomada de Riga dos Vermelhos, a agora expandida "Divisão de Ferro" e o *Baltische Landeswehr* avançaram para o nordeste e entraram na Livônia, desafiando as advertências do Conselho Supremo Aliado em Paris. Ali, eles se depararam em junho com a 3ª Divisão Estoniana e com uma brigada Letã em Cēsis, próximo à grande fortaleza dos Cavaleiros Teutônicos. Em grande parte devido à brilhante liderança do general Laidoner e à oportuna intervenção de três trens blindados estonianos, o *Baltische Landeswehr* foi derrotado decisivamente. Os estonianos e letões continuaram avançando em direção a Riga e, com pleno apoio do Supremo Conselho Aliado, restauraram o governo de Ulmanis. O moral e o orgulho nacional estonianos ficaram em alta após sua vitória.

Para complicar ainda mais as relações no Báltico nesse momento, foi formado na Letônia um "Exército Voluntário Ocidental" de russos Brancos, sob o major-general Pável Bermondt-Aválov. A maioria de seus homens era de soldados russos recrutados de campos alemães de prisioneiros de guerra. Eles foram armados e equipados pelo general Von der Goltz, que usou essa força de menos de 10 mil para esconder o maior número possível de seus próprios soldados, incluindo a Divisão de Ferro e a Legião Alemã, que deveriam ter saído do Báltico por ordens da Comissão Interaliada.

Após a derrota alemã em Cēsis, o *Baltische Landeswehr* foi colocado sob supervisão do tenente-coronel Harold Alexander, um irlandês membro da guarda que mais tarde seria outra figura importante na Segunda Guerra Mundial. Ele ordenou que todos os oficiais que não fossem do Báltico voltassem à Alemanha, mas muitos simplesmente se juntaram à Legião Alemã sob Bermondt-Oválov. Os remanescentes do *Landeswehr* tornaram-se parte do Exército Letão sob o general Jānis Balodis. A independência da Letônia foi assim preservada, pelo menos até que Stálin, com o auxílio de Hitler, obrigasse os Países Bálticos a se submeterem em junho de 1940, durante o pacto nazi-soviético.

A nada invejável tarefa de estabelecer alguma espécie de lógica e ordem na região do Báltico havia sido entregue ao general Hubert Gough em maio, quando o Supremo Conselho Aliado em Paris o nomeou chefe de sua missão militar. Gough foi uma escolha controversa. Os políticos britânicos não confiavam nele após o papel que tivera no incidente de Curragh, pouco antes da eclosão da Primeira Guerra Mundial, quando oficiais do exército demitiram-se em massa em vez de aceitar ordens de marchar contra os unionistas do Ulster. Ele também havia sido injustamente culpado pelo colapso do Quinto Exército, quando este foi arrasado pela ofensiva Ludendorff em março de 1918. Mas Lloyd George não pôde fazer nada para impedir sua nomeação, já que a decisão havia sido tomada em Paris. Por outro lado, ele foi apoiado por Churchill e pelo general Wilson (um compatriota do Ulster).

Gough tinha de lidar com contradições insolúveis na política. Seu papel era manter os soldados alemães no Báltico para deter os bolcheviques, mas ele também precisava controlá-los e repatriá-los sem contar com quaisquer forças terrestres Aliadas para apoiá-lo. Para complicar ainda mais as coisas, Lorde Curzon, o secretário do Exterior, convocara Gough pouco antes de sua partida. Disse-lhe para não permitir que Churchill o pressionasse a intervir na Guerra Civil russa e que impedisse que forças apoiadas pelos britânicos capturassem Petrogrado.

Gough ficou muito impressionado com o comandante em chefe estoniano, o general Laidoner, que havia derrotado o *Baltische Landeswehr* e outras forças alemãs na Batalha de Cēsis. A vitória de Laidoner deu aos estonianos confiança para expressar sua intensa aversão por seus tradicionais opressores, os barões do Báltico, e também por seu indesejado aliado, o Exército do Noroeste.

*

Em junho, o general Iudénitch, o presunçoso comandante em chefe do Exército do Noroeste, apresentou ao quartel-general de Koltchák um esboço de acordo entre ele e o general Mannerheim da Finlândia. Aconselhado pelo general Wilson, Churchill persuadira Iudénitch a consultar Koltchák a respeito do assunto. Churchill desejava criar uma coalizão antibolchevique na região, que pudesse ser apoiada pelo 1º Esquadrão de Cruzadores Leves de Cowan. Envolver a marinha era uma coisa, mas Churchill sabia que a ostensiva utilização de forças terrestres estava fora de questão. A opinião pública britânica não apoiaria isso.

O possível acordo com a Finlândia foi discutido numa reunião do Conselho de Ministros em Omsk. "Os finlandeses", observou Víktor Pepéliaev, "pedem em troca pela sua participação na tomada de Petrogrado que reconheçamos a completa independência da Carélia e de Olonets." Isso representava uma vasta área do noroeste da Rússia na fronteira com a Finlândia, do lago Ladoga até o mar Branco. Quatro dias depois, Koltchák e seus ministros rejeitaram a proposta como "completamente inaceitável", para frustração de Churchill.

Após sua humilhante retirada, os soldados de Rodziánko comportaram-se de maneira pavorosa na zona-tampão. *Pogroms* antissemitas, saques e a brutalidade absurda com a qual tratavam qualquer um que fosse suspeito de ter simpatias pró-bolcheviques destruíram qualquer ilusão de que o Exército do Noroeste pudesse ser visto como libertador. Seus soldados, com o moral baixo, sem receber soldo e subalimentados, passaram a desertar para o inimigo em número cada vez maior durante o verão, mesmo que as "noites brancas"* dificultassem roubar sem ser visto.

Stálin, enquanto isso, aumentara o 5º e o 7º Exércitos para um total de cerca de 40 mil homens. Em 1º de agosto, eles atacaram e começaram a rechaçar tanto o Exército do Noroeste como as duas divisões estonianas, que viam pouca razão para se sacrificarem em solo

* A partir de certa latitude no hemisfério norte ou sul, não apenas o sol se põe muito mais tarde durante o verão como as noites nunca chegam a escurecer totalmente no período próximo ao solstício, devido à angulação do planeta Terra (N.R.).

estrangeiro. Eles se retiraram pela fronteira até a Estônia, e Iamburg foi tomada pelos Vermelhos em 5 de agosto. Apenas Pskov continuou nas mãos dos Brancos.

O general Gough, indignado com o comportamento dos Brancos e levado por seu entusiasmo por tudo o que era estoniano, advertiu Iudénitch de que a missão militar britânica cortaria os suprimentos se ele não reconhecesse a independência do país. Ele e seu chefe de gabinete, o general Marsh, eram coniventes com a fórmula estoniana de uma "República de Pskov". Ela se tornaria a sede de um suposto Governo do Noroeste, responsável por quaisquer áreas a leste da fronteira estoniana capturadas dos bolcheviques. Lloyd George e Curzon ficaram ultrajados com o fato de Gough ter agido para além de suas atribuições. O secretário do Exterior condenou isso como um "experimento ruritano", mas eles pouco podiam fazer.

Gough, estabelecido em Helsinque, estava certo de que Mannerheim queria tomar Petrogrado. Ele não tinha ilusões quanto às visões pouco liberais de Mannerheim. Lloyd George e Curzon estavam muito mais inquietos. Em relação à possível captura de Petrogrado, não sabiam quem poderia causar mais problemas, se Mannerheim ou Iudénitch. Churchill esperava que fosse Iudénitch, mesmo que apenas pelo fato de ele ter sido nomeado por Koltchák, o que facilitaria uma vitória dos Brancos. Ele queria que os Aliados reconhecessem Koltchák de uma vez como o chefe de Estado russo, mesmo que o Governante Supremo continuasse evitando reconhecer ostensivamente a independência dos Estados fronteiriços. Koltchák usou de novo o argumento duplamente insincero de que as fronteiras da Rússia precisavam ser decididas por uma futura Assembleia Constituinte, embora soubesse muito bem que a vasta maioria dos oficiais Brancos não tinha intenção de permitir a existência de um organismo democrático como esse.

Em 4 de julho, o Gabinete em Londres, embora evitando qualquer declaração de hostilidades, privadamente reconhecia que existia um estado de guerra entre a Rússia soviética e a Grã-Bretanha. O general Wilson não concordava com as expectativas de Churchill de um ataque em três frentes contra a Rússia soviética. "Devemos encerrar nosso esforço militar em todas as frentes, exceto no sul da Rússia, a fim de concentrar todos os nossos recursos disponíveis na assistência a Deníkin", argumentou ele. "É nesse teatro de operações que podemos aplicar mais facilmente nosso peso."

Lloyd George passou a discordar de maneira ainda mais contundente do entusiasmo de Churchill pela causa dos Brancos. "A Rússia não quer ser libertada", escreveu a membros do Gabinete em 30 de agosto. "O que quer que ela possa pensar a respeito dos bolcheviques, ela não considera que vale a pena sacrificar mais sangue para substituí-los por homens do tipo de Iudénitch... Quanto às 'grandes oportunidades' de capturar Petrogrado", prosseguiu ele, "que nos disseram estar 'ao alcance da ponta de nossos dedos', e que nós não agarramos, já ouvimos isso com muita frequência a respeito de outras 'grandes oportunidades' na Rússia que não se materializaram apesar dos abundantes gastos feitos em busca delas." Ele estimava que já haviam gastado mais de 100 milhões de libras naquele ano. "O general Iudénitch nunca teve nenhuma chance de tomar Petrogrado... Ele é um notório reacionário, e conta com a desconfiança tanto dos estonianos quanto do povo russo. Se o norte da Rússia estivesse sofrendo sob a tirania bolchevique e os estonianos e letões estivessem ansiosos para se juntar uma guerra de libertação, teríamos agora um exército de centenas de milhares varrendo o noroeste da Rússia. O fato de eles terem reunido apenas 20 mil ou 30 mil homens de uma população de vários milhões de antibolcheviques é outra indicação da leitura totalmente equivocada que está sendo feita da situação russa, e sobre a qual a política militar tem se baseado." O raciocínio de Lloyd George tinha falhas importantes. Uma guerra civil não era uma eleição com aspectos militares, porque o que a vasta maioria das pessoas queria era ficar fora da confusão. No entanto, sua intuição a respeito de um desfecho malsucedido estava certa.

Foi justamente quando Lloyd George mais queria restringir o envolvimento de seu país na Guerra Civil russa que teve lugar o ataque mais audacioso das forças britânicas. Em 12 de agosto, o contra-almirante Cowan reuniu os oficiais da flotilha de lanchas costeiras da Marinha Real a bordo de sua nau capitânia. Fundeada dentro do território finlandês em Terijoki, vinte quilômetros ao norte de Kronstadt, a flotilha de lanchas costeiras havia sido enviada ao Báltico sob o comando do tenente Augustus Agar para transportar agentes secretos britânicos até

Petrogrado e arredores. Agora Cowan queria ir bem além de afundar o cruzador *Oliég*. A flotilha era seguida por mais sete "*skimmers*" ["voadeiras"], como essas lanchas costeiras eram chamadas por sua capacidade de passar por sobre as minas. Os mecânicos passaram a noite trabalhando no ajuste fino de seus motores.

Cowan estava determinado a garantir que a Frota do Báltico não se aventurasse a sair de seu complexo de portos fortemente defendido em Kronstadt para vir desafiar seu esquadrão de cruzadores. Tinha cinco alvos principais, disse aos oficiais reunidos. O alvo mais importante eram os dois encouraçados, o *Andrei Pervôzvani* e o *Petropavlovsk*. O segundo em importância era o navio-depósito *Pámiat Azóva*, que tinha dois submarinos ao lado dele. Cowan queria também neutralizar o *Riúrik*, um cruzador convertido em lança-minas. Infelizmente o navio acabara de receber uma carga de trezentas minas, portanto um ataque bem-sucedido por torpedo poderia destruir não só toda a área do porto, mas provavelmente todas as embarcações da Marinha Real que participavam do ataque. Os portões da doca seca eram o último objetivo, além do destróier *Gavríl*, que funcionava como um guardião da entrada para os três portos.

Os *skimmers* tinham velocidade de 45 nós, portanto a velocidade era uma vantagem para eles, mas o ruído de seus motores podia ser ouvido a grande distância. Para encobri-lo, Cowan concordou em lançar um ataque aéreo diversionista pouco antes que os *skimmers* chegassem às defesas de Kronstadt. As aeronaves, quatro hidroaviões Short e quatro caças biplanos, incluíam um único Sopwith Camel. Eles haviam sido trazidos a bordo do porta-aviões improvisado, HMS *Vindictive*, um velho cruzador ao qual fora acrescentada uma plataforma de madeira. O outro grande problema enfrentado pela flotilha era a área restrita dentro do porto triplo. Havia um risco real de colisão, especialmente porque eles precisavam estar na velocidade máxima para disparar seu torpedo. Isso era necessário porque o torpedo ficava alojado num compartimento no centro do navio. O processo de lançamento exigia colocar seu motor em funcionamento e depois ativar um aríete que projetava o torpedo para fora da popa. Assim que o torpedo alcançava a água, o navio precisava acelerar rápido para ficar fora de sua trajetória.

Com o ataque retardado por uma tempestade, a flotilha finalmente aguardou o escurecer, o que aconteceu tarde na curta noite de latitude norte daquele domingo, 17 de agosto. O golfo da Finlândia estava calmo quando as oito lanchas costeiras assumiram posições, prontas para aguardar o ataque aéreo. Enquanto elas "balançavam paradas sobre a água com os motores funcionando, os armeiros checavam os tambores de munição e os mecânicos faziam os últimos ajustes nas suas munições notoriamente temperamentais". Pouco antes da meia-noite, uma luz verde se acendeu, os motores roncaram e o tenente Agar partiu, liderando a linha da flotilha atrás dele.

As coisas tiveram um mau começo, com a coluna dividindo-se e o grupo maior tomando uma rota diferente. As aeronaves tiveram problemas para decolar, portanto os *skimmers*, que haviam ultrapassado a linha dos fortes sem baixas, tiveram então que parar e aguardar bem perto da entrada do porto. Surpreendentemente, não havia luzes à frente, nem mesmo no destróier *Gavríl*. Sem quaisquer rádios, eles não tinham ideia do que estava acontecendo com a manobra aérea diversionista, portanto não podiam esperar mais, e o ataque foi iniciado. Ele teve lugar no exato momento em que as aeronaves finalmente chegaram.

Em vez de começar pelo *Gavríl*, a primeira lancha acelerou, com a água voando como asas de ambos os lados do barco, e navegou por trás do destróier até a boca do cais. Dirigindo-se diretamente até o navio-depósito *Pámiat Azóva* sob fogo de metralhadoras, a tripulação disparou seu único torpedo. A explosão, as chamas e a fumaça confirmaram que o disparo fora certeiro, e o navio começou a adernar.

O ataque ao *Gavríl* perto da boca do cais precisou ser abortado porque outra lancha passou na frente de sua proa ao avançar para entrar no porto, e isso deu tempo à tripulação do destróier soviético para localizar seu alvo. Com holofotes voltados para a frágil embarcação naufragada, eles então começaram a disparar contra os sobreviventes que se debatiam na água. As duas lanchas seguintes tiveram mais sucesso, a primeira atingindo o *Andrei Pervôzvani* e a segunda o *Petropavlovsk*, apesar de disparos de metralhadora terem matado seu timoneiro.

No caos de balas traçadoras e explosões, dois *skimmers* colidiram na confusão do porto interior, e um deles afundou. A falha em eliminar o *Gavríl* mostrou-se muito custosa para os britânicos. As armas dele, auxiliadas pelos holofotes e pelas chamas dos navios atingidos, demonstraram uma precisão impressionante. Uma das lanchas costeiras tentou outro ataque com bravura suicida e disparou a curta distância, mas o torpedo foi fundo demais e passou por baixo da quilha da embarcação. Os fortes também estavam se concentrando mais nas embarcações de superfície do que nas aeronaves acima deles. O último ataque foi o de Agar, enviando seu único torpedo contra um grupo de navios para distrair a atenção dos canhoneiros do porto.

As tripulações de dois dos barcos tiveram suas vidas salvas graças aos pilotos de duas aeronaves, um deles num hidroavião, o outro no Sopwith Camel, que permaneceram mesmo depois de os outros biplanos voltarem. Eles atacaram os fortes, disparando suas metralhadoras contra os holofotes até ficarem sem munição. Mesmo assim, as baixas foram pesadas. Quase metade dos que haviam partido na noite anterior estavam desaparecidos, oito deles mortos e nove aprisionados. Duas Cruzes de Vitória foram concedidas, entre outras condecorações, para algo que muitos viam como um ataque de coragem suicida. O almirante Cowan reportou ao Almirantado que o dano infligido à Frota Vermelha do Báltico por sua ação seria muito importante para garantir a independência dos Países Bálticos.

28

A MARCHA SOBRE MOSCOU

Julho-outubro de 1919

Em 3 de julho, dia em que o general Deníkin anunciou sua Diretriz de Moscou em Tsaritsin, Serguêi Kámeniev (sem parentesco com Liév Kámeniev) foi nomeado comandante em chefe do Exército Vermelho.* Apesar de ser um ex-coronel czarista, Kámeniev foi nomeado por Stálin, que muniu o Conselho de Guerra Revolucionário de aliados a fim de superar Trótski, o presidente, em número de votos.

Cinco dias depois, o ex-comandante em chefe, Vatsetís, que havia sido nomeado por Trótski, foi preso sob a acusação forjada de pertencer a uma organização secreta chamada "Guarda Branca".** Essa acirrada disputa havia começado no ano anterior, quando Kámeniev insistira que o contra-ataque às forças de Koltchák deveria ter sido realizado imediatamente.

Vatsetís e Trótski queriam combater Deníkin atacando pelo Donbas, com sua população de trabalhadores da indústria que apoiavam os Vermelhos. Kámeniev e Stálin, por sua vez, defendiam a recaptura de Tsaritsin. Embora a reputação de Stálin estivesse associada a essa cidade,

* Por uma curiosa coincidência, Serguêi Kámeniev morreria de ataque cardíaco em 25 de agosto de 1936, mesmo dia em que Liév Kámeniev foi executado, no início dos expurgos de Stálin.

** A acusação contra Vatsetís logo se revelou falsa e ele foi libertado, mas Stálin nunca se esquecia de uma vítima, nem de um inimigo. Durante o Grande Terror, Vatsetís foi novamente acusado de ser um fascista secreto e fuzilado em 1938.

ele estava certo ao afirmar que era mais fácil transferir os soldados do vitorioso Exército Vermelho na Sibéria para esse flanco.

O Exército Vermelho no sul da Rússia, que enfrentava a ofensiva de verão de Deníkin, estava em franca desvantagem em razão da insistência de Kámeniev em priorizar o Front Siberiano. O 14º Exército na margem norte do mar de Azov havia sido arrasado pelo Exército Voluntário liderado por Mái-Maiévski em seu avanço para Kharkov, e deixara a Ucrânia completamente exposta. No flanco leste, a vitória do general Wrangel em Tsaritsin também significara a perda de grande quantidade de armas, suprimentos e material circulante. As fábricas de armamento no território comunista logo se revelariam incapazes de manter o ritmo de produção para fazer frente ao dispêndio de munição do Exército Vermelho, enquanto os Brancos recebiam seus suprimentos dos britânicos.

Uma das vantagens de que os comunistas desfrutavam era contar com uma extensa rede de espiões e informantes clandestinos por trás das linhas dos Brancos, que se reportavam ao Birô do Partido no Don. Um de seus membros passara detalhes da situação em Tsaritsin desde a sua perda: o general Wrangel estava muito satisfeito com o apoio propiciado pelos pilotos britânicos; e os combalidos prisioneiros de guerra do Exército Vermelho imploravam por pão. A propaganda comunista deixara-os assustados ao enfatizar a brutalidade dos cossacos, mas eles se rendiam assim mesmo.

Outro relatório do Comitê Revolucionário clandestino do Don reforçava as advertências de Mirónov sobre os perigos de maltratar os cossacos. "Nossos fracassos no Front Sul não resultam apenas de erros estratégicos, mas também de nossa política equivocada em relação aos cossacos e aos confiscos e requisições, assim como às execuções, que às vezes acabavam virando uma terrível espécie de esporte. Isso não deve ter ajudado em nada a dar aos cossacos uma visão positiva das atitudes soviéticas. Claro que não estamos contando com os cossacos como uma base de apoio confiável para a autoridade soviética, mas achamos que eles precisam tanto de pão quanto de chicote."

As redes clandestinas de comunistas começaram a restabelecer no verão, após a contrainteligência Branca ter esmagado vários de seus grupos, particularmente sua célula mais importante em Taganrog. Muitos de seus organizadores e agentes eram mulheres. Mas agora eles podiam relatar que "a exposição de agentes foi interrompida. Nós praticamente restauramos a organização no distrito de Rostov. No distrito de Novotcherkassk, a exposição foi limitada à própria cidade. O restante da organização está intacto".

Nem todas as informações transmitidas ao Birô do Don eram agradáveis. "Gostaríamos de informar o relatado a seguir, porque talvez vocês não tenham uma ideia muito clara da situação em nível local. O moral entre os trabalhadores e camponeses é muito baixo em razão da retirada de nosso exército e da proximidade do exército de Makhno. Isso tem comprometido a autoridade soviética aos olhos dos trabalhadores e camponeses." Traidores e "provocadores" estavam sendo assassinados na região. Eles também confirmaram o recebimento de 250 mil rublos contrabandeados através das linhas para ajudar em seu trabalho, que incluía infiltrar-se no Exército Branco, mas também em grupos Verdes no norte do Cáucaso. Os "Verdes" eram partisans, principalmente desertores tanto dos exércitos Brancos como dos Vermelhos, que odiavam e atacavam ambos os lados – fenômeno que foi crescendo à medida que a guerra prosseguia.

O plano de Deníkin para a marcha sobre Moscou, que ele anunciara diante da catedral de Tsaritsin, tinha quatro elementos principais. O Exército de Wrangel do Cáucaso deveria avançar para o norte entre o Don e o Volga, depois seguir direto até Nizhny Novgorod e desviar para oeste até Moscou. À sua direita, o Exército do Don do general Sidórin avançaria pelo Volga até Saratov. No centro, o Exército Voluntário de Mái-Maiévski atacaria ao norte, seguindo como linha central a ferrovia até Moscou via Kharkov, Kursk, Orel e Tula. Também levaria forças para oeste, pela linha do rio Dniepre, e tomaria Kiev. Finalmente, o general Dobrovolsky avançaria fundo pela Ucrânia para tomar Kherson e Nikolaiev.

O general Wrangel era muito crítico ao plano de Deníkin. Achava-o otimista demais e entendia que acarretava uma perigosa dispersão de suas forças. Wrangel estava certo quanto à falta de concentração, mas de novo propunha que seu exército deveria receber todos os reforços e suprimentos. Não havia justificativa para isso. Os combalidos exércitos siberianos de Koltchák batiam em retirada longe do Volga, portanto qualquer esperança de uma conjunção das forças estava descartada. A lógica militar ditava que se devia dar prioridade ao impulso central pelo Exército Voluntário.

O general Mái-Maiévski dava poucas indicações de estar encarando seu avanço sobre Moscou como algo urgente. Quando Heiden chegou a Kharkov para inspecionar os depósitos, foi ver o comandante em chefe. "A primeira surpresa desagradável foi o próprio comandante, uma massa arredondada e disforme, de olhos inchados e fala arrastada, provavelmente fruto de uma noite anterior de farra e bebedeira. Nos vários dias que passei em Kharkov, houve uma sequência interminável de almoços, jantares e ceias em vários restaurantes, para o comandante e toda uma *entourage* de oficiais, além de uma banda militar. As festas mais animadas aconteciam quando o famoso general Chkuró, com sua Sótnia dos Lobos, também estava na cidade."

O Exército Voluntário de Mái-Maiévski consistia então no I Corpo do general Kutiépov, no II Corpo do general Prolítov, no III Corpo de Cavalaria do general Chkuró, estacionado em Prokhorovka,* e no V Corpo do general Iuzefóvitch em Poltava. Heiden estava muito preocupado com a situação dos suprimentos às vésperas do importante avanço. Ao examinar os depósitos, descobriu que apenas metade da ração de pão estava disponível e que havia uma completa falta de gordura, carne, chá, leite, fósforos e, talvez o mais grave de tudo, de forragem. As regiões que eles haviam conquistado e que estavam prestes a atravessar não podiam prover aquilo de que Exército Voluntário precisava para continuar avançando.

Após a captura de Poltava em 31 de julho, as forças Vermelhas remanescentes na Ucrânia ficaram cada vez mais inquietas diante da aproximação dos regimentos do Exército Voluntário. Navios de guerra franceses mais uma vez ancoraram junto a Odessa, enquanto eclodia em terra uma revolta nas comunidades alemãs, apoiada por camponeses

---

* Prokhorovka, segundo a propaganda soviética, foi o local da grande vitória dos tanques do Exército Vermelho na Batalha de Kursk em 1943, que na verdade foi pior que uma vitória de Pirro. Hoje está demonstrado que os tanques Tiger das Waffen SS destruíram a maior parte do 5º Exército de Blindados da Guarda durante seu mal planejado contra-ataque.

ucranianos. Ielêna Lakier foi informada de que a Tcheká realizava execuções todas as noites. "Eles ligam os motores de caminhões para disfarçar o barulho dos disparos."

Em 5 de agosto, quando um monitor francês aproximou-se da praia para resgatar pessoas que nadavam até ele, os bolcheviques abriram fogo. Havia uma terrível escassez de água na cidade. Ela era vendida por quinze rublos o balde. Ielêna Lakier, que precisava ficar na fila para obtê-la todas as noites, sentia-se tão fraca por falta de alimento que tinha receio de desmaiar enquanto carregava a água de volta para casa. Somente após o desembarque de 2 mil soldados do Exército Voluntário e de uma curta batalha em 23 de agosto é que Odessa foi libertada. No dia seguinte, Lakier escreveu: "*Hurrrrraaa!* Não sobrou um único bolchevique em Odessa agora. Finalmente! Quatro meses e meio sob esses opressores da estrela de cinco pontas". Dois dias depois ela constatou que todos os judeus tinham se escondido.

Os soldados do Exército Voluntário avançaram a partir da Crimeia e, virando para oeste ao longo do litoral, tomaram Kherson e Nikolaiev em 18 de agosto. Enquanto isso, os cossacos de Cubã e do Terek de Chkuró aproximaram-se de Iekaterinosláv e foram recebidos por fogo pesado quando chegaram à ponte sobre o Dniepre. Uma sótnia da cavalaria Branca lançou uma repentina carga pela ponte e os Vermelhos recuaram. Todo soldado do Exército Vermelho ou suspeito de ser comunista que fosse pego era retalhado até a morte pelos sabres dos cossacos.

Em 10 de agosto, o general Konstantín Mámontov e seu IV Corpo de Cavalaria do Don, com cerca de 8 mil sabres, partiu para atacar as áreas de retaguarda do Exército Vermelho e, extraoficialmente, saqueou algumas cidades pelo caminho. Eles conseguiam cobrir grandes distâncias. Diferentemente da cavalaria russa convencional, que adotava o estilo europeu, com o pesado trote ereto, os cossacos, conhecendo seus cavalos, inclinavam-se para a frente, distribuindo melhor seu peso ao cavalgar. Os cossacos também cavalgavam alongados e com as pernas estendidas. Como resultado, podiam permanecer na sela por muito mais tempo do que a cavalaria regular, que seguia com estribos mais curtos e joelhos dobrados. Mámontov, apesar de seus bigodes vitorianos antiquados, era um homem impulsivo, perigoso, e um saqueador. O general Wrangel considerava-o alguém muito próximo de um criminoso, e mais tarde acusou-o de ser responsável por saques.

O corpo de cavalaria de Mámontov conseguiu avançar por uma fenda entre o 8º e o 9º Exércitos, contornou Voronej e tomou Tambov oito dias mais tarde. "O eixo de Tambov era mais perigoso ainda", a *Stavka Vermelha* registrou, "porque o quartel-general do Front Sul ficava ali perto, na cidade de Kozlov." Kozlov (hoje Mitchurinsk) situava-se apenas cinquenta quilômetros a noroeste dali. O comandante do front e o pessoal do quartel-general fugiram para Orel ao saber da aproximação de Mámontov, deixando apenas alguns grupos de milícias para enfrentar seu corpo de cavalaria.

"Não sobrara ninguém na cidade para manter a lei e a ordem, mas não era necessário", escreveu Antonína Maksímova-Kuláev, cirurgiã do hospital local. "Os cidadãos estavam encolhidos em suas casas. Os fios de telégrafo haviam caído, e não chegava nenhuma notícia. Estávamos isolados do resto do mundo."

Em 23 de agosto, quando ela estava no vestiário cirúrgico, um membro da equipe entrou correndo. "Doutora! Olhe pela janela! Cossacos!" Ela viu uma massa de cavaleiros na praça do lado de fora, com uniformes cossacos, os oficiais com dragonas douradas, algo que ela não via desde antes da Revolução de Fevereiro, dois anos e meio atrás. Era a guarda avançada do general Mámontov.

Temendo um *pogrom*, dois médicos judeus do hospital prudentemente se esconderam na cobertura, enquanto Maksímova era convocada a se reportar ao chefe do destacamento médico cossaco. Ela sabia do perigo que corria de ambos os lados. Os cossacos podiam tratá-la como uma Vermelha por sua posição importante e, em contrapartida, os trabalhadores do hospital eram todos bolcheviques, portanto, se ela colaborasse com os Brancos, corria o risco de ser denunciada como traidora assim que o Exército Vermelho voltasse. Felizmente, o médico cossaco era um homem decente e não a colocou num beco sem saída.

Do lado de fora, os sinos da igreja repicavam em celebração. Os cidadãos abastados, que vinham ansiando por uma libertação promovida pelos Brancos, saíram às ruas para saudar seus salvadores. Oficiais cossacos abriram as portas dos armazéns do governo onde eram guardados os itens confiscados pelos bolcheviques. Isso provocou uma corrida maluca, que se espalhou e virou um saque geral, especialmente de casas de famílias judias. Fontes comunistas declaram que 101 judeus foram mortos no *pogrom* dos cossacos. Camponeses de aldeias vizinhas começaram a chegar com carroças, querendo pegar sua parte. Os suprimentos de querosene foram levados embora, parte deles em baldes de leite, suspensos um de cada lado nas pontas de uma barra de madeira. A *Stavka* do Exército Vermelho mais tarde acusou Mámontov de "demagogia vulgar, isto é, de distribuir propriedade roubada à população, para conquistar seu apoio".

Para manter as aparências, Mámontov expedira ordens aos seus soldados proibindo o saque. "Soldados rasos cossacos não têm permissão para se apropriar de espólio recapturado. Quando os soldados entrarem em distritos russos, ordeno que as requisições cessem sempre que possível." Ao que parece, isso teve pouco efeito. Várias casas foram incendiadas no caos, e diversos suspeitos de serem bolcheviques foram enforcados em patíbulos ou postes de iluminação na praça principal. Mámontov foi muito mais insistente em ser obedecido quando viu um número excessivo de cossacos viajando no trem de suprimentos, que oferecia um meio melhor de transportar butins. E ficou ainda mais enraivecido ao descobrir que "as carroças eram puxadas por cavalos excelentes", que deveriam estar no front como animais de batalha.

Oficiais embriagados entraram no hospital e começaram uma farra. As enfermeiras continuaram trabalhando do jeito que era possível, tentando se livrar do assédio dos oficiais cossacos. As cenas nos cubículos começaram a ficar mais violentas, então Maximova retirou todas as enfermeiras jovens e escondeu-as num depósito nos fundos do prédio. Foi dormir naquela noite totalmente exausta. Ao acordar tarde na manhã seguinte, a cidade estava estranhamente calma. Vários esquadrões de Mámontov tinham partido ao amanhecer em sua missão de destruição e caos.

Os relatos variam a respeito de quanto tempo durou a ocupação cossaca, mas dentro de uma semana todos os homens de Mámontov tinham ido embora. Um ou dois dias depois, segundo Maximova, era possível ouvir gritos de alegria: "Os cossacos voltaram!". Os simpatizantes dos Brancos correram para as ruas de novo para dar-lhes boas-vindas, aos gritos de "Vida longa aos cossacos! Vida longa à Rússia

Nacional!". Mas esses agora eram cossacos Vermelhos do 1º Exército de Cavalaria de Budiônni, que prontamente abateram os Brancos a tiros ou golpes de sabre. Comissários do 1º Exército de Cavalaria colaram cartazes que advertiam: "Qualquer pessoa encontrada em posse de bens roubados será fuzilada na hora". Naquela noite, sacos de farinha foram atirados nas ruas e o querosene ardia nas sarjetas, jogado fora por saqueadores em pânico.

No flanco leste do avanço Branco no sul da Rússia, o general Wrangel, que atormentara Deníkin com suas constantes exigências de reforços, de repente precisava de cada homem que pudesse conseguir diante do duplo ataque lançado por Kámeniev em meados de agosto. O 9º e o 10º Exércitos atacaram o Exército do Cáucaso de Wrangel, forçando-o a recuar Volga abaixo, de Kamichin em direção a Tsaritsin, até que seus cossacos cubãos os rechaçaram. O outro ataque vindo do norte foi menos poderoso, e o Exército Voluntário e os cossacos do Don neutralizaram-no rapidamente. Churchill ficou exultante ao receber a notícia. "Deníkin está cada vez melhor", escreveu a Lorde Curzon. "Ele repeliu com veemência o inimigo em Tsaritsin sem necessidade de trazer soldados de outras partes do seu front. Rechaçou completamente o contra-ataque bolchevique na bacia carvoeira do Donets. Ele ampliou enormemente seus ganhos na Ucrânia." Churchill achava que a guerra poderia muito bem acabar por volta do final do ano, mas ao mesmo tempo preocupava-se muito com os desdobramentos mais ao sul no Cáucaso.

Como outros generais Brancos, Deníkin estava comprometido com a integridade do Império Russo. Era uma desvantagem que o autossabotava. Isso alienava a Finlândia, os Países Bálticos e a Polônia. Churchill subestimou essa obsessão imperial que impedia as alianças que queria conseguir para derrotar os comunistas. Ele havia dito ao general Briggs, que viera direto de Deníkin, que persuadisse o líder polonês Józef Piłsudski a se juntar ao avanço de Deníkin. Quando Briggs foi embora, um Piłsudski não muito convencido conversou com o adido militar britânico, o general de brigada Adrian Carton de Wiart. Ele também previu que "Deníkin não conseguirá chegar a Moscou, e, pior ainda, logo estará de volta ao mar Negro".

Deníkin teria ficado horrorizado ao saber que, privadamente, Lloyd George queria a Rússia fragmentada em pequenos Estados independentes, como a Ucrânia, uma República Cossaca e vários outros territórios. Churchill ficou chocado ao saber que o primeiro-ministro "considerava que havíamos feito o suficiente para chegar a um equilíbrio entre as duas facções e que devíamos agora largar mão da Rússia e deixar que vencesse o melhor. Porque na realidade não havia certeza a respeito de quem *era* o melhor".

A obsessão de Deníkin pela Grande Rússia era também um problema no Cáucaso, uma esfera de interesse britânico. O governo menchevique na Geórgia, que recebera ajuda dos alemães no ano anterior, entrou em choque com Deníkin quando os soldados dele ocuparam a cidade de Sochi, na costa do mar Negro. Pequenas batalhas se seguiram. Deníkin ficou muito desapontado quando os britânicos apoiaram a reivindicação de Sochi pelos georgianos.

O Ministério do Exterior enviara Oliver Wardrop, um apaixonado pró-Geórgia, como alto-comissário da Transcaucásia para a sua capital, Tiflis. Churchill receava que o governo georgiano estivesse se tornando cada vez mais pró-bolchevique na retaguarda de Deníkin, e adotando uma postura mais agressiva em relação aos armênios. "Não há um grande risco", escreveu ele a Curzon, "de Wardrop fazer prevalecer seu ponto de vista com a exclusão de todos os outros e em hostilidade direta a Deníkin, que nós decidimos apoiar? Se não tivermos cuidado, veremos batalhas com oficiais britânicos de ambos os lados, cada um incentivando seu galo de briga particular a lutar."

Churchill preocupava-se, achando que a decisão do Almirantado de retirar seu pessoal do Cáspio poderia fazer a flotilha Vermelha dominar o mar interior e permitir que a Transcáspia passasse às mãos dos bolcheviques. "O bolchevismo pode infestar todas essas enormes regiões do Cáspio até a fronteira com a Índia", escreveu ele a Curzon. Seu pesadelo imperial certamente era exagerado, mas as revoltas contra os Brancos que o georgianos estimulavam e armavam, primeiro na Chechênia e depois na Inguchétia e no Daguestão, obrigaram Deníkin a desviar grande número de soldados em um momento crucial do avanço sobre Moscou.

*

O avanço de Deníkin pela Ucrânia encontrou pouca resistência. Em 31 de agosto, as forças ucranianas de Símon Petliúra, que haviam permanecido ocultas em aldeias a oeste de Kiev, emergiram assim que os Vermelhos saíram, quando os soldados de Deníkin estavam prestes a entrar pelo outro lado. Os ucranianos apareceram marchando pela rua principal e içaram sua bandeira azul e amarela na Duma Municipal. Espalharam-se boatos pela cidade de que Deníkin estava entregando Kiev a Petliúra, enquanto os Brancos avançavam sobre Moscou. Mas então chegou um destacamento de cavalaria do Exército Voluntário, seguido por um regimento de cossacos do Don. Surpresos ao encontrarem homens de Petliúra, os cossacos puxaram os sabres e atacaram com seus gritos selvagens. Os ucranianos bateram em retirada e abandonaram a cidade.

O general Mái-Maiévski foi recebido em Kiev com uma produção do *Fausto* de Gounod no Teatro Estatal. Quando apareceu no camarote real, a plateia ovacionou-o de pé. Os ricos agradecidos da cidade começaram a enviar buquês de flores ao camarote dourado. Mái-Maiévski, antes de se sentar, gritou à plateia: "Povo de Kiev! Cumprimento-os e dou-lhes os parabéns por se libertarem da imundície vermelha!". Os cantores todos fizeram-lhe reverências, como costumavam fazer diante de Nicolau II. Quando o espetáculo começou, Mái-Maiévski prestou pouca atenção ao canto. Ficou conversando com o general Iêfimov sobre o assassinato em 1911 do primeiro-ministro Piotr Stolípin naquele mesmo teatro, perto de onde estavam sentados. Mái-Maiévski então comentou as atrocidades da Tcheká na cidade e disse a Iêfimov: "Por favor, passe a informação à Osvag para propósitos de propaganda. Dê ampla publicidade e não poupe detalhes".*

Mais uma vez, a Tcheká regional havia promovido um massacre pouco antes de a cidade cair para os Brancos. Na noite de 28 de agosto, 127 prisioneiros haviam sido mortos na garagem de concreto de seu quartel-general na rua Sadovaya. Foi relatado que "Muitas das cabeças dos cadáveres pareciam ter sido esmagadas". "Outros setenta corpos

* Osvag, acrônimo de *osvedomitel'noe-agitatsionnoe otdelenie*, era o braço de propaganda das Forças Armadas do Sul da Rússia, sediado em Rostov. Como essa agência tinha poucas notícias positivas a oferecer no front político devido à recusa dos Brancos em promover qualquer reforma, seu sucesso foi muito limitado. A escassez de papel tampouco ajudava.

foram encontrados na Tchecá do distrito, na rua Ielizavetinskaia; um número similar na 'Tchecá chinesa', e outros 51 cadáveres de ferroviários na Tchecá da Ferrovia, junto à estação principal." Na assim chamada "Tchecá chinesa", a comissão confirmou um boato horroroso que circulava. Um pedaço curto de tubo havia sido enfiado no estômago de uma vítima e amarrado ali bem firme. Um rato foi introduzido no tubo, e então acenderam um fogo na outra ponta, forçando o rato a abrir caminho roendo as entranhas do prisioneiro na tentativa de escapar do fogo.

Apenas um punhado de prisioneiros sobreviveu na prisão. "Eram mortos-vivos, arrastando os pés e nos encarando com olhos parados, sem expressão", observou alguém da comissão do general Reberg. Nos dias seguintes, mais valas comuns foram descobertas.

O ajudante de ordens de Mái-Maiévski, Pável Makárov, na realidade um comunista infiltrado, descreveu o momento no dia 12 de setembro em que o general finalmente promoveu um espetáculo na Estação Khanjenkovo para anunciar o avanço para Moscou do Exército Voluntário. Ele desceu do seu vagão de trem e então discutiu detalhes em francês com o oficial britânico encarregado dos tanques de apoio. O britânico afirmou que "após uns três combates nem seria mais necessário desembarcar os tanques do trem. Os bolcheviques não estão esperando ser atacados". O general Chkuró, liderando a Sótnia dos Lobos com suas profundas selas de cavalaria e arreios pomposos, não resistiu a protagonizar seu próprio momento dramático. "Valorosos cossacos de Cubã e Terek!", gritou a plenos pulmões, "Em frente! Sigam-me!", como se fossem a vanguarda. A verdadeira ponta de lança do Exército Voluntário era o I Corpo de Kutiépov, com as divisões de elite Kornílov, Márkov e Drozdôvski.

Em 20 de setembro, dia em que Kutiépov tomou Kursk, Churchill enviou uma mensagem "Pessoal e Secreta" ao major-general Herbert Holman, chefe da missão militar britânica no sul da Rússia. "Acho desaconselhável que os aviadores britânicos sejam usados nas atuais circunstâncias para bombardear Moscou." Ele então enviou suas congratulações aos oficiais e homens de 47 esquadrões da RAF baseados perto de Tsaritsin. Dois dias depois, um Churchill evidentemente tenso enviou nova mensagem a Holman. "Mande-me por telegrama sua opinião pessoal a respeito de haver alguma chance de Deníkin chegar a Moscou ainda este ano." Também perguntou a ele se a artilharia do general Wrangel precisava de bombas antiblindagem para enfrentar a flotilha Vermelha do Volga ao sul de Tsaritsin. Churchill ludibriou várias vezes a Câmara dos Comuns, fingindo que o auxílio britânico se restringia a fornecer equipamento, armas e conselheiros para treinamento. O ativo envolvimento na luta tanto de pilotos britânicos como de artilheiros e de pessoal do corpo de tanques era consistentemente negado.

A liderança do Kremlin já estava com os nervos à flor da pele após perder tanto território e tantas cidades no sul. Então, em 25 de setembro, anarquistas em Moscou explodiram uma bomba num edifício ocupado por altos quadros comunistas na alameda Leontiev, matando vários. Fingindo que os responsáveis pela explosão haviam sido "Brancos" e não anarquistas, a Tcheká lançou outra onda de represálias pelo país, similares àquelas de um ano antes após o atentado sofrido por Lênin e a morte de Urítski. "Branco como uma folha de papel, Dzerjínski foi direto da cena da explosão da bomba até a Tcheká", escreveu o principal membro da Tcheká em Moscou. "Ele ordenou que todos aqueles listados como membros do Partido Kadete, oficiais de polícia, oficiais da monarquia e todo tipo de príncipe e conde aprisionados nas cadeias de Moscou e nos campos de concentração fossem executados."

A extraordinária agitação promovida por Mámontov atrás das linhas dos Vermelhos prosseguiu. Quando seus cossacos do Don atravessaram a província de Tambov, os camponeses os receberam oferecendo-lhes feixes de trigo. Mas suas boas-vindas não duraram muito tempo, depois que os homens de Mámontov se serviram de tudo o que queriam. O corpo de cavalaria deslocou-se para noroeste, mas, conforme a força de Vermelhos que os perseguia foi ficando mais ameaçadora, deram a volta e seguiram em direção a Voronej em três colunas. O avanço desacelerou em razão do vasto acúmulo de itens roubados, tanto os que traziam dependurados em suas selas quanto os que empilhavam nas carroças de suprimentos. Em 19 de setembro, eles irromperam através das linhas vermelhas e se juntaram ao III Corpo de cossacos de Cubã e do Terek de Chkuró. Isso levou o comandante do Front Sul do Exército Vermelho a jurar acabar com aquele "pesadelo de cavalaria". No entanto, para surpresa de Chkuró, três quartos dos homens de Mámontov decidiram voltar para suas casas no Don levando o que haviam conseguido pilhar. Permaneceram no front menos de 1.500 dos 8 mil sabres originais.

Martin Alp, um jovem oficial de cavalaria letão recrutado à força pelo corpo de Mámontov, escreveu um breve relato de suas experiências depois de quase ter sido fuzilado como suspeito de ser um comissário. "Pegamos membros dos sovietes locais desprevenidos nas aldeias. Comissários e comunistas eram fuzilados na hora ou enforcados nas cordas dos poços. Quanto às mulheres, normalmente tinham a vida poupada, mas as jovens eram estupradas. Tudo o que era encontrado nos armazéns era carregado nas nossas carroças." Ele era fascinado pelos "Anjos da Morte" de Chkuró – como os membros de sua famosa Sótnia dos Lobos eram também conhecidos. "Eu nem conseguia olhar direito para eles", escreveu. "Quanto a eles, nunca olhavam para nós, e quando o faziam era com ar arrogante. Tinham muito orgulho do fato de nunca fazerem prisioneiros e de tampouco aceitarem ser presos."

Durante o breve período de descanso após um ataque, Alp ficava aquartelado junto com vários jovens oficiais, que o repreendiam. "Você luta lado a lado conosco, mas nunca se junta a nós quando estamos nos divertindo." Ele respondeu com o maior cuidado possível: "Eu os valorizo como companheiros de armas e fico feliz em me sentar à mesa com todos. Mas não quero beber com vocês".

"Eu não era capaz de mudar o comportamento deles", explicou Alp, "mas resistia a beber e participar de suas orgias com mulheres, especialmente com as comunistas presas, entre as quais havia algumas mulheres russas boas, com princípios, embora fossem comunistas. Sentia muita pena delas quando caíam nas mãos daqueles cães. Não demorou para não conseguir mais suportar aquilo." Ele conseguiu ser transferido para um regimento de infantaria.

Em 30 de setembro, Chkuró liderou sua tropa pelo Don e tomou a cidade de Voronej alguns dias mais tarde. O front permanecia muito instável, com forças Vermelhas fazendo incursões até bem perto dos limites da cidade. O oficial de radiocomunicações, Erást Tchevdar, descreveu que Chkuró e seus oficiais desfrutavam de um espetáculo da ópera cômica de Planquette, *Les Cloches de Corneville,* quando receberam a notícia de outro ataque. Todos os oficiais presentes saíram correndo, causando pânico entre os espectadores, mas constatou-se que era um alarme falso. Os oficiais voltaram então aos seus assentos e o espetáculo prosseguiu. Depois, Chkuró convidou o elenco inteiro a jantar no hotel que havia tomado. Mais de cem pessoas sentaram-se para beber à vontade e cantar, tanto solo como em coro. A certa altura, Chkuró se levantou para fazer um discurso patriótico. Ele concluiu com um animado brinde ao sucesso dos exércitos Brancos e "à luta e autossacrifício deles pelo futuro brilhante e livre da Rússia".

Algumas das melhores descrições do avanço do Exército Voluntário no início de outubro aparecem nos diários do capitão John Kennedy, que mais tarde foi o vice-chefe do estado-maior britânico na Segunda Guerra Mundial. Logo após sua chegada, no início de setembro, ficou impressionado com a sensação de espaço quase ilimitado. "Um país de grandes planícies ondulantes, uma vila aqui, outra ali, com uma curiosa igrejinha com cúpula, mas em sua maior parte a grande extensão não era interrompida por nenhuma habitação humana. A planície é cultivada apenas parcialmente – vemos ora um trecho de palha e o trigo empilhado em pequenos montes, ora um trecho de milho indiano ou de melões, e grandes extensões de pasto até onde a vista alcança. Havia poucos sinais de vida, exceto por alguma ocasional carroça do campo sem molas, um bando de gansos ou uma criação de gado ou de cavalos."

Kennedy não teve boa impressão de seus colegas oficiais na missão militar britânica, muitos deles transferidos para lá de Tessalônica. Depois que chegou à base deles em Taganrog em 7 de setembro, escreveu: "os oficiais da missão com os quais tive contato até agora são do tipo mais inferior e obviamente incompetentes".

Seu primeiro destino foi Kursk, onde o general Mái-Maiévski, "que me lembrava um sapo", estava prestes a celebrar sua captura. Kennedy zombava do modo como os generais Brancos cercavam-se dos adereços da realeza. "Mái-Maiévski tinha um tapete especial que era desenrolado na estação para que ele atravessasse a plataforma e chegasse ao seu trem pessoal ricamente ornamentado... Montes de oficiais e sentinelas armados até os dentes postavam-se na plataforma aguardando o grande homem. Que contraste essa cena de luxo fazia com as condições dos miseráveis camponeses, dormindo amontoados nas plataformas e nas salas de espera." Mesmo o menos graduado general, Beliáev, tinha um trem com vários vagões para transportar "os cavalos do general, a carroça com sua bagagem e os dois cavalos que a puxavam, e seu corpo de guarda-costas, com vinte a trinta cossacos".

Kennedy finalmente chegou ao front em 1º de outubro e se juntou ao I Corpo de Kutiépov. "Todos os soldados se reúnem à noite na aldeia mais próxima. De manhã, as baterias saem e vão tomar posição, e são seguidas pela infantaria. Os canhões disparam em seu alcance máximo para o céu, voltam a se preparar e continuam quando o sinal de avançar é dado, seguidos pela infantaria, cujos membros não gostam de ficar em frente à artilharia."

"O avanço ainda prossegue", escreveu no dia seguinte. "Está mais frio agora, e há uma leve geada durante as noites. Ainda faz calor na metade do dia." Ele mesmo um oficial de artilharia, Kennedy notou que as armas de campo que os britânicos haviam fornecido "estavam fora de uso por terem sido manipuladas de forma equivocada. Eles nunca lubrificam as molas. E, se alguma coisa dá errado, os russos ficam esperando que os britânicos substituam o canhão em vez de tentar repará-lo eles mesmos".

De volta ao quartel-general do corpo em 6 de outubro, Kennedy visitou o general Kutiépov. Ele voltava do front para entrevistar o filho do general Brusílov, "que acabara de ser capturado, tendo sido obrigado a lutar para os bolcheviques". De volta à libertada Kursk no dia seguinte, compareceu a um funeral coletivo na praça da catedral de "cerca de cem vítimas dos bolcheviques desenterradas". Um padre enfureceu vários oficiais presentes ao dizer que "não devemos alimentar maldade contra os torturadores e assassinos bolchevistas, pois eles foram apenas a eclosão das acusações feitas pelos liberais".

Três dias depois, Kennedy estava de volta ao front com uma bateria de artilharia que enfrentava um esquadrão da cavalaria Vermelha. "Eles avançam galopando em duas linhas (o que significa, conforme me explicaram, que a primeira é de soldados mobilizados e a segunda de comunistas, que atiram nos primeiros, caso tentem bater em retirada). Apareceu também uma *Drójki*, conduzida pelos campos atrás da cavalaria, e nela, disseram-me, vinha provavelmente o comandante ou um comissário." Os obuses disparados pela bateria dispersaram a cavalaria.

Vinte minutos mais tarde, surgiram alguns soldados Vermelhos de infantaria, que desapareceram quando uma bateria de canhões de seis polegadas abriu fogo. No meio da manhã, Kennedy observou um veículo blindado avançar pela estrada em direção ao inimigo, seguido por uma tropa de trinta cavaleiros da divisão Kornílovski, com lanças e flâmulas tremulando. "Estes, por sua vez, são seguidos por uma companhia de oficiais do 2º Regimento Kornílovski, marchando juntos em grande estilo, com baionetas caladas e entoando a plenos pulmões sua canção de guerra."

Prisioneiros e desertores do Exército Vermelho vinham agrupados atrás, sem guardas a vigiá-los. Kennedy achou que seus soldados estavam muito malvestidos e mal armados. Sua força residia apenas no grande número. Também ficou impressionado e surpreso com a infantaria e a artilharia dos Brancos, que trabalhavam muito bem juntas.

O otimismo cresceu no Gabinete de Guerra em Londres. "Os bolcheviques estão perdendo e talvez o fim não esteja distante", Churchill escreveu a Curzon. "Não só o sistema deles como o seu regime está condenado. O esforço militar deles está em colapso em quase todos os pontos do imenso círculo de seu front." Mas Churchill estava muito mal informado. Ele afirmava que as forças antibolcheviques reuniam agora 630 mil homens contra 450 mil do Exército Vermelho, quando as forças comunistas, pelo menos em tese, superavam os Brancos em mais que o dobro. As cifras de ambos os lados nunca eram confiáveis por causa da proporção de desertores, especialmente quando as coisas não andavam bem.

Em 12 de outubro, as forças do general Dragomírov que atacavam o norte a partir de Kiev chegaram a Tchernigov, na fronteira da Bielorrússia. Naquele mesmo dia, o comandante do Regimento Kornílovski disse a Kennedy que pretendiam tomar Orel em dois dias. Nesse momento, o valor do rublo czarista aumentara no câmbio para sessenta vezes o valor do rublo soviético. Depois de tudo o que haviam sofrido com a pilhagem bolchevique, as boas-vindas dos camponeses ao Exército Voluntário soaram-lhe bastante genuínas. Eles relataram que os bolcheviques haviam destruído suas imagens sagradas e roubado o que restava de seus grãos. Em um ou dois dias, Kennedy viu-se reclamando de que nunca havia comido tanto ganso na vida.

Como o comandante do Regimento Kornílovski previra, os Brancos entraram em Orel dois dias depois, em 14 de outubro. Kennedy soube que os comunistas haviam fuzilado 120 reféns antes de abandonar a cidade, mas os homens do Regimento Kornílovski capturaram 10 mil prisioneiros. Fuzilaram todos os seus líderes, entre eles o comandante da 13ª Divisão, tomaram os casacos e armas dos homens e então os libertaram. Kutiépov promoveu um curioso desfile da vitória. "Os eventos começaram com um tanque atropelando e demolindo o tribunal de madeira que os bolcheviques haviam montado na praça central, com a multidão assistindo entre exultante e assustada."

A imprensa Branca publicou que a população de Orel havia saído às ruas com imagens para receber o Exército Voluntário e se ajoelhara para cantar "Cristo renasce!". Em Vladivostok, o jornal *Vôlia* sugeria que os bolcheviques estavam prestes a propor termos de paz, com base na "abolição do governo soviético, na cessação do Terror e das execuções e na partida livre dos líderes bolcheviques para a América do Sul". Até mesmo parte da imprensa internacional ficou seduzida por essa sugestão. Jornais suecos declararam que os bolcheviques estavam evacuando Moscou e mudando-se para Viatka.

Depois de Orel ficava Tula e, depois de Tula, Moscou. "Orel para as Águias!", exclamou Mái-Maiévski ao saber da notícia, pois Orel significa "águia". Mas reservadamente ele se mostrava menos exuberante. "Por enquanto, só conseguimos agarrar a cauda da águia", murmurou.

29

A SURPRESA NO BÁLTICO

Outono de 1919

No final do verão de 1919, depois que se retirou de Gatchina e voltou à Estônia, o Exército do Noroeste se reorganizou no que foi chamado de dois "corpos de fuzileiros". Era uma descrição muito otimista. Juntos, eles não chegavam a 15 mil homens, com um destacamento de cavalaria de 150 *chasseurs* e quarenta canhões de campanha de três polegadas. Os sucessos de Deníkin no sul da Rússia agora preocupavam muito mais o Kremlin, embora Lênin tivesse decidido que ainda era sensato tentar remover a ameaça a Petrogrado por meios diplomáticos.

Em 31 de agosto, quando os Brancos estavam prestes a perder Pskov, o ministro do Exterior soviético Gueórgi Tchitchêrin propôs abrir negociações com o governo estoniano. O marechal de campo Wilson advertiu Churchill de que os estonianos provavelmente tentariam "fazer algum arranjo com os bolcheviques". Os estonianos, como Iudénitch deveria ter imaginado antes de desconsiderar tão rudemente suas aspirações à independência, desfrutavam de uma posição relativamente forte. Podiam oferecer a dissolução do Governo do Noroeste e se recusarem a ajudar seu Exército Branco como moeda de troca para que o Kremlin reconhecesse sua independência. Iudénitch ficou ultrajado com o que considerou uma traição estoniana, mas também sabia que não podia contar com o apoio britânico por muito mais tempo.

Churchill ficou muito frustrado ao ver desperdiçadas as "grandes oportunidades" de capturar Petrogrado no verão com a ajuda dos finlandeses. A falha havia sido de Koltchák e Iudénitch, já que ambos ainda se recusavam a garantir a independência aos finlandeses. Churchill com frequência exigia saber por que os britânicos não conseguiam ser bem-sucedidos em montar coalizões antibolcheviques, embora nunca admitisse que os Brancos sempre haviam sido seus próprios piores inimigos quando se tratava de lidar com possíveis aliados. O representante britânico na Estônia reportou que os líderes Brancos do Exército do Noroeste tinham até mesmo se vangloriado dizendo que "depois de Petrogrado iriam capturar Reval [Talín]".

A esperança de Churchill de que os poloneses viessem a atacar o Exército Vermelho para ajudar Deníkin também caiu por terra. Deníkin se recusou a fazer qualquer concessão a respeito das futuras fronteiras da Rússia com a Polônia, portanto o chefe de Estado polonês, Józef Piłsudski, sentiu-se pouco motivado a ajudá-lo. Isso permitiu que o Exército Vermelho trouxesse seus soldados remanescentes do oeste, como os da Divisão de Fuzileiros Letões, para enfrentar Deníkin. Churchill, enquanto isso, continuou justificando o apoio britânico a Iudénitch, pois ele estaria "auxiliando no avanço de Deníkin e aliviando a pressão sobre nós durante nossa perigosa retirada de Arcangel". Lloyd George não se sensibilizou com isso. Suspeitava de que a obsessão antibolchevique de Churchill o levava a não ser totalmente sincero quando se reportava ao Gabinete.

Diante da perspectiva de perder uma base segura na Estônia à medida que o inverno se aproximava, Iudénitch sentiu-se obrigado a fazer uma última e arriscada aposta para tomar Petrogrado. Para aumentar seu minúsculo exército, buscou uma aliança com o general Von der Goltz e sua força de criminosos do Freikorps. Muitos deles mais tarde se tornaram membros do Partido Nazista e de suas organizações paramilitares. O assim chamado "Exército da Rússia Ocidental" era intimamente ligado à formação predominantemente alemã do adornado e perfumado Príncipe Pável Bermondt-Oválov. Ambos continuavam a vagar pelo Báltico, desafiando as ordens do general Gough de se desmobilizarem e retornarem à Alemanha. Mas, para decepção de Iudénitch, tanto os soldados de Goltz quanto os de Bermondt-Oválov acabaram preferindo atacar Riga, obrigando o almirante Cowan e sua esquadra de cruzadores a virem em sua ajuda.

A irresponsabilidade dessa aventura de Iudénitch era mais que evidente. Na improvável eventualidade de ser bem-sucedido, o Exército do Noroeste seria incapaz de controlar, e menos ainda de alimentar, a faminta população de Petrogrado. Iudénitch supôs levianamente que os Aliados, em particular os britânicos, seriam obrigados a assumir a tarefa.

"A cidade sitiada tinha apenas repolho para comer", relembrou o escritor Víktor Chklóvski. "Eu sobrevivi comprando pregos em Petersburgo e levando-os ao interior para trocá-los por pão." Um idoso, muito enfraquecido pela fome, levou seu último item de valor, um relógio de ouro, até o interior para trocá-lo por um pequeno saco de farinha. "A caminho de casa, encontrou um jovem mujique que parecia ser bom e se ofereceu para carregar o saco para ele, vendo que estava exausto e que os dois seguiam na mesma direção. Quando chegou a hora de cada um tomar seu caminho e o velho pediu seu saco de volta, o mujique tirou seu quepe como quem se despede, riu e disse: 'Muito obrigado, tio. Já fazia muito tempo que não caía um saco de farinha na minha mão tão milagrosamente'. E então deu no pé com o precioso saco. O pobre velho chegou em casa de mãos vazias, e pouco depois sucumbiu à fome." Mesmo aqueles que secretamente haviam se mantido fiéis à sua fé russa ortodoxa não tinham opção a não ser caçar e comer pombos, apesar de estes supostamente representarem o Espírito Santo.

Iudénitch se orgulhava de desprezar o "governo" que o general Gough o obrigara a criar. Era em tese seu ministro da Guerra, mas nunca comparecera a nenhuma sessão ou se dera ao trabalho de passar qualquer informação a seus colegas ministros. Em 23 de setembro, o ministro do Interior informou a seus colegas que Iudénitch ordenara uma mobilização "devido à difícil situação do exército". Eles pediram explicações, mas não obtiveram resposta. Tampouco tinham ideia de que Iudénitch pretendia dissolver o governo "a partir do momento em que seus soldados entrassem em Petrogrado".

Em 26 de setembro, o Kremlin transferiu algumas de suas melhores unidades do 7º Exército para conter o avanço de Deníkin, proveniente do sul. Um ataque pelo Exército do Noroeste a partir de solo estoniano parecia impensável, pelo menos tão imediatamente após a proposta de paz de Tchitchêrin. Dois dias depois, Rodziánko iniciou a campanha para tomar Petrogrado com um ataque simulado ao flanco sul, abaixo do lago Peipus, contra o 15º Exército, auxiliado secretamente em seus planos pelo chefe de gabinete do 7º Exército. A Tcheká de Petrogrado havia sido surpreendentemente lenta em acabar com o Centro Nacional e com a União para a Regeneração da Rússia, organizações clandestinas dos Brancos na cidade. Apenas o choque do motim de maio em Krasnaia Gorka havia feito com que se mexessem, realizando constantes batidas e buscas em apartamentos.

Iudénitch, embora oficialmente fosse o comandante em chefe do Exército do Noroeste, curiosamente tinha pouca influência no plano de Rodziánko e na condução das operações. Rodziánko, "um homem jovial, um nobre despreocupado", podia fazer piadas com seus soldados, mas só o que o recomendava como líder militar era sua bela postura montado a cavalo. As motivações de alguns de seus altos oficiais eram descaradamente cínicas. "Já juntei 300 mil rublos", o comandante da 2ª Divisão gabava-se, provavelmente quando se embriagava. "Quero continuar até juntar um milhão, e pronto. Com dinheiro, serei respeitado, as mulheres vão me querer, terei tudo de que preciso." A 4ª Divisão era comandada pelo Príncipe Dolgóruki, "que se achava mais brilhante e capaz que qualquer um no exército, e portanto não seguia ordens". Quanto a Iudénitch, o Exército do Noroeste "não reconhece a autoridade do comandante em chefe, que eles nem sequer conhecem, de quem sabem muito pouco e por quem não têm o menor respeito". O gordo e flácido Iudénitch, com seus ridículos bigodes de cavalaria que batiam nos ombros de ambos os lados, permaneceu enfurnado com seu estado-maior no seu quartel-general ao longo de toda a campanha.

Claramente ignorando o que estava de fato acontecendo, Churchill pediu ao diretório de operações militares em Londres que avaliasse o que poderia ser feito com o Exército do Noroeste se os Estados do Báltico entrassem em entendimentos de paz com Moscou. "Será que eles não teriam como se deslocar para o sul até o setor polonês e então gradualmente achar um jeito de chegar até o flanco esquerdo de Deníkin?"

Em 10 de outubro, o general Rodziánko lançou o ataque principal da Operação Espada Branca a partir de Narva. Isso pegou de surpresa o 7º e o 15º Exércitos, e quase três quartos dos mal treinados recrutas do Exército Vermelho renderam-se ou desertaram. O antigo Regimento da

Guarda Semionóvski passou em massa para o lado dos Brancos. Apesar de seus líderes corruptos e incompetentes, os homens de Rodziánko lutavam bem. Em seis dias tomaram Gatchina. Quatro dias depois chegaram a Tsarkoe Selo, a apenas 25 quilômetros do centro de Petrogrado. Quando souberam que havia cinco tanques britânicos na vanguarda de Iudénitch, os recrutas do Exército Vermelho fugiram em pânico. Quanto aos generais Brancos, a surpreendente facilidade de seu avanço subiu-lhes à cabeça. O comandante da 3ª Divisão de Rodziánko ignorou as ordens dele de cortar a principal linha Moscou-Petrogrado numa junção ferroviária-chave. Em vez disso, quis que sua força fosse a primeira a entrar na cidade. Segundo uma tradição militar russa que remontava ao marechal Suvórov, isso lhe daria privilégios especiais como comandante.

O estrondo constante do fogo de artilharia podia ser ouvido através do golfo da Finlândia. Víktor Chklóvski, na margem norte, observou a Fortaleza de Pedro e Paulo envolvida na fumaça de suas armas, o que a fazia parecer um grande navio numa batalha naval. As "explosões das bombas pairavam no ar como nuvens no céu", escreveu ele. O medo de que os finlandeses pudessem aproveitar a oportunidade para atacar do norte cruzando o istmo espalhou-se, e também o receio de outro motim como o dos ingrianos na fortaleza de Krasnaia Gorka cinco meses antes. Grigóri Zinóviev, o líder comunista em Petrogrado, sofreu um colapso nervoso.

Numa declaração extraordinária que só foi revelada após a queda da União Soviética, Lênin disse: "Se a ofensiva já começou, será que não é possível mobilizar 20 mil trabalhadores de Petrogrado e mais 10 mil burgueses, colocar a artilharia atrás deles, abrir fogo várias centenas de vezes e conseguir um verdadeiro impacto de massa sobre Iudénitch?". Conforme as forças Vermelhas se desintegravam, Lênin pensou em abandonar Petrogrado ao inimigo (como Stálin faria 22 anos mais tarde, durante o assalto alemão). Trótski aproveitou a oportunidade. O "berço da Revolução" precisava ser defendido a qualquer custo, argumentou ele. Lênin então cedeu, e Trótski ordenou que seu trem blindado fizesse de novo a viagem até Petrogrado.

A chegada de Trótski à antiga capital em 17 de outubro foi dramática, como seria de esperar. Empregando sua considerável capacidade de oratória, ele animou uma população tomada pelo fatalismo com a previsão de que iriam transformar a cidade de granito numa armadilha letal: "um labirinto de pedra". Prometeu dobrar a ração de comida, mas combinou essa promessa com uma severa advertência a respeito do tratamento que poderiam esperar se caíssem nas mãos dos Brancos. Trótski estava bem à vontade naquela situação, agitando grandes plateias com sua retórica revolucionária. Montou num cavalo em certo momento para reunir soldados que pretendiam bater em retirada. Qualquer que seja o ceticismo que se possa nutrir a respeito da "teoria da história do grande homem", há pouca dúvida de que Trótski conseguiu transformar pânico em massa em coragem em massa.

Para atenuar o medo que seus soldados sentiam dos tanques, afirmou que os tanques britânicos eram simples caixas feitas de madeira pintada. Também convocou os metalúrgicos da fábrica Putilov a produzirem alguns veículos que ficassem parecidos com os tanques deles, para elevar o moral. A gravidade da situação convenceu Lênin a trazer soldados experientes do front para enfrentar Deníkin e salvar Petrogrado. Kámeniev chamou-os de sua "Dama de Espadas", a cartada que seria seu trunfo. Eles conseguiram chegar às linhas bolcheviques graças ao surto de egoísmo do comandante de divisão Branca, que falhara em bloquear a linha férrea em sua impaciência para ser o primeiro a entrar em Petrogrado. Esse alto oficial tinha até mesmo recusado a oferta de binóculos de campanha para observar o centro da cidade a partir do monte Pulkovo. Disse que não precisava deles, pois na noite seguinte estaria passeando pela avenida Niévski.

No mesmo dia em que Trótski chegou a Petrogrado, Churchill enviou uma mensagem a Iudénitch através da missão em Helsinque, parabenizando-o "pela muito notável medida de sucesso alcançado na abertura de sua ofensiva". Prometeu enviar mais um lote de "fuzis, roupa e equipamento para 20 mil homens", vinte canhões de dezoito polegadas com 3 mil obuses por canhão; vinte obuseiros de 4,5 polegadas com 2 mil obuses por arma; e quatro obuseiros de seis polegadas com mil obuses por arma, "assim como alguns aviões e mais alguns tanques", e ainda quatrocentos oficiais russos treinados na Grã-Bretanha.

Quatro dias mais tarde, Churchill, uma vez mais ignorando os eventos em razão da lentidão nas comunicações, garantiu a Curzon que "nossos oficiais aqui continuam confiantes de que a derrubada dos bolcheviques é certa, considerando a situação como um todo". Ele enviara o general Haking "para estar ao lado de Iudénitch caso ele venha a entrar em Petrogrado". A razão disso era que, "de outro modo, poderiam nos acusar de não termos feito nada para impedir as lamentáveis represálias após a queda da cidade".

Mais tarde naquele mesmo dia, o avanço de Rodziánko sofreu uma interrupção abrupta. Trótski contra-atacou com os reforços vindos de Moscou que haviam chegado a Petrogrado de trem. O Exército do Noroeste foi obrigado a abandonar Pulkovo e depois Gatchina, seis dias depois. Os homens de Rodziánko lutavam desesperadamente, mas estavam em grande desvantagem numérica e já começavam a sucumbir a uma epidemia de tifo. Em 31 de outubro, Churchill contatou o general Haking, pedindo uma avaliação das condições do exército de Iudénitch. "O gelo pode se formar no golfo da Finlândia a qualquer momento a partir de 12 de novembro, e [o] Gabinete decidiu que [a] Frota Britânica deve sair das águas finlandesas assim que o gelo se formar."

Na primeira semana de novembro, o Exército Vermelho obrigou o que restava das forças de Iudénitch a recuar até Narva. Recapturaram Luga e Iamburg em 7 de novembro, o aniversário do golpe bolchevique. A retirada ganhou cores patéticas. Milhares de refugiados civis, que esperavam voltar a Petrogrado no trem de carga do Exército Branco, haviam acompanhado os soldados, dificultando todos os seus movimentos. Também sofriam de tifo, e muitos dos que voltaram à fronteira da Estônia foram colocados em campos de quarentena. A situação daqueles que ainda estavam presos no lado leste da fronteira ficava ainda mais sombria com a piora das condições climáticas. Quando o general Iudénitch recebeu um relatório descrevendo sua pavorosa situação, ele se recusou a fornecer quaisquer fundos, alegando que seu orçamento só previa gastos com as necessidades do exército.

Alguns oficiais de Rodziánko não perderam a oportunidade de realizar saques antes da retirada. Membros do quartel-general do 1º Corpo de Fuzileiros "pegaram dois ou três vagões ferroviários com propriedades do palácio, cheios de prataria e aparelhos de jantar de porcelana com a insígnia real, assim como outras peças de valor". O departamento de inteligência estoniano logo identificou onde esses itens foram escondidos.

Os estonianos, cientes da ameaça de Trótski caso abrigassem de novo as forças de Iudénitch, só permitiram a entrada de militares no país desde que rendessem suas armas. Embora parte do Exército do Noroeste se mantivesse numa faixa do território russo, seu "governo" tentou negociar com os antigos anfitriões. Iudénitch, como ministro da Guerra, não se dera ao trabalho de comparecer a qualquer sessão desde setembro. O general Kondíriev, seu vice-ministro da Guerra, reportou: "os estonianos claramente desejam desarmar nosso exército, que não querem considerar como aliado e que não desejam manter em seu território".

Iudénitch continuou exasperando seus colegas ministros ao ignorá-los e ao "levar adiante uma política completamente diferente daquela do governo". Quando finalmente foi obrigado a ficar frente a frente com eles, o ministro da Agricultura, Bogdánov, explodiu. "Ou o general Iudénitch reporta-se ao governo, e neste caso deve juntar-se à comissão para negociar com o governo estoniano e não poderá conduzir uma política em separado, ou o general Iudénitch não se reporta, e então o governo escolherá outra estratégia. É hora de pôr um fim a essa enganação."

A enganação não perdurou. Em novembro, o comandante do exército estoniano da cidade de Tallinn escreveu para lembrar "o antigo Exército do Noroeste" de que, "segundo a lei internacional, militares de outro país não têm o direito de usar seu uniforme, e menos ainda o de um exército que cessou totalmente de existir". Em 13 de dezembro, a Estônia assinou um armistício com a Rússia soviética, seguido pelo Tratado de Tartu, em 2 de fevereiro de 1920, reconhecendo a independência do país. Letônia, Lituânia e Finlândia seguiram o mesmo caminho logo depois, assinando acordos similares com Moscou.

Era o fim das esperanças de Churchill de uma grande aliança antibolchevique no Báltico. E também o fim do sonho Branco de restaurar uma "Rússia Una e Indivisível". A escassez de comida significava que os soldados de Iudénitch não tinham o que comer a não ser lampreias, que eles detestavam. O pior estava por vir. Até sua transferência para a Polônia, o governo estoniano recusou-se a alimentá-los a não ser que trabalhassem. Foram enviados para cortar madeira nas florestas a fim de fornecer lenha para o inverno. A humilhação para o imperialismo da Grande Rússia estava completa.

30

RETIRADA SIBERIANA

Setembro-dezembro de 1919

Em 17 de setembro, Churchill escreveu uma mensagem urgente ao chefe de pessoal da força aérea. Ele receava que o colapso do Front Sul de Koltchák tivesse "aberto a rota para o Turquestão" e que o grande avanço dos bolcheviques pudesse encorajar os afegãos a atacarem a Índia britânica. "O primeiro-ministro passou-me ontem instruções muito explícitas", prosseguiu ele, "para dar passos a fim de assegurar que a aviação indiana esteja no mais alto estado de eficiência e que possua máquinas capazes de atacar cidades no Afeganistão, incluindo Cabul, dentro de poucas horas após um eventual início de hostilidades... Precisamos ter nossas melhores máquinas na Índia sem demora, inclusive nossos melhores bombardeiros".

Enquanto Churchill preocupava-se com a ameaça ao Raj Britânico, russos, chineses e americanos preocupavam-se com as ambições japonesas no leste da Sibéria. O Japão mostrava interesse especial pela ilha de Sacalina, e já enviara expedições ali para estudar seus recursos naturais e reservas de petróleo. "Alguns japoneses expressam abertamente a suposição de que a ilha logo lhes pertencerá", reportou o cônsul-geral americano em Irkutsk. Os japoneses também vinham inspecionando baías e golfos da costa do Pacífico e a foz do caudaloso rio Amur. Havia fortes suspeitas de que os militares japoneses queriam ocupar a Manchúria, bem como o Amur e as Províncias Marítimas, incluindo Vladivostok. O coronel William J. Donovan, comandante do 165º Regimento de Infantaria, mais conhecido como "Wild Bill" Donovan, o fundador da

Agência de Serviços Estratégicos, foi citado como tendo dito: "É sabido que Kalmíkov e Semiónov não passam de agentes japoneses. O sonho do Japão é estabelecer uma autoridade militarista, bem como erguer barreiras econômicas sobre o norte da Manchúria e da Sibéria".

Reforços do exército japonês continuavam chegando, apesar do acordo original entre americanos e japoneses prever que limitassem suas forças a não mais de 7 mil homens cada. O general Tanaka admitiu que um total de 145 mil haviam sido enviados, mas destacou que muitos eram apenas reposições dos que haviam sido trazidos de volta para casa. Conta-se, porém, que o jornal *Yamato Shimbun* teria declarado: "O Japão não tem outra saída a não ser enviar sua população excedente para a Manchúria e a Sibéria", e por isso não estava em questão a retirada de seus soldados. O Japão também rejeitou a proposta americana de os dois países retirarem seus soldados ao mesmo tempo.

O ataman Semiónov continuava a deter trens que passavam por Tchita. Em 24 de outubro, seus homens pararam um trem que levava 68 mil rifles para Irkutsk. Semiónov exigiu que 15 mil rifles ficassem para ele. O tenente Ryan, que comandava o pelotão de escolta do trem, insistiu em ficar com todo o lote, como lhe havia sido ordenado. Os cossacos de Semiónov cercaram o trem. Mas o coronel Morrow enviou uma mensagem a Semiónov: "Libere imediatamente o trem do tenente Ryan ou vou expulsar de vez suas forças com meu regimento". Semiónov sabia que não se tratava de um blefe e permitiu que o trem de Ryan partisse.

Enquanto isso, o assim chamado Exército Independente Semirietchiensk, do ataman Ánniekov, continuava esmagando as rebeliões que seus saques haviam provocado. Em outubro, seus homens sufocaram revoltas em doze aldeias camponesas russas no distrito de Lepsinsk (Lepsi). Foram necessárias três tentativas para esmagá-las. Ao capturarem Tcherkasskoie, os homens de Ánniekov massacraram 2 mil camponeses, outras setecentas pessoas em Kolpakovka e duzentas em Podgornoie. A aldeia de Antónovka foi incendiada e arrasada, e todos os homens da pequena cidade de Kara-Bulak foram mortos. Outro grupo de Verdes chamado de Águias da Montanha, na região de Urdjarsk, foi também esmagado pelos homens de Ánniekov. Os métodos eram típicos deste último: "um dia, o destacamento Branco atacou Kirik-Orchak, composta de quarenta casas. Reuniram todos numa grande iurta.* Retalharam todos até a morte com golpes de sabre". Sobreviveu apenas uma garotinha de três anos, cuja presença não foi notada.

Após o sucesso efêmero de seu contra-ataque em setembro, os soldados de Koltchák foram forçados de novo a recuar ao longo da Ferrovia Transiberiana. Em 30 de outubro, o general Knox ofereceu um jantar festivo em seu trem para celebrar seu aniversário de cinquenta anos. O Governante Supremo compareceu com sua amante bem mais jovem, a poetisa e pintora de 26 anos Anna Timíriova, que ele mais tarde descreveria como "uma conhecida minha de longa data que quis voluntariamente compartilhar meu destino". A celebração de Knox foi ofuscada pela notícia naquele dia de que o Exército Vermelho acabara de capturar Petropavlovsk e com isso ganhara uma cabeça de ponte no rio Ilmen.

O general Díterikhs mais uma vez advertiu o Governante Supremo de que deveria abandonar Omsk e retirar-se para Irkutsk, no extremo sul do lago Baikal. Alguns regimentos cossacos haviam sido reduzidos a menos de cem homens. Koltchák recusou. "Se perdermos Omsk, perderemos tudo!", insistiu, irado. Em 4 de novembro, os Vermelhos tinham duas cabeças de ponte no rio Ilmen. Embora o inimigo estivesse agora a menos de duzentos quilômetros de Omsk, Koltchák ainda assim resistia a abandonar o que via como sua capital. Aferrou-se à ideia de que a sorte da guerra talvez mudasse, a partir de reportagens de jornais do mês anterior sobre os sucessos de Deníkin e Iudénitch, e à ideia de que o governo soviético "vivia seus últimos dias".

O cônsul-geral Harris relatou que as relações entre os tchecos e o almirante Koltchák haviam se deteriorado ainda mais. Os líderes tchecos com seus soldados na Sibéria protestaram junto aos Aliados dizendo que seu exército estava sendo obrigado a defender a Ferrovia Transiberiana "contra a própria consciência, tendo que apoiar e defender as autoridades que agem de maneira deliberadamente ilegal. Sob a proteção das baionetas tchecoslovacas, instituições militares russas locais praticam atos que horrorizam todo o mundo civilizado. Incendiar aldeias, matar

* Iurta é uma espécie de tenda circular desmontável, usada por povos nômades e seminômades pastoris da Ásia Central (N.R.).

O almirante Koltchák e sua amante, a poetisa Anna Timíriova, rodeados por oficiais britânicos. O major-general Knox, de cachimbo na boca, está em pé atrás dos dois.

cidadãos russos pacíficos às centenas, fuzilar sem julgamento pessoas democráticas por mera suspeita de deslealdade política". Eles pediam permissão para voltar para casa e queriam ser isentos de responsabilidade pelo envolvimento naqueles crimes.

Koltchák teve uma explosão de raiva com os generais Janin e Knox, alegando "as ostensivas simpatias dos representantes tchecos" por aqueles elementos "que são praticamente indistinguíveis dos bolcheviques", termo com o qual se referia aos socialistas-revolucionários. Ele encarou aquelas atitudes "durante os dias de grandes provações, quando o Exército Russo experimentou infortúnios", como nada menos que uma tentativa por parte dos representantes tchecos de exercer "todo o seu poder para minar a autoridade do governo e o prestígio do trabalho nacional da Rússia".

Em 5 de novembro, Koltchák insistiu mais uma vez que Omsk não se renderia. Nenhum homem com idade inferior a 35 anos teve permissão para ir embora. O pânico tomou conta da cidade. Sua população havia quadruplicado para meio milhão com os refugiados Brancos que haviam conseguido chegar ali, imaginando se tratar de um refúgio seguro. No entanto, o que encontraram foi miséria e degradação, e nenhum lugar onde pudessem se abrigar. As ruas estavam praticamente intransitáveis por causa da lama congelada, e quase não havia comida. "Os soldados e suas famílias pediam pão de casa em casa. Esposas de oficiais prostituíam-se para não passar fome. Os milhares que tinham algum dinheiro gastavam-no embebedando-se nos bares. Mães e seus bebês morriam congelados pelas calçadas. Filhos eram separados dos pais e órfãos morriam aos montes na vã busca de alimento e calor." Mesmo os refugiados mais ricos se viram praticamente sem um tostão por terem trocado seu dinheiro por moeda siberiana. O valor do rublo Branco desabou após a Ferrovia Chinesa do Leste, em Harbin, anunciar que não iria mais aceitar essa moeda.

O general Knox e seu estado-maior partiram para Vladivostok em 7 de novembro, no segundo aniversário do golpe bolchevique, ao qual os Brancos se referiam como "Dia de Luto do Povo" ou "Dia da Penitência". Com humor ácido, Knox observou que estava em retirada desde a batalha de Tannenberg em 1914, quando fora colocado na equipe do malfadado general Samsônov. Horrocks partiu dias depois com a missão ferroviária britânica. O capitão Hodges e o tenente Moss, ligados aos cossacos de Orenburgo do general Dútov, não conseguiram chegar a tempo à estação de Omsk. Eles levaram três meses cavalgando até estarem a salvo e cruzarem a fronteira chinesa até a província de Xinjiang. As outras missões militares saíram de Omsk dois dias depois de Knox.

Antes de partir, o general Janin foi ver Koltchák. Descreveu-o como "magro, com aspecto abatido e extremamente nervoso. A certa altura, parou de falar, seu pescoço deu um tranco para trás, girando um pouco de lado, e ele ficou enrijecido, de olhos fechados. Será que os boatos sobre seu vício em morfina são verdadeiros? De qualquer modo, mostrou-se muito agitado por vários dias. Me contaram que, no domingo, ele arrebentou quatro copos sobre a mesa". Em 8 de novembro, o frio era tão intenso que os rios, entre eles o Irtixe, que passa por Omsk, começaram a congelar. Com isso, em pouco tempo não haveria mais nenhuma barreira natural ao avanço dos Vermelhos. Dois dias mais tarde, o quartel-general do Governante Supremo anunciou: "A evacuação de Omsk está sendo realizada de maneira esplêndida, segundo um plano lógico. Ordem e paz reinam na cidade. A vontade férrea, assim como a inesgotável energia, do almirante Koltchák produzem efeito favorável nos soldados e na população. O almirante Koltchák declarou em tom solene que vai defender Omsk até o fim. Ele participará pessoalmente dos combates".

Em 10 de novembro, os ministros de Koltchák saíram de Omsk e foram para Irkutsk, cerca de 2.500 quilômetros a leste dali. Tiveram que subornar autoridades e funcionários da ferrovia, que não recebiam salário havia meses, para poder passar. O Governante Supremo não cumpriu a promessa de lutar até o fim. Partiu dois dias depois, levando em seu trem as reservas de ouro expropriadas pelos soldados de Káppel em Cazã. O atraso em sua partida iria lhe custar caro. O engarrafamento à frente na Ferrovia Transiberiana e a determinação dos tchecos de estorvar seu avanço acabariam levando à sua captura.

Duas tentativas prematuras de revolta por trabalhadores e chineses foram esmagadas pelos cossacos, mas o Exército Vermelho entrou na cidade no dia seguinte praticamente sem resistência. Sua *Stavka* gabava-se de que seu 5º Exército havia "percorrido seiscentos quilômetros em trinta dias". Os Vermelhos se apossaram de três trens blindados, 4 mil vagões ferroviários, 38 mil prisioneiros, cem canhões de campanha, meio milhão de projéteis de artilharia, mil metralhadoras e 200 mil uniformes do Exército Britânico que ainda não haviam sido despachados para os maltrapilhos soldados Brancos.

A captura da cidade foi marcada por relativamente poucos atos de vingança e pouquíssimos saques, exceto pela expropriação de casacos de pele das pessoas que circulavam pelas ruas. Os comissários estavam perfeitamente de acordo em permitir que refugiados e outros civis fossem para o leste. Um alto funcionário da ferrovia que chegou para trabalhar sem saber ainda que a cidade havia mudado de mãos encontrou um estranho em seu escritório. "O estranho então apresentou-se como comissário e expressou sua surpresa com as dragonas do funcionário. Este pegou um canivete do bolso e cortou-as fora, e depois removeu a insígnia de seu quepe. Quando o comissário ficou sabendo que o funcionário queria sair de Omsk para se juntar à família, deu-lhe a permissão necessária."

Quanto aos prisioneiros militares, os oficiais jovens foram reunidos e foi-lhes oferecida a oportunidade de se juntarem ao Exército Vermelho. "Metade dos oficiais não aceitou e foi presa", diz outro relatório dos

Brancos, "mas após três dias de prisão aceitaram a oferta bolchevique e foram libertados. Segundo nossa informação, os oficiais capturados e recrutados estão sendo enviados pelos Vermelhos ao front de Deníkin, com a necessária documentação." A desintegração dos exércitos de Koltchák com a perda de Omsk permitiu à *Stavka* deixar apenas o 5º Exército acompanhando seus remanescentes e transferir uma grande porção de suas forças para o Front Sul.

Logo após a queda de Omsk, teve início uma revolta contra Koltchák em Vladivostok, 6.275 quilômetros de ferrovia a leste. A cidade era conhecida por seu desrespeito às leis. Oficiais Aliados eram sempre "aconselhados a nunca sair sozinhos depois que escurecia e a carregar sempre uma bengala pesada e um revólver". Acima de tudo, deviam evitar a zona de prostituição conhecida como "Balde de Sangue", onde ocorria em média um assassinato por noite.

No domingo 16 de novembro, soldados tchecos, em apoio ao deposto general Gajda, expediram uma proclamação dizendo que o regime de Koltchák era intolerável. Eles exigiam sua imediata repatriação, ou a "liberdade e o poder de agir na Sibéria a fim de evitar os crimes e o desrespeito à lei". Gajda estava particularmente ressentido por ter sido destituído por Koltchák de seu posto de tenente-general, pois considerava isso uma ofensa à sua honra militar. Na manhã seguinte, Gajda e um grupo de socialistas-revolucionários de direita convocaram um levante armado, tendo I. A. Iákuchev como líder e Gajda como comandante militar (Os SRs de esquerda e os mencheviques mais tarde insistiriam que nunca tinham apoiado Gajda.) À tarde, houve fogo pesado em volta da principal estação de trem, com seis mortos e vinte feridos, e os apoiadores de Gajda assumiram o controle da estação e seus arredores. Os japoneses responderam formando uma cordão fortemente armado, e a artilharia do general Rózanov começou a bombardear a estação. Os soldados americanos e britânicos permaneceram rigorosamente neutros. Outros tchecos foram advertidos a manter distância, caso contrário seriam tratados como desertores. A revolta terminou logo. Gajda, levemente ferido, foi capturado durante o combate e obrigado a sair da Rússia, mas o levante deveria ter servido como uma clara advertência a Koltchák sobre o que estava por vir.

Segundo o capitão William Barrett, que acabara de chegar a Vladivostok, o incidente, no todo, custara pouco mais de mil mortos. Esse número parece alto demais considerando que o conflito se restringiu à estação de trem e arredores, mas houve outro aspecto nessa comoção. O ataman Kalmíkov enviara à cidade seus indisciplinados cossacos, desafiando as ordens dos Aliados. Segundo fontes militares dos Estados Unidos, o chefe da polícia militar americana rapidamente reuniu uma grande força multinacional de 4 mil homens. "O major Johnson ordenou que todo ladrão e assassino flagrado na cena do crime fosse morto sem julgamento. Graças a essas medidas de precaução, não ocorreu nenhum roubo." O número de execuções sumárias não foi revelado, mas aqueles que foram fuzilados quase certamente eram cossacos.

Depois de Omsk, os bolcheviques continuaram seu avanço para o leste, pela ferrovia. Utilizando as locomotivas e vagões capturados, avançaram em média 25 quilômetros por dia. Os trens Brancos em retirada faziam em média quarenta quilômetros por dia, até que um bloqueio criou o caos em Novo-Nikolaievski. Seu transporte também era dificultado pelos constantes ataques de partisans Vermelhos ao longo da Ferrovia Transiberiana. O desrespeito às leis estendia-se até mesmo a grupos supostamente Brancos. O general Janin foi informado de que em Kansk, 150 quilômetros a leste de Krasnoiarsk, os cossacos de Krassílnikov estavam saqueando tudo, "até mesmo roupas de mulher, que revendiam nos mercados. Como resultado disso, os camponeses, exasperados e cujo único desejo era ficar em paz, sem lutar, têm se inclinado para o lado dos bolcheviques".

As tensões logo aumentaram entre russos Brancos, poloneses e tchecos. Em 29 de novembro, o comandante polonês, coronel Czuma, enviou mensagem ao chefe da missão militar polonesa. "Por favor, verifique com o general Janin e o estado-maior das forças tchecas por que razão não estão permitindo que nossos trens de provisões, vagões hospitais e administrativos cheguem até mesmo a Taiga. Precisamos que essa ordem seja modificada a fim de evitar uma catástrofe."

A Legião Polonesa havia sido formada a partir das muitas comunidades da Sibéria que descendiam de todos os que haviam sido exilados após o grande levante de Varsóvia de 1863 contra a opressão czarista.

Apenas Orenburgo abrigava 15 mil deles. O "Exército Polonês na Sibéria" era comandado pelo general Wojciechowski. Ele pedira a representantes poloneses em Paris que solicitassem urgentemente ao Supremo Conselho de Guerra o fornecimento de embarcações com a capacidade total de 60 mil toneladas para a sua repatriação de Vladivostok.

O bloqueio de trens em Novo-Nikolaievski provocou furiosas altercações, conforme se intensificava uma batalha do tipo *sauve-qui-peut* ["salve-se quem puder"]. Os russos Brancos culpavam os destacamentos da 5ª Divisão Polonesa, que haviam assumido o controle da estação. Eles reclamavam que, em vez de partirem vinte trens por dia, partiam apenas seis. A missão militar polonesa retrucou dizendo que o departamento de comunicações do governo de Koltchák havia se tornado um caos e que os soldados Vermelhos estavam cada vez mais próximos. Os tchecos, que tinham um controle bem maior sobre os ferroviários do que os poloneses, vingaram-se de Koltchák colocando seus seis trens em linhas secundárias sempre que tinham a oportunidade, para garantir que seus próprios soldados e outros tivessem prioridade.

Em 14 de dezembro, os Vermelhos chegaram ao final do bloqueio na ferrovia e tomaram Novo-Nikolaievski, além de numerosos trens ali bloqueados. A própria cidade ainda não havia sido evacuada. Tinha sido assolada por uma epidemia de tifo, e muitos dos refugiados haviam ficado empacados ali. Logo adiante as coisas estavam piores ainda, com cerca de 30 mil casos em Krasnoiarsk. Todos os cavalos, carroças e trenós disponíveis já haviam sido tomados. Os soldados de Koltchák, agora comandados pelo amplamente desprezado general Sákharov, mostraram bem pouca resistência durante a retirada. A única exceção eram as forças do general Káppel, apesar do estorvo dos 23 mil refugiados que haviam se juntado a eles. O general Díterikhs disse a Janin que o almirante lhe enviara uma mensagem oferecendo-lhe o posto de comandante em chefe, e que ele respondera exigindo como condição absoluta que o próprio Koltchák partisse imediatamente para se juntar ao exército de Deníkin. A estrutura de comando inteira, Janin escreveu, sofria de uma "*paralysie générale*". Koltchák só fazia berrar e xingar, até mesmo aqueles que lhe ofereciam ajuda.

"Uma retirada em massa é uma das visões mais tristes e desesperadoras do mundo", escreveu o capitão Horrocks. "Os doentes simplesmente desabam e morrem na neve." Ele ficou horrorizado com as condições miseráveis dos refugiados, apinhados em vagões de gado. Se tivessem sorte, ficavam numa *tieplúchka*, um vagão básico com bancos de madeira de cada lado e um fogão no meio, mas a maioria dos vagões era totalmente desprovida de aquecimento, em temperaturas que caíam abaixo de menos trinta. "A coisa que mais me impressionou foi a fibra com que as mulheres, muitas delas criadas no luxo, enfrentavam aquele futuro desesperançoso. Os homens eram muito mais dados à autopiedade."

"Os tchecos tratavam os poloneses como os poloneses tratavam os russos", relatou um funcionário consular americano. "Não permitiam que nenhum trem passasse antes de promover a completa evacuação de soldados tchecos. Foi por isso que o trem do almirante Koltchák ficou retido pelos tchecos em Krasnoiarsk, assim como os demais trens russos entre Taiga e Krasnoiarsk."

Em Taiga, depois de Novo-Nikolaievski, eclodiu em 20 de dezembro um combate real pelos trens, entre tchecos, poloneses e russos. Os poloneses queriam garantir que nenhum trem russo partisse antes que todos os seus homens tivessem passado, mas isso simplesmente não era possível. "Em 22 de dezembro de 1919, um sol vermelho-sangue caiu sobre Taiga", enquanto parte da 5ª Divisão Polonesa marchava de volta junto aos trilhos da ferrovia para oeste a fim de deter a 27ª Divisão Vermelha e a 30ª Divisão de Fuzileiros do 5º Exército. O capitão Werobej, junto com o capitão Dojan, comandante da "Ptítchki* de Dojan", juntou-se a um grande destacamento do exército do general Káppel na estação de Iachkino. Houve combates o dia seguinte inteiro. Só os poloneses tiveram cem mortos e várias centenas de feridos, mas isso significou que haviam conseguido um espaço crucial para respirar.

Em meio ao caos dessas rivalidades nacionais, os oficiais britânicos acharam divertido receber uma mensagem de Vladivostok dizendo: "Se a situação parecer favorável a isso, não hesitem em assumir o controle completo". Às vezes conseguiam avançar menos de cinco quilômetros por dia. Janin soube pelo comandante tcheco que entre Marinsk e

---

* "Ptítchki" – "pássaro" em russo – era como os bolcheviques se referiam à insígnia da águia polonesa nos quepes dos homens do capitão Dojan.

Krasnoiarsk quase todos os trabalhadores da ferrovia haviam desertado. Os poucos que restavam promoviam atos de sabotagem, apagando o fogo das locomotivas para que as tubulações congelassem. Em Bogotol, trinta locomotivas estavam com suas tubulações congeladas e trinta centímetros de gelo se acumulavam nos trilhos. Não havia carvão disponível, porque os mineiros não recebiam salário fazia três meses. O Governante Supremo recusara-se a recorrer às reservas de ouro e tinha isso como um ponto de honra. Janin soube também que os oficiais da *entourage* de Koltchák estavam bebendo para cair no entorpecimento.

Empacado em seu trem em Krasnoiarsk, Koltchák enviou uma mensagem aos representantes Aliados queixando-se. "Os tchecos na realidade interromperam todos os fornecimentos aos nossos exércitos, suspenderam a evacuação de feridos, de doentes e de famílias de oficiais e voluntários do front, condenando-os à destruição certa. Eu, como Governante Supremo e comandante em chefe, fui alvo de uma série de insultos e ameaças. Koltchák."

A situação mais adiante não era muito melhor. O presidente do Conselho de Ministros de Koltchák foi informado de que restavam apenas duas semanas de provisão de grãos em Irkutsk. Mesmo que comprassem mais na Manchúria, não havia garantia de que o ataman Semiónov em Tchita as deixaria passar. Não restava mais carvão, portanto nem o sistema de fornecimento de água nem a estação geradora de eletricidade funcionavam mais. "A principal razão para a falta de carvão era a escassez de trabalhadores. Eles estão indo embora. Só podem ser convencidos a ficar se houver melhores provisões e mais itens básicos de sobrevivência. Enviaram prisioneiros para trabalhar nas minas de carvão de Tcheremkhovo, enquanto as minas são guardadas por soldados japoneses." A coleção de desastres prosseguia, com um relato de que "o levante bolchevique no norte da província de Irkutsk está ganhando corpo. Os rebeldes já tomaram Verkholensk e continuam avançando".

Uma revolta de socialistas-revolucionários em Krasnoiarsk tomou a cidade por dois dias, até Káppel invadi-la com seus soldados e expulsá-los após uma breve batalha. Víktor Pepéliaev, que assumira como presidente do Conselho de Ministros logo após a queda de Omsk, soube então que a revolta de Verkholensk se espalhara e estava agora a apenas cem quilômetros de Irkutsk. Eles haviam perdido também as minas de carvão. “Houve uma revolta anteontem em Tcheremkhovo. A guarnição de quatrocentos homens passou para o lado dos rebeldes, que são liderados por oficiais locais. Estou negociando com os comandantes tchecos para que tomem todas as providências para garantir a passagem desimpedida dos trens, os do Governante Supremo e os seus... Em Irkutsk a atmosfera é de inquietação.”

Não era nenhuma surpresa, já que Pepéliaev escolhera muito mal o seu chamado às armas. Ele tentara invocar o orgulho russo e o nacionalismo siberiano, o que enfureceu os oficiais de Koltchák, que abominavam toda forma de separatismo. “Mulheres russas! Vocês querem servir à luxúria dos comissários e Guardas Vermelhos?... Vamos fazer a bandeira alviverde [da Sibéria] unir a todos nós num único desejo de salvar e defender o país da devastação, da fome e da ruína.”

Enquanto os comandantes debatiam violentamente quais dos trens de soldados teriam prioridade, as condições dos refugiados famintos e congelados foram fatais para muitos deles. “Nas estações maiores os corpos eram descarregados dos trens às dezenas, centenas, vagões inteiros, mortos de frio, fome e doenças. Na estação de Barabinsk, por exemplo, chegaram num trem seiscentos pacientes, dos quais apenas duzentos estavam vivos. A cada parada de trem, cadáveres eram descarregados dos tetos dos vagões, de suas passagens e plataformas... Esses corpos eram empilhados nas estações como se fossem feixes de lenha. Aqueles que ainda viviam nunca falavam, nunca pensavam em outra coisa a não ser em como poderiam escapar da morte e ficar cada vez mais longe dos bolcheviques.”

31

O PONTO DE INFLEXÃO

Setembro-novembro de 1919

O general Deníkin enfrentava problemas com subordinados indisciplinados, como Wrangel, Chkuró e Mámontov, mas os Vermelhos também, o que era surpreendente. Em 23 de agosto, Kámeniev, comandante em chefe do Exército Vermelho, recebeu uma mensagem urgente e secreta. Em Saransk, a meio caminho entre Tambov e Cazã, o comandante do corpo de cossacos do Don dos Vermelhos, o extrovertido socialista-revolucionário de esquerda Filípp Mirónov, acabara de se dirigir a uma grande manifestação. "Seus cossacos fecharam o lugar e prenderam os comunistas (cerca de cem), que foram declarados reféns. A situação é grave. Achamos que ele a qualquer momento começará a avançar. Não temos homens armados, a não ser cem guardas ferroviários."

Mirónov estava furioso com os comunistas não apenas por terem esmagado brutalmente os cossacos do Don. Queria genuinamente combater Deníkin, mas todas as suas tentativas de formar seu novo corpo de cavalaria eram sabotadas por aqueles que odiavam os cossacos. Apenas dois dias antes, um dos oficiais de Mirónov, o comandante da 1ª Divisão de Cavalaria do Don, escrevera àquele outro comandante da cavalaria Vermelha, Semión Budiônni. Ele tentou explicar a posição de Mirónov, depois que "ele havia sido enviado do Don ao Front Ocidental como vice-comandante do exército e fora chamado de volta ao Don com urgência para salvar a situação ali" com o novo corpo de cavalaria. Mirónov caíra em desgraça por ter escrito a Lênin e Trótski que "a única maneira de avançar na construção de uma sociedade socialista é com a participação ativa do próprio povo. Ele aconselhou-os a montarem uma representação popular a fim de salvar a revolução, e colocá-la no lugar do sistema de partido único".

"O camarada Mirónov envia suas saudações a você e a todos os comandantes. Ele não é só um grande estrategista e líder de soldados; é também um grande profeta. Serei bem sincero com você. Ele caiu em desgraça porque ama a verdade e luta por ela, tem aversão ao oportunismo e odeia os comunistas que causaram o levante do Don por seu comportamento criminoso."

O próprio Mirónov escreveu no mesmo dia ao quartel-general do 9º Exército: "Vocês poderiam, por favor, passar a mensagem ao Front Sul, de que não posso mais ficar inativo vendo a ruína da revolução e a sabotagem escancarada quanto à criação do corpo... Estou partindo com as forças que tenho para ir lutar contra Deníkin e a burguesia".

Naquela tarde, Kámeniev não perdeu tempo e expediu ordens para o comandante do Exército de Reserva. "Mandem imediatamente um destacamento de internacionalistas para sufocar o levante do Corpo de Cossacos de Mirónov." Era evidente que ele achava mais seguro enviar não russos para essa tarefa. Eles deveriam ser apoiados pelos canhões de campanha da escola de oficiais de artilharia do Exército Vermelho e por destacamentos similares de metralhadoras.

Serguêi Gússiev, um dos apoiadores de Stálin no Comitê Militar Revolucionário, disse a Ívar Smílga, o comissário do Front Sul: "Declarei Mirónov traidor e rebelde, e estou enviando nossos soldados contra ele". Acrescentou que as unidades de Mámontov haviam chegado a Riajsk, a apenas 310 quilômetros de Moscou. "Provavelmente estão indo para Tula." Isso parecia excluir qualquer temor de que Mirónov pudesse estar envolvido num complô para se unir a Mámontov. "Mirónov está ocupado fazendo discursos sentimentais. Venho informando-o de que, se ele se render, sua vida e liberdade serão garantidas." Na manhã seguinte, porém, Smílga imediatamente acusou Mirónov de tentar "juntar-se aos soldados de Mámontov e Deníkin... O rebelde Mirónov deve ser trazido ao quartel-general dos soldados soviéticos, vivo ou morto".

Mirónov respondeu a Smílga: "O primeiro tiro só você pode dar, portanto será você que irá derramar o primeiro sangue". Smílga emitiu outra advertência aos soldados de Mirónov. "Mirónov é um rebelde, fortes destacamentos estão sendo enviados para lutar contra ele. Será tratado como um fora da lei... aquele que ousar pegar em armas contra a autoridade soviética será varrido da face da Terra." Ele então acusou Mirónov de ter roubado 5 milhões de rublos, além de comida, destinados aos camponeses. Em seguida, Smílga disse que havia sido interceptada uma carta dirigida a Deníkin. "Águias Vermelhas do 9º Exército! O Comitê Militar Revolucionário tem certeza de que não haverá um único soldado Vermelho, um único cossaco Vermelho que apoie este traidor e assassino de parentes... O sangue de nossos irmãos está sendo derramado na retaguarda. Aqueles que forem culpados desse crime inaudito serão varridos da face da Terra. Morte ao traidor Mirónov! Vida longa à revolução! Vida longa ao poder soviético!" Smílga teve que admitir a Kámeniev que Mirónov, acompanhado por quinhentos sabres, rompera o cordão de isolamento do Exército de Reserva. Ele culpou Goldberg por tentar capturar a cavalaria com a infantaria, que claramente não tinha condições de acompanhá-la. Goldberg, em uma posição desconfortável, tentou argumentar que havia cercado e derrotado uma das colunas de Mirónov, mas então, em 4 de setembro, a Tcheká de Saratov reportou que Mirónov não tinha apenas quinhentos sabres consigo, e sim 2 mil homens, e que havia "escapado para Balachov", entre Saratov e Voronej.* Lênin, enquanto isso, enviara a 21ª Divisão numa tentativa de pegar Mámontov, mas teve tão pouca sorte quanto Goldberg.

Em 12 de setembro, Trótski expediu outra ordem ao 9º Exército por meio de panfletos e cartazes produzidos na gráfica móvel de seu trem blindado. "Mirónov foi proclamado fora da lei e traidor. Todo cidadão honesto que cruzar com ele tem o dever de alvejá-lo como se fosse um cachorro louco." Medidas extraordinárias foram adotadas por ordem de Kámeniev para lidar com essa excêntrica demonstração. "Foram requisitadas unidades do 1º e 4º Exércitos do Front do Leste, e unidades do Exército da Reserva em Cazã" e na área fortificada de Samara para sufocar o levante de Mirónov. No entanto, não houve necessidade de seu auxílio. O destacamento de Mirónov se deparou com o corpo de cavalaria de Budiônni e foi dispersado.

---

* A contagem oficial do Exército Vermelho, por outro lado, afirma que Mirónov tinha "5 mil homens (dos quais apenas 2 mil estavam armados e mil estavam a cavalo)".

O próprio Mirónov foi capturado em 14 de setembro pela 4ª Divisão de Cavalaria de Budiônni. Chegou uma ordem de levá-lo a Saratov, "com uma escolta de pessoas absolutamente leais, mantendo vigilância constante dia e noite, até o Tribunal Militar Revolucionário. O comandante da escolta é responsável por ele, tendo a própria cabeça em jogo". Budiônni, que discordava de Mirónov por sua política, odiava-o ainda mais como um comandante de cavalaria rival. Uma das partes mais estranhas dessa história é que um relatório da Tcheká afirmava que, quatro dias após a captura de Mirónov, "810 cossacos de Cubã chegaram a Saransk" alegando ter vindo para "vingar Mirónov". A Tcheká disse que eles poderiam ser "caracterizados como partisans bandidos", embora os únicos cossacos de Cubã em toda a região estivessem com Chkuró ou com Wrangel. O mais provável é que isso tenha sido outra invenção para difamar o nome de Mirónov como traidor.

A continuação da história é mais bizarra ainda. Trótski organizou um julgamento-espetáculo, para o qual o público recebeu ingressos, que teve lugar em 7 de outubro. Smílga foi o promotor-chefe. "Mirónov e mais dez foram sentenciados à morte", Smílga relatou numa chamada telefônica imediatamente após o julgamento. "A cena no tribunal lembrou um dos julgamentos da grande revolução [a francesa]. O acusado gritou com suas últimas palavras: 'Vida longa à autoridade soviética e aos comunistas!'."

No entanto, três dias mais tarde, Trótski enviou um telegrama a Smílga marcado como "ultrassecreto". Ele primeiro informou que o Politburo do Comitê Central iria discutir "mudar a política em relação aos cossacos do Don. Daremos ao Don e ao Cubã completa 'autonomia'. Nossos soldados não entrarão no Don. Os cossacos romperão completamente com Deníkin. Garantias respectivas são necessárias. Mirónov e seus camaradas podem atuar como intermediários... Segundo. É necessário ter cautela, e Mirónov não deve ser libertado imediatamente; deve ser enviado a Moscou sob um controle gentil mas vigilante. Aqui em Moscou seu destino poderá ser decidido, estando vinculado ao plano já mencionado". É impossível dizer em que medida o plano de Trótski contribuiu para minar o apoio cossaco a Deníkin ao longo dos meses seguintes. Uma reversão de política ainda mais impressionante foi o telegrama de Trótski em agosto do ano seguinte a respeito do homem que ele ordenara que fosse abatido "como um cachorro louco". Ele escreveu ao comitê militar revolucionário do Front Sul: "Sugiro que o camarada Mirónov seja considerado como candidato ao cargo de comandante do 2º Exército de Cavalaria. Trótski, Presidente do Conselho Militar Revolucionário". Isso, porém, não era nenhuma garantia. Um espírito livre como Mirónov estava fadado a encarar um final infeliz.

Na primeira semana de outubro, o general Chkuró em Voronej ficou sabendo que os Vermelhos haviam montado seu braço de cavalaria com maior rapidez do que os Brancos tinham previsto. Uma grande força inimiga comandada por Budiônni estava sendo reunida em Griázi, pouco mais de cem quilômetros ao norte. O Front Sul expedira a ordem a Budiônni: "Mámontov e Chkuró juntaram-se em Voronej – descubra onde estão e destrua-os". Ele avaliou, como o general Wrangel receara desde o início, que as Forças Armadas de Deníkin do Sul da Rússia estavam muito dispersas. Muitos já tinham ciência de outras falhas fundamentais.

Logo após assumir, o chefe da missão militar britânica, major-general Holman, advertira Churchill em julho: "A não ser que [Deníkin] possa oferecer aos infelizes habitantes dos distritos libertados, que agora são mais de 60 milhões de almas, condições de existência melhores que as que sofreram sob o regime bolchevique, ele com o tempo irá deparar com revoltas e hostilidade em sua retaguarda no exato momento em que os bolcheviques estarão concentrando grande número de soldados para uma contraofensiva no front dele".

Com oficiais czaristas nomeados para comandar tanto a polícia como aquilo que fazia as vezes de uma administração civil, não havia como evitar a revolta e a hostilidade na retaguarda. Konstantín Globatchóv, o ex-chefe da Okhrána, não estava errado em algumas de suas avaliações. "Quando o Exército Voluntário entrava numa cidade, os sinos da igreja tocavam, as pessoas vinham correndo com lágrimas nos olhos para beijar os estribos da cavalaria, mas antes que se passassem duas semanas já odiavam os Voluntários tanto quanto haviam odiado os bolcheviques. Muitos oficiais eram simplesmente tão brutos quando os Vermelhos."

Embora as visões de Globatchóv refletissem a crítica que a ala de extrema direita fazia a Deníkin e seu "governo", ele não suavizava suas

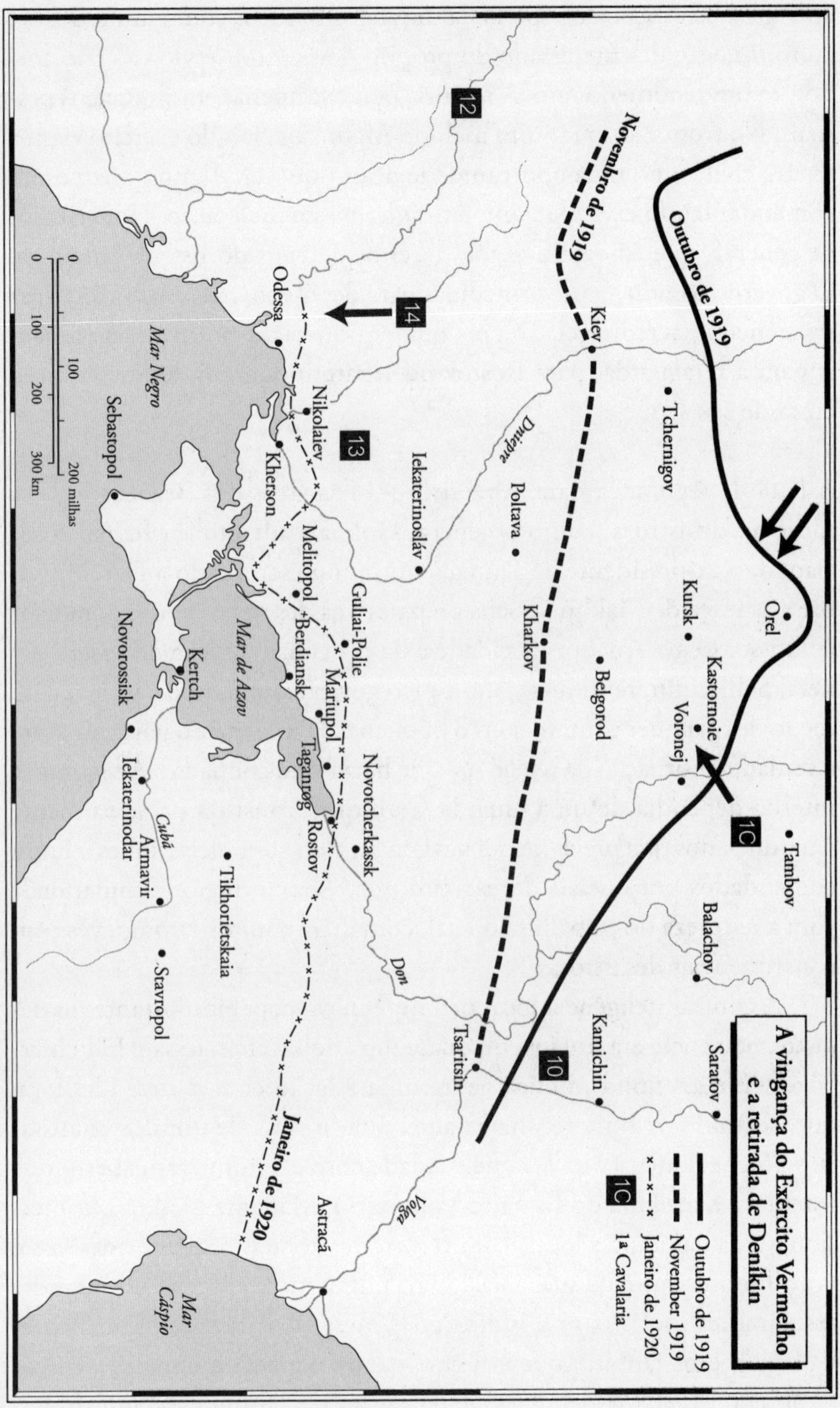
A vingança do Exército Vermelho e a retirada de Denikin
Outubro de 1919
November 1919
Janeiro de 1920
1C
1ª Cavalaria
Outubro de 1919
Novembro de 1919
Janeiro de 1920
12
14
13
10
Kiev
Tchernigov
Odessa
Nikolaiev
Kherson
Iekaterinosláv
Dniepre
Poltava
Kharkov
Belgorod
Kursk
Orel
Kastornoie
Voronej
Tambov
Balachov
Saratov
Kamichin
Tsaritsin
Melitopol
Guliai-Polie
Berdiansk
Mariupol
Taganrog
Rostov
Novotcherkassk
Don
Volga
Astracã
Sebastopol
Kertch
Novorossisk
Iekaterinodar
Cubã
Armavir
Tikhorietskaia
Stavropol
Mar Negro
Mar de Azov
Mar Cáspio
0 100 200 300 km
0 100 200 milhas

amargas observações a respeito da causa dos Brancos como um todo. "O cumprimento desinteressado do próprio dever e do serviço ao país tornou-se um fenômeno raro. A maioria pensava apenas em vantagens pessoais. No front não era muito melhor. Alguns oficiais do exército viam a guerra civil como uma oportunidade de enriquecer. Alguns, até mesmo comandantes do exército, também tinham essa inclinação. Houve casos de generais que enviaram vagões inteiros de bens do Estado para casa. O governo tomou algumas medidas para deter isso, mas encontrou uma resistência inacreditável. Depois que enriqueciam no front, preferiam ir para a retaguarda, para Rostov ou Iekaterinodar, onde festejavam à custa de seu saque."

A falta de segurança e de infraestrutura nas áreas dos Brancos logo se mostrou desastrosa, como o general Holman advertira. Mikhail Rodziánko, o ex-presidente da Duma, continuou escrevendo a Deníkin sobre a ameaça de Makhno e seus preparativos desesperançosos para lidar com isso. O governador da cidade e da província de Iekaterinosláv, general Schietínin, revelou-se "um típico governador à moda antiga, com medo de qualquer contato com o público e de informar o governo sobre a verdadeira situação da região que lhe havia sido confiada". A segurança interna dependia de uma Guarda Civil que "consistia principalmente em milicianos que previamente haviam servido aos bolcheviques". Eram comandados por oficiais do exército que, "sem a menor familiaridade com a natureza do trabalho policial, cometiam muitos erros graves com consequências desastrosas".

"A contrainteligência local desempenhava papel importante no desastre. Seu chefe era um jovem, quase um adolescente, iessául Chtchierbákov. Ele assumira publicamente uma relação com a atriz Lieskóva, que, segundo os rumores, havia antes sido íntima de um dos comissários bolcheviques. Circulava pela cidade com ela num carro aberto que ostentava a insígnia do Exército Voluntário. Madame Lieskóva impressionava os habitantes locais com o *glamour* de suas roupas e adereços e o brilho ofuscante de suas joias. Havia uma mesa especial nos grandes restaurantes locais com a indicação: "Mesa do Chefe da Contrainteligência", e os jantares que Chtchierbákov oferecia à dona de seu coração eram extremamente caros, custavam de 18 mil a 22 mil rublos.

Começaram a circular boatos de que qualquer um que fosse preso podia comprar sua liberdade com a ajuda de Madame Lieskóva, que tinha grandes somas em sua conta no Banco do Estado".

"O general Revíchin comandou os soldados que lutavam na província contra as tropas de Makhno. Havia dois batalhões de reserva de soldados recrutados em Iekaterinosláv. Um deles foi enviado para lutar contra Makhno, e havia rumores de que os oficiais haviam sido mortos por seus próprios soldados, que passaram para o lado de Makhno. O outro batalhão continuou em Iekaterinosláv, e [o general] Kórvin-Krukóvski contou-me que tinha receio de armá-los, já que todos apoiavam Makhno."

Uma total falta de comunicação entre a administração civil, a Guarda Civil e o exército permitiu que Makhno pegasse todos eles de surpresa. Em 4 de outubro, um grupo de seus homens tomou uma estação ferroviária rumo à cidade. "Más línguas disseram que a Guarda Estatal simplesmente dormia em suas posições, mas é possível também suspeitar de algum acordo entre uma parte da Guarda e os homens de Makhno, já que tudo o que aconteceu foi completamente insano... Não se fez nenhuma tentativa de tomar a estação de volta. É verdade que um trem blindado apareceu ali algumas vezes. Parece que disparou alguns tiros e foi embora, e logo se tornou tema de piadas no exército de Makhno... E durante todo o tempo em que Makhno preparava o assalto final, os comandantes em Iekaterinosláv continuavam ocupados com suas hierarquias e cargos e com o acerto de contas entre si."

O governador e os comandantes continuaram assegurando aos cidadãos que eles não corriam perigo. Mas na noite de 12 de outubro começaram a circular rumores de que os homens de Makhno haviam trazido metralhadoras camufladas em carroças, debaixo de feno e de verduras, e escondido tudo com seus apoiadores no subúrbio de Tcheguilevka, em Iekaterinosláv. Na manhã de 14 de outubro, Rodziánko compareceu a uma reunião convocada por cidadãos importantes. "Por maior que fosse nosso esforço, a liderança permaneceu totalmente tranquila, e, na realidade, até fizeram comentários jocosos a respeito de estarmos fomentando o pânico... Quando eu [Rodziánko] questionei categoricamente quem exatamente era o comandante-geral, Schietínin e Kórvin-Krukóvski apontaram um para o outro ao mesmo tempo."

Duas horas mais tarde, o tiroteio começou e houve um "pânico inacreditável". "O governador, com um destacamento da Guarda (150 homens com metralhadoras), galopou até a estação de trem e então em direção à ponte sobre o Dniepre." De repente foi dada uma ordem de evacuar a cidade, e meia hora depois as forças de Makhno entraram em Iekaterinosláv praticamente sem enfrentar resistência. Rodziánko juntou-se a uma bateria de artilharia que batia em retirada cruzando o Dniepre.

As forças de Makhno vinham atacando todo o leste da Ucrânia. Segundo a *Stavka* do Exército Vermelho, ele tinha 28 mil de infantaria e cavalaria, com cinquenta canhões de campo e duzentas metralhadoras. No início de outubro, um de seus grandes destacamentos tomou Berdiansk e destruiu um depósito de artilharia contendo 60 mil projéteis fornecidos pelos britânicos para o avanço de Deníkin sobre Moscou. E, além de ocupar Iekaterinosláv "por um mês inteiro", Makhno atacou Taganrog, que não só abrigava o quartel-general avançado de Deníkin como também era a base da missão militar britânica. As forças dele também tomaram Berdiansk e Mariupol, na costa norte do mar de Azov. O Exército Vermelho reconheceu mais tarde que Makhno "fez muito para dividir o Exército Voluntário em dois grupos totalmente isolados".

O meio de outubro marcou o "ponto culminante" para as forças de Deníkin – o momento em que um exército estende-se demais e perde não só o impulso como a iniciativa. Tula, situada entre Orel e Moscou, com suas fábricas de armamento, era o segundo maior objetivo dos Brancos depois da capital. Trótski temia que a perda da indústria de armas da cidade pudesse ser mais desastrosa ainda do que a perda de Moscou.

Os comunistas haviam preparado Tula para a defesa com os típicos excessos de quem está "encostado na parede". A lei marcial foi declarada, tendo em vista a agitação dos trabalhadores nas fábricas causada pela severa escassez de comida. Isso dera margem ao slogan "Abaixo os comissários!". Lênin, muito ciente de que eles não poderiam contar com o apoio do proletariado, enviou Dzerjínski para lá com destacamentos da Tcheká. Vários milhares da população, tanto camponeses quanto *burjúi*, foram recrutados em grupos de trabalhos forçados para cavar trincheiras. O Exército Vermelho reforçou suas defesas em Tula com a

21ª Divisão do Front Leste quando Mámontov se aproximou.* Mas a batalha crucial ainda era em torno de Orel, o ponto mais ao norte do avanço principal. Kámeniev enviou a guarda pretoriana do regime, a Divisão de Fuzileiros Letões, a brigada de infantaria de Pavlov e a brigada de cavalaria de Primakov. Eles deveriam ganhar o reforço de uma divisão "estoniana", mas desconhece-se quantos deles eram de fato da Estônia. Esse contra-ataque foi planejado como "um envolvimento duplo", mas a verdadeira força estava em seu flanco oeste.

Seu ataque ao flanco esquerdo do I Corpo do Exército Voluntário do general Kutiépov pareceu vir do nada. Kutiépov reportou que a divisão Kornílov "resistiu a sete ataques de baionetas dos Vermelhos durante o dia. Novas unidades chegaram, a maioria de letões e chineses.** Não foi possível definir seu número. Nossas perdas estão chegando a 80%... Apenas duzentos homens restam em alguns dos regimentos das divisões Kornílov e Drozdôvski". Embora tivessem infligido quase esse mesmo número de baixas à Divisão de Fuzileiros Letões, os homens de Kutiépov precisaram bater em retirada durante a noite de 20 de outubro. "As ruas de Orel estavam desertas", escreveu Aleksandr Gubariév. "Apenas em algumas janelas viam-se rostos assustados, ansiosos. As pessoas que haviam nos recebido com tanta alegria poucos dias antes agora temiam por suas vidas. Passamos rapidamente pela cidade e fomos direto para a estrada principal."

Assim como Chkuró, também Kutiépov e outros ficaram abalados pelo número esmagador de inimigos que eles de repente precisavam enfrentar. Relatos subsequentes da missão militar britânica deixaram Churchill alarmado e desnorteado em Londres, sem conseguir acreditar que a sorte da guerra havia mudado. "Em setembro e outubro", ele assinalou em resposta ao general Holman, "os exércitos de Deníkin avançaram em fronts amplos, tomando Orel, Ieliets, Voronej e ameaçando Tula e Moscou. Se os bolcheviques tinham todos esses reforços disponíveis, por que permitiram que esses avanços acontecessem com

---

* Ao todo, a *Stavka* do Exército Vermelho transferiu 60 mil homens do Front Leste a partir de maio, o que perfaz um total de 171.600 soldados Vermelhos enfrentando 151.900 Brancos, muitos dos quais tinham a tarefa de impedir levantes na retaguarda.

** Não há nenhuma indicação a partir de fontes do Exército Vermelho de que unidades de chineses tenham se engajado nessa batalha.

tão pouca oposição? Será que ficaram esse tempo todo preparando-se para desferir esse golpe, ou será que, em vista da necessidade, lançaram mão de todas as reservas de que dispunham? Você acha que a ofensiva deles é um esforço desesperado que não tem como durar muito, ou é uma evidência de que detêm um poder realmente superior?"

A resposta é uma combinação dessa transferência de forças do Front Siberiano, agora que os exércitos de Koltchák haviam se desintegrado, com o retorno de desertores aos quais o regime comunista dera anistia. Os camponeses, que tinham visto o avanço dos Brancos como uma ameaça de que os antigos proprietários de terras pudessem querer tomá-las de volta, estavam agora bem menos relutantes em servir no Exército Vermelho. A força de combate dos Vermelhos era agora mais que o dobro da do Exército Branco, em razão da deserção e do crescente número de seus soldados convocados para defender a retaguarda.

Em 19 de outubro, foi a vez do I Corpo de Cavalaria de Budiônni avançar em direção a Voronej, como Chkuró havia temido. Imediatamente após Makhno capturar Iekaterinosláv, o que ele combinou com um ataque a Taganrog, Deníkin havia ordenado que Chkuró enviasse a Divisão de Cossacos do Terek de seu corpo de volta para lidar com aquelas ameaças à retaguarda. Chkuró mandou Erást Tchevdar transmitir sua resposta por rádio. "Ao general Deníkin, Meu dever como soldado e cidadão me obriga a reportar a Vossa Excelência que não tenho capacidade para resistir ao corpo de cavalaria de Budiônni. Este corpo está concentrado na área de Griázi e tem cerca de 15 mil sabres. Ele está agora avançando sobre nossas forças. Tenho apenas seiscentos sabres da divisão caucasiana, que enfrenta uma escassez de cavalos. Os 1.500 sabres restantes do corpo de Mámontov são bem pouco confiáveis. Todos estão querendo voltar ao Don. Tudo o que restou de meu corpo é a Divisão do Terek, com cerca de 1.800 sabres e bons cavalos. Mas agora essa divisão está sendo tirada de mim por ordens suas. Está neste momento embarcando num trem para ser enviada a Taganrog para lutar ali contra as gangues de Makhno. Tendo em vista o acima exposto, estou dando a ordem de abandonar Voronej. Assinado, Chkuró."

"Não consegui dormir nada aquela noite", Tchevdar escreveu depois de ter enviado a mensagem, "por causa do grande desastre que nos aguardava. As pessoas da cidade ficaram horrorizadas ao saber que estávamos indo embora." Uma massa de refugiados começou a abandonar a cidade carregando fardos com seus pertences mais vitais. Os mais afortunados iam em carroças que seguiam o movimento dos soldados. Camponeses e trabalhadores refugiados xingavam os Brancos: "Se você não consegue defender uma cidade, nunca deve tomá-la, isso é elementar". Foi uma "tragédia insana", Tchevdar reconheceu, refletindo sobre aquela grande aposta com soldados insuficientes. Por volta de 24 de outubro, a cavalaria Vermelha de Budiônni já ocupava a cidade meio esvaziada.

Makhónin, um ex-comandante de bateria no exército czarista, ficou desconcertado ao ver-se obrigado a realizar um recrutamento forçado. "No avanço em direção a Moscou", escreveu ele, "não foi feito nada para mobilizar todos os homens até quarenta anos para completar nosso exército, e só quando fomos obrigados a nos retirar é que veio a ordem de arregimentar todos os homens disponíveis nas cidades e aldeias que estávamos abandonando." Eles faziam batidas nas casas à noite, tirando as vítimas da cama. As mulheres imploravam em vão que não levassem embora seus maridos ou filhos. "Os pobres coitados eram levados do jeito que estavam, meio vestidos, até a retaguarda do exército. O resultado, como seria de se prever, era que nenhum desses homens nos prestou nenhuma ajuda, e a maior parte desaparecia na primeira oportunidade."

Chkuró conseguiu de algum modo trabalhar com esse seu corpo severamente reduzido e impediu maiores avanços durante quase três semanas, enquanto os remanescentes do combalido corpo de Kutiépov se retiravam para Kursk. O ex-comandante de Budiônni e seu odiado rival, Borís Dumiénko, que havia montado o corpo de cavalaria em setembro, "conseguiu uma brilhante vitória nas batalhas perto da *stanítsa* Alekseievskaia em 2 de novembro", foi o que o comandante do 9º Exército informou a Lênin por telegrama.

No mesmo dia, Deníkin convocou uma conferência em Kharkov com Mái-Maiévski e Sidórin, o comandante do Exército do Don, para discutir a situação. A reunião começou mal, com uma vergonhosa caçada atrás de um mapa. Logo ficou evidente que o quartel-general de Mái-Maiévski não tinha ideia de onde suas próprias unidades estavam ou do paradeiro do inimigo. Deníkin ficou exasperado. As últimas reservas, setecentos recrutados, haviam sido dispensadas naquela manhã.

"Ele também falou com grande indignação de Schietínin, o governador de Iekaterinosláv", que não conseguira rechaçar o ataque de Makhno. Mái-Maiévski explicou que já havia removido Schietínin.

Havia outra crise, mais séria ainda. Deníkin, cada vez mais enraivecido pelas tendências separatistas no Cubã, ficou indignado ao descobrir que uma delegação da Rada de Cubã havia assinado um Tratado de Amizade com os chechenos e os inguches, que, com incentivo dos georgianos, haviam atacado o Exército Voluntário no Cáucaso. Cinco dias após a conferência em Kharkov, Deníkin deu ordens de prender aqueles que haviam assinado o documento e levá-los à corte marcial por alta traição. Wrangel receava o efeito que isso poderia ter sobre a maioria de cossacos de Cubã em seu exército. Por insistência de Deníkin, foi declarada a lei marcial. O general Pókrovski, aquele fiel amigo do Exército Voluntário da Marcha no Gelo durante a Primeira Campanha de Cubã, ordenou que seus soldados cercassem a Rada. O líder da delegação que havia assinado o documento, A. I. Kalabúkhov, foi submetido à corte marcial e enforcado no dia seguinte, num poste de iluminação, no centro de Iekaterinodar. Seu cadáver foi deixado aí exposto, com um cartaz declarando-o traidor. Os demais foram exilados de Cubã. A firmeza de Deníkin nessa ocasião, dessa vez superando a de Wrangel, colocou os eventos rapidamente sob controle, mas foi um rude golpe no espírito de luta dos cossacos de Cubã.

Em 7 de novembro, Kennedy registrou: "Boas notícias. O ataque da cavalaria Vermelha foi repelido pelos homens do Kornílovski, que ficaram muito contentes com os cavalos que capturaram na manobra". Eles foram apoiados por alguns batalhões recém-enviados com um trem blindado. O inverno chegara com tudo. "Frio congelante", Kennedy observou, "a neve é poeirenta e cintila ao sol."

O sucesso do regimento Korníloyski teve vida curta. Em 15 de novembro, a cavalaria Vermelha de Budiônni atacou em meio a uma tempestade de neve para tomar a junção ferroviária de Kastornoie, pequena mas vital, a meio caminho entre Voronej e Kursk. Isso separou o Exército do Don do Exército Voluntário, e Kursk caiu dois dias depois. O amargor da derrota provocou muita crueldade. O sargento Berry reportou mais tarde à missão militar britânica o que vira em Belgorod. "Homens e mulheres acusados de serem pró-bolcheviques [foram] enforcados na praça central. Não lhes deram uma gota sequer de bebida, foram simplesmente amarrados dependurados, e então alguns cossacos embriagados deceparam seus braços e pernas com suas espadas, estando os coitados ainda vivos." Em Kiev, até mesmo o extremamente reacionário Vassíli Chulgín ficou chocado com o comportamento dos oficiais do Exército Voluntário. "Numa das casas, eles dependuraram um 'comissário' pelos braços, fizeram uma fogueira embaixo e o fritaram lentamente. O bando bêbado de 'monarquistas' em volta urrava: 'Deus salve o Czar!'."

Kharkov foi a grande cidade seguinte a ficar sob ameaça de captura. A principal estação de trem foi sitiada por uma multidão em pânico. Alguns oficiais feridos do Exército Voluntário, cientes de seu provável destino nas mãos dos soldados Vermelhos, foram vistos literalmente se arrastando para fora do hospital, na esperança de encontrar lugar em algum trem.

A retirada das grandes cidades do sul fazia brotar o pior nos Brancos, como mostrara, mais cedo naquele ano, o terrível massacre de 2 mil judeus em Ecaterimburgo. Mas os Brancos não foram os únicos perpetradores. Estima-se que houve cerca de 1.300 *pogroms* antissemitas na Ucrânia durante a guerra civil, com 50 mil a 60 mil judeus mortos por ambos os lados. Também houve *pogroms* na Bielorrússia, mas não chegaram perto daqueles da Ucrânia. No total, um relatório soviético de 1920 fala em 150 mil mortos e outros tantos gravemente ferimentos.

Os nacionalistas ucranianos de Petliúra lideraram tais ações. "As coisas ficaram calmas um tempo após os terríveis *pogroms* dos *Gaidamáks*", escreveu Konstantín Paustóvski de Kiev em 1919. "E ficaram calmas por um tempo depois que Deníkin assumiu. Atualmente, não estão mexendo com os judeus. Vez por outra, mas apenas a certa distância das ruas mais movimentadas, alguns *junkers*, com olhos loucos pela droga, empinam seus cavalos e entoam sua canção favorita:

> Hussardos Negros!
> Salvem nossa Rússia, vençam os judeus.
> Pois eles são os comissários!

No entanto, depois que as forças soviéticas retomaram Orel e passaram a rumar para o sul, o humor dos Brancos mudou. Começaram a ocorrer *pogroms* em cidades pequenas e aldeias da Ucrânia." Fora de seu próprio território, os cossacos muitas vezes agiam como se estivessem num país inimigo, onde tudo era permitido.

Churchill estava muito ciente do efeito dos *pogroms* antissemitas sobre a opinião pública do Ocidente e já havia escrito ao general Holman. "É da mais alta importância que o general Deníkin não só faça tudo a seu alcance para impedir massacres de judeus nos distritos libertados como lance uma proclamação contra o antissemitismo. Levando em conta que o antissemitismo é muito mais pronunciado entre os homens de Petliúra do que no Exército Voluntário, deve ser possível estabelecer uma forte distinção entre os métodos das duas forças. Os judeus são muito poderosos na Inglaterra, e, se for possível mostrar que Deníkin os protege conforme seus exércitos avançam, isso tornaria minha tarefa mais fácil."

Churchill então escreveu ao próprio Deníkin. "Sei dos esforços que vem fazendo e da dificuldade de conter o sentimento antissemita. Mas peço-lhe, como alguém sinceramente bem-intencionado, que redobre esses esforços e me coloque numa posição forte para reivindicar a honra do Exército Voluntário." Deníkin havia expedido vários decretos contra os *pogroms*, mas, como alguns de seus generais mais bem-sucedidos se recusavam a cumpri-los ou até os incentivavam, não fez mais nada. Churchill pode ter finalmente percebido que o general Dragomírov, o governador de Kiev, era "o tipo de militar disciplinador, particularmente mal equipado para a administração civil", mas ainda parecia não saber que Dragomírov permitira que um dos piores *pogroms* antissemitas da guerra ocorresse em Kiev durante seis dias.

O correspondente do *Times* no sul da Rússia, um neozelandês e extraordinário linguista chamado doutor Harold Williams, escreveu ao Ministério do Exterior e a Churchill: "Você não tem ideia do ressentimento contra os judeus por toda a Rússia. O bolchevismo é identificado aos olhos de todos com o domínio judeu". Williams constatou que, embora os oficiais do Exército Voluntário odiassem os judeus, não eram eles que iniciavam os *pogroms*. "Os cossacos são malvados e é difícil contê-los. São ladrões e têm uma antipatia muito violenta pelos judeus."

Isso era especialmente verdadeiro no caso dos atamans ucranianos, como Grigóriev, mas há versões conflitantes a respeito dos seguidores de Makhno, que incluíam um bom número de judeus. Os da cavalaria de Budiônni também tinham sua culpa. "O fato curioso", Williams concluiu, "embora seja explicável se você compreende o sentimento popular – é que os soldados Vermelhos também promovem *pogroms* quando têm uma oportunidade. Em Gomel, massacraram cerca da metade dos judeus da cidade (provavelmente um décimo, porque os judeus e todos os demais exageram os números de modo assustador). E eles com frequência escrevem com giz em seus trens de soldados: 'Vença os judeus e salve a Rússia'."

32
RETIRADA NO SUL
Novembro-dezembro de 1919

No último dia de novembro, uma curiosa cerimônia diplomática teve lugar na missão militar britânica em Taganrog. O capitão Kennedy registrou o evento em seu diário. O general Holman, que tinha o "extraordinário hábito de mostrar o branco dos olhos revirando-os e de piscar enquanto fala", concedeu ao general Chkuró a Ordem do Banho.* "Em seu bombástico discurso de aceitação, [Chkuró] começou jurando que iria matar os bolcheviques e 'construir uma nova Rússia sobre seus malcheirosos cadáveres'. Chkuró foi em frente e acrescentou: 'Eu soube que há alguns cães sujos socialistas na Inglaterra, e, se eles se erguerem contra ela, gostaria de trazer meu corpo do exército à Inglaterra só para mostrar ao povo inglês o que os cossacos são capazes de fazer'."

Não há dúvida de que Holman sentiu-se na obrigação de lisonjear os generais Brancos, já que eles tinham acabado de saber do discurso de Lloyd George no jantar da Mansion House e se sentiram traídos. A Grã-Bretanha os estava abandonando. Não haveria mais entregas de equipamento militar e a missão seria retirada. O anúncio sinalizou a todos que a causa dos Brancos estava condenada. O valor do rublo de Deníkin despencou, pois aqueles que tinham algum dinheiro procuraram trocá-lo por libras esterlinas, dólares ou francos. Churchill questionava se os Brancos

---

* A Mais Honrosa Ordem do Banho é uma ordem de cavalaria britânica fundada pelo Rei Jorge I em 1725, cujos títulos são concedidos como honraria pelo monarca da Grã-Bretanha (N.R.).

seriam capazes pelo menos de fazer algum acordo para que Deníkin se restringisse ao território que já controlava, mas Lênin e Trótski jamais afrouxariam o cerco mortal que faziam agora sobre os exércitos Brancos. Churchill não era capaz de avaliar o quanto o ânimo desabara, o que era agravado pela deserção dos cossacos que voltavam para casa.

"Num momento de desastre, todo mundo culpa todo mundo", escreveu Tchevdar, "os cossacos culpam os Voluntários e nossos homens culpam os cossacos." Wrangel tentou de novo colocar a culpa em Deníkin por tudo o que dera errado enquanto ele reorganizava suas forças. Deníkin chamou Mái-Maiévski de volta a Taganrog, uma vez que o alcoolismo agora o tornava incapaz de comandar. Ele saudou-o de maneira amistosa. "Essa foi uma decisão difícil... Você agora descansará um pouco e retornará mais tarde ao trabalho." Mái-Maiévski pediu para se retirar para Sebastopol, onde queria se estabelecer, ainda bebendo, mas também lendo muito Dickens.

Com a partida de Mái-Maiévski, Kutiépov iria assumir os remanescentes do Exército Voluntário, mas se reportaria a Wrangel, que também iria comandar toda a cavalaria. Porém, de acordo com o correspondente de guerra Branco Grigóri Rakóvski, "Ocorreu que Wrangel já havia informado as unidades de Cubã do front de que eles seriam reorganizados. Chkuró estava fora nessa época. A ordem de Wrangel teve grande efeito nos cossacos de Cubã, que estavam cansados, desapontados e carregados de saqua. Eles começaram imediatamente a abandonar o front... Alguns diziam: 'Estamos voltando para Cubã, recebemos ordens nesse sentido'. Outros diziam: 'Vamos pegar os ratos da retaguarda e trazê-los de volta ao front'. E outros ainda diziam: 'Já lutamos o suficiente. Vamos deixar que *burjúis* lutem agora'".

A promoção de Wrangel não se mostrou bem-sucedida. Ele criava todas as dificuldades imagináveis, e os dois generais de novo discordavam a respeito de estratégia. Deníkin queria basear sua defesa em Tsaritsin a leste e Kiev a oeste, mas eles foram obrigados a recuar mais no decorrer da semana seguinte. Wrangel, por seu lado, não queria bater em retirada e entrar no Cáucaso, onde Deníkin ainda acreditava que a aliança deles com os cossacos era vital. Ele estava mais propenso a ir para a península da Crimeia, porque seria mais fácil defendê-la até que reconstruíssem suas forças. Isso levantou as suspeitas do general Sidórin e do Exército do Don de que Wrangel pretendia traí-los. Ao mesmo tempo, Wrangel achava que os cossacos não eram politicamente confiáveis, suspeitando até de que estivessem indo para a esquerda.

Em 9 de dezembro, Sidórin foi ver Deníkin. Ele queria que os dois exércitos ficassem juntos para reconquistar e defender o território do Don. Segundo Sidórin, Deníkin respondeu: "Também posso ver as coisas desse modo, e compartilho de sua opinião a respeito da situação atual. Estou tão preocupado que ordenei ao estado-maior que se reportasse a mim a cada nova ordem dada por Wrangel, para que eu possa checá-la pessoalmente". Deníkin aconselhou Sidórin a marcar uma reunião com Wrangel para explicar suas respectivas posições.

Dois dias mais tarde, os trens dos dois comandantes de exércitos pararam um ao lado do outro na estação de Iassinovataia. As primeiras palavras de Wrangel ao entrar no vagão-sala de Sidórin foram: "Bem, Vladímir Ilich, devemos honestamente admitir que a nossa é uma causa perdida. Precisamos pensar no futuro". Sidórin discordou. Wrangel insistiu: "Para mim ficou óbvio que continuar resistindo é inútil".

Wrangel então falou das condições do Exército Voluntário. Para ele, havia não mais do que 3 mil a 4 mil homens realmente lutando no front, enquanto a maioria ficava acobertada na retaguarda, "corrupta até o último grau. Basta dizer que alguns regimentos tinham até duzentos vagões de carga cheios de várias posses. As unidades, incluindo a maioria dos oficiais e até mesmo os mais altos comandantes, estavam ativamente envolvidas em enriquecimento ilícito". Wrangel acreditava que Mái-Maiévski, no auge de suas contravenções, deveria ir para a corte marcial. Sidórin insistia que as condições do Exército do Don eram totalmente diferentes daquelas do Exército Voluntário. Ainda havia 40 mil baionetas e sabres no Front do Don, com uma reserva de 15 mil reforços bem treinados. Wrangel então mudou de assunto para pedir que Deníkin renunciasse. Parecia haver uma curiosa contradição no fato de Wrangel argumentar que estavam acabados, mas ao mesmo tempo revelar que ainda queria substituir Deníkin como comandante em chefe.

Após um degelo, o gelo voltou muito forte em meados de dezembro. "Os bigodes congelam", Kennedy observou, "o suor dos cavalos vira geada." Apesar da declaração de Lloyd George sobre a retirada britânica, ainda chegavam mais oficiais para se juntar à missão militar. O capitão Lever dos Engenheiros Reais foi para Taganrog conforme suas ordens, levando um revólver, fuzil e 150 balas. Um major britânico que ele conheceu em Rostov contou-lhe, "enquanto atacava uma lata de carne em conserva com um pesado canivete", como tinha sido sua viagem no último trem que saíra de Kharkov, com refugiados grudados no teto e dependurados do lado de fora de cada vagão. Muitos morreram de hipotermia e rolaram junto aos trilhos, como uma bola congelada.

Em Taganrog, Lever encontrou o lugar lotado daqueles refugiados que tinham conseguido sobreviver e chegar até ali. "Todo corredor, beco, sala de espera, restaurante e varanda estão lotados de formas de corpos dormindo ou descansado – homens, mulheres e crianças amontoados indiscriminadamente –, ocupando o chão todo." O valor do "sino", o rublo de Deníkin, caíra novamente pela metade em dez dias, para 2.500 a libra.*

Os remanescentes da cavalaria de Chkuró e Mámontov, ainda em retirada desde Voronej, deslocavam-se "em grandes zigue-zagues", numa tentativa de evitar as forças de Budiônni que os perseguiam. As condições incluíam temperaturas de menos vinte graus Celsius ou até inferiores. Quando paravam, dormiam na neve enrolados em suas capas. Tanto os homens quanto os cavalos estavam exaustos e famintos. Erást Tchevdar, o oficial de rádio, estava no meio deles, com seu equipamento, escoltado por três cossacos. "Pelo caminho, encontrávamos animais, às vezes lobos, às vezes lebres brancas, que pareciam ter perdido todo medo por causa do frio. Uma vez vi uma marmota sentada no meio da estrada e ela não se moveu. Os cavalos da cavalaria instintivamente desviaram dela."

A certa altura, quando cavalgavam pela extensão de uma *balka* – uma ravina natural na estepe –, um membro de sua escolta avançou até ficar ao lado dele e murmurou: "Senhor capitão, dê uma olhada para cima e à sua esquerda". Tchevdar viu uma densa concentração de cavaleiros também indo para o sul. "Era fácil adivinhar que se tratava da cavalaria de Budiônni. Eles certamente haviam nos avistado, mas provavelmente

* Os "rublos de Deníkin" eram chamados de "sinos" porque traziam a imagem do imenso Sino do Czar no Kremlin de Moscou.

imaginaram que fôssemos um dos seus próprios destacamentos. Estávamos vestidos de modo similar, com nossas capas de cavalaria. Você só conseguia distinguir Brancos de Vermelhos se chegasse bem perto."

Chkuró não vinha com eles, estava doente, e Mámontov assumira como seu comandante. Ao anoitecer, ele reuniu todos os oficiais num conselho de guerra para discutir suas opções, agora que estavam quase totalmente cercados. Todos rejeitaram qualquer ideia de rendição, embora corressem o risco de sofrer pesadas baixas com o fogo de artilharia se tentassem romper o cerco. "Mámontov, afagando seus imensos bigodes enquanto ouvia as opiniões dos oficiais", então chegou a uma decisão. Iriam irromper pelo interior, sem seguir nenhuma estrada. A cavalaria formaria uma única coluna, com a artilharia montada e a estação de rádio no meio. Falar e fumar estavam proibidos, e partiram liderados por dois velhos cossacos que conheciam a região.

Seu caminho era iluminado pela lua, e a neve crepitava sob os cascos de seus cavalos. Quando chegaram perto de uma aldeia, podiam ver a fumaça erguendo-se das chaminés no ar congelante. Quando a frente da coluna entrou na aldeia, sabiam que já tinham sido vistos. Projéteis de artilharia começaram a explodir por todo lado. O teto de palha dos chalés caiados pegou fogo, e os habitantes saíram correndo em pânico. Havia sangue na neve, tanto dos cavalos quanto dos soldados. Montarias sem cavaleiros passavam a galope, dando pinotes de medo. Mámontov não precisou dar ordens. Eles atacaram e romperam o cerco.

Algum tempo depois, juntaram-se a uma força de cerca de 4 mil de cavalaria e 3 mil de infantaria, perto de Valuiki, cem quilômetros a leste de Kharkov. Valuiki era a cidade em que Deníkin havia desejado concentrar suas forças de cavalaria desde a conferência em Kharkov. Churchill, ao saber desse plano, chegou a esperar que acontecesse "uma importante e decisiva batalha" ali, com seis divisões de cavalaria, mas ficaria desapontado. Quando o comando drasticamente reduzido de Mámontov enfrentou o renomeado 1º Exército de Cavalaria de Budiônni, a *Konármia*, uma vitória dos Vermelhos foi quase inevitável.

Enquanto o grosso de suas forças era empurrado de volta para o sul em direção ao mar de Azov, Deníkin recebeu um reforço inesperado no extremo de seu flanco esquerdo. Uma formação de 15 mil galicianos com

130 canhões de campanha concordou em unir-se aos Brancos em vez de aos poloneses, pois temiam que estes quisessem incorporar o território deles à Polônia. Churchill ficou alarmado ao saber que Deníkin propusera simplesmente "incorporá-los às suas unidades existentes", o que era a última coisa que os galicianos queriam. Deníkin sentia que essa solução teria menor probabilidade de criar antagonismo com os poloneses, de cuja ajuda precisava desesperadamente. No entanto, como o Ministério do Exterior confirmara, os poloneses ainda se opunham fortemente a uma aliança. Suspeitavam, e com razão, de que os generais Brancos quisessem restaurar a Rússia às suas velhas fronteiras czaristas, que incluíam boa parte da Polônia.

O sonho de Churchill de uma aliança de zonas fronteiriças contra os bolcheviques foi frustrado também por suas suspeitas de Deníkin e do imperialismo dos Brancos. Ele havia sido informado de que o general Mannerheim estava indo a Varsóvia para "incentivar os poloneses a se unirem num movimento conjunto contra os bolcheviques antes da primavera seguinte". Churchill queria que o general de brigada Carton de Wiart, da missão militar britânica, fosse à Polônia para "manter-nos informados sobre as atividades do general Mannerheim". Carton de Wiart, que se dava bem tanto com Mannerheim quanto com Piłsudski, encontrou o líder finlandês logo após chegar e avisou Churchill. "Ele veio descobrir se os poloneses tinham a intenção de levar a sério sua luta contra os bolcheviques, e se havia a possibilidade de uma ofensiva combinada na primavera. Garanti-lhe que da minha parte achava que devíamos confiar que os poloneses combateriam os bolcheviques, e ele concordou comigo nesse ponto."

Mannerheim e Piłsudski encontraram-se em 13 de dezembro. De início, Carton de Wiart reportou naquela noite que Mannerheim comentara que o encontro havia sido "muito satisfatório", porque Piłsudski "mostrava-se muito favorável a uma ofensiva combinada". Mas Mannerheim ficou preocupado com a possibilidade de os Países Bálticos firmarem a paz com os bolcheviques e duvidava que Deníkin conseguisse sobreviver até a primavera. Mannerheim e Piłsudski "concordam ambos que essa ofensiva não terá lugar a não ser que a Inglaterra lhes dê forte apoio". Churchill deve ter praguejado de frustração, sabendo muito bem que Lloyd George iria recusar terminantemente.

Mannerheim deixou Varsóvia sem nenhum acordo. "A inação dos poloneses tem permitido que os bolcheviques se concentrem contra Deníkin", esbravejou Churchill. "A destruição de Deníkin irá então permitir que eles, se fizerem essa escolha, se concentrem contra os poloneses... Os bolcheviques estão agora a uma distância mensurável de um triunfo militar completo em todos os fronts onde estão ativos."

O Exército Vermelho mal podia acreditar em sua sorte ao ver que a campanha de guerrilha de Makhno de Iekaterinosláv a Taganrog havia forçado o Exército Voluntário em retirada a se dividir. O ex-chefe do estado-maior de Chkuró, o major-general Iákov Slaschóv, comandava uma força mista de 3.500 de infantaria e cavalaria, com 32 canhões de campanha. Sem poder, ou sem querer, se juntar de novo ao grosso do exército, ele recuou via Melitopol em direção à Crimeia e ocupou seu ponto de acesso, o istmo de Perekop. Tanto Deníkin quanto o alto-comando do Exército Vermelho suspeitavam de que isso era parte dos "objetivos secretos" de Wrangel de se tornar comandante em chefe e ocupar a Crimeia. Pouco depois, a contrainteligência dos Brancos identificou "um grupo de oficiais hostil" ao comandante em chefe, o general Deníkin, e a suspeita era de que estivesse "conectado ao quartel-general do tenente-general Barão Wrangel". Slaschóv foi definitivamente identificado como um membro. Deníkin disse logo em seguida que queria levá-lo à corte marcial e enforcá-lo.

A *Stavka* culpou a si mesma por subestimar a importância mais de longo prazo da força comparativamente pequena de Slaschóv e da rota de sua retirada. "Isso permitiu ao destacamento de Slaschóv resistir no istmo da Crimeia", Kámeniev e seus colegas escreveram logo depois, "e transformar a Crimeia numa nova base para a contrarrevolução no sul."

As Forças Armadas de Deníkin no Sul da Rússia estavam na verdade divididas em três. O corpo principal permanecia no baixo Don, na entrada do Cáucaso. A força de Slaschóv estava atuando como a rolha no gargalo da Crimeia, enquanto no oeste o major-general Nikolai Schilling retirava-se com sua pequena força para Odessa. O comando do Exército Vermelho reposicionou-se de acordo. Sem saber da relutância de Piłsudski em ajudar Deníkin, enviou o 12º Exército para se voltar para oeste e, "caso surgissem dificuldades com os poloneses, estar preparado para desferir uma ofensiva". O 14º Exército iria lidar com Odessa. O 13º Exército deveria atacar a Crimeia, e o Front do Cáucaso redesenhado cruzaria o Don para enfrentar o grosso das forças inimigas ali. O 10º Exército, tendo agora retomado Tsaritsin, avançaria para o sudoeste seguindo a ferrovia para tomar a junção vital de Tikhorietskaia e isolá-los por trás.

Na véspera de Natal, oficiais britânicos em Taganrog foram informados de que que sua missão militar seria retirada para o porto de Novorossisk. "Uma retirada para o Cáucaso é impossível", Kennedy escreveu em seu diário, "pois o povo do Daguestão e da Geórgia é hostil, e as montanhas são instransponíveis no inverno."

Gubariév, o oficial no corpo de Kutiépov que vinha em retirada o caminho todo desde Orel, chegou a Rostov na véspera de Natal com seus camaradas. Acharam que haviam tido muita sorte quanto ao seu alojamento. "A equipe do meu canhão de campo é toda composta de ex-estudantes. Acabamos instalados na casa de um intelectual judeu. Tomamos um bom banho, o que foi uma delícia. Escaldamos com água fervente nossa roupa de baixo, infestada de piolhos. Estamos agora sentados desajeitadamente em poltronas macias e confortáveis numa sala, e sem coragem de pisar o tapete fofo com nossas botas. As filhas do nosso anfitrião são doces e jovens estudantes. Pela primeira vez durante este atribulado ano estamos discutindo literatura e filosofia. Nenhuma palavra sobre a guerra... Meu Deus! Que sensação especial, sentar num lugar aquecido e ficar pensando em nada, absolutamente nada. De repente, uma batida na porta. O soldado de plantão entra e olha surpreso para aquela cena incomum. Ele se curva para falar comigo e cochicha rapidamente: 'O front foi rompido. Apronte-se logo. Partimos em uma hora'."

Lá fora na rua, o contraste com a tranquilidade que acabavam de experimentar deixou-os confusos. Havia um caos considerável, já que carroças de refugiados que vinham do norte impediam os soldados de correr para defender a cidade. "Ordenanças passam galopando. Unidades de cavalaria trotam ruidosamente. Está escuro e enevoado. O ar é frio e a alma fica aflita. Marchamos." Já na estepe, com as luzes de Rostov ficando para trás ao longe, a artilharia enfrentou seu primeiro obstáculo. "Infantaria e carroças passam com facilidade por um rio estreito e raso congelado, mas o primeiro canhão de campanha afunda no gelo e empaca. Acrescentamos cavalos de outro canhão e conseguimos puxá-lo de volta, com muita dificuldade. Unidades em retirada continuam marchando e passam por nós, com pressa de alcançar a nova e menor linha do front. Outra bateria fica parada atrás de nós. Aguardamos. O chuvisco fica mais forte. Nosso casacos ficam molhados e pesados. Avançamos e tomamos nossa posição, sob fogo de canhões. Antes de sermos capazes de disparar um único projétil, um ordenança galopa por nós com a ordem de retirada imediata." Eles souberam mais tarde que o inimigo havia inesperadamente cruzado o Don à noite. Haviam tomado a grande *stanítsa* de Olginskaia, dezessete quilômetros a sudeste, e destruído a Divisão Márkov que estava estacionada ali.

Um destacamento de cavalaria do exército de Budiônni foi cruzar o Don congelado e caiu no gelo rompido. Refugiados em desespero seguiam a mesma rota apesar do perigo. Era um tempo de insensibilidade. "Quanto às carroças de refugiados que eram engolidas pelo gelo", um oficial admitiu, "ninguém dava muita atenção." Os cossacos estavam determinados a não deixar bons cavalos para o inimigo. Um grupo reuniu duzentos puros-sangues tirados de haras de Proval e Strelietsk e cruzou o gelo sem perdas. Durante a retirada, também, um velho cossaco quis dar ao oficial cossaco do Don, Mitrofán Moisséiev, o seu magnífico garanhão castanho, mas o oficial não conseguiu levá-lo, então o velho sacrificou o cavalo com um tiro para não deixá-lo cair nas mãos dos Vermelhos. Mais tarde Moisséiev soube que o velho também se suicidara com um tiro. Já havia perdido os quatro filhos na guerra e sua mulher morrera de tifo.

Naquela noite antes do Natal, de repente ficou claro para o comando Branco que Novotcherkassk corria mais riscos que a própria Rostov. O corpo de cavalaria de Dumiénko avançava mais rápido que o de Budiônni, mas Mámontov decidiu atacar primeiro a *Konármia* de Budiônni. O moral dos cossacos do Don estava em alta nessa hora, após vários combates bem-sucedidos. Na manhã seguinte, o exército de cavalaria de Budiônni cercou e capturou a maior parte de uma brigada de cossacos do Terek, enquanto Dumiénko se aproximava da capital do Don.

"A batalha crucial", escreveu Rakóvski, "começou na manhã do dia de Natal, nos arredores de Novotcherkassk. A cidade subjugada, coberta de neve, estava iluminada por um sol radiante. Era evidente que o momento decisivo havia chegado. Homens a cavalo e a pé começaram a correr. Agora já se ouviam disparos de artilharia perto da cidade. Carroças com suprimentos passavam rápido pelas ruas. Sótnias de guarda apressadamente enfileiraram-se diante do palácio do ataman. Unidades regulares estavam passando por Novotcherkassk numa organização exemplar, às vezes até cantando. Algo incompreensível, inexplicável estava acontecendo... Parecia que as forças eram mais que suficientes. O clima havia estado terrível. De repente, porém, os cossacos do Don começaram a deixar a capital do Don, Novotcherkassk, o berço do Exército Voluntário, sem nenhum combate feroz, sangrento e impiedoso... Os obuses já explodiam por sobre a cidade."

Kennedy ouviu relatos similares de dois oficiais britânicos que acabavam de voltar do front. "Dizem que o exército inteiro está fugindo sem lutar. Wrangel enforca pessoas por toda parte e pelas menores contravenções." Ele chegou a prender um coronel "que estava carregando um trem com um carregamento de metralhadoras e carros blindados [e que] permitiu que alguns móveis fossem também embarcados. Foi imediatamente enforcado". Quando os russos não conseguiram nenhum trem para evacuar a missão militar britânica de Taganrog, o mais alto oficial britânico presente advertiu que, se não providenciassem os trens imediatamente, o apoio do 47º Esquadrão da RAF seria retirado. "Capitulação total da parte dos russos", observou o capitão Lever, "pois nossa força aérea é o único recurso confiável para deter um avanço bolchevique em grande escala."

"O trem de Wrangel entrou na estação ao anoitecer", escreveu Kennedy em 30 de dezembro, pouco antes de saírem de Taganrog. "Uma longa fila de luxuosos vagões puxados por duas poderosas locomotivas. Os tetos das composições estavam cobertos de neve e com pingentes de gelo nas beiradas." O boato era que Wrangel estava prestes a repreender Deníkin e "assumir o lugar dele". Wrangel, "uma figura grande, alta e esbelta, em uniforme de cossaco, com um capuz branco sobre os ombros", veio conversar com Kennedy e o coronel Barne. Falava francês muito bem. "Seus planos consistiam em partir para Rostov à noite ou na manhã seguinte, e disse que gostaria que fôssemos com ele. Estava indo ver Romanóvski, o chefe do estado-maior, e disse que esperava receber decisões a respeito de certos assuntos, e que depois disso nos diria definitivamente o que pretendia fazer. Disse que possivelmente iria a Cubã para montar um novo exército, já que o Exército Voluntário estava agora tão reduzido que seria transformado num corpo do exército com Kutiépov no comando. Ele causava forte impressão por sua presença imponente e sua maneira decidida. Tem feições excelentes – um rosto fino, bem pálido, e olhos de águia." A temperatura daquela noite, observou Kennedy, caiu a quarenta graus negativos, tanto Fahrenheit quanto Celsius – o único ponto no qual os dois sistemas coincidiam.

Erást Tchevdar, o oficial de rádio, viu-se empacado em Rostov no meio da fuga geral. "Uma massa de carroças, cozinhas de campanha e canhões de campo segue em direção à ponte sobre o Don. Pessoas exaustas e amarguradas dão vazão ao seu desespero xingando com os palavrões mais sujos e rudes. Todos estão desesperados para escapar da cidade e do movimento em pinça do inimigo. Você não consegue obter nenhuma informação de ninguém. Todo mundo pensa apenas em si mesmo. Deixei minhas carroças de duas rodas na rua e caminhei até a estação na esperança de encontrar alguns oficiais ali. Na névoa noturna, vejo uma figura que parece estar balançando ao vento. Com neve nos olhos, não consigo enxergar direito. Diante de mim, com as pontas de seus sapatos quase encostando na sarjeta, mãos azuladas, um horroroso cadáver com a língua de fora havia sido dependurado do galho mais baixo de uma árvore. No peito tinha um pedaço de papelão com a inscrição 'Saqueador'." O general Kutiépov ordenara execuções de desertores e também de suspeitos de serem bolcheviques.

"Ao sul de Rostov", Tchevdar acrescentou, "vi o general Deníkin passar devagar num trenó. Fiquei chocado com sua expressão de concentração e de pesar profundo. Comecei a sentir pena dele. Cadáveres de cavalos marcam o caminho de nossa retirada. As pessoas pelo menos obtêm algum alimento nos assentamentos pelos quais passamos. Não havia feno para os cavalos. Uma camponesa numa das aldeias expressou sua indignação. 'Estamos alimentando vocês para que continuem lutando. Deveríamos parar de alimentá-los e então vocês parariam de combater. Não sobrou vida por aqui por causa da guerra de vocês. Às vezes somos atacados pelos Vermelhos, outras vezes pelos Brancos. E tudo o que eles sabem dizer é '*Dávai! Dávai!*', e o que é que podemos dar se nós mesmos não temos com o que sobreviver?'"

"Parece que há poucas dúvidas quanto à completa vitória dos bolcheviques no futuro próximo", Churchill escreveu melancolicamente ao marechal de campo Wilson no dia seguinte, véspera de Ano-Novo. Perguntou qual era a previsão dele a respeito da situação militar dos próximos meses. Qual seria a posição da Polônia, do Cáucaso e da Transcáspia, da Pérsia e do Turquestão? Eles iriam retirar a brigada britânica em Batumi assim que o destino de Deníkin fosse selado. A Marinha precisava preparar a evacuação da missão militar britânica. "Estou convencido", Churchill concluiu, "de que males muito grandes irão se abater sobre o mundo, e particularmente sobre a Grã-Bretanha, em consequência da negligência e das políticas divisionistas deste ano, por parte dos Aliados e de nós mesmos."

A retirada da força de Slaschóv para a Crimeia no final de dezembro manteve a península nas mãos dos Brancos, graças à sua defesa do istmo de Perekop. Como seu mentor Chkuró, Slaschóv era um saqueador descarado e um cruel antissemita. Ao contrário de Chkuró, tinha um ar de querubim crescido e corrompido. Dizem que foi nele que Mikhail Bulgákov se inspirou para criar o personagem principal da peça *Fuga* (em muitos aspectos uma sequência de *Os dias dos Turbin*).

O famoso cantor Aleksandr Vertínski deixou uma memorável descrição de Slaschóv depois de ser convocado uma noite pelos auxiliares militares do jovem general. "Havia dez ou doze pessoas à mesa num imenso vagão de trem Pullman muito bem iluminado. Havia pratos sujos, garrafas e flores. Tudo estava já amassado, manchado de vinho, espalhado por ali. Slaschóv, alto e bem apessoado, levantou-se da mesa com espalhafato. Uma mão imensa foi estendida na minha direção."

Vertínski sentiu ao mesmo tempo repulsa e fascínio pelo rosto dele, "que era alongado e parecia uma máscara terrivelmente branca, com a boca vermelho-cereja inchada, olhos vidrados verde-cinza e dentes podres, escurecidos e esverdeados. Seu rosto estava empoado. Suor escorria de sua testa em filetes turvos, leitosos".

General Iákov Slaschóv.

"Obrigado por ter vindo", disse Slaschóv. "Sou um grande admirador seu. Você canta muitas coisas que afligem a nós todos. Gostaria de um pouco de cocaína?" Vertínski recusou, olhos postos na "grande lata de tabaco redonda no meio da mesa, cheia de cocaína. Os que estavam sentados em volta da mesa tinham pequenas penas de ganso. Pegavam um pouco do pó branco e cheiravam, pondo um pouco numa narina, um pouco na outra". Slaschóv insistiu em apresentá-lo a Lida, sua amante, "que compartilhava a vida dele de guerreiro, participava de todas as batalhas e por duas vezes salvara-lhe a vida! Era magra, de postura rígida ereta, com olhos cinza tresloucados, e fumava nervosamente um cigarro atrás do outro".

No final, a atitude destemida de Slaschóv e suas aptidões na guerra como comandante do Corpo da Crimeia-Azov não seriam suficientes para que o general Wrangel fizesse vista grossa à sua insubordinação e instabilidade mental. Entre muitos exemplos bizarros de seu comportamento, Slaschóv cavalgava em batalha com um corvo de estimação numa gaiola presa à sua sela. Wrangel avaliou que ele havia "cruzado aquele frágil limite que separa a excentricidade da loucura".

Quase trezentos quilômetros mais a oeste, o escritor de extrema direita Chulgín, que havia organizado a Ázbuka, o serviço de contrainteligência dos Brancos, passou a véspera de Ano-Novo em Odessa com o general Dragomírov. "Nós dois estávamos sentados no vagão dele", Chulgín escreveu. "O trem estava no porto de Odessa, e durante o dia era possível ver o mar da janela. O trem agora não tinha para onde ir. Dragomírov disse: 'Ainda acho que a resistência terá início. Quando não resta nada exceto escolher entre morrer em batalha ou morrer afogado, produz-se um súbito surto de energia... No presente momento, a massa quer apenas se safar, mas o que acontecerá quando descobrirem que não têm para onde ir? O que você acha?'".

PARTE QUATRO

1920

33

A GRANDE MARCHA NO GELO SIBERIANA

Dezembro de 1919-fevereiro de 1920

A fila imóvel de trens depois de Novo-Nikolaievski fez muitos abandonarem a ferrovia, que era a todo momento atacada de ambos os lados por grupos de partisans. Refugiados compravam dos camponeses trenós puxados a cavalo. Muitos oficiais simplesmente expropriavam-nos apontando uma arma. Tudo passou a depender dos desgrenhados pôneis siberianos. Era preciso descer encostas íngremes até o gelo de rios congelados. "Nossos cavalos deslizavam sem nem sequer moverem as patas", reportou o vice-cônsul Hansen, "e achamos que só conseguiríamos ter sucesso nisso com cavalos siberianos." Pelo caminho, passaram por trenós tombados e pôneis mortos. De ambos os lados, as árvores carregadas de neve na floresta de taiga virgem formavam barreiras quase impenetráveis.

As aldeias ao longo do caminho ficavam lotadas à noite, quando a temperatura caía abaixo de 35 graus negativos. "Havia tantas pessoas passando por ali e tão poucas casas que apenas metade conseguia um teto para se abrigar à noite." Soldados e refugiados invadiam à noite as cabanas de troncos de camponeses para se aquecer, antes de encarar de novo o frio. O chão de todas as casas ficava cheio de soldados e refugiados dormindo, e com isso os piolhos transmissores de tifo disseminavam a infecção. Os piolhos brotavam em tamanha quantidade no inverno siberiano que o velho truque de espalhar tabaco nas próprias roupas tinha pouco efeito. Ao relento, ardiam fogueiras na rua, acesas por aqueles que não conseguiam abrigo e que se não fizessem isso morreriam congelados.

Aqueles que permaneciam nos trens não podiam simplesmente ficar sentados e esperar que eles andassem. "A Sibéria estava totalmente em ruínas", um oficial polonês escreveu. "Sistemas de água estavam danificados ou congelados. As locomotivas precisavam ser supridas de água, o que implicava trazer constantemente sacos ou baldes cheios de neve." E, quando se permitia que o fogo na locomotiva apagasse, todas as tubulações congelavam, e então os passageiros precisavam passar boa parte do dia indo buscar lenha na floresta.

Poucos daqueles que estavam bloqueados na ferrovia sabiam então que Víktor Pepéliaev, primeiro-ministro de Koltchák, e o irmão dele, Anatóli, haviam prendido o desastroso comandante em chefe general Sákharov e colocado o general Káppel em seu lugar. O próprio almirante Koltchák, ainda cercado em seu trem pelos tchecos, tinha pouca escolha a não ser resignar-se. Não sabia que a maioria de seus ministros, que haviam partido de Omsk apenas dois dias antes dele, estava em segurança, a caminho de Vladivostok, onde chegaram em 7 de janeiro. O general Sákharov foi libertado e permitiram-lhe ficar com o próprio trem, mas isso de pouco lhe valeu, pois logo ficou preso no grande tumulto. Essa obstrução não fora causada pelos tchecos. As unidades do 1º Exército enviadas à frente até Krasnoiarsk haviam sido vencidas pelos socialistas-revolucionários, que começavam a aceitar a ideia de que precisariam fazer alguma espécie de acordo com o Exército Vermelho vitorioso.

No lado sul da Ferrovia Transiberiana, Konstantín Semtchévski, um jovem oficial de cavalaria e ex-membro do comboio imperial do Czar, agitava-se com impaciência. Acabara de saber que a coluna central do 5º Exército Vermelho de repente avançara no flanco norte ao longo da ferrovia. Seu palpite era que os Vermelhos tinham boa chance de cercar o grosso do exército de Koltchák, até Krasnoiarsk. Semtchévski sabia que sua esposa estava no trem do general Sákharov, e portanto ficaria presa na fila. Decidiu que precisava salvá-la do desastre iminente.

Embora ele tivesse apenas 25 anos, era agora quase o mais antigo alto oficial daquilo que restara da 1ª Divisão de Cavalaria, já que haviam sido abandonados pelo comandante de divisão e seu estado-maior. Ele prometeu a seus camaradas que estaria de volta em três dias, ordenou que seus homens atrelassem três bons cavalos a uma *tróika* e levou com ele um veterano de confiança chamado Míchka Pópov.

Os dois foram para o norte em trilhas pela floresta até a Ferrovia Transiberiana. "Quanto mais avançávamos, mais alto ouvíamos o som dos disparos", escreveu ele. Chegaram a um afluente do Ienissei. Viram uma balsa cheia de pequenos barris congelada no meio do rio. Pópov imediatamente adivinhou que continham manteiga. Assim que atravessaram o gelo, Pópov saltou do trenó, subiu na balsa e trouxe um barril com ar triunfante. "Continuamos em frente, ouvindo o som dos disparos de fogo." Quando chegaram ao limite da floresta, pararam perplexos diante da cena à sua frente. "Pontos pretos formados por cavaleiros, trenós e homens a pé moviam-se febrilmente em todas as direções pelas colinas baixas. Era como um imenso formigueiro agitado. Muitos cavalos sem cavaleiro corriam por ali. Havia muitas carroças e trenós abandonados. Sob fogo pesado de artilharia, todos nos arredores de Krasnoiarsk estavam tentando escapar."

Semtchévski começou a se desesperar. A área era enorme, e ele se perguntou como faria para encontrar sua esposa. "A neve não era profunda, mas logo nossos cavalos ficaram exaustos. O dia ia terminando. Se não conseguisse localizá-la enquanto houvesse luz, talvez nunca mais a encontrasse." Quando começava a perder as esperanças, viu uma blusa de mulher sobre a neve que parecia ser da sua esposa. Pararam ao lado de um grande trenó coberto, cujo condutor estava jogando bagagem fora para aliviar o peso. Dentro, localizou o general Sákharov. A esposa de Semtchévski estava logo atrás.

O condutor do general já havia jogado fora a pequena mala de sua esposa, onde havia uns poucos objetos de recordação do próprio Semtchévski, "como as hóstias de altar que o metropolita de Moscou abençoara na Catedral Uspenski para o 300º aniversário da dinastia Románov, que o soberano me dera de presente como lembrança, pois eu era seu pajem. Havia também um grande ovo de porcelana com o monograma da Imperatriz Aleksandra Fiodoróvna, que ela me dera na Páscoa de 1913".

O cavalo de Sákharov claramente não tinha força suficiente para puxar o grande trenó, então a esposa de Semtchévski passou para a *tróika*. Pópov jogou fora o barril de manteiga com expressão triste, mas sem hesitar. Semtchévski convidou Sákharov para vir com eles. "Vai deixar a *tróika* pesada demais", ele replicou. "Vou ficar aqui. Na pior das hipóteses, tenho um revólver." Semtchévski insistiu e Sákharov acabou se juntando a eles. O condutor do general desatrelou o exausto cavalo deles e seguiu cavalgando-o devagar. Já escurecia.

Semtchévski decidiu furar o cerco a nordeste, em vez de seguir em frente como a maioria parecia estar fazendo. Depois desviariam para o norte de Krasnoiarsk. "Alcançamos o Ienissei quando a escuridão era quase completa. A margem do rio era íngreme. Todos apearam para procurar o melhor lugar para descer até o gelo. Minha esposa felizmente encontrou o ponto ideal. O especialista, Míchka Pópov, refletiu um tempo e disse: 'Vou fazer os cavalos irem rápido e se tivermos um pouco de sorte conseguiremos'. Ele açoitou-os. A *tróika* voou pelos ares até descer sobre o gelo e os cavalos conseguiram manter o equilíbrio."

Finalmente, viram as luzes de Iessaúlskoe, um grande assentamento à frente, e ouviram o repicar de sinos da igreja. Só então se deram conta de que era a véspera do Natal Ortodoxo e que as pessoas estavam indo à igreja. No dia seguinte, 6 de janeiro, seria Natal, e foi o dia em que o 5º Exército ocupou Krasnoiarsk. Semtchévski e seus companheiros haviam tido uma sorte inacreditável. Os Vermelhos capturaram 20 mil prisioneiros no bolsão de Krasnoiarsk e não tinham provisões para alimentá-los adequadamente. "Apenas uns poucos remanescentes continuaram sua jornada até o Transbaikal sob o comando do general Káppel", reportou a *Stavka* do Exército Vermelho.

O cônsul-geral Harris descreveu o caos em Krasnoiarsk pouco antes da entrada do Exército Vermelho. "Todo russo estava em pânico... Os tchecos eram reconhecidos como os mestres da situação e faziam o que lhes dava vontade." Espalhou-se o rumor de que os tchecos haviam entregue oficiais russos Brancos a partisans Vermelhos. O general Janin, o grande defensor dos tchecos, ao que parece até mesmo deu ordens para que os tchecos atuassem como guardas do trem que trazia as reservas de ouro russas. Os oficiais Brancos ficaram ultrajados, mas a desintegração de suas forças deixava-os impotentes.

As querelas triangulares entre os russos, os Brancos e os poloneses predominaram no caos da retirada. "Os soldados poloneses estavam inconformados por terem de formar a retaguarda da retirada tcheca", um relatório dos russos Brancos registrou. O general Janin nunca deixou de mostrar seu favoritismo pelos tchecos.* O oficial de ligação polonês com o quartel-general de Koltchák protestou: "Ser a retaguarda por uma distância de milhares de quilômetros pode ser uma honra para os poloneses, mas é um fardo pesado demais de suportar o tempo todo por uma única divisão polonesa, sempre a mesma". A resposta de Janin foi seca e firme. "O fato de a Divisão Polonesa servir como retaguarda pela maior parte de nosso caminho para o leste não passou desapercebido, mas, dadas as circunstâncias, não poderíamos ter feito de outro modo. Se passássemos a Divisão para a frente, atrasaríamos o tráfego geral em pelo menos três semanas."

O comandante da 3ª Divisão tcheca recusou-se a oferecer qualquer ajuda quando os poloneses enfrentaram a 27ª Divisão Vermelha. O quartel-general polonês informou tanto o general Janin quanto o comandante de todas as forças tchecas, o general Syrový, que seus homens estavam "extremamente exaustos, centenas deles foram mortos e a situação é catastrófica". Janin nunca respondeu, e a resposta de Syrový foi curta, para dizer o mínimo. "Ao comandante do Exército Polonês, Coronel Czuma. Surpreendeu-me o tom de sua correspondência. Segundo as ordens do Gen. Janin, você deverá vir por último. Não posso permitir que sequer um transporte polonês se desloque para o leste antes que o último transporte tcheco deixe a estação de Kliukviennaia. Não deverá haver mais negociações ou solicitações em relação a esse assunto, a questão está encerrada."

Como último recurso para escapar de seus perseguidores do Exército Vermelho, os poloneses abandonaram seus trens bloqueados e partiram a pé, mas era tarde demais. "Na noite de 9 de janeiro, eles prenderam seu oficial comandante e exigiram que eles se rendessem aos bolcheviques, com a condição de que ao deporem suas armas teriam permissão para voltar à Polônia intactos atravessando a Rússia europeia."

No dia seguinte, a capitulação da 5ª Divisão polonesa ao Exército Vermelho produziu muito ressentimento, especialmente entre seus

---

* Além de tchecos e poloneses, havia também uma Legião Romena, um Regimento Eslovaco e um destacamento croata, todos submetidos ao comandante Aliado. Janin, gerando grandes suspeitas dos oficiais russos, favoreceu a criação de unidades nacionais individuais, incluindo ucranianos e outros grupos que haviam feito parte do Império Czarista.

oficiais. "O pesar pelas nossas perdas", escreveu um deles, "a falta de oportunidade para mostrar as destacadas habilidades de combate dos soldados poloneses e a falha em alcançar nosso objetivo de chegar à Polônia empunhando nossas armas levou alguns para os braços da morte. Pois era claro desde o início que o acordo de rendição permaneceria como letra morta. Nossos temores revelaram-se justificados. Fomos despojados de tudo, até mesmo das mínimas provisões." Eles seriam deixados quase em inanição em campos de prisioneiros de guerra até o fim do conflito polaco-soviético, em 1921.

Um oficial britânico capturado em Krasnoiarsk ficou chocado ao ver a submissão com que os oficiais Brancos se rendiam. Suas dragonas arrancadas jaziam no chão "como folhas mortas no outono". Também se surpreendeu com o grau de respeito demonstrado pelos oficiais do Exército Vermelho. Os fanáticos eram os comunistas civis, aos quais haviam se juntado muitos ex-prisioneiros de guerra alemães.

Famílias eram separadas no caos da retirada. Um pai que tivesse saído para providenciar comida podia muito bem voltar e descobrir que o trem já havia partido, ou que seu vagão fora acoplado a outra composição. Mulheres jovens e meninas separadas de suas famílias ficavam especialmente vulneráveis naquela época de desrespeito às leis e de derrota. As estações tinham mensagens rabiscadas e afixadas por toda parte, de parentes tentando se encontrar.

O pessoal da Cruz Vermelha americana, que havia deixado seu trem mais cedo, conseguiu alcançar a pé as últimas unidades tchecas mais adiante na linha férrea. Em 10 de janeiro, o coronel Blunt e sete oficiais americanos do Corpo de Serviços Ferroviários foram capturados pelos bolcheviques. Os contingentes americanos e britânicos haviam evitado a epidemia de tifo principalmente graças a precauções básicas. Em quase todos os trens havia pelo menos um vagão lotado de vítimas dessa doença. Um dos trens carregava exclusivamente pacientes de tifo, e a cada parada corpos nus eram atirados na neve, "com tão pouca cerimônia quanto um foguista jogando fora as cinzas de carvão", como um oficial britânico observou. Roland Morris, o embaixador americano no Japão, ficou furioso ao descobrir que remédios e equipamento no valor de um milhão de dólares, dados aos Brancos para tentar controlar a epidemia, haviam sido vendidos ao longo da Ferrovia Transiberiana.

O maior receio quando se contraía tifo era ser levado a um dos chamados hospitais, onde as condições eram indescritíveis. "Todo mundo gemia e delirava", escreveu um raro sobrevivente, "lembranças de casa despedaçavam as mentes febris; uma pequena lâmpada estava quase apagada num canto. Após poucas horas, um dos pacientes se levantou, cambaleou e caiu em cima de mim, e não se levantou mais. A sensação era a de estar num túmulo. Eu literalmente não tinha forças para me desvencilhar dele, mas juntei o resto de energia que ainda pulsava em mim e consegui empurrá-lo e tirá-lo de cima".

Embora o tifo criasse um medo equivalente ao de uma praga medieval, todas as roupas eram arrancadas dos corpos das vítimas por pessoas que estavam em tamanho desespero que corriam o risco suicida de contrair aquela doença. Segundo relatórios do Exército dos Estados Unidos, os refugiados morriam não só de tifo, mas também de varíola e difteria. Em Krasnoiarsk, as pessoas ficaram chocadas ao ver crianças brincando em volta de pilhas de cadáveres nus congelados. Não havia como enterrá-los, pois o solo congelava no inverno. Em algumas das cidades maiores, armazéns inteiros ficavam lotados de cadáveres. Estimativas do número de mortos de tifo ao final do inverno chegaram a 60 mil pessoas, isso só em Novo-Nikolaievski.

Em Krasnoiarsk, vagavam sem rumo cerca de 5 mil animais da cavalaria e cavalos de transporte abandonados pelas forças dos Brancos, largados para morrer de fome. Muitos haviam sido confiscados de fazendas siberianas pelos Brancos, mas ninguém ousava ficar com eles, por receio de ser acusado de roubar propriedade do governo soviético. O contingente do 5º Exército na cidade não tinha uma cavalaria que pudesse aproveitá-los, e sua seção de transporte não tinha forragem sobrando. Quando morreram, suas carcaças forneceram alguma carne, mas os restos tiveram que ser arrastados para fora da cidade e deixados para apodrecer nos campos nevados.

A compaixão era escassa por toda parte. Mulheres refugiadas, empacadas em vagões de gado cobertos de pingentes de gelo, pariam ali mesmo, mas não tinham leite para seus bebês, e muitas eram obrigadas também a ver seus filhos pequenos morrendo de inanição. Os homens à sua volta, "cobertos de peles sujas, barba por fazer, olhos assustados, desesperados", ficavam arrasados, tomados por autopiedade. Os que tinham acesso à vodca e se descuidavam nas baixíssimas temperaturas sofriam com ulcerações causadas pelo frio, que às vezes gangrenavam. Na noite de 10 de janeiro, uma temperatura de menos 68 graus Celsius foi registrada mais a leste em Tchita, onde em outras noites costumava ser de menos quarenta. Soldados americanos que se embebedavam e desmaiavam no caminho de volta ao acampamento com frequência perdiam os dedos dos pés ou mesmo os pés inteiros por conta das ulcerações de frio.

Durante todo esse tempo, cenas ainda piores vinham acontecendo na grande cidade de Irkutsk, mil quilômetros adiante de Krasnoiarsk. Em 23 de dezembro, oitocentos russos Brancos do 53º Regimento de Infantaria, treinados pelos britânicos, tomaram a estação de trem de Irkutsk. Fizeram isso sob os olhos dos soldados tchecos que controlavam seu trem blindado, o Orlik. Os tchecos claramente condescenderam ou mesmo apoiaram a ação, inspirada pelos socialistas-revolucionários de esquerda. O 54º Regimento também aderiu ao motim.

Os rebeldes em seguida destruíram a ponte sobre o rio Angara, causando pânico na cidade. O comandante do 53º pediu que o ataman Semiónov enviasse soldados para restaurar a ordem, mas Semiónov estava longe de ser o melhor candidato a lidar com aquela barafunda de assassinatos, saques e estupros. Uma força de seus cossacos e um trem blindado logo chegaram vindos de Tchita, mas os representantes Aliados pediram-lhes que ficassem de fora. Os rebeldes tentaram tomar de assalto a cidadela, mas foram rechaçados e obrigados a recuar para trás do rio Utchakovka por soldados sob o general Sitchióv. Os japoneses também enviaram soldados para garantir a evacuação de seus cidadãos de Irkutsk.

Víktor Pepéliaev, que ainda era ministro do Interior além de primeiro-ministro, declarou sua intenção de negociar com os socialistas-revolucionários em Irkutsk, "vendo que o atual governo, com a opinião pública indisposta com ele, sem autoridade dentro do país e sem apoio externo, não tem nenhuma chance de sucesso". Mas as aberturas de Pepéliaev foram firmemente rejeitadas pelos SRs de esquerda e mencheviques. Eles assumiram o controle e formaram um governo em 4 de janeiro, que denominaram Centro Político. Dispensaram Koltchák, que renunciou ao saber da notícia, e declararam que o general Deníkin era agora o Governante Supremo. Os americanos, entre outros, não ficaram nem um pouco satisfeitos ao saber que Koltchák nomeara o ataman Semiónov para substituí-lo como comandante em chefe na Transbaikalia. Ele talvez achasse que Semiónov poderia ser sua última esperança de salvação, mas isso era ilusório. Semiónov, agora confirmado como o mais poderoso dos bandoleiros cossacos siberianos, ordenou imediatamente "que todos os fretes fiquem sujeitos a taxação; o dinheiro será usado para o exército do ataman dos soldados cossacos do Extremo Leste. Uma parte dos bens que passarem pela Transbaikal será confiscada para socorrer a população local".

A situação em Irkutsk "está ficando a cada dia mais terrível", um jornal reportou. A fome era uma ameaça real, já que os suprimentos haviam se esgotado. Soldados americanos ouviram dizer que os bolcheviques estavam tomando os postos dos socialistas-revolucionários e atirando pacientes Brancos pelas janelas do hospital da Cruz Vermelha, para que congelassem na neve até morrer, mas isso pode muito bem ter sido um exagero ou uma invenção.

Desde meados de dezembro, o comandante tcheco general Syrový recusava-se a admitir que o almirante Koltchák estava sendo detido deliberadamente por seus soldados. Os comissários Aliados queriam que ele ficasse fora de perigo, mas o general Janin ignorou as instruções deles. Janin prometera a Koltchák passagem segura para a missão militar britânica, mas em 15 de janeiro o 6º Regimento tcheco entregou três vagões ferroviários, contendo o ex-Governante Supremo, seu presidente do Conselho de Ministros e as reservas de ouro, aos socialistas-revolucionários de esquerda em Irkutsk. Seis dias mais tarde, um Comitê Revolucionário comunista assumiu, mas ele incluía SRs de esquerda e mencheviques.

O cônsul-geral Harris em Irkutsk consumia-se de raiva em suas comunicações com Washington. "Os tchecos têm adotado propositalmente e com determinação uma política totalmente diferente daquela estabelecida pelos Aliados... Cometeram vários atos de perfídia ao entregarem Koltchák e o ouro aos bolcheviques e agora reconhecem isso aberta e desavergonhadamente ao mundo inteiro." Harris argumentava que "seus últimos desonrosos atos em Irkutsk provam que eles não teriam dificuldade em arranjar com os bolcheviques seu trânsito seguro e rápido pela Rússia europeia". Portanto, por que deveriam eles respeitar a sua "insistência em retornar para casa por mar" e prover-lhes um "agradável passeio"?

O Comitê Militar Revolucionário interrogou Koltchák e Pepéliaev durante pouco mais de duas semanas. Enquanto isso, a força do general Káppel, que escapara do cerco a Krasnoiarsk, marchava na direção deles cruzando centenas de quilômetros de uma vastidão erma, muitas vezes transitando por rios congelados, até o lago Baikal. Káppel, conduzindo seu cavalo a pé, caiu através do gelo. Embora tenha conseguido voltar à superfície segurando as rédeas do animal, sofreu ulcerações a ponto de seus dedos dos pés gangrenaram. Foram amputados sem anestesia, e em 26 de janeiro Káppel morreu de pneumonia dupla.

Quatro dias mais tarde, sua leal força de 1.100 "*Kappelevtsi*", agora comandados pelo general Voitsekhóvski, deparou com uma força Vermelha perto de Zima, 240 quilômetros ao norte de Irkutsk. Os Vermelhos não tinham nenhuma chance diante dos veteranos de Káppel e bateram rapidamente em retirada, embora Voitsekhóvski fosse forçado a reconhecer que seus homens não tinham força suficiente para tomar Irkutsk sozinhos. Para passar ao largo da cidade, conduziu-os pela superfície congelada do lago Baikal, em uma aparentemente interminável marcha siberiana no gelo.

Ao longo de suas infindáveis sessões de interrogatório, Koltchák nunca perdeu a linha de raciocínio e o equilíbrio, como ocorrera tantas vezes em Omsk. Estava surpreendentemente calmo, sabendo muito bem qual seria o desfecho. Pediu para ser reunido com sua jovem amante Anna Timiryova, que "desejara compartilhar" o destino dele, mas ela fora presa separadamente e muito maltratada. Às quatro da manhã do dia 7 de fevereiro de 1920, Koltchák e Pepéliaev foram fuzilados na confluência dos rios Angara e Utchakovka, e seus cadáveres enfiados num buraco no gelo.

34

A QUEDA DE ODESSA

Janeiro de 1920

Odessa, a mais cosmopolita das cidades, sofria toda vez que mudava de mãos. O domínio soviético terminara uma vez mais em 23 de agosto de 1919, com a chegada do destacamento de 2 mil homens do Exército Voluntário. Coincidindo com as inebriantes emoções da Marcha sobre Moscou, isso criara a maior empolgação entre os antibolcheviques.

Apenas um mês mais tarde, o general Deníkin fez uma entrada triunfante a bordo do cruzador Branco *Kagul*, que trazia desfraldada a bandeira "Andreiévsky" – a cruz de Santo André azul-clara de Pedro, o Grande, sobre um fundo branco. "Navios de guerra britânicos e italianos dispararam saudações", registrou Ielêna Lakier. "A cidade estava decorada com bandeiras e tapetes dependurados das sacadas." Mas apenas três meses mais tarde o general Schilling foi obrigado a recuar em direção a Odessa em dezembro, quando a marcha de Deníkin sobre Moscou fracassou.

Mesmo durante o período prévio de domínio comunista, o escritor Ivan Búnin vivera tranquilo em seu espaçoso apartamento, "decorado com muito bom gosto e muitas antiguidades". Uma "criada elegantemente vestida" recebia os visitantes na porta e conduzia-os até "salas requintadas", com pisos de madeira polida e pé-direito alto. Búnin ousara adotar aquele símbolo de status de países de clima quente: um chapéu panamá. Sua existência elegante, quase injustificável, no mínimo estava muito longe de representar a população em geral. E, no entanto, Búnin não vivia isolado numa torre de marfim. Era um observador fascinado pela vida nas ruas, e a toda hora rabiscava esboços literários em seu caderno de anotações. Agora, com o avanço do 14º Exército Vermelho, sabia que se aproximavam seus últimos dias na Rússia. "Tudo se tornou desagradável neste mundo", comentou com Paustóvski. "Até o mar tem cheiro de ferro enferrujado agora."

Odessa fedia a corrupção, por ter atraído muitos apostadores, especuladores e vigaristas. Homens debruçados sobre mesas de cafés vendiam diamantes que alegavam ser das joias da coroa imperial. Mesmo quando Odessa estava a ponto de cair, oficiais da Marinha Real britânica ainda vinham a terra firme para aproveitar as pechinchas das pessoas arruinadas pelo colapso do rublo de Deníkin, o "Sino". "As peles mais valiosas etc. são vendidas a preços absurdamente baratos", escreveu o comandante Webb-Bowen em seu diário.

As noites eram sinistras. "Às vezes ouviam-se no meio da escuridão, vindos de fora da cidade, sons de disparos de fuzil", Paustóvski escreveu. "Os cães ficavam um longo tempo latindo depois de cada disparo, e então aos poucos silenciavam." Chulgín descobriu que havia "bandos de pessoas transitando no meio daquela semiescuridão sinistra". Havia "muitas prostitutas consumindo cocaína e oficiais meio embriagados". A ameaça à cidade era maior agora. A Cruz Vermelha decidiu transferir-se de Odessa, já que o regime comunista agora a classificava como organização contrarrevolucionária. Ielêna Lakier, que trabalhava para a Cruz Vermelha, foi para Sebastopol no cargueiro britânico *Hanover,* que levava os feridos. Com a temperatura a menos trinta, dormia dentro de um casaco de pele e ainda calçando botas, e mesmo assim soluçava de frio.

O general Schilling advertiu Deníkin de que sua pequena força era incapaz de defender Odessa. Era preciso organizar uma evacuação para a Crimeia. Deníkin replicou, supostamente sob forte pressão de oficiais britânicos e franceses, que Odessa tinha que ser mantida a todo custo. Globatchóv, o ex-chefe da Okhrána, agora em seu papel de chefe da contrainteligência, sabia que "ninguém queria lutar", e Chulgín estava convencido de que o Barão Stempel, governador da cidade, via seu cargo como mera "recompensa por seus serviços prévios".

Na terceira semana de janeiro de 1920, o quartel-general de Schilling deu início em segredo aos preparativos para a evacuação. Nem sequer contaram a Globatchóv, embora ele estivesse bem ciente de que havia duas divisões Vermelhas avançando em direção à cidade. O Exército Voluntário em Odessa escondeu a notícia, e declarou que todos os ataques dos Vermelhos haviam sido rechaçados. Não queriam um êxodo em massa quando havia tão poucos navios disponíveis, que desejavam manter para si mesmos. Em 23 de janeiro, Globatchóv chegou ao quartel-general para trabalhar, mas encontrou o local abandonado. Schilling e seu estado-maior haviam preparado sua partida no SS *Vladímir*, mas permaneciam no porto.

No anoitecer de 24 de janeiro, Chulgín sentiu que a qualquer minuto "a situação poderia mudar. Vesti-me e saímos. Na rua havia filas de carroças e peças de artilharia entrando na cidade. As montanhas de malas e caixas só aumentavam na praça Iekaterininskaia, e os carros davam um jeito de trafegar pelo meio delas". Qualquer um que receasse o que o futuro poderia reservar-lhe sob o regime soviético deparava-se com uma escolha fundamental entre ir embora ou ficar. "As decisões naqueles dias tinham que ser rápidas", escreveu Paustóvski, apesar de decidir permanecer sob o regime de Lênin. "Um momento de indecisão podia arruinar uma vida ou salvá-la."

"Schilling ainda estava em terra firme", Chulgín escreveu. "Ele parecia irritar-se quando alguém lhe falava sobre evacuar a cidade e prometia resistir pelo menos mais dez dias. No entanto, já tinha tudo empacotado, até o último caixote." Contudo, assim que um cruzador francês no ancoradouro começou a disparar seu armamento principal, com os obuses zunindo acima dos telhados e indo explodir já nos campos, a cidade inteira entrou numa "febre de evacuação". Soldados Brancos começaram a surgir pela cidade, indo em direção ao porto. Membros dos chamados "Batalhões da Morte" ostentavam a insígnia da caveira e tíbias cruzadas nas mangas, mas pareciam ser os mais relutantes em ficar à altura de seus nomes regimentais. Não havia sinal daquilo que Chulgín chamava de "exército de cafeteria", isto é, os milhares de oficiais que pouco haviam feito a não ser flanar pelos bares de Odessa. Circulavam boatos de que havia bolcheviques infiltrados por toda parte e de que os generais já se escondiam a bordo de navios no porto. Multidões lotavam as agências de bancos e consulados tentando obter vistos.

Jovens cadetes *junkers*, cooptados como policiais militares, não conseguiam impedir a corrida para o porto. As ruas até o porto estavam congestionadas, e as pessoas eram esmagadas. "Malas abauladas de tão cheias, pacotes e sacolas deslizavam entre as pernas das pessoas como se fossem horríveis criaturas vivas. Elas soltavam seus conteúdos, que emaranhavam-se nas pernas de todos."

Schilling e seu estado-maior agora já haviam embarcado no *Vladímir*, onde Globatchóv se juntou a eles. Os membros da tripulação recusaram-se a zarpar até que fossem pagos. Um general do quartel-general ordenou que Globatchóv fosse até a agência do Banco Estatal retirar 2 milhões de rublos *keriénki*, pois os marinheiros não aceitavam "Sinos". "Era extremamente perigoso entrar de novo na cidade, e o navio a vapor estava marcado para partir à uma da tarde. O tesoureiro e dois oficiais armados do meu departamento acompanharam-me no automóvel. Aproximando-nos do banco, vimos uma multidão caótica de civis amontoados em volta da entrada, aguardando a abertura da agência para retirar seu dinheiro. O tesoureiro e eu forçamos caminho para entrar no banco. Obtivemos o dinheiro rapidamente com o gerente." Ele perguntou se eles poderiam levá-lo junto com a irmã, e Globatchóv concordou. O gerente tentou retirá-los da agência pela porta traseira, mas eles descobriram que todas as saídas estavam bloqueadas pela antiga polícia, que agora tomara o lado dos bolcheviques. "Finalmente, descobrimos a razão. Era porque tampouco haviam sido pagos. Receavam que o gerente levasse todo o dinheiro embora e eles ficassem sem nada." Depois que entregaram à polícia uma boa quantia em dinheiro, conseguiram escapar. Os disparos já haviam começado na cidade. Ninguém sabia dizer se era um levante de grupos clandestinos ou se significava a chegada da 41ª Divisão. Globatchóv e seus companheiros correram de volta ao porto. O *Vladímir* ainda estava junto ao cais, mas a passarela já havia sido recolhida para impedir que o navio fosse tomado de assalto. Foram lançadas cordas e Globatchóv, o gerente do banco e sua irmã foram içados até o convés.

Chulgín, como vários outros indivíduos proeminentes, havia formado seu próprio destacamento de defesa. Eles já estavam no porto quando atiradores abriram fogo desde o parque Aleksandrovski, acima deles. As pessoas correram para se esconder atrás dos armazéns de pedra na entrada do porto. "Os bolcheviques não eram bons atiradores", Chulgín observou. "Não houve muitos feridos." Então, lembrou de sua conversa na véspera de Ano-Novo com o general Dragomírov. "Foi nessa hora que o impulso de resistência finalmente nasceu. De repente, várias pessoas se adiantaram – não oficiais, mas soldados comuns do corpo de dragões. Começaram a gritar, gesticulando muito: "E então, cavalheiros? Vão ficar aí parados muito mais tempo? Para onde iremos se temos apenas o mar à nossa volta! Será que vamos simplesmente morrer aqui? Vamos lá, vamos para cima deles, esses imbecis, não importa que tenham metralhadoras. Fodam-se eles! Vamos!".

"No caminho, meus homens pegaram um garoto de uns vinte anos que alegava não ser um 'yid', mas quando mandaram que fizesse o sinal da cruz ele não conseguiu fazer direito.* Um deles estava convencido de que o rapaz era um bolchevique que se livrara de seu fuzil logo após dispará-lo contra nós. Precisei ameaçá-los para que o deixassem ir... Deparamos com outros grupos. Todos estavam morrendo de sede. Algumas mulheres nos deram água, mas com muita cautela. Estavam morrendo de medo de sofrer represálias dos bolcheviques por seu gesto."

Chulgín, ao ver que era hora de partir, foi até o porto. Havia sido alertado de que, se não conseguissem sair a tempo, precisariam fugir a pé pela fronteira romena. "Cheguei à nossa balsa e fiquei aterrorizado. A balsa teria que ser puxada pelo nosso 'próprio' vapor. Era evidente, ao ver tanto o vapor quanto a balsa, que eles não conseguiriam sair do porto e, se conseguissem, certamente estariam condenados. Ambos estavam apinhados de gente, com muitos de meus amigos próximos e familiares." Ele decidiu então se juntar ao coronel Stessel, que partiu para a longa marcha pela neve e pelo gelo da laguna. Não receberam boas-vindas ao chegarem ao posto de fronteira. Os homens do exército romeno os despojaram de todos os pertences que tivessem algum valor, até mesmo das suas botas, pelas quais receberam em troca *lapti* [sandálias de camponeses] de casca de bétula.

Naquele dia, 7 de fevereiro de 1920, Paustóvski testemunhou "a fuga homérica" instalado num velho pavilhão. Escreveu a respeito "da cegueira de medo quando as pessoas só conseguem ver uma única coisa

* Era assim que as gangues antissemitas testavam alguém que suspeitavam de ser judeu.

– a mambembe passarela de um navio com seus degraus partindo-se sob o peso de corpos humanos, as coronhas de fuzis dos soldados sobre as cabeças das pessoas, crianças que as mães seguram no colo no meio da louca correria de homens apressados, seus gritos desesperados, uma mulher pisoteada gritando na calçada enquanto ainda se debatia. Pessoas literalmente destruíam umas às outras, impedindo até mesmo que se salvassem aqueles que ainda tinham conseguido subir a passarela rastejando e se agarravam à amurada do navio... Capitães, com medo de que o navio se inundasse com tanto peso, davam ordens de partir, deixando as passarelas caírem no mar ainda com gente nelas, condenada a se afogar. Víamos homens nos navios cortando os cabos de amarração, e navios afastando-se do cais sem nem sequer erguer as pranchas de embarque... Quase todos esses barcos encardidos, com a pintura preta descascando das laterais, saíram do porto com um forte adernamento, de tão sobrecarregados.

"Um destacamento montado de cavalaria soviética lentamente percorreu uma das ruas que levavam ao porto, cheia de malas e baús arrebentados pelo chão, e corpos de pessoas que haviam morrido esmagadas. Os soldados cavalgavam de cabeça baixa, como se estivessem pensando, e paravam junto aos corpos, inclinando-se de suas selas." Continuaram até o final do quebra-ondas e ficaram observando o mar, os navios ao longe passando junto ao farol Vorontsovski.

Com uma tristeza cheia de lirismo, inconfundivelmente russa, Paustóvski assistiu à partida dos navios e pensou em seu iminente exílio. "Um dos navios exalou uma bola de vapor no céu cinza e soprou um apito longo, estremecedor. Todos os demais navios o seguiram com seus apitos, em todos os tons e níveis de volume. Eram as saudações de despedida dos moribundos – homens que estavam abandonando sua terra natal, sua gente, os campos e florestas russos, primaveras e invernos, seus sofrimentos e alegrias, cortando os laços com o passado e o presente, com o gênio radiante de Púchkin e Tolstói, com o grande amor filial que dedicavam a cada lâmina de relva, cada gota de água de um poço em algum lugar dessa nossa simples e bela terra."

35

O ÚLTIMO "*HURRA*" DA CAVALARIA BRANCA

Janeiro-março de 1920

Na véspera de Ano-Novo parecia inevitável que o Exército Vermelho capturasse Novotcherkassk e cercasse o que restava do Exército Branco. Mas então o tempo mudou e o *coup de grâce* não aconteceu. Um degelo repentino tornou os pântanos em volta do baixo Don intransponíveis. O 1º Exército de Cavalaria não dispunha de nenhum equipamento flutuante para substituir pontes, e o Don só voltou a congelar em 15 de janeiro. Para Kámeniev e a *Stavka*, a notícia da recaptura de Tsaritsin pelo 10º Exército em 2 de janeiro, da tomada de Taganrog por Budiônni em 6 de janeiro e depois de Rostov, dois dias mais tarde, parecia menos importante diante dessa oportunidade perdida de alcançar a vitória total. Cavaleiros Vermelhos atearam fogo ao hospital de Rostov, ao que parece com oficiais Brancos presos às suas camas.

A retirada dos Brancos era caótica, e os britânicos não fizeram muito melhor ao evacuar Taganrog. Com a constante ausência do general Holman, ninguém conseguia decidir nada. Kennedy não era o único oficial irritado com Holman. "Ele deveria estar no quartel-general agora para resolver todas essas questões importantes", escreveu ele. Em vez disso, Holman ficava empolgado como um garoto de escola, voando como bombardeiro em aviões da RAF, algo bem distante da tarefa de um major-general. Kennedy soube em 2 de janeiro que Holman havia "bombardeado, pessoalmente, uma das baterias de artilharia de Deníkin, supondo que fossem a cavalaria inimiga". Mais tarde, Kennedy descobriu que Holman abrigava um ódio obsessivo não só pelos bolcheviques.

"Cragg viu Holman esta manhã", ele anotou em seu diário, "e diz que este último está obcecado pela ideia de eliminar os judeus onde estiverem, e que quase não consegue falar de outra coisa."

Sem ter como despachar a grande quantidade de equipamento armazenado em Taganrog, o capitão Lever e outros simplesmente optaram por explodi-lo. Os últimos trens já soltavam vapor. A missão militar britânica sempre se certificava de que houvesse um oficial na cabine da locomotiva com um revólver carregado, para garantir que o maquinista não desertasse de seu posto. Esperando um ataque a qualquer momento, os outros membros da missão dormiam abraçados ao seu fuzil. Passaram por soldados em "casacões congelados, rígidos como tábuas", e por refugiados aterrorizados cambaleando em direção a Rostov e à grande ponte sobre o Don. Com "as massas chegando de todo lugar", Lever observou, sem qualquer vestígio de compaixão, que "cada parada se tornou uma fossa indescritível, como uma ferida purulenta sobre a face da Terra. Não admira que haja tanta incidência de tifo, cólera e varíola".

Os Brancos estavam com sorte. Vassíli Chôrin, o comandante em chefe Vermelho do recém-formado Front do Cáucaso, tinha um plano que iria piorar muito as coisas para as suas forças e daria aos Brancos o respiro de que precisavam desesperadamente. Budiônni viu os riscos do pouco imaginativo ataque frontal de Chôrin, cruzando o rio contra o Corpo de Voluntários em Bataisk. Sugeriu que, em vez disso, seu exército de 9 mil sabres e 5 mil baionetas fizesse um cerco amplo cruzando mais a leste, e então desse a volta por trás dos Voluntários. O obstinado Chôrin rejeitou qualquer alteração em seu plano.

Em 17 de janeiro, o ataque de Budiônni apoiado pelo 8º Exército falhou, e uma nova tentativa no dia seguinte resultou em pesadas baixas. Budiônni não conseguia acreditar nisso e enfureceu-se quando receberam ordens para tentar uma terceira vez. Ele ressaltou "o terreno completamente inadequado, cheio de lamaçais, e o limitado espaço para posicionar a cavalaria". Fortes recriminações se seguiram. Chôrin tentou culpar Budiônni por ele não ter continuado a pressionar no início do mês, dizendo que com isso dera aos Brancos a chance de reorganizar sua defesa. O 8º Exército que os acompanhava, então, acusou os homens de Budiônni de "manifestarem extrema falta de resiliência no combate".

*

O perigo da derrota obrigou os membros da aliança dos Brancos a discutirem a estratégia, e também suas consideráveis divergências políticas. Em 18 de janeiro, foi realizada uma reunião do Krug Supremo em Iekaterinodar. Enquanto os cossacos debatiam, Deníkin trabalhava duro para consolidar um novo programa. A dramática redução no tamanho do Exército Voluntário enfraquecera o poder dos monarquistas reacionários, obrigando-os a fazer concessões à maioria cossaca, o que constituía um anátema para Wrangel. Trabalhando com políticos de centro e mesmo com os de centro-esquerda, Deníkin reconheceu os erros passados, como o de não oferecer a reforma agrária aos camponeses nem fechar compromissos com a Assembleia Constituinte. Até mesmo incluiu o veterano socialista Nikolai Tchaikóvski, o líder de Arcangel, em seu novo governo. Isso não foi apenas muito pouco e tarde demais. Também revelou a incapacidade do movimento Branco de funcionar efetivamente, quer como ditadura, quer como uma coalizão quase democrática. O único ponto em que suas facções conseguiam ter acordo era negativo: seu ódio ao bolchevismo. Os Vermelhos, por sua vez, tinham todas as características necessárias para vencer uma guerra civil no maior país do mundo: uma estrutura centralista e implacavelmente autoritária. Isso permitiu-lhes sobreviver até mesmo à sua desastrosa incompetência.

Chôrin insistiu e repetiu os ataques a Bataisk em 20 e 21 de janeiro. A *Stavka* descreveu a operação como uma "ofensiva que se sabia impossível", mas só interveio em 24 de janeiro para mudar o plano de ataque. Ordenaram então que o 9º Exército, e também o 10º Exército, avançassem a sudoeste a partir de Tsaritsin, para se juntar à luta. Budiônni finalmente teve permissão para colocar seu plano em ação – cruzar mais a leste para superar pelos flancos a posição dos Voluntários em Bataisk. Mas deve ter ficado irritado quando o corpo de seu detestado rival, Duménko, recebeu carta branca e não ficou sob seu comando. Suas manobras levaram a grandes combates de cavalaria no final do mês.

Em 28 de janeiro, a *Konármia* de Budiônni colocou em fuga um grande grupo de cavalaria dos Brancos, capturando uma dúzia de canhões de campanha e trinta metralhadoras. Logo no dia seguinte, os cossacos do Don de Mámontov contra-atacaram e derrotaram a 11ª Divisão de Cavalaria de Budiônni, o que gerou discussões mais furiosas entre os Vermelhos. Vorochílov, comparsa de Stálin, apoiou Budiônni, como era previsível. Culpou Dumiénko por realizar a carga e cruzar o rio Manitch sem esperar pelo 1º Exército de Cavalaria.

O sucesso dos Brancos teve vida curta. Mámontov adoeceu com tifo e morreu logo depois. O lamaçal era tão fundo que os Brancos tiveram que abandonar vários de seus canhões de campo. Em certa ocasião, o general Sidórin quase foi capturado quando sua aeronave atolou na lama e ele não conseguiu decolar. Bem a tempo, porém, apareceu uma sótnia de calmuques. Vendo o que era necessário fazer, apearam de seus cavalos, puxaram a aeronave do atoleiro no braço e a levaram até uma pista seca. O pior de tudo foi que, em vez de bloquear o 10º Exército no flanco nordeste, o Exército do Cáucaso, agora renomeado Corpo de Cubã, começou a se desintegrar. A essa altura, seus cossacos cubãos odiavam Deníkin e os Brancos. A posição firme que haviam tido em sua Rada de novembro impusera uma calma artificial durante um tempo, mas agora o relacionamento era de profundo ressentimento. Os cossacos de Cubã, individualmente e em grupos, estavam voltando para casa com seus saques. Com um otimismo mal calculado, imaginaram que, ao cortar sua aliança com os Brancos, o governo soviético iria permitir-lhes alguma espécie de independência. Esse não era um bom momento para a missão de averiguação americana, liderada pelo vice-almirante Newton McCully, que acabara de chegar para visitar o front e reportar-se a Washington.

Budiônni insistia numa concentração da cavalaria Vermelha sob seu comando, em parte por razões egoicas, mas também porque essa era a melhor maneira de destruir a espinha dorsal de cavalaria dos exércitos Brancos. Como a *Stavka* declarou, "a força da defesa inimiga está na ativa manobra de suas unidades montadas, trazidas de vários setores do front e da reserva". Quando as relações entre Budiônni e Chôrin, seu comandante do front, sofreram uma ruptura completa, Budiônni apelou a Kámeniev e à *Stavka*. Kámeniev aceitou seus argumentos, e Chôrin foi substituído por Tukhatchévski, que cessou as operações até conseguir reorganizar o front e seus exércitos.

Tukhatchévski, um oficial profissional de família nobre empobrecida, não era desprovido de autoconfiança e ambição. Ao entrar para a Guarda Semenyovsky na eclosão da Primeira Guerra Mundial, anunciara sua intenção de se tornar general antes de fazer trinta anos ou então morrer na tentativa. Havia sido capturado e escapara quatro vezes de campos de prisioneiros, mas a história de que teria compartilhado uma cela num desses campos com o capitão Charles de Gaulle é inverossímil. O que é bem mais provável é que, descrito pela imprensa estrangeira como um "Napoleão Vermelho" depois de suas vitórias na Sibéria, ele simplesmente tenha passado a considerar o alto-comando um direito seu.

Tukhatchévski quis preparar um golpe final no norte do Cáucaso criando uma força de ataque formada por seu 1º Exército de Cavalaria e o 9º e o 10º Exércitos. Eles atacariam a partir do rio Manitch em direção ao entroncamento-chave de Tikhorietskaia, e assim ameaçariam a retaguarda do Corpo Voluntário e o Exército do Don. A penetração ocorreria no ponto de "menor resistência política e operacional", representado pelo elo entre os cossacos cubãos e o Exército do Don. A 1ª Cavalaria de Budiônni desempenharia "o papel de bisturi cirúrgico, separando para sempre os contrarrevolucionários de Cubã e do Don". O 10º Exército recebeu também a incumbência de impedir que os Brancos se retirassem mais para o interior do Cáucaso via Armavir.

Os Brancos ordenaram que o IV Corpo de Cavalaria do Don, sob o comando do general Pavlov, se concentrasse em Torgovaia, pronto para conter o grosso da cavalaria Vermelha. "Naquele amanhecer cinzento", escreveu Rakóvski, "os regimentos de cavalaria produziam uma impressão sinistra. Era preciso olhar de perto para ver o quanto aquelas pessoas haviam sofrido... Botas surradas, casacões rasgados, selas em péssimo estado, ou, em muitos casos, apenas um pano imundo sobre o cavalo e estribos feitos de corda... E aquela pergunta terrível, que atormentava seus rostos cansados: 'O que vai acontecer agora?'."

O último "*hurra*" da cavalaria Branca teve lugar em 17 de fevereiro. Uma comovente carta para casa, do irmão de 22 anos do Príncipe Alekséi Tcherkássi, descreveu sua morte.

> Meu querido e amado Papa! Foi o desejo do Senhor enviar-nos à mais dura provação. Imploro que a aceite com a mesma força e firmeza que eu. Nosso querido Aliócha foi morto numa batalha de cavalaria entre três e quatro da tarde de 17 fevereiro, perto de Stanítsa Iegorlínskaia. Morreu como um verdadeiro herói. Nessa terrível

batalha, nosso regimento integrado de cavalaria de guardas perdeu onze oficiais e cerca de 380 soldados, mortos ou feridos. O General Barbôvitch recebeu ordens de estar na linha de frente atacando a cavalaria de Budiônni. Às dez, uma divisão quase inteira de cossacos deveria seguir os passos dele, com outra divisão de cossacos a uma versta atrás deles. No entanto, uma dessas divisões só chegou uma hora após o fim da batalha, e a outra nem sequer veio. Nosso regimento lutava no flanco esquerdo. Ele atacou, desarticulou a carga de cavalaria dos Vermelhos e começou a persegui-los. Manteve a perseguição cruzando dois riachos. Depois disso, o regimento atacou a reserva do inimigo e causou grande confusão. Aliócha saiu em perseguição à *tatchânka* dos Vermelhos, que conseguiu escapar, então atacou uma bateria Vermelha. Seu cavalo foi morto, mas ele continuou bravamente a pé, disparando sua pistola Browning... Aliócha foi visto pela última vez recarregando sua pistola, e logo em seguida foi atacado por um grupo de Vermelhos. Mikhaílski correu para resgatá-lo, mas nenhum dos dois foi visto depois disso. Os Vermelhos estavam em grande vantagem numérica e todos armados de revólveres, portanto foi praticamente impossível lutar contra eles apenas com nossos sabres... Àquela altura, o general Pavlov tinha uma reserva de cerca de trinta regimentos de cavalaria! Danem-se esses malditos cossacos que nos decepcionaram tanto!

O grosso da cavalaria de Pavlov na realidade atacara com sucesso naquela manhã duas divisões do 10º Exército, o que não fazia parte do plano. Foi por isso que apareceram tarde demais para ajudar a força do general Barbôvitch e foram rechaçados.

Um desastre ainda maior aguardava os regimentos de Pavlov no dia seguinte quando voltavam. Uma nevasca pegou-os em campo aberto e Pavlov "perdeu metade de seus cavalos, congelados na estepe", observou a *Stavka* do Exército Vermelho. As perdas humanas foram bem mais graves. "Deixamos para trás na estepe milhares de homens mortos congelados", um oficial cossaco relatou a Rakóvski, "e a nevasca enterrou-os. Alguns sobreviveram escondidos atrás de seus cavalos. Você fica quieto por cinco ou dez minutos, começa a sentir que está perdendo os sentidos... Mais uns minutos e você cai no sono para sempre." O próprio

Pavlov, que ignorara as advertências de que o tempo iria mudar, sofreu graves ulcerações de frio.

Em 20 de fevereiro, o Corpo de Voluntários desferiu um ataque e conseguiu retomar Rostov, mas a condição enfraquecida das forças de Pavlov e um ataque da Divisão de Cossacos do Terek obrigaram-nos a recuar de novo. O avanço do 10º Exército para nordeste e sua captura de Armavir fizeram Deníkin trazer seu quartel-general da junção ferroviária de Tikhorietskaia de volta para Iekaterinodar. Então, em 1º de março, o Exército Vermelho entrou em Stavropol. Os remanescentes do Corpo de Voluntários e da cavalaria de cossacos do Don tiveram que bater rapidamente em retirada para não ficarem isolados e para conseguirem criar uma nova linha de defesa ao longo do rio Cubã. Tinham pouco descanso, e recuavam vinte a trinta quilômetros por dia, mas finalmente, vencido todo o lamaçal, mantiveram o ritmo de recuo.

"O solo seco, compactado, permitiu-lhes cavalgar num front amplo, também por campos abertos", escreveu Rakóvski. "Essa massa era como um mar inundando a estepe de Cubã. Um número colossal de carroças, seus condutores com medo de serem cercados, partiu em direção ao sul, dez carroças em cada fileira. E cavalos e mais cavalos, onde quer que você olhasse. O Don equestre derramou-se sobre Cubã. Você não via uma única pessoa a pé. Mais tarde na noite, quase três corpos de cavalaria pararam para pernoitar em Stanítsa Korenovskaia."

No dia seguinte, ele descreveu uma batalha desesperada que ocorreu depois que alguns cavaleiros Vermelhos infiltraram-se à frente sem serem vistos portando uma metralhadora, e se instalaram cobrindo uma ponte vital a apenas quinze quilômetros de Iekaterinodar. "Houve um fogo cruzado enlouquecido. O general Kucherov, com a cabeça descoberta, galopava entre calmuques e bolcheviques, berrando algo ininteligível. Tentava salvar a travessia e também aqueles que haviam ficado presos do lado errado. Os calmuques, rangendo os dentes, disparavam em desespero com seus fuzis. Nunca esquecerei aquela determinação furiosa, o ódio no rosto daquelas pessoas normalmente pacíficas e tranquilas da estepe, que os bolcheviques haviam roubado e chacinado. Um oficial calmuque corria por ali a cavalo diante de seus soldados. Apontava seu chicote para o bolchevique que operava a metralhadora... Apenas os calmuques ainda lutavam; e graças a eles a situação foi salva."

*

Uma atmosfera de morte e dissensão pairava sobre os Brancos quando eles chegaram a Iekaterinodar. Eles se sentiam traídos tanto pelos cossacos cubãos como pelos britânicos. O funeral do general Mámontov foi realizado sob as cinco cúpulas da Catedral de Santa Catarina, em Iekaterinodar, e a ele compareceram oficiais Aliados. Os maxilares dos britânicos ficaram tensos e os lábios superiores enrijecidos quando o Arcebispo Antóni referiu-se em seu discurso aos Aliados como "amigos dúbios".

Os funerais comunistas eram muito diferentes das despedidas soturnas dos rituais da Igreja Ortodoxa russa. O escritor Isaak Bábel, que serviu na *Konármia* de Budiônni, descreveu que os heróis mortos eram aclamados junto ao túmulo por "golpearem a bigorna do futuro com o martelo da história".

Rakóvski, o correspondente de guerra dos Brancos, escreveu que "Iekaterinodar naqueles dias lembrava Rostov pouco antes da queda. Era como se a cidade tivesse começado a agonizar. Havia bebedeiras, saques, estupros, execuções sem julgamento, esbanjamento inconsequente de dinheiro". O comandante do Exército do Don impôs a lei marcial à capital de Cubã, que já estava mais que lotada de soldados e refugiados desalentados.

Iekaterinodar precisava ser abandonada, pois os Vermelhos avançavam vindo do nordeste. O porto de Novorossisk, com seus ventos gelados, era a única possibilidade de fuga. Muitos soldados ficaram tentados a desertar para os grupos partisans Verdes nas montanhas, que já vinham emboscando as colunas em retirada e arrancando seções dos trilhos para descarrilar trens. "Soldados e civis, mulheres e crianças, russos e calmuques, em incontáveis carroças de todas as formas e tipos, seguiam todos misturados num fluxo contínuo", escreveu Tchevdar. "Havia um imenso congestionamento na direção da ponte sobre o rio Cubã. O ar estava preenchido por gritos e xingamentos." Ele ficou exasperado quando seu segundo em comando sofreu um colapso nervoso. O jovem tenente morria de medo de ser deixado sozinho e começou a se agarrar ao seu superior. "Que vergonha, Ivan Petróvitch, que tipo de cossaco é você, a toda hora atrás de mim como uma criancinha atrás da sua babá. Você tem mesmo medo de que eu o abandone?" O garoto admitiu que simplesmente não conseguia se controlar.

Muitos não conseguiam esquecer as cenas de pânico na ponte, que permitia a passagem de tráfego por estrada e via férrea. Várias pessoas, entre as quais uma enfermeira, haviam sido esmagadas pelas rodas dos trens. Seus corpos eram jogados no rio embaixo. Um calmuque em desespero matou os filhos e a mulher a punhaladas, e depois se suicidou. Rakóvski observava fascinado as diferentes reações das pessoas ao desastre. "Uma garota corria por ali sem poder fazer nada no meio daquele redemoinho de pessoas e cavalos. Um general que passava gritou para ela: 'O que você está fazendo aqui? Vai ser esmagada!'. A garota foi correndo até ele: 'Eu participei da campanha de Cubã. Não posso ficar na cidade. Pelo amor de Deus, me ajude!'. 'Rápido, suba no meu cavalo!' Ela montou o cavalo com a ajuda de cossacos e ficou abraçada às costas do general com ambos os braços."

Ao sul do rio Cubã, uma massa de gente a pé seguia pela linha do trem. Tinham que abrir caminho em meio a vagões empurrados para fora da linha e carroças abandonadas pelo caminho. De repente, num ponto mais adiante da estrada, o vento trouxe a primeira lufada de ar marinho.

Após a partida dos Brancos de Iekaterinodar, um pintor chamado Iákob Glasse registrou a cena em seu notável diário. "É um dia cinza, sombrio. Por toda parte há um mar de lama. O pavimento da cidade foi totalmente destruído pelas carroças do exército e pelos destacamentos de cavalaria em retirada." As únicas pessoas que permaneceram foram cerca de 6 mil calmuques – idosos, mulheres e crianças que haviam seguido a retirada dos exércitos de Deníkin desde a estepe de Stavropol, onde foram perseguidos pelos Vermelhos. Essas famílias ficavam simplesmente sentadas nas ruas lamacentas com seus camelos e carroças.

Glasse, que para sua sorte tinha origem humilde, aguardava a chegada do Exército Vermelho e dos comunistas. Sem ter ideia de quantas mortes mais ainda haveria, achou equivocadamente que assistia ao drama final da Guerra Civil russa. "Ao crepúsculo, há de repente um inacreditável caos de barulhos, gritos e uivos, o lamento cruel e desumano de mulheres e crianças e, por fim, o choro. O Exército Vermelho irrompera na cidade. Os indefesos e desarmados calmuques foram atacados com grande brutalidade, sem nenhuma razão óbvia, e chacinados até a última criança. Vinte minutos foram suficientes. O silêncio que se seguiu foi especialmente sinistro, não se podia ouvir mais nenhum lamento das pessoas feridas. A impressão era a de que a população da cidade também tinha morrido, todos os portões e portas trancados. Por todo lado há destacamentos de cavaleiros bêbados. O que será que a noite trará?"*

"Mais destacamentos Vermelhos estão chegando", ele escreveu no dia seguinte. "Há patrulhas montadas por toda parte... Os cavalos da cavalaria Vermelha estão decorados com dragonas e medalhas de oficiais, faixas de generais esvoaçam do freio. Um dos cavalos leva um chapéu de arcebispo. O que falta simplesmente são cabeças humanas... Duas mulheres da escória da sociedade conversam com um cavaleiro e apontam para um homem em trajes civis. Dizem: 'Aquele lá é um oficial', cochichando. Imediatamente o crânio do homem é rachado com um golpe de sabre. Depois fica-se sabendo que era apenas um contador da agência de correio."

No dia seguinte, um vizinho advertiu-o para não sair de casa, pois os Vermelhos estavam obrigando o pessoal da cidade a retirar os cadáveres dos calmuques. Glasse mesmo assim decidiu sair. "Um conhecido com o qual cruzei parou-me na rua e aconselhou-me a tirar meu colarinho engomado e a gravata, 'senão, vão infernizar sua vida achando que você é um *burjúi*. E manche as mãos com um pouco de óleo de motor e terra. Não faça a barba. Tire os óculos para não parecer um intelectual'". Ele acatou os conselhos e seguiu adiante. "Nas ruas, vi milhares de pessoas da cidade vagando na lama líquida e arrastando corpos de calmuques. Camelos, andando solenes pelas ruas, transportavam em carroças os corpos de seus donos. O rangido dessas carroças arabás** foi ouvido até tarde da noite."

Em 22 de março, ele escreveu: "Na praça central, a orquestra toca a 'Internacional' desde bem cedo. Colunas de trabalhadores e soldados passam com bandeiras vermelhas. Uma manifestação. Um locutor

---

* As forças Vermelhas na guerra civil seguiam uma política próxima do genocídio em relação aos calmuques. Essa foi, sem dúvida, a razão pela qual muitos calmuques colaboraram com a Wehrmacht alemã no outono e no inverno de 1942.

** Arabá é uma espécie de carroça de duas rodas, muito usada no norte da África (N.R.).

agradece ao Exército Vermelho em nome do proletariado por ter libertado a cidade dos 'mercenários do capital mundial' e expressa sua convicção de que os bravos Guardas Vermelhos irão libertar o mundo inteiro do 'jugo capitalista'. Após a breve manifestação, é dada a ordem: 'Camaradas, todos devem ir até estação e saudar o novo governo!'. A multidão segue em direção à estação, acompanhada pela orquestra. A locomotiva que trouxe os novos senhores da cidade e da região toda está decorada com bandeiras vermelhas e com os corpos de oficiais do exército de Deníkin dependurados nela. A guarda de honra toma seu lugar na plataforma. O que é isso? As forças do inferno que irromperam na era das locomotivas? Saio da estação abalado". Um dos primeiros anúncios no dia seguinte é que Iekaterinodar, assim nomeada em homenagem à Imperatriz Catarina, a Grande, passaria a partir de agora a ser a Cidade Vermelha – "Krasnodar".

A maior parte da missão militar britânica se mudara para Novorossisk em janeiro, após a queda de Taganrog. Seu novo quartel-general foi instalado na fábrica de cimento do cais do leste. Ficaram irritados com uma carta do general Holman endereçada a todos os oficiais, criticando-os por sua negligência em cumprir o dever quando ele estivera "gastando todo o seu tempo pilotando um aeroplano no front, fazendo manobras espetaculares para lançar bombas". Em meados do mês, a missão aérea foi defendida por rolos de arame farpado e sacos de areia nas posições de defesa equipadas com canhões Lewis, prontos para lidar com qualquer perturbação.

Trens de refugiados começaram a ocupar os arredores de Novorossisk. Caminhões de gado, lotados com a miséria da humanidade, começaram, no dizer de Lever, "a fomentar uma pestilência moral e física". Mas, assim como Horrocks havia observado na Sibéria, Lever precisou admitir que "As mulheres parecem ser, de modo destacado, o melhor sexo, e a grande maioria dá um exemplo de fortaleza, da cultura ainda existente e de excelentes instintos... Os homens, com poucas exceções, aparentemente estão reduzidos a uma apatia mortal, da qual só são tirados por instintos primais". Quase todos traziam com eles os piolhos mortíferos, e uma epidemia de tifo grassou pela cidade, como ocorrera na área rural. Vladímir Purichkiévitch, o companheiro assassino de Iússupov no homicídio de Raspútin, morreu de tifo em Novorossisk em 1º de fevereiro.

Não havia palavras para descrever as condições do hospital improvisado, onde havia dois, às vezes três pacientes numa única maca, e ninguém para remover os mortos. Dmítri Chvetsóf, ex-oficial do Regimento de Guardas Montados do Czar, escreveu: "Tive que passar a noite inteira com aqueles cadáveres junto a mim, e os piolhos não ficam em pessoas mortas, então todos migraram para mim. Havia tantos piolhos que, durante a noite, quando havia silêncio e o pessoal médico circulava por ali, o som dos piolhos sendo esmagados pelas suas botas parecia o som de alguém pisando em açúcar derramado no piso".

Novorossisk logo passou a sofrer com os terríveis ventos nordeste, que faziam tombar vagões de trem e derrubaram vários tanques do quebra-ondas, atirando-os ao mar. O vento era tão poderoso que às vezes as pessoas na rua precisavam ficar de quatro no chão. As temperaturas caíam a menos trinta graus Celsius, congelavam os navios de guerra ancorados, "cujos conveses de proa, botes salva-vidas e canhões de proa estão solidamente encapsulados em gelo, com grinaldas de imensos pingentes congelados". Dizia-se na região que, se o vento virasse do sul para o nordeste, o termômetro cairia de quarenta para cinquenta graus num par de horas. Numa noite de 8 de fevereiro, 177 refugiados morreram congelados só na estação de trem de Novorossisk.

Em 14 de fevereiro, a missão militar soube que "dois oficiais britânicos (Cootch e o pobre velho Frecheville)", capturados em Rostov, haviam sido obrigados a desfilar nus pelas ruas, "tendo seus braços quebrados, e em seguida foram cortados em pedaços e mutilados". Com o *sang-froid* que oficiais britânicos haviam sido obrigados a ter nas trincheiras do Front Ocidental, não comentaram mais a respeito. Assim que o tempo permitiu, voltaram a caçar galinholas e lebres nos montes dos arredores da cidade e patos-negrinha no porto, por esporte e para obter uma alternativa à carne enlatada.

Quando a missão militar soube que Halford Mackinder, o alto-comissário enviado de Londres, havia garantido a completa evacuação de "russos feridos, esposas e familiares de soldados, e de todos aqueles que desejassem vir embora", os oficiais balançaram a cabeça, incrédulos. Mas por volta do final de fevereiro a evacuação de civis estava "bem encaminhada". Navios mercantes a vapor fretados pelo governo britânico tinham iniciado um serviço de transporte para Constantinopla e para as ilhas Prinkipo, no mar de Mármara.

Por ordens do general Milne, um batalhão dos Reais Fuzileiros Escoceses chegou de Constantinopla para ocupar as defesas perimetrais. Antes, porém, o batalhão desfilou pela cidade em 17 de março, com gaitas de fole e tambores, numa demonstração de força, incrementada por marinheiros em uniformes de combate em terra, canhões de campanha leves e uma banda da Marinha Real. A ideia era impressionar os agentes comunistas e os simpatizantes dos Verdes que, dez dias antes, haviam tomado de assalto a prisão para libertar os presos. Kennedy achava que o espetáculo "havia criado uma profunda impressão entre os habitantes, que, imagino eu, nunca tinham ouvido uma gaita de fole antes. É uma sensação esplêndida ver um corpo de soldados muito disciplinados depois dos bandos de ladrões e da ralé de Deníkin".

Os destróieres da Marinha Real no porto usavam seus holofotes para iluminar a área portuária. "A regra vigente é 'Atire primeiro – pergunte depois'", registrou o capitão Lever. Haveria muitos toques de corneta à noite ordenando que ficassem "de prontidão", mas quase todos revelaram-se alarmes falsos.

Em 24 de março, o encouraçado HMS *Benbow* lançou âncora depois do quebra-mar. Numa visita anterior em janeiro, o capitão do *Benbow*, sem dúvida ansioso por dar à sua tripulação algo para fazer, navegara para o sul ao longo da costa em direção a Sochi para bombardear uma vila que havia sido identificada como base dos ataques Verdes. Abriu fogo com seu principal armamento, dez canhões de treze polegadas e meia, deixando "um grande buraco ali". Dessa vez o *Benbow* vinha de Constantinopla com o almirante Seymour e o general Milne, comandante em chefe da região do mar Negro. Eles tiveram uma conferência com Deníkin a bordo e prometeram ajudar o quanto possível na evacuação. Os próprios navios da frota e navios mercantes dos Brancos ainda não estavam disponíveis em razão da falta de carvão e de peças de reposição.

Seymour calculou que a Marinha Real poderia levar cerca de 6 mil soldados, mas advertiu que, para acomodar um número maior, precisariam que o Exército Branco contivesse os Vermelhos, para que não bombardeassem o porto com sua artilharia. O problema era encontrar algum homem que se dispusesse a formar uma retaguarda, que precisaria ser sacrificada. Os Voluntários eram os únicos soldados que haviam restado, com baixo nível de disciplina, e mesmo eles não viam razão para se sacrificarem de novo. De qualquer modo, Deníkin queria todos eles para defender a Crimeia.

No dia seguinte, 25 de março, um tanque Mark V foi usado para destruir treze aviões. Mesmo assim, uma imensa quantidade de material intacto, incluindo canhões de campanha, foi deixada para os Vermelhos, assim como todos os caminhões, dos quais apenas o sistema de ignição havia sido removido. Em volta do quartel-general britânico na fábrica de cimento, os Reais Fuzileiros Escoceses retiraram-se para o perímetro interno.

Novorossisk propiciava uma visão deprimente para soldados e refugiados que chegavam ali quando o fim se aproximava. Adolescentes *junkers* de academias militares sob o comando de dois oficiais tentavam atuar como polícia militar. Eles tinham que interromper o fluxo de soldados que ainda tentavam entrar na cidade, onde já mal havia espaço para se mexer. Milhares de cavalos famintos vagavam à procura de comida. Alguns soldados selecionaram os melhores e partiram para se juntar aos Verdes. Muitos cossacos haviam tirado suas selas e freios e matado os cavalos, que simplesmente jaziam nas ruas.

À noite, os encouraçados Aliados, atracados no porto ou ancorados fora dele, miravam seus holofotes nas montanhas. Na atmosfera de confusão e medo, homens doentes de tifo tentavam se arrastar em direção às docas. Aqueles que já estavam ali recusavam-se a abandonar seus lugares. Um dos *junkers* observou que havia carroças à beira d'água com famílias calmuques dentro delas. "Aquelas pessoas haviam fugido da estepe de Stavropol tentando salvar sua única riqueza, seus animais de criação, e aqui estavam à beira do mar sem qualquer tipo de ajuda. Para eles, não havia esperança de que alguém pudesse resgatá-los. Seriam mortos ou morreriam de fome."

Na manhã de 26 de março, dois dias após a conferência de Deníkin com o almirante Seymour, o general Kutiépov advertiu que agora seria impossível defender Novorossisk. O Exército Vermelho havia montado posições de artilharia nas montanhas e talvez descesse até o porto já ao cair da noite. Os destróieres britânicos sabiamente posicionados ao longo do cais ficavam lotados de soldados russos, a ponto de não sobrarem trinta centímetros quadrados de espaço no convés, e então eram transportados a outros encouraçados. Deníkin e seu estado-maior foram recebidos a bordo do HMS *Emperor of India*, outro navio de guerra da classe *Iron Duke*, antes de uma massa de cossacos lotar o navio. O capitão mais tarde queixou-se com Kennedy dizendo que "achava que nunca mais conseguiria ter seu convés limpo de novo. Quando carne enlatada foi servida aos cossacos, eles jogaram as latas no convés e então partiram-nas com suas espadas!"

Balsas também eram rebocadas, iam e voltavam, levando soldados para outros navios ancorados. Entre eles estavam o *Benbow*, o cruzador HMS *Calypso*, vários destróieres da Marinha Real e também o cruzador americano USS *Galveston*. Os Voluntários controlavam a maior parte do embarque. Alguns encouraçados levavam os feridos. Outros transportavam apenas membros do Corpo de Voluntários, o que enfureceu os cossacos do Don, que acusavam Deníkin de traição. A maioria recusava civis. Alguns homens decidiram caminhar pela costa até Sochi. Vários fugiram para as montanhas, pois não tinham mais esperança de conseguir uma vaga, ou mesmo um lugar em pé no convés.

Erást Tchevdar ficou decepcionado ao ver que as passarelas para os navios de transporte no cais eram rigorosamente guardadas por oficiais e soldados com fuzis e baionetas caladas. Embora fosse também membro do Corpo de Voluntários, constatou que eles só permitiam o embarque a quem fosse de suas unidades. Alguns conveses estavam lotados de bagagem e fardos, até mesmo de carroças, mas sem seres humanos. "Muitos dos guardas estão visivelmente embriagados e sentem prazer em ameaçar as pessoas com suas baionetas", observou Tchevdar, com raiva. "Nunca imaginei que isso fosse possível entre nós, os Voluntários. Sentei no cabeço de amarração mais próximo com uma sensação de total desamparo."

Por volta do final da tarde, era evidente para as multidões que se apinhavam na área do cais que sua última chance havia passado. A artilharia Vermelha incendiara vários edifícios da cidade. Muitos oficiais arrancavam dos ombros as platinas com insígnias, costuradas em suas

Cossacos do Don no convés do HMS *Emperor of India* após serem evacuados de Novorossisk.

túnicas. Mesmo alguns do Corpo de Voluntários não haviam conseguido atravessar a massa humana e chegar ao cais. "Vi um capitão do Regimento Drozdôvski perto de mim com a esposa e dois filhos, de três e cinco anos", escreveu o cossaco do Don, Mitrofán Moisséiev. "Ele pegou um filho e deu-lhe um tiro no ouvido, depois pegou o outro e fez o mesmo, e antes de matá-los fazia sempre o sinal da cruz. Fez o sinal da cruz também na esposa. Beijaram-se derramando lágrimas. O corpo da mulher desabou quando ele atirou nela. Suicidou-se com a última bala."

Quando a artilharia Vermelha começou a alvejar os navios, o pesado cruzador francês *Waldeck-Rousseau* juntou seus costados aos dos encouraçados britânicos e abriu fogo nas montanhas atrás de Novorossisk. Lever descreveu a cena como uma "verdadeira obra-prima da pintura de paisagens marítimas britânica". E, enquanto outros murmuravam algo a respeito dos desfechos da guerra, consolava-se com a seguinte ideia: "Ah, bem! Pelo menos estamos indo embora com bandeiras tremulando ao vento e confiantes, deixando para trás um ferrão que provavelmente será lembrado". No entanto, depois que escureceu e o fogo cessou, não teve como não pensar no "destino daquelas enfermeiras russas que no final recusaram-se a partir".

Enquanto as pranchas de embarque eram levantadas, alguns homens saltavam na vã tentativa de agarrá-las. Outros se jogavam na água, torcendo para que alguém lhes lançasse uma corda. Conta-se que até mesmo alguns cavalos de cossacos teriam saltado para nadar até o navio em que achavam que seu dono partia.

Na manhã seguinte, 27 de março, os 22 mil soldados e oficiais deixados para trás foram obrigados a voltar à cidade pelos soldados Vermelhos. Alguns oficiais tentaram algum tipo de disfarce, amarrando um lenço vermelho, mas isso enraivecia os guardas, que então os fuzilavam ali mesmo. Alguns foram traídos por seus próprios soldados. Um ordenança delatou seu coronel, e este foi fuzilado pelos Vermelhos, que então mataram também o ordenança por sua deslealdade.

Uma idosa confusa começou a oferecer água de um balde aos prisioneiros. Quando anunciou o quanto odiava os Brancos, um dos guardas explicou que ela estava dando água justamente aos Brancos. Ela ficou brava, achando que eles a tinham enganado. Disse que tinha vontade de atirar em alguns, então o guarda, achando aquilo divertido, passou-lhe seu rifle. Ela disparou, mas não firmou direito a coronha contra o ombro, então o recuo do disparo derrubou-a. Os presos, enfurecidos, atacaram a mulher e a mataram a pontapés. Um deles pegou o rifle quando ela já estava morta e disparou nos guardas. "Eles então passaram a atirar na multidão com uma metralhadora."

Um prisioneiro ou outro beneficiava-se da incompetência das execuções. Na noite seguinte, um grupo de cerca de trinta oficiais cossacos do Don, entre eles Moisséiev, foi identificado e detido. "Eles nos levaram embora para acabar conosco. Fiquei totalmente apático. Não havia o que fazer. Alguns, em total desespero, atiravam-se sobre os guardas de mãos vazias e eram imediatamente executados. Outros choravam e gritavam como crianças, e caíam no chão, mas eram espancados e arrastados. Não fomos muito longe. Ordenaram que ficássemos em pé enfileirados, iluminados por lanternas de querosene. Havia gritos e xingamentos de ambos os lados; de repente, uma pausa, eles ergueram seus fuzis, e então uma voz deu o comando, e, como num instantâneo fotográfico, eles dispararam uma rajada. Todos caíram no chão. Eu ainda não me sinto capaz de analisar meus sentimentos naquele momento. Nem sequer havia sido atingido, mas caí junto com os demais, certo de que havia sido morto, e que já estava em outro mundo. Alguns pensamentos passavam pela minha mente, como num pesadelo. Não mexi as mãos, nem os pés. Por alguma razão, pensei que isso seria um pecado. Finalmente, comecei a tremer de frio e recuperei a razão. Um milagre acontecera. Eu estava vivo. Era a vontade de Deus. Ainda não chegara minha hora. Os Vermelhos foram embora, sem verificar se todos estavam mortos de fato."

36

WRANGEL ASSUME O COMANDO E OS POLONESES TOMAM KIEV

Primavera e verão de 1920

Em 23 de janeiro, enquanto o destacamento de Slaschóv recuava um pouco para a Crimeia, a 46ª Divisão Vermelha avançou pelo istmo de Perekop. Tratava-se de uma armadilha. Slaschóv de repente contra-atacou quando eles menos esperavam. Sem poder manobrar na estreita faixa de terra, os Vermelhos recuaram desordenadamente. O Exército Vermelho então se viu numa situação similar à vivida pelos Brancos dois meses antes, quando as forças de Makhno passaram a atacá-los pela retaguarda.

O politicamente ingênuo capitão Orlôv, que Slaschóv ordenara ir a Simferopol para recrutar mais soldados, iniciou um motim, sem pensar muito nas consequências. O fato de Slaschóv ter de enviar soldados contra ele três vezes revelava o quanto a autoridade dos Brancos nas áreas de retaguarda era pouco eficiente. Tudo terminou com um sangrento confronto em Simferopol por volta do final de março, e com Orlôv indo para as montanhas da Crimeia juntar-se aos Verdes.

Com o Exército Vermelho concentrado em conseguir a derrota final das forças Brancas ao norte no Cáucaso, pouca coisa aconteceu na Crimeia até o próprio general Deníkin chegar de Novorossisk em 27 de março, exausto e arrasado. Deníkin, homem responsável e honesto, não sabia lidar bem com as traições das áreas de retaguarda dos Brancos e com as constantes agressões de Wrangel. A vaidade de Wrangel levava-o a tornar públicas todas as divergências entre os dois, o que prejudicava o moral. Wrangel contava com o apoio de vários generais e de civis proeminentes, que consideravam Deníkin alguém liberal demais.

Wrangel havia se transferido para a Crimeia em 10 de fevereiro durante o motim de Orlôv, quando o general Schilling estava no comando geral. Schilling chegara diretamente da desastrosa evacuação de Odessa, pela qual foi considerado amplamente culpado. Deníkin não achava isso justo e apoiou Schilling, o que foi um erro. Os apoiadores de Wrangel pediram que ele substituísse Schilling como comandante na Crimeia. O general Holman, chocado com os efeitos destrutivos da animosidade entre Deníkin e Wrangel, tentou marcar uma reunião com os dois, mas Wrangel rejeitou a proposta. Holman então trabalhou com Deníkin na redação de uma carta pedindo que Wrangel saísse da Crimeia em nome da causa dos Brancos.

Antes de partir para Constantinopla, Wrangel escreveu uma carta cáustica a Deníkin, acusando-o de ciúme, liberalismo, favoritismo em relação aos cossacos e liderança desastrosa, ao mesmo tempo que fazia alarde das próprias vitórias. Chegou a afirmar que Deníkin não havia fortalecido o Front de Tsaritsin no verão anterior porque desejava o fracasso de Koltchák para poder firmar-se como líder inconteste da causa Branca. Wrangel enviou cópias de sua carta a uma série de pessoas, e o texto, inevitavelmente, acabou publicado na imprensa. Até mesmo Wrangel percebeu que havia ido longe demais. Deníkin respondeu racionalmente aos ataques de Wrangel, mas sua confiança havia sido abalada demais para que pudesse continuar como comandante em chefe. Sentia que mesmo Kutiépov se voltara contra ele.

Ao chegar à Crimeia e estabelecer seu quartel-general em Teodósia, Deníkin avaliou a situação antes de tomar sua decisão final. Os navios britânicos haviam trazido cerca de 25 mil Voluntários e 10 mil cossacos do Don de Novorossisk, enquanto Slaschóv tinha cerca de 5 mil homens. Isso representava uma força suficiente para defender a Crimeia, que era um pouco maior do que o País de Gales, ainda mais porque o Exército Vermelho estava preocupado com os poloneses e ocupado no Cáucaso e no Cáspio.

A *Stavka* do Exército Vermelho assumiu seu papel de impor o domínio comunista no sul do Cáucaso. Descreveu isso como "o resultado político da derrota final da Forças Armadas do Sul da Rússia". Remanescentes do Exército de Cubã e dos Cossacos do Terek foram empurrados contra a fronteira da Geórgia no litoral do mar Negro e obrigados a se render ao 9º Exército Vermelho, perto de Sochi. Os britânicos haviam conseguido evacuar alguns para a Crimeia, enquanto tiravam as próprias forças de Batumi como parte da retirada geral.

Em 2 de maio, a República Democrática do Azerbaijão, que existia desde maio de 1918, foi absorvida num golpe soviético "apoiado pelo 11º Exército", que "incorporou esse país, junto com suas riquezas de petróleo", à União Soviética. A Geórgia menchevique foi poupada momentaneamente, por ter concordado em expulsar as tropas britânicas, mas o país seria tomado em fevereiro do ano seguinte, depois de o Kremlin se certificar de que os Aliados estavam fora da região.

O comodoro Norris e o pessoal do Cáspio da Marinha Real haviam deixado seus navios mercantes armados à disposição dos Brancos, mas suas tripulações mal treinadas e relutantes tinham pouca chance diante da flotilha do Volga-Cáspio de Raskólnikov. Em 10 de abril, Raskólnikov alardeou seu sucesso numa mensagem a Trótski e Lênin, com cópia para Kámeniev e a *Stavka* do Exército Vermelho, por precaução. "O destróier *Karl Liebknecht*, sob minha bandeira, partiu e às dezessete horas aproximou-se do Forte Aleksandrovski, entrando em confronto com os cruzadores inimigos *Miliútin* e *Óput*. Após uma dura batalha, a popa do *Miliútin* foi atingida e os dois cruzadores deram a volta e fugiram. Escurecera, então não foi possível persegui-los. A batalha bem-sucedida determinou o resultado da operação: o Forte Aleksandrovski foi tomado por nossos marinheiros ao raiar do dia 6 de abril. Os generais Tolstóv e Boródin foram capturados e trazidos para Astracã, assim como setenta oficiais e 1.096 cossacos. Os últimos remanescentes do Grupo dos Urais [cossaco] haviam sido eliminados... Um grande butim foi tomado, incluindo oitenta puds de prata [1.311 quilos] e cerca de 100 milhões em cédulas de dinheiro, bem como fuzis e metralhadoras. Gostaria de sugerir que o *Karl Liebknecht* seja condecorado com a bandeira de honra."

Em 16 de maio, Raskólnikov estava em Baku tomando chá com Sergô Ordjonikídze, aliado de Stálin, e com N. N. Narimánov, presidente do Sovnarkom da República Soviética do Azerbaijão. Ele consultou seu relógio e anunciou que precisava retornar ao seu navio. O *Karl Liebknecht* estava junto ao cais. "Os guinchos do vapor apitaram, a campainha do telégrafo ordenando o acionamento do motor soou, os pesados elos de ferro da corrente da âncora fizeram barulho ao cair quando ela foi puxada e o destróier começou, de modo suave e lento, a se afastar do quebra-mar de pedra. Navegamos lentamente, passando pela luz intermitente do farol da ilha Nargen, adentrando a escuridão total da noite no Cáspio." Sua esposa, Larissa Reisner, registrou que estava presente nessa hora, mas não é mencionada na versão dele.

Os outros destróieres tomaram posição na linha de frente, e o petroleiro que carregava seu grupo de desembarque vinha protegido por duas canhoneiras. Iam para Anzali, a única base que restara dos Brancos, que eles haviam tomado da Marinha Real na costa sul do território persa. O vívido relato de Raskólnikov afirma que eles chegaram ao raiar o dia e, encontrando a bateria em terra desguarnecida, decidiram acordar a guarnição britânica com alguns obuses disparados sobre o quartel-general. É difícil aceitar literalmente sua versão quando ele escreve que "Gurkhas morenos com seus turbantes branco-neve" correram para a praia, e depois fugiram sob fogo. Na realidade, os 1.500 marinheiros soviéticos no grupo de desembarque foram enfrentados pelos 1º e 2º Destacamentos de Fuzileiros Gurkhas, e o bombardeio durou uma hora e meia.

A força britânica foi pega totalmente de surpresa. Seu comandante, o general de brigada H. F. Bateman-Champain, perguntou a Raskólnikov por radiotelégrafo o que ele queria, já que estavam em território persa. Ele respondeu que seu "propósito era recuperar os navios e o equipamento militar roubados pelos homens de Deníkin do Azerbaijão Soviético e da Rússia Soviética". Bateman-Champain concordou com suas exigências de entregar todos os navios de guerra e equipamento militar, incluindo hidroaviões britânicos, e de evacuar Anzali. O comodoro Norris e a Marinha Real não devem ter ficado impressionados com isso após terem dominado o Cáspio. Como seria de esperar, Bateman-Champain foi dispensado do comando. Agentes comunistas no sul do Cáucaso tinham instruções de investigar o moral dos soldados do Exército Indiano e descobrir se eles realmente seriam retirados da Pérsia.

Em 29 de março, Deníkin reduziu o tamanho de seu quartel-general em Teodósia e pôs fim ao governo liberal, que havia formado após seu discurso em Iekaterinodar. Em 2 de abril, pediu que seu chefe do estado-maior convocasse uma reunião do conselho militar em Sebastopol para eleger o novo comandante em chefe. Deníkin admitiu que sentia seu ânimo abalado e que estava fisicamente doente. O exército perdera a fé nele, então precisava ir embora. Os principais generais reuniram-se no dia seguinte. Slaschóv foi um dos que fizeram objeção à ideia de eleger um sucessor, como faziam os bolcheviques. No entanto, Deníkin não queria indicar seu sucessor, já que obviamente havia apenas um candidato, o general Wrangel, que ele não conseguia perdoar. No dia seguinte, 4 de abril, o conselho escolheu Wrangel, e Deníkin concordou. Ele seguiu para Constantinopla naquela noite num navio britânico, acompanhado pelo major-general Holman e pelo general Romanóvski. Segundo Kennedy, a partida de Holman não foi lamentada por seus oficiais. "O general Holman", Kennedy escreveu, "foi substituído por [major-general Sir Jocelyn] Percy, que é um militar melhor, e um cavalheiro, o que Holman não era."

Membros da missão militar britânica estavam agora hospedados no Grand Hotel de Sebastopol. Alguns, que haviam sido redirecionados de Constantinopla, só chegaram em 10 de abril. Foram saudados pelo ameaçador som de canhões vindo da praia, mas constataram que se tratava apenas de uma saudação pelo Domingo de Páscoa. Com uma taxa de câmbio de 10 mil rublos para uma libra, desfrutavam de muitas vantagens, mas sabiam também o que isso significava para aqueles refugiados Brancos cujo dinheiro havia perdido o valor, e especialmente para as mulheres. "As condições predominantes fizeram as hostes de cortesãs ganharem proporções gigantescas", registrou Lever na Crimeia. "O que mais restava a essas mulheres, desertadas ou que ficaram como únicas representantes de famílias que haviam sido antes felizes e prósperas, agora desprovidas e sem amigos? O que restava a elas? Sem dúvida, a inanição."

A maioria dos oficiais britânicos havia visto ou ouvido falar de situações similares. "Em Batum, antes da evacuação", o capitão Kennedy escreveu em seu diário, "uma moça russa, filha de um coronel, procurou um oficial britânico e pediu que avaliasse casar-se com ela. 'Sou de uma boa família, e serei uma boa esposa. Não amo, mas gosto muito de você. Provavelmente você não me ama. Para mim, isso significaria minha liberdade. E, se eu não for com você, terei que ir para as ruas'".

*

O general Wrangel não perdeu tempo em responder às convocações para assumir o comando que ele sempre acreditara ser seu por direito. Ao que parece, ficou muito feliz quando soube que os bolcheviques agora o chamavam de "Khan da Crimeia". Vassíli Chulgín, ao conseguir finalmente chegar à península da Crimeia, após sua fuga de Odessa pelo gelo da Romênia, foi prestar tributo e entrevistá-lo na condição de jornalista.

Wrangel recebeu-o e congratulou-o ao ver que havia sobrevivido. "Sabe como é, já havíamos 'enterrado' você", brincou. Chulgín encontrara-o pela última vez em Tsaritsin, um ano antes, quando ele se recuperava do tifo e estava com os olhos encovados. Mas agora via-o rejuvenescido. Ao responder às perguntas que lhe fazia, Wrangel minimizou quaisquer expectativas. "Se este é o fim, pelo menos que aconteça de maneira não vergonhosa", declarou. "A situação estava sem esperança quando assumi o comando. Mas eu pelo menos quis interromper esse infortúnio, esse ultraje, quis sair de maneira honrosa e salvar o que ainda pudesse ser salvo. Sou obrigado a dizer que não tenho grandes planos. Penso que preciso ganhar tempo." Ele certamente parecia ter aprendido as lições dos erros anteriores dos Brancos. "Entendo perfeitamente que nada pode ser feito sem a ajuda do povo russo. É preciso abrir mão da política de conquistar a Rússia. Costumávamos nos sentir como se estivéssemos numa terra conquistada. Não tem que ser assim. Não se pode lutar contra o mundo inteiro, é preciso encontrar apoio em alguma parte... Para manter um território, você tem que encontrar homens ali mesmo, e grãos.

"Pelo que eu estou lutando? Estou lutando para tornar a vida possível pelo menos neste pequeno pedaço de terra, a Crimeia. Para mostrar ao restante da Rússia, digamos que, bem, o que vocês têm agora é fome e a Tcheká, enquanto aqui há uma reforma agrária em andamento, autoridades regionais estão sendo eleitas, a ordem está sendo estabelecida e há liberdade. Ninguém está sufocando você, ninguém tortura você, você pode simplesmente viver." Ele então descreveu sua determinação de combater com rigidez os saques. "Quero simplesmente ganhar tempo, começar o capítulo: mostrar que você pode viver na Crimeia. Então seremos capazes de seguir em frente, não como fizemos com Deníkin, mas devagar, assegurando aquilo que já conquistamos. E então as regiões que capturarmos dos bolcheviques serão a fonte de nossa força, e não de uma fraqueza como era antes."

O general Dragomírov fazia sua própria tentativa de melhorar as relações com os camponeses. Agora no comando da 9ª Divisão de Cavalaria em Stari Krim, logo a oeste de Teodósia, Dragomírov mandou colocar mesas na praça principal da cidade. Barris de vinho e destilados foram levados para lá, assavam-se carneiros no espeto e teve início uma grande festa com bebida, e infindáveis brindes. Dragomírov gritou: "Soldados e oficiais! Compreendemos onde erramos. Unidades avançando a caminho de Moscou envolveram-se em saques, e tratamos muito mal a população. Essa foi uma boa lição para nós! E não vai acontecer de novo! Estou plenamente convencido de que logo chegará o dia em que ouviremos os sinos de Moscou. Vamos libertar a Santa Rússia da força bolchevique, que traz apenas destruição e ruína. Estou brindando a isso!".

Apesar dessas belas palavras, algumas coisas não mudaram. Em 3 de maio, Wrangel nomeou Globatchóv diretor do departamento de polícia. O ex-chefe da Okhrána se deparou com a "corrupção correndo solta e com o roubo de fundos". Um coronel fugiu para Paris com 3 mil libras. A especulação com moedas era uma atividade corriqueira, mesmo dentro da polícia. A Crimeia também parecia cheia de agentes pouco confiáveis, de serviços de inteligência diferentes, todos tentando ganhar dinheiro com a venda de informações. Segundo Globatchóv, um poeta russo em Constantinopla havia escrito: "E 43 serviços de contrainteligência criaram uma nova Babilônia". Agentes comunistas reportaram ao Birô do Don que somente em Kertch "há cinco facções de contrainteligência, a do general Pókrovski, a da *Stavka*, a do quartel-general do exército, a da guarnição e a da fortaleza. Apesar de tudo isso, houve no total apenas duas detenções de nossos membros. Eles vêm operando com sucesso".

Às vezes, o diário de Kennedy sobre seus dias na Crimeia parece trazer anotações de viagem da era eduardiana, como quando ele, por exemplo, descreve os lilases em Livadia, os ciprestes na encosta das montanhas e o canto dos rouxinóis. No entanto, enquanto seus colegas oficiais britânicos visitavam os campos de batalha em Balaclava e Inkerman com um exemplar de Kinglake,* ele impacientava-se para ver de perto a situação

* Alexander William Kinglake (1809-1891), historiador e escritor inglês de livros de viagem (N.T.).

do front. Decidiu visitar o norte da Crimeia e o istmo de Perekop, e se deparou com assentamentos alemães do tempo de Catarina, a Grande. "Os chalés são escrupulosamente limpos, e os pomares e jardins são viçosos e bem cuidados." Também encontrava ocasionalmente "aldeias tártaras, com mesquitas e esbeltos minaretes". Avistou uma abetarda nas pradarias ondulantes da estepe e ouviu o canto das cotovias.

No quartel-general do II Corpo, Kennedy conheceu a famosa "ordenança mulher" e guarda-costas de Slaschóv. "Ela vestia culotes e botas com esporas, e cavalgava bem." Quanto ao próprio general, "Ele é um homem de muito boa aparência, rosto atraente – muito bem-vestido e com gorro e gibão forrados de pele –, tem cerca de 33 anos. Barne diz que ele é um homem bom que se desviou – bebe, droga-se e mantém duas mulheres em seu trem, mas parece popular entre os soldados". Porém, quando o dinâmico Wrangel aparecia, circulando ali numa ronda de inspeção, Slaschóv "achava o exercício muito cansativo e dormia durante essas inspeções, cobrindo-se com sua capa".

Kennedy ficou decepcionado ao descobrir que para os obuseiros de 4,5 polegadas praticamente não havia munição em toda a Crimeia. A única artilharia no norte ficava num trem blindado, que travava uma batalha do tipo "atirar e recuar", uma espécie de partida de tênis de artilharia, contra um trem Vermelho do outro lado do estreito. O único real confronto de guerra na região estava acontecendo quinhentos quilômetros a noroeste. Em 8 de maio, uma vanguarda de hussardos poloneses criou confusão em Kiev.

O conflito polaco-soviético começara com uma "briga" entre irregulares de ambos os lados, em fevereiro de 1919, após a retirada alemã, que deixara um vácuo de poder entre eles. Não havia uma fronteira definida ou mesmo uma identidade nacional nas terras de fronteira centro-europeias, que haviam estado todas sob domínio czarista ou austro-húngaro. A Polônia aguardava a decisão do Supremo Conselho Aliado em Paris, mas ao mesmo tempo temia a intromissão dos bolcheviques vinda do leste, pois eles tentavam criar uma passagem por terra para oeste em seu caminho para uma revolução mundial. As preocupações tinham fundamento.

Desde esses primeiros confrontos, o combate ora brotava, ora esmorecia. Piłsudski esforçou-se para garantir que os poloneses tomassem sua cidade-natal, Wilno (Vilnius), o que ocorreu em 20 de abril daquele mesmo ano. Minsk foi tomada em 8 de agosto.* Depois, eles avançaram até a linha do rio Berezina e ali pararam. Para frustração de Churchill, Piłsudski sabiamente resistiu à tentação de marchar sobre Moscou, enquanto Deníkin continuava avançando vindo do sul. Além da relutância de Deníkin em reconhecer a independência polonesa, o país havia sido devastado e empobrecido depois de ter sido disputado durante a maior parte da Primeira Guerra Mundial. O Exército Polonês chegara ao seu limite, pelo menos por enquanto. Como Estado recém-renascido, suas forças armadas eram uma estranha mistura de culturas militares e de armamentos diferentes, de origens alemãs, austro-húngaras, russas e francesas. Acima de tudo, Piłsudski sabia que, se tentasse tal aposta, receberia pouca ajuda dos Aliados em Paris, principalmente em razão da desaprovação de Lloyd George.

As negociações de paz entre Moscou e Varsóvia começaram em 11 de outubro de 1919, três dias antes de que o corpo de Kutiépov tomasse Orel. A promessa de Piłsudski de que não atacaria o Exército Vermelho no flanco enquanto eles estivessem lidando com Deníkin permitiu ao Kremlin reposicionar 40 mil homens de seu Front Ocidental contra o Exército Voluntário. Piłsudski, porém, tentava ganhar tempo e protelou um acordo final. As conversações desmoronaram em dezembro.

Em janeiro de 1920, Lênin aprovou planos para uma grande ofensiva dupla no oeste assim que o Font do Cáucaso tivesse dado cabo das forças de Deníkin. Em 27 de fevereiro, expediu a palavra de ordem "preparem-se para a guerra com a Polônia" e ordenou "transferências-relâmpago" de soldados da Sibéria e dos Urais. O Exército Vermelho quintuplicou suas forças no Front Ocidental nos primeiros quatro meses do ano. Ele também era capaz de utilizar armamentos como tanques e aviões britânicos, capturados dos exércitos de Iudénitch e Deníkin. Em

* Vilnius – seu nome atual e original – era a antiga capital da Lituânia, fundada pelos Grão-Duques da Lituânia no século XIII. Muitos poloneses de prestígio, como seu poeta nacional Mickiewicz, eram originários de lá. Piłsudski capturou a cidade durante seu contra-ataque aos Vermelhos e se recusou a devolvê-la à Lituânia, que acabara de tornar-se independente. Os lituanos foram obrigados a mudar sua capital para Kaunas. A União Soviética sob Stálin devolveu-a aos lituanos, mas muitos poloneses ainda acreditam do fundo do coração que a cidade lhes pertence.

5 de março, a 9ª Divisão de Infantaria polonesa sob seu futuro líder, o general Władysław Sikorski, tomou Mozir no rio Pripiat, no centro. Essa foi a parte preparatória do plano de Piłsudski de dividir as operações entre o front do norte e o front do sul.

A confiança dos poloneses aumentou nessa época com a chegada do "Exército Azul" do general Józef Haller, procedente da França, assim chamado por seus uniformes franceses cinza-azulados. A força de Haller chegou e trouxe um regimento de setenta tanques Renault. Tendo começado em dezembro de 1918 com apenas 9 mil homens, as forças armadas polonesas alcançaram um poder de 900 mil por volta de julho de 1920. Piłsudski também construiu uma força aérea pequena, mas eficiente, graças àqueles que haviam aprendido a voar em seus exércitos de origem durante a guerra no Ocidente. Juntaram-se a eles diversos voluntários americanos no Esquadrão Kościuszko, comandado pelo major Cedric E. Fauntleroy, junto do capitão Merian C. Cooper, que mais tarde ficaria famoso por dirigir o filme *King Kong*.

"Legiões" polonesas, formadas secretamente em diferentes lugares, como Kiev, Murmansk, Vladivostok e Orenburgo, haviam conseguido voltar à terra natal para se juntar ao exército d'"O Comandante", como Piłsudski era conhecido.* A que teve pior sorte de todas foi a 5ª Divisão Siberiana, abandonada pelos tchecos e pelo general Janin em Krasnoiarsk. "Todos os coronéis e oficiais de alto escalão foram presos; todos os oficiais e soldados dos batalhões de assalto e todos aqueles que haviam estado envolvidos em ações contra os bolcheviques foram executados por um pelotão de fuzilamento, por ordens da Tcheká. Em razão da desnutrição, quase todos os oficiais prisioneiros faleceram numa epidemia de tifo. As autoridades bolcheviques não forneciam ajuda médica." O grosso dos sobreviventes foi enviado a brigadas de trabalho, como mineiros ou lenhadores nas florestas do Ienissei. Apenas umas poucas centenas da antiga 5ª Divisão chegaram vivas à Polônia.

Em meados de abril, o Exército Polonês levou adiante uma mobilização secreta, ao mesmo tempo que Piłsudski de repente firmou uma aliança com o "Ataman-Chefe" da Ucrânia, Símon Petliúra. A reação

---

* Faziam parte da legião formada em Vladivostok alguns poloneses que haviam sido soldados da guarnição alemã em Jiaozhou, capturada pelos japoneses em 1914.

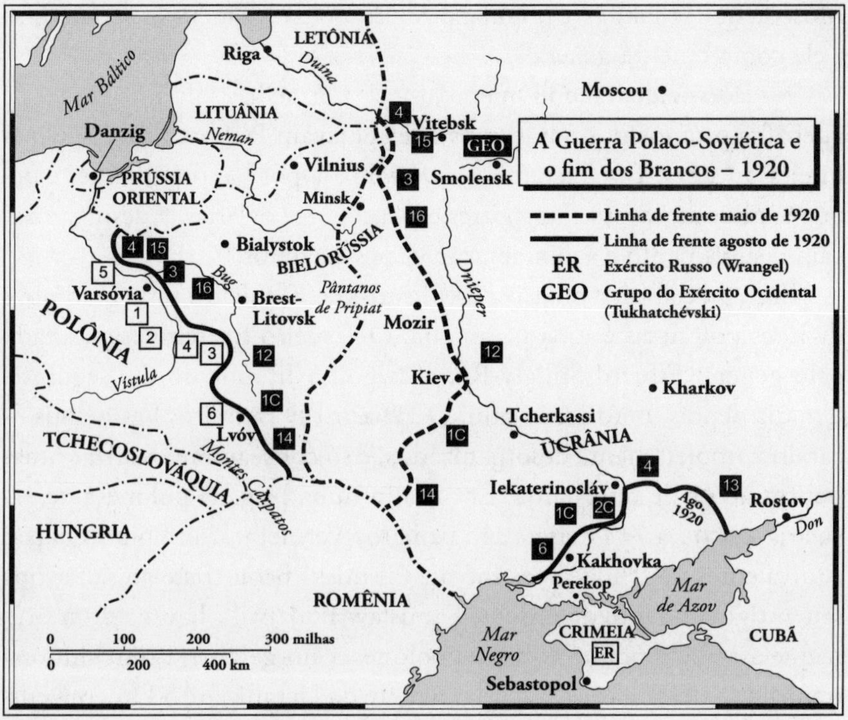

soviética foi previsivelmente contundente. "Esse acordo, que na realidade teria transformado a Ucrânia na colônia de uma Polônia burguês-aristocrática, foi necessário a Piłsudski como pretexto político para justificar a invasão da Ucrânia por Legiões Polonesas."

Em 23 de abril, a *Stavka* do Exército Vermelho soube que duas brigadas da Galícia do 12º Exército haviam se rebelado. "Tome providências decisivas", o Front Sul ordenou, "para eliminar as brigadas galicianas rebeldes e resista ao avanço dos poloneses Brancos até o último soldado. Segundo a ordem do Conselho Militar Revolucionário, todos os líderes e instigadores do levante devem ser fuzilados no ato." Os Vermelhos então descobriram, para seu desconforto, que as forças de Makhno, que eles chamaram de um "movimento de *kúlaks* rebeldes", agora com cerca de 50 mil, estavam realizando outra série de ataques na retaguarda deles. Eles destruíram pontes em torno de Kiev, o que deu aos Vermelhos a ideia equivocada de que Makhno estava trabalhando em proximidade com os Brancos e com os poloneses. Comissários reportaram desolados a

Moscou que "Makhno é popular". Alguns soldados incultos "referem-se a ele como tenente-general".

No lado ocidental do Dniepre, forças Vermelhas sofriam ataques de guerrilha promovidos por grupos que apoiavam Petliúra. "A retaguarda inteira do 12º e 14º Exércitos estava tomada por bandos grandes e pequenos que atacavam transportes e estações ferroviárias, e desorganizavam o suprimento e a alimentação desses exércitos."

Em 25 de abril, a ofensiva de Piłsudski teve início a sério com nove divisões polonesas e uma ucraniana. O Terceiro Exército comandado pelo general Eduard Śmigly-Rydz chegou a Jitomir no dia seguinte. Um dia depois, Berdítchev caiu. O 12º e o 14º Exércitos Vermelhos ficaram completamente desorganizados, e só conseguiram realizar umas poucas ações de retaguarda. Em Malin, uma brigada polonesa de cavalaria atacou a 7ª Divisão de Fuzileiros Vermelhos, infligindo baixas equivalentes a 40% de suas forças. Piłsudski ficou triste ao saber que seu antigo ajudante de ordens, Stanisław Radziwiłł, havia sido morto naquela ação, embora as baixas polonesas no geral tivessem sido extraordinariamente leves. Ocupar o oeste da Ucrânia até o Dniepre custara a eles não mais do que 150 mortos e trezentos feridos. Quando a cavalaria e a artilharia montada polonesas desfilaram em Kiev, com o general Śmigly-Rydz sendo saudado, muitos poloneses, especialmente Piłsudski, duvidaram que lhes fosse permitido ficar ali por muito tempo. "Piłsudski era um homem muito supersticioso", relatou o general de brigada Carton de Wiart. "Ao tomar Kiev, ele admitiu sentir-se desconfortável, pois contou-me que todo comandante que tentara tomar a Ucrânia havia se dado mal."

Lênin não duvidava de que Wrangel estivesse preparando sua própria ofensiva enquanto o Exército Vermelho enfrentava a ameaça bem maior do Exército Polonês. Por meio de mobilização dentro da Crimeia e de promessas de anistia a oficiais e soldados inimigos, o novo comandante em chefe aumentou suas forças para 70 mil homens. A desastrosa evacuação de Novorossisk, com a perda de muitos cavalos, significava que ele agora tinha mais infantaria do que cavalaria. Wrangel também reforçou a disciplina, que tinha sido a maior fragilidade de Deníkin. "Wrangel fez uma profunda reorganização do exército, que estava uma confusão quando ele assumiu o comando", escreveu Piotr Struve, o ministro do Exterior na nova administração. "Sua disciplina é severa, e ele enforca oficiais e homens condenados por conduta desordeira."

O principal propósito da ofensiva de Wrangel era tirar vantagem do conflito polaco-soviético para obter uma cabeça de ponte no continente. Entre as necessidades mais imediatas estavam a de grãos para alimentar o exército e a população inflada da Crimeia, e também cavalos para rearticular a cavalaria. Wrangel foi advertido pelo secretário do exterior britânico Lorde Curzon de que, se avançasse além da Crimeia, não receberia mais ajuda britânica, nem em terra nem no mar. Churchill ficou horrorizado, assim como a maioria dos altos oficiais, mas Lloyd George permaneceu irredutível.

Em 6 de junho, fazendo uso da Marinha Branca, agora imensamente melhorada e reabastecida, o general Slaschóv desembarcou suas tropas em Kirillovka, num promontório ao sul de Melitopol. Ele surpreendeu completamente o 13º Exército ao aparecer na retaguarda deles. Ao mesmo tempo, o general Kutiépov enviou seu corpo com as Divisões Drozdôvski, Márkov e Kornílov para irromper através do istmo de Perekop, enquanto o Corpo do Don atacava ao longo da ponte ferroviária no istmo de Salkovo, setenta quilômetros a leste. Wrangel não perdeu a oportunidade de liderar, colocando-se à frente de seus soldados quando avançavam pelo território da província de Tauride. Sua figura alta em uniforme cossaco preto, ereto na sela, cavalgando seu magnífico corcel preto, oferecia uma visão inspiradora aos seus soldados – e sua intenção era essa.

37

POLONESES NO OESTE, WRANGEL NO SUL

Junho-setembro de 1920

Em 5 de junho, o II Corpo do general Slaschóv foi embarcado em 28 navios em Teodósia. Era formado pelas 13ª e 34ª Divisões de Infantaria e por uma brigada de cossacos do Terek e de Astracã. Depois que o corpo desfilou por Teodósia até o porto com bandas tocando, ficou difícil manter o segredo. Felizmente para o plano do general Wrangel, os agentes do Birô do Don não tinham os meios para comunicar a informação rapidamente. Uma operação de despistamento, com os transmissores de rádio dos Brancos sugerindo que Odessa era o alvo, pode também ter tido seu papel.

A frota invasora partiu ao raiar do dia navegando para leste e depois para o norte pelo exíguo estreito em Kertch, até alcançar o mar de Azov. Os navios começaram o desembarque às dez horas no promontório Kirillovka, ao sul de Melitopol. Seu primeiro objetivo era a própria Melitopol, que cortaria a rota de suprimentos para a retaguarda do 13º Exército. Naquela manhã de 6 de junho, enquanto o corpo de Kutiépov atacava em Perekop apoiado por uma tropa de tanques, e o corpo do Don avançava pelo istmo de Salkovo, o 13º Exército posicionou suas reservas e ordenou contra-ataques. No entanto, como a *Stavka* Vermelha admitiu mais tarde, as principais formações do 13º Exército estavam "arrasadas moralmente". Isso se devia à política de mantê-los em alerta máximo por tempo demais, sem que nesse período tivessem tido qualquer chance de descansar e se recompor.

O 1º Corpo de Cavalaria Vermelho recebeu ordens de intervir e veio de Iekaterinosláv, onde estava combatendo contra o Exército Insurgente de Makhno, que a *Stavka* insistia em tachar de "contrarrevolução *kúlak*". O corpo de cavalaria era agora comandado pelo ex-mineiro de carvão Dmítri Jlôba, que assumira em janeiro, depois que Borís Dumiénko havia sido preso no Cubã. A campanha de assédio contra este último foi um assunto obscuro, lembrando muito a que ocorrera contra Mirónov. Segundo um dos oficiais de Dumiénko, um grupo de homens de Budiônni chegara tarde da noite, "com ordens de fuzilar Dumiénko e desmontar seu quartel-general". O mesmo oficial insistia em dizer que isso era parte de um "complô promovido por Stálin, Vorochílov e Budiônni". "Durante o tempo em que o Corpo esteve no Front Caucasiano", reportou a Tcheká, "recebemos muitas informações comprovando a existência de propaganda antissoviética no Corpo sob o slogan: 'Vencer os Judeus, comissários e comunistas que têm ficado na retaguarda!' Há razões que sugerem a presença de uma organização contrarrevolucionária". Dumiénko foi acusado de estrangular um comissário até a morte na cama dele, foi julgado por assassinato e sentenciado à morte.

Por ordens do 13º Exército, Jlôba enviou a maior parte de suas duas divisões de cavalaria e unidades de fuzileiros para formar uma linha de defesa diante de Melitopol. A linha foi quebrada no dia seguinte pelas duas divisões de Slaschóv e pela brigada de cossacos. A luta mais feroz teve lugar no eixo de Perekop. A 3ª Divisão Vermelha e a formidável Divisão de Fuzileiros Letões foram rechaçadas pelo corpo de Kutiépov quando ele lançou mão da sua reserva, da Divisão Drozdôvski e dos tanques Mark V.

Em 10 de junho, dia em que as divisões de Slaschóv capturaram Melitopol no flanco leste, a *Stavka* admitiu que "as Divisões 52ª e dos Letões, enfraquecidas, estavam quase incapacitadas de realizar operações ativas" no eixo oeste. Uma repentina carga no mesmo dia por parte da 2ª Divisão Blínov de Cavalaria impôs aos cossacos de Cubã um choque desagradável, com a perda de uma bateria de canhões e de um número não especificado de prisioneiros. O relato oficial do Exército Vermelho buscou tirar a importância da derrota do 13º Exército, apesar de reconhecer que "A tomada de Melitopol levou à desorganização final do comando e controle do exército. A cooperação operacional das

Homens do Exército Vermelho na invasão da Polônia, com um tanque britânico Mark V capturado no Front Sul das forças de Deníkin.

unidades ficou impossível". Em dois dias, as forças de Wrangel estavam já no baixo Dniepre, depois de expulsarem as Divisões 52ª e dos Letões para a outra margem. Estavam agora de posse da parte continental da província de Tauride, junto com a maior parte do grão e dos cavalos de que precisavam.

Piłsudski tinha razão em temer que a ocupação de Kiev pudesse revelar-se um passo grande demais. O fato de ele ter a intenção de instalar um governo ucraniano não era do conhecimento geral, então muitos acharam que aquilo havia sido um mero ato de ambição territorial. A reação internacional contra a Polônia foi forte, com o regime comunista ganhando apoio em casa e simpatia no exterior. De qualquer modo, a retirada precipitada do 12º e 14º Exércitos Vermelhos para além do Dniepre poupou-os de serem destruídos, o que era o principal objetivo de Piłsudski.

O 1º Exército de Cavalaria de Budiônni chegou do Cáucaso com 16.700 sabres, grande número de *tatchânkas* montadas com metralhadoras, 45 canhões de campanha, cinco trens blindados, oito carros blindados e doze aviões. O triunvirato de Tsaritsin estava reunido de novo: Budiônni e seu comissário Vorochílov uniram-se a Stálin, que era o comissário para o Front Sudoeste. Budiônni sempre acreditara em concentrar sua cavalaria em massa, como se fosse uma horda mongol, a fim de aterrorizar os inimigos e de abrir uma brecha em sua linha. Era uma tática bem pouco sutil e que costumava funcionar, mas havia falhado em Tsaritsin quando os caças da RAF do Esquadrão 47 romperam suas formações com um bombardeio ininterrupto. Desde então, Budiônni insistira em adquirir seus próprios caças Nieuport, mas a sua tripulação aérea não era páreo para os pilotos poloneses. Dessa vez, porém, ele planejava infiltrar-se pela linha de defesa polonesa ao sul de Kiev, em vez de tentar atropelá-la de frente.

Uma semana após a ocupação polonesa de Kiev, o jovem Tukhatchévski, de 27 anos, agora comandante em chefe do Front Ocidental, lançou sua ofensiva no setor de Berezina ao norte dos pântanos de Pripiat. O Primeiro e o Quarto Exércitos poloneses foram pegos de surpresa e recuaram, mas em seguida, com um exército de reserva reunido rapidamente, contra-atacaram em 31 de maio. Isso obrigou o Front Ocidental de Tukhatchévski a recuar. O moral desabou em tal medida em algumas formações que uma brigada inteira de cavalaria rendeu-se a um único soldado do 15º Regimento de Lanceiros do coronel Władysław Anders.

Apesar de, como a *Stavka* Vermelha admitiu, "o inimigo ter conseguido restaurar completamente sua posição ao longo do rio Berezina" por volta de 8 de junho, Piłsudski não daria permissão para que os dois exércitos perseguissem os Vermelhos em retirada. Eles receberam ordens para permanecer firmes onde estavam, enquanto algumas de suas formações eram desviadas para o setor ao sul do rio Pripiat em Kiev. Ali, o Front Sudoeste de Iégorov, reforçado pelo 1º Exército de Cavalaria de Budiônni, preparava uma contraofensiva.

Em 26 de maio, o 12º Exército Vermelho atacou o Terceiro Exército de Śmigly-Rydz nos arredores de Kiev, enquanto mais ao sul a cavalaria de Budiônni preparava-se para dar o golpe principal contra o Sexto Exército na direção de Jitomir. Após numerosas tentativas, Budiônni conseguiu seu intento em 5 de junho. A 1ª Divisão de Cavalaria polonesa, estabelecida numa serra perto de Volodarka, avistou os esquadrões reunidos no vale abaixo. Seu comandante, numa daquelas coincidências da guerra civil, havia promovido Budiônni ao grau hierárquico de cabo quando estavam no mesmo regimento de dragões imperiais. A cavalaria

Vermelha, com a visão dificultada pelo sol poente logo acima do horizonte ocidental, não conseguiu enxergar que a força polonesa tinha apenas um sexto do seu porte.

Um membro do 1º Regimento de Lanceiros Krechowiecki descreveu as sensações da carga contra os Vermelhos. "Seguíamos a galope, arqueados bem baixo sobre a sela, lanças à altura das orelhas do cavalo... Um homem que nunca tenha sentido as emoções de um confronto de cavalaria jamais saberá como são a empolgação e o frenesi vividos por um cavaleiro quando realiza uma carga. Os nervos ficam tensos a ponto de romperem-se, o medo que você possa ter sentido desaparece, enquanto o cavalo, contagiado pela paixão do cavaleiro, carrega-o num galope selvagem, frenético, pronto para pisotear ou morder." Isso, no entanto, era uma ocorrência rara para os poloneses, que estavam sob considerável pressão diante de forças Vermelhas de porte bem maior.

Os ataques Vermelhos de ambos os lados de Kiev haviam cercado parte do Terceiro Exército. "A situação é notavelmente interessante e perigosa", escreveu Władysław Broniewski, poeta polonês que servia como oficial na 1ª Infantaria Legionária. "Budiônni e a cavalaria dele haviam irrompido pelos nossos flancos direito e esquerdo, capturaram Jitomir, e, enquanto eles ficam perambulando atrás de nossas linhas, nós fechamos nosso pequeno círculo em torno de Kiev. Uma luta incrivelmente furiosa e sangrenta segue adiante sem pausa."

Um colega oficial no mesmo regimento, Mieczysław Lepecki, descreveu a retirada deles. "De início, achamos que Malin seria o último estágio de nossa retirada... Mas recebemos ordens de marchar de novo por volta de nove ou dez da noite. Deve ter havido uma batalha na estrada perto de Malin; eu podia deduzir com base nas carcaças de cavalos, fuzis abandonados, vagões arrasados, em suma – os sinais inconfundíveis de uma ação recente. Quando chegamos de novo à estrada, achávamos que não poderíamos continuar marchando por mais do que alguns poucos quilômetros, e que mais do que isso era fisicamente impossível, mas aguentamos vários longos dias, e o fim do nosso tormento ainda não estava à vista. A retirada contínua foi uma surpresa para nós. Não esperávamos que a situação do nosso exército fosse ruim a ponto de termos que bater em retirada o caminho todo até Volínia." Marchavam cinquenta quilômetros por dia e suas botas caíam aos pedaços.

Em 14 junho, Broniewski foi capaz de alcançá-los após outra marcha. "Pela primeira vez em cinco dias, estou num lugar relativamente seguro, a aldeia de Korosten... Por cinco dias, não comi nada de substancial (mesmo agora, enquanto escrevo isto, sinto fome), não dormi, não troquei de roupa – em resumo, apesar de meu posto no estado-maior, é como se fosse um soldado comum da linha de frente, ou talvez pior que isso. Lutamos para achar um jeito de conseguir sair do bolsão bolchevique em Borodzianka [Borodianla]. A dura batalha durou dois dias. Foram perdas pesadas, mas não napoleônicas. Nossa retirada foi uma espécie de 'obra-prima' da arte da guerra: um exército completamente cercado, com o fardo de um trem de suprimentos enorme, rechaça o inimigo e consegue manter praticamente todo o seu equipamento.

"A parte mais difícil da operação era trazer nossos suprimentos... o trem de bagagem estendendo-se por dezenas de quilômetros. É um hábito polonês terrível, o de sempre trazer consigo todo tipo de tralha; e havia também um grupo feminino, com várias esposas de oficiais. Foi por esse 'tesouro do exército' que a 1ª Brigada verteu tanto sangue na linha de frente. Dessa vez, os bolcheviques lançaram sobre nós alguns soldados melhores, mais valentes, e em grande número."

"A atmosfera era qualquer coisa menos alegre", escreveu Lepecki. "Os exércitos geralmente se retiram por estradas, mas Budiônni movia-se numa linha ampla, atravessando campos e pastos.... Em cada vila, encontrávamos sinais inconfundíveis de que os soldados dele haviam parado ali recentemente. Cercas arrebentadas e queimadas, tetos de sapé arrancados para servir de forragem aos cavalos, comida e armazéns de forragem saqueados e o lamento de moças – tudo atestava claramente a passagem da 'grande' cavalaria de Budiônni." Um ex-oficial Branco capturado em Novorossisk e agregado à força ao Exército Vermelho viu-se comandando um esquadrão de cavalaria de "120 proletários de todo tipo, que eram os bandidos mais incorrigíveis", e ele não conseguia impedi-los quando partiam para saquear "porcos, galinhas ou moças".

As mulheres polonesas logo descobririam que tinham ainda mais a lamentar. "Uma verdade terrível – todos os soldados têm sífilis", escreveu Isaak Bábel, que estava na 5ª Divisão de Cavalaria de Budiônni. "Toda a Galícia está infectada." Ele se perguntou: "Que tipo de pessoa é o nosso cossaco? Multicamadas: saqueador, tem uma ousadia imprudente, profissionalismo, espírito revolucionário, crueldade bestial. A população está à espera de seus salvadores, os judeus procuram libertação – e quem chega são os cossacos de Cubã".

Ao que parece, havia mulheres lutando nas fileiras dos cossacos, não apenas enfermeiras. "Daria para escrever um livro inteiro sobre as mulheres no Exército Vermelho", escreveu um Bábel obcecado por sexo em seu diário. "Os esquadrões vão para a batalha, há poeira, barulho, sabres desembainhados, xingamentos furiosos, e elas seguem galopando com suas saias arregaçadas, cobertas de poeira, com seus seios grandes, todas vadias, mas camaradas, vadias porque são camaradas, é o que importa, estão ali para servir a todos, do jeito que puderem, são heroínas e ao mesmo tempo desprezadas."

Tanto na infantaria quanto na cavalaria, os oficiais poloneses eram extremamente conscientes de sua herança de 1812, quando os lanceiros do Príncipe Poniatowski invadiram a Rússia com a *Grande Armée.* Uma cena de impacto, napoleônica, teve lugar quando um dos oficiais da 1ª Divisão Legionária chamado Holinkowski liderou metade de um batalhão do regimento para fazer o reconhecimento de uma aldeia. "Foi só quando estavam perto da vila que Holinkowski percebeu uma grande comoção", escreveu seu colega oficial Lepicki. "Esperando apenas uma pequena força, deu o comando para uma ordem de batalha dispersa e avançou. Uma terrível surpresa o aguardava. Quando chegaram a uma distância de não mais de cem passos dali, a vila de aspecto inocente explodiu numa mortífera barragem de artilharia." Logo depois, "uma grande massa de cavalaria apareceu atrás do malfadado batalhão. Os homens, num campo de grãos de boa altura, teriam sucumbido imediatamente à carga de cavalaria, então Holinkowski tentou reuni-los na estrada e formar um quadrado... Holinkowski foi ferido uma segunda vez. Para evitar o cativeiro ou que se tornasse um fardo para seus homens, acabou com a própria vida ali no campo de batalha, explodindo a si mesmo com uma granada de mão."

As batalhas de junho, conforme os poloneses se retiravam para oeste a partir de Kiev em direção a Lublin, foram caóticas para ambos os lados em razão das más comunicações. Budiônni, encorajado por Stálin, preferiu ignorar as ordens de Kámeniev de destruir o Terceiro Exército de Śmigly-Rydz e cercá-los em vez de capturar Jitomir e Berdítchev. Teve sucesso em aterrorizar a população ao massacrar a guarnição em Jitomir e incendiar o hospital em Berdítchev, com seiscentos poloneses feridos e as enfermeiras presos lá dentro.

Uma nova linha de defesa polonesa foi estabelecida mais atrás, no entanto em 26 de junho Budiônni conseguiu abrir uma brecha nela. Logo em seguida Tukhatchévski realizou outro ataque bem-sucedido ao norte do rio Pripiat. Tukhatchévski estava sob pressão para capturar Varsóvia antes de meados de agosto, portanto seu grupo de exércitos, com quase 100 mil homens, foi bombardeado com propaganda. Em 3 de julho, véspera de um grande assalto, foi lida para eles uma proclamação. "Chegou a hora de um ajuste de contas. No sangue do Exército Polonês derrotado iremos afogar o criminoso governo de Piłsudski... O destino da Revolução Mundial está sendo decidido. Sobre o cadáver da Polônia Branca jaz a estrada para a Conflagração Mundial. Com nossas baionetas iremos trazer felicidade e paz às massas trabalhadoras da humanidade."

No flanco direito de Tukhatchévski, mais perto da fronteira da Lituânia, estava o III Corpo de Cavalaria de Gáik Bjichkían, um armênio conhecido como Gái. Os oficiais poloneses chamavam suas forças de "A Horda Dourada de Gái-Khan". A tarefa de Gái era flanquear a linha polonesa sempre que possível, e a tática deu certo seguidas vezes. Em questão de dias as tropas polonesas abandonaram Minsk e estavam em plena retirada. Em 11 de julho, o Rabino Yechezkel Abramsky escreveu: "Desolado, caminho pelas ruas arrasadas, sem forças para manter a cabeça erguida, abatido pelo fardo daquela destruição, de sangue recém-derramado e de gritos de órfãos... há roubo e assassinato em cada parte da cidade, em cada bairro tocado pelo Exército Polonês". Como ocorria com as forças de Deníkin, os *pogroms* antissemitas promovidos pelas forças polonesas se deram não quando avançavam, mas quando estavam amargurados por serem obrigados a se retirar. Suas suspeitas de que os judeus apoiavam os bolcheviques em muitos casos revelaram-se uma profecia autocumprida, embora não tenha tardado para que mesmo os comerciantes e artesãos judeus mais pobres fossem ser tratados como *burjúi* e exploradores.

Em 13 de julho, Broniewski escreveu: "Os bolcheviques conseguiram romper o front também no norte – sempre a cavalaria". O corpo de cavalaria de Gái no norte flanqueara a linha polonesa e avançara quarenta quilômetros no primeiro dia. "Portanto, a situação é grave. Nossos exércitos, exaustos pela luta desigual, continuam a se retirar. Os soviéticos exercitaram todos os seus músculos contra a Polônia; hordas de grão-russos e de basquires meio selvagens e chineses nos atacam, com o grito de guerra 'Morte à Polônia'.* No passado, [sob os Czares], era 'Morte à Polônia rebelde'. Hoje li num panfleto bolchevique: 'Morte à Polônia senhorial'! O conteúdo não mudou nada. É uma luta entre duas nações – entre fogo e água –, uma guerra entre a ideia de nações-estado e a voracidade política." Para Broniewski, a única notícia encorajadora era o surto de emoções patrióticas, e de uma "*levée en masse*"** para defender o país.

Os poloneses tiveram ordens de recuar cem quilômetros, o que fez Tukhatchévski achar que havia conseguido uma vitória maior do que era o caso. Ele perdeu com isso a oportunidade de destruir o Primeiro e o Quarto Exércitos. O impulso da retirada deles, no entanto, era difícil de deter. A cada vez que formavam uma nova linha de defesa, a cavalaria de Gái rompia-a, fosse em Wilno, Grodno, Baranowicze ou Pińsk. A maneira como Piłsudski conduziu a campanha despertou críticas furiosas, e formou-se um novo Governo de Defesa Nacional.

A retirada continuou em agosto, "aproximando-se cada vez mais do coração da Polônia", escreveu Lepicki do 1º Regimento Legionário quando chegaram a Lublin. "A notícia é péssima: dizem que Brest-Litovsk e Białystok se renderam... Parece que hoje continuaremos a retirada até o rio Bug. Relatos de outros setores do front, especialmente do norte, dizem que em outros lugares as coisas estão piores ainda, muito piores. Os jornais falam em trens apinhados de refugiados de um jeito impossível, e de retiradas rápidas de divisões e grupos inteiros, do país correndo perigo." E então ficaram sabendo que os Vermelhos haviam cortado a linha entre Varsóvia e Lublin. Ninguém podia ter mais dúvidas de que Tukhatchévski pretendia capturar a própria capital. "Varsóvia

---

* Os "chineses" eram parte da força de Iona Iakír, de duas divisões, na ala esquerda do 12º Exército Vermelho comandado por Serguêi Miejenínov.

** Em francês, mobilização em massa, e se refere à mobilização de cidadãos de um país para a guerra (N.R.).

está à beira de ser ocupada pelos bolcheviques", escreveu a poetisa simbolista russa Zinaída Hippius, e deixou a cidade às pressas.

No norte da província de Tauride, as forças de Wrangel haviam assegurado um triângulo de território plano que ia desde a foz do Dniepre a oeste até Nikopol ao norte e até Berdiansk, no mar de Azov, a leste. O combalido 13º Exército preparava um contra-ataque. Jlôba recebeu ordens específicas em código para o seu I Corpo de Cavalaria avançar às quatro horas do dia 3 de julho. Eles deviam atacar o corpo de Slaschóv a nordeste de Melitopol.

Boiártchikov, que decodificou a mensagem, registrou os eventos que levariam ao desastre. "Na hora indicada, todas as três divisões do I Corpo de Cavalaria lançaram-se sobre o inimigo rompendo as primeiras linhas da defesa deles. Seguindo a ordem, uma divisão de nosso corpo virou a noroeste a fim de enfrentar as unidades de fuzileiros. O reconhecimento montado que foi enviado primeiro reportou aos nossos comandantes que não havia qualquer avanço de nossas unidades de fuzileiros a noroeste, e que nosso corpo de cavalaria estava agora dentro de um cerco inimigo bem fechado. De fato, não demorou para que canhões de campo, metralhadoras e até mesmo aviões começassem a despejar fogo de todas as direções sobre nossa cavalaria. Estávamos sendo executados à queima-roupa. Era como se tivéssemos sido traídos, conduzidos a uma armadilha. Sabíamos por volta de meio-dia que nenhuma das outras unidades do 13º Exército havia avançado. Unidades de fuzileiros às quais deveríamos nos juntar estavam atirando em nós, achando por engano que éramos inimigos."

Uma tempestade torrencial acabou permitindo que eles recuassem, mas as baixas haviam sido devastadoras. Os exultantes Brancos afirmavam ter capturado 3 mil cavalos, dos quais precisavam desesperadamente, o que sem dúvida era um exagero considerável, mas a ação elevou muito o moral deles. Jlôba foi acusado de ter arruinado a ofensiva por ter atacado duas horas antes e permitido com isso a derrota do 1º Corpo de Cavalaria. Kámeniev mais tarde tentou argumentar que Jlôba, por iniciativa inteiramente sua, decidira "realizar uma incursão noturna". Uma comissão foi enviada de Moscou para julgá-lo e ele foi condenado a ser expulso do Exército Vermelho, embora os comandantes e comissários de sua divisão tenham testemunhado a seu favor. "Muitas pessoas achavam que isso era uma vingança em razão da proximidade de Jlôba com Dumiénko", escreveu Boiártchikov. Jlôba partiu, mas eles souberam mais tarde que ele foi trazido de volta para o Cáucaso a fim de comandar uma divisão de cavalaria ali.

A ameaça que Curzon fez a Wrangel, de pôr um fim à assistência da Grã-Bretanha, sinalizava o fim da missão militar britânica. A evacuação final de oficiais foi marcada para 29 de junho. O capitão Lever escreveu a respeito de seus sentimentos ambivalentes. "Dois oficiais da guarda de nosso refeitório recusaram-se a abandonar os russos, abriram mão de suas patentes e se juntaram ao Exército Branco... Nunca sairá da minha mente que de fato abandonamos os Brancos, mas tampouco tenho ilusões sobre o quanto eu teria conseguido ajudar se tivesse ficado."

"No navio, logo após a partida", continuou ele, "a sensação de tê-los abandonado é muito profunda. Há apenas dois oficiais russos a bordo despedindo-se daqueles que trabalharam com eles pessoalmente. No fundo do salão observo-os, copos na mão, dando adeus aos seus amigos. Sentimentos tensos, emoções, tudo fica represado por uma vontade férrea; os copos erguidos, as frases de efeito, as lágrimas mal disfarçadas dos russos; o som do vidro quebrando quando, depois que a bebida é consumida, os recipientes são atirados no chão e se espatifam em mil pedacinhos. Saí discretamente para o meu camarote para refletir."

Apesar de não confiar nos cossacos, Wrangel decidiu fomentar a revolta no Cubã e talvez até mesmo no Don, onde houvera um levante em maio. Ele sabia que a Guerra Polaco-Soviética não duraria para sempre e que então toda a força do Exército Vermelho seria concentrada na Crimeia. Chegou a enviar emissários a Niéstor Makhno, para sondar a possibilidade de uma aliança contra os Vermelhos. As forças de Makhno haviam acabado de atacar Iekaterinosláv, onde ficava agora o quartel-general do 2º Exército de Cavalaria. Após a prisão de Jlôba, esse exército estava sendo formado por um comandante inútil e que durou pouco tempo, com os remanescentes do combalido I Corpo de Cavalaria. O próximo líder seria ninguém menos do que o SR de esquerda cossaco Filípp Mirónov, reabilitado por Trótski após sua sentença de morte.

Os homens de Makhno "irromperam na cidade em *tatchânkas* que foram camufladas como carroças carregando feno", escreveu Boiártchikov. "Eles abriram fogo, causaram pânico e atacaram instituições soviéticas. Os guardas não deixaram que se aproximassem do quartel-general do exército. No dia seguinte, patrulhas militares encontraram dez soldados do Exército Vermelho mortos na periferia da cidade, as barrigas rasgadas e grãos enfiados dentro delas, e bilhetes deixados em seus corpos: 'Isto é pela *razviértska*' [a expropriação de grãos]. Os cadáveres foram trazidos para o quartel-general do exército, e foi organizada uma manifestação; um representante do departamento político do exército falou de uma sacada do edifício do quartel general".

A proposta de Wrangel para Makhno, no entanto, não foi apenas rejeitada. Segundo a *Stavka* dos vermelhos, ele "até mesmo enforcou os delegados". Wrangel pode muito bem ter montado algumas unidades com ex-makhnovistas, mas as alegações de Kámeniev de que ele os chamava de "destacamentos do Bátko Makhno" são difíceis de acreditar.

Antes de tentar levantar o Cubã em rebelião, Wrangel primeiro tentou promover desembarques na costa do Donets no mar de Azov. Incentivada pelas revoltas dos cossacos do Don, uma força de cerca de oitocentos homens sob o comando do coronel Nazárov desembarcou entre Mariupol e Taganrog em 9 de agosto. Fontes dos Brancos dizem que Nazárov logo duplicou o porte de sua força, enquanto a *Stavka* Vermelha alega que ela nunca teve a menor chance em razão da "atitude completamente passiva dos cossacos do Don". Seja como for, ela foi destruída pelo Exército Vermelho perto de Konstantinovskaia.

O Cubã oferecia o maior potencial, mesmo após as animosidades entre os Brancos e cossacos cubãos. Aqueles que no inverno haviam sonhado que abandonar as forças de Deníkin poderia convencer os Vermelhos a deixá-los em paz tiveram um choque desagradável quando a realidade do domínio comunista os atingiu. O ministro do exterior de Wrangel, Struve, destacou que os termos de paz assinados em Tuapse em março pelo ataman Bukrietov para os cossacos cubãos declaravam que apenas os condenados por ações criminosas seriam punidos. "Quando lhe pediram para definir o que seriam as ofensas criminosas, os bolcheviques disseram 'matar comissários e outros bolcheviques e saquear a população civil'. Como quase todo cossaco de Cubã que tivesse participado de campanhas cometera esses dois crimes sempre que tivera a oportunidade, a margem de clemência era evidentemente muito pequena. Bukrietov assinara o tratado e depois sabiamente se retirara para Tiflis."

Em Krasnodar, antiga Iekaterinodar, o pintor Iákob Glasse vinha mantendo um relato secreto dos eventos desde a chegada do Exército Vermelho e seu massacre das famílias calmuques. Em 24 de março, ele escreveu que a Tcheká havia ocupado um grande hotel. "Seu trabalho nefasto começou. Meus encontros com vítimas, em cujas pernas os bolcheviques haviam cortado listras vermelhas e dragonas em seus ombros, estavam ainda frescos na minha memória, e agora estavam trabalhando perto de mim. As janelas dos porões foram vedadas com duas fileiras de tábuas no edifício da Tcheká, com areia entre ambas para que não vazasse nenhum som."

"Krasnodar está sendo 'governada' pela infantaria da marinha", registrou ele em 28 de março. "Todos comentam sobre sua violência, especialmente para com as mulheres." Dois dias depois, escreveu: "As ruas estão vazias. Assustados, espiamos a rua pelas frestas das portas. Muitas detenções estão sendo feitas hoje. Os tchekistas conduzem multidões de comerciantes pela cidade até a Tcheká, padres, professores, engenheiros, funcionários dos correios, de bancos e outras instituições. Foi anunciado o registro de agentes e oficiais militares. Está sendo feito no teatro. Aqueles que não comparecem são executados. Aqueles que acabam indo para o teatro não saem mais de lá."

Em 4 de abril, ele registrou: "Hoje um grupo grande de 'mulheres *burjúi*' detidas foi enviado aos hospitais de tifo, dos quais há seis. Elas irão lavar o chão, lavar as roupas etc. Não há medidas que possam desacelerar a epidemia. As pessoas doentes ficam deitadas no chão nesses assim chamados hospitais, em cima de palha, porque não há colchões. Há casos de pessoas que não estavam ainda mortas e foram mandadas ao cemitério para abrir espaço para novos pacientes. Havia um túmulo que tinha uma fina camada de terra por cima, e pude ver mãos dos corpos enterrados. O diretor do cemitério me contou que tinha visto aquelas mãos se mexerem".

"Há buscas o dia inteiro sendo feitas nas casas que são mais ou menos ricas", escreveu Glasse em 17 de abril. "Eles estão serrando fora as pernas dos móveis, cavando o piso das adegas, assim como os jardins.* Entre aqueles que realizam essas buscas há ladrões bem conhecidos e outros elementos da ralé da cidade. Eles foram libertados das prisões e estão agora trabalhando para a Tchekà com grande empenho. O ouro que está sendo requisitado supostamente será depositado no banco, mas grande parte dele é desviada... Um livreiro bem conhecido na cidade pediu um recibo dos homens da Tchekà que levaram embora seu ouro. Ele então foi preso como contrarrevolucionário e morto com um tiro a caminho da Tchekà – alegaram que tentara fugir. No dia seguinte seus pertences foram confiscados, e sua esposa e dois filhos pequenos viram-se no olho da rua. Roubos e acertos de contas pessoais estão sendo acobertados por acusações de contrarrevolução. A sentença, invariavelmente, é a execução."

Alguns dias mais tarde, Glasse descobriu que seu pai havia sido detido. "Seu apartamento foi completamente saqueado. Por toda parte havia lascas de madeira, as pernas dos móveis tinham sido serradas [à procura de ouro]. O papel de parede estava rasgado, os sofás destroçados, as lombadas dos livros arrancadas, os fundos das malas abertos à força, algumas das tábuas do piso removidas. O piano e um ícone religioso haviam sido cortados em pedaços com um machado. Eles revistaram o álbum de fotos da família. Felizmente nossa família é de pessoas trabalhadoras, proletários de pura cepa. Esses álbuns costumam ser usados como prova, revelando a origem social de um indivíduo. Os mais desafortunados são aqueles que se apegam a fotos de oficiais ou com aqueles vestidos como *burjúis*. Um funcionário do correio perdeu a vida outro dia. Um botão de metal com uma águia de duas cabeças foi encontrado numa caixa de costura de sua casa. Era do seu uniforme e foi o suficiente para que o executassem."

No dia seguinte, Glasse escreveu que seu pai havia sido solto. "Ele foi salvo pelo filho de seu zelador, que ele inesperadamente encontrou entre os tchekistas. Meu pai havia pago os estudos dele no colegial e na universidade." Quando o pai de Glasse estava para ser solto, ficou retido um tempo numa sala de onde tinha uma boa visão do pátio. "Uma

* Os grupos de buscas serravam fora as pernas dos móveis porque essas pernas ocas eram um dos lugares favoritos para esconder moedas de ouro.

pessoa com as mãos amarradas havia sido colocada na entrada do porão. Ela levou um tiro atrás da cabeça e caiu direto lá embaixo. Os chineses eram os que mais se divertiam com isso. Um deles arrumou um jeito de matar mais de uma pessoa com um só tiro, colocando pessoas em fila."

Glasse ficou pensando sobre o que transformava pessoas em assassinos. "Um investigador de tribunal uma vez comentou: 'Você não conhece a natureza humana. Você idealiza os humanos. Nós que trabalhamos em tribunais temos muita familiaridade com as profundezas da alma humana. Você alguma vez tentou num zoológico detectar alguma emoção nos olhos de um lobo, um tigre ou uma pantera? Você não se impressiona com a terrível frieza dessas feras? É a mesma frieza que vemos nos olhos de assassinos reincidentes. Eles não têm uma assimilação da punição. Quando são libertados, procuram imediatamente uma vítima. São como animais, não é?'. Relembrei essa conversa hoje quando um grupo de soldados do Exército Vermelho entrou no museu. No começo eles faziam muito barulho, mas depois pararam e ficaram quietos diante daquele grande espelho antigo que fica acima da lareira. Ficaram contemplando seus rostos em silêncio. Um deles tirou sua bandoleira de munição, colocou-a na cornija da lareira, fez uma pose napoleônica, ficou de cara amarrada um longo tempo, e então sorriu, e depois amarrou a cara de novo. A imagem no espelho compunha um bom retrato de grupo. Num espelho as expressões faciais ficam mais definidas. Os assassinos revelavam-se nelas. Entre eles havia jovens russos de cidade, junto com andarilhos chineses, membros da infantaria da marinha, *frontóviks* que haviam perdido sua casa em 1914 e vagavam para onde quer que o vento os levasse. Os comunistas estão usando-os, livrando-se dos últimos vestígios de humanidade que há neles."

"Meus amigos e conhecidos continuam desaparecendo", escreveu em 4 de maio. "Todo dia aguardo ansioso para ver se será a minha vez."

"As buscas prosseguem", acrescentou no dia seguinte. "Minha esposa me aconselhou a começar a pintar um retrato de Lênin. 'Deixe dependurado no apartamento e talvez isso possa nos salvar.' Amarrei um tecido na moldura e desenhei um esboço do perfil de Lênin a carvão." A tática funcionou muito melhor do que ele havia imaginado.

Em 8 maio, apenas três dias mais tarde, um comitê de requisições e habitação chegou. "Os 'visitantes' entraram para nos ver depois de realizarem uma busca e levar embora pertences do apartamento de meu vizinho. Deram uma olhada na sala, viram o retrato de Lênin, O *Capital* de Marx, jornais soviéticos e o esboço de um pôster declarando "*Morte aos burjúis!*". Pediram um pouco de chá, desabotoaram seus casacos e se sentaram para relaxar. Quando saíram, disseram de modo bastante tímido: 'E continuamos procurando ouro'. Minha esposa replicou: 'Sim, o Estado realmente precisa de ouro agora'. 'Bem, até mais, sua casa é bastante apertada'". Estavam a salvo. Ele foi classificado como "trabalhador das artes" e seu pequeno apartamento definido como um local de trabalho.

Tanto dentro da cidade quanto fora, cresciam o medo e a raiva pela maneira como a Tcheká e os destacamentos de aprovisionamento não davam a menor atenção a qualquer lei ou decreto soviético. "A Tcheká está executando pessoas sem qualquer audiência em tribunal, e nas vilas cossacas os destacamentos punitivos estão agindo a partir de critérios próprios, executando pessoas e queimando suas casas com todos os seus pertences. Fui até Pachkovskaia tentar comprar um pouco de farinha. Andei oito quilômetros por dentro do mato, pois havia bloqueios de estrada por toda parte. Vi um monte de casas queimadas na vila. Não encontrei meus amigos vivos. Estão mortos. Voltei para casa com o saco vazio."

"A situação alimentar na cidade havia sido suportável até a chegada do Exército Vermelho", acrescentou cinco dias mais tarde. "Agora, como os destacamentos punitivos estão operando nas aldeias cossacas, não chegam mais suprimentos de comida. Há uma febre para conseguir comida na cidade. Além disso, a região agora está cheia de destacamentos que levam suprimentos para Moscou, pois lá estão passando fome. Esses destacamentos de aprovisionamento armados estão roubando dos camponeses seus últimos suprimentos de grãos. A palavra sabotagem tornou-se popular. Ela fornece o pretexto para a execução de camponeses que não cedem seus grãos. Portanto, não admira que haja rebeliões em pequena escala, e surgiram agora também alguns partisans. As pessoas se referem a eles como os Verdes, porque vivem nas florestas. Circulam lendas sobre sua bravura."

Assim como havia Verdes, havia também grupos de partisans Brancos por todo o Cáucaso, a maioria dos quais não conseguira embarcar num navio para fugir de Novorossisk em março. "Na área de Kislovodsk, muitos oficiais escondem-se nas montanhas, além de cossacos", um agente do Birô do Don reportou ao 10º Exército Vermelho. "Estão organizando sótnias nas montanhas, com generais e coronéis Brancos. Há boatos de que eles contam com artilharia... e que cossacos com idade entre dezesseis e cinquenta anos serão convocados." Por volta do verão, calculava-se que haveria 15 mil partisans ativos ao pé das montanhas do Cáucaso. A *Stavka* Vermelha chamou-os de destacamentos "Branco-Verdes". O maior grupo operava a sudeste de Krasnodar, em torno de Maikop. "Reunidos no chamado 'Exército do Renascimento Russo' (sob o general Fostikov), na primeira metade de agosto tinham um força total de cerca de 6 mil a 7 mil membros de infantaria e cavalaria."

O plano de Wrangel era tomar Krasnodar, juntar os grupos rebeldes para que se unissem às suas forças e se espalhar pelo Cubã. Em 14 de agosto, enquanto a força principal sob o general Ulagáia desembarcava em Primorsko-Akhtarsk, ao norte de Krasnodar no mar de Azov, cabeças de praia diversivas eram também tomadas na península de Taman entre Anapa e Novorossisk para confundir o comando Vermelho. Segundo Wrangel, o total dessas três forças auxiliares não passava de 5 mil homens. A *Stavka* Vermelha, por outro lado, estimava que, contando aqueles que haviam se juntado a eles no Cubã, Ulagáia teria cerca de 8 mil homens em seu apoio, metade de infantaria, metade de cavalaria. A massa de seguidores do acampamento não ajudava a explicar os números.

Ulagáia era um líder cossaco de Cubã altamente respeitado, mas não tinha muita imaginação tática nem era bom organizador. Reuniu um estado-maior desnecessariamente grande de agregados aproveitadores que queriam voltar para casa, e até permitiu que muitas famílias os acompanhassem nos navios. Segurança era algo inexistente, o que não surpreendia. O plano tornou-se de conhecimento geral na Crimeia; na realidade, agentes comunistas reportaram-no ao Birô do Don em 30 de julho, e, no entanto, Kámeniev deu a entender que a *Stavka* havia sido pega desprevenida.

Quando a força principal de Ulagáia desembarcou em Primorsko-Akhtarsk, conta-se que o comandante Vermelho Atarbiékov teria fuzilado cerca de 1.600 pessoas. É impossível dizer se isso foi feito em razão do pânico, como se afirmou, ou se foi uma tentativa deliberada de impedir que os cossacos cubãos se juntassem à força invasora porque ele sabia que o plano era criar um efeito bola de neve conforme eles avançassem sobre Krasnodar.

Ulagáia avançou rapidamente até chegar a cinquenta quilômetros de Krasnodar, tomou seu primeiro objetivo, a estação de Timochevskaia, e parou. Em vez de dominar a capital de Cubã quando teve a oportunidade e se juntar à força do general Fostikov, decidiu voltar à sua base em Primorsko-Akhtarsk, onde deixara todos os seus suprimentos. Ele ficaria aguardando a chegada de voluntários ali. Isso deu ao 9º Exército Vermelho a chance de incorporar grandes reforços, e Trótski uma vez mais deslocou-se às pressas para o front ameaçado em seu trem blindado. Ulagáia, tendo se permitido ficar aprisionado numa península, não teve alternativa senão evacuar sua força de volta para a Crimeia em 7 de setembro. Essa aventura desperdiçada deixou Wrangel com poucas alternativas, exceto tentar expandir-se para além do norte de Tauride, enquanto baixava a poeira do confronto de gigantes que vinha acontecendo no Vístula.

38
O MILAGRE NO VÍSTULA
Agosto-setembro de 1920

A cada manhã, no Segundo Congresso da Internacional Comunista no Kremlin, um imenso mapa da Europa era atualizado para mostrar pequenas bandeiras vermelhas aproximando-se da capital polonesa. "Os delegados ficavam parados em pé diante desse mapa, contendo a respiração, tamanho seu interesse", escreveu Zinóviev. "Os melhores representantes do proletariado internacional acompanhavam cada avanço de nossos exércitos com o coração batendo forte."

Victor Serge descreveu a chegada do líder soviético. "Lênin, de paletó, uma pasta debaixo do braço, delegados e secretários em volta dele, expunha suas visões sobre a marcha do exército de Tukhatchévski em direção a Varsóvia. Lênin estava com excelente ânimo e confiante na vitória. Karl Radek, magro, parecendo um macaquinho, sarcástico e espirituoso, puxou a calça folgada para cima e acrescentou: 'Iremos rasgar o Tratado de Versalhes com nossas baionetas!'". Serge não ficou muito convencido com essas bravatas. Avaliava que eles haviam cometido um "erro psicológico ao incluírem Dzerjínski, o homem do Terror", na liderança do Comitê Revolucionário Polonês que governaria o país após a vitória deles. O ditador à espera da vitória já se estabelecera como comissário no grupo de exército de Tukhatchévski, em Białystok.

Na Polônia, havia desânimo diante do contínuo avanço do Exército Vermelho, uma massa indisciplinada, faminta e desleixada, na qual mal se via uma peça de uniforme. A única exceção era o curioso chapéu *budiónovka,* pontudo como um gorro de duende, adornado com uma

O 1º Exército de Cavalaria de Budiônni, ou Konarmiya, com um dos soldados usando o chapéu pontudo de pano *budiónovka*, supostamente inspirado no elmo de um Bogátir, cavaleiro errante medieval.

grande estrela vermelha, o que levou os soldados poloneses a chamarem os soldados inimigos de "cães de cabeça pontuda". Suas roupas estavam em farrapos. Muitos usavam sapatos de cascas ou mesmo seguiam descalços, e mesmo assim conseguiam de algum jeito contornar ou penetrar as sucessivas linhas de defesa e forçar uma nova retirada. O avanço do 1º Exército de Cavalaria por Volínia, levantando imensas nuvens de poeira pelo caminho, parava apenas brevemente à noite em aldeias para pedir leite e pão, caçar galinhas e porcos, decapitar gansos com seus sabres e dormir sobre um monte de feno.

A perda de Wilno, local de nascimento de Piłsudski, em 14 de julho, havia sido um choque, agravado quando o Kremlin ofereceu a cidade à Lituânia. No entanto, o desmantelamento da defesa de Brest (Brześć), com sua famosa fortaleza, em 2 de agosto foi um golpe cruel na confiança polonesa. Comunistas locais haviam ajudado os agressores, aumentando a confusão entre os que defendiam a cidade. O Exército Vermelho havia cruzado o rio Bug, a última linha de defesa antes de Varsóvia e um marcador da linha de Curzon – a teórica fronteira leste da Polônia recomendada pelo ministro do Exterior britânico. Piłsudski queixou-se de um "caleidoscópio de caos".

A esperança de Piłsudski de destruir o 1º Exército de Cavalaria de Budiônni foi-lhe subtraída no último momento. Perto de Brody, uns setenta quilômetros a leste de Lwów (Lvóv), Budiônni havia criado uma armadilha para si mesmo. Ele falhara em romper a linha polonesa, que se curvava e dobrava em torno de suas forças. Então, em 3 de agosto, justamente quando duas divisões polonesas de cavalaria estavam prestes a dividir a *Konármia*, Piłsudski teve que chamá-las de volta para defender a capital após o desastre em Brest. O 1º Exército de Cavalaria conseguiu escapar. "Há alguns dias", escreveu Broniewski, "notei que o 'moral' havia caído muito. Os homens acreditam que devem defender as próprias casas. Vários desertaram – especialmente após a última batalha."

Enquanto em Moscou crescia a confiança numa vitória soviética sobre a Polônia, interceptações polonesas de transmissões de rádio do Exército Vermelho sugeriam que seu inimigo poderia estar alcançando um "ponto culminante", isto é, o momento em que um exército, extremamente disperso e cansado após um avanço triunfante, perde não só o impulso, mas também a iniciativa.

"A exaustão e o moral baixo dos soldados bolcheviques acentuam-se de um dia para o outro", reportou o II Birô do Exército Polonês em 31 de julho. "Mais e mais soldados inimigos fogem para o nosso lado... Soldados malnutridos, mas principalmente exaustos, são continuamente forçados a avançar e estão em suas últimas forças. O inimigo interpreta a retirada polonesa como um truque para atrair as forças soviéticas para uma armadilha. Segundo os prisioneiros de guerra, em 29 de julho uma das brigadas soviéticas recusou-se a obedecer a ordens em razão de sua exaustão e suas baixas."

No sul, Budiônni, com o incentivo tanto de Stálin quanto de Iégorov, o comandante do front, ignorava a ordem de Kámeniev de apoiar Tukhatchévski, cuja operação contra Varsóvia tinha prioridade. Este último estava preocupado, pois achava que seu flanco esquerdo era vulnerável, mas, em razão de sua covardia moral ao lidar com Stálin, Kámeniev prevaricou e falhou em insistir para que suas ordens fossem obedecidas. Budiônni, por sua vez, continuava a seguir mais para sudoeste em direção à cidade industrial de Lwów (Lvóv), para garantir seu próprio triunfo. Havia ilusões excessivamente otimistas de invadir a Romênia, a Hungria e até a Itália. Bábel escreveu em seu diário em 8 de agosto: "Devemos avançar pela Europa e conquistar o mundo". Lênin levava muito a sério seu plano de uma "União das Repúblicas Soviéticas da Europa e da Ásia" comandada desde Moscou. Ficou furioso com Stálin e acusou-o de chauvinismo quando ele argumentou que os alemães jamais aceitariam isso.

Stálin advertira sobre os riscos de uma guerra contra a Polônia enquanto Wrangel permanecesse como uma ameaça à retaguarda deles. Também insistiu com Lênin para que não subestimasse o patriotismo polonês, mas agora Stálin também se via levado por uma prematura embriaguez em relação à vitória, convencido de que os exércitos poloneses estavam sendo desmantelados. Instalado em Kharkov a maior parte do tempo, Stálin não estivera suficientemente perto da luta para avaliar as coisas com clareza. Ao norte, enquanto isso, o corpo de cavalaria de Gái havia passado ao largo de Varsóvia e estava agora mais perto de Berlim do que de sua linha inicial no Berezina, só que não contava mais com seus serviços de abastecimento. Trótski ordenou que o Comintern preparasse folhetos de propaganda em alemão para o Exército Vermelho distribuir assim que cruzasse a fronteira.

Em 13 de agosto, enquanto os exércitos de Tukhatchévski avançavam sobre Varsóvia, o corpo diplomático retirou-se para Poznań. Só os diplomatas italianos permaneceram, junto com a Comissão Interaliada, composta principalmente de funcionários franceses liderados pelo general Weygand, entre os quais estava um jovem major, Charles de Gaulle. "Os poloneses prosperam nas crises", observou o representante militar britânico em Varsóvia, o general de brigada Carton de Wiart, que acabara de conseguir escapar da fortaleza de Brest-Litovsk quando os Vermelhos a tomaram de assalto.

Este revelou-se um dos grandes momentos da Polônia. O Ministério da Guerra, liderado pelo general Kazimierz Sosnkowski, esteve à altura da ocasião. O moral foi incrementado por um programa voltado a reequipar os regimentos de infantaria com botas novas, substituindo as que haviam se despedaçado nas longas retiradas. Apareceram milhares de voluntários com um amplo espectro de opiniões políticas para se juntarem às unidades de milícias e defender a capital. Muitos eram socialistas, estudantes rebeldes e livres-pensadores, e não só fiéis da Polônia católica que vinham para combater o anticristo. No total, 164.615 jovens homens e mulheres se apresentaram para compor brigadas e serem posicionados pelo general Haller. A maioria tinha menos de vinte anos.

Em 14 de agosto, chegaram mais notícias ruins enquanto o 1º Regimento Legionário tentava atravessar Lublin. Os Vermelhos haviam interrompido a linha férrea para Varsóvia, mas o moral estava alto. "A cidade", escreveu Lepicki, "estava cheia de infantaria marchando, artilharia a cavalo e cavalaria e, principalmente, um sem-número de trens de suprimentos, que impossibilitavam a passagem. Todas essas infindáveis massas de homens, cavalos, veículos motorizados e vagões dirigiam-se ao front. Eram a evidência mais clara de que nosso Supremo Comando estava empreendendo uma enorme ofensiva que traria ao nosso país a morte ou a vitória. Nossa divisão, agora de novo magnificamente equipada, orgulhosa de sua experiência e confiante, seguia adiante com excelência, gerando entusiasmo entre as multidões em volta dos vagões. Nunca vou esquecer a visão de uma senhora ajoelhando-se na beira da calçada e abençoando nossa coluna com uma cruz que ela segurava na mão."

O que os legionários estavam testemunhando em Lublin era parte de um massivo reposicionamento de seu supremo comandante, o marechal Piłsudski, finalizado por ele na manhã de 6 de agosto. O velho general, veterano de guerra, havia dispensado o conselho do general Weygand e também seu próprio chefe do estado-maior, que queriam ambos que ele mantivesse uma sólida linha de defesa diante de Varsóvia e contra-atacasse mais tarde. Piłsudski, em vez disso, decidira preparar uma força de ataque mais ao sul no rio Wieprz, um afluente do Vístula, retirando o Quarto Exército do rio Bug. Ele então atacaria o flanco sul e a retaguarda de Tukhatchévski, enquanto os Vermelhos estivessem atacando Varsóvia de frente. Na realidade, Tukhatchévski decidira não fazer um ataque frontal. Ele iria enfrentar pesadas defesas e o grosso dos soldados poloneses que defendiam Varsóvia, portanto planejava dar a volta pelo norte da cidade e atacar por Modlin.

Em 12 de agosto, o dia em que Tukhatchévski havia sido instruído a tomar a capital polonesa, teve início a Batalha de Varsóvia, quando o 1º Exército Vermelho começou a testar as defesas da cidade em seu

Marechal Józef Piłsudski.

setor nordeste. O general Haller mandou seu fraco Quinto Exército de Sikorski, a noroeste de Modlin, atacar dois dias mais tarde para aliviar a pressão. Seguiram-se vários desastres, com soldados chegando totalmente exaustos após uma longa marcha ou sem seu comboio de munição. Diversas formações entraram em pânico e fugiram, e rumores aterradores de um colapso correram por Varsóvia. Grupos de voluntários prepararam-se para defender a capital, lutando rua a rua, e mulheres armadas com fuzis e algumas metralhadoras assumiram posições. Padres se apresentaram, liderando procissões para abençoar soldados e rezar para o país ficar livre dos pagãos bolcheviques. Circulava o rumor de que um deles havia morrido liderando um contra-ataque com um crucifixo erguido bem alto, e espalhou-se a notícia de uma aparição da Virgem Maria, vista entre as nuvens acima do campo de batalha.

Tukhatchévski, obcecado por destruir o Quinto Exército de Sikorski, não tinha ideia da ameaça que se armava em seu próprio flanco sul. "A manhã de 16 de agosto estava fresca e muito bonita", escreveu Lepicki no 1º Legionário. "Nossas ordens para marchar chegaram antes de que o sol tivesse tido tempo de absorver o abundante orvalho de verão... Estávamos avançando. O teste final." Sem conseguir esperar mais tempo por conta das batalhas cruciais na área do norte de Varsóvia, Piłsudski trouxe sua força de assalto de cinco divisões de linha no rio Wieprz. Reuniam 52.500 baionetas e 3.800 sabres. Tudo dependia de rapidez para produzir um efeito de choque e manter o impulso, impedindo que os exércitos de Tukhatchévski tivessem um só momento para se recuperar.

Os poloneses também precisavam causar o máximo de confusão. O seu chefe de inteligência por rádio primeiro teve que fazer uma escolha. "Deveríamos deixar os bolcheviques se comunicarem por rádio [para rastrear seus movimentos], ou seria melhor criar o caos em suas fileiras interrompendo suas comunicações por rádio? Nosso estado-maior decidiu bloquear as comunicações por rádio dos bolcheviques por 48 horas, a partir do início de nossa ofensiva." Sendo a Polônia um país católico, a religião também teve seu papel. "Fizemos transmissões sobrepostas aos pontos e traços em morse do inimigo, para criar uma algaravia totalmente indecifrável. Operadores de rádio na estação da cidadela revezaram-se e continuaram transmitindo sem parar durante as horas mais cruciais da Batalha de Varsóvia. Foi preciso encontrar um texto longo o suficiente para os operadores de rádio do turno seguinte serem capazes de continuar: era a Bíblia." Acredita-se que essa tática tenha retardado a tentativa do 4º Exército Vermelho de escapar do corredor entre Varsóvia e a Prússia Oriental por um período crucial de 24 horas, o que propiciou sua destruição.

No primeiro dia do grande contra-ataque, Piłsudski estava em estado de ansiedade nervosa. Embora não quisesse ser desacelerado por uma grande batalha no início, ficou perplexo ao saber que suas cinco divisões não haviam encontrado nada além de uns poucos destacamentos do inimigo. O reconhecimento aéreo e as patrulhas de cavalaria não conseguiram oferecer nenhuma explicação. As cinco divisões continuaram no dia seguinte, ainda no sentido norte em direção à fronteira com a Prússia Oriental, tendo apenas o 3º Regimento Legionário à direita indo para Brest e para a grande curva no rio Bug. Somente quando Piłsudski preparava-se para dormir na segunda noite do avanço foi que começou a ouvir o rumor de canhões como um trovão distante. Sua formação no flanco esquerdo, a 14ª Divisão de Poznań, entrara finalmente em ação contra o 16º Exército Vermelho a sudeste de Varsóvia. Ele decidiu então imediatamente trazer a 15ª Divisão de sua posição defensiva no Vístula, para fortalecer seu flanco esquerdo.

No dia seguinte, 18 de agosto, o 16º Exército Vermelho de Sollógub viu-se atacado a partir de duas direções e rapidamente se desintegrou. Quando se retiravam mais para o leste, foram atacados no flanco por várias formações de ataque seguidas. Lanceiros poloneses atacaram o quartel-general da 8ª Divisão de Sollógub e mataram seu comandante. Piłsudski, vendo que seu plano estava dando certo, voltou a Varsóvia. Poucas pessoas ali tinham alguma ideia de que a derrota que temiam sofrer do corpo de cavalaria de Gáik ao norte estava se transformando num esmagador triunfo ao sul. O major De Gaulle foi alguém que de fato admirou o feito de Piłsudski. "Nossos poloneses criaram asas", escreveu. "Os soldados que apenas uma semana antes estavam física e moralmente exaustos agora avançam em saltos de quarenta quilômetros por dia. Sim, é a Vitória! Completa, triunfal Vitória!"

"Primeiro passamos um espaço vazio, cobrindo cinquenta verstas por dia numa marcha forçada", escreveu Broniewski com a 1ª Divisão Legionária. "Foi só quando chegamos a Drohiczyn que nos deparamos com os comboios de suprimento bolcheviques em fuga de Varsóvia." Indo para Białystok, eles descobriram que até mesmo a ponte sobre o rio Bug estava desguarnecida. "Os comboios de suprimento bolcheviques ainda estão fugindo para Wołkowysk. Idiotas. Nós os alcançamos e os deixamos para trás, seguindo adiante... Encontramos todo tipo de pilhagem nas carroças capturadas: casacos, violinos, sapatos de mulher, munição, metralhadoras." No 13º Regimento de Infantaria, os adolescentes voluntários, alguns com apenas catorze anos, que haviam "desatado a chorar" quando escreviam cartas de despedida aos pais antes da batalha, agora "marchavam em formação plena, batalhão atrás de batalhão, usando os caminhos principais. Os poloneses marchavam de dia e os bolcheviques fugiam à noite."

Em grande parte por causa da operação polonesa de interferência de rádio, Tukhatchévski, no quartel-general do Front Ocidental em Minsk, ainda não tinha ideia do desastre que afligia seus exércitos 550 quilômetros a oeste. Quando finalmente soube do ataque proveniente do sul, supôs que fosse uma manobra diversionista para ajudar as forças polonesas sob forte pressão em torno de Modlin. Ele nunca soube que o 16º Exército de Sollógub estava fugindo para Białystok.

Gái veio a saber da ofensiva de Piłsudski e da retirada soviética somente em 20 de agosto. Ele desviou sua força para leste e rompeu por uma linha de infantaria polonesa. Os Vermelhos podiam ser tão selvagens na derrota quanto os russos Brancos, e o corpo de cavalaria de Gái era famoso por sua crueldade. Em 23 de agosto, parte da Brigada Siberiana avançou sobre Chorzele, cem quilômetros ao norte de Varsóvia, sem imaginar que as tropas de Gái estavam ali. "O campo de batalha era uma visão aterradora", escreveu o general Żeligowski mais tarde. "Estava cheio de corpos, em grande número. A maioria eram soldados nossos, não feridos ou mortos em ação, mas assassinados após a batalha. Longas fileiras de corpos, vestidos apenas com a roupa de baixo e sem as botas, jazem estendidos junto a cercas e arbustos próximos. Foram golpeados com sabres e baionetas, seus rostos mutilados, os olhos arrancados."

No dia seguinte, a cavalaria de Gái viu-se bloqueada contra a fronteira da Prússia Oriental pela 14ª Divisão de Poznań. A infantaria que estava com ele entregou suas armas e cruzou para o território alemão. Gái fez outra tentativa de escapar, mas seus homens e seus cavalos estavam exaustos demais. Com medo de se render após as atrocidades que haviam cometido, eles também salvaram a própria pele atravessando a fronteira e indo para a Prússia Oriental. Escoltados por ulanos alemães, conseguiram mesmo assim reunir forças para cantar "A Internacional".

Enquanto isso, a 1ª Divisão Legionária alcançara Białystok em 22 de agosto, nos calcanhares do 16º Exército em fuga. O poeta Broniewski receberia a Ordem *Virtuti Militari* por sua bravura nesse extraordinário avanço. "A coisa mais agradável de todas", escreveu ele, "é a genuína alegria que vemos em toda parte. Marchando, marchando, sem parar... Seguimos sempre em frente – chuva, um tempo horrivelmente úmido."

Logo após sua entrada na cidade, a companhia de Lepicki se viu sob fogo. "Bem junto a uma pequena ponte, à beira da estrada, vi o cadáver de um bom amigo, o tenente Soja. A morte sobreveio-lhe rapidamente, uma bala do inimigo atingiu-o na cabeça. Ele jazia ali de boca aberta, cheia de sangue vermelho-rubi, que escorria, dando-lhe uma aparência estranhamente dolorosa. Estava ali deitado como se dormisse, seus dedos ainda firmemente agarrados à sua inseparável companheira, uma bengala retorcida. Eu não tinha tempo de fazer prisioneiros, precisávamos ir imediatamente para a estação. Enquanto isso, pela cidade que ressoava com o fogo de metralhadoras e gritos de batalha, símbolos em branco e vermelho representando a liberdade polonesa apareceram nas janelas. As mulheres mais emocionadas começaram a vir para as ruas, onde balas ainda zuniam e os estilhaços ainda faziam soar sua terrível música, e choravam e soluçavam seguindo a regra feminina de que é preciso chorar seja na dor, seja na alegria."

Lepicki, ao ouvir o apito de um trem prestes a partir, correu com seus homens até o pátio de manobras de Białystok. Pareceu demorar uma eternidade para conseguir montar sua metralhadora, mas o trem demorou mais ainda para partir. "Aquele breve momento foi suficiente para nossas metralhadoras varrerem o trem, que estava literalmente coberto de bolcheviques agarrados a todas as partes dele. Aqueles que eram atingidos caíam nos trilhos, e as rodas dos vagões que se moviam lentamente esmagavam suas cabeças, braços, pernas e corpos. Era uma visão horrorosa – aquelas pilhas de cadáveres massacrados... 'Isso é por Soja', pensei, e fui a pé até o edifício da estação, onde um pequeno grupo de comunistas desesperados resistia aguerridamente aos poloneses. Uns quinze minutos mais de luta e não restava mais nenhum inimigo diante da minha companhia."

Enquanto os soldados de Tukhatchévski fugiam para leste de volta ao rio Nieman, ou escapavam para o norte até a Prússia Oriental, Budiônni descobria que a conquista de Lwów (Lvóv) era mais difícil do que havia previsto. Já em 6 de agosto, Iégorov, o comandante do front, ignorara ordens da *Stavka* Vermelha de desviar todas as suas forças para noroeste até Lublin, prontas para apoiar Tukhatchévski. Kámeniev havia sido fraco e lento em sua reação, mas a alegação de Iégorov, Stálin e Budiônni de que não tinham recebido as instruções, ou nunca as haviam recebido de forma cabal, era um descaramento. O 1º Exército de Cavalaria só alcançou a periferia de Lwów (Lvóv) em 19 de agosto, quando se viu envolvido em fortes combates com jovens voluntários poloneses e com bombardeios da força aérea. Budiônni não podia mais ignorar as ordens de Tukhatchévski, Kámeniev e até mesmo um telegrama de Trótski. O 1º Exército de Cavalaria, desanimado com o fracasso em Lwów (Lvóv) e a mudança nas ordens, recuou e cruzou o Bug.

Budiônni ainda tinha apenas uma vaga ideia do desastre sofrido pelo Front Ocidental de Tukhatchévski quando recebeu uma ordem formal de Kámeniev, o comandante em chefe do Exército Vermelho, dizendo que ainda se aguardava que ele avançasse e tomasse Lublin. O plano não fazia sentido. Era um gesto fútil, que Kámeniev, talvez tentando compensar sua fraqueza anterior, insistia ser uma manobra diversionista necessária. Dessa vez, o grupo no comando do Exército de Cavalaria sentiu-se obrigado a obedecer para compensar suas anteriores recusas. Lentamente, em vista da exaustão de seus homens e cavalos, a *Konarmiya* de Budiônni partiu em direção a Lublin. A vitória polonesa no norte agora permitia a Piłsudski redirecionar Sikorski e parte de seu Quinto Exército para o sul a fim de se juntar ao Terceiro Exército e sair perseguindo o odiado Exército de Cavalaria Vermelho. Concluíram que em 29 de agosto haviam-no encurralado, em grande parte por acaso, fora dos muros de Zamość, a meio caminho entre Lwów (Lvóv) e Lublin.

Essa bela cidade renascentista, batizada em 1580 com o nome de seu fundador, Jan Zamoyski, foi construída para atrair os maiores artesãos de toda a Europa, a maioria deles judeus.* Budiônni não ficou muito preocupado até descobrir, por meio de prisioneiros, a extensão da derrota de Tukhatchévski. Seu exército avançava, muito isolado, para o coração da vitoriosa Polônia.

Em 31 de agosto de 1920, o último grande confronto de cavalaria no estilo napoleônico teve lugar a leste de Zamość, com a *Konarmiya* tentando irromper em direção ao rio Bug. A batalha ficou centrada num local alto e seus arredores, o chamado monte 255. Foi uma refrega de um dia inteiro de lanceiros contra regimentos de cossacos Vermelhos, com cargas, recuos e novas cargas, com lanças, sabres e revólveres. Graças em parte à pesada chuva e à má visibilidade, Budiônni e seu estado-maior conseguiram ser poupados, assim como muitos de seus homens. Foi a última grande ação da *Konarmiya*. "Começo do fim para o 1º Exército de Cavalaria", escreveu Bábel, referindo-se ao ânimo abatido dessa unidade. Totalmente desmoralizados, retiraram-se, dando vazão

---

* Com um mau gosto grotesco, Himmler encantou-se tanto pelo lugar que o rebatizou como Himmlerstadt durante a ocupação alemã.

ao seu rancor em toda aldeia polonesa ou *shtetl** judeu que encontraram pelo caminho.

Stálin voltara a Moscou. Ele sentia que o melhor método de defesa diante do Politburo era atacar. Despejou escárnio em relação à condução de toda a campanha de Varsóvia, implicitamente culpando Kámeniev e Trótski. Ele se recusou a aceitar qualquer culpa pelo desastre no norte, o que podia ser justificado, já que a *Konarmiya* não poderia ter chegado a tempo para fazer alguma diferença, mas sua desconsideração pelas ordens era difícil de perdoar. Stálin demitiu-se do Comitê Militar Revolucionário a contragosto e nunca perdoou Trótski. Lênin, por outro lado, pelo menos mostrou alguma humildade. Reconheceu que o projeto todo para a "Sovietização da Polônia" havia sido desastroso.

Tukhatchévski, enquanto isso, tentou formar uma linha de defesa ao longo do rio Nieman, mas Piłsudski seguia adiante. A pressão internacional por um armistício aumentava. Ambos os lados queriam reivindicar o máximo possível de território dessas áreas fronteiriças, mas o Exército Vermelho perdera qualquer disposição de lutar. Em meados de outubro, os poloneses haviam retomado Wilno e Minsk e voltado ao Berezina. O general Wrangel, acompanhando os eventos desde a Crimeia, resignava-se ao paradoxo mais amargo. A vitória polonesa significava o fim daquela guerra, o reposicionamento do Exército Vermelho em direção ao sul, e o fim da causa dos Brancos em solo russo.

---

* Em iídiche, *shtetl* quer dizer "cidadezinha". O termo era usado na Polônia, Rússia e Bielorrússia para se referir a pequenos vilarejos ou povoados de população majoritariamente judaica. (N.R.)

39

A RIVIERA DO HADES

Setembro-dezembro de 1920

Mesmo nos piores momentos da caótica retirada do Exército Vermelho da Polônia, a liderança do Kremlin não esqueceu do general Wrangel na Crimeia, embora os Brancos nunca tivessem representado uma séria ameaça à retaguarda do Exército Vermelho. O exército de Wrangel simplesmente não tinha forças para lançar uma grande investida a partir de seu pequeno triângulo no norte de Tauride.

Piłsudski nunca o encorajou. Na sua visão, Wrangel não era melhor que Deníkin, o imperialista grão-russo, e ele certamente não apostaria a vida de nenhum polonês ou qualquer capital político ajudando no que ele sabia ser uma causa perdida. O próprio Wrangel nunca alimentara quaisquer ilusões, a partir do momento em que assumira como comandante em chefe. Era apenas uma questão de ver se seriam capazes de sobreviver ao inverno.

Em 21 de setembro, Mikhail Frúnze foi nomeado comandante de um Front Sul reorganizado. Seis dias mais tarde, ele chegou ao quartel-general de Kharkov. O Kremlin precisava da confiança e da competência de Frúnze após as desastrosas hesitações de Kámeniev na guerra polonesa. Junto com o 13º Exército, o Front incluía a 51ª Divisão de Vassíli Bliúkher e o recém-formado 2º Exército de Cavalaria, que ainda tinha apenas 2.770 homens. Por insistência de Trótski, ele era agora liderado por Filípp Mirónov, o que enfureceu o pessoal de Stálin, em parte porque o 1º Exército de Cavalaria de Budiônni também se juntaria para o ataque à Crimeia assim que se recuperasse da campanha na Polônia.

Havia outro curinga na ordem de batalha do Front Sul. Em agosto, os Vermelhos haviam chegado a um acordo com o Exército Insurgente de Makhno para que ele fornecesse soldados em número equivalente a uma brigada para lutar contra Wrangel. A *Stavka* estava interessada principalmente em impedir mais ataques às suas áreas de retaguarda e via o próprio Makhno como nada além de um "aliado temporário". As relações entre Makhno e os comunistas haviam ficado extremamente tensas. Pouco antes do acordo, a Tcheká tentara recrutar assassinos para matá-lo, enquanto "Makhno invadiu Konstantinograd e matou a golpes de sabre 84 soldados do Exército Vermelho no decorrer de dois dias". O próprio Makhno ficou em Gulyai-Pole enquanto suas forças partiram para o norte de Tauride.

Frúnze concentrou sua artilharia e sua força mais bem preparada, "o grupo da margem direita", no lado noroeste do baixo Dniepre em frente a Kakhovka, onde o corpo de Slaschóv estava posicionado. Em meados de agosto, Wrangel fora obrigado a tirar Slaschóv do seu comando depois que seu corpo falhou em esmagar forças Vermelhas do outro lado do Dniepre. Ao visitar seu quartel-general, Wrangel encontrara-o prostrado pelo uso de drogas e álcool num robe turco com debruns dourados e rodeado por sua coleção de pássaros. O brilhante e cruel jovem comandante havia definitivamente cruzado a linha que separa a excentricidade da loucura.

O corpo de cavalaria do general Barbôvitch, que havia sido mantido para trás no meio da área norte de Tauride, pronto para conter qualquer invasão, também sofreu pesadas perdas no combate em torno de Kakhovka. Kámeniev disse que os imprudentes contra-ataques de cavalaria, sem apoio de artilharia, contra o arame farpado das posições Vermelhas na cabeça de ponte, não haviam sido nada além de "insanidade temerária". O problema era que os Brancos estavam restringidos a menos de vinte obuses por dia para disparar de seus canhões de campanha e não podiam esperar receber nada mais, nem dos britânicos nem dos franceses. Wrangel e seus comandantes podiam ver a importância de Kakhovka com uma simples olhada no mapa. A estrada dali ia direto até o istmo de Perekop, que ficava a apenas oitenta quilômetros de distância. Como expressou a *Stavka* Vermelha, Wrangel estava privado de "liberdade operacional".

A principal razão para não considerar segura uma retirada de volta à Crimeia era o fracasso da expedição do general Ulagáia ao Cubã. Eles agora precisavam expropriar a maior quantidade possível de grãos do norte de Tauride para alimentar a população aumentada da Crimeia ao longo do inverno seguinte. No entanto, com as negociações polaco-soviéticas encaminhando-se para um acordo, Wrangel suspeitava de que eles provavelmente não seriam capazes de resistir além do outono.

Em 8 de setembro, Frúnze renomeou o "grupo da margem direita" como 6º Exército. A subsequente chegada do 4º Exército lhe daria um esmagadora superioridade, com 133 mil homens contra 37 mil dos Brancos. Uma intensa campanha de recrutamento havia sido lançada nas fábricas. Proletários leais e membros do Partido Comunista haviam sido convocados como voluntários para pôr um fim à presença dos Brancos que poluía o solo soviético.

A outra vantagem de Frúnze era que a rede de espiões do Birô do Don aumentara imensamente conforme a vitória dos Vermelhos se tornava certa. Ela se estendia até áreas recapturadas pelos Vermelhos – o Donets, o Don, o Cubã e o Cáucaso. Os comandantes Vermelhos precisavam desesperadamente de informações sobre os grupos partisans, tanto Verdes quanto Brancos, e sobre seus levantes. Agentes infiltrados no Cáucaso reportaram que o general Chkuró estabelecera seu quartel-general em Terekli-Mekteb. Uma rede de mulheres cossacas atuava como mensageira entre seu estafe e outras unidades guerrilheiras de cavalaria, uma das quais tinha 5 mil membros. Eles vinham recuperando estoques de munição que haviam sido enterrados pelas tropas de Deníkin antes de partirem. "O quartel-general comunica-se com Wrangel via Sukhumi e Kazbek. O quartel-general realizará ações de propaganda e começará um levante nas regiões de Terek e Cubã. A população local apoia essas gangues." Agentes Vermelhos também tinham ordens para obter evidências concretas sobre de que maneira o governo georgiano menchevique vinha enviando secretamente oficiais Brancos que estavam presos em Tiflis para a Crimeia, porque Wrangel "enviara emissários para negociar sua soltura".

Um agente de codinome "Perets" [Pimenta] reportou a escassez de munição e de carvão na Crimeia. "Consegui fazer amizade com um oficial de artilharia e com alguns marinheiros. Soube por eles que não houve entregas de obuses e de uniformes nos últimos dois meses. Que foi expedida uma ordem para poupar munição. Os marinheiros dizem que as reservas são pequenas." A escassez de carvão era tamanha que o porto de Sebastopol estava cheio de navios mercantes incapazes de reabastecer. Houve um levante, que o general Kutiépov sufocou brutalmente. As autoridades Brancas colocaram então estudantes na maioria dos navios para vigiar os marinheiros e reportar quaisquer problemas ao departamento de contrainteligência. Agentes comunistas também enviaram relatórios sobre as condições, atitudes e conversas dentro das cidades do litoral da Crimeia. Afirmavam que os oficiais estavam até mesmo tentando espalhar um boato para incentivar o moral dos Brancos de que Makhno atuava em segredo para ajudá-los.

O salário de um suboficial, 9 mil rublos, supondo que recebesse em dia, cobriria apenas o custo de acomodação para sua esposa ou família na Crimeia, mas não a alimentação. Os refugiados também passavam fome. Sobreviviam principalmente de anchovas, porque cerca de meio quilo de pão custava quinhentos rublos. As pessoas foram obrigadas a vender praticamente todos os seus pertences, até mesmo seus casacos, conforme o inverno se aproximava. "Estamos morrendo de fome", uma esposa escreveu desesperada ao seu marido no exército. "Já vendemos tudo o que tínhamos. Só me restou o corpo para vender."

Todas as testemunhas oculares dessa sociedade fora de lugar tendiam a enfatizar o desespero da maioria e a cínica corrupção de uma minoria, como os que viviam debruçados nas mesas dos cafés especulando com o câmbio ou vendendo passagens para a segurança do exterior. Há um relato sobre o empobrecimento de "ex-pessoas", com um perceptível grau de *schadenfreude* ["prazer na desgraça alheia"] diante do destino que se aproximava. "Nobres damas e donzelas, ex-damas de companhia, esbeltas e agora magras como um palito, vendem suas joias de família nas manhãs no mercado clandestino. Seus lábios tremem e as lágrimas nunca secam em seus olhos. Elas são pagas pelos aproveitadores em cédulas do 'sino' de Deníkin, que ninguém quer aceitar agora. Durante o dia, enchem os corredores dos consulados, na esperança de que apareça alguma coisa, e também de instituições nas quais o comércio de passes corre solto, onde é possível comprar o passaporte de qualquer país por uma boa quantia de dinheiro... À noite, em restaurantes e cabarés, onde mulheres de aparência bastante duvidosa ficam aguardando nas mesas, oficiais brancos embriagados gastam com bebida o que saquearam, atiram no teto com seus revólveres e cantam 'Deus salve o Czar', obrigando os presentes a ficarem em pé."

Em 8 de outubro, Wrangel lançou um contra-ataque à cabeça de ponte dos Vermelhos em Kakhovka e atravessou o Dniepre em frente a Aleksandrovsk, desviando para oeste a fim de atacar Nikopol. O principal objetivo era reduzir a ameaça de um repentino ataque de Kakhovka em direção ao istmo de Perekop. Em 24 horas, Kámeniev reconheceu que a Divisão Márkov "havia ocupado uma cabeça de ponte ao longo da margem direita do Dniepre com 25 quilômetros de profundidade". No dia seguinte, enquanto o governo soviético e os poloneses assinavam um armistício em Riga, os Brancos invadiram Nikopol.

Frúnze rapidamente intensificou seu contra-ataque aos Brancos na margem noroeste do baixo Dniepre. Em 14 de outubro, o 2º Exército de Cavalaria, "concentrando uma poderosa força montada na área da aldeia de Shelokhov, derrotou o grupo de cavalaria inimigo, que consistia em três divisões". O Comitê Militar Revolucionário do Front Sul reportou a Trótski que o 2º de Cavalaria "iniciou um avanço decisivo com apoio de infantaria, e após uma obstinada batalha de sete horas rechaçou três divisões de cavalaria e duas de infantaria do inimigo de volta para Nikopol. Sob pressão da cavalaria Vermelha, sua caótica retirada virou uma fuga em pânico. As unidades do inimigo fugiram, abandonando armas, carroças de suprimentos, veículos blindados e munição... Segundo numerosos relatos de prisioneiros, o general Babíev foi morto e Barbôvitch ficou gravemente ferido. Os guerreiros Vermelhos demonstraram um impressionante heroísmo". Miónov, que havia liderado pessoalmente a carga do 2º de Cavalaria, teve seu cavalo baleado. Esse dia, 14 de outubro, proclamaram eles, foi o dia que "marcou o início da derrota de Wrangel". Budiônni e Stálin não devem ter gostado nada desse relato do sucesso de Mirónov.

Sabendo que a hora havia chegado, Wrangel conduziu sua retirada de volta à península da Crimeia via istmo de Perekop. Seus homens lutaram tão encarniçadamente contra as circunstâncias adversas que Frúnze reportou a Moscou seu assombro com a resistência deles,

Uma foto, em poses bastante estudadas, dos vencedores Budiônni, Frúnze e Vorochílov na Crimeia, em 1920.

padecendo de fome e frio em seus uniformes maltrapilhos com temperaturas já abaixo de menos quinze graus. "O outono de 1920 foi muito frio", registrou Boiártchikov no quartel-general do 2º de Cavalaria. "A geada começou cedo." Embora o grosso das tropas Brancas tenha escapado de ser capturada, os estoques de grãos do norte de Tauride foram apreendidos pelas forças de Frúnze.

A força total da 51ª Divisão de Fuzileiros de Bliúkher, acompanhada pela cavalaria de Miriónov, aproximou-se do istmo de Perekop pronta para desferir um ataque frontal às antigas defesas da "Muralha Turca", que havia sido reforçada pelos veteranos de Kutiépov. O grosso da artilharia dos Brancos, das metralhadoras e veículos blindados que restavam, concentrava-se ali, com seus trens blindados remanescentes numa linha férrea atrás. No entanto, como se viu, não foi dali que veio a ofensiva.

Wrangel, determinado a não cometer os erros da caótica evacuação de Novorossisk, buscou assegurar que não houvesse pânico. Tranquilizou a população civil e os refugiados de que a Crimeia era praticamente inexpugnável, e saiu a pé do Hotel Kist, seu novo quartel-general em Sebastopol, para conversar com as pessoas que aguardavam ansiosas nas ruas. Ao mesmo tempo, organizava sigilosamente a evacuação de todos aqueles que precisariam sair. Contatou a Marinha Real, o comandante da Marinha dos Estados Unidos em águas turcas e a Marinha Francesa pedindo sua assistência, ao mesmo tempo que deixava todos os navios Brancos prontos para partir. Ele tinha uma grande vantagem em relação a Deníkin. Tinha cinco portos que poderia usar para sua evacuação, e não apenas um. Ele também teve sorte de a perseguição do Exército Vermelho ser muito lenta.

Mas o que também ajudou muito Wrangel foi o fato de ele não ter desperdiçado tempo. Na noite de 7 de novembro, o terceiro aniversário do golpe bolchevique em Petrogrado, o assalto de Frúnze à Crimeia começou a partir de uma direção inesperada. O 4º Exército, apoiado por parte do 2º Exército de Cavalaria, começou a atravessar o raso lago salgado de Sivach. Ocorreu um milagre secular, que favoreceu os descrentes. Uma ventania do noroeste expôs as planícies alagadiças costeiras, e grande parte delas congelou. Isso permitiu que duas divisões do 4º Exército, apoiadas pela 7ª Divisão de Cavalaria e pelo Exército Insurgente de Makhno, cruzassem os seis quilômetros até a península de Litovski. A jornada de três horas não foi isenta de dificuldades. "A lama intransponível sugava homens e cavalos", um participante registrou. "A geada era forte, as roupas molhadas congelavam nos soldados." E, quando o vento amainou, a água salgada ressurgiu, afogando vários homens. Apesar dessas perdas, os Vermelhos pegaram a abatida brigada de cavalaria de Cubã desprevenida. Por volta da hora em que ocorreu o ataque principal à Muralha Turca – no dia seguinte à uma da tarde –, Kutiépov já tivera que desviar homens para reforçar os cossacos de Cubã, além de enfrentar o 6º Exército Vermelho de frente. Seus soldados conseguiram repelir os primeiros dois ataques, infligindo pesadas perdas, mas a terceira onda irrompeu através das linhas inimigas.

Enquanto os regimentos de Kutiépov combatiam em retirada, a cavalaria branca de Barbôvitch conseguia atacar a retaguarda da 51ª Divisão de Bliúkher, mas era por sua vez atacada por Mirónov, que liderava parte de seu 2º Exército de Cavalaria. Este seria o último conflito montado da guerra, com "sabres reluzindo". A tática de Mirónov consistia em efetuar a carga, mas depois, no último instante, seus esquadrões abriam caminho, permitindo que suas *tatchânkas* interviessem "disparando suas 250 metralhadoras". "As primeiras linhas de cavalaria do inimigo eram imediatamente varridas. Alguns tentavam fugir, mas bem poucos sobreviviam."

O avanço do 1º Exército de Cavalaria na península da Crimeia era mais lento, mas isso se devia provavelmente à vingança que ele vinha perpetrando pelo caminho. A enfermeira Anna Ivanóvna Iegórova voltou a se juntar às suas colegas de um hospital de campanha em Djankoi, atrás do front, que havia sido tomado pelos soldados de Budiônni. "Eles foram roubados, despojados de todas as suas roupas", escreveu ela, "as enfermeiras tinham sido estupradas, estavam com o rosto vermelho por terem sido agredidas. Aquilo foi obra da cavalaria de Budiônni... Os médicos choravam. 'E eles mataram Lida, a esposa do farmacêutico. Eles a cortaram em duas metades, assim como o bebê que ela esperava.' Eu não fui lá para ver Lida... Todas as roupas das enfermeiras estavam em farrapos. Seus rostos vermelhos, pois elas haviam chorado enquanto eram estupradas. E os homens batiam no rosto delas e mandavam-nas dar risada... Médicos e enfermeiras contaram ao doutor Gruber o que haviam sofrido. Todos os médicos desviaram o olhar quando as enfermeiras estavam sendo estupradas. Um homem da cavalaria de Budiônni abordou um médico que havia olhado para o outro lado e deu-lhe um tapa no rosto. 'Você devia estar feliz de ver-nos aqui. Tem alguma ideia de quem é Budiônni?'"

A notícia de que o Exército Vermelho penetrara na península da Crimeia produziu rapidamente uma reação. Em 11 de novembro, Wrangel ordenou que todos os navios Brancos fossem para os portos designados: de oeste para leste, eram os portos de Eupatoria, Sebastopol, Ialta, Teodósia e Kertch. Foi um trabalho em equipe impressionante. Cada formação do exército recebeu instruções a respeito do porto para o qual deveria ir. Os navios Aliados também reagiram rapidamente, apesar de terem reportado a presença de um submarino Vermelho junto à costa da Crimeia. O almirante McCully expediu ordens a todos os navios americanos na região. Disse que "as forças de Wrangel não poderiam resistir mais que alguns dias", e se recusou a "abandonar essas pessoas sabendo que elas seriam assassinadas pelos bolcheviques".

No mesmo dia, quinta-feira, 11 de novembro, quando chegaram notícias de que as forças Vermelhas haviam rompido a linha de defesa dos Brancos ao longo do istmo de Perekop, os navios de guerra da Marinha dos Estados Unidos em águas turcas reposicionaram-se imediatamente. O novo destróier USS *Humphreys* foi enviado de Batumi a Teodósia, o USS *John D. Edwards* que estava a caminho de Varna foi redirecionado a Sebastopol, o USS *Whipple* foi a toda a velocidade para Constança a fim de se abastecer de combustível antes de ir para a Crimeia e o USS *Fox* recebeu ordens para ficar a postos. No dia seguinte, com a confirmação de que a situação deteriorava-se rapidamente, o cruzador USS *St Louis* recebeu um urgente "sinal P em código", para que abastecesse de carvão e partisse.

A Cruz Vermelha americana no SS *Faraby* foi para Teodósia, aonde chegou em 13 de novembro, e encontrou as ruas fechadas e às escuras, já que os remanescentes do Corpo da Cavalaria do Don haviam entrado na cidade. "O boato era que os bolcheviques estavam a umas quinze milhas dali." No dia seguinte, o *Faraby* embarcou os feridos em Sebastopol, junto com o USS *Whipple* e o *Overton*, dois destróieres britânicos, e o USS *Humphreys*, que levou 113 pacientes em maca. Os feridos e doentes eram mantidos no convés enquanto o médico de cada navio trabalhava firme em seus ferimentos. "Ordens estritas foram expedidas para impedir a tripulação de ter contato com os infestados por piolhos", um oficial relembrou. Mas admitiu que mesmo assim a tripulação fez o que era possível por eles. "Cigarros e doces eram distribuídos livremente."

Um exilado em um dos outros navios narra ter observado "cossacos com rostos tristes e os olhos cheios de lágrimas, que não conseguiam disfarçar, apertando-os para ver seus amigos queridos entre os milhares de cavalos que estavam no cais... O vínculo entre o cossaco e seu cavalo era bem conhecido. Acho que alguma coisa deve ter morrido no coração dos cossacos naquele dia." A evacuação em Sebastopol foi concluída no domingo, 14 de novembro. Wrangel, depois de ficar satisfeito por ter feito o que estava a seu alcance, foi para Ialta à noite no cruzador Branco *General Kornílov*, antes chamado *Kagul*.

O USS *St Louis* chegou a Sebastopol acompanhado por vários destróieres, mas, como não avistaram mais soldados para recolher, foram diretamente para Ialta, onde já estavam o HMS *Benbow* e o cruzador francês *Waldeck-Rousseau*. O *St Louis* era capitaneado por William D. Leahy, que viria a se tornar almirante de frota e conselheiro do presidente Roosevelt na Conferência de Ialta. Era um dia ensolarado, e o mar Negro estava calmo. Oficiais a bordo apreciavam a visão dos ciprestes em torno das "reluzentes fachadas brancas das mansões", construídas nos montes abaixo da serra montanhosa da Crimeia. Leahy não imaginava que voltaria ali um quarto de século mais tarde quando o mundo seria de novo dividido, e com uma vantagem ainda maior para a causa comunista.

Toldos de lona foram estendidos acima dos conveses como abrigo para os refugiados sendo levados aos encouraçados. De repente, alguém no *St Louis* gritou. "As montanhas! Olhem para as montanhas!" "Nas alturas, acima dos extremos ocidentais de Ialta, numa saliência ou estrada aberta, um grupo de figuras marrons que marchavam de repente rompeu a formação e correu irregularmente encosta abaixo. Enquanto as figuras debandavam, lufadas de fumaça esbranquiçada erguiam-se contra o fundo mais escuro, seguidas pelo som de fogo de fuzil, com as outras encostas repercutindo o eco. O cruzador francês, assim que se pôs a caminho, abriu fogo com seu armamento secundário, num gesto fútil."

A evacuação em Ialta havia sido tranquila e organizada até os momentos finais. Conforme os últimos barcos a vapor civis partiam, eles puderam ouvir "fogo intermitente de fuzis na cidade". Houve também um imenso estrondo quando um depósito de munição explodiu. O general Wrangel no *Kornílov* saudava cada navio que passava, recebendo saudações de volta. "Ele tentava inspirar-nos um pouco de esperança, considerando o que o futuro nos reservava", escreveu um exilado. "Todos o saudávamos enquanto passávamos por ele, que nunca nos deixara na mão."

Teodósia e Kertch só foram evacuadas no dia seguinte, 16 de novembro. O *Waldeck-Rousseau* disparou uma salva de despedida de 21 tiros de canhão para Wrangel no *Kornílov* – "a última saudação à bandeira russa em águas territoriais russas". No total, cerca de 126 navios de portes variados conseguiram evacuar um total de 145.693 civis e soldados, dos quais 83 mil eram refugiados. Parte deles foram desembarcados em Constantinopla, onde já havia 35 mil russos, e parte nas ilhas Prinkipo, no mar de Marmara.

*

"Em 16 de novembro de 1920 as forças do Exército Vermelho ocuparam o território inteiro da Crimeia", declarou a *Stavka* Vermelha. Para os Vermelhos, isso marcava o fim da guerra. "Quando nossa cavalaria entrou em Simferopol e Sebastopol, as ruas dessas cidades estavam cheias de carroças abandonadas, que haviam sido carregadas com munição, comida e uniformes. Havia cavalos enroscados em seus arreios, tentando se desfazer deles. As ruas estavam congestionadas, e foi difícil para os nossos esquadrões se locomoverem. As janelas das casas estavam cobertas por tábuas, criando a impressão de estarem vazias, ainda que, na realidade, a maioria dos residentes dessas cidades nunca tenha ido embora. Não estou falando das pessoas ricas, mas do povo comum da cidade, artesãos, comerciantes. Quando fomos até o cais de Sebastopol, uma cena exótica chegou aos nossos olhos. O horizonte estava preenchido por navios que levavam embora para sempre *burjúis* russos e os remanescentes do derrotado Exército Branco."

A impressão que fica do relato de Wrangel, assim como do de vários outros sobreviventes, é que a evacuação teria permitido que todos os que queriam ir embora escapassem. Isso não condiz com as ondas de execuções que se seguiram imediatamente à partida dos navios. A *Stavka* do Exército Vermelho apontou que muitas unidades de retaguarda e "um grande número de refugiados não foram embarcados". Números confiáveis sugerem que foram deixados 15 mil feridos, assim como 2.009 oficiais e 52.687 soldados do Exército Russo de Wrangel.

"A partir de agora, o exílio e intrigas lamentáveis seriam o destino daqueles que haviam procurado deter o curso da história", escreveu Kámeniev a respeito dos que partiram. A *Stavka* Vermelha não fez menção ao "pleno perdão por todas as delinquências relacionadas à luta civil" que Frúnze prometera a todos os que entregassem suas armas. Lênin demonstrara claramente seu desagrado com essa generosidade e disse que não deveria se repetir, quaisquer que fossem as circunstâncias. A vitória significava vingança tanto em casa quanto no exterior.

Pável Makárov, o comunista clandestino e ajudante do general Mái-Maiévski, juntou-se aos soldados do Exército Vermelho. Ele descreveu que 83 Brancos haviam arrancado suas insígnias militares dos ombros pouco antes de serem capturados para fingir que eram Verdes. O regimento de cavalaria não perdeu tempo e "enviou-os para Koltchák", que era o novo eufemismo humorístico para uma execução. Quando ele chegou a Teodósia, logo após o Exército Insurgente de Makhno, subiu até um dos pontos mais elevados da cidade para olhar ao redor com binóculos. Viu uma "massa de cavalaria que parecia lava" descendo uma encosta. Como a maior parte do Exército Vermelho, eles sem dúvida estavam impacientes para ensinar a quaisquer oficiais remanescentes e aos mal-acostumados *burjúis* da Crimeia uma lição.

Lênin disse a Dzerjínski que não mantivesse os prisioneiros Brancos sobreviventes da Crimeia no sul da Rússia e no Cáucaso, como ele propusera. Seria mais conveniente, disse, "concentrá-los em algum lugar ao norte". Referia-se aos campos de concentração em torno do mar Branco. Poucos sobreviviam. A maioria dos prisioneiros, porém, era poupada dessa morte prolongada em favor de outra bem mais rápida. O homem encarregado do Terror Vermelho na Crimeia, que era quase certamente o terror mais concentrado de todo o território soviético, não foi Dzerjínski, mas o comunista húngaro Béla Kun, assistido por Rozália Zálkind, uma comissária conhecida como Ziemliátchka. Béla Kun parecia deixar implícito que agia sob ordens. "O camarada Trótski disse-nos que não visitaria a Crimeia enquanto ainda houvesse ali o último contrarrevolucionário. A Crimeia é uma garrafa da qual nenhum dos contrarrevolucionários será capaz de fugir."

Os prisioneiros eram supostamente enviados para uma "triagem" com os tchekistas no Departamento Especial de cada formação do Exército Vermelho.* Havia cartazes ordenando que todos os oficiais não capturados se registrassem, e, em razão da promessa de Frúnze, muitos fizeram isso, apenas para se verem imediatamente presos. Em Simferopol, um jovem oficial chamado Demídov implorou da prisão que sua mãe lhe trouxesse algumas meias quentes, o que ela fez. Na visita seguinte da mãe, informaram-na de que ele havia sido transferido para

* O "Departamento Especial" de contrainteligência, ou OO (*Ossóbi Otdél*), havia sido montado no ano anterior por Féliks Dzerjínski por ordens de Lênin para assegurar que a Tcheká mantivesse o controle sobre a disciplina política do Exército Vermelho. Isso prosseguiu sob as organizações que sucederam a Tcheká até abril de 1943, quando os departamentos especiais da NKVD foram agrupados sob Víktor Abákumov para a criação da SMIERCh: *Smiért chpiónam*, ou "Morte aos espiões".

outro lugar, mas depois ela soube que todos os prisioneiros haviam sido executados. Parentes de outras vítimas indicaram-lhe o provável local. Ela foi até lá com eles e localizou no meio da terra uma das meias de seu filho que ela havia cerzido. Encontrou um pedaço de papel dentro da meia que revelou ser um bilhete dele. Escrevera para dizer que achava que todos eles seriam fuzilados naquela noite. A família guarda esse pedaço de papel desde então.

A matança começou já na primeira noite. Estima-se o total de vítimas entre 15 mil e mais de 100 mil. Quando os números das localidades individuais são somados, a cifra maior parece mais plausível.

O pior massacre teve lugar na própria Sebastopol e em Balaclava, onde foram mortos 29 mil. Mais de 8 mil foram executados na primeira semana. Pelo menos 5.500 foram mortos na fazenda de Krimtaev perto de Simferopol. Numa demonstração deliberadamente óbvia de vingança, muitos foram também dependurados em postes de iluminação em Sebastopol, ainda com seus uniformes com dragonas. Não combatentes, mesmo que tivessem conexões muito tênues com o Exército Voluntário, não foram poupados. Membros do exército de Wrangel que estavam muito feridos ou doentes para poderem ser embarcados nos navios foram arrastados dos hospitais em Ialta, Alupka e Sebastopol e mortos. Ao que parece, dezessete enfermeiras das Irmãs de Caridade que cuidavam deles foram também executadas. Até mesmo estivadores que continuaram trabalhando durante a evacuação foram executados por terem auxiliado os Brancos.

As vítimas não consistiam apenas em oficiais e soldados. Familiares, incluindo esposas, filhos e idosos, também foram mortos. Muitos não foram fuzilados, e sim retalhados com sabres até a morte. Em Kertch foram levados a alto-mar para morrerem afogados, o que eles chamavam de "desembarques em Cubã". Em terra, os prisioneiros eram obrigados a marchar durante o dia e cavar os próprios túmulos, que eles então ocupavam à noite. Os carrascos trabalhavam por turnos, e muitas vezes lidavam com até sessenta vítimas por vez. Usar metralhadoras acelerava o ritmo. A. V. Óssokin testemunhou em um julgamento em que "a chacina estendeu-se por meses... Era possível ouvir as metralhadoras toda noite, até o amanhecer... Os residentes das casas mais próximas mudaram-se dali. Não conseguiam suportar o horror daquela tortura mental. E era perigoso também. Alguns feridos arrastavam-se até as casas e suplicavam por ajuda. Algumas pessoas foram executadas por terem abrigado sobreviventes".

Em 1918, a liderança comunista justificara o uso do terror como arma necessária para chegar ao poder na guerra civil, mas as piores manifestações de terror prosseguiram após a vitória absoluta. Numa prévia das práticas dos *Einsatzgruppen* das SS durante a invasão da União Soviética vinte anos mais tarde, algumas vítimas foram obrigadas não só a cavar valas comuns, mas em seguida a tirar a roupa e se deitar na cova para serem fuziladas. O grupo seguinte era então forçado a se deitar sobre os mortos para serem executados também. Algumas vítimas não estavam mortas quando a cova era coberta de terra. Quando houve a invasão nazista da União Soviética duas décadas depois, as SS e a Gestapo de Himmler parecem ter aprendido muito com os métodos da Tcheká.

40

A MORTE DA ESPERANÇA

1920-1921

Os anúncios do triunfo Vermelho em novembro de 1920 não conseguiam esconder o nervosismo dos vitoriosos. Estes vinham enfrentando resistência em partes do país ainda maiores que as que haviam resistido durante a própria guerra civil. As Tchekás, em quase toda parte, descobriam "conspirações", não só de Brancos e cossacos, mas também de Verdes, de socialistas-revolucionários de esquerda, socialistas-revolucionários de direita, makhnovistas, petliuristas e mencheviques, até mesmo de tolstoianos. No entanto, a maioria dessas revoltas não era política, mas fruto da raiva dos camponeses pela expropriação de seus grãos e animais pelos destacamentos comunistas de aprovisionamento que vinham das cidades. O assassinato de oficiais soviéticos desencadeava represálias massivas, e o círculo vicioso de repressão e revolta perpetuou-se por todo o Cáucaso, sul da Rússia e Ucrânia, assim como na Bielorrússia, nas regiões de Tambov e do Volga e no oeste da Sibéria. "A mão vingadora do Governo Soviético erradicará sem piedade todos os seus inimigos", proclamava a Tcheká no norte do Cáucaso e no Don.

Os Vermelhos não desperdiçaram tempo em partir para cima de seu "aliado temporário", o Exército Insurgente Makhnovista, que recebeu ordens de desarmar-se e virar parte do 4º Exército Vermelho. Semión Karétnik, que comandara o destacamento deles na invasão da Crimeia, foi convocado ao quartel-general de Frúnze. A caminho dali, ele e seu estado-maior foram capturados pelos soldados do Exército Vermelho perto de Melitopol e executados. Tanto o 1º Exército de Cavalaria quanto o 2º Exército de Cavalaria de Budiônni receberam ordens para entrar em ação contra os remanescentes do Exército Insurgente. Por volta do verão de 1921, restavam apenas Makhno, sua esposa, Galina, e 77 seguidores. "Nosso grupo chegou à fronteira romena", declarou um deles sob interrogatório, "e colocamos nossos cavalos para atravessar a nado [o rio Dniester] na área de Kamenka. Nos últimos cinco ou seis dias cavalgamos apenas à noite, evitando confrontos com os Vermelhos, e cruzamos a fronteira em 28 de agosto de 1921."

A 2ª Cavalaria, reduzida a corpo de exército, foi enviada de volta ao Cáucaso depois que o movimento makhnovista havia sido quase inteiramente sufocado. O Departamento Especial do Front Caucasiano levantou de novo suspeitas a respeito de seu comandante SR de esquerda, Filípp Mirónov. "Há razões que sugerem a presença de uma organização contrarrevolucionária", reportou o departamento. Em 17 de janeiro de 1921, Mirónov foi informado: "Você foi dispensado de seu cargo... Precisa transferir seu comando". Todos os seus associados conhecidos também foram presos. "Todos confessaram quando interrogados", reportou a Tcheká. Com base nos relatos de informantes secretos e em interrogatórios, Mirónov foi preso em razão de uma alegada conexão com uma revolta liderada por outro oficial cossaco em dezembro. Foi enviado sob escolta à prisão de Butirka em Moscou, onde, em 21 de abril, foi morto a tiros enquanto se exercitava no pátio.

A retomada da repressão ao Don e aos cossacos de Cubã produziu muitas outras revoltas. Todas foram sufocadas, mas foi a guerra dos bolcheviques contra os camponeses que teve consequências mais desastrosas. Eles afirmavam atacar apenas os *kúlaks*, isto é, os camponeses mais ricos, embora muitas vezes fizessem pouca distinção entre eles. "O Destacamento de Aprovisionamento de Tula pôs-se a trabalhar ativamente", escreveu Gueórgi Borel. "Imediatamente convocaram reuniões nas quais algumas resoluções ameaçadoras foram tomadas. Os camponeses compareceram, mas havia pouca discussão. Foram então obrigados a entrar na igreja sem calefação, onde ocorriam normalmente as reuniões na aldeia, e mantidos ali por oito dias sem comida ou água. Eles [os Vermelhos] também foram atrás dos *kúlaks*. Confiscaram todas as suas propriedades, muitos foram fuzilados e outros foram enviados a campos de trabalhos forçados. Atrocidades inacreditáveis foram

A fome na Sibéria ocidental, na região de Tcheliabinsk.

cometidas com essas infelizes pessoas: eram chicoteadas até sangrar, e em seguida despejavam água sobre as feridas e as pessoas eram colocadas ao relento para congelar... Todos os grãos foram confiscados, não restaram grãos sequer para a semeadura." A fome era inevitável. Para piorar as coisas, o inverno de 1920-21 foi terrível. "Fazia tanto frio", escreveu Boiártchikov, "que os pássaros congelavam em pleno voo e caíam no chão como pedras".

Em comparação com 1917, apenas uma quarta parte da terra foi semeada na *gubiérnia* de Tula, embora a demanda da Comissão de Aprovisionamento fosse seis vezes maior que o total da colheita. Os destacamentos pegavam tudo o que podiam, apesar de relatos disseminados indicarem um desperdício muito grande. O grão expropriado era deixado apodrecer, enquanto a criação confiscada morria por negligência. Além da brutal incompetência, havia o ultrajante saque realizado pelos esquadrões de requisição comunistas. Por volta de 1920, mais de 8 mil membros dos esquadrões haviam sido assassinados por camponeses. "As cidades enviavam destacamentos às aldeias", escreveu um participante da rebelião de Tambov, "e os destacamentos açoitavam, fuzilavam camponeses, estupravam mulheres e roubavam os grãos dos camponeses. O ódio dos camponeses em relação às cidades desempenhou um papel crucial. Ele era a razão do brutal tratamento que os camponeses dispensavam a quaisquer bolcheviques que capturassem."

Além da Sibéria ocidental, onde o Exército Vermelho enfrentou cerca de 60 mil rebeldes, a maior e mais longa rebelião camponesa provocada pelas requisições de alimentos começou na região de Tambov em agosto de 1920. Liderada pelo socialista-revolucionário de esquerda Aleksandr Antónov, a revolta se espalhou para grandes partes das regiões vizinhas de Voronej, Samara e Penza. Antónov posicionou suas forças com muita habilidade, atacando, dispersando-se e reaparecendo em outra parte. Eles costumavam receber o reforço de desertores que ainda estavam escondidos desde a guerra civil; portanto, contavam com soldados experientes para treiná-los. Oficiais capturados e membros de esquadrões de aprovisionamentos eram tratados com crueldade selvagem. Aos olhos dos rebeldes, o Partido Comunista traíra a revolução de 1917 no campo e tornara a vida deles bem pior do que sob o Czar. Fazendas coletivas eram atacadas, e suas ferramentas e grãos, divididos.

Após alguns sucessos iniciais dos camponeses rebeldes, o Exército Vermelho voltou com força, como ocorreu na região de Tula. "Unidades enviadas contra o levante incluíam a cavalaria de Budiônni, bem como a infantaria letã e a chinesa. No total, eram cerca de 6 mil homens. Não conseguimos resistir a essa força e iniciamos a retirada." Foi trazida a artilharia para bombardear aldeias, e lançaram até bombas de gás venenoso para evacuar florestas, por ordens de Tukhatchévski e Antónov-Ovsiénko.

Desde o início, as represálias dos Vermelhos foram abertamente cruéis. Esposas e filhos eram tomados como reféns, e cerca de 50 mil foram levados a campos de concentração na região de Tambov. Um número desconhecido de pessoas foi executado ou enviado a campos de trabalhos forçados no norte extremamente frio, o que quase equivalia a uma sentença de morte quando o inverno chegasse. Na região de Tomsk da Sibéria ocidental, 5 mil camponeses foram chacinados. Uma revolta similar na região de Ufa produziu uma reação ainda mais selvagem, estimada em 10 mil a 25 mil mortos. Inúmeras aldeias da Bielorrússia foram totalmente incendiadas, como os alemães fariam uma geração mais tarde em reação aos ataques de partisans. Os sobreviventes eram despachados a Vologda, quatrocentos quilômetros ao norte de Moscou, ou a áreas que padeciam com a fome. Esquadrões esmagavam os dedos de suas vítimas colocando-os entre as portas e os batentes. No inverno, poupavam balas usando o método da "estátua de gelo" para matar – desnudavam a vítima e despejavam água em cima até que congelasse. "Após sua 'pacificação', a província de Tambov ficou sem professores e sem pessoal médico. Parte da *intelligentsia* dessa aldeia foi morta nas batalhas, outros foram executados nos porões da Tcheká de Tambov. Por volta de 1922, havia muitas aldeias cuja população era composta inteiramente de mulheres e crianças."

Nas cidades, o sofrimento era diferente e de certo modo pior, com uma morte lenta por inanição. Glasse, o pintor e autor de um diário, voltara do Cáucaso ao seu velho bairro em Petrogrado. Isso porque o apartamento que ocupava em Krasnodar, com todos os seus pertences e livros, foi confiscado pelo chefe do Partido Comunista local para uso próprio.

Glasse ficou chocado com o que viu na antiga capital. "Pessoas silenciosas, de olhos cansados, emaciados ou inchados. A avenida Niévski deserta. Na ilha Vassilievski, há trechos de terra arrasada. As casas de madeira e dátchas dali haviam sido totalmente demolidas, pois a madeira era usada como lenha. Em 1919, quando a cidade literalmente morria de fome, queimavam o que quer que fosse combustível, móveis antigos, bibliotecas, arquivos e quadros. Foi com um aperto no coração que me aproximei da casa que eu deixara no outono de 1917. A família do escritor Z... havia toda morrido de fome em 1919. Apenas a empregada ainda estava viva. Ela me contou que haviam escondido os cadáveres da família debaixo de sofás ou camas, a fim de usar seus cartões de racionamento até que os corpos começassem a feder."

Com muitas das cidades afetadas por greves e grande parte do território em rebelião aberta, Lênin e a liderança comunista sentiram-se sitiados. Em 8 de março de 1921, Lênin confessou ao Décimo Congresso do Partido que as rebeliões camponesas eram "bem mais perigosas que todos os Deníkins, Iudénitches e Koltcháks juntos". Mas mesmo esse reconhecimento era pouco sincero, pois ocorria em meio a uma ameaça bem maior: a batalha do regime para sufocar um grande levante da Frota do Báltico em Kronstadt.

A catastrófica situação alimentar naquele inverno selvagem foi muito agravada pela obstinação ideológica e pela crueldade dos comunistas. Todas as suas medidas repressoras, com destacamentos de aprovisionamento fazendo exigências impossíveis, e todas as suas tentativas de impedir qualquer forma de livre comércio ou de troca, vinham mostrando-se muito contraproducentes, além de desumanas. Às vezes os cavalos eram tratados como se tivessem mais valor que as pessoas. "Um paradoxo da vida soviética", apontou um ex-professor de Direito em Petrogrado. "Enquanto as pessoas passam fome aqui, há cavalos sendo alimentados com... espaguete! Dezoito puds [295 quilos] de espaguete foram enviados a uma instituição para alimentar seus cavalos." A raiva em relação aos métodos comunistas levou a uma enorme perda de apoio mesmo entre seus supostamente leais apoiadores nas fábricas e na Frota do Báltico.

Em Moscou havia uma disseminação de greves, e, em 23 de fevereiro de 1921, as autoridades comunistas declararam a lei marcial. Os protestos rapidamente se estenderam a Petrogrado, onde trabalhadores reivindicavam o direito de obter comida do interior sem que ela fosse confiscada quando voltassem. "Nas fábricas mortas", escreveu Victor Serge, "os trabalhadores matam o tempo fazendo canivetes com pedaços do maquinário ou solas de sapatos com as esteiras rolantes, para trocá-los no mercado paralelo."

Os protestos tornavam-se cada vez mais políticos. Socialistas-revolucionários de esquerda, mencheviques e anarquistas faziam objeção à ditadura do Partido Comunista, agora que a guerra civil contra os Brancos terminara. Queriam liberdade de expressão e a volta aos ideais originais da Revolução de Fevereiro, que fizessem o poder fluir de baixo para cima, a partir de sovietes livremente eleitos, em vez de ser imposto de cima para baixo pelo Sovnarkom de Lênin. Esse era um desafio existencial que levou Lênin e Trótski a recorrerem ao uso de força ilimitada, à medida que os ânimos em Petrogrado ficavam espantosamente similares àqueles contrários ao regime czarista de fevereiro de 1917, exatos quatro anos antes.

Os marinheiros na Frota do Báltico em Kronstadt sempre haviam demonstrado um forte viés anarquista. Em 26 de fevereiro, a tripulação do encouraçado *Petropavlovsk* enviou uma missão de averiguação a Petrogrado para saber mais a respeito das greves. Logo descobriram aquela realidade de trabalhadores esfomeados. Dois dias mais tarde, a tripulação toda do encouraçado votou uma resolução pedindo liberdade de expressão, liberdade de associação e voto secreto. Numa manifestação de massa na Praça da Âncora, por uma esmagadora maioria a base de Kronstadt adotou o programa do *Petropavlovsk,* exigindo reformas. O presidente do Comitê Executivo Central de Toda a Rússia (na realidade, o chefe de Estado soviético), Mikhail Kalinin, já havia feito uma conclamação aos marinheiros para que retomassem a lealdade ao Partido, portanto essa rejeição foi vista como uma declaração de guerra. O "Vovô" Kalinin, supostamente um senhor tranquilo de origem camponesa, ficou furioso.

Naquela noite, Victor Serge, ainda trabalhando para o Comintern em Petrogrado, foi acordado em seu quarto no Hotel Astoria pelo toque do telefone. Quem ligou foi o cunhado de Zinóviev. "Kronstadt está na mão dos Brancos. Fomos todos convocados." Serge ficou extremamente abalado. Como era possível que os Brancos, derrotados, tivessem de repente tomado Kronstadt? "Que Brancos?", Serge perguntou. "De onde eles vieram? É inacreditável."

"Um tal de general Kozlóvski."

"Mas e nossos marinheiros? O Soviete? A Tchecká? Os trabalhadores do Arsenal?"

"Isso é tudo o que sei." A grande mentira começara, talvez inventada por Kalinin em seu retorno.

Em 2 de março, a base naval montou seu próprio comitê revolucionário. Os marinheiros estavam convencidos de que o apoio à sua causa iria se espalhar e que o regime teria que se tornar mais receptivo às massas. Trótski já havia descrito os marinheiros de Kronstadt como "o orgulho e a glória da Revolução Russa". Agora o regime comunista precisava explicar por que estava enfrentando uma guerra contra seus próprios heróis. Recorrendo àquela descarada mentira, alegavam que o motim havia sido liderado pelo general Kozlóvski, um general "Branco", enviado pelo governo capitalista francês num complô para derrubar o regime. Na realidade, Kozlóvski era apenas um ex-oficial czarista de artilharia que, como tantos outros, apresentara-se como voluntário para servir o Exército Vermelho. Fora enviado a Kronstadt pelo próprio Trótski para reorganizar as baterias costeiras que protegiam os arredores de Petrogrado, e era agora acusado de ser o líder de uma rebelião com a qual nada tinha a ver. Sua filha de dez anos que vivia em Petrogrado foi tomada como refém.

Serge ficou ainda mais chocado ao saber que o "complô da Guarda Branca" era uma invencionice. "A verdade vazou aos poucos, através da cortina de fumaça colocada pela imprensa, que estava positivamente ensandecida de tantas mentiras. E era nossa própria imprensa, ou seja, a primeira imprensa incorruptível e imparcial do mundo!"

Uma delegação de marinheiros de Kronstadt dirigiu-se a Petrogrado para conversar, mas foi detida pela Tcheká e nunca mais foi vista. Os anarquistas americanos Emma Goldman e Alexander Berkman tentaram persuadir Zinóviev a negociar, mas ele, em vez disso, decidiu colocá-los num trem especial para que fizessem um tour pelo país, a fim de compreendê-lo melhor. A liderança comunista não queria testemunhas estrangeiras, pois tinha toda a intenção de esmagar a revolta com uma violência irrestrita.

Em 5 de março, Trótski chegou a Petrogrado e expediu um ultimato aos amotinados, dizendo que se não se rendessem imediatamente seriam "abatidos a tiros como perdizes", uma ameaça que teria soado convincente nos lábios de um general Branco. Trótski então ordenou que as famílias dos marinheiros em Petrogrado fossem tomadas como reféns. Os Brancos derrotados no exílio tiveram um surto de esperança ao saberem da revolta. Propensos a acreditar na absurda história de que aquele motim naval era liderado por um general Branco, acabaram fazendo o jogo dos propagandistas comunistas e começaram a organizar suprimentos e ajuda financeira. O apoio proletário ao levante foi imediatamente cerceado.

Na própria Petrogrado, "o número de pessoas presas está aumentando", registrou o antigo professor de Direito na universidade de São Petersburgo. "Como as prisões estão lotadas, alguns dos prisioneiros são enviados a Vologda, cerca de oitocentas pessoas por dia, em média. Estão removendo os elementos ativistas, e não apenas os de fato, mas os potenciais, incluindo familiares, filhos... Estão agora sendo realmente brutais." Um dos últimos gritos de protesto dos marinheiros rebeldes havia sido: "A Rússia Soviética inteira transformou-se em uma colônia penal de Toda a Rússia".

Preparativos militares avançaram com grande rapidez sob o comandante preferido de Trótski, Tukhatchévski. Temendo que os soldados russos pudessem simpatizar com os rebeldes, Tukhatchévski introduziu a Brigada Basquir como uma das principais formações de assalto, assim como o totalmente confiável Regimento Especial para Contrainsurgência. Ele contava ainda com a 27ª Divisão de Fuzileiros com quatro brigadas prontas para a ocupação de Kronstadt.

A fortaleza e as baterias teriam que ser atacadas atravessando o gelo desde o istmo da Carélia, ao norte, e desde Oranienbaum, na costa sul. Um centro de comando no Palácio de Inverno procurava desesperadamente 2 mil casacos brancos de médico para as tropas de assalto usarem como camuflagem na neve. Numa chamada telefônica "muito urgente e secreta", descobriram que havia apenas alguns casacos muito velhos e sujos disponíveis. "Bem, não é muito agradável que estejam rasgados e manchados de sangue", reconheceu o comissário, mas teriam que servir assim mesmo. Os defensores, enquanto isso, torciam por um repentino degelo, para que a calota rachasse sob seus agressores, mas em vez disso a temperatura caiu com uma nevasca.

Ao anoitecer de 7 de março, teve início o bombardeio de Tukhatchévski, com a artilharia do Exército Vermelho, seguida pelas baterias costeiras da fortaleza de Krasnaia Gorka. No dia seguinte, os canhões de doze polegadas do navio de guerra *Petropavlovsk* revidaram, danificando Krasnaia Gorka severamente "com fogo pesado". Os ataques realizados naquele dia com os soldados atravessando o gelo, vindos tanto do norte quanto do sul, fracassaram. Capas de neve improvisadas com lençóis e os casacos brancos de médico não conseguiram esconder os homens de Tukhatchévski o suficiente, apesar de eles terem avançado em ordem espaçada para evitar colocar peso demais sobre o gelo. Metralhadoras varreram o golfo da Finlândia e obuses foram disparados em direção à costa sul, arrebentando o gelo e afogando vários soldados.

Os comandantes militares, inseguros em relação à confiabilidade de seus homens, solicitaram o envio de membros do Partido Comunista para que viessem fortalecer sua determinação política. "Recebemos 77 comunistas", reclamou um comandante chamado Avrov. "Dez deles são confiáveis, o resto são só garotos. Contra essas pessoas de Kronstadt precisamos de caras capazes de matar, não de meninos. Ontem enviei um telegrama codificado a Zinóviev, pedindo-lhe duzentos bons homens, que viessem para combater. Um comandante Vermelho de Kronstadt passou ontem para o nosso lado. Ele nos contou que vários recrutas haviam se rendido em Kronstadt, atraídos pelos rebeldes. Uma companhia do 561º Regimento recusou-se a avançar; e também alguns homens de outro batalhão. Eles estão expurgando essas unidades hoje."

Em 9 de março, a propaganda mentirosa foi mais além. "Na sessão regular do Comitê Executivo do Soviete de Petrogrado, Zinóviev informou ao comitê que, segundo a informação obtida, oficiais czaristas estavam vindo da Finlândia." Outras ofensivas fracassadas deixaram os soldados de Tukhatchévski ainda mais relutantes em atacar antigos camaradas, especialmente agora que a guerra civil supostamente havia sido encerrada. Com grande número de reforços, eles superavam em número os 16 mil marinheiros rebeldes na proporção de três para um. Aviões bombardearam as defesas de Kronstadt na ilha de Kotlin, com reduzido efeito. A fortaleza de Pedro, o Grande, mostrava ser um objetivo bem mais difícil do que a liderança comunista imaginara. Ao mesmo tempo, os rebeldes ficaram decepcionados com a falta de apoio por parte do restante da classe trabalhadora. Seus membros, famintos e fisicamente enfraquecidos, mostravam-se suscetíveis às promessas soviéticas de rações aumentadas e liberalização do mercado.

Nas primeiras horas de 17 de março, forças Vermelhas atravessaram o gelo em meio a uma neblina densa que se dispersava à medida que se aproximavam da linha de fortes que se estendia da ilha de Kotlin. Eles sofreram baixas intimidantes, com centenas de mortos e milhares de feridos, mas por volta de meia-noite haviam ocupado a maior parte da ilha e das baterias de canhões. O dia seguinte, 18 de março, foi também a data de uma revolta comunista fracassada em Berlim e do quinquagésimo aniversário da Comuna de Paris. O quartel-general de Tukhatchévski destacou que "Kronstadt foi tomada por nossas unidades. Os rebeldes fugiram para a Finlândia, parte deles espalhando-se pela Ilha de Kotlin". Quatro brigadas ficaram para proteger a área. O Regimento Especial tomaria os navios de guerra *Petropavlovsk*

A Revolução devora a si mesma. Soldados de Tukhatchévski esmagam o levante de Kronstadt.

e *Sebastopol*, por ora encalhados no gelo. "A disciplina revolucionária deve ser restabelecida."

No total, cerca de 9 mil marinheiros e seus apoiadores fugiram pelo gelo até o norte, indo para o território finlandês. Um relatório não identificado nos arquivos da Marinha Soviética descreve a situação ali. "Em poucas horas, todo o litoral, especialmente Terijoki [hoje Zelenogorsk], tornou-se um verdadeiro campo de refugiados. O governo e as Forças Armadas finlandesas tiveram que lidar com uma tarefa impossível. Patrulhas foram enviadas à costa para direcionar os refugiados a Terijoki, onde foram desarmados, divididos em grupos e a maioria instalada em dátchas vazias. Continuaram chegando refugiados o dia inteiro em 18 de março. Além de soldados e marinheiros do Exército Vermelho, havia civis, mulheres e crianças. Alguns homens tinham ferimentos leves." Um bom número havia fugido pelo gelo de pés descalços. Todos estavam esfomeados, e a Cruz Vermelha Americana correu para trazer provisões. Um dos refugiados era o general Kozlóvski, que foi interrogado pela "Polícia de Segurança Central" finlandesa.

Autoridades comunistas viram-se compelidas a perpetuar a mentira do envolvimento dos Brancos no levante. "Alguns rebeldes de Kronstadt foram para a Finlândia", o 7º Exército foi informado numa ordem. "Não se pode excluir que tentem, junto com as formações da Guarda Branca na Finlândia, atacar a fortaleza de Kronstadt para tomá-la.

"Na manhã de 18 de março, refugiados disseram que cerca de 3 mil marinheiros que ficaram nos fortes de Kronstadt lutarão até a última bala, que usarão para dar cabo deles mesmos." Os que chegaram depois relataram que "estão sendo realizadas execuções no gelo, diante do forte". Ardendo de raiva, os marinheiros rebeldes enfrentavam os esquadrões de fuzilamento gritando "Longa vida à Internacional Comunista!", "Longa vida à Revolução Mundial!".

CONCLUSÃO
O aprendiz do demônio

Os Brancos perderam a guerra civil em grande parte em razão de sua inflexibilidade – por exemplo, ao se recusarem a promover a reforma agrária até ser tarde demais, ou a dar alguma autonomia às nacionalidades do Império Czarista. Sua administração civil era tão inútil que mal existia. Paradoxalmente, também perderam por razões muito similares à maneira como a esquerda perdeu a Guerra Civil Espanhola, menos de duas décadas depois. Na Espanha, a fragmentada aliança antifascista da República não podia esperar prevalecer diante do regime disciplinado e militarizado de Franco. Na Rússia, uma aliança totalmente incompatível de socialistas-revolucionários e monarquistas reacionários tinha pouca chance contra a obstinada ditadura comunista.

Nos dois casos, há extremos que se alimentam, e o círculo vicioso de retórica e da violência foi um fator importante, que levou à ascensão de Hitler e à própria Segunda Guerra Mundial. Por tempo demais cometemos o erro de falar das guerras como entidades isoladas, quando com frequência são um conglomerado de diferentes conflitos, reunindo ressentimentos nacionais, ódios étnicos e luta de classes. E, quando se trata de guerras civis, há também o choque entre centralismo e regionalismo e entre autoritarismo e espírito libertário. A ideia de uma guerra civil puramente "russa" é outra simplificação enganosa. Um historiador recentemente chegou a descrevê-la, em vez disso, como "uma guerra mundial condensada".

*

Vários historiadores têm acertadamente enfatizado o ponto de que a Revolução de Fevereiro de 1917 não provocou uma contrarrevolução. A derrubada do regime czarista desencadeou uma ampla variedade de reações na classe dominante anterior: a resignação aos eventos, o ressentimento em relação à incompetência e obstinação da corte imperial, mas também um otimismo inicial entre seus membros mais liberais e idealistas. A maior parte da nobreza e da burguesia deu apoio ao Governo Provisório na expectativa de que ele pelo menos coibisse os piores excessos e mantivesse o país unido. A ausência inicial de qualquer tentativa de revide ilustrou não tanto uma apatia, mas um sentimento de que restava pouco do *ancien régime* que valesse a pena defender. Uma determinação para resistir só começou a se desenvolver durante o verão, quando o programa bolchevique polarizou a opinião pública. A questão é importante quando se trata das origens da própria guerra civil, que levou à morte 12 milhões de pessoas, ao profundo empobrecimento de todo o país e a um sofrimento em escala inimaginável.

Konstantín Paustóvski lamentou a oportunidade perdida de uma mudança democrática. "O aspecto idílico dos primeiros dias da Revolução estava desaparecendo. Mundos inteiros estavam sendo abalados e desabando. A maior parte da *intelligentsia* perdeu a cabeça, aquela grande *intelligentsia* humanista russa que havia sido filha de Púchkin e Herzen, de Tolstói e Tchékhov. Ela soubera criar altos valores espirituais, mas, com poucas exceções, mostrou-se impotente para criar a organização de um Estado."

Valores espirituais nunca tiveram a menor chance contra a fanática determinação de destruir todos aqueles valores do passado, tanto os bons quanto os ruins. Nenhum país consegue escapar dos fantasmas do seu passado, e menos ainda a Rússia. O escritor e crítico Víktor Chklóvski comparou os bolcheviques ao aprendiz do demônio, que, num velho conto do folclore russo, gaba-se de ser capaz de rejuvenescer um homem velho. Para restaurar sua juventude, ele primeiro precisa queimá-lo. O aprendiz incendeia-o, mas descobre então que não é capaz de fazê-lo reviver.

Guerras fratricidas estão fadadas a serem cruéis pela falta de linhas de front definíveis, pela instantânea extensão à vida civil e pelos terríveis ódios e suspeitas que engendram. A luta por toda a massa de terra da

Eurásia foi inacreditavelmente violenta, especialmente a inefável crueldade dos atamans cossacos na Sibéria. Até mesmo o político arquiconservador V. V. Chulgín acreditava que uma das principais razões para o fracasso dos Brancos foi um "colapso moral" – o fato de se comportarem tão mal quanto seu inimigo bolchevique. Havia, porém, uma diferença sutil, mas importante. Com excessiva frequência, os Brancos representaram os piores exemplos de humanidade. Em crueldade desumana, porém, os bolcheviques foram imbatíveis.

GLOSSÁRIO

Anarquista	A ideologia de esquerda libertária e antiestado do anarquismo floresceu na Rússia e na Espanha na última parte do século XIX e se mostrou quase tão fortemente oposta ao marxismo e ao bolchevismo quanto ao czarismo e ao capitalismo.
Bolchevique	Ver PTSDR.
Burjúi	Termo que os revolucionários usavam para se referir a membros da burguesia, vistos como contrarrevolucionários.
Iessául	Um capitão de cavalaria cossaca comandando um esquadrão ou sótnia, em tese formada por cem homens.
Isbá	Casa ou cabana de madeira de camponês russo.
Junkers	Cadetes de escolas militares com idades geralmente entre doze e dezessete anos, que se reuniram para apoiar o Governo Provisório contra os bolcheviques, pouco antes da Revolução de Outubro.
Kadetes	Os kadetes ou KDs eram membros do conservador *Konstitutsiónno-diemokratítcheskaia* pártia, um partido de centro-direita.
Krug	A assembleia dos cossacos do Don que proclamaram uma República do Don independente em maio de 1918, ao expulsarem a administração soviética e seus apoiadores da Guarda Vermelha.

Menchevique — Ver PTSDR.

Osvag — Acrônimo de *Osviedômitielnoe Agentsvo*, o órgão de informação ou braço de propaganda do Exército Voluntário e depois das Forças Armadas do Sul da Rússia.

PTSDR — Em 1903, o Partido Trabalhista Social-Democrático Russo dividiu-se entre a facção dos chamados mencheviques (minoria), liderados por Iúli Mártov, e a facção bolchevique (maioria), liderada por Vladímir Lênin.

RSFSR — A República Socialista Federativa Soviética Russa foi proclamada pelo Quinto Congresso de Sovietes de Toda a Rússia em julho de 1918. Em janeiro de 1924, tornou-se a União das Repúblicas Socialistas Soviéticas.

Sótnia — Um grupo militar ou esquadrão, de uma centena de cossacos. Porém, o termo era também usado na expressão *tchórnaia sótnia* – as "Centúrias Negras", grupos de reacionários antissemitas apoiados pelo Czar Nicolau II.

Soviete — Um comitê, originalmente de delegados de trabalhadores ou soldados revolucionários. Os bolcheviques, ao ganharem o controle dos principais sovietes no outono de 1917, transformaram-nos em órgãos administrativos, executores das ordens de seu governo, o Sovnarkom.

Sovnarkom — Acrônimo de *Soviét Naródnikh Komissárov*, o Conselho dos Comissários do Povo, que era essencialmente o governo bolchevique, presidido por Lênin.

SRs — O Partido dos Socialistas-Revolucionários, de base principalmente rural, dividiu-se em SRs de esquerda e SRs de direita durante o outono de 1917, com os socialistas-revolucionários de esquerda apoiando os bolcheviques na esperança de que Lênin implementaria até o fim todas as reformas agrárias que eles defendiam. Quando descobriram que haviam sido enganados, rebelaram-se sem sucesso no ano seguinte.

Stanítsa — Assentamento cossaco, variando de tamanho de uma vila até uma cidade.

Tatchânka — Uma carroça rápida de quatro rodas ou *Drójki*, com uma metralhadora montada nela e usada mais ou menos como uma biga romana puxada por dois ou três cavalos. A tripulação consistia geralmente em um condutor e um atirador, mas às vezes era manobrada por quatro combatentes.

Tcheká — O acrônimo de *Vsierossíska tchezvitcháinaia komíssia po borbíe s kontrrevoliútsien i sabotájiem*. Tratava-se da Comissão Extraordinária de Toda a Rússia para o Combate à Contrarrevolução, à Especulação e à Sabotagem, fundada por Féliks Dzerjínski, que mais tarde evoluiu para a OGPU, a NKVD e a KGB.

Tchokhá — Túnica cossaca ou caucasiana com compartimentos para munição cruzados sobre o peito.

Verdes — Grupos partisans de desertores e daqueles que haviam evitado juntar-se aos Vermelhos ou Brancos. Eram chamados de Verdes porque a maioria vivia nas floresta.

AGRADECIMENTOS

Um projeto desse escopo naturalmente dependeu em boa parte da ajuda de muitas pessoas em vários países, e sou profundamente grato a todas elas. Na Polônia, Anastazja Pindor foi uma vez mais de grande auxílio nos arquivos e bibliotecas. Michael Hödl coletou material em Viena, e na Ucrânia Aleksêi Statsiénko e Ólieksi Ivachín vasculharam os arquivos de Kiev. Ólieksi, no momento em que escrevo, é um fuzileiro/médico no 10º Batalhão Independente de Fuzileiros para a Defesa Territorial. Em Stanford, fui auxiliado por Sarah Patton nos arquivos da Hoover Institution, assim como orientado em relação às fontes pelo Professor Norman Naimark e por Anatól Chmeliév, o curador Robert Conquest para a Rússia. Também sou muito grato a Allen Packwood e sua equipe no Churchill Archives Centre em Cambridge, assim como ao Liddell Hart Centre for Military Archives do King's College de Londres.

A maior e mais essencial contribuição de todas veio de minha amiga e parceira em história, Doutora Liubóva Vinográdova, com quem trabalhei primeiro há 28 anos ao começarmos a pesquisa para *Stalingrad*. Este livro, que é dedicado a ela, nunca teria sido possível sem o seu trabalho em tantos arquivos ao longo dos últimos cinco anos e sua inspirada seleção de material.

Também sou grato a muitas outras pessoas por sua assistência em relação a fontes, como Anne Applebaum, Sebastian Cox, Angelica von Hase, Sir Max Hastings, James Holland, Sue Lucas, Hugo Vickers e Antony Wynn. Orlando Figes, Sir Rodric Braithwaite e a Dra. Vinográdova tiveram a gentileza de ler o primeiro esboço e corrigir erros. Qualquer um que ainda tenha restado será devido, naturalmente, a uma falha minha.

Tive a excelente sorte de contar com meus editores na Weidenfeld & Nicolson, especialmente Alan Samson, que tornou possível meu desejo de lidar com um assunto que havia relutantemente abandonado fazia mais de trinta anos. Maddy Price foi a editora pragmática ideal e fez excelentes sugestões para o final do livro, enquanto Clarissa Sutherland guiou o trabalho todo ao longo do processo editorial de modo exemplar. Nos Estados Unidos, tive a grande sorte de contar com Brian Tart e Terezia Cicel, que cuidaram de mim na Viking, e, é claro, com Robin Straus como meu agente em Nova York. Andrew Nurnberg, meu amigo e agente literário simplesmente há quarenta anos, tem sido uma companhia brilhante e agradável no mundo dos livros, mas, é claro, mais importante de tudo, meus maiores agradecimentos são para Artemis, sempre minha conselheira e editora em primeira instância.

Canterbury
Abril de 2022

ABREVIATURAS

AFSB-RB	Arkhív Upravliénia Fedierálnoi slújbi biezopástnosti po Respíblikie Buriátia, Arquivo do Diretório do Serviço Federal de Segurança da República da Buriácia, Ulan Ude, Buriácia
ASF-ARLM	Archives of the Solzhenitsyn Foundation, All-Russia Library Memoirs, Moscou [Arquivos da Fundação Soljenítsin, Memórias da Biblioteca Panrussa]
BA-CU	Bakhmeteff Archive, Columbia University, Nova York
CAC	Churchill Archives, Churchill College, Cambridge
CAW-WBH	Centralne Archiwum Wojskowe – Wojskowe Biuro Historyczne (Arquivos Militares Centrais), Varsóvia
DASBU	Derjavní arkhív slujbí bezpetchní Ukraín, Arquivo do Departamento do Serviço de Segurança da Ucrânia, Kiev
GAI	Gossudárstvenni arkhív Irbít, Arquivo Estatal de Irbit
GAIO	Gossudárstvenni arkhív Irkutskói óblasti, Arquivo Estatal do óblast de Irkutsk
GAKK	Gossudárstvenni arkhív Krasnoiárskogo Kráiaa, Arquivo Estatal da Região de Krasnoiarsk
GARF	Gossudárstvenni arkhív Rossiskói fedierátsi, Arquivo Estatal da Federação Russa
GARO	Gossudárstvenni arkhív Rostovskói óblasti, Arquivo Estatal do Óblast de Rostov, Rostov-no-Don

GASO	Gossudárstvenni arkhív Sviérdlovskoi óblasti, Arquivo Estatal dos Órgãos Administrativos do Óblast de Sviérdlovsk, Ecaterimburgo
HIA	Hoover Institution Archives, Stanford, CA
IHR	Institute of Historical Research, Londres
IWM	Imperial War Museum
JSMS	Journal of Slavic Military Studies
KA-KM	Kriegsarchiv Kriegsministerium, Viena
KCF	Karta Centre Foundation, Fundacja Ośrodka KARTA, Varsóvia
KCLMA	Kings College Londres, Liddell Hart Military Archive
LCW	Lenin, V. I., Collected Works, 45 vols., Moscou [Lênin, V. I., Obras Escolhidas, 45 vols.] 1960–70
NAM	National Army Museum, Londres
NZh	*Nováia Jízn* (*Nova Vida*), Máksim Górki, *Untimely Thoughts: Essays on Revolution, Culture and the Bolcheviques, 1917–1918*, Nova York, 1968
Oe-StA-KA	Österreichisches Staatsarchiv – Kriegsarchiv, Arquivos Estatais da Áustria – Arquivos de Guerra, Viena
OGAChO	Obiedinénni gossudárstvenni arkhív Tchheliábinskoi óblasti, Arquivo Estatal Consolidado do Óblast de Tcheliabinsk, Tcheliabinsk
OR-RGB	Otdél rukopissêi – Rossisskáia gossudárstvennaia biblioteka, Departamento de Manuscritos da Biblioteca Estatal Russa, anteriormente Biblioteca Estatal Lênin, Moscou
PIA	Piłsudski Institute Archives, Nova York
RACO	Red Army Combat Operations. Bubnov, A.S.; Kámeniev, S.S.; Tukhachevskii, M.N.; Eideman, R.P. (eds.); *The Russian Civil War 1918–1921 – An Operational-Strategic Sketch of the Red Army's Combat Operations*, Havertown, PA, 2020
RGALI	Rossíski Gossudárstvenni Arkhív Literaturí i Iskússtva, Arquivo Estatal Russo de Literatura e Arte, Moscou
RGASPI	Rossíski Gossudárstvenni Arkhív Sotsiálno Politítcheskoi Istóri, Arquivo Estatal Russo de História Social e Política, Moscou

RGAVMF	Rossíski Gossudárstvenni Arkhív Voiénno Morskógo flóta, Arquivo Estatal Russo da Marinha, São Petersburgo
RGVA	Rossíski Gossudárstvenni Voiénni Arkhív, Arquivo Militar do Estado Russo, Moscou
RGVIA	Rossíski Gossudárstvenni Voiénno-Istoríscheski Arkhív, Arquivo de História Militar do Estado Russo, Moscou
THRR	Trótski, Leon, *History of the Russian Revolution*, Londres, 2017
TNA	The National Archives, Kew
TsA FSB	Tsentrálni arkhív Fedierálnoi Slújbi Biezopásnosti, Arquivo Central do FSB, Moscou
TsDNITO	Tséntr dokumentátsi noveichiéi istóri Tambóvskoi óblasti, Centro de Documentação de História moderna do Óblast Tambov
TsGAORSS	Gossudárstvenni Arkhív Oktiabrskói Revoliútsi i Sotsialistítcheskogo Stróitelstva, Arquivo Estatal Central da Revolução de Outubro e da Construção Soviética, Moscou
TsGASO	Tsentrálni Gossudárstvenni Arkhív Samarskói òblasti, Arquivo Estatal Central do Óblast Samara
TsNANANB	Tsentrálni Naútchni Arkhív Natsionalnói Akadémi Naúk Bielarússi, Arquivos Científicos Centrais da Academia Nacional de Ciências da Bielorrússia, Minsk
VIZh	*Voiénno-istorítcheski jurnál*
WiR	*Wavell in Russia*, ed. Owen Humphrys, edição privada, 2017

NOTA No caso da maior parte dos arquivos russos, o formato indica a referência dada. Por exemplo: GARF 4949/1/3/174 significa Arquivo Estatal da Federação Russa, fond 4949, opis 1, delo 3, e página 174.

NOTAS

Prefácio

19 "homem gentil e amável...", CAC-CHAR 1/3/20–21
19 "Foi servido jantar...", ibid.
19 "Temos duzentos anos de atraso..." Consuelo Vanderbilt Balsan, *The Glitter and the Gold*, p. 125
20 "O Grão-Duque Vladímir...", CAC-CHAR 1/3/20–21
20 "Um exemplo do...", WiR, p. 13
20 "Mas então as pessoas não...", ibid., p. 11
20 "como opressores burocráticos...", ibid., p. 4
20 "A Rússia oscilou...", "Téffi" (Nadiéjda Lokhvítskaia), *Rasputin and Other Ironies*, p. 75
21 "Nossos camponeses vivem...", NZ-UT, No. 35, 30/5/1917
21 "É deplorável...", Segundo Exército, RGVIA 7789/2/28
22 "revolta russa...", *The Captain's Daughter*, p. 203
22 "o efeito devastador...", citação de Charlotte Hobson (ed.), M.E. Saltykov Shchedrin, *The History of a Town*, p. xiii
22 Conde Dmítri Cheriémetev, Douglas Smith, *Former People*, p. 35
23 "Não há sistema de esgoto...", NZ-UT, No. 35, 30/5/1917

Parte Um: 1912-1917

Capítulo 1: O suicídio da Europa

27 "The Suicide of Europe!", Máksim Górki, NZ-UT, No. 4, 22/4/1917

28 Mobilização e a crise de julho: para um excelente relato, ver, de Dominic Lieven, *Towards the Flame*, pp. 313–42

28 "domínio alemão", Allan K. Wildman, *The End of the Russian Imperial Army*, Vol. 1, p. 113

29 "Depois que enterram...", NZ-UT No. 4 22/4/1917

29 "O mais recente desenvolvimento tecnológico...", V.P. Krávkov, 14/5/1916, *Velíkaia voína bez retuchi: Zapíski korpusnógo vratchá*, p. 222

29 "Os cadáveres ainda estão largados ali...", RGVIA 2067/1/2932/228

29 "Recolhemos os corpos...", RGVIA, 2067/1/2931/465

30 "O soldado comum...", RGVIA 2031/2/533/38

30 "Foi muito simples...", Krávkov, pp. 202–3

30 Estudantes de Odessa, RGVIA 12067/1/ 2935/348–9

30 "Por favor, escreva para mim...", ibid.

31 "O comandante da sótnia...", RGVIA 2007/1/26/170

31 "Outra entrega...", Krávkov, 14/5/16, p. 243

31 "O doutor Tolchíonov, que eu havia despachado...", Krávkov, 11/10/16, p. 268

31 "Recebemos reforços...", Krávkov, p. 272

32 "E assim estamos...", V. V. Chulgín, *Days of the Russian Revolution – Memoirs from the Right*, p. 51

32 "rumores de traição", ibid., pp. 53–4

32 "forças ocultas agindo...", Sean McMeekin, *The Russian Revolution*, pp. 78–9

32 "É sabido que...", RGVIA 2067/1/2937/172

32 "o homem mais bonito e impressionante...", WiR, 47

33 "Autocracia sem um autocrata...", Chulgín, p. 69

33 "O chefe do estado-maior do general Dólgov...", Krávkov, p. 204

33 "As Aventuras de Gríchka", V. B. Chklóvski, *Sentimental Journey*, pp. 8–9

34 "Dois oficiais da Guarda...", V. V. Feduliênko, HIA 2001C59

34 "Seja qual for o resultado...", Krávkov, p. 277

Capítulo 2: A Revolução de Fevereiro

35 "A atual situação...", D. N. Tikhobrázov, BA-CU 4078150

35 300 mil trabalhadores em Petrogrado, K. I. Globatchóv, BA-CU 4077547

35 "A maioria era de...", M. F. Skorodumov, na coleção de Michael Blínov, HIA 2003C39 9/12

35 *praporshchiki*, Peter Kenez, "A Profile of the Pre-Revolutionary Officer Corps", *California Slavic Studies*, Vol. 7, 1973, 147; Allan K. Wildman, *The End of the Russian Imperial Army*, Vol. 1, pp. 100–2

36 "Para concluir, brindamos...", Maurice Paléologue, *Le crépuscule des Tsars*, p. 556

36 "Ao contrário...", ibid., p. 557

36 "Estou ouvindo", ibid., pp. 562–3

37 "romper a barreira que o separa...", George Buchanan, *My Mission to Russia*, Vol. 2, p. 44

37 "*Adieu, Monsieur l'Ambassadeur*", Paléologue, p. 563

37 "advertir Sua Majestade...", ibid., p. 47

37 "Toda noite...", ibid., p. 564

37 "As filas começaram...", Shultz, ASF-ARLM 1/R-145, p. 129

38 57 mil vagões, Paléologue, p. 586

38 "Nunca enfrentamos uma greve...", Globatchóv, BA-CU 4077547, p. 16

38 "Tenho certeza de que são...", ibid.

39 "o tedioso desespero e ressentimento...", Chklóvski, p. 7–9

39 Dia Internacional da Mulher, ver Ruthchild, Rochelle Goldberg. "Women and Gender in 1917", *Slavic Review*, Outono 2017, Vol. 76, No. 3, pp. 694–702

41 "Vocês vão chicotear...", Anônimo, ASF-ARLM E-100, 1/1/310/3

41 "Havia certa aglomeração...", Serguêi Prokôfiev, *Dniévnik*, 24/2/1917

41 "alemã", citação de Richard Pipes, *The Russian Revolution*, p. 275

42 "São muito pitorescos...", Louis de Robien, *Journal d'un diplomate en Russie, 1917–1918*, p. 10

42 "muito chique...", ibid.
42 "A carga foi realizada...", ibid., p. 12
42 Motim Pávlovski, Globatchóv, BA-CU 4077547
42 "O exército é leal...", Robien, p. 11
42 "os cossacos cavalgavam...", Vladímir Zienzínov. "*Iz jízni revoliutsióniera*" (*Da Vida de um Revolucionário*), p. 11
43 "Vi meu primeiro ...", Vladímir Nabókov, *Speak Memory*, p. 71
43 Protopópov e Raspútin, Paléologue, p. 587
43 "lúgubre...", Robien, p. 13
45 "A neve abafava...", ibid., p. 14
45 "Não vamos atirar!" Wildman, *The End of the Russian Imperial Army*, Vol. 1, as 143
46 "*Sa Majesté Impériale...*", Tikhobrázov, BA-CU 4078150
46 "Aquele gordo...", citado em Pipes, *Russian Revolution*, p. 282
47 "selvageria asiática", Brian Moynahan, *Comrades 1917*, p. 95
47 "encarnação da beleza espiritual...", ibid., p. 201
47 "Górki era alto ...", Chklóvski, p. 188
47 "para minha grande tristeza...", Buisson (ed.), *Journal intime de Nicholas II*, p. 57
47 "Patrulhas de cavalaria deixaram...", Globatchóv, BA-CU 4077547
48 "finalmente entendeu...", ibid.
48 "para esmagar a revolta...", Tikhobrázov, BA-CU 4078150

Capítulo 3: A queda da águia de duas cabeças

49 "As ruas estavam cheias...", Prokôfiev, *Dniévnik*, 28/2/1917
49 "Pessoas com aparência de ricas...", Eduard E. Dune, BA-CU 4077481
49 "viu uma grande fogueira...", Prokôfiev, *Dniévnik*, 28/2/1917
Stavka questionnaire, Wildman, *The End of the Russian Imperial Army*, Vol. 1, pp. 153–4
"Que desgraça!"..., Buisson (ed.), p. 58
"sim, acabamos ficando...", Chulgín, p. 129
"O ódio à dinastia...", Tikhobrázov, BA-CU 4078150
"Estou certo de que...", ibid.
53 "Não querendo nos separar...", ibid.

"absolutamente impossível", Diário do Grão-Duque Andrei Vladímirovitch, GARF 650/1/55/83–154
"Saí de Pskov...", Buisson (ed.), p. 59
"Em vez do grito entusiástico...", Raskólnikov, *Kronstadt and Petrograd in 1917*, i., 1
"Pela graça de Deus...", citado em Donald Crawford, "The Last Tsar", in Brenton (ed.), *Historically Inevitable? Turning points of the Russians Revolution*, p. 88; também Pipes, *Russian Revolution*, p. 319–20
"Parece que Mícha...", Buisson (ed.), p. 59

Capítulo 4: Da autocracia ao caos

57 "Eles ficavam lotados de soldados...", Prokôfiev, *Dniévnik*, 1/3/1917
58 "trinta ou quarenta policiais...", citado em Helen Rappaport, *Caught in the Revolution*, p. 99
58 "Vamos bater no policial!", A. I. Boiártchikov, *Memoirs*, p. 39
58 "O ódio do povo...", Grão-Duque Andrei Vladímirovitch, GARF 650/1/55/83–154
59 "Apenas um homem poderia...", Chulgín, p. 135
59 "Dentro, o palácio...", Zienzínov, p. 39
60 "Nós, as mulheres, exigimos...", Anônimo, ASF-ARLM E-100, 1/1/310/12
60 "um ator até a medula", Chulgín, p. 119
61 "A Duma não derrama sangue!", citado em Pipes, *Russian Revolution*, p. 303; Globatchóv, BA-CU 4077547
61 Castelo Litovski, Ievguênia Iároslavskaia-Markon, *Revoltée*, p. 28
61 "Então, diga: a vida vai melhorar agora?", diário de Y. I. Lakier, BA-CU 4077740
61 "Dormi mal...", Krávkov, p. 295
62 "A notícia da abdicação do soberano...", Grão-Duque Andrei Vladímirovitch, GARF 650/1/55/83–154
62 "Todos pareciam deprimidos...", Tikhobrázov, BA-CU 4078150
64 "a encarnação da vastidão...", Konstantín Paustóvski, *The Story of a Life*, p. 464

64 "Muitos boatos...", Aleksêi Oriéchnikov, *Dniévnik*, 1/3/1917, p. 108

64 "Vão lá alimentar...", Paustóvski, p. 489

65 "o amado Czar", comandante Oliver Locker-Lampson, RNAS Armoured Car Division, CAC-CHAR 2/95/2–36

66 "aristocracia militar não conseguem...", Krávkov, p. 297

66 "roupa íntima de *bábuchka*", citado por Wildman, Vol. 1, p. 242

66 "Dossiê da Revolução", Tikhobrázov, BA-CU 4078150

67 Taxa de deserção após a *príkaz* nº 1, WiR, 14; ver também Wildman, Vol. 1, p. 368, n64

67 "A massa de soldados...", Máksim Kulík, Kubánski *Sbórnik*, No. 6, 22/9/2015, ASF-ARML

67 "Uma aglomeração estava plantada por ali...", major-general V. N. v. Dreier, BA-CU 4077478, pp. 317–18

68 "Como poderia a infantaria...", Locker-Lampson, CAC-CHAR 2/95/2–36

68 "erguidos por baionetas", Wildman, Vol. 1, p. 211

68 "Em Kronstadt...", Locker-Lampson, CAC-CHAR 2/95/2–36

68 "ratos de cais", Evan Mawdsley, *The Russian Revolution and the Baltic Fleet*, p. 16

68 "Motim no *Andrei...*", Mawdsley, p. 1

68 "fama de bruto...", Raskólnikov, *Kronstadt and Petrograd in 1917*, Vol. 2, p. 1

69 "A marinha inteira...", Lakier, BA-CU 4077740

70 "Não foram vocês que...", Makhónin, BA-CU 4077787

Capítulo 5: A viúva grávida

71 "A morte das formas...", Herzen, *From the Other Shore*, Londres, 1956, p. 124

71 "ao mesmo tempo...", Isaiah Berlin, introdução a *From the Other Shore*, p. xv

71 "um pequeno *goblin*...", Ransome, *Autobiography*, p. 275

"Em seis meses...", citado em Victor Sebestyen, *Lenin the Dictator*, p. 273

"guerra imperialista predatória...", LCW, Vol. 24, p. 19–26; *Pravda,* 7 de abril de 1917

"O programa de Lênin...", Robert Service, *Lenin*, p. 264
"na maioria dos Sovietes...", LCW, Vol. 24, pp. 19–26

76 "Como orador...", "Téffi", *Raspútin*, pp. 105–7

77 "os soldados só queriam...", A. A. Brusílov, citado em Orlando Figes, *A People's Tragedy*, pp. 379–80

77 "A deserção no exército...", Krávkov, p. 316

77 "Todo mundo aqui...", RGVIA 2031/1/1181/330

77 "Será realmente melhor para nós...", citado em Orlando Figes, *Peasant Russia Civil War*, pp. 41–2

78 Destruição em Mtsensk, Douglas Smith, *Former People*, 94
A morte de Borís Viázemski, Douglas Smith, pp. 105–7; para outra versão, menos confiável, G.A. Rímski-Kórsakov, *Rossía 1917 v iegódokumentákh*, p. 121

79 "Imploro a vocês, não destruam...", site de Natalia Mikhailova "Family Archive"
"A Condessa, que no momento...", I. F. Najívin, *Zapíski o revoliútsi*, p. 238

80 "Naqueles tempos turbulentos...", Paustóvski, p. 485

81 "Insistir, como faz Miliúkov...", Krávkov, p. 312

80 "as sórdidas e implacáveis...", Chklóvski, p. 60

84 "Em nome da salvação...", citado em N. N. Sukhánov, *The Russian Revolution 1917*, p. 361

84 "Os muitos roubos e assassinatos...", Krávkov, p. 329

84 "Ao todo...", ibid.

85 Transferência de divisões, Wildman, Vol. 1, p. 358, n44

85 "voltar para casa logo", Rudolf Rothkegel, Bundestiftung zur Aufarbeitung der SED-Diktatur, Berlim

85 "Os homens têm confraternizado...", Chklóvski, p. 34

86 "O 45º e o 46º...", Krávkov, p. 329

86 "O Comissário Sávinkov...", ibid.

86 "Meus cumprimentos a vocês...", M. F. Skorodumov, HIA 2003C39 9/12

86 "Ele lançava...", Paustóvski, pp. 484–5

87 "Estou cheia de alegria...", Lakier, BA-CU 4077740

Capítulo 6: A Ofensiva Keriénski e as Jornadas de Julho

88 "Quanto mais perto estivermos...", CAC-CHAR 2/95/2–36
89 "fervoroso apelo...", ibid.
89 "Acho que nem mesmo...", Chklóvski, p. 29
89 "Os oficiais são...", RGVIA 2067/1/3868/244
90 "prontos a qualquer momento...", Sukhánov, p. 380
91 "para encorajá-lo..." etc., Locker-Lampson, CAC-CHAR 2/95/2–36
93 "magnífico ímpeto...", ibid.
93 "angustiados a não mais poder", ibid.
93 "O senhor Keriénski...", ibid.
93 "Havia barulho...", Prokoviev, *Dniévnik*, 1/7/1917
94 "Nossos soldados ficavam vasculhando-as...", Chklóvski, p. 44
94 "Enquanto atravessava o bosque...", ibid. p. 48
Kaluch e a 23ª Divisão, Wildman, vol. 2, p. 99
95 "Aqueles que tinham dúvidas...", Máksim Kulík, Kubánski *Sbórnik*, No. 6 22/9/2015, ASF-ARML
95 "Sem ela...", Locker-Lampson, CAC-CHAR 2/95/2–36
96 Coronel Níkitin, ver McMeekin, pp. 165–9
"Não convocamos nenhuma...", Sukhánov, p. 429
97 "Prendam o Comitê Executivo...", ibid., 431
97 Inflação em 1917, S.A. Smith, *Russia in Revolution – An Empire in Crisis*, p. 143
97 "Os preços estão malucos...", Prokôfiev, *Dniévnik*, 1/7/1917
99 "aparentemente sob influência anarquista..." etc., Raskólnikov, VII.1
99 "o Partido nunca descartou...", ibid.
99 "Kronstadt como um símbolo...", Raskólnikov VII.2
99 "Os marinheiros perfilaram-se...", ibid.
100 "A assustadora incursão...", NZ-UT, No. 74, 14/7/1917
100 "Os de Kronstadt detiveram...", Raskólnikov, VII.2
101 notas de dez rublos forjadas, Globatchóv, 5/7/1917, BA-CU 4077547; Pipes, *Russian Revolution*, p. 412
101 Lênin no apartamento de Alilúiev, Service, *Lenin*, p. 282–3

Capítulo 7: Kornílov

104 "125 mil homens", Dubrovskáia, "The Russian Military in Finland and the Russian Revolution", in Badcock, Sarah; Novikova, Liudmila G.; e Retish, Aaron B., *Russia's Home Front in War and Revolution, 1914-22*, vol. I, *Russia's Revolution in Regional Perspective*, Bloomington, IN, 2015, 252

106 "Pouquíssimas pessoas...", Ielêna Ivanóvna Lakier, BA-CU 4077740

106 "Apenas um grande golpe...", Krávkov, *Velíkaia voína bez retuchi.* 292

107 "O exército está apertando...", Lakier, BA-CU 4077740

107 "Um punho cerrado...", Prokôfiev, Serguêi, *Dniévnik*, 1/8/1917

107 "Tudo está desmoronando...", capitão Nikolai Ivánovitch Granderg BA-CU 4077567, 7,

108 "Ele sempre obrigava...", Dreier, BA-CU 4077478

108 "A infantaria de início...", ibid.

108 "Quem rouba os civis? ...", RGVIA 1759/4/1870/317

110 "Alexandre IV", Aleksandr Vertínski, "*Dorogói dlínnoiu*" (A Longa Estrada), p. 27

111 "totalmente esmagados ...", Chklóvski, p. 62

111 "ajudá-los, colocando...", Buchanan *My Mission*, Vol. 2, p. 173

111 Conferência de Estado em Moscou, ver Figes, *People's Tragedy*, pp. 448–9; Pipes, *Russian Revolution*, pp. 444, 446–7

112 "arrivistas de Direita...", Sukhánov, p. 495

113 "Quem foi o único...", "Agora vocês estão vendo...", ibid., p. 497

114 "nada menos que...", Wildman, Vol. 2, pp. 134–6

117 "O Corpo irá concentrar-se...", citação do general Alekséiev em carta a Miliúkov, 12/9/1917, Borel Collection, BA-CU 4078202

117 "Cidadãos russos! ...", RGAVMF R-21/1/25/37

117 "O estado-maior de Kornílov, em seguida...", Locker-Lampson ao Primeiro Lorde do Almirantado, 5/12/17, CAC-CHAR 2/95/73–81

118 "Mannerheim reagiu...", Dreier, BA-CU 4077478

118 "evasivo", diário de Alekséiev, Borel Collection, BA-CU 4078202

118 "O Ministro Keriénski...", RGAVMF R-21/1/25–26/36

118 "Urgente. Ao Ministro Naval...", RGAVMF R-21/1/25/26

118 Keriénski e o Tsentróbalt, RGAVMF R-21/1/25–26/36

118 "a 2ª Guarda do Báltico...", Tsentroflot a Keriénski, 29/8/1917, RGAVMF R-21/1/25–26/41
119 "preferem morrer a permitir...", 30/8/1917, RGAVMF R-21/1/25/59
119 "para ocupar e defender...", RGAVMF R-21/1/25/15
119 "a fim de aumentar...", RGAVMF R-21/1/25/23
119 "trilhos de ferrovia têm sido...", RGVAMF R-21/1/25–26/36
119 "sete trens de cossacos do Don...", RGVAMF R-21/1/25–26/49
120 "A agitada multidão...", Máksim Kulík, Kubánski *Sbórnik*, No. 6, ASF-ARML
120 "onda de violência", RGAVMF R-21/1/24/10
120 "para ficarem à disposição...", 31/8/1917, RGAVMF R-21/1/24
120 "os generais Kornílov, Lukômski...", presidente do Tsentroflot, Magnitsky, RGVAMF R-21/1/25–26
120 "A última cartada...", citado em W. Bruce Lincoln, *Passage Through Armageddon*, p. 423
121 "Respeitadíssimo...", Borel Collection, BA-CU 4078202
120 "O comandante do corpo...", Abramov do Tsentroflot, RGAVMF R-21/1/25/40
122 "Os prisioneiros foram trazidos...", lugar-tenente Il'in, ASF--ARLM E-27 1/1/109, p. 24
Wrangel vai para a Crimeia, Dreier, BA-CU 4077478
122 "a respeito de não aceitar permitir...", RGAVMF R-21/1/23/7
122 "Todas as condições objetivas...", LCW, Vol. 26, 25

Capítulo 8: O golpe de outubro

123 "Seu rosto magro e afilado...", John Reed, *Ten Days that Shook the World*, p. 59
124 "atitude intelectual, pseudoaristocrática...", THRR, p. 749
124 "Os bolcheviques eram bem mais...", I. I. Seriébrennikov, HIA 51004
125 "Repetiam slogans...", G. A. Rímski-Kórsakov, *Rossía 1917 v iegó-dokumentákh*, p. 124
125 "podem e *devem*..." etc., LCW, Vol. 26, p. 19
126 "A desconfiança nos bolcheviques...", THRR, p. 681
126 "prontos para lutar...", THRR, p. 752

126 "não mais uma milícia...", THRR, p. 754
126 "Era claro...", papéis de Dmítri Heiden, HIA 75009
126 "Caixas com o acervo do Hermitage...", Aleksêi Oriéchnikov, *Dniévnik*, 1/10/17
127 "ataque ostensivamente preparado...", *Rabochii put'*, No. 33, 1917, citado em Pipes, *Russian Revolution*, p. 479
127 "Embora uma insurreição...", THRR, pp. 769–70
128 "Com esse mesmo propósito...", THRR, p. 685
129 "Meu único desejo...", Buchanan, Vol. 2, p. 201
129 "Rumores estão se difundindo...", NZ-UT, No. 156, 18/10/1917
129 Museu de História, Aleksêi Oriéchnikov, *Dniévnik*, 16/10/1917
130 "Nenhum de nós saiu...", Ielêna Ivanóvna, 20/10/1917, BA-CU 4077740
130 "ventos frios e cortantes vindo da direção do Kronstadt", THRR, p. 706
130 "Oficiais da guarda ainda...", THRR, p. 765
131 Academia Militar Ivánovski, papéis Stievéni, KCLMA
132 "letões e *junkers*...", Boiártchikov, p. 42–3
133 Fiódor Dan e Lênin, Service, *Lenin*, pp. 306–7
133 "Aos Cidadãos da Rússia!", "O Governo Provisório...", LCW, Vol. 26, p. 236
134 "Quando a noite chegou...", Antónov-Ovsiénko, *Zapíski o grajdanskói voínie*, pp. 19–20, citado em Lincoln, *Armageddon*, p. 452
135 "Pelo que pude averiguar...", Knox, *With the Russian Army*, Vol. 2, p. 714
135 "Um partido após o outro...", Zienzínov, p. 59
135 "uma inevitável fome...", "um pequeno-burguês assustado...", THRR, p. 784
135 "Vocês são miseráveis...", S.A. Smith, p. 150
136 "A classe trabalhadora deveria...", NZ-UT, No. 174, 7/11/1917

Capítulo 9: A cruzada dos garotos – A revolta dos *junkers*

137 "Devemos agora passar a construir...", Reed, p. 105
137 "Mas esperamos...", ibid.
138 "Lênin ordenou que...", N.I. Podvóiski, *Gód 1917*, p. 169, citado por Wildman, Vol. 2, p. 304

138 Guarda Volínski, Belov, G. A. (et al. eds.), *Doniessénia Komissárov Petrográdskogo Voiénno-Revoliútsionnogo Komíteta*, p. 93

140 "Antes do amanhecer, um grupo...", Belov, G. A. (et al. eds.), p. 154

141 "De repente, um garoto oficial...", Bessie Beatty, *Red Heart of Russia*, p. 226, citado em Pitcher, *Witnesses*, p. 225

141 "Os oficiais que apoiavam ...", Belov, p. 154

141 "Enquanto tiros...", Knox, Vol. 2, p. 717

142 "Os *junkers* capitularam...", M. Philips Price, *My Reminiscences of the Russian Revolution*, p. 154

142 "As redações de jornais...", Aleksêi Oriéchnikov, *Dniévnik*, 26/10/1917

143 "lenha, mobília...", Eduard E. Dune, BA-CU 4077481

143 "Os tiros continuam...", ibid.

143 "Houve muitos disparos de artilharia...", Ivan Búnin. Collected Edition vol viii, *Okaiánnie Dní* (*Dias malfadados*). Memórias. Artigos e discursos. 1918–1953. Moscou, 2000

144 "Lênin e companhia...", Aleksêi Oriéchnikov, *Dniévnik*, 1/11/1917

144 "Disseram-nos...", Eduard E Dune, BA-CU 407748

144 "Os *junkers* estavam em pé...", Paustóvski, pp. 504–5

145 Dútov, GARF 127/1/3/28

145 "Era magro, maltrapilho ...", citado em Kuzmin, S. (ed.), *Baron Ungern v Domumiéntakh i Materiálakh*, p. 270

145 "Seu único vício sério...", RGASPI 71/33/2209/1

146 "Vice-Comissário Naval...", L. Tamarov, *Nash Put,* No. 10, 14 de janeiro de 1934

147 "Os cossacos, em especial os cossacos do front...", *Protokóli Zasedáni Soviéta Naródnikh Komissárov RSFSR, Noyabr 1917–Mart 1918*, p. 56

147 *Junkers* em Taganrog, Figes, *A People's Tragedy*, p. 526

148 "Em razão do levante de Kaledín...", RGAVMF R-22/1/5/1

148 Guarda Finlandesa em Novgorod, Belov, G. A. (et al. eds.), pp. 96–100

148 Valor do rublo, Pipes, *Russian Revolution*, p. 505

148 “E assim os bolcheviques… “, M. A. Król, *Pages of My Life*, pp. 187–190
148 “Vi um pequeno destacamento…”, Seriébrennikov, HIA 51004, p. 40
149 “não havia contado…”, ibid., p. 61
149 “Os vencedores garantiram…”, Król, p. 191
149 “um segundo posto de controle…”, Seriébrennikov, HIA 51004, p. 46
149 “Alguma coisa maluca está acontecendo…”, Lakier, BA-CU 4077740
150 “Mulheres da região atearam fogo…”, Federovsky, GAI R-1020/1/2/1–10
150 “um homem gentil, tranquilo…”, WiR, p. 30
151 “ergueram-no em suas baionetas”, N. Dubakina, BA-CU 4077480
151 “os generais Kaledín, Kornílov…”, 28/11/1917, GARF 127/1/1/34
151 “a ‘aura de romantismo’…”, Paustóvski, p. 507
151 “Seus bebês chorões!”, ibid., p. 511

Capítulo 10: O infanticídio da democracia

152 “O exército de…”, Paustóvski, p. 513
153 “a guerra civil é a forma mais aguda…”, LCW, Vol. 26, pp. 28–42
153 “inimigos de classe”, “inimigos do povo”, Decreto do Conselho de Comissários do Povo, 28 de novembro de, 1917
153 “Bem mais do que…”, Nicolas Werth, “Crimes and Mass Violence of the Russian Civil Wars, 1918–1921”, Sciences Po, 2008
154 “Eu sou o novo Ministro…”, Bunyan & Fisher, *Bolshevik Revolution*, p. 225
154 “Todos aqueles que se recusarem…”, N. K. Nikolaiev, 4/12/1917, BA-CU 4077869
154 “Sabe, todas as pessoas…”, A. Bórman, “In the Enemy Camp”, GARF 5881/1/81/13
155 “pessimismo da *intelligentsia*”, NZ-UT, xxii
155 “Se você pegou o mais…”, citado em Daniel Guerin, *Anarchism: From Theory to Practice*, pp. 25–6
155 “Estava sentado…”, RGVA 1304/1/483/86-7; GARO 4071/2/10/21

156 "Muitos, mesmo entre as pessoas comuns...", Lakier 17/11/1917, BA-CU 4077740

156 "Quase ninguém...", Globatchóv, BA-CU 4077547, p. 132

157 "Começaram a fazer um pão...", Lakier 11/12/1917, BA-CU 4077740

158 "A burguesia está preparada para cometer...", LCW, Vol. 26, p. 374

158 "piolhos", "pulgas" etc., LCW, Vol. 26, pp. 404–15

158 "Féliks não pouparia...", GARF 5881/1/81/13

159 "Não há prazer maior...", por Aleksandr Eiduk, in Valerii Shambov, *Gossudárstvo i revoliútsi*, p. 17, citado em Rayfield, *Stalin and his Hangmen*, p. 76

159 "coração ardente...", Mitrokhin (ed.), *Chekisms – A KGB Anthology*, xxiii

160 "Lênin fez a revolução...", J. Scholmer, *Die Toten kehren zurück*, p. 128

160 Judeus em Smolensk, ver Hickey, Michael C., "Smolensk's Jews in War, Revolution and Civil War", in Badcock, Sarah; Novikova, Liudmila G.; e Retish, Aaron B., *Russia's Home Front in War and Revolution, 1914–22*, Vol. 1, *Russia's Revolution in Regional Perspective*, pp. 185–97

160 "autoridades soviéticas tacitamente...", ibid.

161 "espontaneidade das massas". Para socialistas-revolucionários de esquerda no Sovnarkom, ver Lara Douds, "The dictatorship of the democracy"? The Council of People's Commissars as Bolshevik-Left Socialist Revolutionary coalition government, December 1917–March 1918"

162 "humilhado e desmoralizado", ibid.

162 SRs de esquerda entrando na Tcheká, TsAFSB 1/10/52/5–6, Rabinowitch, p. 88

162 Generais fugindo de Bikhov disfarçados, Figes, *A People's Tragedy*, p. 558

163 "Perto de Baku, eu vi...", Chklóvski, *Sentimental Journey*, p. 74

163 "Cheguei a Tiflis...", ibid.

164 "Nenhuma dessas tribos...", Chklóvski, p. 80

164 "No comitê do exército...", ibid., p. 87

164 "Uns homens que conheci...", ibid., 100–1
164 "Continuei vendo...", ibid., p. 102
164 "Um fuzil – especialmente...", ibid., p. 110
165 Teodósia, Górki, NZh, 16 /3/1918
165 "Khátchikov acabou...", Chklóvski, p. 104
165 Para a Dunsterforce, ver Lionel Dunsterville, *The Adventures of Dunsterforce*; Teague- Jones, Reginald, *The Spy who Disappeared – Diary of a Secret Mission to Russian Central Asia in 1918*; Richard H. Ullman, *Anglo-Soviet Relations 1917–21. Vol. I. Intervention and the War*; papéis de William Leith-Ross, NAM 1983-12-71--333; TNA FO 371 8204/8205/9357

Parte Dois: 1918

Capítulo 11: Quebrando padrões
169 "Qualquer um que estivesse lá...", Zienzínov, p. 97
170 "Gússiev reuniu jovens...", Anon. ASF-ARML C-15/3/4
171 "A sessão da noite...", Zienzínov, p. 99
171 "assoviar, tocar matracas e gritar...", Anon. ASF-ARML C-15/3/4
172 Fuga de Vladímir D. Nabókov, V. V. Nabókov, pp. 186–7
172 Sobre a reintrodução da pena de morte, ver Melgunov, *Red Terror in Russia, 1918–1923*, pp. 36–8
173 "Eles estavam inventando...", G. K. Borel, Borel Collection, BA--CU 4078202
173 "um marinheiro com os malares...", Paustóvski, p. 515
174 Morte do general Abaliéchev, ten.-gen. M. A. Sviétchin, BA-CU 4078130, 17
174 "Um oficial acaba de passar...", Lakier, BA-CU 4077740
174 "indescritível horror...", Búnin, p. 38
174 "O mais alto oficial...", Melgunov, pp. 89–90
174 O cais em Ialta, Nabókov, p. 189
174 "até 20 mil trabalhadores...", Péters, *Izviéstia*29/8/1919, Melgunov, p. 155
175 "Todos tratavam as pessoas de óculos...", Paustóvski, p. 615
176 "Os habitantes da capital...", M. K. Borel, Borel Collection, BA--CU 4078202; ver também Globatchóv, BA-CU 4077547

176 "vendendo-se em troca de...", Goldman, *My Disillusionment*, p. 39; citado em Figes, *Tragedy*, p. 605
176 "Em pleno centro da cidade...", Lakier, BA-CU 4077740
176 "Na Tverskaia...", Búnin, p. 39
177 "recebiam uma pá...", Globatchóv, BA-CU 4077547
179 "O mesmo circo...", Heiden, HIA 75009
179 "a opereta histórica...", Najívin, p. 193
179 "a situação de Kiev...", Mogiliânski, N. M., *Kiev 1918*, pp. 36–7
179 "começaram a arrastar...", ibid.
180 saques, assassinatos e estupros em Kiev, Anon, ASF-ARLM A-94
180 "Cartucheiras de metralhadora...", Mogiliânski, p. 39
180 "Execuções em massa...", ibid.
180 "A sala de anatomia...", Heiden, BA-CU 75009
181 "À noite é escuro...", Gubariév, BA-CU 4077582

Capítulo 12: Brest-Litovsk

182 Recrutamento de Stáchkov, I. G. Fokke, "Ná stsiéne i sá kulissámi brestsakói tragikomiédi", em Arkhív Russkói Revoliútsi, I.V. Hessen (ed.), Vol. 20, 15–17, Wheeler-Bennett, *Brest-Litovsk*, pp. 86–7
184 "um judeu recentemente ...", citado por Wheeler-Bennett, p. 113
184 "Qual dos dois é mais forte...", ibid., p. 114
187 "A burguesia tem que ser...", RGASPI 17/1/405/1–13
187 "incitando os soldados alemães...", Wheeler-Bennett, p. 221
188 "os alemães serão incapazes...", citado em ibid., pp. 185–6
189 "É a guerra mais cômica...", Hoffmann, Vol. 1, pp. 206–7
191 "chauvinismo grão-russo...", LCW, Vol. 24, pp. 135–9
192 "um tanto embaraçosa", Stievéni, KCLMA
193 "Em consonância com a solicitação...", citado por Steinberg, 18/4/1918, HIA XX692
193 "do Terror Vermelho", Goltz, p. 48
193 "com a minha cabeça...", ibid.
195 "Não se fazia a menor questão...", Mawdsley, *Baltic Fleet*, p. 150
195 "O Tratado de Brest-Litovsk está impresso...", RGAVMF R-96/1/6/118

195 "Schástni, agindo heroicamente...", "a comédia sangrenta...", Melgunov, *Red Terror*, p. 38
195 "A execução de Schástni...", RGAVMF R-96/1/6/124
196 "Os cartões de racionamento...", Memórias de Ambroży Kowalenko, KCF AW II/1993
196 "Vivemos numa cidade morta...", citação, Téffi, *Memories*, p. 15
196 "colocaram esculturas horríveis...", Borel Collection, BA-CU 4078202
198 "escuridão pré-histórica", Serge, *Conquered City*, p. 30
198 "Bandidos entram...", ibid., p. 32

Capítulo 13: A Marcha no Gelo do Exército Voluntário

200 "Não, obrigado...", ten.-gen. M. A. Sviétchin, BA-CU 4078130, p. 2
202 "muitos trabalhadores tinham contas...", Dune, BA-CU 4077481, p. 77
204 "Era a primeira vez...", Dune, BA-CU 4077481, p. 86
204 "Será que teriam me tratado...", Dune, BA-CU 4077481, p. 92
204 "É claro que sentimos o ódio...", ibid.
204 Matança em Taganrog, Melgunov, *Red Terror*, pp. 88–9
206 "A total falta de disposição...", Papéis de Alekséiev, Borel Collection, BA-CU 4078202
206 "O terreno está instável...", Miriónov, RGVA, 192/6/1/2
206 "Já houve conversa suficiente", Sviétchin, BA-CU 4078130
207 "Dei-lhe os parabéns..." etc., ibid.
207 "O inimigo não estava à vista...", Dune, BA-CU 4077481, 91
207 "Fique de pé quando...", Sviétchin, BA-CU 4078130, 26
208 "Minha querida, amada Niúta...", Papéis de Alekséiev, Borel Collection, BA-CU 4078202
209 Distribuição por patentes do Exército Voluntário, Kenez i, *Red Attack*, p. 100
213 "Estou agindo em total concordância...", 2/5/1918, Papéis de Alekséiev, Borel Collection, BA-CU 4078202
213 "O exército semidestruído...", Pável Konstantínov, GARF 5881/1/106/1–14

214 "Nenhum dos lados fazia prisioneiros...", Makhónin, Box 33, BA-CU 4077787
214 "Os bolcheviques estão enterrando vivos...", Lakier, BA-CU 4077740
214 "Do outro lado...", Najívin, p. 199
215 "Uma guerra civil é sempre...", Papéis Alekséiev, Borel collection, BA-CU 4078202
215 "Eu disse a eles...", Makhónin, BA-CU 4077787, p. 26
216 "Houve grande júbilo na cidade...", Sviétchin, BA-CU 4078130, p. 34

Capítulo 14: Os alemães invadem

218 "Não dormimos desde sábado...", Lakier, BA-CU 4077740
219 "Eles desceram a escadaria...", ibid.
219 "bem organizada massa...", Heiden, BA-CU 75009, p. 19
220 "Os bolcheviques sumiram...", Nabókov, p. 190
220 "Assim que o trem cruzou...", Dreier, BA-CU 4077478, p. 350
220 "uma cena maravilhosa e sem precedentes...", Téffi, *Memories*, p. 124
220 "Naqueles dias...", Paustóvski, p. 567
221 "reuniam-se em frente às vitrines...", Mogiliânski, p. 77
221 "Toda essa comédia...", Heiden, HIA 75009
221 "o pequeno Pável...", Heiden, HIA 75009
221 "Mui Ilustre Ataman", Sviétchin, BA-CU 40781309
222 "Posso ver que eles o estão guardando...", ibid.
222 "A Ucrânia só nos interessa...", citado em Mark R. Baker, "War and Revolution in Ukraine", in Badcock (et al. eds.), iii, 1, p. 137
222 "Havia muitos casos...", Mogiliânski, p. 83
224 "À SUA IMPERIAL E REAL EXCELÊNCIA...", 27/7/1918, M. V. Rodziánko, HIA 27003, Box 1
224 "Ao Ataman do Grande Exército do Don...", ibid.
225 "Ao Cidadão...", ibid.
225 "Assim como a maioria das pessoas abastadas...", Bruce Lockhart, TNA FO 371/3332/9748
225 "porque eles rejeitam...", Sviétchin, BA-CU 40781309, p. 55

225 “Todos os destacamentos do Exército Vermelho…”, Dune, BA--CU 4077481, p. 95

225 “Nossos eternos inimigos…”, Mirónov, RGVA 192/6/1/11

226 “Preciso saber…”, Mirónov a SKVO (Distrito Militar do Norte do Cáucaso) Tsaritsin, RGVA 1304/1/489/108

228 “Eles vão acabar matando todos nós…”, GARF 5881/1/81/24

228 “a classe inteiramente nova de burocratas…”, GARF 5881/1/81/14

228 “a disseminada corrupção…”, citado em Pipes, *Russian Revolution*, p. 617

228 “Haviam chegado a um país…”, GARF 5881/1/81/14

228 “As mesas ficavam dispostas… “, GARF 5881/1/81/51

229 “até Kursk, a fim de negociar…”, GARF 5881/1/81/16

229 “Finalmente, Stálin…”, GARF 5881/1/81/18

230 “Já no primeiro dia da nossa chegada…”, GARF 5881/1/81/25

230 “E de quem precisamos ter permissão…”, GARF 5881/1/81/29

Capítulo 15: Inimigos na periferia

232 “fome e à ignorância…”, 29/6/1918, RGASPI 67/1/96/29

233 “Depois que uma força militar…”, Lund Collection KCLMA

234 “Se não recebermos nenhuma ajuda…”, 19/7/1918, RGASPI 67/1/96/34

235 “princípios de disciplina…”, LCW xxii, 378

235 “os interesses das massas trabalhadoras”, citado em Karsten Brüggemann, “National and Social Revolution in the Empire’s West”, Badcock (et al. eds.), iii, 1, p. 150

237 “É absolutamente necessário…”, Ernest Lloyd Harris, HIA XX072 Box 1

237 “não querendo cooperar…”, Diário de Maurice Janin, 18/9/18, HIA YY239

238 “Transportem os prisioneiros alemães…”, Harris, HIA XX072 Box 1

238 “Ele é um grande esportista…”, ten.-cel. Blackwood a Maj. Gen. Poole, 14/2/1919, Poole, KCLMA

239 “brutal batalha de cinco dias…”, Pável Konstantínov, GARF 5881/1/106/1

240 “Dessa vez, o Exército…”, GARF 5881/1/106/3

240 "Estava tudo misturado...", ibid.
241 "Ele pegava cinco ou seis...", Najívin, 200
243 Krasnovodsk etc., relato de Teague-Jones, "The Russian Revolution in Transcáspia", TNA WO 106/61; Papéis Sinclair, IWM, 67/329/1
243 "Os pobres povos nativos...", Harris, HIA XX 072 – 9.23 Box 5
245 "negar o poder marítimo...", "The Royal Navy on the Caspian, 1918–1919", *Naval Review*, 8(1), p. 89
245 "Elas tinham preferido...", William Leith-Ross, NAM 1983-12--71-333
246 "A cidade é uma curiosa mistura...", "The Royal Navy on the Caspian", p. 93
246 "Um general britânico no Cáspio...", Teague-Jones, *The Spy who Disappeared*, p. 99
246 "que, a menos que os armênios...", "The Royal Navy on the Caspian", p. 95
246 "Os turcos e tártaros...", Teague-Jones, *The Spy who Disappeared*, p. 101

Capítulo 16: A revolta dos tchecos e dos socialistas-revolucionários de esquerda

250 "Todos os Sovietes...", Harris, HIA XX072 Box 1
250 "Dividimo-nos em grupos...", Lenkov, BA-CU 4077747
251 "A notícia da intervenção tcheca...", Iákov S.Dvórjets, GARF 127/1/3/15
250 "O governo alemão...", ao Sec. de Estado, de Alfred R. Thomson, 16/8/19, HIA XX 072–9.23 Box 2
251 "Abri a porta...", GARF 127/1/3/17
251 "Um grupo de oficiais...", ibid.
252 "Já no dia seguinte...", Dvórjets, GARF 127/1/3/21
253 "O quartel-general do Exército do Povo...", Dvórjets, GARF 127/1/3/28
254 Díterikhs, Stievéni, KCLMA
254 "Os tchecos tomaram de assalto...", S. Lubodziecki, "Polacy na Syberji w latach 1917–1920. Wspomnienia", *Sybirak*, 2/1934, 42
254 "Sua presença...", Seriébrennikov, HIA 51004, 69

254 "Os bolcheviques de Irkutsk ficaram...", ibid.
255 "Apitos de fábrica soaram...", ao Sec. de Estado, Harris, 29/7/1918, HIA XX072 Box 1.
255 "consistindo principalmente em...", ibid.
256 rebelião de Iaroslavl, Shultz, ASF-ARML R-145
256 "[Sávinkov] baseia suas esperanças...", Bruce Lockhart, 28/5/1918, TNA FO 371/3332/9748
257 Coronel Aleksandr Perkhúrov, RGVA 39458/1/9/11
258 "às vezes enfiando as mãos...", Paustóvski, p. 540
259 "Longa vida à rebelião...", ibid.
259 "como agentes provocadores", Steinberg, HIA XX692
259 "todas as questões de paz...", ibid.
260 "Lênin não ficou pálido...", citado em Pipes, *Russian Revolution*, p. 640
260 "Vida longa à revolta!", Paustóvski, p. 538
261 "oito canhões de artilharia...", citado em Pipes, p. 641
261 "Camarada, acha que conseguiremos...", Steinberg, HIA XX692
261 Sítio do quartel de Pókrovski, ibid.
262 "fazendo uso de...", citado em Mawdsley, *The Russian Civil War*, p. 76
262 "Foi dito que Muráviov...", ibid.
263 "Não é uma pena que a guerra...", Sviétchin, BA-CU 40781309, p. 55
263 "É com toda a certeza...", Buisson (ed.), p. 204
264 "agredir e estuprar...", Helen Rappaport, *Ecaterimburgo*, p. 36
264 "recebemos duas cartas...", Buisson (ed.), p. 210
264 "A contrarrevolução avança...", exposição do Ural, ASF-ARLM
265 "Alexis tomou seu primeiro...", Buisson (ed.), p. 212
265 "a santidade da vida humana", Figes, *Tragedy*, p. 641

Capítulo 17: Terror Vermelho

267 Fanni Kaplán e o atentado contra Lênin, Vassíli Mitrokhin, [ed.], *"Chekisms" A KGB Anthology*, pp. 65–9
269 "Precisamos vingar as feridas...", 9/9/1918, RGASPI 67/1/95/134
269 O funeral de Urítski, Globatchóv, BA-CU 4077547
269 "Milhares de suas cabeças...", Melgunov, *Red Terror*, pp. 40–1

269 Jornais do Partido, RGASPI 67/1/95/ 31

269 Quinhentos reféns, *Cheka Weekly*, 20 de outubro (No. 5), citado por Melgunov, p. 21

269 "Dzerjínski só trabalha...", Grigóri Aronson, *Na zarié krásnogo tierróra*, p. 46

270 "A população do distrito...", Departamento cossaco de VTsIK Danilov, GARF. 1235/83/8/43–52

271 "Às vezes matavam de cinquenta a sessenta pessoas por dia...", TsA FSB RF S/d N-217. T.D S. pp. 149–153

271 "Em Kursk, a população...", Mitrokhin (ed.), *Chekisms*, p. 72

272 "Ao interrogar...", citado em Rayfield, p. 71; *Pravda* 25/12/1918

273 "As feiras foram proibidas...", Borel Collection, BA-CU 4078202

Capítulo 18: A luta no Volga e o Exército Vermelho

275 "Às oito horas, após...", GARF 127/1/8/1–2

275 "guerreira Diana", carta de Raskólnikov para Reisner, citado em Cathy Porter, *Larissa Reisner*, p. 54

276 "uma deusa olímpica...", citado em Bruce Lincoln, *Red Victory*, p. 188

276 "A cidade ainda não foi tomada...", ibid., p. 59

276 "De repente, espalhou-se o boato...", Zienzínov, *Iz jízni revoliutsióniera*, p. 134

276 "A cidade era defendida...", RACO, p. 52

277 "Nossas principais unidades...", RGVA 39458/1/7/2

277 "o gênio do mal do Komútch...", GARF 127/1/3/66

277 "para provar algumas tortas..."; "Perguntei se havia sacrificado...", Prokôfiev, *Dniévnik* 26/11/1918

279 "Tukhatchévski, com quem almocei...", WiR, p. 72

280 "documento de proteção", exposição do Ural, ASF-ARLM

280 "Proletários, a cavalo!", Boiártchikov, *Vospominánia*, p. 50

280 Uniformes vermelhos, Olga Khoroshilova, "Red Revolutionary Breeches", *Rodina*, No. 10, 2017

280 "Uma 'quarentena' moral...", Oe-StA-KA FA AOK OpAbt Akten, Heimkehrergruppe 1918 K358 130078

281 "No campo [de Khabarovsk]...", Maj. F. Reder Ritter von Schellmann, Oe-StA-KA NL F Reder, 763 (B,C) B763

281 "está sendo disseminada propaganda...", Oe-StA-KA FA AOK OpAbt Akten, Heimkehrergruppe 1918 K358 130055

281 Taxa de morte em Tsaritsin, Oe-StA-KA, 10 7/7–862, citado em Wurzer, Georg, *Die Kriegsgefangenen der Mittelmächte in Russland im Ersten Weltkrieg*, Viena, 2005, p. 465

281 Condições em campos russos de prisioneiros de guerra, Wurzer, p. 111

282 "invasão estrangeira", Jansen, Marc, "International Class Solidarity or Foreign Intervention? Internationalists and Latvian Rifles in the Russian Revolution and the Civil War", *International Review of Social History*, 31(1) (1986), p. 79

282 "ocupação internacionalista", I. Bernshtam, "Storony v grazhdanskoi voine, 1917–1922 gg", in *Vestnik Russkogo Kristianskogo Dvizheniia*, 128 (1979), p. 332

282 Recrutamento de mão de obra chinesa durante a guerra, Alexander Lukin, *The Bear Watches the Dragon*, p. 60

282 "A autoridade soviética...", GAKK R-53/1/3/41

282 "não só soldados confiáveis...", Nikolai Karpenko, *Kitaiskí legión: utchástie kitaít sév v revoliutsionnikh sobitiakh na territóri Ukraini, 1917–1921 gg.* (*A Legião Chinesa: Participação dos Chineses em Eventos Revolucionários no Território da Ucrânia, 1917–1921*), p. 323

283 "Eu temia mais a captura...", Chipítsin, Fyodor, in *V Boiákh i Pókhodakh* (*Em Batalhas e na Marcha*), 1959, p. 504

283 Chineses no Exército Vermelho e na Tcheká, Aleksandr Larin, "Red and White, Red Army from the Middle Kingdom", *Rodina*, 7 (2000)

283 "Na área controlada...", ibid.

283 "Os chineses levavam muito a sério a questão...", Karpenko, *Kitaiskí legión*, p. 323

284 "O inimigo está explodindo os trilhos...", telegrama de 10/8/1918, exposição do Ural, ASF-ARLM

285 "Mas o destacamento de Vielikie Luki...", Chefe do Departamento Político do Comandante do Setor Nordeste, 13/8/1918, RGAVMF R-96/1/6/92–9

285 "Isso foi relatado...", RGAVMF R-96/1/6/97

285 "Ao lado de Trótski...", Reisner, *Letters from the Front*, Moscou, 1918, citado em Serge, *Year One*, p. 334
286 "o pânico agora tomou conta...", Serge, *Year One*, p. 335
286 Cinquenta mil rublos por Káppel, Andrei Svertsev, "Tragedy of a Russian Bonaparte", 16/4/2013, *Russkiy Mir*
286 "Quinhentos comunistas da Marinha...", RGAVMF R-96/1/6/70
286 "o caminho para a liberdade...", Col. Jan Skorobohaty-Jakubowski, "Jak legjoniści sybiracy zamierzali porwać Trockiego?", *Sybirak*, 2(10) (1936), pp. 56–60
288 "O plano do quartel-general...", RGVA 39458/1/8/1; ver também *Izviéstia*, No. 41, 22/2/1919
289 "a flotilha bolchevique...", Shultz, ASF-ARML R-145
289 "até a linha de frente...", ibid.
289 "Todas as localidades mais importantes...", RGVA 39458/1/8/2

Capítulo 19: Do Volga à Sibéria

292 "Chegaram mais de trezentos marinheiros mobilizados...", Para Comissário Militar do Povo Sklyansky, RGAVMF R-96/1/13/234
292 "Chegaram mais de 4 mil homens mobilizados...", RGAVMF R-96/1/13/285
293 "Valorosos soldados! ...", 28/9/1918, RGVA 39458/1/5/36
295 "os brutalizados e insolentes...", GARF 127/1/3/77
295 "testemunhar a agonia...", GARF 127/1/3/78
295 "vários grupos governamentais...", Seriébrennikov, HIA 51004,125
295 "Na direita...", Seriébrennikov, HIA 51004,130
296 "Os russos precisam menos...", Seriébrennikov, HIA 51004,113
297 "muitas das quais eram...", Seriébrennikov, HIA 51004,117
297 "retirada às pressas", RGVA 39458/1/5/33
297 "capturou uma metralhadora Maxim...", ibid.
297 "Soldados do Governo Siberiano...", exposição do Ural, ASF--ARLM
297 "Fui levado para servir...", S. A. Zabórski, 19/8/1927, OR RGB 320/18/1/27
298 "dirigiam-se uns aos outros...", OR RGB 320/18/1/26
298 "Ánniekov era um grande...", ibid.

299 "uma pessoa ignorante e violenta...", Zienzínov, *Iz jízni revoliutsióniera*, p. 143

299 "Sua recepção...", Seriébrennikov, HIA 51004, p. 154

299 "homem perigoso", ibid.

300 "Era um brilhante marinheiro...", Feduliênko, HIA 2001C59

300 "declarou em tom de voz cansado...", Seriébrennikov, p. 162

300 "golpe criminoso", Telegrama de ministros do Komútch 18/11/1918, GARF 193/1/1/18

301 "Sentimos a influência reacionária...", Zienzínov, p. 154

301 "Tenha cuidado...", Lyon papers, US Red Cross, HIA 74096

301 Força Expedicionária Americana, HIA XX546

302 "não receberem nenhum pagamento...", GARF 193/1/6/19

302 "a organização do tráfego...", Koltchák, 24/11/1918, GARF 195/1/18/1

302 "Não posso reconhecer...", GARF 193/1/3/19

302 "número excessivo de forças japonesas...", telegrama de Morris a Harris, 23/12/1918, Harris, HIA XX072–9.23 Box 5

303 "em pé no meio da...", Stievéni, KCLMA

303 "Se o ataman Semiónov tivesse caído...", Seriébrennikov, HIA 51004, p. 173

304 "militarismo anárquico", Yuexin Rachel Lin, "White Water, Red Tide: Sino-Russian Conflict on the Amur, 1917–20"

304 "imensamente rico...", Feduliênko, HIA 2001C59

304 "Valorosos soldados...", 13/12/1918, RGVA 39458/1/5/38

305 "A imprensa bolchevique...", S. Lubodziecki, "Polacy na Syberji w latach 1917–1920. Wspomnienia II", *Sybirak*, 3–4 (1934), pp. 5–18

305 O Exército Polonês na Sibéria, relato de situação por Józef Targowski, Alto-Comissário da República da Polônia na Sibéria, PIA 701-002-024-337

305 "encontrado da última vez como capitão...", Diário de Janin, HIA YY239

305 "Todos os ilegalmente libertados...", Seriébrennikov, p. 183

306 "Havia esterco de cavalo e excrementos de cabras...", Diário de Janin, 26–31/12/1918, HIA YY239

307 "Um pelotão de fuzileiros chineses...", Fiódor Chipítsin, "V Odnóm Stróiu", pp. 498–513
307 "ulcerações de frio e doenças", comissário militar da 5ª Brigada Zonov, RGASPI 67/1/99/44
307 "A artilharia dos Guardas Brancos...", Fiódor Chipítsin, "V Odnóm Stróiu", p. 513

Capítulo 20: As Potências Centrais vão embora

309 "Hoje é óbvio que...", 7/11/1918, TNA FO 371/3337/9829
310 "Eles sumiram na noite...", Kulík, Kubánski *Sbórnik*, 6 (22/9/2015), ASF-ARML
310 "Uma manhã...", N. Dubakina, BA-CU 4077480
310 "Bem, fomos com o capitão...", Máksim Kulík, Kubánski *Sbórnik,* 6 (22/9/2015)
310 Skoropádski, Sviétchin, BA-CU 4078130/63
311 "De repente, vimos...", Lakier, BA-CU 4077740
311 Gríchin-Almázov em Odessa, Globatchóv, BA-CU 4077547/149
311 "As forças de ocupação francesas...", ibid., p. 150
312 "proporções monstruosas", "os ditadores econômicos...", ibid.
312 "O pessoal do quartel-general...", Dune, BA-CU 4077481/101
312 "A unidade marchava...", ibid., p. 103
313 "Trótski puniu...", ibid., p. 107
313 "nariz em forma de cereja", Erást Tchevdar, BA-CU 4077432
314 "Os homens de Makhno fugiram...", ibid.
314 "Makhno sempre aparecia...", Makárov, Pável, Adiutánt generála Mái-Maiévskogo (*Aide-de-Camp do General Mái-Maiévski*), p. 28
316 "Eu podia ver os rostos de jovens rindo...", Paustóvski, p. 640
316 "Os soldados do Exército Vermelho...", DASBU 6/68112/FP
317 " a população toda estava...", S. I. Mámontov, BA-CU 4077797
317 "De lado nenhum...", ibid.
318 "um velho turco de ótima aparência...", Teague-Jones, p. 104
319 "vaga recordação", ibid., p. 120
319 "Permaneci rigorosamente neutro...", ibid., p. 121
319 Sobre Teague-Jones e as execuções, ver Taline Ter Minassian, *Reginald Teague-Jones: Au service secret de l'empire britannique*; Teague--Jones, pp. 204–216; Richard H. Ullman *Anglo-Soviet Relations*

1917–21, Vol 1., *Intervention and the War*, Princeton, p. 324; TNA FO 371 8204/8205/9357

320 "Suas ordens foram cumpridas...", *The Naval Review*, 8, p. 219

320 "jogar e fugir", Teague-Jones, p. 195

321 "não tinham mais ilusões...", ibid., p. 200

Capítulo 21: O Báltico e o norte da Rússia

323 "equivalia a uma declaração de guerra...", Brüggemann, "National and Social Revolution in the Empire's West", in Badcock (et al. eds.), p. 155

324 "em razão de sua precária condição...", Raskólnikov, Rasskázi Mitchímana Iliná *Rasskazy Michmana Ilina* (*Histórias do Aspirante Ilín*), p. 14

324 "Uma desordem ultrajante como essa...", ibid.

325 "Todo mundo sabe desse...", Raskólnikov, *Ilín*, p. 18

325 "ferir nosso orgulho...", ibid.

328 "Era tão frio lá fora...", Chklóvski, p. 195

328 "descartou a lealdade ao governo...", CIGS ao Gabinete, 23/7/1919, CAC-CHAR 16/19/38

329 "dos quais há número suficiente...", RGAVMF R-96/1/13/195

330 "Para nossa grande surpresa...", diário do capitão William Serby, KCLMA

330 "Com a derrota da Alemanha...", Sir Robert Hamilton Bruce Lockhart, 1/11/1918, TNA FO 371/3332/9748

331 "Sem o apoio ativo de soldados...", TNA FO 371/3337/9829

331 "Ao restaurarmos...", ibid.

331 "um estado geral de motim incipiente...", CAC-CHAR 16/11/4

331 "Os alicerces da sociedade britânica...", CAC-CHAR 2/106/178–9

Parte Três: 1919

Capítulo 22: A conciliação fatal

335 "Eu derramei sangue demais...", citado em George Leggett, *The Cheka: Lenin's Political Police*, p. 252

336 "Reconheci o cheiro de petróleo...", Vladímir Alexandrov, *To Break Russia's Chains*, p. 535

336 "As últimas palavras de Wilson...", WSC para DLG, CAC-CHAR 16/20/7

336 "Não acho que tenhamos...", WSC em Paris para DLG, ibid.

336 "Considerações do Primeiro-Ministro...", DLG a WSC, CAC--CHAR 16/20/19–20

337 "Seu sangue ducal...", citado em Macmillan, *Peacemakers*, p. 75

337 "Não há 'vontade de vencer'...", 27/2/1919, WSC a DLG, CAC--CHAR 16/21/34–5

337 "Anselme era muito educado...", Sânikov, BA-CU 4078022

337 "pequeno Napoleão", Téffi, *Memories*, p. 161

338 "organizaram um *pogrom* profissional...", Najívin, Ivan, *Zapíski o revoliútsi, 1917–1921*, pp. 216–17

339 "Búnin, que era um dos...", ibid., p. 223

339 "muita fé em Koltchák...", CAC-CHAR 16/5/7

339 "Os franceses estão ficando muito...", CAC-CHAR 16/5/5

340 "Ialta está sendo evacuada...", comandante M. L. Goldsmith, KCLMA

341 "Os delegados pareciam...", ibid.

341 "Durante a tarde...", Webb-Bowen, KCLMA

341 "içaram a bandeira vermelha...", ibid.

341 "Começou uma tumultuada evacuação...", Nabókov, p. 194

341 "Fiz contato com o coronel...", Goldsmith, KCLMA

342 "Pela primeira vez...", Serguêi Mámontov, BA-CU 4077797

343 "Obrigado, minhas águias!", ibid.

343 Exército Especial, CAC-CHAR 16/19/12

344 "o modo de vida...", RGVA 33987/1/142/149

344 "Em nome da Revolução...", RGVA 192/6/1/13

344 "A incansável luta contra a elite dos cossacos...", RGASPI 17/4/7/5

344 "para que o quartel-general de campanha e eu...", RGVA 33987/1/174/5

344 "As medidas mais drásticas...", RGVA 100/3/100/17–18

344 "Uma grande fome...", Goldsmith, KCLMA

345 "Dezenas de trabalhadores...", V. Tikhomirov, *Istorítcheskaia Právda*, http://www.istpravda.ru/research/5598/; ver também Nicolas Werth, "Crimes and Mass Violence of the Russian Civil Wars, 1918–1921", Sciences Po; e Melgunov, *Red Terror*, pp. 58–60

345 "Lidem com eles sem piedade", Melgunov, pp. 58–60
347 "exaustiva limpeza de todos...", 17/12/1917, RGASPI 67/1/78/114
347 "o destacamento de cavalaria...", 15/2/1919, RGASPI 67/1/100/25
348 "A rebelião da Guarda Branca-Kúlak...", RGASPI 67/1/50/247
348 "combater os apetites predatórios...", Voskov à Camarada Stasova, 1/2/1919, RGASPI 67/1/99/80
348 "muitos casos de soldados do Exército Vermelho...", 19/2/1919, RGASPI 67/1/99/81
348 "Tive uma longa entrevista...", DLG a WSC, 6/5/1919, CAC-CHAR 16/7

Capítulo 23: Sibéria
350 Gajda e o Exército Tchecoslovaco, Harris, HIA XX072 Box 1
350 "trens do estado-maior...", McCullagh, *Prisoner of the Reds*, p. 108
351 "trazido suas *Yoshewara...*", capitão William S. Barrett, HIA YY029
351 "infeliz cidadão que...", ibid.
352 "os japoneses haviam fuzilado...", US Army AEF, HIA XX546–-9.13
352 "frieza e insatisfação", 7/6/1919, US Army AEF, HIA XX546–9.13
353 "Os militares estão confiantes em...", transcrito de conversação telefônica em 23/1/1919, Vológodski a Iákovliev, GARF 193/1/6/45
353 "Quanta energia...", GARF 193/1/6/43
354 "tomado a firme decisão...", US Army AEF, HIA XX546–9.13
354 "crânios fraturados ...", ibid.
354 Campo de execuções de Adrianovka, capitão William S. Barrett, HIA YY029
355 "não se dispunham a abandonar...", diário de Víktor Pepéliaev, GARF 195/1/27/25 296 Semiónov e o estado independente, Kuras, L.V., "Ataman Semiónov and the National Military Formations of Buriat", in *The Journal of Slavic Military Studies*, x, dezembro de 1997, No.4, 83, AFSB-RB d.85273, l.185
355 "califa por uma hora...", seção de inteligência da AEF, Sibéria 2/6/1919 US Army AEF, HIA XX546–9.13
355 "amplas detenções...", Cheremnykh, HIA 92068, 6
356 Massacre de prisioneiros em Ufa, ver Werth, "Crimes and Mass Violence of the Russian Civil Wars, 1918-1921", Sciences Po

356 "Kárlovitch", RGASPI 70/3/669
356 "apertados", Cheremnykh, HIA 92068, 7–8
356 Khánjin, Harris, HIA XX072 Box 1
356 "alguns novos recrutas...", 21/2/1919, RGVA 39458/1/5/42
357 "Soldados jovens, recém-recrutados...", 14/5/1919, RGVA 5182/1/10/22
357 "sabotagem em quase todas...", carta de 10/2/1919, RGASPI 67/1/96/186
357 campos de trabalhos forçados, abril de 1919, RGVA 39458/1/6
357 "O exército será reformulado...", RGVA 5182/1/11/4
358 "Embora estejamos agora sofrendo...", RGVA 5182/1/11/5
358 Retirada para Guriev, 10/3/1919, RGVA 5182/1/11/108
358 "desde que eles estejam convencidos de que...", correspondência de Koltchák 1919, HIA YY268
359 "Uma comissão está agora trabalhando...", ibid.
359 "do governo russo", Curzon a WSC, 2/5/1919, CAC-CHAR 2/105/73–4

Capítulo 24: Don e Ucrânia

362 "muito popular entre os soldados...", diário de Kennedy, 2/2, KCLMA
362 "Tomem, gastem com prostitutas", Makárov, 127
362 "O trem de Chkuró...", Najívin, Ivan, *Zapíski o revoliútsi, 1917–1921*
364 "Garotas e damas colocavam flores...", Tchevdar, BA-CU 4077432, 13
364 "Os rostos dos Comunistas...", V.I. Liékhno, BA-CU, 4077745
365 "O nome de Preobrajiénski...", ibid.
365 Saiénko, Melgunov, *Red Terror*, pp. 121–3
365 "Examinamos a cena...", Liékhno, BA-CU, 4077745
366 "Os comerciantes voltaram ao...", ibid.
366 15º Regimento de Cossacos do Don, GARF 4919/1/3/25
366 "Os cossacos equiparam-se com armas...", RGASPI 17/6/83/1–10
366 Vatsetís, TsA FSB RF S/d N-217. T.8. S. 127
366 "tomado a decisão...", RGASPI 17/6/81/18

367 "Gostaríamos de chamar sua atenção...", TsA FSB RF S/d N-217 T.D S. 135

367 "Nós derrotamos...", RGVA, 24380/7/168/213

367 "Makhno é um perigoso foco...", S. I. Syrtsov, Comissário do 12º Exército, RGASPI 2/1/23678/1–4

367 "Este 10º Exército...", Dune, BA-CU 4077481/113

367 "o quartel-general do 9º Exército...", TsA FSB RF S/d N-217, T.4, S. 80–4

367 "o 10º Exército estava assustado...", Dune, BA-CU 4077481/113

368 "Os soldados falavam dele...", Boiártchikov, p. 52

368 "Os combalidos remanescentes...", GARF 4919/1/3/49

369 "Os soldados do Exército Vermelho, entre gemidos...", TsA FSB RF S/d N-217, T.4, S. 80–4

371 "As ruas estavam vazias...", Heiden, HIA 75009, 6–9

371 "O general Wrangel não havia...", ibid.

372 "Os soldados pareciam indigentes...", ibid.

372 "apáticos e preguiçosos", Goldsmith, KCLMA

373 "Antón Ivánovitch...", Makárov, Pável, *Aide de Camp*, p. 129

373 "Vladímir Zienónovitch...", ibid.

374 "conquistar nossa meta final...", Peter Kenez, *Red Advance, White Defeat*, p. 39

375 Sobre a avaliação que a *Stavka* do Exército Vermelho fez da Diretriz de Moscou, ver RACO, p. 196–8

375 "Um momento como este...", *Naval Review*, 8, p. 220

375 "Nove embarcações...", ibid.

376 "evitou combates...", RACO, p. 115

376 Pedido de Churchill ao Almirantado, CAC-CHAR 16/12/41–2

Capítulo 25: Murmansk e Arcangel

377 "Havia ressentimento e protestos...", RGASPI 67/1/99/27

378 "E nós mesmos tivemos...", WSC a DLG, 6/4/1919, CAC-CHAR 16/6

378 "consistir em voluntários...", CAC-CHAR 16/5/32

379 "Quanto ao movimento de Gajda...", Wilson a WSC, 2/5/1919, CAC-CHAR 16/10/4

379 "incentivado pela Entente...", Harris, HIA XX072 Box 1

379 Junção de forças no rio Pechora, Lund, KCLMA
379 "Em vista do enorme...", CIGS, Governo Britânico, *The Evacuation of North Russia 1919*, Blue Book, HMSO, 1920, 24/2/1919, CAC-CHAR 16/19/24
380 "Havia esperanças...", Lund, KCLMA
380 "envolver-se no sul...", Wilson a Ironside, 16/6/1919, CAC-CHAR 16/8
381 "O inimigo, que evidentemente...", Lund, KCLMA
381 Planos de evacuação, *The Evacuation of North Russia 1919*
382 "de defender Arcangel...", Lund, KCLMA
382 "Tempo frio e com ventos...", Lund, KCLMA
382 "não tinha nem a intenção nem a coragem...", CAC-CHAR 16/11/87–8
383 "Em nenhum país Aliado...", *The Evacuation of North Russia 1919*

Capítulo 26: Sibéria

384 Superioridade numérica, RACO, 165
384 Números do Grupo do Sul, RACO, 164
385 "Aqui eles têm tamanha vontade...", diários de Víktor Pepéliaev, GARF 195/1/27/25
385 "ter tendências democráticas...", diário de Janin, 12/7/1919, HIA YY239
387 "Os soldados abandonaram...", diários de Víktor Pepéliaev, GARF 195/1/27/25
387 Regimento chinês, Chipítsin, Fiódor, "V Odnóm Stróiu", em *V Boiákh i Pókhodakh*, p. 504
387 "O front desintegra-se...", diário de Janin, HIA YY239
387 "questão tcheca", diários de Víktor Pepéliaev, GARF 195/1/27/25
387 "É muito melhor...", citado em US Army AEF, 1/7/1919, HIA XX546–9.13
387 Força japonesa, US Army AEF, HIA XX546–9.13
388 5ª Divisão Polonesa, Col. Jan Skorobohaty-Jakubowski, "Kapitulacja V-ej Syberyjskiej dywizji w świetle prawdy historycznej", *Sybirak*, 1(13) (1937), 3–8
388 "todos os pecados de Israel", diário de Janin, HIA YY239
388 "O governante...", ibid.

388 "É um cansativo desperdício...", ibid.
389 "A incompetência...", CAC-CHAR 16/19/40
390 5º Exército Vermelho em Tcheliabinsk, RACO, 169
390 "ex-oficiais Brancos...", exposição do Ural, 22/8/1919, ASF--ARLM
390 "Há muitas famílias de oficiais...", RGVA 39458/1/2/2
391 "a frota de trens para...", US Army AEF, HIA XX546–9.13
391 "o governo russo presidido...", US Army AEF, 27/5/1919, HIA XX546–9.13
392 Rózanov e reféns, GARF 193/1/11/8
392 "a sede do Governante Supremo...", US Army AEF, HIA XX546–9.13
392 "mas a presença deles...", WSC a DLG, 21/5/1919, CAC-CHAR 16/7
393 "Os soldados comuns...", A. Astafiév, *Zapíski Izgóia (Notas de um Exílio),* Omsk, 1998, p. 61
393 "Vários incidentes vexaminosos...", Papéis de Káppel, 9/6/1919, RGVA 39548/1/1/9
393 "Eles atiram em si mesmos...", capitão William S. Barrett, 4/9/1919, HIA YY029
393 "Os efeitos corruptores...", 27/5/1919, RGVA 39458/1/2/1
394 "Todos aqueles que se renderem voluntariamente...", 16/5/1919, RGVA 39458/1/9/11
394 "Nossos exércitos têm lutado...", US Army AEF, HIA XX546–9.13
394 "Um pequeno grupo de soldados...", Astafiév, p. 61
395 "A maioria dos prisioneiros...", capitão William S. Barrett, 4/8/1919, HIA YY029
395 "Cavalos, camelos, animais de criação...", "Civil war in Central Asia", Khitún, HIA ZZ070
396 "A retirada às pressas...", ibid.
396 "O papel...", RACO, p. 175
396 Operações de Tobol e Petropavlovsk, RACO, 174–7
396 "Palavras não podem expressar...", WSC a Knox, 5/10/1919, CAC-CHAR 16/18A–B/153
397 "O general cossaco...", V. V. Feduliênko, HIA 2001C59

397 "A conduta da América...", Diário de Víktor Pepéliaev GARF 195/1/27/25
397 Knox queixando-se a Janin, 29/7/1919, HIA YY239
398 "Em razão das aglomerações...", US Army AEF, HIA XX546–9.13
398 "Caçadoras de Dólares" etc., ibid.
399 "não podiam tratar como amigos...", ibid.
399 "Quando havia combates...", papéis de Lyon, Cruz Vermelha dos EUA, HIA 74096
399 "Koltchák tem escassa disciplina...", ibid.

Capítulo 27: Verão no Báltico

402 "Deus Salve o Czar", Karsten Brüggemann, in Badcock (et al. eds.), iii, 1, p. 161
403 Stálin e Péters em Petrogrado, Rayfield, p. 70
403 Chklóvski em Lakhta, Chklóvski, p. 186
403 "Às 8h50 Krasnaia...", Polozov, RGAVMF R-34/2/53/80
403 "Estamos anexando...", RGAVMF R-34/2/53/82
407 "Os finlandeses...", diários de Víktor Pepéliaev, GARF 195/1/27/25
407 "completamente inaceitável", Wilson a WSC, 2/5/1919, CAC-CHAR 16/7
408 "experimento ruritano", citado em Lincoln, *Red Victory*, p. 293
408 Gough sobre Mannerheim, Wilson a WSC, 14/6/1919, CAC-CHAR 16/8
408 Lloyd George sobre Petrogrado, DLG a WSC, 6/5/1919, CAC-CHAR 16/7
408 "Devemos encerrar nosso esforço militar...", CIGS a WSC, 23/7/1919, ibid.
409 "A Rússia não quer ser...", DLG ao Gabinete 30/8/1919, memorando de WSC sobre a posição do noroeste da Rússia 24/8/1919, CAC-CHAR 16/10/133
410 "*skimmers*", de longe o melhor relato está em Ferguson, *Operation Kronstadt*, 229–56
411 "balançavam paradas sobre a água...", ibid., 239–40

Capítulo 28: A marcha sobre Moscou

414 Informação ao Birô do Don proveniente de Tsaritsin, RGVIA 7789/2/30

414 "Nossos fracassos no...", Documentos do Birô do Don, RGASPI 554/1/3/ 86

415 "a exposição de agentes...", assinado Blokhín e Ikonnikóv, 17/8/1919, RGASPI 554/1/3/41, e GARO R-97/1/123/482-483

415 "Gostaríamos de informar...", ibid.

416 "A primeira surpresa desagradável...", Heiden, BA-CU 75009

417 "Eles ligam os motores...", Lakier, 22/7/1919, BA-CU 4077740

417 "*Hurrrrraaa!* Não sobrou um único...", ibid.

418 Quartel-general do Front Sul, ROCA, p. 211

418 "Não sobrara ninguém na cidade...", A. A. Maksimova-Kulaev, HIA YY323

419 101 judeus mortos, Landis, Eric-C, "A Civil War Episode – General Mámontov in Tambov, August 1919", in Papéis de Carl Beck, Estudos russos e do leste europeu

419 "demagogia vulgar...", RACO, p. 208

419 "Soldados rasos cossacos...", GARF 4919/1/3/61

419 "Os cossacos voltaram!", Maksimóva-Kulaiáv, HIA YY323

420 "Deníkin está cada vez melhor...", 17/9/1919, CAC-CHAR 16/11/113

420 "Deníkin não conseguirá chegar a Moscou...", Carton de Wiart, p. 118

421 "considerava que havíamos feito o suficiente...", ten.-gen. Tom Bridges a WSC, 30/9/1919 CAC-CHAR 16/12/34

421 "Não há um grande perigo...", WSC a Curzon 10/9/1919, CAC-CHAR 16/11/80

421 "O bolchevismo pode infestar...", 10/9/1919, CAC-CHAR 16/11/81

422 "Povo de Kiev! ...", Makárov, p. 39

422 "Muitas das cabeças ...", comissão do general Reberg, citado em Melgunov, pp. 125–6

423 "após uns três combates...", CAC-CHAR 16/19/30

423 "Valorosos cossacos de Cubã e Terek...", Makárov, p. 43

423 "Acho desaconselhável...", CAC-CHAR 16/18A-B/103

423 "Mande-me por telegrama...", 22/9/1919, CAC-CHAR 16/18A--B/116

424 "Branco como uma folha de papel...", Zákharov, citado em Melgunov, p. 28

424 "pesadelo de cavalaria", ROCA, p. 216

425 "Pegamos membros...", M. Alp, ASF-ARLM E-100, 1/1/7 (A--63), p. 9

425 "Você luta lado a lado conosco...", ibid.

425 "Eu não era capaz de mudar...", ibid.

426 "à luta e autossacrifício...", Tchevdar, BA-CU 4077432

426 "Um país de grandes planícies ondulantes...", diário de Kennedy, 6/9/1919, KCLMA

426 "os oficiais da missão...", diário de Kennedy, 7/9/1919, KCLMA

426 "que me lembrava um sapo...", diário de Kennedy, 21/9/1919, KCLMA

426 "Mái-Maiévski tinha um tapete especial...", ibid.

427 "Todos os soldados...", ibid.

427 "estavam fora de uso...", ibid.

427 "cerca de cem vítimas...", ibid.

427 "Eles avançam galopando...", Diário de Kennedy, 10/10/1919, KCLMA

428 "Os bolcheviques estão perdendo...", WSC a Curzon, 5/10/1919, CAC-CHAR 16/12/34

429 "Os eventos começaram...", Diário de Kennedy, 14/10/1919, KCLMA

429 "abolição do governo soviético...", *Vôlia* 16/10/1919; e imprensa sueca, *Voiénni Viéstnik*, US Army AEF, 18/10/1919, HIA XX546–-9.13 Box 2

429 "Orel para as Águias!", Makárov, p. 162

Capítulo 29: A surpresa no Báltico

430 "fazer algum arranjo...", 1/9/1919, CAC-CHAR 16/11/15

431 "depois de Petrogrado iriam capturar...", Col. Tallents a WSC, CAC-CHAR 16/14/68

432 "A cidade sitiada...", Chklóvski, p. 187

432 "A caminho de casa...", Makhónin, BA-CU 4077787/23

432 Comer pombos em Petrogrado, Makhónin, BA-CU 4077787/20
432 "devido à difícil situação...", GARF 6385/2/3/17
432 "a partir do momento em que seus soldados...", GARF 6381/2/1/14/3–4
433 "um homem jovial..." etc., "Situation of the North-Western Army by the Start of the Autumn Advance on Petrogrado", Grimm, HIA 77002, Box 3
433 "Será que eles não teriam...", 2/10/1919, CAC-CHAR 16/18A–B/145
434 "explosões das bombas pairavam...", Chklóvski, p. 187
434 "Se a ofensiva já começou...", citado em Service, *Lenin*, p. 395
435 "um labirinto de pedra", citado em Mawdsley, p. 276
435 "pela muito notável...", 17/10/1919, CAC-CHAR 16/18A-B/293
435 "nossos oficiais aqui...", WSC a Curzon, 21/10/1919, CAC-CHAR 16/12/202
436 "O gelo pode se formar...", CAC-CHAR 16/18A–B/258
436 Recusa de Iudénitch de prover fundos para refugiados, GARF 6385/2/3/77
436 "pegaram dois ou três vagões ferroviários...", GARF 6381/2/1/14/14
437 Negação de Iudénitch de se reportar ao governo, GARF 6385/2/3/66
437 "os estonianos claramente desejam...", GARF 6385/2/3/68
437 "levar adiante uma política...", "Ou o general Iudénitch...", GARF 6381/2/1/14/8
437 "o antigo Exército...", Iudénitch, HIA XX048 Box 4
437 Tratado de Tartu e "Rússia Una e Indivisível", Karsten Brüggemann, Badcock (et al. eds.), iii, 1, 143–74

Capítulo 30: Retirada siberiana

438 "aberto a rota para o Turquestão...", WSC a CAS, 17/9/1919, CAC- CHAR 16/18A–B/74–5
438 "Alguns japoneses expressam abertamente...", Harris, HIA XX072 Box 1
438 Interesse japonês no leste da Sibéria, *Vôlia*, US Army AEF, 18/10/1919, HIA XX546–9.13
439 "É sabido que...", *Gólos Ródini* US Army AEF, 20/11/1919, HIA XX546–9.13

439 "O Japão não tem outra saída...", *Dalnievostótchnoie Óbozriénie*, US Army AEF, 19/10/1919, HIA XX546–9.13

439 "Libere imediatamente o trem do tenente Ryan...", capitão William S. Barrett, HIA YY029

439 Ánniekov, Arquivo Nacional do Cazaquistão, Arkhiv.kvo.kz

440 "uma conhecida minha de longa data...", Papéis de Stievéni, KCLMA

440 "Se perdermos Omsk, perderemos tudo!", Feduliênko, HIA 2001C59, p. 27

440 "vivia seus últimos dias", ibid.

440 "contra a própria consciência...", B. Pavlu e Dr. Girsa, 13/11/1919, Harris, HIA XX072 Box 1; e Diário de Janin, HIA YY239

441 "as ostensivas simpatias...", ibid.

442 "Os soldados e suas famílias...", citado em Pipes, *Russia under the Bolshevik Regime*, p. 114

442 "Dia de Luto do Povo...", *Dalnievostótchnoie Óbozriénie*, 8/11/1919

442 Knox e missão militar, Stievéni, KCLMA

442 "magro, com aspecto abatido...", Diário de Janin, HIA YY239

442 "A evacuação de Omsk...", Feduliênko, HIA 2001C59

443 Queda de Omsk, Papéis Káppel, RGVA, 39458/1/8/4

443 "percorrido seiscentos quilômetros...", RACO, p. 177

443 "O estranho então...", RGVA 39458/1/8/4

443 "Metade dos oficiais não aceitou...", RGVA 39458/1/8/5

444 5º Exército e transferência de forças para o Front Sul, RACO, p. 177–8

444 "aconselhados a nunca sair...", Horrocks, *Full Life*, p. 39

444 "liberdade e o poder...", Feduliênko, HIA 2001C59

444 Sobre o levante de Vladivostok, ver J. R. Ullman, *Anglo-Soviet Relations, 1917–1921*, Vol. 2, 242–51

445 Baixas em Vladivostok, capitão William S. Barrett, HIA YY029

445 "O major Johnson ordenou...", US Army AEF, HIA XX546–9.13

445 "até mesmo roupas de mulher...", Diário de Janin, HIA YY239

445 "Por favor, verifique...", Col. Jan Skorobohaty-Jakubowski, "Kapitulacja V-ej Syberyjskiej dywizji w świetle prawdy historycznej", *Sybirak*, 1(13) (1937), pp. 3–8

445 poloneses em Novo-Nikolaievski, RGVA 39458/1/8/5
446 "Exército Polonês na Sibéria", Relatório da Situação por Józef Targowski, Alto- Comissário da República da Polônia na Sibéria, PIA 701-002-024-337
446 poloneses em Orenburgo, A. Zab., "Orenburg – złe miasto", *Sybirak*, 1(5) (1935), pp. 47–52
446 Repatriação de soldados poloneses, 5/10/1919, PIA 701-002-005--416
446 Disputa tcheco-polonesa na ferrovia, US Army AEF, HIA XX546––9.13 Box 2
447 5ª Divisão polonesa em Novo-Nikolaievski, Col. Jan Skorobohaty--Jakubowski, "Kapitulacja V-ej Syberyjskiej dywizji w świetle prawdy historycznej", *Sybirak*, 1 (13)/1937, pp. 3–8
446 *"paralysie générale"*, Diário de Janin, HIA YY 239
446 "Uma retirada em massa...", Horrocks, *A Full Life*, p. 37
447 "Os tchecos tratavam os poloneses...", vice-cônsul Trygve R. Hansen, Harris, HIA XX072 Box 2
447 "Em 22 de dezembro de 1919...", Col. Jan Skorobohaty-Jakubowski, "Cieniom towarzyszy broni pod Tajgą", *Sybirak*, 4(8) (1935), pp. 53–5
447 "Se a situação parecer favorável... ", Horrocks, p. 52
448 "Os tchecos na realidade...", Harris, HIA, XX072, Box 1
448 "A principal razão para a falta de carvão...", GARF 195/1/27/12
449 "Houve uma revolta anteontem...", 23/12/1919, GARF 195/1/27/25
449 "Mulheres russas! Vocês querem...", *Dálni Vóstok*, 4/12/1919, Harris, HIA XX072 Box 2
449 "Nas estações maiores...", ten. J. R. J. Mesheraups, ibid.

Capítulo 31: O ponto de inflexão

450 "Seus cossacos fecharam...", RGVA 6/10/131/12
450 Saransk, RACO, p. 212
450 "ele havia sido enviado...", Bulatkin a Budiônni, 21/8/1919, TsA FSB RF S/d N-217, T. 8, S. 158
451 "Vocês poderiam, por favor...", RGVA 24406/3/1/28

451 "Mandem imediatamente…", Kámeniev a Goldberg, 23/8/1919, RGVA 6/10/131/14–15
451 "Declarei Mirónov…", RGVA 24406/3/1/28
451 "juntar-se aos soldados…", RGVA 33987/3/25/1–2
451 "O primeiro tiro…", TsA FSB RF S/d N-217. T.8. S.99
451 "Mirónov é um rebelde…", RGVA 246/6/1/1
452 "Águias Vermelhas…", RGVA 192/6/5/130–1
452 Departamento Especial da Tcheká em Saratov, 7/9/1919, TsA FSB RF 1/4/478/3
452 "Mirónov foi proclamado…", 12/9/1919, RGVA 33987/2/3/69
452 "Foram requisitadas unidades…", RACO, p. 212
452 "5 mil homens…", ROCA, p. 212
453 "com uma escolta…", RGVA 245/3/99/64
453 "810 cossacos de Cubã...", Kuznetsov, TsA FSB RF S/d N-217. T. 8. S. 262
453 Smílga a Trifonov, 7/10/1919, RGVA 246/6/1/38
454 "mudar a política…", RGVA 33988/2/44/277
454 "Sugiro que o Camarada Mirónov…", RGVA 33987/3/52/469
454 "Mámontov e Chkuró…", RACO, p. 216
454 "A não ser que [Deníkin]…", 8/7/1919, CAC-CHAR 19/19/40
454 "Quando o Exército Voluntário…", Globatchóv, BA-CU 4077547/159 ff.
456 "O cumprimento desinteressado…", ibid.
456 "um típico governador…", M.V. Rodziánko, HIA 27003, Box 1
456 "A contrainteligência local…", ibid.
457 "O general Revíchin comandou os soldados…", ibid.
457 "Más línguas…", ibid.
457 "Por maior que fosse nosso esforço…", ibid.
458 "O governador, com um destacamento…", ibid.
458 Forças de Makhno em outubro, RACO, p. 229
458 "por um mês inteiro", ibid., p. 218
458 "fez muito para dividir o Exército Voluntário…", ibid., p. 231
458 "Abaixo os comissários!", para Tula, ver Figes, *A People's Tragedy*, pp. 666–8
459 21ª Divisão, ROCA, p. 210
459 "um envolvimento duplo", RACO, p. 216

459 "resistiu a sete ataques de baionetas...", Makárov, *Aide-de-Camp*, p. 156

459 "As ruas de Orel...", Gubariév, BA-CU 4077582

459 "Em setembro e outubro...", 19/11/1919, CAC-CHAR 16/18A–B/211

459 Unidades em Orel, RACO, pp. 220–3

460 "Ao General Deníkin, meu dever...", Erást Tchevdar, BA-CU 4077432/33

460 "Não consegui dormir nada...", ibid.

461 "No avanço em direção a Moscou...", Papéis de Makhónin, BA-CU 4077787/41–2

461 "conseguiu uma brilhante vitória...", Boiártchikov, *Vospominánia*, p. 53

461 Conferência em Kharkov, Rakóvski, *V stánie biélikh*, http://www.dk1868.ru/history/rakovskiy_plan.htm

462 "Ele também falou...", ibid.

462 "Boas notícias...", Diários de Kennedy, KCLMA

462 "Homens e mulheres acusados...", Diário de Kennedy 29/12/1919, KCLMA

463 "Numa das casas...", Chulgín, p. 147

463 50 mil a 60 mil judeus mortos, Ian Kershaw, *To Hell and Back, Europe 1914–1949*, p. 106

463 *Pogroms* na Bielorrússia, ver Elissa Bemporod, *Becoming Soviet Jews*, p. 30

463 Relatório soviético de 1920, Figes, *A People's Tragedy*, p. 679

463 "As coisas ficaram calmas...", Paustóvski, p. 623

464 "É da mais alta importância...", 18/9/1919, CAC-CHAR 16/18A–B/83

464 "Sei dos esforços que vem fazendo...", CAC-CHAR 9/10/1919, 16/18A–B/175

464 "o tipo de militar disciplinador...", CAC-CHAR 16/18A–B/210

464 "Você não tem ideia...", Williams a Leeper e WSC, CAC-CHAR 16/12/126

Capítulo 32: Retirada no sul

466 "extraordinário hábito...", Diário de Kennedy, KCLMA

466 “Em seu bombástico discurso...”, ibid.
467 “Num momento de desastre...”, Tchevdar, BA-CU 4077432
467 “Essa foi uma decisão difícil...”, Makárov, 68–74
467 “Ocorreu que Wrangel...”, Rakóvski, http://www.dk1868.ru/history/rakovskiy_plan.htm
468 “Também posso ver as coisas desse modo...”, ibid.
468 “Bem, Vladímir Ilich...”, ibid.
468 “corrupta até o último grau...”, ibid.
468 “Os bigodes congelam...”, Diário de Kennedy, KCLMA
469 “enquanto atacava uma lata de carne...”, G. H. Lever, KCLMA
469 “Pelo caminho...”, Tchevdar, BA-CU 4077432/35
470 “Mámontov afagava seus imensos bigodes...”, ibid.
470 “uma importante e decisiva batalha”, 11/12/1919, CAC-CHAR 16/18A-B/179
471 “incorporá-los às suas unidades...”, 5/12/1919, CAC-CHAR 16/14/23
471 “incentivar os poloneses a se unirem...”, 29/11/1919, CAC--CHAR 16/13/130
471 “manter-nos informados”, ibid.
471 “muito satisfatório...”, Carton de Wiart, 13/12/1919, CAC--CHAR 16/14/66
472 “A inação dos poloneses...”, 15/12/1919, CAC-CHAR 16/19/88
472 “objetivos secretos”, RACO, p. 233
472 “um grupo de oficiais hostil...”, 27/1/1920, GARF 6396/1/7/7
472 “Isso permitiu ao destacamento de Slaschóv...”, RACO, p. 235
472 “caso surgissem dificuldades...”, ibid.
473 “Uma retirada para o Cáucaso...”, Diário de Kennedy, 26/12/1919, KCLMA
473 “A equipe do meu canhão de campo...”, Gubariév, BA-CU 4077582
473 “Ordenanças passam galopando...”, ibid.
474 “Quanto às carroças de refugiados...”, Moisséiev, BA-CU 4077851/12
475 “A batalha crucial...”, Rakóvski, http://www.dk1868.ru/history/rakovskiy_plan.htm

475 "Dizem que o exército inteiro...", Diário de Kennedy, 29/12/1919, KCLMA
475 "Capitulação total...", Lever, 28/12/1919, IV/1, 114 KCLMA
475 "O trem de Wrangel...", Diário de Kennedy, 30/12/1919, KCLMA
476 "Uma massa de carroças...", Tchevdar, BA-CU 4077432/35
476 "Ao sul de Rostov...", ibid.
477 "Parece que há poucas dúvidas...", WSC a CIGS, 31/12/1919, CAC-CHAR 16/19/110
477 "Havia dez ou doze pessoas à mesa...", Vertínski, *Dorogói dlínnoiu*, p. 147
478 "Obrigado por ter vindo...", ibid.
478 "cruzado aquele frágil limite...", Lincoln, *Red Victory*, p. 436
479 "Nós dois estávamos sentados no vagão dele...", Chulgín, p. 168

Parte Quatro: 1920

Capítulo 33: A Grande Marcha no Gelo siberiana

483 "Nossos cavalos deslizavam...", Harris, HIA XX 072–9.23 Box 5
483 "Havia tantas pessoas...", ibid.
484 "A Sibéria estava totalmente em ruínas...", Piotr Paweł Tyszka, "Z tragicznych przeżyć w V-ej Syberyjskiej Dywizji i w niewoli (1918–1921)", *Sybirak*, 4(12) (1936), p. 21
484 Batalha no cerco de Krasnoiarsk, RACO, pp. 177–8
485 "A neve não era profunda", ibid.
486 "Apenas uns poucos remanescentes ...", RACO, p. 178
486 "Todo russo estava em pânico...", Harris, HIA XX072 Box 2
486 "Os soldados poloneses estavam inconformados...", GARF 195/1/27/28
487 "Ser a retaguarda...", Col. Jan Skorobohaty-Jakubowski, "Kapitulacja V-ej Syberyjskiej dywizji w świetle prawdy historycznej", *Sybirak*, 1(13) (1937), pp. 3–8
487 "extremamente exaustos...", GARF 195/1/27/28.
487 "Ao comandante do...", Skorobohaty-Jakubowski, pp. 3–8
487 Minorias nacionais sob Janin, ten. comte. Kapnist, HIA YY252
487 "Na noite de 9 de janeiro...", GARF 195/1/27/28

488 "O pesar pelas nossas perdas...", Piotr Paweł Tyszka, *Sybirak*, 4(12) (1936), p. 21
488 "como folhas mortas no outono...", McCullagh, p. 22
488 "com tão pouca cerimônia...", McCullagh, p. 31
488 Embaixador Morris, *Dalnievostótchnoie Óbozriénie*, 24/2/1920
489 "Todo mundo gemia e delirava...", Tyszka, *Sybirak*, 4(12) (1936), p. 22
489 Varíola e difteria, *Voiénni Viéstnik*, 5/1/1920; US Army AEF, HIA XX546–9.13 Box 2
490 "cobertos de peles sujas...", McCullagh, p. 21
490 Tchita e ulcerações de frio, capitão William S. Barrett, HIA YY029
490 "ao ver que o atual governo...", GARF 195/1/27/25; *Gólos Ródini*, 2/1/1919, US Army AEF HIA XX546–9.13 Box 2
491 "que todos os fretes...", US Army AEF, HIA XX546–9.13 Box 2
491 "está ficando a cada dia mais terrível...", *Dálni Vóstok*, 5/1/1920
491 Pacientes atirados pelas janelas do hospital, Barrett, HIA YY029
491 "Os tchecos têm adotado propositalmente...", Relatórios de 21 e 22/2/1920, Harris, HIA XX072 Box 1
492 Morte de Káppel, Andrei Svertsev, "Tragedy of a Russian Bonaparte", 16/4/2013, *Russkiy Mir*
492 Confronto perto de Zima, US Army AEF, HIA XX546–9.13 Box 2
492 "desejara compartilhar", Stievéni, KCLMA

Capítulo 34: A queda de Odessa

493 "Navios de guerra britânicos e italianos...", Lakier, BA-CU 4077740
493 "decorado com muito bom gosto...", Vera Muromtseva-Bunina, carta, 4/12/1918, in Búnin, *Cursed Days*, p. 10
493 "salas requintadas", Valentin Kataiév, citado em Thomas Gaiton Marullo, *Cursed Days*, p. 11
494 "Tudo se tornou desagradável...", Paustóvski, p. 657
494 "As peles mais valiosas...", diário de Webb-Bowen, 26/1/1920, KCLMA
494 "ninguém queria lutar", Globatchóv, BA-CU 4077547/170
494 "recompensa por seus serviços...", Chulgín, p. 169

494 Pressão de britânicos e franceses para que Deníkin defendesse Odessa, ver Kenez, *Red Advance, White Defeat*, p. 237
495 "a situação poderia mudar...", Chulgín, p. 170
495 "As decisões naqueles dias...", Paustóvski, p. 659
495 "Schilling ainda estava em terra firme...", Chulgín, p. 170
496 "Malas abauladas de tão cheias...", Paustóvski, p. 660
496 "Era extremamente perigoso...", Globatchóv, BA-CU 4077547/173
496 "Os bolcheviques não eram bons atiradores...", Chulgín, p. 172
497 "a fuga homérica", Paustóvski, pp. 659–60
498 "Um destacamento montado...", Paustóvski, p. 661
498 "Um dos navios...", ibid.

Capítulo 35: O último "*hurra*" da cavalaria Branca

499 "Ele deveria estar no quartel-general...", Diário de Kennedy, 1/1/20, KCLMA
499 "bombardeado, pessoalmente...", Diário de Kennedy, 2/1/20, KCLMA
500 "Cragg viu Holman...", Diário de Kennedy, 14/2/20, KCLMA
500 "casacões congelados...", Tchevdar, BA-CU 4077432/16
500 Explodir equipamento, capitão G. H. Lever RE, KCLMA IV/1, p. 129
500 "o terreno completamente inadequado...", RACO, p. 238
500 "manifestarem extrema falta de...", ibid.
502 Vorochílov, Budiônni e Dumiénko, RACO, pp. 238–9
502 "a força da defesa inimiga...", RACO, p. 242
503 "menor resistência política...", RACO, p. 243
503 "o papel de bisturi...", RACO, p. 244
503 "Naquele amanhecer cinzento...", Rakóvski, http://www.dk1868.ru/history/rakovskiy_plan.htm
503 "Meu querido e amado...", 26/2/1920, Cherkassky, HIA 75105
504 "perdeu metade de seus cavalos...", RACO, p. 245
504 "Deixamos para trás na estepe...", Rakóvski, http://www.dk1868.ru/history/rakovskiy_plan.htm
505 "O solo seco, compactado...", ibid.
505 "Houve um fogo cruzado enlouquecido...", ibid.
506 "amigos dúbios", Tchevdar, BA-CU 407743/48

506 "golpearem a bigorna...", Bábel, *Red Cavalry*, p. 133
506 "Iekaterinodar naqueles dias...", Rakóvski, G. N., http://www.dk1868.ru/history/rakovskiy_plan.htm
506 "Soldados e civis...", Tchevdar, BA-CU 4077432/48
507 "Uma garota corria por ali...", Rakóvski, http://www.dk1868.ru/history/rakovskiy_plan.htm
507 "É um dia cinza, sombrio...", Glasse, 19/3/1920, BA-CU 4077552
507 "Ao crepúsculo, há de repente...", ibid.
508 "Mais destacamentos Vermelhos...", ibid.
508 "Um conhecido...", ibid.
508 "Na praça central...", ibid.
509 "gastando todo o seu tempo...", Lever, 16/1/1920, Lever IV/1, 154,KCLMA
509 "a fomentar uma pestilência moral...", Lever IV/1, 162, KCLMA
510 "Tive que passar a noite inteira...", Chvetsóf, HIA 72039–10
510 "cujos conveses...", Lever IV/1, 156, KCLMA
510 177 refugiados mortos congelados, ten.-cel. F. Hamilton-Lister, KCLMA
510 "dois oficiais britânicos...", Kennedy, 14/2/20, KCLMA
510 "russos feridos...", Lever IV/1, 178, KCLMA
511 "havia criado uma profunda impressão...", Kennedy, 17/2/1920, KCLMA
511 "A regra vigente é...", ibid.
511 "um grande buraco ali", Lever IV/1, 160, KCLMA
512 "Aquelas pessoas haviam fugido...", A. P. Kapustiansky, HIA 2010C21
513 "achava que nunca mais conseguiria...", Diário de Kennedy, 1/4/1920, KCLMA
513 "Muitos dos guardas...", Tchevdar, BA-CU 4077432/54
514 "Vi um capitão do...", Moisséiev BA-CU, 4077851/15
514 "verdadeira obra-prima...", Lever, 191–3, KCLMA
515 22 mil prisioneiros em Novorossisk, RACO, p. 248
515 "Eles então passaram a atirar na multidão...", Moisséiev, BA-CU 4077851/16
515 "Eles nos levaram embora...", Moisséiev, BA-CU 4077851

Capítulo 36: Wrangel assume o comando e os poloneses tomam Kiev

518 "o resultado político...", RACO, p. 249

519 "O destróier *Karl Liebknecht*...", RGAVMF R-1/2/25/99–100

519 "Os guinchos do vapor...", Raskólnikov, *Ilín*, https://www.marxists.org/history/ussr/government/red-army/1918/raskolnikov/ilyin/ch05.htm

520 "Gurkhas morenos...", ibid.

520 "propósito era recuperar...", ibid.

521 "O general Holman...", Diário de Kennedy, 2/4/1920, KCLMA

521 "As condições predominantes...", Lever IV/1, 229, KCLMA

521 "Em Batum, antes...", Diário de Kennedy, 18/9/20, KCLMA

522 "Sabe como é, já havíamos...", Chulgín, p. 187

523 "Soldados e oficiais! ...", Makárov, p. 183

523 "corrupção correndo solta...", ibid.

523 "E 43 serviços...", Globatchóv, BA-CU 4077547

523 "há cinco facções...", RGASPI 554/1/8/26

524 "Os chalés são...", Diário de Kennedy 19/4/1920, KCLMA

524 "aldeias tártaras...", Diário de Kennedy, 25/4/20, KCLMA

524 "ordenança mulher", ibid.

524 "briga", Norman Davies, *White Eagle, Red Star*, p. 22

525 Negociações de Piłsudski com Lênin, Adam Zamoyski, *Varsóvia 1920*, p. 11

525 Lênin e planos, ibid., pp. 32–3

525 "preparem-se para a guerra com a Polônia", citado em Davies, p. 95

526 "Exército Azul" de Haller, Halik Kochanski, *The Eagle Unbowed*, p. 16

526 Esquadrão Kościuszko, Zamoyski, p. 23

526 "O Comandante", ten.-cel. Włodzimierz Scholtze-Srokowski, "Geneza Wojska Polskiego na Syberji", *Sybirak*, 1(9) (1936), pp. 6–13

526 "Todos os coronéis...", "Losy byłej 5 Dywizji WP po poddaniu się pod Krasnojarskiem 2 stycznia 1920 r." – in Teofil Lachowicz (ed.), *Echa z nieludzkiej ziemi*, Varsóvia, 2011, pp. 15–19

526 Sobre o destino da 5ª Divisão rendida na Sibéria, ver ten.-cel. Włodzimierz Scholtze-Srokowski, "Geneza Wojska Polskiego na Syberji", *Sybirak*, 1(9) (1936), pp. 6–13; Piotr Paweł Tyszka, "Z

tragicznych przeżyć w V-ej Syberyjskiej Dywizji i w niewoli (1918––1921)", *Sybirak*, 4(12) (1936), pp. 15–31

526 Legião de Vladivostok, S. Lubodziecki, "Polacy na Syberji w latach 1917–1920. Wspomnienia III", *Sybirak*, 1(5) (1935), p. 44

527 "Esse acordo...", RACO, p. 269

527 "Tome providências decisivas...", citação, Nikolai Karpenko, *Kitaiskí legión: utchástie kitaít sév v revoliutsionnikh sobitiakh na territóri Ukraini, 1917–1921*, p. 143

527 "movimento de kúlaks rebeldes" etc., RACO, p. 273

528 "Makhno é popular...", RGASPI 554/1/8/17

528 "A retaguarda inteira do...", RACO, p. 274

528 Baixas de Malin e polonesas, Davies, pp. 108–110

528 "Piłsudski era um homem muito...", Carton de Wiart, p. 96

528 "Wrangel fez uma profunda reorganização...", Piotr B. Struve, HIA 79083, p. 17

Capítulo 37: Poloneses no oeste, Wrangel no sul

530 Desfile por Teodósia, capitão Istomin ASF-ARML E-127

530 "arrasadas moralmente", RACO, p. 397

531 "contrarrevolução *kúlak*", RACO, p. 275

531 "com ordens de fuzilar...", Boiártchikov, p. 56

531 "Durante o tempo...", TsA FSB RF S/d N-217. T.2. S.27

531 "as Divisões 52ª e dos...", RACO, p. 401

531 "A tomada de Melitopol...", RACO, p. 402

532 1º Exército de Cavalaria de Budiônni, RACO, p. 289

533 Batalha do Berezina, Zamoyski, pp. 40–2

533 "o inimigo ter conseguido...", RACO, p. 287

534 "Seguíamos a galope...", J. Fudakowski, citado em Zamoyski, 46

534 "A situação é notavelmente...", 9/6/1920, Broniewski, Władysław, *Pamiętnik*, p. 260

534 "De início, achamos...", Mieczysław Lepecki, *W blaskach wojny. Wspomnienia z wojny polsko-bolszewickiej*, p. 143–4

535 "Pela primeira vez...", Broniewski, p. 264

535 "A atmosfera era qualquer...", Lepicki, p. 145

535 "120 proletários de todo tipo...", Moisséiev, BA-CU 4077851/36

535 "Uma verdade terrível...", Isaak Bábel, *1920 Diary*, p. 41

535 "Que tipo de pessoa é o nosso cossaco? ...", ibid., p. 28

536 "Daria para escrever um livro inteiro...", ibid., 18/8/1920, *1920 Diary*, p. 69

536 "Foi só quando...", Lepicki, 150–1

537 Hospital em Berdítchev, Davies, 125

537 "Chegou a hora de um ajuste de contas...", *Diriektívi*, No. 643, citado em Zamoyski, p. 53

537 "A Horda Dourada...", Davies, p. 144

537 "Desolado, caminho pelas ruas...", TsNANANB 72/1/4/67, citado em Elissa Bemporad, *Becoming Soviet Jews*, p. 28

537 "Os bolcheviques conseguiram romper...", Broniewski, p. 271

538 "aproximando-se cada vez mais...", Lepicki, p. 173

538 "Varsóvia está à beira de...", Zinaída Hippius, *Between Paris and St Petersburg*, p. 181

539 "Na hora indicada...", Boiártchikov, pp. 63–4

539 "realizar uma incursão noturna", RACO, p. 405

540 "Muitas pessoas achavam...", Boiártchikov, p. 65

540 "Dois oficiais da guarda de nosso refeitório...", KCLMA Lever IV/1, p. 244

541 "irromperam na cidade...", Boiártchikov, p. 68

541 "até mesmo enforcou os delegados", RACO, p. 408

541 "atitude completamente passiva...", ibid.; ver também relato ao Birô do Don de E. Minayev, 20/7/1920, RGASPI 554/1/8/13

541 Konstantinovskaia, Moieseev BA-CU 4077851

541 "Quando lhe pediram para definir...", Struve, HIA 79083/17

542 "Seu trabalho nefasto começou...", Glasse, 24/3/1920, BA-CU 4077552

543 "Seu apartamento foi...", Glasse, 21/4/1920, BA-CU 4077552

543 "Uma pessoa com as mãos amarradas...", Glasse, 22/4/2019, BA--CU 4077552

544 "Um investigador de tribunal...", Glasse, 3/5/1920, BA-CU 4077552

545 "A Tcheká está executando...", Glasse, 19/4/1920, BA-CU 4077552

545 "A situação alimentar...", Glasse, 24/4/2019, BA-CU 4077552

546 "Na área de Kislovodsk...", 26/6/1920, RGASPI 554/1/10/3

546 Destacamentos "Branco-Verdes"..., RACO, p. 418

546 Relatório de agentes comunistas ao Birô do Don, RGASPI 554/1/10/53

546 Atarbiékov, Moisséiev, BA-CU 4077851

Capítulo 38: O milagre no Vístula

548 "Os delegados ficavam parados...", citado em Carr, *The Bolchevique Revolution 1917– 1923*, Vol. 3, p. 192

548 "Lênin, de paletó...", Serge, *Memoirs of a Revolutionary*, pp. 108–9

549 "cães de cabeça pontuda", Lepicki, p. 181

550 "caleidoscópio de caos", citado em Davies, p. 149

550 "Há alguns dias...", Broniewski, p. 287

550 "A exaustão...", 31/07/1920, II Bureau, CAW-WBH, I.301.8.402

551 "Devemos avançar pela Europa...", Bábel, *1920 Diary* , p. 60

551 "União das Repúblicas Soviéticas...", Robert Service, *Stalin*, p. 189

551 "Os poloneses prosperam...", Carton de Wiart, p. 99

552 164.615 voluntários, Zamoyski, pp. 74–5

552 "A cidade...", Lepicki, p. 176

553 "A manhã...", Lepicki, p. 177

554 "Deveríamos deixar...", J. Kowalewski, "Szyfry kluczem zwycięstwa w 1920 r.", *Na Tropie*, 1969, Issue XXII/7–8, reimpresso in *Komunikat*, 2001

554 "Fizemos transmissões sobrepostas...", Nowik, Grzegorz, *Zanim złamano „Enigmę"... Rozszyfrowano rewolucję. Polski radiowywiad podczas wojny z bolszewicką Rosją 1918–1920*, Vol. 2, p. 899

554 Sobre o contra-ataque de Piłsudski, o melhor relato é Zamoyski, pp. 97–102

555 "Nossos poloneses criaram asas...", De Gaulle, "Carnet d'un officier français en Pologne", *La Revue de Paris*, novembro de 1920, pp. 49–50, citado em Zamoyski, p. 101

555 "Primeiro passamos...", Broniewski, p. 290

555 "desatado a chorar...", Władysław Kocot, *Pamiętniki i korespondencja z lat 1920, 1939–1945*, p. 98

556 "O campo de batalha...", citado em Lucjan Żeligowski, *Wojna 1920 roku. Wspomnienia i rozważania*, p. 186

556 "A coisa mais agradável de todas...", Broniewski, p. 291

556 "Bem junto a uma pequena ponte...", Lepicki, pp. 181–2
557 "Aquele breve momento", Lepicki, p. 184
558 "Começo do fim...", Bábel, *1920 Diary* , 1/9/1920, p. 90
559 "Sovietização da Polônia", Service, *Stalin*, p. 193

Capítulo 39: A Riviera do Hades
560 2º Exército de Cavalaria, RACO, p. 411; Boiártchikov, p. 71
561 Makhno e o acordo com os Vermelhos, SBU 6/75131FP/Zadov
561 "aliado temporário", RACO, p. 431
561 "Makhno invadiu...", SBU 6/68112/FP
561 "insanidade temerária", RACO, p. 417
561 "liberdade operacional", RACO, p. 421
562 "O quartel-general comunica-se com Wrangel...", 28/10/1920, RGASPI 554/1/8/74
562 "enviara emissários...", RGASPI 554/1/10/53
562 "Consegui fazer amizade com um oficial...", 29/6/1920, RGASPI 554/1/5/10–11
563 "Estamos morrendo de fome...", citado em Lincoln, p. 442
563 "Nobres damas e donzelas...", Vertínski, p. 153
564 "havia ocupado uma cabeça de ponte...", RACO, p. 425
564 "concentrando uma poderosa...", ibid., pp. 426–7
564 "iniciou um avanço decisivo...", RGVA 33987/2/139/295–6
564 "marcou o início da derrota...", ibid.
565 "O outono de 1920...", Boiártchikov, p. 73
566 "A lama intransponível...", ibid.
566 "sabres reluzindo", ibid.
567 "Eles haviam sido roubados...", Recordações da Enfermeira Anna Ivanóvna Iegórova, projeto *Russky put* (À moda russa). http://www.rp-net.ru/book/archival_materials/egorova.php
567 "as forças de Wrangel não poderiam resistir...", B. T. Pash, HIA 72033 Box 4
568 "sinal P em código", Clayton I Stafford, HIA 77018
568 "O boato era o de que...", Pash, HIA 72033 Box 4
568 "cossacos com rostos tristes...", ibid.
569 "reluzentes fachadas brancas...", Stafford, HIA 77018
569 "As montanhas! Olhem...", ibid.

569 "Ele tentava inspirar-nos ...", ibid.
569 "a última saudação...", citado em Mungo Melvin, *Sevastopol's Wars*, p. 418
570 "Quando nossa cavalaria...", Boiártchikov, p. 75
570 "um grande número de refugiados...", RACO, p. 455
570 Cifra sobre os que foram deixados, Melvin, p. 427
570 "A partir de agora...", ibid.
570 "pleno perdão...", citado em ibid., p. 415
571 "massa de cavalaria que parecia lava...", Makárov, p. 112
571 "concentrá-los em algum lugar...", Pipes, *Russia under the Bolchevique Regime*, p. 386
571 "O camarada Trótski...", Melgunov, *Red Terror*, p. 66
571 Demídov, Ignaty Voevoda, HIA 200C84
572 Estimativas e Sebastopol, Melgunov, p. 68
572 "desembarques em Cubã", ibid., p. 67
572 "a chacina estendeu-se por meses...", citado em ibid., pp. 66–7

Capítulo 40: A morte da esperança

574 "A mão vingadora...", Melgunov, *Red Terror*, p. 71
575 "Nosso grupo chegou...", arquivos de interrogatório de Liév Zadov, DASBU 6/75131FP/48
575 "Há razões que sugerem...", TsA FSB S/d N-217 T.2. S. 121
575 "Você foi dispensado...", chefe do estado-maior Pugatchóv, TsA FSB RF S/d N-217. T.2. S.29
575 "Todos confessaram...", TsA FSB RF S/d N-217. T. 2. S. 452
575 "O Destacamento de Aprovisionamento de Tula...", Gueórgi Borel, Borel Collection, BA-CU 4078202, 20–1
576 "Fazia tanto frio...", Boiártchikov, p. 76
576 "As cidades enviavam destacamentos...", Lidin, BA-CU 4077753
577 Sibéria ocidental e Tambov, Figes, *A People's Tragedy*, pp. 753–7
577 "Unidades enviadas contra...", Gueórgi Borel, BA-CU 4078202/20–1
577 Tomsk e Ufa, Melgunov, p. 85
577 Bielorrússia, ibid., p. 101
578 "Após sua 'pacificação'...", Lidin, BA-CU 4077753
578 "Pessoas silenciosas...", Diário de Glasse, BA-CU 4077552

578 "bem mais perigosas que...", citado em Figes, *A People's Tragedy*, p. 758
579 "Um paradoxo da vida soviética...", David Grimm, HIA 77002 Box 4
579 "Nas fábricas mortas...", Serge, *Memoirs of a Revolutionary*, pp. 115–16
580 "Kronstadt está na mão dos Brancos...", ibid., pp. 124–5
581 "A verdade vazou...", ibid., p. 126
581 "o número de pessoas presas...", Grimm, HIA 77002 Box 4
582 "A Rússia Soviética inteira...", citado em Lincoln, *Red Victory*, p. 511
582 Brigada Basquir etc., RGAVMF R-52/1/58/1
582 "Bem, não é muito agradável ...", RGAVMF R-52/1/87/10
582 "com fogo pesado", RGAVMF R-52/1/87/2
582 "Recebemos 77 Comunistas...", RGAVMF R-52/1/87/9
583 "Na sessão regular...", RGAVMF R-52/1/87/14
583 "Kronstadt foi tomada...", RGAVMF R52/1/58/1
584 "Em poucas horas...", RGAVMF R-52/1/87/14
585 "Alguns rebeldes de Kronstadt...", Ordem para as unidades do 7º Exército, RGAVMF R52/1/58/14
585 "Na manhã de 18 de março...", RGAVMF R-52/1/87/14
585 "estão sendo realizadas execuções...", Melgunov, p. 76

Conclusão: O aprendiz do demônio

587 "uma guerra mundial condensada", Jonathan Smele, *The "Russian" Civil Wars, 1916–1926*, Londres, 2016, p. 3
588 "O aspecto idílico...", Paustóvski, p. 487
589 "colapso moral", Chulgín, p. xviii

BIBLIOGRAFIA

Acton, Edward, *Rethinking the Russian Revolution*, Londres, 1990.

Acton, E., Cherniaev, V. I. e Rosenberg, W.G. (eds.), *Critical Companion to the Russian Revolution 1914–1921*, Bloomington and Indianapolis, IN, 1997.

Alexander, Grand Duke, *Collected Works*, Londres, 2016.

Alexandrov, Vladimir, *To Break Russia's Chains: Boris Savinkov and his Wars Against the Tsar and the Bolcheviques*, Nova York, 2021.

Alioshin, Dmitri, *Asian Odyssey*, Londres, 1941.

Allen, W.E.D. e Muratoff, P., *Caucasian Battlefields*, Cambridge, 1953.

Anet, Claude, *La révolution russe, Chroniques, 1917–1920*, Paris, 2007.

Anon., *V Boiákh i Pókhodakh* (*In Battles and on the March*), Sverdlovsk, 1959.

Antónov-Ovsiénko, Vladímir, *Zapíski o grajdanskói voínie* (*Notes on the Civil War*), Moscou, 1921.

Aronson, Grigóri, *Na zarié krásnogo tierróra 1917–1921* (*No alvorecer do Terror Vermelho*), Berlim, 1929.

Arshinov, Piotr, *History of the Makhnovist Movement, 1918–1921*, Chicago, 1974.

Astafiév, A., *Zapíski Izgóia* (*Notas de um Exílio*), Omsk, 1998 Astashov, A., Simmons P. (eds.), *Pisma s voiny 1914–1917* (*Cartas da Guerra, 1914–1917*), Moscou, 2015.

Avrich, Paul, *The Anarchists in the Russian Revolution*, Londres, 1973.

Bábel, Isaak, *1920 Diary*, New Haven, CT e Londres 1995.

Badcock, Sarah, Novikova, Liudmila G. e Retish, Aaron B., *Russia's Home Front in War and Revolution, 1914–22*, Vol. 1, *Russia's Revolution in Regional Perspective*, Bloomington, IN, 2015.

—— *Russia's Home Front in War and Revolution, 1914–22*, Vol. 2, *The Experience of War and Revolution*, Bloomington, IN, 2016. Beatty, Bessie, *Red Heart of Russia*, Nova York, 1918.

Bechhofer-Roberts, C.E., *In Deníkin's Russia and the Caucasus, 1919–1920*, Londres, 1921.

Belov G.A. et al. (eds.), *Doniessénia Komissárov Petrográdskogo Voiénno-Revoliútsionnogo Komíteta* (*Relatórios da Comissão do Comitê Militar Revolucionário de Petrogrado*), Moscou, 1957.

Bemporad, Elissa, *Becoming Soviet Jews: The Bolchevique Experiment in Minsk*, Bloomington, IN, 2013.

Bisher, Jamie, *White Terror, Cossack Warlords of the Transiberiana*, Londres, 2007.

Bodger, A., *Russia and the End of the Ottoman Empire*, Londres, 1979.

Boltowsky, Toomas e Thomas, Nigel, *Armies of the Baltic Independence Wars, 1918–20*, Londres, 2019.

Bowyer, C., *RAF Operations 1918–1938*, Londres, 1988.

Boiártchikov, A.I., *Vospominánia* (*Memórias*), Moscou, 2003.

Boyd, Alexander, *The Soviet Air Force since 1918*, Londres, 1977. Brenton, Tony (ed.), *Historically Inevitable? Turning Points of the Russian Revolution*, Londres, 2016.

Brinkley, George F., *The Volunteer Army and Allied Intervention in South Russia*, Notre Dame, IN, 1966.

British Army Personnel in the Russian Civil War, Londres, 2010. British Government, *The Evacuation of North Russia 1919*, Blue Book, HMSO, 1920.

Broniewski, Władysław, *Pamiętnik* (*Diário*), Varsóvia, 2013.

Brook-Shepherd, Gordon, *Iron Maze, The Western Secret Services and the Bolcheviques*, Londres, 1998.

Brovkin, Vladímir N., *Behind the Front Lines of the Civil War*, Princeton, NJ, 1994.

Brovkin, Vladímir N. (ed.), *The Bolcheviques in Russian Society*, New Haven, CT e Londres, 1997.

Bruce Lockhart, Robert, ed. Kenneth Young, *The Diaries of Sir Robert Bruce Lockhart*, Londres, 1973.

Bubnov, A.S., Kámeniev, S.S., Tukhachevskii, M.N. e Eideman, R.P. (eds.), *The Russian Civil War 1918–1921: An Operational Strategic Sketch of the Red Army's Combat Operations*, Havertown, PA, 2020.

Buchanan, George, *My Mission to Russia and Other Diplomatic Memories*, 2 vols., Londres, 1923.

Budberg, Barão, *Dniévnik* (*Diário*), Moscou, 2003.

Buisson, Jean-Cristophe (ed.), *Journal intime de Nicholas II*, Paris, 2018.

Bunyan, James e Fisher, H.H., *The Bolchevique Revolution 1917–1918, Documents and Materials*, Stanford, CA, 1961.

Callwell, C. E., *Field-Marshal Sir Henry Wilson: His Life and Diaries*, 2 vols., Londres, 1927.

Carley, M. J., *Revolution and Intervention: The French Government and the Russian Civil War 1917–1919*, Montreal, 1983.

Carlton, David, *Churchill and the Soviet Union*, Londres, 2000.

Carton de Wiart, A., *Happy Odyssey*, Londres, 1950.

Carr, E. H., *The Bolchevique Revolution, 1917–1923*, 3 vols., Londres, 1956.

Chamberlain, Lesley, *The Philosophy Steamer: Lenin and the Exile of the Intelligentsia*, Londres, 2006.

Chamberlin, William, *Russian Revolution 1917–1921*, Nova York, 1935.

Chulgín, V.V., *Days of the Russian Revolution: Memoirs from the Right, 1905–1917*, Gulf Breeze, FL, 1990.

—— *1920 god*, Moscou, 2016.

Churchill, Winston S., *World Crisis: The Aftermath*, Londres, 1929.

Cockfield, Jamie H., *With Snow on their Boots: The Tragic Odyssey of the Russian Expeditionary Force in France during World War I*, Basingstoke, 1998.

Courtois, Stéphane, et al. (eds.), *Le livre noir du communisme*, Paris, 1997.

Danilova, V. e Shanina, T. (eds.), *Tikhí Don v 1917-1921, Dokumiénti i materiáli* (*Filípp Mirónov, O Don Silencioso em 1917–1921, Documentos e Materiais*), Moscou, 1997.

Dallas, Gregor, *1918*, Londres, 2000.

Davies, Norman, *White Eagle Red Star: The Polish-Soviet War 1919–1920*, Londres, 1972.

Deníkin, Antón, *Russian Turmoil: Memoirs*, Londres, 1922.

Douds, Lara, "The Dictatorship of the Democracy'? The Council of People's Commissars as Bolshevik-Left Socialist Revolutionary coalition government, December 1917–March 1918", University of York, IHR, 2017.

Dubrovskaia, Elena, "The Russian Military in Finland and the Russian Revolution", in Badcock, Sarah, Novikova, Liudmila G. e Retish, Aaron B., *Russia's Home Front in War and Revolution, 1914–22*, Vol. 1, *Russia's Revolution in Regional Perspective*, Bloomington, IN, 2015.

Dune, Edward M., *Notes of a Red Guard*, Chicago, IL, 1993.

Dunsterville, L.C., *The Adventures of Dunsterforce*, Londres, 1920.

Dwinger, Edwin Erich, *Entre les Rouges et les Blancs, 1919–1920*, Paris, 1931.

Iefriémov, Vassíli Nikoláievitch, *Krákh biéloi metchti v Sín-tsiánie* (*Ruína do Sonho Branco em Xinjiang*), São Petersburgo, 2016.

Ferguson, Harry, *Operation Kronstadt*, Londres, 2008.

Figes, Orlando, *Peasant Russia Civil War: The Volga Countryside in Revolution 1917–1921*, Londres, 2001.

—— *A People's Tragedy*, Londres, 2017.

Foglesong, David S., *America's Secret War against Bolshevism: U.S. Intervention in the Russian Civil War 1917–1920*, Chapel Hill, NC, 1995.

Footman, David, "B.V. Savinkov", St. Anthony's College, Oxford, 1956.

Freund, Gerald, *Unholy Alliance: Russian-German Relations from the Treaty of Brest-Litovsk to the Treaty of Berlin*, Londres, 1957.

Germarth, Robert, *The Vanquished: Why the First World War Failed to End, 1917–1923*, Londres, 2016.

Gilbert, Martin, *World in Torment, Winston Churchill 1917–1922*, Londres, 1975.

Gillard, David, *The Struggle for Asia: A Study in British and Russian Imperialism*, Londres, 1977.

Gilley, Christopher, "Fighters for Ukrainian Independence? Imposture and Identity among Ukrainian Warlords, 1917–1922", IHR, 2017.

Gilmour, David, *Curzon*, Londres, 1994.

Goltz, Rüdiger Graf von der, *Meine Sendung in Finnland und im Baltikum* (*Minha Missão na Finlândia e no Báltico*), Leipzig, 1920.

Golubintsev A.V., *The Russian Vendée: Essays of the Civil War on the Don, 1917–1920*, Munique, 1959; reimpressão, Oryol, 1995.

Górki, Máksim, *Untimely Thoughts: Essays on Revolution, Culture and the Bolcheviques, 1917–1918*, Nova York, 1968.

Gorn, P., *Civil War in Northwestern Russia*, Leningrado, 1927.

Graves, William S., *America's Siberian Adventure, 1918–1920*, Nova York, 1921.

Guerin, Daniel, *Anarchism: From Theory to Practice*, Nova York, 1970.

Harris, John (ed.), *Farewell to the Don: The Journal of Brigadier H.N.H. Williamson*, Londres, 1970.

Hasegawa, Tsuyoshi, *The February Revolution: Petrograd 1917*, Nova York, 1981.

Henderson, Robert, *The Spark that Lit the Revolution*, Londres, 2020 Herzen, Aleksandr, *From the Other Shore,* Londres, 1956.

Hickey, Michael C., "Smolensk's Jews in War, Revolution and Civil War", in Badcock, Sarah, Novikova, Liudmila G. e Retish, Aaron B., *Russia's Home Front in War and Revolution, 1914–22*, Vol. 1, *Russia's Revolution in Regional Perspective*, Bloomington, IN, 2015.

Hippius, Zinaída Nikoláievna, *Between Paris and St Petersburg*, Chicago, 1975.

Hodgson, John, *With Deníkin's Armies,* Londres, 1932. Horrocks, Brian, *A Full Life*, Londres, 1960.

Hosking, Geoffrey, *Russia and the Russians*, Londres, 2001.

Hudson, Miles, *Intervention in Russia 1918–20, A Cautionary Tale*, Londres, 2004.

Hughes, Michael, *Inside the Enigma: British Officials in Russia 1900–1939*, Cambridge, 1997.

Iároslavskaia-Markon, Ievguênia, *Revoltée*, Paris, 2017.

Janin, Pierre Maurice, *Ma mission en Sibérie*, Paris, 1933.

Janke, Arthur E., "Don Cossacks and the February Revolution", *Canadian Slavonic Papers*, 10(2) (Verão 1968), pp. 148–165.

Jansen, Marc, "International Class Solidarity or Foreign Intervention? Internationalists and Latvian Rifles in the Russian Revolution and the Civil War", *International Review of Social History*, 31(1) (1986), Cambridge.

Jevahoff, Alexandre, *Les Russes blancs*, Paris, 2007.

Jones, H. A., *Over the Balkans & South Russia, Being the Story of No. 47 Squadron RAF*, Londres, 1923.

Karmann, Rudolf, *Der Freiheitskampf der Kosaken: Die weisse Armee in der Russischen Revolution 1917–1920* (*A Luta dos Cossacos por Liberdade: O Exército Branco na Revolução Russa 1917–1920*), Puchheim, 1985.

Karpenko, Nikolai, *Kitaiskí legión: utchástie kitaít sév v revoliutsionnikh sobitiakh na territóri Ukraini, 1917–1921* (*A Legião Chinesa: Participação dos Chineses nos Eventos Revolucionários no Território Ucraniano*), Lugansk, 2007.

Kawczak, Stanisław, *Milknące echa* (*Ecos Distantes*), Varsóvia, 2010.

Kazemzadeh, Firuz, *The Struggle for Transcaucasia*, Oxford, 1951. Kellogg, Michael, *The Russian Roots of Nazism: White Emigrés and the Making of National Socialism 1917–1945*, Cambridge, 2005.

Kenez, Peter, *Civil War in South Russia, 1918: The First Year of the Volunteer Army*, Berkeley, CA, 1971; reimpr., *Red Attack White Resistance*, 2004.

—— *Civil War in South Russia, 1919–1920: The Defeat of the Whites*, Berkeley, CA, 1977; reimpr., *Red Advance White Defeat, 1919–1920*, 2004.

—— "A Profile of the Pre-Revolutionary Officer Corps", *California Slavic Studies*, 7 (1973), pp. 121–158.

—— "The Western Historiography of the Russian Civil War", *Essays in Russian and East European History*, Festschrift in Honor of Edward C. Thaden, Nova York, 1995.

Kershaw, Ian, *To Hell and Back: Europe 1914–1949*, Londres, 2015. Khoroshilova, Olga, "Red Revolutionary Breeches", *Rodina*, 10(2017). Kinvig, Clifford, *Churchill's Crusade: The British Invasion of Russia 1918–1920,* Londres, 2006.

Kirdetsov Gueórgi, *U vorót Petrográda (1919–1920)* (*At the Gates of Petrogrado*), Moscou, 2016.

Klußmann, Uwe, "Kriegsgefangene für Lenin", *Der Spiegel*, 29/11/2016.

Knox, Alfred W.F., *With the Russian Army 1914–1917*, 2 vols., Londres, 1921.

Kochanski, Halik, *The Eagle Unbowed*, Londres, 2012.

Kocot, Władysław, *Pamiętniki i korespondencja z lat 1920, 1939–1945* (*Diários e Cartas de 1920, 1939–1945*), Pułtusk, 2009.

Kort, Michael, *The Soviet Colossus: History and Aftermath*, Nova York, 2001.

Kownacki, Andrzej, *Czy było warto?: Wspomnienia (Valeu a Pena?: Uma Memória)*, Lublin, 2000.

Krávkov, Vassíli Pávlovitch, *Velíkaia voína bez retuchi: Zapíski korpusnógo vratchá* (*A Grande Guerra: Notas de um médico de um Corpo do Exército*), Moscou, 2014.

Król, Moisséi Aaronovich, *Stranítsi moiéi jízni* (*Páginas de Minha Vida*), Moscou, 1971.

Kvakin A. (ed.) *Za spinói Kóltchaka* (*Pelas costas de Koltchák*), Moscou, 2005.

Kuras, L.V., "Ataman Semenov and the National Military Formations of Buriat", in *The Journal of Slavic Military Studies*, 10(4) (dezembro de 1997).

Kuzmin, S. (ed.), *Baron Ungern v Domumiéntakh i Materiálakh* (*Barão Ungern: Documentos e Materiais*), Moscou, 2004.

Landis, Eric-C., "A Civil War Episode – General Mámontov in Tambov, August 1919", in Carl Beck Papers in Russian and East European Studies, Pittsburgh, 2002.

Legras J., *Mémoires de Russie*, Paris, 1921.

Leggett, George, *Cheka*, Oxford, 1981.

Lehovich, Dimitry, *White Against Red: The Life of Gen. Anton Denikin*, Nova York, 1974.

Leidinger, Hannes, "Habsburgs ferner Spiegel", *Zeit Österreich*, 46/2017 (9 de novembro de 2017).

Lenin, V.I., *Obras Escolhidas*, 45 vols., Moscou, 1960–70.

Lepecki, Mieczysław, *W blaskach wojny. Wspomnienia z wojny polsko-bolszewickiej* (*A Glória da Guerra: Memórias da Guerra Polaco-Bolchevique*), Łomianki, 2017.

Levshin, Konstantin, *Dieziertítsvo v kranói ármi v gódi grajdánskoi voíni* (*Deserção do Exército Vermelho durante a Guerra Civil*), Moscou, 2016.

Lieven, Dominic, *Towards the Flame: Empire, War and the end of Tsarist Russia*, Londres 2015.

Lin, Yuexin Rachel, "White Water, Red Tide: Sino-Russian Conflict on the Amur, 1917–20", Oxford, IHR, 2017.

Lincoln, W. Bruce, *Red Victory: A History of the Russian Civil War*, Nova York, 1989.

—— *Passage through Armageddon: The Russians in War and Revolution*, Oxford, 1994.

Lindenmeyr, Adele, Read, Christopher e Waldron, Peter (eds.), *Russia's Home Front in War and Revolution, 1914–22*, Vol. 2, *The Experience of War and Revolution*, Bloomington, IN, 2016.

Lockart, R. H. Bruce, *Memoirs of a British Agent*, Londres, 1932 Lokhvítskaia, Nadiéjda (ver Téffi).

Luckett, Richard, *The White Generals: An Account of the White Movement and the Russian Civil War*, Nova York, 1971.

Lukin, Alexander, *The Bear Watches the Dragon*, Nova York, 2003. Lukomskii (Lukômski), A. S., *Memoirs of the Russian Revolution*, Londres, 1922.

Maciejewski, Jerzyf Konrad, *Zawadiaka: Dzienniki frontowe 1914–1920* (*O Intrépido: Um Jornal do Front 1914–1920*), Varsóvia, 2015.

Macmillan, Margaret, *Peacemakers: The Paris Conference of 1919 and Its Attempt to End War*, Londres, 2001.

Makárov, Pável, Adiutánt generála Mái-Maiévskogo (*Aide-de-Camp do General Mái-Maiévski*), Leningrado, 1929.

Malet, M., *Nestor Makhno in the Russian Civil War*, Londres, 1982.

Marie, Jean-Jacques, *La Guerre des Russes blancs*, Paris, 2017.

Markovitch, Marylie (Amélie Néry), *La Révolution russe vue par une Française*, Paris, 2017.

Mawdsley, Evan, *The Russian Revolution and the Baltic Fleet: War and Politics, February 1917–April 1918*, Londres, 1978.

—— *The Russian Civil War*, Londres, 1987.

Maximoff, Gregory Petrovich, *The Guillotine at Work*, Chicago, IL, 1940.

Mayer, A. J., *Politics and Diplomacy of Peacemaking: Containment and Counter-Revolution at Versailles 1918–1919*, Londres, 1963.

McCullagh, Francis, *A Prisoner of the Reds*, Londres, 1921. McMeekin, Sean, *The Russian Revolution*, Londres, 2018.

Melgunov, Serguêi P., *Red Terror in Russia, 1918–1923*, Londres, 1925.

Melvin, Mungo, *Sevastopol's Wars*, Oxford, 2017.

Merridale, Catherine, *Lenin on the Train*, Londres, 2016.

Mitrokhin, Vassíli (ed.), *"Chekisms": A KGB Anthology*, Londres, 2008.

Mogiliânski, Nikolai, in Syrtsov, B. (ed.), *Kiev 1918*, Moscou, 2001. Moynahan, Brian, *Comrades: 1917 – Russia in Revolution*, Londres, 1992.

Nabókov, Vladímir, *Speak, Memory: An Autobiography Revisited*, Londres, 1969.

Naval Review, "The Royal Navy on the Caspian", 8(1) (February 1920). Najívin, Ivan, *Zapíski o revoliútsi* (*Notas sobre a Revolução*), Moscou, 2016.

Norris, D., "Caspian Naval Expedition 1918–1919", *Journal of the Central Asian Society*, 10(1923), pp. 216–40.

Nowik, Grzegorz, *Zanim złamano „Enigmę"; Rozszyfrowano rewolucję. Polski radiowywiad podczas wojny z bolszewicką Rosją 1918–1920* (*Antes que o Enigma fosse solucionado, a Revolução foi Decodificada: A Rádio Inteligência Polonesa Durante a Guerra contra a Rússia Bolchevique*), Vol. 2, Varsóvia, 2010.

O niepodległą i granice. Komunikaty Oddziału III Naczelnego Dowództwa Wojska Polskiego 1919–1921 (*Comunicações do Supremo Comando do III Bureau do Exército Polonês*), WarsawPułtusk, 1999.

Official History: *Operations in Persia 1914–1919*, Londres, 1987. Oriéchnikov, Aleksêi, *Dniévnik, 1915–1933* (*Diários 1915–1933*), Moscou, 2010.

Palij, Michael, *The Anarchism of Nestor Machno 1918–1920*, Seattle, WA, 1976.

Palmer, James, *The Bloody White Baron*, Londres, 2008.

Pares, Bernard, *My Russian Memoirs*, Londres, 1931. Paustóvski, Konstantín, *The Story of a Life*, Nova York, 1964.

Philips Price, Morgan, *My Reminiscences of the Russian Revolution*, Londres 1921.

Picher, Harvey (ed.), *Witnesses of the Russian Revolution*, Londres, 2001.

Pipes, Richard, *The Formation of the Soviet Union – Communism and Nationalism, 1917–1923*, Cambridge, MA, 1964.

—— *The Russian Revolution 1899–1919*, Londres, 1990.

—— *Russia under the Old Regime*, Londres, 1995.

—— *Russia under the Bolchevique Regime*, Nova York, 1995.

Pisarenko, Dmítri, *Tiérskoie Kazátchestvo. Trí góda revoliútsi i borbí 1917–1920* (*Os Cossacos do Terek, Três Anos de Revolução e Luta*), Moscou, 2016.

Polonsky, Rachel, *Molotov's Magic Lantern: A Journey in Russian History*, Londres, 2010.

Polovtsov, Piotr, *Dní Zatmiénia* (*Dias do Eclipse*), Moscou, 2016.

—— *Russia Under the Bolchevique Regime 1919–1924*, Londres, 1994.

Porter, Cathy, *Larissa Reisner*, Londres, 1988.

Posadsky, A., *Ót Tsarítsina do Sizráni* (*De Tsaritsin a Sizran*), Moscou, 2010.

Posadsky, A. (ed.), *Krestyansky front, 1918–1922* (*O Front Camponês 1918–1922*), Moscou, 2013.

Prishvin, Mikhail, *Dniévnik*, São Petersburgo, 2008.

Prokoviev, Serguêi, *Dniévnik*, Moscou, 2002.

Protokóli Zassedáni Soviéta Naródnikh Komissárov RSFSR, Noyabr 1917––Mart 1918, Moscou, 2006.

Puchenkov, A.S. *Ukraína i Krúm v 1918-natchálie 1919 góda* (*Ucrânia e Crimeia em 1918 e início de 1919*), São Petersburgo, 2013.

Rabinowitch, Alexander, *The Bolsheviks Come to Power, The Revolution of 1917 in Petrograd*, Nova York, 2004.

Rakóvski, G. N., *V stánie biélikh* (*No Acampamento Branco*), Constantinopla, 1920, http://www.dk1868.ru/history/rakovs-kiy_plan.htm.

Raleigh, Donald J. (ed.), *A Russian Civil War Diary, Alexis Babine in Saratov, 1917–1922*, Durham, NC, 1988.

Ransome, Arthur, *The Autobiography of Arthur Ransome*, Londres, 1976.

Rapoport, Vitaly e Alekséiev, Iuri, *High Treason, Essays on the History of the Red Army 1918–1938*, Durham, NC, 1985.

Rappaport, Helen, *Caught in the Revolution*, Londres, 2016.

—— *Ecaterimburgo*, Londres, 2009.

Raskólnikov, Fiódor, *Rasskázi Mitchímana Iliná* (*Histórias do Aspirante Ilín*), Moscou, 1934.

—— *Kronshtadt i Piter v 1917 godu*, Moscou, 2017 (*Kronstadt e Petrogrado em 1917*), Londres, 1982.

Rayfield, Donald, *Stalin and his Hangmen*, Londres 2004.

Read, Anthony, *The World on Fire: 1919 and the Battle with Bolshevism*, Londres, 2008.

Reed, John, *Ten Days that Shook the World*, Nova York, 1919. Retish, Aaron B., "Breaking Free from the Prison Walls: Penal Reforms and Prison Life in Revolutionary Russia", Wayne State University, IHR, 2017.

Rigby, T.H., *Lenin's Government: Sovnarkom, 1917–1922*, Cambridge, 1979.

Rímski-Kórsakov, G. A., *Rossía 1917 v iegó-dokumentákh* (*1917: Rússia em Documentos Pessoais*), Moscou, 2015.

Robien, Comte Louis de, *Journal d'un diplomate en Russie 1917–1918*, Paris, 1967.

Robinson, Paul, *The White Russian Army in Exile, 1920–1941*, Oxford, 2002.

Rolland, Jacques-Francis, *L'homme qui défia Lénine: Boris Savinkov*, Paris, 1989.

Ross, Nicolas, *La Crimée blanche du général Wrangel*, Genebra, 2010.

Ruthchild, Rochelle Goldberg, "Women and Gender in 1917", *Slavic Review*, 76(3) (Outono de 2017), pp. 694–702.

Savchenko Iliá, *V krásnom stánie. Zieliónaia Kuban. 1919* (*No Acampamento Vermelho. No Cubã Verde*), Moscou, 2016.

Schmid, A.P., *Churchills privater Krieg, Intervention und Konterrevolution im russischen Bürgerkrieg 1918–1920* (*A Guerra Privada de Churchill, Intervenção e Contrarrevolução na Guerra Civil Russa*), Freiburg, 1974.

Schneer, Jonathan, *The Lockhart Plot*, Oxford, 2020.

Seaton, A. e Seaton, J., *The Soviet Army: 1918 to the Present*, Nova York, 1987.

Sebestyen, Victor, *Lenin the Dictator*, Londres, 2017.

Semiónov, Ataman Grigóri, *O sebié: vospominánia, mísli i vívodi* (*A Meu Respeito: Memórias, Pensamentos e Conclusões, 1904–1921*), Moscou, 2002.

Serge, Victor, *Memoirs of a Revolutionary*, Nova York, 2012.

—— *Year One of the Russian Revolution*, Chicago, 2015.
Seruga, J., *Udział radiostacji warszawskiej w bitwie o Warszawę w 1920 r.* (*O Papel da Estação de Rádio de Varsóvia na Batalha de Varsóvia de 1920*), Vol. 17, Part 1, Varsóvia, 1925.
Service, Robert, *Lenin: A Biography*, Londres, 2000.
—— *Stalin: A Biography*, Londres, 2004.
Shaiditsky, V.I., "Serving the Motherland", in Kuzmin, S. (ed.), *Baron Ungern v Domumiéntakh i Materiálakh* (*Barão Ungern: Documentos e Materiais*), Moscou, 2004.
Chipítsin, Fiódor, "V Odnóm Stróiu" ("Nas Mesmas Fileiras"), in *V Boiákh i Pókhodakh* (*Em Batalhas e na Marcha*), Sverdlovsk, 1959
Chklóvski, Víktor, *A Sentimental Journey: Memoirs 1917–1922*, Ithaca, NY, 1984.
Shmelev, Anatol, "The Revolution Turns Eighty: New Literature on the Russian Revolution and its Aftermath", *Contemporary European History*, 8(1) (1999), Cambridge.
—— "The Allies in Russia 1917–20: Intervention as Seen by the Whites", in *Revolutionary Russia*, 16(1) (June 2003), pp. 87–107.
—— *Vnéchniaia política pravítielstva Admirála Koltcháka, 1918–1919* (*A Política Externa do Governo do Almirante Koltchák, 1918–1919*), São Petersburgo, 2017.
Shukman, Harold, *The Russian Revolution*, Stroud, 1998.
Slyusarenko, Vladímir, *Na mirovoí voínie, v Dobrovoltcheskói ármi i emigrátsi* (*Na Guerra Mundial: No Exército Voluntário e Emigração*), Moscou, 2016.
Smele, Jonathan, *The "Russian" Civil Wars 1916–1926: Ten Years that Shook the World*, Londres, 2016.
—— *Civil War in Siberia: The anti-Bolshevik Government of Admiral Kolchak, 1918–1920*, Cambridge, 1997.
Smith, Douglas, *Former People: The Last Days of the Russian Aristocracy*, Nova York, 2012.
Smith, S.A., *Russia in Revolution: An Empire in Crisis*, Oxford, 2017.
Sollógub, Edith, *The Russian Countess*, Exeter, 2009.
Somin, Iliá, *Stillborn Crusade: The Tragic Failure of Western Intervention in the Russian Civil War, 1918–20*, Nova York 1996.

Stefanovich, P., “The First Victims of the Bolchevique Mass Terror”, in Syrtsov (ed.), *Kiev, 1918*, Moscou, 2001.

Steinberg, Mark D., *Voices of Revolution 1917*, New Haven, CT e Londres, 2001.

Stewart, George, *The White Armies of Russia*, Nova York, 1933.

Stoff, Lurie S., Heywood, Anthony J., Kolonitskii, Boris I. e Steinberg, John W. (eds.), *Military Affairs in Russia's Great War and Revolution, 1914–1922*, Bloomington, IN, 2019.

Stone, David R., *The Russian Army in the Great War: The Eastern Front 1914–1917*, Lawrence, KS, 2015.

Stone, Norman, *The Eastern Front, 1914–1917*, Londres, 1975.

Sukhánov, N. N., *The Russian Revolution 1917: A Personal Record*, Oxford, 1953.

Sunderland, Willard, *The Baron's Cloak: A History of the Russian Empire in War and Revolution*, Ithaca, NY, 2014.

Suny, Ronald G., *The Baku Commune: 1917–1918: Class and Nationality in the Russian Revolution*, Princeton, NJ, 1972.

Surzhikova, N.V., et al. (eds.), *Rossía, 1917 v iegó-dokumentákh* (*Russia 1917: Relatos Pessoais*), Moscou, 2015.

Syrtsov, B. (ed.), *Kiev 1918*, Moscou, 2001.

Svertsev, Andrei, “Tragedy of a Russian Bonaparte”, *Russkiy Mir*, 16/4/2013.

Tarasov, Konstantín, *Soldátski bolchevízm* (*Soldiers' Bolshevism*), São Petersburgo, 2017.

Teague-Jones, Reginald, *The Spy who Disappeared: Diary of a Secret Mission to Russian Central Asia in 1918*, Londres, 1990.

Tchernóv, V., et al. (eds.), *Tcheká: Materiáli po dieiátelnosti tchrevitchainikh komíssi* (*TcheKá: Materiais e a Operação das Comissões Extraordinárias*), Berlim, 1922, Moscou, 2017.

Téffi (Nadiéjda Lokhvítskaia), *Memories: From Moscou to the Black Sea*, Londres, 2016.

—— *Rasputin and Other Ironies*, Londres, 2016.

Ter Minassian, Taline, *Reginald Teague-Jones: Au service secret de l'empire britannique*, Paris, 2014.

Trotsky, Leon, *History of the Russian Revolution*, Londres, 2017.

Trushnovich, Aleksandr, *Vospominánia Kornílovtsa 1914–1934* (*Memoirs of a Kornilov Man*), Moscou e Frankfurt, 2004.

Tsvetaeva, Marina, *Earthly Signs: Moscou Diaries 1917–1922*, New Haven, CT e Londres, 2002.

Ulánovskaia, Nadiéjda e Ulánovskaia, Máia, *Istória odnói siémi* (*One Family's History*), São Petersburgo, 2003.

Ullman, Richard H., *Anglo-Soviet Relations 1917–21*, 3 vols., Princeton, N.J., 1961–1973.

Ustinov, S.M., *Zapíski Natchálnika kontr-razviédki: 1915–1920 g.* (*Notes of a Counter-Intelligence Chief, 1915–1920*), Rostov, 1990.

Vanderbilt Balsan, Consuelo, *The Glitter and the Gold*, Maidstone, 1973.

Verkhóvski, Aleksandr, *Rossía na Gólgofie* (*Rússia no Gólgota*), Moscou, 2014.

Vertínski, Aleksandr, *Dorogói dlínnoiu* (*A Longa Estrada*), Moscou, 2012.

Von Hagen, Mark, *Soldiers in the Proletarian Dictatorship*, Ithaca, NY, 1990.

Ward, John, *With the Die-Hards in Siberia*, Londres, 1920. Wędziagolski, Karol, *Boris Savinkov: Portrait of a Terrorist*, Twickenham, 1988.

Werth, Nicholas, "Crimes and Mass Violence of the Russian Civil Wars, 1918–1921", Sciences Po, Paris, 2008.

Wheeler-Bennett, J.W., *Brest-Litovsk, The Forgotten Peace, March 1918*, Londres, 1966.

Wildman, Allan K., *The End of the Russian Imperial Army, The Old Army and the Soldiers' Revolt (March–April 1917)*, Vol. 1, Princeton, NJ, 1980.

—— *The End of the Russian Imperial Army, The Road to Soviet Power and Peace*, Vol. 2, Princeton, NJ, 1987.

Woodward, E. L. e Butler, R., *Documents on British Foreign Policy 1919–1939*, First Series, Vol. 2, Londres, 1949.

Wrangel, Barão Peter, *Always with Honour*, Nova York, 1957.

Wurzer, Georg, *Die Kriegsgefangenen der Mittelmächte in Russland im Ersten Weltkrieg* (*Os Prisioneiros de Guerra das Potências Centrais na Rússia durante a Primeira Guerra Mundial*), Viena, 2005.

Youssoupoff, Prince Félix, *L'homme qui tua Raspoutine*, Mônaco, 2005.

Youzefovitch, Leonide, *Le Baron Ungern, khan des steppes*, Paris, 2001.

Żeligowski, Lucjan, *Wojna 1920 roku. Wspomnienia i rozważania* (*A Guerra de 1920: Memórias e Reflexões*), Varsóvia, 1990 Zienzínov, Vladímir, *Iz jízni revoliútsionera* (*Da Vida de um Revolucionário*), Paris, 1919.

Zürrer, Werner, *Kaukasien 1918–1921, Der Kampf der Grossmächte um die Landbrücke zwischen Schwarzem und Kaspischem Meer* (*O Cáucaso 1918–1921: Guerra entre as Grandes Potências na Faixa de Terra entre o Mar Negro e o Cáspio*), Düsseldorf, 1978.

Ficção

Ageyev, M., *Novel with Cocaine*, Londres, 1999.

Bábel, Isaak, *Red Cavalry*, Londres, 2014.

Bulgákov, Mikhail, *White Guard*, Londres, 2016.

Grey, Marina, *La Campagne de Glace*, Paris, 1978. Harris, John, *Light Cavalry Action*, Londres, 1967.

Krásnov, P., *From the Double-Headed Eagle to the Red Banner*, 2 vols., Nova York, 1926.

Pasternak, Boris, *Doctor Zhivago*, Londres, 1958. Serge, Victor, *Conquered City*, Londres, 1976.

—— *Birth of our Power*, Nova York, 1967.

—— *Midnight in the Century*, Londres, 1982. Sholokov, Mikhail, *Quiet Don*, Londres, 2017.

Solzhenitsyn, Aleksandr, *Lenin in Zurich*, Nova York, 1977. Yourcenar, Marguerite, *Le Coup de Grâce*, Paris, 1939.

ÍNDICE

Os números de página em itálico referem-se às ilustrações.

Agar, ten. Augustus RN, 404, 409, 411-12

Alekséiev, gen. Mikhail V., 35, 39, 52-3, 63, 66, 90
  e o caso Kornílov, 118, 121, 130, 150, 178, 200-2, 205-6, 208-13, 215, *216*, 217, 237, 239-40

Alemães do Báltico, *219*, 309, 326, 405-6

Amur, província, 304, 350, 354, 392, 438

Anarquistas, 68, 83, 258, 314, 316, 424, 579, 581; *ver também* Makhno

Ánniekov, ataman Borís V., 146, 297-8, 306, 355, 391, 439

antissemitismo, 160, 298, 464

Antónov-Ovsiénko, Vladímir, A., 105, 134-5, 137, 161, 292, 577
  Comissário do Povo para a Guerra, 141, 178, 202, 223

Anzali, 165, 242, 245, 247, 321, 520

Armand, Inessa F., 74, 227

Armavir, 240

Asgabate, 244;
  Comitê de Asgabate, 318-20

Assembleia Constituinte, 55-6, 62, 71, 77-8, 100, 104-5, 115, 123, 137
  eleições, 145, 153, 155
  sabotagem bolchevique, 157, 162, 169-72, 178, 186, 205, 249, 251-3, 267, 291, 293, 296, 299, 306, 358-9

Associação dos Produtores de Grãos, 221-2, 315

Astoria Hotel, Petrogrado, 50, 57, 141, 366, 580

Astracã, 224, 243-8
  revolta, 319, 321, 343, 345-6, 371-2, 375-6

Arcangel, 233-4, 256
  evacuação, 353-4, 431
  motins, 329, 379-83

Bábel, Isaak, 278n, 506, 535, 536, 551, 558

Baku, 163, 165-6, 519
  Batalha de, 242-8, 318-21, 376

Balachov, 312, 452
Balfour, Arthur, 309, 330-1
Báltico, províncias/estados, 29, 103, 107, 126, 185-6, 188-9, 196, *219*, 236, 309, 326-7, 346, 359, 383-4, 387, 400, 405, 433
Barrett, cap. William S., 351, 393-5, 445
Batalhão das Mulheres, 91, 131, 134-5, 191, 193, *258*, 536, 553
Berdiansk, 458, 539
Berdítchev, 528, 536-7
Berezovka, 338
Bermondt-Aválov, Conde Pável, 327, 405-6, 431
Berthelot, gen. Henri, 281
Bessarábia, 338
Biérzin, Reingold I., 285, 291-2, 306-8
Bikhov, mosteiro, 121, 150, 162-3, 201
Birô do Don, 366n, 367, 415, 523, 530, 546, 562
Bitcherákhov, cel. Lázar F., 243, 245, 247
Bitsênko, Anastásia A., 182, 184
Bliúkher, Vassíli, K., 307, 560, 565-6
Bloco Progressista, 39, 51
Bogaévski, gen., Afrikan P., 206, 209, 361
Bolcheviques/Partido Comunista, 53-4, 65, 69, 72-3, 80-1;
Comissários, 154, 226, 243, 245, 247;
"Comissários de Baku", 320;
Comitê Central, 74, 98-9, 101, 122, 125, 127-8, 154, 186, 260-1, 344, 348, 366n, 453
e Jornadas de Julho e repressão, 88-102;
e sabotagem da Assembleia Constituinte, 169-72;
e *Soldátskaia Právda*, 89;
golpe de outubro, 123-36;
Jornadas de Abril, 81-3;
mudança de Petrogrado para Moscou, 196;
Organização Militar, 90, 96-8, 229;
Segundo Congresso Comunista Int., 548;
Sexto Congresso, 111;
torna-se Partido Comunista, 196;
Bôldiriév, gen. Vassíli G., 296
Bontch-Bruiévitch, Vladímir, 260
Brest, 549-50, 554
Brest-Litovsk, negociações e Tratado, 182-99, 218, *219*, 222, 226-7, 235, 242, 244, 249, 257, 277, 309, 328, 335, 405
Broniewski, Władysław, 534-5, 537-8, 550, 555-6
Brusílov, gen. Alekseî A., 52, 54n, 77, 88, 90, 109-10, 427
Buchanan, Sir George, 36-7, 37n, 111, 129
Budiônni, Semión, 278, 368, 370, 420, 450, 452-4, 460-2, 465, 469-70, 474, 499-504, 506, 531-6, *549*
e Lwów, 550-1, 557-8
Bukharin, Nikolai I., 186-7, 189, 227, 258, 277
Bułak-Bałachowicz, Stanislaw, 347-8, 401, *402*,
Búnin, Ivan A., 143, 174, 176, 339, 493

Carton de Wiart, gen. Brig. Adrian, 420, 471, 528, 551
Cazã, 42, 262, 276, 277, 282, 284, 286, 288-9, 291, 293, 297, 353, 369, 391, 443, 450, 452
Centúrias Negras, 33, 160, 295

Chaumián, Stepán G., 243, 246, 318-9
Chklóvski, Víktor B., 39, 47, 80n, 85, 89, 94, 108-9, 111, 163-5, 211, 328, 403, 423,434, 588
Chkuró, gen. Andrei G., *241*, 241, 314, 362, 364, 368, 373, 416-7, 423-6, 450, 453-4, 459-61, 466-7, 469-70, 472, 477, 562
Chulgín, Vassíli V., 32-3, 51, 53, 59, 60, 463, 479, 494-7, 522, 589
Churchill, Winston S., 19, 331, 336-7, 339, 348, 354, 359, 376, 378-80, 382, 392, 396-7, 406-9, 420-1, 423-4, 428, 430-1, 433, 435-7
    e receio de ameaça à Índia, 438, 454, 459, 464, 466-7, 470-2, 477, 525, 529
Clemenceau, Georges, 28, 335, 339, 349n, 359
Comitê Provisório da Duma, 53, 59, 66
Corpo do Norte / Exército do Noroeste, 322, 326
    contrainteligência, 407, 430-3, 436;
    desintegração, 437;
    Sibéria, 4023, 406;
corrupção e saques, 28, 32-3, 48, 58, 80, 106, 149, 154, 165, 174, 189, 194, 222, 228, 271, 298, 315, 347, 355, 362, 366, 372-3, 390, 407, 418, 436, 439, 443, 490, 494, 502, 506, 522-3, 563,
Cossacos do Don, 119, 133, 138, 146-7, 206, 208-10, 214, 217, 223, 225
    e Terror Vermelho, 342-3, 345, 361
    Exército do Don, 420, 422, 424, 450, 453, 474, 477, 501, 505, 513, *514*, 515, 518
    levantes, 366, 368, 541
Cossacos; Astracã, 224, 295, 371-2, 530;
    Cubã, 208, 210, 214, 224, 295, 314, 342, 372, 417, 423-4, 453, 462, 467, 502, 531, 536, 542, 546, 566, 575
    Ienissei, 295;
    Irkutsk, 295;
    Orenburgo, 145, 253, 295, 297, 356, 360, 395, 442;
    Semirietchie, 295,
    siberianos, 295,
    Terek, 224, 372, 417, 423-4, 518, 530
    Transbaikal, 145, 164, 355;
    Ural, 265, 294, 395
    Ussuri, 254, 304, 351
Cowan, contra-alm. Walter, 347, 403-4, 407, 409-10, 412, 431
Crimeia, 310;
    defesa da, 467;
    ocupação Vermelha 1918 340-1, 369;
Cruz Vermelha americana, 351, 399, 488, 568, 584
Cubã, 210-4, 240, 361, 453, 462, 505-7, 562
    expedição de Wrangel ao Cubã, 371, 540-2, 546,
Curzon, Earl (George) de Kedleston, 359, 406, 408, 420-1, 428, 435, 529, 540;
    Linha Curzon, 549
Czar Nicolau II, 19, 27;
    e abdicação, 32-3, 35, 39;
    e russificação", 103-4
    na Sibéria, 109
Czar Paulo I, 53, 140
Czarina Aleksandra Fiodoróvna (Alix), 27, 28, 33, *34*, 34, 36, 37, 38, 42, 44-5, 47, 48, 61, 62, 263, 265

Czernin, Ottakar Graf v. u. zu Chudenitz, 184-5

Dan, Fiódor I., 133
D'Anselme, gen. Philippe, 338
Deníkin, gen. Antón I., 109, 110, 121-2, 150, 162
assume com a morte de Kornílov, 213;
e choque de estratégias com Wrangel, 239-42, 246, 302, 312-3, 337, 339, 342, 349, 353, 362, 371-4, *373*, *374*, 376, 384-5, 390, 397, 403, 413-5, 420-3, 430-3, 435, 440, 444, 450-3;
segunda campanha de Cubã, 239;
tentativa de reforma política, 500-1,517, 520
Dibiénko, Pável E., 139
Diretório, Omsk, 299, 300, 305
Díterikhs, gen. Mikhail K., 253-4, 388, 393, 397, 440, 446
doenças, 398, 446, 448-9, 483, 488-9, 500, 509
Donbas/Donets, 142, 202, 223, 313, 362, 369, 413, 420, 541, 562
Donovan, cel. William J., 438
Dragomírov, gen. Abram M., 428, 464, 479, 497, 523
Dreier, cel. Vladímir v., 67, 108, 220
Drozdôvski, gen. Mikhail G., 217, 317n, 364, 423, 459, 514, 529, 531
Dukhônin, gen. Nikolai N., 150-1, 152, 179
Dumiénko, Borís M., 367-8, 461, 474, 501-2, 531, 540
Dune, Edward, 202-4, 207, 225, 312, 313, 367
Dunsterville, maj.-gen. Lionel, 165-6, 242, 245-8
Dútov, ataman Aleksandr I., 145, 151, 253, 295, 305, 356, 360, 395, 442
Dvisnk [Daugavpils], 95, 188
Dvórjets, Iákov, 251-3, 277, 295
Dzerjínski, Féliks, 127, 157-9, 162, 172, 260-1, 265, 268, 269, 271, 278, 335, 424, 458, 548, 571, 571n

Ecaterimburgo, 85, 263, 265, 275, 284, 299, 306, 307, 350, 355, 388, 392-3, 463
Eichhorn, Marechal Hermann v., 225, 262-3, 284
encouraçados: Álmaz, 174, 218;
Andrei Pervôzvani, 324, 403, 410, 411;
Aurora, 132, 134, 144, 403;
Oliég, 138, 324, 404, 410;
Petropavlovsk, 120, 403, 410, 411, 580, 582, 583
Pobiedítel, 138
Estação Finlândia, 74, 98, 192
Estônia, 103, 160, 196, 235-6,
apoio britânico 309, 322-3, 325-7, 401-2, 404, 408
camaradas soviéticos da paz, 430-1, 436-7, 459
estupro, 58, 94, 135, 164, 180, 247, 264, 425, 490, 506, 567
Eupatoria, 174, 567
Exército Britânico; 2/10º Batalhão Real Escocês, 330;
9º Bat. Reg. Hampshire, 253, 350, 380, 392;
25º Bat., Middlesex Reg., 253, 350, 392;
Dunsterforce, 166, 242-3, 245-7, 317;
Força Expedicionária do Norte da Rússia, 330;

Exército Czarista, *Stavka* Mogilev, 66, 109, 160, 183, 192, 237, 310, 313, 317n, 367, 390, 461
9ª Cavalaria, 42;
7ª Divisão de Cavalaria, 108, 566;
3ª Divisão Transamurianas Trans-Amur, 93;
5ª Divisão Transamurianas Trans-Amur, 93;
74ª Divisão, 92;
2ª Guarda do Báltico, 118;
1º Reg. de Metralhadoras, 96, 97, 98, 131;
III Corpo de Cavalaria, 115, 116, 118, 133, 138, 217, 416, 537
XLII Corpo, 104, 120
Corpo Siberiano, 67, 306, 307, 308;
Décimo Primeiro Exército, 93, 107;
e caso Kornílov, 114-6, 120;
e Ofensiva Keriénski, 88-102;
Guarda de Cavaleiros, 37, 108, 191, 221, 322;
Guardas Ismáilovski, 100, 141;
Guardas Finlandesa, 82, 148, 150;
Guardas Litovski, 150;
Guardas Pávlovski, 20, 42, 44, 131, 134-5;
Guardas Preobrajiénski, 44, 46, 134;
Guardas Semionóvski, 141, 434;
Guardas Volínski, 43, 44, 45, 45n, 46, 138, 141;
Nono Exército, 118;
Oitavo Exército, 88, 89, 94, 108, 118, 160, 163, 236, 388;
Quinto Exército, 95, 114, 406, 553, 558;
Regimento de Guardas Granadeiros, 97, 135;
Segundo Exército, 21;
Sétimo Exército, 32, 91, 93, 94, 95
Exército do Povo (Komútch), 252, 253, 277, 288, 293, 295
Exército dos EUA;
27º Reg. Inf., 351-2;
31º Reg. Inf., 351;
AEF (American Expeditionary Force), 301, 398;
Corpo de Serviços Ferroviário dos EUA, 236, 488;
Exército Francês, 86
Exército Indiano;
27ª Divisão Indiana, 248, 321;
19º Regimento de Punjabis, 318;
28º Regimento de Lanceiros, 318
Exército Polonês, 305, 446, 487, 525, 526, 528, 537, 550;
Batalha de Zamość, 558
Exército Vermelho, origens, 278-80
1º Exército, 202, 484, 552
3º Exército, 284, 285, 291, 307-8, 377, 384, 393
4º Exército, 384, 554, 562, 566, 574
5º Exército, 286, 287-8, 390, 396, 407, 443, 444, 447, 484, 486, 489
6º Exército, 328, 377, 562, 566
7º Exército, 322, 323, 325, 326, 346, 348, 407, 432, 433, 585
8º Exército, 343, 367, 500
9º Exército, 312, 313, 343, 366, 367, 368, 451, 452, 461, 501, 519, 547
10º Exército, 367-9, 473, 499, 501, 502, 503, 504, 505, 546
11º Exército, 342, 519
12º Exército, 343, 367, 472, 527, 533, 538n

13º Exército, 473, 529, 530, 531, 539, 560
14º Exército, 414, 473, 494
15º Exército, 433
16º Exército, 554, 555-6
1º Exército de Cavalaria (Konármia), 420, 499, 502, 503, 549, 550, 557, 558, 567, 574-5
batalha de Zamość, 558
2º Exército de Cavalaria, 454, 540, 560, 564, 566
Fuzileiros Letões, 157, 168, 187, 227, 229, 232, 235, 260, 261, 276, 282, 326, 347, 431, 459, 531
Exército Voluntário, *ver sob* Exércitos Brancos Exércitos Brancos
Exército Voluntário/Corpo, 201, 205
2ª campanha no Cubã, 239-40, 242;
avanço sobre Kharkov, 364, 366, 375, 405, 414, 415, 416, 417;
e chineses 283;
e continuidade da guerra contra a Alemanha, 205;
em Odessa, 311, 312, 313, 337-8;
Lugansk, 343;
marcha do gelo, 201-17;
relações com os cossacos do Don, 343, 361, 420, 422;
Exército do Cáucaso, 361, 370, 372, 373, 375, 420, 502
Exército do Don, 224-5, 283, 361, 368, 375, 415, 461-2, 468, 503, 506

Federação Cossaca, 238
Feduliênko, V. V., 300 , 304, 397
Ferrovia Chinesa do Leste, 442
Ferrovia Transiberiana, 72, 146, 236, 237, 238, 249, 250, 254, 298, 301, 302, 303, 351, 354, 391, 392, 393, 395, 396, 398, 440, 443, 445, 484, 485, 489,
Filoniênko, Maksimiliân M., 109, 110, 114, 121
Finlândia, Grão-Ducado, 103, 104, 190;
e Alemanha, 236, 406-7, 420, 437;
e guerra civil, 190-5;
e independência, 104-5, 111, 120, 147;
Flotilha do Cáspio, 246, 320, 372, 375, 376, 519
Flotilha do Volga, 276, 286, 289, 324, 375, 376, 519
Força Aérea Real; Esquadrão 47, 304, 533;
Báltico, 410-1;
Norte do Duína, 378-81;
Forças gregas de intervenção, 311, 338-41
Fortaleza Pedro e Paulo, 46, 51, 61, 100, 131, 134, 135, 142, 157, 171, 176, 269, 434
Franchet d'Esperey, gen. Louis, 339
Frota Vermelha Báltico, 52, 347, 412
e Finlândia, 104;
e Incidente Kornílov, 138, 150-1, 153, 161n, 200;
e Jornadas de Julho, 88-102;
e levante de Kronstadt, *584;*
mar Negro, 52, 69, 70, 81, 119, 173, 174, 202
Frúnze, Mikhail V., 384, 560, 561, 562, 564, 565, *565,* 566, 570, 571, 574
Fuzileiros Navais Reais, 192, 236

Gajda, gen. Radola, 253-5, *256,* 299, 302, 306, 350, 353
e evacuação via Arcangel, 360, 369, 379, 384, 385-6, 390, 392

Gapon, Padre Gueórgi, 20, 38, 170
Gatchina, 50, 138, 217, 404, 430, 434, 436
Geórgia, 83, 421, 473, 519
Globatchóv, maj.-gen. Konstantín I., 38, 39, 41, 44, 45, 47, 48, 101, 157, 223, 311, 454, 494-6, 523
Gógol, Nikolai, V., 22, 179, 346
Goldman, Emma, 176, 581
Goldsmith, comte. M. L., 340, 341, 344, 372
Golítsin, Príncipe Nikolai D., 44, 47, 50
Goltz, gen. Rüdiger v.d., 193, 194, 236, 405, 431
Górki, Máksim (Alekséi Maksímovitch Piéchkov), 21, 23, 29, 47, 72, 100, 129, 135, 136, 155, 165, 170, 176n
Gough, gen. Hubert, 406, 408, 461, 432
Governo Provisório, 40, 51, 55-6, 59, 62-4, 66, 71, 74-5, 80, 82-3, 95, 97-8;
  colapso do 133-5;
  Comissários, 85, 109-10;
  complô contra, 133;
  e Finlândia, 104-6;
  eriénski assume, 103;
  quebra de confiança, 106-7;
Graves, maj.-gen. William S., 301, *303*, 350, 352, 397
Grigóriev, ataman Nikífor A., 338, 366, 368, 465
Gríchin-Almázov, gen. Alekséi N., 295, 296, 311, 337
Gruchévski, Mikháilo, 105, 179
grupos Verdes de resistência, 415
Guardas Vermelhos, 90, 119, 126;
  armênio, 245;
  Irkutsk, 237-8, 254-5, 281, 295;
  em Kiev, 178, 179, 181, *219*;
  Em Moscou, 132-4;
  Taganrog, 147;
Gueórgi Lvóv, Príncipe Gueórgi, 47, 54, 55, 71, 72, 80, 81, 82, 83, 97, 103, 105, 115-6, 235, 353
Gueórgi Lvóv, V. N., 115
Guilherme II, Kaiser, 73n, 224
Guliai-Polie, 315, 316
Gútchkov, Aleksandr I., 53, 82, 83
Guriev, 358, 375, 376, 395
Gússiev, Serguêi I., 169, 170, 171, 451
Gútor, gen. Alekséi I., 88, 93

Harbin, 254, 298, 350, 388, 442
Harris, cônsul-geral americano de Irkutsk, 238, 243, 302, 379, 440, 486, 491, 492
Heiden, Graf Dmítri, 126, 179, 180, 219, 221, 370-2, 416
Helsingfors, *ver* Helsinque
Helsinquei, 68, 69, 401, 408, 435
Herzen, Aleksandr I., 71, 588
Hoffmann, maj.-gen. Max, 186, 187, 188, 189, 222
Holman, maj.-gen. Herbert, 423, 454, 456, 459, 464, 466, 499-500, 509, 518, 521
Horrocks, cap. Brian, 392, 442, 446, 509

Iakír, Iona E., 214, 283, 367, 538n
Ialta, 63n, 174, 340, 567, 568, 569, 572
Iaroslavl, revolta, 256, 269, 275
Iekaterinodar (mais tarde Krasnodar), 210-3, 239-40, 361, 376, 456, 462, 501, 505-7, 509, 520, 542
  Krasnodar, 509, 542, 546-7, 578

Iekaterinosláv (Dnipro), 315-6, 369, 417, 456-8, 460, 462, 472, 531, 540
Igreja Ortodoxa, 22, 506
Ijevsk, revolta de, 291-2
Império Otomano, 81, 184, 237, 242, 317
Ingórodnie (não cossacos), 147, 202, 210, 280
Instituto Smolni, 133, 135, 137
Internacional Comunista, 196, 548, 585
Internacionalistas chineses, 214, 283, 291
283, 286, 312, 335, 345-8, 365, 365n, 403-4, 417, 422-4, 433, 452,-3, 458, 522, 526, 531, 542-3, 545;
Internacionalistas, 72, 80n, 265, 282, 394, 451; *ver também* Potências Centrais, prisioneiros de guerra
Intervenção francesa; e Petliúra, 311, 337-8;
  Agitação e motim, 311-2, 337;
  Odessa, 310-1;
Intervenção japonesa, 236-7, 253-4, 298-9, 302;
  e Ferrovia Chinesa do Leste, 350-4, 387-8, 428-9
Ióffe, Adolf, 182, 184, 235
Irbit, 149, 264
Irkutsk, 148-9, 237-8, 243, 254-5, 281, 295, 302, 350, 353, 379, 397, 438-40, 443, 448-9, 490-2
Ironside, maj.-gen. Edmund, 379-83
Iudénitch, Nikolai N., 165, 238, 326, *327*, 327, 348n, 384, 401, 407-9, 430-7, 440, 525, 578
Iússupov, Príncipe Féliks, 33, *34*, 38, 44, 510
Ivanóv, gen. N. I., 48, 50, 52
Ivanóv-Rinóv, gen. Pável P., 296, 391, 397
Janin, gen. Maurice, 237, 302, 305, 306, 350, 353, 386, 387, 388-9, 392, 398, 441-2, 445-8, 486-7, 491, 526
Jitomir, 179, 338, 528, 533, 534, 536, 537
Jorge V, Rei, 36, 340
Jornadas de Julho, 88-102, 104, 110-1, 114, 119, 153
Junker, cadetes de oficiais, 101, 131-4, 137, 140-5;
  Irkutsk, 148;
  Marcha no Gelo, 209;
  Odessa, 174, 495, 511;
  Poltava, 178;
  Taganrog, 147, 205;

Kadete (KD), Partido, 32, 32n, 83, 146, 157, 178, 364;
  renúncia de ministros do Kadet, 103, 106, 124, 170, 171-2, 206
Kaledín, ataman Alekséi M., 146-8, 151, 156, 161, 161n, 162, 178, 201-2, 206
Kalinin, Mikhail I., 580
Kalmíkov, ataman Ivan P., 254, 304, 351, 391, 397, 398, 399, 439, 445
Kámeniev, Liév B., 72, 74, 82, 97, 98, 101, 127
  Em Moscou, 127, 137, 142, 155, 182, 335, 414, 420, 435, 450, 451, 452, 459, 472, 499, 502, 519, 536, 539, 541, 546, 550, 557-61, 564, 570
Kámeniev, Serguêi S., 385, 413, 413n
Kaplán, Fanni, 267-9, 274
Káppel, gen. Vladímir O., 252-3, 275, 277, 277n, 286, 288, 291, 293, 297, 304, 360, 384, 391, 393, 443, 446-8, 484, 486, 492
Kennedy, cap. John, 426-9, 462, 466, 468, 473, 475-6, 499, 511, 513, 521, 523, 524

Keriénski, Aleksandr F., 51, 54, 55, 58, 59-60, 61, 64;
deixa Petrogrado, 132-4, 137-9;
e Incidente Kornílov, 109-22;
e "Ofensiva Keriénski", 88-102;
substitui Gueórgi Lvóv, 103-7;
torna-se ministro da Guerra, 75-6, 82-7;
Kertch, 341, 523, 530, 567, 569, 572
Khabálov, gen. Serguêi S., 38, 43-4, 47-9
Khabarovsk, 281, 304, 351
Khánjin, gen. Mikhail, 356, 360, 385
Kharkov, 178;
captura pelos Brancos, 365, 365n, 368;
Terror Vermelho, 414-6, 462, 469
Kherson, 338, 415, 417
Kiev, 85, 105-6, 117, 178-9, 181, 185, 187;
alemães saem, 310;
atrocidades da Tcheká, 422-3;
captura pelos poloneses , 524-5, 529-8;
ocupação alemã, *219*, 219-20;
retirada de, 532-4, 535-6;
Tcheká, 271;
Kírov, Serguêi, 345
Knox, maj.-gen. Alfred, 135, 141, 302, 303, 389, 392, 396-8, 440, *441*, 442
Kollontai, Aleksandra M., 73, 127, 137, 139
Koltchák, Almirante Aleksandr V., 52n, 69, 70;
declínio e morte, 444, 446-9, 460, 484, 491-2;
e confronto com Gajda, 385-97, *389* ;
e ouro, 443, 448, 486, 491, 543;
Governante Supremo, 299-306, 308, 312, 326;
perda de Ufa, 384;
Poderes Aliados enganosos, 339, 349, 350, 352-3, 355, 358-9;
Komútch, 252, 253, 277, 287-8, 291, 293, 295, 301
Kóniev, Ivan S., 278
Kornílov, gen. Lavr G., 66, 82, 88-9, 93, 96
como comandante em chefe, 110, *112*, *113*, 114, 115, 120, 122, 151, 153, 162, 178, 201, 205, 206, 209-210, 211;
morte, 213, 239, 286
Kotlas, 353, 379-80
Kozlov, 418
Krasnaia Gorka, 403-4, 433-4, 582
Krasnoiarsk, 72, 149, 281, 306, 350, 445-8, 484-6, 488-90, 492, 526
Krásnov, ataman Piotr N., 100, 104-5, 106, 173, 179-80, 181, 192, 285, 300
Krasnovodsk, 243, 247, 319-20
Krassílnikov, Ivan N., 299, 301, 391, 445
Krávkov, Dr. Vassíli P., 29-31, 33-4, 61-2, 66, 77, 81, 84-6, 106
Krilênko, oficial naval Nikolai V., 150-1
Krímov, gen. Aleksandr M., 115, 118, 120
Kronstadt, base naval, 68-9, 82, 98-100, 114, 119, 130, 132, 134, 138, 141-2, 144, 151, 173, 195, 198, 264, 269, 286, 324-5, 329, 347, 403-4, 409-10;
levante, 579-85
Krúpskaia, Nadiéjda K., 73, 227, 267
Kühlmann, Barão Richard v., 183, 185, 187-8
Kun, Béla, 261, 400-1, 571
Kursk, 229-30;

Tcheká, 271, 415-6, 423, 426-7, 461,-2
Kutiépov, gen. Aleksandr P., 416, 423, 427, 429, 459, 461, 467, 473, 476, 512, 518, 525, 529-31, 563, 565-6

Laidoner, gen. Johan, 323-5, 346, 401-2, *402*, 405-6
Lakier, Ielêna, 69, 87, 106-7, 129, 146, 156-7, 174, 176, 214, 218, 311, 340, 417, 493-4
Lansing, Robert, 233, 250
Látsis, Martín, 159, 257, 272, 279
Legião Polonesa, 304, 311, 381, 44
raiva dos tchecos, 446-7, 440-1, 526-7
Legião Tchecoslovaca; origens, 91-3, 236-8;
avanço em Ecaterimburgo, 263-4;
Brancos contra Gajda, 353;
e Cazã, 276, 287-90;
e conexão com Vologda, 329, 377, 381-2;
entregam Koltchák aos socialistas-revolucionários de Esquerda, 447;
e poloneses, 445-7;
e Ferrovia Transiberiana, 298, 301-3;
raiva sentida pelos tchecos em relação aos russos Brancos, 385;
revolta, 238-9, 249-51, 252-3;
Lênin, Vladímir I., 22, 47, 72-4
clandestino, 101-2, 111, 122-8;
como presidente do Sovnarkom, 150;
culto à personalidade, 269;
demite Dukhônin, 150;
e Alemanha, 233-4, 400;
e assassinato da família imperial, 264-5;
e autodeterminação, 190-1;
e Brest-Litovsk, 185-9;
e insurreição, 141;
e Jornadas de Julho, 95-6, 98-9, 101-2;
em Moscou, 226-8, 232;
e Ofensiva Keriénski, 89-90;
e "Ouro alemão", 101;
e tentativas de assassinato, 169-70, 267-8;
negociações com os alemães, 152-3;
O Estado e a Revolução, 111;
plano de atacar a Polônia, 524-5, 548, 550, 558, 569;
retornos a Petrogrado, 133;
sobre a guerra civil, 152-5;
Teses de Abril, 75;
Letônia, 132, 160, 235, 309, 326, 405-6, 437
Linde, ten. Fiódor, 82
Lituânia, 309, 326, 437, 525n, 537, 549
Lloyd George, David, 336-7;
Discurso na Mansion House, 466, 468, 471, 525, 529;
e franceses, 339, 348, 359, 379-80, 392, 406, 408-9, 421, 431;
Locker-Lampson, comte. Oliver, 65, 68, 88-9, 91-5, 117
Lockhart, Robert Bruce, 225, 256, 268, 309, 330-1
Lublin, 536, 538, 552, 557-8
Luga, 50, 68, 347-8, 401, 436
Lugansk, 343
Lukômski, gen. Aleksandr S., 48, 52, 66, 115-6, 120, 150, 162, 209
Lunatchárski, Anatóli V., 101, 137
Lwów, 550-1, 557-8

Mái-Maiévski, Vladímir Z., 313-4, *314*, 362, 364, 366, 368, 375, 414-6, 422-3, 426, 429, 461-2, 467-8
Makhno, Niéstor I., 314-7, *315*, 364, 367, 369;
ataca o Exército Vermelho, 472, 517, 527-8;
Captura Iekaterinosláv e Berdiansk, 415, 456-8;
divide o Exército Branco em retirada,460, 462;
rejeita abertura de Wrangel, 531, 540-1, 561, 563, 566, 571, 575
Malleson, maj.-gen. Wilfred, 165, 318-20
Mámontov, gen. Konstantín K., 238, 317;
ataques, 417-9, 424-5, 450-2, 454, 459-60, 469-70, 474, 501-2, 506
Mannerheim, gen. Gustaf, Barão, 108, 118, 191-3, 221, 326-7, 407-8, 471-2
Manuílski, Dmitri Z., 227, 229-30
Marinha dos EUA, 236;
e evacuação da Crimeia, 566, 568
Marinha Francesa, 566
Marinha Real Britânica, 192, 232, 494;
1º Esquadrão de Cruzadores Leve, 347, 407;
6º Esquadrão de Cruzadores Leve, 324, 347;
ataques a Kronstadt, 408-12;
Flotilha do Cáspio, ataque ao Forte Aleksandrovski, 375-6;
flotilha do Cáspio, 246, 320-1;
Flotilha do norte do Duína, 329-30;
HMS *Marlborough*, 340;
HMS *Montrose*, 340, 341, 372;
HMS *Iron Duke*, 341;
HMS *Centaur*, 341;
HMS *Emperor of India*, 341, 513;
HMS *Suffolk*, 236;
HMS *Benbow*, 511, 513, 568;
Lanchas costeiras da flotilha do Báltico, 375, 409-12
Mariupol, 338, 458, 541
Márkov, gen. Serguêi L., 121-2, 162, 209-10, 212, 423, 474, 529, 564
Mártov, Iúli O., 73, 135, 195
Marx, Karl, 22, 72, 75, 155
massacre de Ecaterimburgo, 329; 337, 352, 391-3, 421n;
Minsk, 537
Melitopol, 472, 529-31, 539, 574
Mencheviques, 75, 111, 124-5, 128, 133, 139, 156, 160, 243, 291, 444, 490-1, 574, 579
Mexed, 165, 318-21
Mikoian, Anastás I., 243, 246-7, 318, 320
Miliúkov, Pável N., 32, 32n, 54-5, 72, 75, 80-3, 121, 206
Milrevkom (Comitê Revolucionário Militar), *ver sob* Sovietes
Minsk, 537, 555, 559 474, 477
Mirbach-Haff, Wilhelm Graf v., 235, 250n;
assassinato, 258-60, 263, 284
Mirónov, ten.-cel., Filípp K., 155, 206, 225-6, 238, 343-4, 366, 366n, 369, 414, 450-4, 531, 540, 560, 564-6, 575
Muráviov, Mikhail A., 161, 178-80, 185, 187, 218, 257, 262
Murmansk, 192, 232-4, 282, 301, 328-9;
evacuação, 382;
motins Aliados, 378-9;

Nabókov, Vladímir D. (ministro), 55, 129, 172
Nabókov, Vladímir V. (escritor), 43, 219-20, 341
nacionalismo ucraniano, 103, 105-6, 310;
Cruz Vermelha ucraniana, 180;
e ceticismo russo, 178;
forças ucranianas, 179, 422
Najívin, Ivan F., 79, 179, 214, 338-9, 362, 364
Narva, 119, 196, 235, 323, 346, 403, 433, 436
Nazárov, gen. Anatóli M., 207-8, 541
Nijni Novgorod, 148, 197, 269, 275, 312, 375, 415
Nikolaiev, 32, 52, 53n, 121, 338, 415, 417
Nikopol, 539, 564
Norris, comte. David, 245, 321, 375-6, 519-20
Novo-Nikolaievski (Novosibirsk), 250, 281, 350, 445-7, 483, 489
Novorossisk, 371-2, 473, 506, 509-10, 512, *514*, 517, 517-8, 528, 535, 546, 565
Novotcherkassk, 147, 162-3, 178, 201-2, 206-8, 216-7, 223, 368, 415, 474-5, 499

Odessa, 30, 69, 87, 107, 129, 149, 156, 174, 176, 214, 218-9, 257, 310-2, 337-40, 343, 416-7, 472-3, 479, 493-8, 518, 522, 530
Okhrána, 36, 38, 41, 47, 101, 157, 223, 311, 454, 494, 523
Omsk, 250, 281, 295-7, 299-305, 308, 311, 350, 352, 355-6, 359, 387, 390-2, 397-8, 407, 440-5, 448, 484, 492
Oposição de Esquerda, 258, 277
Orel, 125, 415, 418, 428-9, 458-9, 464, 473, 525

Paderewski, Ignacy, 349, 349n
Paléologue, Maurice, 36-7, 37n, 42
Paustóvski, Konstantín G., 63-4, 80, 86, 144, 151, 175, 220, 316, 463, 494-5, 497-8, 588
Penza, 250-1, 577
Pepéliaev, Anatóli N., 306, 308, 352, 389, 393, 396, 402
Pepéliaev, Víktor N., 306, 385, 387-9, 397, 407, 448-9, 484, 490-2,
Perekop, istmo de, 340, 472, 477, 517, 524, 529-31, 561, 564-5, 568
Perm, 264, 284-5, 289, 291, 307-8, 352, 377, 379, 387, 390, 402
Péters, Iákov K., 159, 174, 268, 269, 271, 403
Petliúra, Símon, 105, 221-2, 230, 310-1, 315, 338, 422, 463-4, 526, 528
Petropavlovsk, 120, 355, 396, 403, 410-1, 440, 580, 582-3
Piatigorsk, 241, 269
Piłsudski, Józef, 420, 431, 471-2, 524-8, *525*, 532-3, 537-8, 549-50
reposiciona exército, 552-6, *553*, 558-60
Plehve, Vyacheslav K, 86
Podvóiski, Nikolai I., 138, 229-30
Pókrovski, cel. Víktor L., 212, 260-1, 462, 523
Poltava, 178, 369, 373, 416
Poole, maj.-gen. Frederick, 91, 233, 328-9
Pópov, gen., 207, 210, 216, 484-6
Potências Centrais; ocupação, 183-5, 187-8, 232, 238, 281, 309-21
Príkaz nº 1, 66-7, 109
Prinkipo, conferência de, 335
Prinkipo, ilhas, 335-6, 511, 569

prisioneiros de guerra, 85, 194, 238, 244, 249-50, 254-5, 257, 261, 280-2, 298, 318, 351, 372, 393, 400, 405, 414, 488, 550
Prokôfiev, Serguêi S., 41, 46, 49, 57, 93, 97, 107, 277
Protopópov, Aleksandr D., 36, 38-9, 43-5, 47
Pskov, 50-1, 53, 57, 62, 132, 138-9, 269, 322, 326, 347, 401, *402*, 408, 430
Púchkin, Aleksandr S., 22, 64, 129, 144, 274, *274*, 498, 588
Pugatchóv, Iemielián, 22, 84, 84n, 274n
Pulkovo, 138-9, 435-6
Purichkiévitch, Vladímir M., 33, 509
Putilov, fábricas, 39, 141, 180, 272, 346, 435
comércio escravo, 164-6, 321;
questões com mulheres, 39-40, 59-61;
vulnerabilidade, 176, 298;

Rada Central Ucraniana, 105-6, 146-7, 161-2, 179;
e Brest-Litovsk, 186-7;
ocupação alemã da, 188, 220-3;
Rada dissolvida, 220-1, 228-31, 310, 331
tratado com as Potências Centrais, 187;
Radek, Karl B., 74, 102, 154, 185, 187, 227, 260, 548
Rakóvski, Khristián G., 227, 229, 467, 475, 503-7
Ransome, Arthur, 74, 170
Raskólnikov, Fiódor F., 68, 99-101, 138, 141, 275, *276*, 284, 286, 289, 324-5, 376, 403, 519-20
Raspútin, Grigóri, 27-8, 33-4, *34*, 36-8, 43-4, 263, 510
Reisner, Larissa M., 275, *276*, 520
e Cazã, 284, 285, 289, 324, 376,
reservas de ouro, 227, 227n, 295, 391, 443, 448, 486, 491
Reval, *ver* Talín
Revíchin, gen. Aleksandr P., 314, 457
revolução mundial, 191, 524, 537, 585
Riezler, Kurt, 228, 260
Riga, 107, 115, 160, 188, 323, 326, 347, 405, 431, 564
Robien, Comdte. Louis de, 42, 45
Rodziánko, gen. Aleksandr P., 322, 327, *327*, 401-2, 404, 407, 432-4, 436, 456-8
Rodziánko, Mikhail V., 39, 44, 46-8, 51-5, 59, 65-6, 68, 223-5, 225n
Románov, Aleksêi N. (Tsariévich), 53-4, 62, 265
Románov, Grão-Duque Mikhail A., 47, 53-4, 172, 264
Románov, Grão-Duque Nikolai N., 32, 52
Romanóvski, gen. Ivan P., 120, 162, 209, 373, 476, 521
Rostov-no-Don, 147, 223, 238, 362
Rózanov, gen. Serguêi N., 304, 391-2, 397, 444
Rúski, gen. Nikolai V., 50-3, 109

Sáblin, Iuri V., 202, 206-7, 225
Sákharov, gen. Vladímir V., 52, 360, 390, 393, 446, 484-6
Saltikóv-Schedrín, Mikhail Y., 264
Samara, 77, 239, 251-2, 275-7, 288, 291, 293, 295-7, 452, 577
Saratov, 173, 224, 312, 415, 452-3
Sávinkov, Borís V., 85, 86, 94;
e resistência antibolchevique, 175, 205;

revolta de Iaroslavl, 256, 275, 288, 299, 336, 353;
vice-ministro da Guerra, 109-10, *112*, 114-7, 121;
Sazónov, Serguêi D., 27, 336, 353
Schástni, cap. Aleksêi M., 195
Sebastopol, 52n, 70, 174, 215, 338, 340-1, 467, 494, 521, 563, 566-8, 570, 572
Semiónov, ataman Grigóri, 145-6, 149, 254, 298, 302-4, *303*, 306, 354-5, 391, 395, 397, 439, 448, 490-1
Serge, Victor, 198, 286, 548, 579-81
Seriébrennikov, Ivan I., 124, 148, 295, 299-300, 303
Sidórin, gen. Vladímir I., 375, 415, 461, 467-8, 502
Sikorski, gen. Władysław, 526, 553, 558
Simbirsk (Uliánov), 262, 275, 288, 293
Simferopol, 174, 310, 517, 570-2
Sivers, Rudolf F., 202, 205-8
Sizran, 250-1
Skoropádski, ataman Pavlo, 221-3, 225, 230, 310, 315
Slaschóv, gen. Iákov A., 472, 477-8, *478*, 517-8, 521, 524, 529, 530-1, 539, 561
Smolensk, 160, 269
Socialistas-revolucionários, 65, 75, 77, 100, 111, 113, 124-5, 133, 139, 156, 160, 267, 269, 287, 291, 293, 295-6, 299, 301, 308, 318, 348n, 360, 385, 441, 448, 587; *ver também* SRs de Esquerda *e* SRs de direita
Socialistas-revolucionários (SRs) de direita, 109, 140, 243, 268, 306, 353, 444, 574
Socialistas-revolucionários de esquerda (SRs), 128, 161, 171, 182, 186, 189, 225,
revolta, 249-65, 293, 355, 490-1, 574, 579
soldados canadenses, 350, 378-9
soldados italianos, 350, 380-1
soldados romenos, 350
Soviete de Petrogrado S., 51, 55, *60*, 65, 106, 111, 125, 128
Comitê Executivo, Ispolkom, 51, 59, 65-6, 71, 583;
Milrevkom, 128, 129, 131, 134, 140;
Primeiro Congresso, 89;
Segundo Congresso, 135, 137;
Soviete de Delegados Operários e Soldados de Toda a Rússia, 66, 106, 118, 122;
Tsentróbalt S., 118-9, 123, 138;
Tsentróflot S., 118, 119, 120, 120n;
Sovnarkom (Conselho de Comissários do Povo), 147, 150, 153-5, 157, 161-2, 170, 189, 195-6, 221, 226-8, 232, 234, 237, 257-8, 277n, 309, 335-6, 519, 579
Spiridónova, Maria A., 186, 257, *258*, 259, 260-2, 267
Stálin, Ióssif V., 71-2, 102-3, 126-7;
Comissário do Povo para as Nacionalidades, 137, 229;
e defesa de Petrogrado, 402-3, 433-5, 451-2, 501-2, 530-3, 535-6;
e Polônia, 550;
e Trótski, 384-6, 412;
e Tsaritsin, *239*, 278, 281, 342-3, 345;
renúncia do Comitê Militar Revolucionário, 558; 560
Stásova, Ielêna, 348, 357
Stavka Vermelha, 276-7;
prioridade à Sibéria, 368-9, 375-6;

reforço do Front Leste e estratégia, 384-5, 413, 417-9, 459, 472, 502-3, 519, 526-7, 430-1, 433-4, 540-1, 577, 560-1, 569
Stavropol, 210, 224, 241, 505, 507, 512
Stolípin, Piotr A., 339, 422
Suécia, 74, 104, 178, 324
Sukhánov, Nikolai N., 47, 90, 96, 98, 112, 113, 114, 127
Supremo Conselho de Guerra Aliado, 335, 405-6, 446, 524
Sviajsk, 284-6, 288
Svierdlóv, Iákov M., 127, 155, 170-1, 265
Sviétchin, gen. Aleksandr A., 278-9
Sviétchin, gen. Mikhail A., 207-8, 216, 221-3, 263, 278

Tachkent, 166, 244
Taganrog, 147, 204-5, 414, 426, 458, 460, 466-7, 469, 472-3, 475, 499-500, 509, 541
Talín (Reval), 236, 461
Tambov, 78, 418, 424, 450, 574, 576-8
Tarnopol, 107
Tartu, 325, 346, 437
Tauride (Tavritchevski), Palácio, 46, 51, 54, 59, *60*, 75, 96-100, 133, 157, 169-71, 186, 529, 532, 539, 547, 560-2, 565
Tchaikóvski, Nikolai V., 328, 348, 348n, 353, 365, 501
Tchapaiév, Vassíli I., 357, 357n
Tcheká, 157, 159, 162, 172-3, 175, 199, 226, 243, 257-60, 262-4, 262n, 266, 268-72, 278
Cazã, 282;
Kiev, 283, 286, 312, 335, 345-8, 365, 365n, 403-4, 417, 422-4, 433, 452,-3, 458, 522, 526, 531, 542-3, 545;
Tula, 561, 571n, 573-5, 578, 580-1
Tcheká de Astracã, 344-5;
Tchékhov, Antón P., 64, 163, 174, 588
Tcheliabinsk, 249-50, 263
e SRs de Esquerda, 257-63, 267, 277, 356, 444, 490-1
Tcheká, 157, 172, 175-6, 199, 243, 257;
Tchernóv, Víktor M., 100, 170-1
Tchita, 146, 254, 298, 302-4, 306, 350, 354-5, 395, 439, 448, 490
Tchitchêrin, Gueórgi V., 228-9, 238, 260, 430, 432
Tchkheidze, Nikoloz, 51, 60
Teague-Jones, cap. Reginald, 243, 247-8, 318-21
"Téffi" (Nadiéjda Lokhvítskaia), 21, 76, 196, 220, 337
Teodósia, 165, 174, 518, 520, 523, 530, 567-9, 571
Teriéschenko, Mikhail I., 109
Terror Branco, 401
Terror Vermelho, 173, 193, 266-74;
Crimeia, 571;
Kharkov, 364-6;
Kiev, 422-3;
Tiflis (Tiblissi), 53n, 163, 421, 542, 562
Timochenko, Semión K., 278, 278n
Tobolsk, 106, 140, 255, 263, 265, 398
Tolstói, Conde Leon, 79, 214, 498, 588
Tolstóv, gen. Vladímir S., 357-8, 395, 519
Tomsk, 85, 250, 306, 398, 577
Trótski, Leon D., 21, 71, 99-101;

como Comissário de Assuntos Externos, 137, 153-4;
como Comissário da Guerra, 194-6, 225-7, 232, 237-8, 249-50, 259-60;
conflitos com Stálin, 278, 282-4, 384-6;
e 26 Comissários, 319;
e Brest-Litovsk, 182, 185-9;
e Cazã, 275, 284-8, 312;
e defesa de Petrogrado, 434-6, 450, 452-3, 387, 466-7, 540-1, 550-1, 557-8, 560, 570, 579-80;
e Milrevkom, 128-36, 152-3;
e Stálin, 102-3, 124-9;
Tsaritsin (Stalingrado, Volgograd), 84, 224, 226, 238-9, 270, 278, 281
Wrangel toma, 342-3, 345, 361, 367-71, 374, *374*, 376
Tsarskoie Selo, 39, 48, 50, 63, 106, 138, 187
Tseretiéli, Irakli, 83-4, 89, 105-6, 171
Tukhatchévski, Mikhail N., 278-9, *279*, 279n, 288, 293, 356, 384, 502, 507, 523, 537-8, 548, 550-5, 557-9, 577, 582-3, *584*
e Stálin, 550, 552, 554, 557-8, 576-7, 580-3
Tula, 63, 345, 415, 429, 451, 458-9, 575-7

Ufa, Conferência de Estado, 293, 295-7,
Brancos perdem, 308;
nova perda, 356-7, 360, 369, 384, 577;
retomada, 353;
Ungern-Sternberg, Barão Román v., 145, 298, 304, 355, 391
Urítski, Moisséi, 126n, 127, 157, 169, 175;
assassinato, 266-7, 269, 424

Varsóvia, 445, 471-2, 525, 537-8, 548-56, 559
Vatsetís, Ioakím, 261-2;
e Front do Volga, 262, 275, 277, 284, 286-7, 291, 366n, 385, 413, 413n
Verkhnieudinsk, 145
Viatka, 308, 379, 429
Viázemski, Príncipe & Princesa Borís, 78-9
Viborg (Viipuri), 69, 120, 127, 194
Vikjel (sindicato ferroviários), 139, 139n, 150, 154, 161
Vinnitchênko, Volodímir, 105, 179, 221
Vladivostok, 146, 236, 238, 253-4, 299, 301, *302*, 304, 350-1, 387, 429, 438, 442, 444-7, 484, 526, 526n
revolta, 397-8
Vologda, 233, 329, 377, 381, 382, 578, 581
Vológodski, Piotr V., 296, 300, 352-3, 392
Vorochílov, Kliment I., 278, 502, 531-2, *565*
Voronej, 224, 238, 312, 343, 375, 418, 424, 425, 452, 454, 459, 460, 462, 469, 577

Wavell, cap. A. (mais tarde Marechal de Campo), 20, 32, 67, 150, 279n
Wilson, Marechal de Campo Sir Henry, 233, 331, 339, 379, 382-3, 389, 406-8, 430, 477
Wilson, Presidente Woodrow, 233, 301, 329, 335-7, 351, 359
e conferência de Prinkipo, 335-6
Wrangel, gen. Barão Piotr, 108, 118, 122, 200, 414-5,

assume comando, 467-8, 472, 475, 478, 501, 517-29;
ataques a Deníkin, 450, 453-4, 462;
cruza o Dniepre, 532;
e choque de estratégias com Deníkin, 342-3, 361, 368-76, *373*,*374*, 395, 415, 417-8, 420, 424;
e evacuação, 562, 564-5, 567-70, 572
retirada para a Crimeia, 547

Zienzínov, Vladímir M., 42, 135, 169, 171, 276, 296, 299, 301
Zinóviev, Grigóri Y., 99, 101, 127, 142, 434, 548, 580-1, 583

Acreditamos
nos livros

Este livro foi composto em Adobe Garamond Pro e impresso pela Geográfica para a Editora Planeta do Brasil em maio de 2024.